本书是全国高等院校古籍整理工作委员会直接资助项目

本书得到河南大学文学院重点学科经费出版资助

洪亮吉年谱

李金松 著

人民出版社

责任编辑:侯俊智
装帧设计:语丝设计室

图书在版编目(CIP)数据

洪亮吉年谱/李金松 著. -北京:人民出版社,2015.4
ISBN 978 - 7 - 01 - 014685 - 0

Ⅰ.①洪…　Ⅱ.①李…　Ⅲ.①洪亮吉(1746~1809)-年谱　Ⅳ.①K825.1

中国版本图书馆 CIP 数据核字(2015)第 056415 号

洪亮吉年谱
HONGLIANGJI NIANPU

李金松　著

人 民 出 版 社 出版发行
(100706　北京市东城区隆福寺街99号)

环球印刷(北京)有限公司印刷　新华书店经销

2015 年 4 月第 1 版　2015 年 4 月北京第 1 次印刷
开本:710 毫米×1000 毫米 1/16　印张:35.25
字数:520 千字

ISBN 978 - 7 - 01 - 014685 - 0　定价:72.00 元

邮购地址 100706　北京市东城区隆福寺街 99 号
人民东方图书销售中心　电话 (010)65250042　65289539

洪亮吉画像

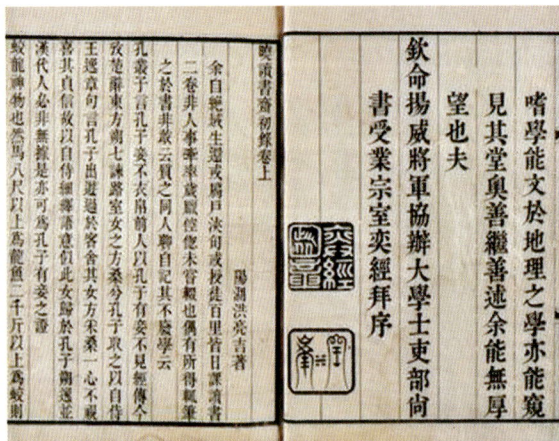

洪亮吉《晓读书斋初录》书影

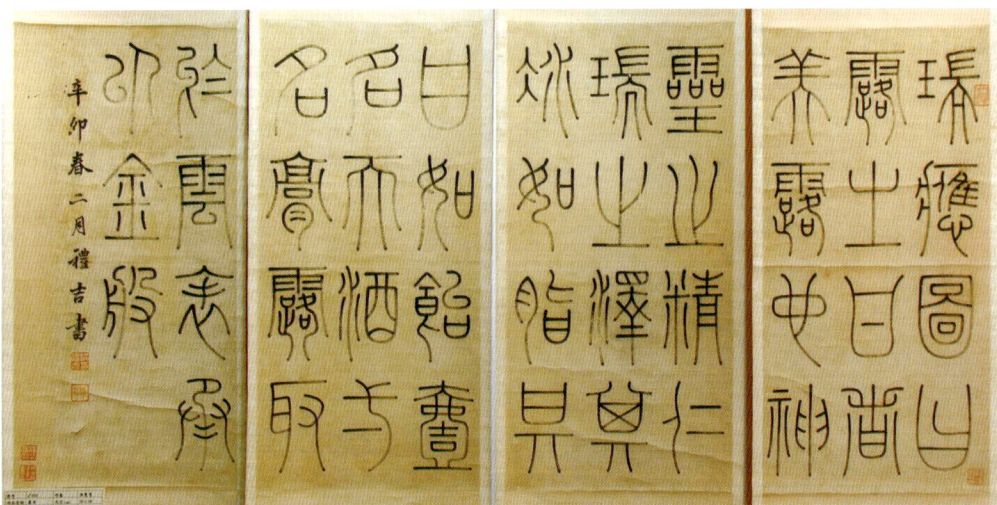

洪亮吉书法

目　　录

前　言

洪亮吉(1746—1809),字君直,一字稚存,号北江,又号更生居士,清江苏阳湖(今常州市)人,乾隆五十五年(1790)进士第二名及第。清中叶著名学者、诗人与骈文家,《清史稿》为其单独列传,亦被江藩《汉学师承记》列入。

洪亮吉出身寒微。6岁时,父亲亡故,随母亲及姊弟寄居外家。在外家寄居的数年间,他一方面从塾师问学,另一方面,得到了各位舅爷的悉心指点。18岁时,迫于家境贫寒,他中止学业,开始了塾师生涯,养家糊口。因塾师收入不足以维持家计,他自28岁进入安徽学使朱筠幕府之后,又先后就幕于陶易、王杰、刘种之、毕沅幕府。洪亮吉进士及第后为官十年(自1790—1799)。在嘉庆五年(1799),因上书言事,洪亮吉触怒了嘉庆皇帝,被谪戍伊犁。第二年四月初,嘉庆皇帝意识到自己没有容人的雅量,觉得对洪亮吉的处罚过重,于是,他下旨赦免洪亮吉。在这一年的九月初七日,洪亮吉回到家乡常州,开始了退归田园的生活。在归田之前的五十多载的岁月里,洪亮吉与杭世骏、朱筠、毕沅、戴震、王念孙、章学诚、顾九苞、邵齐涛、王昶、邵晋涵、汪中、袁枚、蒋士铨、黄景仁、孙星衍、卢文弨、纪昀、朱珪、钱大昕、张问陶、凌廷堪等当世一流学者和文学家相识相知且交往,开阔了眼界,砥砺了学问与文学才华。他从事学术研究与诗文创作境界的提升,受益于这些名家不少,从而也使自己成为当时的一流学者与文学家。在归田家居的劫后余生里,洪亮吉一边主持距离常州数百里之外的洋川书院,一边进行学术研究,勤于著述。

洪亮吉著述宏富,光绪三年(1877)、四年(1878)洪用勤授经堂所刻《洪北江全集》,共220卷,尚不包括佚稿。

自18岁时成为塾师,到后来游幕、居官、归田家居,洪亮吉接触到各方面、各层次的人物,深入地观察当时的社会现实,丰富与拓深了对社会现实的认识。他善于思考,撰有《意言》二十篇,表达了自己的人生思考与对社会现实的认识。在《治平篇》中，他从人口的生产规模，推算出当时中国的户口比 30 年前增加 5 倍，比 60 年前增加 10 倍，而土地、房屋及其他生活资料却最多只能增加三至五倍，揭示了人口的增加与生活资料的增长这两者之间存在不平衡关系。而在《生计篇》中，他阐述了人口增长快于生活资料增长以及由此引发的社会问题，并提出解决这些问题的办法："天地调剂之法"与"君相调剂之法"。前者即人口的自然淘汰，后者即通过采用移民、鼓励垦荒、抑制土地兼并等方法，扩大生活资料的增长，尽可能地使生活资料与人口的增长保持平衡。但是，他认为这些办法仍解决不了人口生产的过剩问题。洪亮吉提出的关于人口的这些理论，早于英国著名人口学家马尔萨斯《人口原理》约二三十年。

洪亮吉通晓经学、史地、小学，亦擅书法，尤以篆隶见长。在经学上，他著有《春秋左传诂》《毛诗天文考》《公羊谷梁古义》《三传古义》等。在小学上，著有《比雅》《汉魏音》《六书转注录》《宋书音义》等。洪亮吉尤以历史地理研究著称于世，著有《乾隆府厅州县图志》《补三国疆域志》《东晋疆域志》《十六国疆域志》《西夏国志》《国语韦昭注疏》等，是乾嘉时期历史地理研究的大家。而对藏书，洪亮吉也有精深的研究。在《北江诗话》卷三中，他提出："藏书家有数等，得一书必推求本原，是正缺失，是谓考订家，如钱少詹大昕、戴吉士震诸人是也；次则辨其板片，注其错讹，是谓校雠家，如卢学士文弨、翁阁学方纲诸人是也……"把藏书家划分为收藏家、考订家、校雠家、赏鉴家、掠贩家诸等。他的这一说法，对后世藏书史的研究，产生了很大的影响。

在文学上，洪亮吉擅长骈文，其骈文以轻倩清新取胜，有常州骈体文派之称。清中叶亦以骈文见长的大诗人袁枚称洪氏"善于汉魏六朝之文，每一篇出，世争传之"。与洪氏同时的曾燠选编有《国朝骈体正宗》，其中选录洪亮吉的骈文多达 15 篇，为入选骈文最多者。著名学者钱钟书之父钱基博认为在骈文创作上，"洪亮吉思捷而才隽，理赡而辞坚，尚气爱奇，动多振绝。汪中不如其雄，孙星衍视之为靡。"（《骈文通义》）而当代骈文学者张仁青将洪氏与清代另一骈文大家汪中并举："夫清代之有汪、洪也，譬如六朝之有徐、庾，三唐之有王、杨，其气力之劲道，才华之卓茂,均足以高视一代,尽掩诸家。"(《中国骈文发展史》)极度推崇洪亮吉在骈文创作上取得的杰出成就。洪亮吉是清中叶的著名诗人,颇有诗才。在年轻时,与里中才俊黄景仁、孙星衍、赵怀玉、黄景仁、杨伦、吕星垣、徐书受唱和,号为"毗陵七子"。(《清史稿·文苑·赵翼传》)其存诗5500多首。在诗歌创作上,洪亮吉"五言古仿康乐,七言古仿太白,然呕心镂肾,总不欲袭前人牙慧"(王昶《湖海诗传》),其诗继承了谢灵运、李白等人的艺术传统,而又能奇思妙想,充满了奇情壮采,非常富于艺术个性,形成了自己独特的艺术风格。总体而言,其诗与袁枚相近,属于性灵派,远不如其骈文影响之大。此外,洪亮吉著有《北江诗话》,此书内容丰富,涉及到金石文字、科场掌故、历史人物、学术、地志、书法等,但以诗歌评论为主。他以性、情、气、趣、格作为论诗的维度,无论是论前人诗,还是同时人诗,多有精到语。如评朱彝尊诗,"始学初唐,晚宗北宋,卒不能熔铸自成一家。"论翁方纲诗,"如博士解经,苦无心得。"这些评论,识力超卓。洪亮吉亦能填词,其词清新简要。晚清词学家谢章铤说:"特其气最清疏,读之可药繁琐之病。"(《睹棋山庄词话》卷三)张德瀛也说:"稚存风骨峭厉,而词独清隽。"透过这些评论,我们可知其词的大概风貌。

总之,无论是作为文学家,还是作为学者,洪亮吉在清代都是属于一流的。编撰洪亮吉的年谱,实际上是对洪亮吉进行类似于英国文学批评家柯尔律治所说的传记研究。而对洪亮吉生平行实的展示,在某种意义上也是对清代乾嘉时期的文学与学术进行研究。然而,编撰年谱,是一项需要耐心且耐得住寂寞的基础性的学术工作。希望更多的学者投入到这一基础性的学术工作中来,不断地推进对清代文学与学术的研究。

凡　例

一、本谱以谱主洪亮吉存世著作与吕培等所作之《洪北江先生年谱》为基础，参考洪氏同时代或与其年辈稍后者之碑传史志、诗文集、笔记等，爬梳考索、排比参证，力求全面展现洪氏一生行实，对其文学创作、学术活动、交游、酬唱以及著述等，勉力作详尽之考述，并订正《洪北江先生年谱》之疏失。

二、本谱纪事，采用夏历，在夏历之后用括号注明公元纪年。夏历之十二月，概为公元纪年之次年一月或二月中上旬，对于此段时间纪事之处理，本谱从夏历，不从公元纪年。

三、谱主所交游者，初见时一般据有关材料略述其行谊，籍贯依《大清一统志》；属今人研究、考证所得者，则标明所本。而对身世无考者，注待考或不详。

四、谱主之亲属、师友及交游首次出现于谱主活动中，其生卒年据现今各种工具书标出；凡属学界之新出成果，则标明出处所自；若不见于工具书，又为学界所未知，则加以考明；若无考，注待考或不详。

五、本谱所纪事，凡可考明者，悉按年月日排次。具体日期不详者，则次之于该月之末。月份不详者，则系之于季节之末。至季节不详者，列于该年之末。年份不详者，不予记述。

六、本谱于记述歧异之史料，一概依谱主本人所述为准；若谱主本人所述亦有歧异，则反复参证，择取其最合理者。

七、本谱对于谱主书翰往来与赠答酬唱，根据内容需要，或仅举篇目，或酌情引录原文（含节录）。

八、本谱除正文外，另具附录。附录为佚作汇编。

九、凡所引篇什之诗题，谱主者，人名断开，不断句；他人者，断句。

家　传

洪亮吉(1746—1809),初名莲,改名礼吉,后又改名亮吉,字君直,一字稚存,又字华峰,少时号对岩,晚号北江,行一。晚自谪戍地伊犁归,乃自号更生居士。江苏常州府阳湖县左厢花桥里人。

《清史稿》卷三百五十六《洪亮吉传》:"洪亮吉,字稚存,江苏阳湖人。"

黄景仁《两当轩集》卷二十二《独鹤行简赵味辛兼示洪对岩》《寄洪对岩》等诗中之"对岩",乃先生少时之号也。屠绅《跋南北史乐府后》:"洪君对岩,才不患多,书能求间,以谈天之口,成掷地之声。"

法式善《皇清奉直大夫翰林院编修洪稚存先生行状》:"先生姓洪氏,初名莲,改名礼吉。后又改名亮吉,字君直,一字稚存,号北江。晚自伊江归,乃自号更生,然人皆称为稚存。"

卢文弨《抱经堂文集》卷三十《国子监生洪君家传》:"礼吉后中乾隆四十五年顺天试。贡礼部为举人,易名亮吉。"

吕培《洪北江先生年谱》:"先生姓洪氏,……行一,江苏常州府阳湖县左厢花桥里人。"

又先生同里恽敬《大云山房文稿》之《前翰林院编修洪君遗事述》:"武进后分阳湖,君为阳湖左厢花桥里人。"

按:先生原居于兴隆里中河桥之侧,后毕沅赠资,为购左厢花桥里居第,遂以此为里籍。《卷施阁乙集》卷二《伤知己赋》"醴使临而兴叹"句下有小字注:"先大父自歙迁阳湖,始居白云溪东,后徙县西大宅,遂以故居归赵氏。及癸巳(1713)、甲午(1714)间,濒遭事故,县西宅复入官。时赵赓西先生官浙江醴使,为大母伯兄代购兴隆里宅十数椽,始定居焉。"吕培《洪北江先生年谱》:"先生三十八岁"条:"先是,毕公知所居赁宅逼隘,因赠资为购宅,即今花桥北居第也。"《卷施阁诗》卷五《将赋南归呈毕侍郎六十韵》:"公前为购室,屋好不破碎。"即指毕为购宅第事。

先生先世为徽州歙县人，居洪源，本姓宏氏，唐世避孝敬讳，改姓洪。祖公寀，为常州武进赵氏赘婿，因居常州府阳湖县。

> 《卷施阁文乙集》卷二《过旧居赋》"惟吾祖之令德兮，冀乐土之是盘"句下小字自注："吾祖居歙县洪源，康熙戊子、己丑间，始迁常州。"

> 《更生斋诗续集》卷一《洪源谒宗祠》"开宝风原古"句下有小字注："自唐开宝时，始祖谏议公为宣歙观察使，始家于此。"

> 赵怀玉《亦有生斋文集》卷十八《皇清奉直大夫翰林院编修洪君墓志铭》："祖公寀，考授直隶州州同赠承德郎。祖妣赵氏，怀玉之主姑也。……先世居歙县，承德赘于赵，始为阳湖人。"

> 谢阶树《洪稚存先生传》："其先居歙之洪坑，本宏氏。唐时有经纶者为宣歙观察使，避孝敬讳，改为洪氏。"（钱仪吉《碑传集》卷五十一）

高祖德健，赠中宪大夫；德健生璟，为山西大同知府；璟生公寀，国子监生；公寀生翘，亦国子监生，即先生父也。

> 孙星衍《清故奉直大夫翰林院编修加三级洪君墓碑铭》："先世出于唐监察御史宏察，避孝敬讳，改洪氏。生起居舍人子兴，子兴生宣歙观察使经纶，传三十六世至封中宪大夫德健，生山西大同府知府璟，为君曾祖，祀名宦。璟生赠承德郎、考授直隶州同知公寀，为君祖，赘于赵氏，始居常州，生赠奉直大夫翘，为君父。"

先生曾祖洪璟（生卒年不详），字昆霞，清安徽歙县人。康熙戊寅拔贡生。入太学，由教习选授山西交城知县。璟以清慎治之，设义学，修卢川书院、薛公祠，又每月于月波书院课士。城北外有卧虹堤，年久失修，屡毁民田畴庐舍，璟捐俸筑长堤八十馀丈，复其旧。洊陞山西大同知府。猾吏敛迹，民困以苏。政绩卓著，卒于官。

> 清劳逢源《歙县志》卷八之二："洪璟，字昆霞，虹源人。康熙戊寅拔贡，入太学，由教习选授山西交城县知县。县岩邑，璟以清慎治之。设义学，修卢川书院、薛公祠。每月又于月波书院课士，亲为品隲。北郭外有卧虹堤，岁久倾塌，当春夏淫雨，山水暴涨，坏田畴，浸庐舍，撼摇

城郭，居民震恐。捐俸筑长堤八十余丈，复其旧。涝升大同府知府，猾吏敛迹，民困以苏。"

祖公寀，字丰旅，国子监生。娶武进赵氏翰林修撰熊诏女，遂迁居为阳湖人。以好义破其家，卒于乾隆二十八年五月，年七十馀。

赵怀玉《亦有生斋文集》卷十六《国子监生洪翁墓碣铭》："国子监生洪翁，以乾隆癸未五月卒。……翁讳公寀，字丰旅，……考讳璟，山西大同知府。大同君十一子，翁其次也。众子散占他籍，翁赘武进，亦家焉。性孝友，十馀岁遭嫡母丧，哀毁成疾。大同君官山西，尝葺城垣，殁后部议，核减方帑且钜万。众子逡巡，莫有承。翁曰：'先人之官，某独侍知状。国逋不可悬，亲事不可诬也。'遂倾其产。生平勇于为义，尝仓卒受人遗孤，能不负所诺。既鬻宅，租屋数椽，折铛败席，横杂左右。邻右告急，辄推所有无倦。人初笑之，旋亦交相称也。"

祖母赵氏，江苏武进人，赵怀玉王姑。

父洪翘（1714—1751），国子监生。字楚珩，一字午峰，耿介正直，慷慨有父风。美髭须，嗜酒善吟。应江南试屡罢，家贫，以游馆资生。友爱兄弟，拯人缓急，多有隐德。以疾卒于洛社舟次，年三十八。

蒋士铨《忠雅堂集·文集》卷四《国子监生洪君传》："翘任侠有父风，性通敏介洁，人有缓急辄倚之。善属文，为国子监生，屡应省试无所遇，乃浪游馆谷赡其孥。""尝随父出饮，道遇亲迎者，状特异。叩之途人，曰：'赵秀才聘妻也，为市豪夺娶故耳！'翘父子愤怒击散，醵钱召赵生迎归。豪愬于官，翘往言侃侃，官杖豪而罢。""公寀既破家，命季子翱学贾，翱难之，日夜泣，翘阴怀饼啖之，使卒业。父或杖诸弟，翘辄以身蔽，父怒由此每得解。""妇家数馈食，翘必召诸弟妹遍食后，乃啜其馀，其友爱盖如此。"

邵晋涵《南江文钞》卷十《国子监生洪先生行状》："先生自少时倜傥有志量，不问生产。""尝客江宁，值乡试士，有渡江同载者六人，飓风覆舟，六人仅以身免。有武进陈宝、通舟盛某，皆先生友。既免，踉跄走告先生。先生慨然，举一岁游资，为六人相与治装，得蒇试事。岁暮垂橐归家，妇迎问，搞以故，莞尔以解。为酌清水，祀灶神，箪瓢相对，晏如也。兄弟四人友爱，无闲言。""偁屋前后临池，暑雨行潦，辄溢室中。先牛相其庳下者，率妇居之，诸娣姒以次就居，一室以安。先生美髭须，嗜酒善吟。""尝时时独坐引满，酒酣抚须自笑，操笔为诗文小赋，俱有远趣。著《两闲书屋集》两卷，藏于家。"

朱筠《笥河文集》卷十四《国子监生洪君权厝碣铭》述先生所言："闻岁在辛未，吾父遇疾于太仓，且革，以归。舟及常州城三十里，是时吾母抱持礼吉兄弟仓皇迎诀于禄社，而吾父即瞑。盖不获反敛于家，又以贫不克葬，权厝于郊外之天宁寺。"

按：卢文弨《抱经堂集》卷三十《国子监生洪君家传》亦有传述，殊为简略。

母蒋氏（1714—1776），云南嶍峨县知县蒋学淳之女。归午峰公十馀年，午峰公卒。家益窘，母任力抚子女。

汪中《述学·补遗·大清故国子监生洪君妻蒋氏墓志铭》："母蒋氏，世为武进人，云南嶍峨县知县讳斅淳之女。……母归十余岁，而监生卒，家益窘。母忍死抚其子女，恒遇年饥，或自屑糠核食之，而以食其子。""母知书，明大义，教礼吉严而有法。凡为子作衣，必如其大父及父时制度。礼吉客外久，衣或更其式，见之辄怒曰：'一衣尚随俗迁转，他事何能自立？'""初监生与通州盛聪善。监生在殡，比户失火，聪冒火翼其棺。聪没，一子年四十，不能娶。母斥礼吉装，举其事，闻者义之。"

郑虎文《吞松阁集》卷三十四《洪母蒋太孺人圹志铭》："（礼吉）始读书蒋氏塾中。已而蒋以塾满，辞出。母复归，礼吉乃从里中师。里中师不辨音训，夜分，母为是正其误者，日不下数十字。母织子诵，至漏下四五十刻不絶声。"

宜人蒋氏（1746—1802），舅氏实君季女。年二十三，始归先生。家贫，自任浣濯薪春诸事，衣粗食淡，无怨尤。勤于中馈，善察物价，不受僮仆欺。先生登上第，无矜喜之色。生平好周人急，礼敬尊长。嘉庆七年（1802）十月卒，年五十七。事详赵怀玉《洪宜人蒋氏家传》。

年　谱

清乾隆十一年,丙寅(1746),一岁

先生九月三日出生。

> 吕培等《洪北江先生年谱》(以下简称吕《谱》):"以九月三日子时生于常州中河桥东南兴隆里赁宅中。宅后有积水池。"

> 《卷施阁乙集》卷二《过旧居赋》:"县南中河桥之侧,洪子有旧居焉,盖居之者三世矣。……室有楼,上下各四楹。楼后有池,宽可十步,霖潦既集,亦生鼋鱼。"

杭世骏五十一岁,吕祖辉四十一岁,贾田祖、郑虎文三十三岁,袁枚、李世杰三十一岁,卢文弨、阿桂三十岁,邵齐涛、程晋芳二十九岁、钱维城、王宸二十七岁,江声、童钰、钱　二十六岁,吴泰来二十五岁,赵绳男、戴震、梁国治二十四岁,王念孙、纪昀二十三岁,蒋士铨、王昶、程瑶田二十二岁,赵翼二十岁,钱大昕、汤大奎十九岁,朱筠十八岁,苏灏、毕沅、吴兰庭十七岁,朱珪、彭元瑞、严长明十六岁,沈业富十五岁,罗聘、桂馥十四岁,管干珍、钱棨十三岁,庄炘、刘跃云十一岁,谢启昆十岁,高文照、章学诚、管世铭、刘种之九岁,戴璐八岁,顾九苞、钱维乔、荆汝翼八岁,方昂七岁,崔龙见、钱坫、冯应榴六岁,汪友亮五岁,胡纪谟、万应馨、方正澍、秦瀛四岁,汪中、屠绅、蒋定安三岁,杨梦符、玉栋二岁,徐大榕、吴锡祺、董心牧一岁。

蒋定熙生。

乾隆十二年,丁卯(1747),二岁

赵怀玉、冯敏昌、颜崇榘、张锦芳、徐大榕、杨廷理、秦承业、杨伦、陈万全生。

乾隆十三年,戊辰(1748),三岁

杨伦、汪端光、马鸿运生。

乾隆十四年,己巳(1749),四岁

府君洪翙令伯姊课先生识字。

> 吕培《洪北江先生年谱》:"四岁,午峰府君命伯姊课之识字,先生
> 每字必询其义。日晚,皆为蒋太宜人述之。是年,凡识七八百字。"

> 《外家纪闻》:"余年四岁,以识字多,为外祖母所赏。"

黄景仁、蒋青曜生。

乾隆十五年,庚午(1750),五岁

正月初八,仲弟洪霭吉生。

> 吕培《洪北江先生年谱》本年条。

同赵怀玉相识。

> 《卷施阁诗》卷第一《送赵表弟怀玉南归即呈侍御舅氏兼寄孙大》:
> "我年四五即识君,相与赌字倾其群。"

> 按:赵怀玉为先生之表弟,两人相识或更早,而能记忆或许乃四五
> 岁时也,故系于此。

> 赵怀玉(1747—1823),行大,字亿孙,号味辛,清江苏武进人。乾
> 隆四十五年(1780)南巡召试,赐举人,授内阁中书。历官山东青州府
> 海防同知、署登州、兖州知府。性坦易,工古文词。所著有《亦有生斋
> 文集》五十二卷、《续集》八卷、《亦有生斋词》二卷等。事具《清史列传》
> 卷七十二、陆继辂《崇百药斋文续集》卷四《山东青州同知赵君怀玉墓
> 志铭》等。

本年,洪梧、陆元鋐、董教增、黄钺、史善长、庄关和、吴宾旭生。

乾隆十六年,辛未(1751),六岁

在家塾受《论语》。七月二十四日,府君洪翘病故,守殡宫五十日。

> 吕培《洪北江先生年谱》:"先生六岁,在家塾,受《论语》。七月
> 二十日,午峰府君客镇洋县署,得疾归,未至家五十里,以廿四日申时卒
> 于洛社舟次。越日,殡于城东天宁寺华房。先生随蒋太宜人暨三姊一
> 弟守殡宫,凡五十日始归。"

左辅、师范生。

乾隆十七年，壬申（1752），七岁

随母及姊弟寄居外家南楼，间数日，返中河桥赁舍，省祖父母。在外家书塾团瓢书屋受业，塾师恽牧庵先生。自是年至十岁，就读外家书塾凡四年。

呂培《洪北江先生年谱》："先生七岁，以午峰府君卒，贫无所依，随蒋太宜人及姊弟寄居外家，外王母龚太孺人之意也。"

《玉麈集》："余七岁时，读书舅氏塾中，一日炎暑乍退，秋凉逼人，忽得句云：'明月照千里，清风来桂香。'师惊赏，以语舅氏。"

《外家纪闻》："余少依外家居。间数日，一至中河桥赁舍中，起居祖父母。"

《卷施阁诗》卷十《南楼忆旧诗》第三首："循廊三折入层梯，板屋居然判畛畦。不向大家橱索米，自泥新灶小楼西。"诗下有小字注："外王母以南楼西偏一间，令太安人率余兄弟及三姊居之。"第四首："七龄入学感孤儿，逃塾先教都讲嗤。灯下《国风》还课读，始知阿母胜严师。"诗下亦有小字注："余七龄附学实君舅氏书塾，蒙师为恽牧庵先生。外兄肇新则学长也。"

又《外家纪闻》："外家南楼前，有红杏一株，余常呼之曰杏花楼。其前即前湟杨氏老宅。杨氏科第之盛，甲于里中。"同书又："团瓢书屋，为外家读书之所。……余少时犹及与诸中表读书其中。"

《卷施阁文乙集》卷二《伤知己赋》"启遗经于别塾"句下小注："壬申以后四年，皆读书舅氏塾中。"

恽铭，号牧庵，清江苏阳湖（今武进）人。馀待考。

从母庄孺人常携先生至家中。

《卷施阁文乙集》卷七《从母庄孺人墓表》："庄孺人，吾母同产姊也。少而开敏，为外王父嶬峨君所爱，与吾母皆亲课之，所读倍于诸兄。年十九，归同里附贡生庄君韠荨。……与吾母尤相爱，每当归宁，辄周所乏。亮吉七岁时，孺人常携至家，时孺人五子，均在塾中。盈尺之壁，皆凿楹而贮书；胜衣之童，知盘辟而雅拜，亮吉见而慕焉。又一

日,至孺人家,悯其宿饥,食之过饱。未几,而鞶系解于砌,孺人为泣而正焉。"

本年,徐书受、万承风、永惺、韦佩金、孔广森、铁保、永瑆、唐仁植、赵绍祖生。

乾隆十八年,癸酉(1753),八岁

吕培《洪北江先生年谱》:"在外家塾,从恽牧庵先生铭受《孟子》。"是岁,先生大病几殆。

《玉麈集》:"余弱龄读书至孟子'然而轲也'句,塾师厉声曰:'轲字当读作某字。'余问曰:'讳名为圣人为然,孟子何独尔也?'师曰:'以读其书耳!'余问曰:'子思、曾子独不读其书乎?'师默然。"

《外家纪闻》:"余八岁时,在外家得疾几殆,后匝月方愈,而读书智慧顿减。据外家诸兄姊云:'与前判若两人矣。'"

适杨氏从母因寡携二女依外祖母居。

《外家纪闻》:"余八岁时,适杨氏从母以孤苦无依,挈二女入城,依外祖母以居。……外祖母率诸舅氏及太宜人等为暖宅之燕。是日,余在塾,适授《孟子》曰'欲贵者'一章。日旰解馆,即诣新宅。外祖母询及日课,即摘章内'饱乎仁义'令对。余即应曰:'宜乎室家'。诸舅氏以其切于事理,并赏之。"而吕《谱》将此事系于甲戌(1754)先生九岁时,不确。

自塾中归,常伴母纺读书至五更。

《卷施阁诗》卷十《南楼忆旧诗》第八首:"夜寒窗隙雨凄凄,长短灯檠焰欲迷。分半纺丝分半读,与娘同听五更鸡。"下有小字注:"余八九岁时自塾中遣归,每夜执经从太安人纺侧读,恒至漏尽。"

孙星衍、杨芳灿、吕星垣、法式善、唐仲冕、谢振定、陈鳣、李符清、李尧栋、董达章、刘大观生。

乾隆十九年,甲戌(1754),九岁

是年,受从舅母庄孺人奇爱。

《外家纪闻》:"九岁,从舅氏裕中先生妻庄孺人有知人之鉴,以骨

格奇爱余。"

秋,有咏秋月诗。

> 《外家纪闻》:"余八九岁时,侍外祖母居南楼,庭桂正开,秋月初
> 出,外祖母命余率意以咏之。余得二句云:'明月照千里,秋花香一
> 庭。'外祖母亟赏之,以为他日必有诗名。"

李赓芸、伊秉绶、陈廷庆、福康安、李奕畴生。

乾隆二十年,乙亥(1755),十岁

夏,外王母龚太孺人赠书数册。

> 《卷施阁文乙集》卷《南楼赠书图记》:"南楼者,外王母龚太孺人
> 怡老之室也。予以髫年,过承识爱,别异诸孙之列,策其凌绝之程。先
> 是,外王父嶒峨君喜贮书,有田十双,岁以半所入购积轴,历数十年,而
> 仓粟未满,书签已盈。""每当朱明入序,赫日悬庭,陈万卷于轩楹,散群
> 函于室牖。""盖自嶒峨君卒后,辄遇伏日举而行之。""一日暴书之暇,
> 外王母抽数册以授曰:'吾家代衰矣,能读是书者,其惟甥乎?'予时十
> 岁,再拜受之。"

> 《卷施阁诗》卷三《送蒋大齐耀南归》末联:"手授一编仍未习,十
> 年端愧望孤甥。"句下小字注:"予少为外祖母钟爱,今手授书尚存。"

在外家塾满。

王芑孙、凌廷堪、吴蔚、吕荣、吴堂、盛惇大、叶继雯、胡钰、吴卓信、温汝适、王
宗炎、汪如洋生。

乾隆二十一年,丙子(1756),十一岁

自外家遣归。

> 《更生斋文乙集》卷三《平生游历图序》:"《右北屋泛槎图》第。主
> 人十一岁自外家遣归,即从太宜人居中河桥南赁舍。"

是岁,常州一带春夏大疫、大荒,母蒋太宜人鬻田以资饘粥。

> 光绪《武进阳湖县志》卷二十九:"(乾隆)二十一年,春夏大疫。"
> 《更生斋续集》卷十《过徐湖桥感旧》:"却典外家十亩田,薄营饘

粥度凶年"句下小字自注:"太宜人有赠嫁田十亩,在桥侧,亮吉少孤,藉以自给。及乾隆丙子岁大荒,始鬻田以资饘粥。"

陈增生。

乾隆二十二年,丁丑(1757),十二岁

秋,七月下旬,随母与从母暨外家诸姊妹赴城北青山庄访桂,并赋新月廊诗。

    《更生斋文乙集》卷三《平生游历图序》:"《右山墅访秋图》第三。图中所绘,为城北之青山庄。……岁丁丑,主人年十我十二,曾随母与从母暨外家诸姊妹赴访桂,一至其地。时主人已受四经,甫学吟,太宜人与从母曾命赋新月廊诗。"且前有赞:"侍亲游兮白露节,中外群从兮讫臧获。"

    按:是年白露,七月二十四日。

外祖母龚太孺人赴江西就养,招集诸孙暨外孙相别。

    《外家纪闻》:"南楼盛事,以外祖母将赴江西就养,因招集诸孙男女、外孙男女共二十许人,昕夕宴集楼上者旬日,夜即环外祖母卧榻以寝。及晨光乍起,则诸人卧具前,饼饵等物,皆已毕具。盖诸舅妗及从母等杂送所馈遗也。余犹忆卧初觉时,颊上堆花糕二方,热气熏蒸,方从梦中醒,食竟未足,又攫诸姊妹未醒者食之,乃已。时余年甫十二。迄今思之,实童年第一乐事也。"

凌廷堪、汪廷珍、张问安生。

乾隆二十三年,戊寅(1758),十三岁

从表兄蒋肇新铭三受业,蒋口授陆云、陶渊明等魏晋文,同学则表弟蒋定熙等。

    《外家纪闻》:"表兄肇新,字铭三,实君舅氏长子。素工举子业,然一生勤苦,老于童子军。余十三岁时,曾从兄问业。酷嗜魏晋文。陶靖节《桃花源记》、陆士云《豪士赋序》,以《头责子羽》等文,皆兄课读时口授。时表弟阿定小余二岁,亦同在塾。以年相若,尤相昵爱。"

    蒋肇新,字铭山,清江苏阳湖人。馀待考。

十月,舅蒋实君卒于江西德兴,表兄肇新西行奔丧,因寄读于陈宝(蕤宾)家塾,受其劝学之励。

《外家纪闻》:"余从表兄铭三读书之岁,其秋,兄闻舅氏之讣奔赴江西,余因寄读于陈文学蕤宾宝之塾。……先是,蕤宾赴江宁省试舟覆,时先大夫适客江宁太守世执蔡君长澐署,闻之,即棹小舟往,以百计拯出之。并给衣履行费,始得就试。嗣后,蕤宾与先大夫游,如父子然。及是岁,余附读两月……蕤宾帖括之暇,亦间作诗。又酷喜录唐宋小词,不数日即成帙。余频从案侧窥视,即能背诵。蕤宾亦深赏之。以余孤露失学久,尝戏作嘲之曰:'饱食无馀事,嬉游了此生。读书心弋鹄,遇事若吞鲸'云云。余虽少,读之悚然。至今尚感其劝学之意。"

陈宝(生卒年不详),字蕤宾,先生远房中表。

读遍六经。

《卷施阁诗》卷八《洪儿歌为徐同年书受赋》:"我年始十三,六经都过目。"

始学作诗。

法式善《皇清奉直大夫翰林院编修洪稚存先生行状》:"十三学作诗,诗以排累胜,盖少年时即能为盘空硬语焉。"

乾隆二十四年,己卯(1759),十四岁

约在是年二月二日,识汤大奎。

按:《卷施阁诗》卷九《汤大令大奎以公事至甘肃往来皆过西安书赠六首》其二末句"所居曾咫尺,岸柳不能分。旧与君皆居城东兴隆里曹庵之侧。古巷一条直,疏钟两处闻。儿童尊辈行,里俗习温文。社日成嘉会,初看接坐芬"下小字注:"余年十数岁,以里中公事识君于刘氏宅。"据此,姑系于是年。

汤大奎(1728—1786),字曾辂,号纬堂,清江苏阳湖人。乾隆二十八年(1763)进士。历官柘城、德清、连江、凤山知县,死于林爽文乱。工诗。所著有《纬堂诗略》二卷、《炙研琐谈》三卷等。事具《清史稿》卷四百八十九、洪亮吉《卷施阁文乙集》卷七《福建凤山县知县赠云

骑尉世袭死节汤君墓表》等。

崔景仪、秦维岳生。

乾隆二十五年,庚辰(1760),十五岁

中表蒋定熙卒于江西德兴官署中,年十五。

> 《卷施阁文乙集》卷二《伤知己赋》"元方仲方"句下小注:"中表十
> 数人,定安、定熙尤与予善。定熙以庚辰卒于江西德兴署中,年十五。"

八月中秋,与外家兄弟蒋肇新、蒋定安、蒋青曜等候月达旦。

> 《卷施阁诗》卷十《南楼忆旧诗》:"槅子通明刷窗纱,小庭三面放
> 秋花。已凉天气清如许,约伴今宵守月华。"诗末有小字注:"庚辰、辛
> 巳岁后,值中秋日,每与外兄弟鸿三、定安、重光等外家姊妹于南楼守月
> 华,恒至彻晓。"

> 蒋定安(1743—1765),名宝善,清江苏阳湖人。《外家纪闻》:"从
> 表兄宝善,字定安,启宸先生幼子,性绝慧。成童时作书,即酷似二王。
> 素不习画,偶戏作《士女秋千图》,工丽即不减画苑。年二十三,未娶而
> 卒。遗命以道士服敛。"

> 蒋青曜(1749—?),字良卿,号耘庄,先生表弟,清江苏阳湖人。

初应童子试,不售。

> 《卷施阁诗》卷十《南楼忆旧诗》第二十二首:"寻常不放到门边,
> 生小都怜疾病牵。记得廿三逢县考,小心嘱上渡头船。"诗下小字注:
> "此指十五岁时,初寄籍阳湖,应童子试也。"

识汪榘堂。

> 《卷施阁诗》卷八《送汪秀才榘堂归钱唐》:"琴堂晓日列长筵,执
> 卷呼名始得前。君尊人邦宪,曾令阳湖。予始应童子试,即识君。我傍
> 土牛依砌下,君骑竹马出帘边。"

> 汪榘堂,清浙江钱塘(今杭州)人。生平不详,待考。

作《伯益考》。

> 《卷施阁文甲集》卷九有《伯益考上》《伯益考下》两文。

> 按:《伯益考下》题下有小字自注:"此系幼时所作,适从故篋中检

出，因附刊于此。"据自注，姑系于此。

庄逵吉、曾燠、杨揆、钮树玉生。

乾隆二十六年，辛巳（1761），十六岁

入读城北邹翁家塾，塾师为唐为垣。邹翁赏爱之，欲以女妻之，闻有所聘，作罢。

　　《洪亮吉集》之《附鲒轩诗》卷一《郭北篇》序云："辛巳岁，洪子读书郭北邹翁家。翁怜其贫，欲以女妻之，闻有所聘，乃止。洪子感其意，作《郭北篇》。"诗云："儿家城东偏，翁家郭北隅。附翁钱一千，伴翁儿读书。读书书何多，翁言儿大好。枉有七八男，无如此儿娇。翁言欲婿儿，设此堂上尊。十三名家息，十四廉吏孙。儿言苦濡涩，座客顾告翁。强自致一词，奈此两颊红。儿宗实萧条，母泪复缕缕。前织一匹缣，已聘贫室女。门前田十双，屋内锦十箱。翁言虽至诚，厚意固不当。"

　　按：先生入读邹氏家塾，吕培《谱》将之系于乾隆二十八年（1763），云："二十八年癸未，先生十八岁。在城北四十里邮村邹翁元士家塾，仍从唐麟臣先生习制举义。同学为邹福、梅廷、梅金川。邹翁极重先生，欲以女妻之，知有所聘，乃止。"另外，《更生斋文续集》卷二《唐见山先生传》："犹忆年十七时，读书郭北四十里邹翁塾中。"云自己十七岁就读邹氏家塾，较诗《郭北篇》所述晚一年。《附鲒轩诗》为洪氏早年作品，当从之；《唐见山先生传》为晚年所作，晚年回忆四十年前事，所记时间或有小误。

　　唐为垣（1730—1784），字麟臣，一字见山，清江苏阳湖人。诸生。工文辞，善书，以授徒自给。卒，年五十五。所著有《桐孙诗稿》一卷等。事具《更生斋文续集》卷二《唐见山先生传》等。

与董心牧订交。

　　《更生斋文甲集》卷一《董太恭人晚翠轩遗稿序》："舅妗董安人，庄太恭人从姑也，暇日偶携诸姊及亮吉访太恭人于玉梅桥里第。……亮吉时与心牧儿戏堂皇下。……殆成童日，复与心牧订交。"

　　董心牧（1746—1799），清江苏阳湖（今常州市）人。进士。官至广西浔州知府。行实详《董太恭人晚翠轩遗稿序》、刘凤诰《祭董心牧太

守文》(《存悔斋集》卷十二)。

管学洛、张惠言、张崟、朱理、朱锡庚生。

乾隆二十七年,壬午(1762),十七岁

二月十九日,于横舟亭边见到接驾之沈德潜。

> 《卷施阁诗》卷八《花朝日访袁大令枚江宁即出随园雅集图索题因赋以志别》:"吴门尚书年近百,横舟亭边亦相值。沈文悫德潜。"

> 沈德潜《沈归愚自订年谱》"乾隆二十七年"条:"二月朔有九日,同钱尚书陈群舟行迎驾。十有九日,接驾常州白家桥。"

> 按:先生见沈德潜一面,当在此时,故系于此。

> 沈德潜(1673—1769),字确士,号归愚,清江苏长洲(今吴县)人。乾隆四年(1739)进士,改庶吉士,以文学受知于清高宗弘历,历官至礼部侍郎。高宗南巡,加尚书衔。卒,赠太子太师,谥文悫。平生论诗崇格调,尊盛唐,选有《古诗源》十四卷、《唐诗别裁集》二十卷、《明诗别裁集》十二卷、《国朝诗别裁集》三十六卷等。所著有《竹啸轩诗钞》十八卷、《归愚诗文钞》五十八卷、《说诗晬语》二卷等。事具《清史稿》卷三百零五、《清史列传》卷十九以及《沈归愚自订年谱》等。

从塾师荆汝翼受《公羊》《穀梁》及制举义。

> 吕培《洪北江先生年谱》本年条。

> 赵希璜《研梿斋文集》卷一《己酉进士修职郎华亭县学教谕荆府君墓志铭》:"其徒如洪君亮吉、胡君钰、焦君兴,皆获高第以去。"

> 荆汝翼(1739—1794),字廷伟,一作廷纬,号桐轩,一号淡斋,清江苏丹阳人。乾隆四十二年(1777),考充镶白旗教习官。乾隆五十四年(1789)进士,次年,选授华亭教谕。长于制义。门下弟子取高第者有洪亮吉、胡钰、焦兴等。乾隆五十九年(1794)卒。事具赵希璜《研梿斋文集》卷一《己酉进士修职郎华亭县学教谕荆府君墓志铭》等。

在钱维城家识崔龙见。

> 《卷施阁诗》卷八《将至乌镇率成二首呈崔通守龙见》首联:"我骑竹马甫成童,绿野堂开识寓公。"句下小字注:"壬午岁,于钱文敏公第

中识君,时甫成进士。"

崔龙见(1741—1817),字翘英,号曼亭,清江苏武进人。乾隆二十五年(1760)中试顺天举人,次年成进士,历官陕西南郑知县、乾州直隶州知州、四川顺庆知府、杭州通判、同知、荆州知府、荆宜施道等。嘉庆二十二年(1817)卒。事具赵怀玉《亦有生斋集·文》卷十九《诰授中宪大夫分巡湖北荆宜施道崔府君墓志铭》等。

与黄景仁结交。

《卷施阁诗》卷一《结交行》:"我交黄子(景仁)十七年。"

按:《卷施阁诗》大体按时间顺序编次。此诗前一首为《读长庆集寄孙大》,该诗序云:"《长庆集》乐天自序长微之七年。今亮吉春秋三十有四,而季仇年才二十七,与微之小于乐天同。"据此可知《结交行》作于三十四岁时,时乾隆四十四年(1779)。由作此诗所述之年岁往上倒推十七年,则亮吉十七岁与黄景仁结交。许隽超《黄仲则年谱长编》于乾隆二十年(1755)黄氏"七岁"条引黄氏《题洪稚存机声灯影图》诗:"唤渡时过从,生小便相识",云:"洪亮吉时居白云溪南外家,生小相识,时相过从。"[1]是则洪、黄二人少时或许识面,一起游玩,但并未结交。

黄景仁(1749—1783),行二,字汉镛,一字仲则,别号鹿菲子或鹿菲道人。幼孤,性颖悟,应童子试,辄冠其曹。年十七,补博士弟子员。入龙城书院肄业,学大进。不乐授徒。后游京师,以诗名诸公间。会以召试二等,例得主簿,入资得县丞。为债家所迫,抱病逾太行,出雁门,拟从陕甘总督毕沅游。次解州,卒于河东盐运使沈业富运城官署中。遗著后人辑为《两当轩集》。事具洪亮吉《卷施阁文甲集》卷十《候选县丞附监生黄君行状》与左辅《念宛斋文稿》卷四《黄县丞景仁状》等。

冬,寄诗于朱筠。

《洪亮吉集》之《附鲒轩诗》卷一《寄大兴朱编修筠》诗前小序:"壬午冬,在友人处读公古赋数首,爱不忍释,又闻公爱士,遂作此寄之。"

---

[1] 许隽超:《黄仲则年谱长编》,上海古籍出版社2007年版,第16页。

诗云:"昭阳岁涂月,公文传手钞。闻公学昌黎,兴极乃欲号。昌黎善为文,乃不识李翱。昌黎善为诗,乃不值孟郊。我生十年学刺嘈,慈母训我穷风谣。哦诗切雅赋切骚,世晒才士如秋毫。君不见,公文足戴北斗杓,我笔亦倾东海涛。"

朱筠(1729—1781),字石君,一字美叔,号笥河,清顺天府大兴(今属北京市)人。乾隆十八年(1753),中乡试,十九年(1754)进士,官至翰林院侍读学士。历充福建乡试同考官、安徽、福建学政。奖掖人才,主持风会,一时绩学之士如戴震、王念孙、章学诚、洪亮吉等,多出其门。首议开四库馆。说经宗汉儒,精金石文字。所著有《笥河文集》《笥河诗集》《十三经文字同异》等。事具《清史列传》卷六十八、李桓《国朝耆献类征》(初编)卷一百二十八、朱珪《知足斋文集》卷三《翰林院编修诰授中议大夫前日讲起居注官翰林院侍读学士加二级先叔兄朱公墓志铭》等。

乾隆二十八年,癸未(1763),十八岁

始在外家授徒。

按:吕培《洪北江先生年谱》将先生授徒之岁系于二十岁时,云:"三十年乙酉,先生二十岁。在外家团瓢书屋,授表弟兆岣经。"其所云云,与谱主本人所述不合。对于自己授徒之岁,先生于晚年所作《外家纪闻》,一再云:"余十八岁,在外家授徒。""时团瓢书屋权作小宗祠。余十八岁时,曾在祠旁授徒。""余十八岁时在外家授表弟经,时素园舅氏罢官家居。"而于《上内阁学士彭公书》中,先生自述:"正月初六日,礼吉奉本学训导公文遣诣试院补壬辰(1772)年岁试毕,阁下命进见,教之者再,怜其贫,为作书致分巡常镇通道袁公处,俾得就近将母。"……"礼吉生数岁而孤,家贫,不克自振于学,十二始就外傅,十七抗颜作童子师。……袁公推阁下之雅,相待异于流俗,曾许为谋一定所,尚未能得。家贫母病,数月中负米无赀,又未尝不以此辍学也。前有人来扬州述阁下注念礼吉之意,故敢及之。谨此,肃问正月后起居,并望阁下有以正而教之,幸甚,幸甚。三月二十五日,礼吉再拜。"详书

末"前有人来扬州述阁下注念礼吉之意"句,时先生在扬州。据此,则乾隆甲午(1774)三月下旬,其时先生二十八岁。在此书中,先生述自己"十七抗颜作童子师",对于十多年前之经历,其记忆当不会有错。如果此"十七"就周岁而言,极言其"作童子师"之早与家境之贫寒,则与其在《外家纪闻》中所述十八岁授徒相符。而《附鲒轩诗》卷三《赠邵进士晋涵八十韵》中云:"忆予甫成童,授书契颜曾。"成童,一般是指十六岁。卷六《舍弟以八月亲迎予悯其未知稼穑之艰难而即有家室爱作诗二首勗之以成人之义云尔》:"我年十五六,即为童子师。"两诗言十五六岁时即开始授徒,更早于《外家纪闻》中所述之十八岁。今姑系于十八岁。

二月十三日夜,乘月出城,迷路。

《附鲒轩诗》卷一有《二月十三日夜乘月出城至小东门桥迷路三鼓始反》述其事。

五月,染时疫,延及全家,祖母、祖父先后病逝。

吕《谱》本年条:"五月,解馆归。即染时疫,复延及全家,蒋太宜人濒危者数次。大母赵安人、大父封旅府君即于是月相继卒。先生承重,居庐至匝月,后病稍瘳。"

《亦有生斋文集》卷十六《国子监生洪翁墓碣铭》:"国子监生洪翁,以乾隆癸未五月卒。……孺人之卒,先翁十九日,年皆七十馀。"

江藩《汉学师承记》:"年十八,祖妣赵及祖相继下世,君承重,水浆不入口,杖而后起。"

黄丕烈生。

乾隆二十九年,甲申(1764),十九岁

春,作《云溪春词》等诗。

《附鲒轩诗》卷一《云溪春词》第一首诗:"欹枕篷窗听雨眠,记来前事当游仙。销魂一曲云溪水,坐阅春光十九年。"

按:据诗尾句,可知此诗作于是年,故系于此。

在外家授徒,喜吟咏,私以棉夹衣为质市本朝人诗集三四种,遭母痛笞。

《外家纪闻》:"余十八岁在外家授徒,得暇辄喜吟咏。又苦无书可读,曾私质棉夹衣数事,巾本朝人诗集三四种。太宜人觅衣不得,曾痛笞之。不得已断机中鬻去,为一赎归。此乾隆甲申年事也。"

外王母龚太孺人自江西官廨就养回,五月十日,太宜人与诸舅氏从母为外王母补祝八十寿诞,先生执樽俎侍侧。

《更生斋文乙集》卷三《平生游历图序》:"右《云溪燕月图》第四。……岁甲申,外王母龚太孺人自江西官廨就养回,年已越八十。五月十日,太宜人暨诸舅氏从母,为外王母补祝,合宴于画船歌舫中。余时年十九,与外家诸兄弟姊妹得执樽俎侍侧。"

是年,弃授徒,入余芑亭家塾读书,同学有杨清轮等。

吕《谱》:"先生年十九岁。从北后街余芑贻丰受唐宋古文及制举义。余先生,常州府学附生,奇赏先生,有异才之目。每课文日,先生常兼作数篇,或一题即制其二其三。午馀,诸同学方构思未就,辄已交卷,时蒙击节叹赏。岁暮解塾,独为诗送先生,次即赏杨生清轮,后杨成乾隆甲辰进士。里中皆谓余先生有知人之明。"

《玉麈集》:"甲申岁,余读书余芑亭丰受夫子家。"

《附鲒轩诗》卷五《清泉白石图为余芑亭先生赋》:"清泉何淙潺,白石何盘纡。先生六十味道腴,颊端新拈白髭须。貌之玉立微有躯,双肩山耸步复趋。枕流坐石乐有馀,谈说仁义颜非迂。忆昔一载登师门,寒厅聚首十一人。二三子者章与秦,题难韵险艺毕陈。各脱束缚愁难驯,我成数艺甫及晨,颇耻刻烛来宵分。就中数子业最醇,乃独誉我称能文。"

余丰受,号芑亭。馀待考。

杨清轮(生卒年不详),字仲陆,江苏武进人。乾隆四十九年(1784)进士,选湖北嘉鱼县,丁父忧。服阕,选福建长乐县知县,断狱有杨铁案之称。擢汀州知府,平巨盗,坐长乐事去官。归,主讲龙城书院,为乡里所称。事具《武进阳湖县志》卷二十二《人物》等。

本年,省从叔于邗沟,识杭世骏,所作拟乐府及古赋为所赏,留语数日。

《更生斋文甲集》卷四《书杭检讨遗事》:"余年未二十,省从叔邗沟,始识先生。先生见所拟乐府及古赋,奇赏之,留语数日,曰:'汝后必入翰林,不可不知掌故。'因日举翰林故事十数则告之。"

按:年未二十,姑系年于十九岁时。

杭世骏(1696—1773),字大宗,又字堇浦,清浙江仁和人。雍正二年(1723)举人。乾隆元年(1736),召试博学鸿词,授翰林院检讨。二十八年,因条陈直言,下吏议,被放还。晚年主讲于广东越秀、扬州安定等书院。深于史学,雅善综述。所著有《道古堂文集》四十八卷、《道古堂诗集》二十六卷、《史记考证》七卷、《三国志补注》六卷、《汉书蒙拾》三卷等。事具《清史列传》卷七十一、洪亮吉《更生斋文甲集》卷四《书杭检讨遗事》、应漕《杭大宗墓志铭》等。

过访李存厚,留居十日左右。

《卷施阁诗》卷十七《李公子存厚梅窝图》题下小字自注:"罗两峰画。"诗中云:"两峰画石如屈铁,两峰画梅如植戟。披图我忽念畴昔,三十载前携腊屐。余未弱冠时,从叔为昆山尉,留居旬日。"

按:据小字自注"未弱冠时",姑系于此。

李存厚(生卒年不详),字懋和,号未庵,清江苏昆山人,国子监生,李世望之孙。天资颖敏,应京兆试不售,为光禄寺典簿,候补光禄寺署正。通经史,工诗文,尤长骈体。卒,年五十九。所著有《瓿馀吟草》《卧樗子诗文集》等。事具《江苏艺文志》苏州卷等。

戈裕良、阮元、那彦成生。

乾隆三十年,乙酉(1765),二十岁

受知于侍御舅氏蒋和宁。

《外家纪闻》:"年二十,复受知于侍御舅氏。"

蒋和宁(1709—1786),字用安,一字榕庵,清江苏武进人。乾隆十七年(1752)进士,改庶吉士。散馆,授翰林院编修,改湖广道监察御史,充贵州乡试正考官。后迁侍御。晚年主休宁讲席。为人乐善,喜汲引后进。工书。事具卢文弨《湖广道监察御史蒋公墓表》、袁枚《诰授奉政大夫湖广道监察御史蒋公墓志铭》等。

三月春末,与里中同人会课于腾光馆,并赏牡丹。

> 《外家纪闻》:"余弱冠叶,与里中诸同人结会课于杨氏腾光馆,共四十人,诸老宿俱在,而侍御舅氏评其文,以余为第一。"又:"杨氏腾光馆,在外家杏花楼,不特为里中课文之所,即春秋花事亦盛。杨大令望、秦文学炳文在日,遇牡丹及桂花盛开,每开馆宴客。"

> 《附鲒轩诗》卷一有《春尽日腾光馆赏牡丹》诗述其事。

七月二十一日,中表定安卒。

> 《卷施阁文乙集》卷二《伤知己赋》"元方仲方"句下小注:"定安以乙酉年卒,年二十三。"

> 《卷施阁文乙集》卷三《蒋定安墓碣》:"君以乾隆三十年,岁在乙酉,七月二十一日卒,年二十有三。"又:"君之卒,以瘵疾,遗命以道士服敛。"

本年,在依绿亭边与屠绅相识。

> 《卷施阁诗》卷十六《屠二绅自寻甸州守擢判广南道过贵阳留饮三日醉后赋赠》:"依绿亭边识君日,三十年来五回别。"

> 按:诗作于乾隆乙卯,时五十岁,由此往前推三十年,则二十岁时与屠绅相识也。"三十年"未必是确数,且姑系于此。

> 屠绅(1744—1801),字贤书,一字笏岩,号磊砢山人、黍馀裔孙、竹勿山石道人等,清江苏常州府江阴县人。乾隆二十八年(1763)进士。历官云南师宗县知县、寻甸州知州、广州通判等。嘉庆六年(1801),以候补在北京暴卒。所著有小说《蟫史》二十卷、志怪笔记《六合内外琐言》二十卷、《鹗亭诗话》一卷、附诗一卷等。事具沈燮元《屠绅年谱》、洪亮吉《玉麈集》等。

东游,在壁间初次读到蒋士铨诗句,流连淹留三旬。

> 《附鲒轩诗》卷四《寄铅山蒋编修士铨》:"我年十五知读书,廓然二十东出游。东游见君壁间句,一室偃卧三旬留。当时止识诗句好,欲讯君名识君少。客有传言姓字真,生今恨不知名早。"

> 蒋士铨(1725—1785),字心馀,一字苕生,号清容,江西铅山人。乾隆丁卯,举于乡;丁丑成进士,授翰林院编修。居官八年,乞假养

母,历主蕺山、崇文、安定书院。后入京以御史用。乾隆五十年卒,年六十一。所著有《忠雅堂集》《藏园九种曲》等。事具王昶《蒋君墓志》、阮元《揅经室二集》卷三《蒋士铨传》等。

陈希曾、李如筠生。

乾隆三十一年,丙戌(1766),二十一岁

六月,至江阴就童子试,遇黄景仁于逆旅,共效汉魏乐府,并订交。

> 《卷施阁文甲集》卷九《候选县丞附监生黄君行状》:"岁丙戌,亮吉亦就童子试,至江阴,遇君于逆旅中。亮吉携母孺人所授汉魏乐府锓本,暇辄朱墨其上,间有拟作,君见而嗜之,约共效其体,日数篇。逾月,君所诣出亮吉上,遂订交焉。"

何道生生。

岁暮,送黄景仁游京口。

> 黄景仁《两当轩集》卷一《晓雪》诗:"微哦忽忽思前游,丙戌岁暮吴陵舟。"又卷二十一《短歌别华峰》诗:"前年送我吴陵道,三山潮落吴枫老。今年送我黄山游,春江花月征人愁。"

是年,曾与黄景仁祭诗于里中晏公祠。

> 《卷施阁诗》卷十《小除日仿唐贾岛例与同年张问陶祭一岁所作诗并属王文学泽为作图各系以诗》:"我年二十登词场,接咏已有桥西黄仲则。晏公祠内祭诗处,一屋鬼神皆憎狂。"《玉麈集》卷下:"晏公祠在云渡北,余童时与诸中表游息于此,有'一钩新月晏公祠'句,即其地也。"诗中"二十"未必确数,姑系于此。

吴嵩梁、王引之生。

乾隆三十二年,丁亥(1767),二十二岁

春,至昆山访从叔县尉,作纪行诗多首。

> 《附鲒轩诗》卷三《将至昆山访从叔县尉》:"百里初看束装急,白家桥左趁船忙。春山一路题诗好,阿姊先为制锦囊。"

> 按:据"春山"句,亮吉访从叔当在春日。《更生斋诗续集》卷一《昆

山登文笔峰回憩花神庙作》诗末句下有小字自注："丁亥春,初访从叔
县尉至此。"据此,故系于此。

《附鲒轩诗》卷三纪行诗《昆山登文笔峰》《虎邱》《无锡道中》《饮第二泉》
等,均作于是时。

在昆山徐克庄秀才家见到宋《宝佑四年进士录》,并登传是楼。

> 《附鲒轩诗》卷三《读宋宝佑四年进士录》题下小字自注:"丁亥
> 年,在昆山徐秀才克庄家见之。"

> 《更生斋诗续集》卷一《昆山登文笔峰回憩花神庙作》:"蜡屐重来
> 叩佛扃,山光不夜已冥冥。……童年旧事仍能忆,传是楼燔汉石经。"
> 诗末句下有小字自注:"丁亥春,初访从叔县尉至此,曾偕戚徐某一登
> 传是楼。"

> 徐克庄,清江苏昆山人。行实待考。

十月三十日,外祖母龚太孺人卒。

> 吕《谱》:"冬十月,外王母龚太孺人病剧,先生自墅中侍疾,衣不解
> 者旬日。及卒,恸哭呕血。七七竟,始奉蒋太宜人归兴隆里旧宅。"

> 《卷施阁文乙集》卷二《伤知己赋》"太岁在亥而喆人亡"句下小字
> 自注:"外王母以丁亥十月晦日下世,年八十四。是秋,大霖雨,宅前白
> 云溪中水溢出数尺。"

本年,偕黄景仁赴龙城书院受业于邵齐焘,邵称之为"二俊";作史论,为邵
所赏。先后同学有左辅、杨梦符、杨伦及其弟杨炜等。

> 《卷施阁文乙集》卷二《伤知己赋》:"青门丈人,来自新昌。岁丁
> 亥、戊子,邵先生主龙城书院讲席,余偕黄君景仁受业焉,先生尝呼之为
> '二俊'。垂二俊之誉,共江夏之黄。作论盈箧,余时著史论数十篇,先
> 生奇赏之。唫声满廊。"

> 按:《黄仲则年谱长编》将黄受业于邵齐焘系于丙戌[①],不确。诚
> 然,邵主龙城书院是始于丙戌年,但此年未必是黄受业之年。先生作史
> 论事未必在本年,或在次年,今姑系于此。

---

① 许隽超:《黄仲则年谱长编》,上海古籍出版社 2007 年版,第 29 页。

邵齐焘(1718—1768),字叔宀,号荀慈,江苏苏州府昭文县(今江苏常熟市)人。乾隆七年(1742)进士,仕为翰林院编修。年三十六,罢归,后历主龙城书院。长于骈文,擅书。所著有《玉芝堂诗集》三卷、《文集》六卷等。事具《清史列传》卷七十二、郑虎文《吞松阁集》卷三十四《翰林院编修叔宀邵君墓志铭》等。

杨炜(1749—1814),字槐占,一字星园,清江苏武进人。乾隆四十三年(1778)进士,改庶吉士,散馆以知县用,选授河南柘城,调署商丘。擢江西安南同知,调袁州,署饶州、南昌知府,后历署广东南韶连、高廉、雷琼道。在河南,两充乡试考官。善书工诗,所著有《西溪草堂集》等。事具赵怀玉《亦有生斋集·文》卷十六《诰授中宪大夫广东候补道前江西南昌府知府杨君墓表》等。

乾隆三十三年,戊子(1768),二十三岁

四月,送黄景仁游黄山。

邵齐焘《玉芝堂文集》卷六《送黄生汉镛往徽州序》:"黄生汉镛,……粤以首夏,忽乎将行。余讲文此邦,才逾二载。"

黄景仁《两当轩集》卷二十一《短歌别华峰》诗:"前年送我吴陵道,三山潮落吴枫老。今年送我黄山游,春江花月征人愁。"

九月十六日,与蒋宜人成婚,赘于外家。

吕《谱》本年条:"九月十六日,蒋宜人来归,先生赘于外家。凡三日,始同归兴隆里旧宅。"

《卷施阁文乙集》卷二《伤知己赋》:"鸡犬满栅,别公房之婿乡。余为舅氏实君先生之婿。岁戊子,因赘焉。"

二十一日,赴常熟吊唁恩师邵齐焘。

吕《谱》本年条:"即赴吊邵先生于常熟。"

《更生斋诗余》卷一《凤栖梧》词前小序:"戊子秋杪,至虞山赴邵先生荀慈之丧,时亮吉甫接禠三日。今复以事来游,则距悼亡日甚近也,感而赋此。"

本年,过南楼,哭外祖母。

《外家纪闻》:"戊子岁后,余有《重过南楼哭外祖母》诗,中一联云:'半世文章夸阿士,十年风雨梦空楼。'惜全篇已失。"

王豫、陈用光、许宗彦生。

乾隆三十四年,己丑(1769),二十四岁

正月,叔姊适同里史德孚。

吕《谱》本年条:"正月,叔姊适同里史君德孚。"

史德孚,清江苏阳湖人,行实待考。

三月,黄景仁自徽州致书。

《玉麈集》卷下:"己丑岁入春后,淫雨连月不止,黄仲则在新安寄书曰:'今春雨可笑否?白云渡新涨,必不如新安江,然颇思之。'"

按:黄景仁《两当轩集》卷一《春雨望新安江》:"入春三月雨不止,意欲涨满新安江。"据此两句,其寄书于亮吉,当在三月。

四月十日前后,以本年所作诗质舅氏蒋和宁,其中乐府五古受舅氏深赏。

《玉麈集》卷下:"蒋藕渔舅氏自黄山归,余以己丑岁诗质之,深赏其乐府五古。"

按:《玉麈谈》成于本月十三日(说详下),此事最迟不晚于十日前后,姑系于此。

十三日,著《玉麈谈》成,共上、下两卷。

《玉麈谈》卷前序:"屠维赤奋若夏,复以酒病呕血数升。太夫人素严厉,因敕闭户不出。闲居无聊,取平生师友间言论风采可记忆者申纸疾书,不复窜削,至丙夜,得二百馀则,以笺烛俱尽而止。因列其可诧可愕者为《燃犀集》,六十馀则均属屠笏岩、赵味辛。为之序,盖浴佛之后五日也。莲自记。"

按:"屠维赤奋若",太岁纪年,干支纪年之己丑也。"浴佛之后五日",四月十三日,故系于此。

本月,黄景仁有《醉歌寄洪华峰诗》。[1]

---

① 许隽超:《黄景仁年谱长编》,上海古籍出版社 2007 年版,第 58 页。

五月,应童子试,补为阳湖县学附生。

吕《谱》本年条:"五月,应童子试,补阳湖县学附生。"

是年另有《依绿亭得句》《汪生彦和出元人画二十幅分赋其五》(《右留后归寒图》《右伏生授属土》《右季布任下图》《右张苍治历图》《右贾谊上书图》)《山行》等诗。

七月六日,与赵怀玉、刘骏访陈明善于亦园。

《玉麈集》卷下:"七月七夕前一日,同人集陈野航明善亦园赋诗,赵上舍味辛怀玉首唱,刘秀才月亭骏擅长。其一联云:'商声早落碧梧井,夜色忽明秋水楼。'"

吕《谱》本年条:"七月,与诸同人访城西徐墅陈刺史明善于亦园,与无锡秀才邵辰焕、江阴屠进士绅、同里刘文学骏、中表庄上舍宝书、赵上舍怀玉唱和极多。是月,长女传箫生,未几殇。"

刘骏,江苏阳湖人,行实待考。

陈明善(1736—1803),字服旃,号野航,清江苏武进人。勤学问,耽吟咏,工书翰,有经济才。游京师,为名流所赏。官山西间关、雁门等地。后乞归养母,以书画名江南。家有亦园,擅林亭之胜。事具《清代毗陵名人小传稿》卷四等。

邵辰焕(生卒年不详),字星城,清江苏金匮人。诸生。侨寓江阴。工书善诗,著有《传观堂稿》等。事具《江阴县志》卷十八等。

庄宝书(1740—1795),字然乙(或作一),小字梅生,清江苏阳湖(今常州)人。先生从母子,监生。屡举不第,后以四库馆誊录叙议山东聊城县丞。工诗,尤擅书,其抑郁不平之气,悉寓于书中,倔强夭矫,一无平笔。所著有《梅屐山房诗钞》。事具徐书受《教经堂文集》卷八《庄然一哀辞》《光绪武进阳湖县志》卷二十六《艺术》、张惟骧《清代毗陵名人小传稿》卷五等。

约于八月上旬,黄景仁自黄山归,闻先生女殇,慰之。

黄景仁《两当轩集》卷一《和仇丽亭》诗题自注:"八月,自新安归。"卷十七《凤凰台上忆吹箫·洪稚存悼殇女,和韵广之》:"来是何心,去耶真幻,为他放下帘钩。算浦珠初孕,岚黛旋收。略似一湾新月,初生也、即便难留。惆怅处,红茵绣褓,触眼成愁。

　　休休,西风又起,早一叶梧桐,吹下高楼。莫听箫午夜,挑断银篝。摆脱红尘浩劫,彭殇尽、一样荒丘。休频忆,经春鹤梦,总付悠悠。"

十四日,与黄景仁泛舟城东。

　　黄景仁《两当轩集》卷二十二《八月十四日夜偕华峰放舟城东,醉归歌此》:"黄子独坐夜方悄,秋声在树月在帘。卷帘见月感秋意,栖乌怯露啼□檐。床头有酒欲斟酌,苦少共者忧心恹。忽闻华峰大呼至,排闼倾几翻书签。挈我出门步行蹱,奇气洒若双峰钴。谓我兀坐不解事,絮絮誉我如热谵。我于此时亦高兴,但恨贩贩皆闾阎。急呼小舟买新酿,排列蔬果罗酸咸。一声柔橹破寒玉,几点白鹭飞苍蒹。斯时天空碧如削,皎皎一镜开新奁。星随大野阔无际,宾鸿落叶声相兼。荒楸几处闭幽魄?长空万树撑虬髯。华峰半酣酒悲起,长袖飞举如风帘。我吹铁笛叫阊阖,乱卷苍狗驱飞廉。林魈巨蟒不敢出,游鱼时一相窥觇。我思世途对面起坎坷,翻手作雪覆手炎。一生三万六千日,惟月与我百不嫌。其间圆缺去其半,更或阴翳吹廉纤。否即黯然作离别,不或蒙被成危玷。此时此景复此客,深杯百罚何容谦。尔来风尘苦龌龊,朝吁暮喈。两丸鞭挞如电击,苍浪素发难施镰。三秋忽作风箨卷,万事不随泥絮沾。向狐谋裘岂长策?归来面目青而黔。持螯十指若槌重,一懒无计能针砭。俗物到眼复遭呕,欲出一语牙如箝。今朝忽得旧雨至,有似积潦逢阳暹。天公亦复解人意,一力为我磨新蟾。狂奴故态不可耐,讵顾市上遭髡钳。天空海阔万籁息,可累心处俱从歼。须臾酒尽玉山倒,扣舷脱帽披衿襜。舟人奴子语切切,虑我失足遭波淹。二人张目大声吼,责以秽琐词颇严。苍茫返棹水烟暝,女墙一片排空黏。中有不尽女娲土,各各闭户营黑甜。谁知人事有不到,吾所有者随吾猒。明朝三五想更好,庚公豪兴君应添。还家火急拈险韵,落月照见吟肩尖。"

十六日,夜偕黄景仁泛舟白云溪。

　　黄景仁《两当轩集》卷十七《兰陵王·十六夜偕稚存泛月溪上,次韵》:"清光足,却似君才万斛。把琴樽、挈下扁舟,抚袖凌风入空廓。一更天似沐,两桨乱冲寒玉。展眼处、枯木苍莨,古意茫茫堕高阁。

殷勤杯共属，叹锦瑟年华，几时堪复？姮娥此景休相促。待五岳游过，九州岛阅遍，者回携手白云宿，禽鱼共征逐。灭烛，溯寒渌。渐铁笛将残，葛衣嫌薄。一声归橹空林角。倘此间无尔，今宵少仆。城南明月，可也凄惨孤独。"《更生斋诗馀》无先生原词。

十九日，与钱璟、庄宝书、屠绅、刘骏、赵怀玉集味辛斋桂树下。

赵怀玉《亦有生斋集》卷一《八月十九日钱八璟、庄四宝书、刘大骏、洪大莲、屠二绅集味辛斋桂树下》："平分秋色秋刚半，屈指年光速流换。庭前老桂一夜开，黄雪飞香清鼻观。招邀同辈三五人，据石临流设风幔。是时日午悬清光，大斛前盈敞虚馆。评诗争论唐以前，传酒何辞爵无算。名山事业付阮展，敝屣功名笑稚锻。雪泥鸿爪亦何常，浮梗飘蓬合终判。诸公要作席上珍，而我不辞厨下爨。二难死美兹夕并，过眼烟云君莫叹。江山闲福天所私，他日得之当垄断。声壶漏刻屡移下，卜饮讵嫌宵复旦。酒阑乘兴蹋六街，冷月侵衣人影散。归来墙角鸡三号，东有启明光灿烂。"

钱璟（1721—1770），字希宋，又字广平，清江苏武进人。乾隆二十八年（1763）进士。第后不仕，居家养母。精于明史。事具赵怀玉《亦有生斋集·文》卷十二《进士钱君行状》等。

十月初二日，赵怀玉与屠绅期先生联句，先生未至。

《亦有生斋集》卷二《味辛斋前联句》："霜节开元冬，云踪感素友。……欲觅扫愁帚，芳晴讯漆胶。怀玉。雅报失琼玖，时期洪莲不至。空复期芦碕。绅。"

按：此诗次于《十月朔日黄秀才景仁招饮醉后游近园作》，则赵、屠二人联句当在初二日（说详后），故系于此。

初三或初四日，与赵怀玉、屠绅于味辛斋联句。

《亦有生斋集》卷二《味辛斋后联句》："宴景方移序，霜风乍戒严。庭堆林叶满，怀玉。池印月痕纤。坐处侵书带，屠绅。行来侧帽檐。毡庐思集友，洪莲。"

按：据"池印月痕纤"句，当是初三或初四日，故系于此。

十五前后，黄景仁自宁波束诗先生。

　　黄景仁《两当轩集》卷一《明州客夜怀味辛、稚存却寄》:"别来甫及旬,离思已如积。海角多飘风,入夜更凛冽。鱼龙一以啸,涛声震空壁。冻鼓惨欲沈,寒檠短将没。何来万感交,扰此寸肠裂。念我同袍人,按铗起叹息。悲欢共情愫,来往溯晨夕。各抱百年忧,念我更恻恻。苦语犹在耳,形影儵以隔。岂曰轻远游,欲已不可得。"

十二月初,屠绅、赵怀玉、黄景仁过访,典衣沽酒。

　　《玉麈集》卷上:"腊后一日,寒甚。午后,忽屠笏岩、赵味辛、黄仲则过访,余拉入酒肆痛饮,明日典衣偿之,作《典衣行》,三君皆和韵以赠。屠后《雨夜怀人绝句》云:'旗亭风雪便勾留,一楫能教五体投。我忆洪都狂道士,兴阑亲典鹔鹴裘。'"其诗今不存。

　　《卷施阁诗》卷六《抵里门感赋》其一:"到门已作皋鱼泣,久客空馀陆贾装。犹忆十三年上事,典衣沽酒奉高堂。"

　　《亦有生斋集》卷二《典衣行为洪秀才莲作》:"客苦寒,客衣单;客不醉,客颜悴。客欲觅酒羞囊空,呼朋还过旗亭中。亭中小儿知客贫,拍手笑客客不嗔。客不嗔,典衣去,人生痛饮余莫顾,明日拍浮任何处。烛花乱落夜正长,婆娑起舞欢未央。始知酒力胜于火,大地忽变为春阳。朔风城头堕霜月,孤雁一声冻云裂,客归酒醒僵如铁。"

十二月九日,初雪,偕屠绅访赵怀玉。

　　《亦有生斋集》卷二《初雪屠二绅洪大莲过访用聚星唐韵》:"虬枝冻裂飞干叶,昨朝腊八今朝雪。"

本月,黄景仁作《独鹤行》柬先生及赵怀玉。

　　《两当轩集》卷二十二《独鹤行简赵味辛兼示洪对岩》。

　　许隽超《黄仲则年谱考略》本年条。

本年,朱琦、庄曾仪生。

乾隆三十五年,庚寅(1770),二十五岁

三月初十日,黄景仁作书与先生。

　　《两当轩集》卷二《春夜杂咏》其八小字注:"初十夜作味辛、稚存书。"

《玉麈集》卷下:"仲则在楚中寄余书曰:'著作何如?出门时,犹见君研脂握铅,为香草之什。原注:时为蒋八骐昌题《仕女图》。君兴已至,不敢置喙,但仆不愿足下以才人终耳。高青邱诗,近日复读,以君曾短其五古故也。及细玩之,殊爽然失。盖青邱虽不以五古传,而仆独谓胜其乐府、七古远甚,味清而腴,字简以练,《拟古》诸章尤妙。过此以往,欲恳足下降心阅之,求其用意不用字,字意俱用处。且更欲足下凡读古人诗,于庸庸无奇者,思其何以得传,而吾辈呕出心血,传否未必,其故何在?'右论诗数语,仆深用自愧,良友赠言,何时可忘耶!"

按:黄景仁于楚中致先生书札或许非止一通,今姑系于此。

十四日,同赵怀玉、管世铭泛舟白云渡,为管送行。

《亦有生斋集·诗》卷二《清明后二日管大世铭、洪大莲泛舟白云渡,游舣舟亭。时管将北行,兼怀令叔干珍作》。

按:清明,三月十二日。

管世铭(1738—1798),字缄若,号韫山,清江苏阳湖人。乾隆四十三年(1778)进士。历官户部主事、军机章京、监察御史等。以制举文有声于世。所著有《韫山堂诗集》十六卷、《韫山堂文集》八卷、《读雪山房杂著》一卷,所辑有《读雪山房唐诗选》四十卷《序例》一卷等。事具《清史列传》卷七十二、陆继辂《崇百药斋文集》卷十八《掌广西道监察御史管世铭墓表》《碑传集》卷五十七等。

七月中旬,黄景仁自湖南归里[①],因阻雨不得见,作诗寄之。

《附鲒轩诗》卷二《黄大景仁自湖南归阻雨不见却寄》:"才把征帆卸落晖,溪南溪北怅暌违。无端一夜潇湘客,带得蛮烟瘴雨归。"

偕黄景仁访左辅,并与董思驹订交。

吕《谱》本年条:"始与里中董太守思驹、左刺史辅订交。"左辅《杏庄府君自叙年谱》本年条:"辅仍设家塾,与洪亮吉稚存同附课书院(龙城)。……黄仲则自湖南归,偕洪稚存过访,见而称赏,遂相亲爱。"据

---

① 黄景仁《两当轩集》卷二《对月》:"月明经客久,风意逼秋初。"据此诗,黄氏归里,当在七月。《黄大景仁自湖南归阻雨不见却寄》诗次于《初十夜云溪忆蒋肇新舅弟》之前,则黄氏归里必在初十日之前。许隽超《黄仲则年谱长编》断黄氏归里为十五日前后,不确。

左辅之自叙年谱,洪与之订交在黄景仁自湖南返里后,故系于此。

董思馴(生卒年不详),字惠畴,清江苏武进人。乾隆五十四年(1789)进士,分户部,务持大体,不为苛察。由员外郎出为广西浔州知府,寻卒于官。事具《光绪武进阳湖县志》卷二十二《人物·董敏善传》附等。

左辅(1751—1833),字蘅友,号杏庄,清江苏阳湖人。乾隆五十八年(1793)进士。历官安徽南陵、霍丘、合肥、怀宁知县、泗州知州、颍州知府、广东雷琼道、浙江按察使、湖南布政使、巡抚。所著有《念宛斋集》等。事具左辅《杏庄府君自叙年谱》《清史稿》卷三百八十一、李兆洛《养一斋文集》卷十三《湖南巡抚左公墓志铭》等。

初十日,夜忆中表蒋肇新兄弟,并作诗。

《附鲒轩诗》卷二《初十夜云溪忆蒋肇新罘弟》,诗中有"薄暑不成寐"句。

十八日,偕黄景仁赏月,并作诗。

黄景仁《两当轩集》卷二《十八夜偕稚存看月次韵》述其事。先生诗今不存。

偕黄景仁附船至江宁乡试,沿途有诗。

吕《谱》本年条:"七月,偕黄景仁附瓜船至江宁乡试。"

《两当轩集》卷二《舟泊偕稚存饮江市次韵》。诗为七律,今《附鲒轩诗》不载,意先生原诗已佚。

八月六日及以后数日,与黄景仁入场与江南乡试。

《两当轩集》卷四《金陵待稚存不至适容甫招饮》:"去年人来白下时,清秋襆被相追随。"

按:黄景仁此诗作于辛卯(1771)秋。

中下旬,以后进之礼谒见袁枚,并偕黄景仁登鸡鸣山。

《卷施阁甲集补遗·三与袁简斋书》:"礼吉自庚寅以后进之礼见先生。"

按:谒见袁枚,当在乡试出场之后,故系于此。

《两当轩集》卷四《偕洪稚存登鸡鸣山》:"前代游观所,离宫面面开。草知盘马地,云识放鹰台。城郭丛花现,江流匹练回。回看孝陵树,怀古使心哀。"

袁枚(1716—1798),字子才,号简斋,晚号随园老人,浙江钱塘人。乾隆四年(1739)进士,授翰林院庶吉士。历官溧水、江浦、沭阳、江宁等县知县。乾隆十三年,辞官,居江宁随园,以诗酒自娱。其诗标尚性灵,与蒋士铨、赵翼号称乾隆"三大家"。从学诗之门徒甚众,中颇多女弟子。嘉庆三年(1798)卒,年八十三。所著有《小仓山房诗集》三十七卷、《文集》三十五卷、外集八卷、《随园尺牍》八卷、《随园诗话》十六卷、《子不语》二十四卷、《续》十卷等。事具姚鼐《惜抱轩文集》卷十三《墓志铭》《清史列传》卷七十二、《清史稿》卷四百八十五等。

九月初九日前后,乡试报罢。

法式善《清秘述闻》卷七"乾隆三十五年庚寅恩科乡试"条:"江南考官:吏部侍郎曹秀先字芝田,江西新建人,丙辰进士。户科给事中汪新字又新,浙江仁和人,丁丑进士。题'六十而耳'二句,'及其广大'四句,'召太师曰之乐'。赋得'桂林一枝'得'馨'字。"

《北江诗话》卷五:"秋试揭晓,顺天、江南类皆在重九前后。"

曹秀先(1708—1784),字恒听,又字芝田,冰持,清江西新建人。乾隆元年(1736)进士,选庶吉士,授翰林院编修。历官国子监祭酒、内阁学士,历工、户、吏三部右侍郎,礼部尚书。受命在上书房总师傅行走,充《四库全书》馆总裁。卒,赠太子太傅,谥文恪。所著有《赐书堂稿》《移晴堂四六》《依光集》《使星集》《地山初稿》《省耕诗图》《衍琵琶行》等。事具《江西通志》卷一百四十等。

汪新(?—1798),字又新,号芳陂,清浙江仁和人。乾隆二十二年(1757)进士,改翰林院庶吉士,后授编修。历官礼科给事中、户科掌印给事中、江南乡试副考官、湖北布政使、安徽巡抚、湖北巡抚等。嘉庆三年(1798)四月,卒于军营。所著有《芳陂诗稿》等。事具清张云璈《简松草堂诗文集》文集卷一《总督衔湖北巡抚汪勤僖公墓志铭》《两浙輶轩录》卷三十四等。

吕《谱》本年条:"九月榜发,荐而不售。有游京口三山及江宁杂诗。"

《附鲒轩诗》二有《杂诗》十首,无游京口及三山诗。《附鲒轩诗》卷二《杂诗》其一:"寒萤值深秋,三两参疏星。"据此两句,《杂诗》应作于深秋九月。

十月二十三日,夜偕黄景仁、左辅、马鸿运饮。

《两当轩集》卷三《二十三夜偕稚存、广心、杏庄饮,大醉作歌》:"安得长江变春酒,使我生死相依之。不然亦遣青天作平地,醉踏不用长鲸骑。夜梦仙人手提绿玉丈,招我饮我流霞卮。"

《卷施阁文集》卷六《城东酒垆记》:"城东酒垆者,余弱冠之时与亡友黄君景仁、马君鸿运及今知南陵县左君辅、文学蒋君青曜诸人燕游之所也。"

左辅《念宛斋文补》之《马广心小传》:"余与黄仲则、洪稚存数相过从,广心因亦与狎。稚存、仲则皆好饮,余与广心不善饮,而好饮稚存、仲则。冬月客归,时相招携入肆沽,沽即纵饮,饮辄醉,醉则互相扶送归。"

马鸿运(1748—1775),字广心,清江苏常州人。诸生。寄籍顺天,以往返劳瘁卒。工诗文。事具《附鲒轩诗》卷六《旗亭小饮悼马秀才鸿运》末句下小字注及左辅《念宛斋文补》之《马广心小传》等。

蒋青曜斋头掘地得古棺索赋。

《附鲒轩诗》卷二《蒋青曜斋头掘地得古棺索赋》。《更生斋诗馀》卷二《金缕曲》,词前有小序:"寒夜,重光斋头看秋海棠,因言前曾于花下掘得古榇,发之,俨内妆宫嫔也。余感其事,因并赋之。嫔盖齐梁时宫人云。"

《两当轩集》卷三《蒋二良卿斋头掘地得桐棺丈余,发之,乃古宫嫔妆,颜色尚如生也。作诗记之,且调良卿》。

按:黄诗作于十月,故据之系于此。

十一月作《拟两晋南北朝乐府诗》百二十首。

《拟两晋南北朝乐府诗·自序》:"今秋文战报罢,因取两晋南北史事杂书之,为拟古乐府百二十首。……乾隆二十五年长至后二日,稚存洪礼吉自序。"

乾隆三十六年,辛卯(1771),二十六岁

五月,偕表弟赵怀玉至江阴赴科试。

吕《谱》本年条:"五月,偕赵表弟怀玉赴江阴,同寓赵孝廉敬业寓斋,科试一等四名,补增广生。"

七月,偕杨炳文、刘培基赴江宁乡试,九月初,榜发,不售。

吕《谱》本年条:"(七月)偕杨秀才炳文、刘上舍培基赴江宁乡试,同寓秦淮河坊。九月,榜发,不售。"

杨炳文,行实待考。

刘培基,行实待考。

法式善《清秘述闻》卷七"乾隆三十六年辛卯科乡试"条:"江南考官:少詹事彭元瑞字掌仍,江西南昌人,丁丑进士。吏部员外郎陈燮字和轩,福建闽县人,癸未进士。题'子所雅言'二句,'言前定则'一句,'上农夫食'三句。赋得'月涌大江流'得'源'字。"

彭元瑞(1731—1803),字掌仍,一字辑五,号芸楣,清江西南昌人。乾隆二十二年(1757)进士,改庶吉士。历官翰林院编修、詹事府少詹事,工、户、兵、吏部侍郎,礼、兵、吏部尚书,太子太保、协办大学士。卒,谥文勤。所著有《恩余堂稿》十二卷、《续稿》二十二卷、《三稿》十一卷、《宋四六话》十二卷等。事具《清史稿》卷三百二十、《清史列传》卷二十六等。

陈燮(生卒年不详),字和轩,清福建闽侯人。乾隆二十八年(1763)进士。历官吏部主事、郎中、江南乡试副考官、川东兵备使、权按察使司等。

秋,在江宁与汪中、顾九苞订交。

吕《谱》本年条:"是年秋,在江宁与汪明经中、顾进士九苞订交。"

顾九苞(1738—1781),字文子,清江苏兴化人。乾隆四十六年(1781)进士,被荐以四库全书馆分校,以亲老辞不就。归舟抵天津,疡发于颈,月余卒。所著尽没于水。事具何道生《双藤书屋诗集》卷一

《哭顾文子师二首并序》、章学诚《章氏遗书》卷十九《庚辛之间亡友列传》等。

　　汪中（1744—1794），字容甫，清江苏江都（今扬州）人。幼孤，稍长，为人佣书，遂遍读经史百家典籍，因学识渊博为时所重。年二十，补诸生。乾隆四十二年（1777）贡生，绝意仕进，嫉恶如仇，当世目为狂士。晚年校《四库全书》于杭州文宗阁，卒于僧舍。工诗文，尤以骈文著称，与洪亮吉并称汪洪。所著有《述学》内、外编六卷、《容甫遗诗》六卷、《广陵通典》十卷、《大戴礼正误》一卷等。事具《清史稿》卷四百八十一、《清史列传》卷六十八、《国朝耆献类征》（初编）卷四百二十、江藩《汉学师承记》卷七以及汪喜孙编《容甫先生年谱》等。

十一月，抵当涂，谒学使朱筠。朱时未抵任，因客太平知府沈业富署。时顾九苞、章学诚等亦客署中，顾九苞子顾凤毛亦在署读书，与之相识。

　　吕《谱》本年条："十一月，先生以馆谷不足养亲，买舟至安徽太平府，谒学使朱筠。时学使尚未抵任，沈太守业富素重先生，留入府署。"

　　《卷施阁诗》卷六《运城与沈运使业富话旧即席赋呈》其一首联："萍蓬踪迹尚天涯，十五年前客郡斋。"句下小字注："辛卯岁，沈君官太平太守，余客其署。"

　　沈业富（1732—1807），字既堂，清扬州府高邮州人。乾隆十八年，举于乡，次年成进士，授翰林院编修。历官江西副考官、山西副考官、国史馆纂修官、安徽太平府知府、山西河东盐运使。后以母老归养。居乡十余年卒，年七十六。所著有《味灯书屋诗集》等。事具阮元《揅经室二集》卷五《翰林编修河东盐运使司沈公既堂墓志铭》《江都县续志》卷六《人物》等。

　　章学诚（1738—1801），字实斋，号少岩，清浙江会稽人。乾隆四十三年（1778）进士。官国子监典籍，历主北方各书院讲习，并常就南北方志馆之聘，主修和州、亳州、永清诸县志等。所著有《文史通义》内外编九卷、《校雠通义》内外编四卷、《实斋文集》八卷、《外集》二卷等。事具《清史稿》卷四百八十五、胡适、姚名达《章实斋先生年谱》等。

　　顾凤毛（1762—1788），顾九苞长子，字超宗，别字小榭，清江苏兴化人,父顾九苞。乾隆五十三年(1788)副榜第一,未几卒。所著有《楚辞声韵考》《入声韵考》《毛诗韵考》等,另有未完成著作多种。事具焦循《雕菰楼集》卷二十一《顾小谢传》、章学诚《章氏遗书》卷十九《庚辛之间亡友列传》等。

与黄景仁登采石太白楼,并至青山谒太白墓。

《附鲒轩诗》卷二《青山谒太白墓》:"骑鲸醉月不肯留,死后却葬青山头。青山无人几千载,薛月松风苦相待。我欲发语惊鸿濛,诗成还输白也工。"

《两当轩集》卷四《太白楼和稚存》:"骑鲸客去今有楼,酒魂诗魂楼上头。栏杆平落一江水,伥可与君消古忧。"

同书卷十八《贺新郎·太白墓和稚存韵》。

十一月二十八日,朱筠抵安徽学使署。

汪中《述学·别录》之《朱先生学政记》:"乾隆三十六年,先生以翰林院侍读学士,提督安徽学政,以十一月甲子到官。"

十二月初八日,再抵当涂学使署,与朱筠相见,入其幕府,与邵晋涵、高文照、王念孙、章学诚、吴兰庭交,始从事经学研究。

吕《谱》本年条:"未匝月,适安徽道俞君成欲延书记,太守以先生应聘,已至芜湖,有留上朱学使书,学使得之甚喜,以为文似汉、魏,即专使相延入幕,以腊月八日复抵太平,黄君景仁已先在署。……既入学使署,又与邵进士晋涵、高孝廉文照、王孝廉念孙、章孝廉学诚、吴秀才兰亭交最密,由是识解益进。始从事诸经正义及《说文》《玉篇》,每夕至三鼓方就寝。"

《卷施阁文乙集》卷八《椒花吟舫图序》:"《椒花吟舫》者,翰林院侍读学士大兴朱先生邸第南偏栖息之所,而亡友怀宁余君鹏飞所作图也。……亮吉以岁辛卯,谒先生于当涂学使之署,始预宾僚,继焉问业。"

卷二《伤知己赋》:"昔者不乐,薄游江干。岁辛卯,朱先生视学安徽,一时人士会集最盛,如张布衣凤翔、王水部念孙、邵编修晋涵、章进士学诚、吴孝廉兰庭、高孝廉文照、庄大令炘、瞿上舍华,与余及黄君景仁,皆在幕府,而戴吉士震兄弟、汪明经中,亦时至。严、徐、枚、马,适馆授餐。"《更生斋文甲集》卷四《书朱学士遗事》："朱学士,名筠,大兴人。以乾隆辛卯视学安徽,延余及亡友黄君景仁襄校文役。"

孙星衍《清故奉直大夫翰林院编修加三级洪君墓碑铭》："谒安徽朱学使筠,延之校文。时幕下多通儒,邵君晋涵、王君念孙、汪君中,俱以古经义相切劘,所学日以进。"

俞成(生卒年不详),清浙江临安(今杭州市)人,进士。历官凤阳知县、知府、安徽宁池太广兵备道、分巡台湾道等。事具《凤阳府志》卷十三、《(光绪)重修安徽通志》卷一百二十九等。

吴兰庭(1730—1801),一作兰亭,字胥石,一字虚若,号镇南,晚号千一叟,清浙江归安人。乾隆三十九年(1774)举人。少有文名,壮游燕赵,多苍深清健之作。晚年流寓京师。稽古读书,深于史学。所作有《南霅草堂集》《读通鉴笔记》《史记纂误补》《五代史考异》等。事具《清史稿》卷四百八十五、《清史列传》卷七十二等。

高文照(1738—1776),字润中,号东井,清浙江武康人。乾隆三十九年(1774)举人。工诗,纵情山水。所著有《高东井诗选》四卷、《蘪香词》一卷等。事具王昶《湖海诗传》、阮元《两浙輶轩录》《湖州府志》卷七十六等。

十日或稍后,应邵晋涵请,为汪辉祖二节母题诗。

《更生斋文续集》卷二《奉直大夫湖南宁远县知县加三级萧山汪君墓志铭》："亮吉年二十馀,客安徽学使者署,始与馀姚邵学士晋涵订交,甫二日,即出《双节堂启》索诗曰:'此吾乡萧山汪孝子辉祖为二节母乞言也。'亮吉读竟,悚然异之,亦曾作一诗邮寄。"

邵晋涵(1743—1796),字与桐,号二云,清浙江馀姚人。乾隆三十六年(1771)进士,除翰林院庶吉士,充四库纂修官。历官右中允、侍讲学士兼文渊阁直阁事、日讲起居注官。于学无所不窥,尤能推求本原,实事求是。所著有《南江诗钞》四卷、《南江文钞》十二卷、《尔雅正义》二十卷等。事具洪亮吉《卷施阁文甲集》卷九《邵学使家传》、钱大昕《潜研堂文集》卷四十二《日讲起居注官翰林院侍讲学士邵君墓志铭》等。

汪辉祖《梦痕录馀》："(嘉庆)十年乙丑,七十六岁。……阳湖洪编修稚存亮吉过访,出赠《更生斋集》。有跋辉祖所撰二母行状一篇,情词真挚,至文也。编修初名礼吉。卅年前介二云乞言,得七古长篇。"

汪辉祖(1731—1808),字焕曾,晚号龙庄,清浙江萧山人。年十七补博士弟子员,累举不第,为人作幕,渐习刑名,善断狱。乾隆四十年(1775)成进士,官湖南宁远知县,兼摄新田县事,两署道州,两为湖南同考官等。为官多循政。长于刑名与史学。所著有《佐治药言》《学治臆说》《廿四史同姓名录》《辽金三史同名录》《逸姓同名录》《元史本证》《病榻梦痕录》及《诗文集》等十数种。事具《更生斋文续集》卷二《奉直大夫湖南宁远县知县加三级萧山汪君墓志铭》、阮元《揅经室集二集》卷三《循吏汪辉祖传》等。

作《古桧行》,朱筠有和诗。

《附鲒轩诗》卷二《古桧行》,诗题下有小字自注:"在太平使院古府子城上。"

《笥河诗集》卷八《古桧行和洪稚存》:"老桧阅人不数百,一千余年谁所植?清风亭地府子城,李白生时此立特。想其枝叶初覆亭,阳入青光阴入黑。月上影穿太古云,雷飞身倚高风客。态学螭龙枯挂枝,运换沧桑围益尺。苔丝半面受绿渍,腹窍中通容照逼。入肠万怪鸟测知,折折回看自然直。我初一至百走观,头项酸辛目为涩。绕之徙倚四放眸,青白诸山望可极。大司马袍解石间,树犹如此几击节?玄晖山又李贾买,次第都看是松柏。今兹小旱尔小枯,亦觉精神夜来雪。乃知长短与欣戚,摠似鸥来向凤吓。小亭若复合树根,斯言犹可书之石。"

按:朱筠与先生相见在十二月八日以后,故系于此。

二十六日,同朱筠、张凤翔、邵晋涵、章学诚、徐瀚、黄景仁、莫与俦等游采石。

朱筠《笥河文集》卷七《游采石记》:"辛卯冬十二月廿六日,余于上虞张方海凤翔、馀姚邵二云晋涵及会稽章学诚、宛平徐文圃瀚、武进洪稚存礼吉、黄仲则景仁、宛平莫逊之与俦,为采石之游。出太平南门,泛舟姑溪而下。是日久阴之后得晴,无风。沿溪水鸟,载飞载止。鸠鹭凫鹳之属,遭舟不惊,相与忘于水上。二十里倏忽,泊太白楼下矣。……

过翠螺书院,拜宋虞公允文祠,此间,公战地也。"

　　张凤翔(？—1777),字方海,清浙江绍兴人,寄籍顺天大兴。诸生,屡试不第。事具朱锡庚《未之思轩杂箸》之《方海先生别传》《(光绪)上虞县志》卷十二等。

　　徐瀚,字文圃,清顺天府宛平人,生平不详。

　　莫与俦(生卒年不详),字逊之,清顺天府宛平人。监生。尝充四库馆誊录生。

三十日,除夕,学使朱筠与诸幕客夜宴度岁,作《除夕》诗。

　　《附鲒轩诗》卷二《除夕》:"漫天霜雪朔风凉,客久惊看鬓亦苍。逝者如斯谁惜别,酒行以往总思乡。无多苦语凭南雁,不尽名心为北堂。犹有天涯知己泪,缄书欲寄更彷徨。"酒阑人散,思念母亲。

　　《笥河诗集》卷八有《除夕》四首,其四:"爆竹声中裂暮光,华灯照座此登堂。致佳宾客宵当彻,绝胜江山岁可忘。酒数黄香怀果醉,更阑吴质不眠长。胥石是夕独见思乡之色,故云。远游今夕谁无思,莫放平斟手上觞。"

陈文述生。

乾隆三十七年,壬辰(1772),二十七岁

正月初一日,立春,有诗。

　　《附鲒轩诗》卷二《壬辰元日立春》:"羲和鞭日一何驶,帝恐崆峒移甲子。天门夜半奏历元,以龙记年德在水。""百年所见亦仅此,元日立春书太史。"

与黄景仁夜话。

　　《附鲒轩诗》卷二《与黄大景仁夜话》:"已识牛衣贱,还惊马齿加。新春同作客,多病独思家。山色连晨雨,江声入莫笳。吴钩三抚罢,相对惜年华。"

十五日,元夕,怀念赵怀玉、蒋青曜、董沅、左大治等,有诗。

　　《附鲒轩诗》卷二《元夕词寄里中诸子》其一:"月出春城雾气消,客中情绪是元宵。沉沉一样尊前月,不及溪南挂柳梢。"其二末句小字

自注:"赵大怀玉、蒋二青曜,皆居云溪。"其三末句小字自注:"董秀才
沅居玉梅桥。"其四末句小字自注:"左大治舅居城东。"

董沅,生平待考。

左大治(1740—1790),字敬修,号蕙庄,清常州府阳湖人。左辅
兄。乾隆三十年(1765)举人。由方略馆誊录议叙,官河南通许县知
县。所著有《餐绿山房诗文稿》。事具左辅《念宛斋文集》卷四《河南开
封府通许县知县先兄蕙庄先生行述》等。

二月,万应馨归里,邀岁暮作客宜兴,因作诗相别,并寄赵怀玉。

《附鲒轩诗》卷二《送阳羡万应馨归里兼寄赵大怀玉一百韵》:"相
期腊雪前,来游备干糇。山蔬及村芋,一醉酌浊醵。""君归倘过郡,先
揖赵生否。予登六六峰,时将偕学使游黄山。望子在庭庙。""君嫌识
予迟,我曾耳君久。新交虽可乐,故交尚回首。书疏忆杨赵,客愁虑黄
九。"诗中"予登六六峰"句下小字注:"时将偕学使游黄山。"朱筠按部
徽州岁试在三四月间,则其送万应馨当在二月。朱筠《笥河诗集》卷九
《送万黍维》二首,其一中有"春雨朝复夕,客行留斯须"句,言万在其幕
下时间较短。

万应馨(1743—?),字黍维,号华亭,清江苏常州府宜兴县人。乾
隆五十一年(1786)举人,五十四年(1789)进士,历官广东仁化、新宁、
台山知县等,所至有声。引疾归,主讲蜀山书院。著有《鸡肋集》等。
事详《(道光)重刊续纂宜荆县志》卷七《人物》等。

三月初二日,清明,偕黄景仁、汪中访太平城东古院。

《两当轩集》卷十八《念奴娇·清明偕容甫稚存访城东古院》。

送汪中归里,有诗。

《附鲒轩诗》卷二《送江都汪中归里》:"汪生手携万言策,卖书桥
下曾相值。公然出语争缁铢,白眼逢人百不识。尔来对策何丰腴,红
绫本写君唾馀。君言此事本偶尔,三载一至慰倚间。撑肠拄腹苦无验,
手把奇书易长剑。**去岁君尽以书籍寄仲则处,易长剑去。**报导将酬国
士恩,不逢知己才犹敛。官书堆案日不移,君昔乐此言不疲。君前客太
平,作书记。乾坤一身任驱策,亲在讵敢言非宜。我今劝君归计速,乐

土何如反邦俗！他时好结竹西邻，白昼从君借书读。”

> 按：此诗次于初五、初六口《青山纪游》诗之前，故系于此。

初五、初六日，同朱筠、张凤翔、邵晋涵、章学诚、黄景仁游青山，独登青山巅，有诗纪游。

> 朱筠《笥河文集》卷七《游青山记》："出太平府城南大门大成坊，天微雨，溯姑溪而上，舟行十五里，至龙山桥泊舟。早饭，雨不止。……挽舟再上，雨密势潇潇，惧挽者滑而仆。少前，人上高岸。……余与同游张方海、邵二云、章实斋、洪稚存、黄仲则纵谈。……漏下三十刻即寝。明日雨止，同游者卧未起，稚存出庵去。及余起，日出半竹林。……山脊石颠倒反侧，荒古所弃。或疑星殒，石根石叶，舛泊伦次，中一石正立，土人曰谢公石。……而同游者独稚存不见。遣人四出登高呼之，良久，及舟而稚存后至。问之，云：早起望青山巅，奋欲登之，不知其远近。……念身到此，拾一小石子有文者以为记。独下颠踬踉跄跋涉而还。稚存可谓好奇，余不及者。舟行且语且笑，水与风顺，食顷达城门。兹游以初五日往，初六日返。乾隆壬辰莫春之月也。"

> 《附鲒轩诗》卷二《青山纪游》其四："空山节候晚，桃李初舒芽。流泉清浅中，只惜无桑麻。墓古子姓尽，生意并作花。颓光入夜永，颜色谁解夸。人事总如此，归途溯平沙。"

初十日，上巳，朱筠为会于采石太白楼，先生与之。

> 《卷施阁文甲集》卷九《候选县丞附监生黄君行状》："岁辛卯，大兴朱先生筠奉命督学于安徽学政，延亮吉及君于幕中。先生宾客甚盛，越岁三月上巳，为会于采石之太白楼。"

中旬，行当涂、南陵道中，并游水西，登烟雨亭，有诗纪行。

> 《附鲒轩诗》卷二《当涂道中》："平原三月中，秾花艳天地。"

> 同卷《南陵道中》："卅里南陵路，蓝舆古道闲。……还因去程急，未及访玄关。"

> 同卷又《游水西登烟雨亭》。

十五日，行柳山道中。

> 《附鲒轩诗》卷二《三月十五日柳山道中》："青草都愁石路幽，马

行真与雁行侪。百年亲在还行役,三月春归感去留。"

月底,先生于文家宗祠看牡丹,待同人不至。

> 《附鲒轩诗》卷二《文家宗祠看牡丹待同人不至》:"文家宗祠在何
> 处,三十里为停骖来。官厨待客久不至,下马浅步寻蒿莱。……凭阑坐
> 深客初至,草草看花毕春事。"

> 按:据"草草看花毕春事"句,当是三月月底,故系于此。

三十日,已抵新安,行饯春之饮。

> 黄景仁《两当轩集》卷十八《小重山·壬辰三月晦日新安客舍》:
> "整整春光客底逢。人随波上下,絮西东。莺啼草长雨蒙蒙。花事尽,
> 添倍暮城空。门巷落英中。几番寻不见,旧时踪。饯春筵散太匆匆。
> 帘卷处,三十六遥峰。"

> 按:黄、洪二人均为朱筠按试各州府幕僚,黄景仁行程,亦先生行
> 程。据"饯春筵散太匆匆"句,在新安有饯春之饮。

本月,乞邵晋涵为父作行状、朱筠作碣铭。

> 《笥河文集》卷十四《国子监生洪君权厝碣铭》:"余至太平之初,
> 阳湖县学生礼吉来从余游。礼吉能诗歌,其貌温然而中英英有气。余
> 读其所拟乐府,心奇之,留幕中。明年春三月,礼吉乞馀姚邵进士晋涵
> 为其尊甫君状,请余铭。"

> 邵晋涵《南江文钞》卷十有《国子监生洪先生行状》。

四月,自是月始,从安徽学使朱筠案试徽州、宁国、池州、安庆、庐州、凤阳七
府,六安一州,并游齐云山、黄山、九华山,作纪游诗二十馀首。

月初,休宁县学岁试。

> 朱筠《笥河诗集》卷九有诗《壬辰四月三日休宁县试拆号,蔡生刚
> 年八十有二,名在第二,喜而戏作赠之》。

冒雨行休宁道中。

> 《附鲒轩诗》卷二《休宁道中》:"郊原四月雨,麦气生微凉。"

游齐云山,有诗纪行。

> 《附鲒轩诗》卷三《齐云山阻雨》《将止小溪遇雨》《叶岭》《唐坞》
> 《山坑》《雷津》。

按：《山坑》诗云："三家飞雨屋上鸣，四月桃花谷边放。"据此，游齐云山在四月。

大约在中旬，游黄山，作纪游诗。

《卷施阁诗》卷五《四更上落雁峰看日出》："黄人捧日力逾驶，耳畔隐觉声汹汹。十年绝顶两度见，**壬辰四月游黄山，曾升仙掌峰看日出。**霞采爓爓光双瞳。"

按：据诗中之小字注及其行程，游黄山当在四月中旬。

《附鲒轩诗》卷三《从焦村入黄山至慈光寺宿》《自慈光寺下山二里浴朱砂泉》《文殊洞》《文殊台望天都峰》《夜宿文殊院》《夜起登蓬莱岛看日出不见》《莲华洞避雨》《冒雨登莲华峰》《字文殊院下云谷寺别休宁戴宁》《发云谷寺》《慈光寺观明郑贵妃所制袈裟》《黄山松歌和黄二韵》《同邵进士晋涵寻益然大师塔不得》。

五月十九日，与同幕诸人游齐山，有诗。

《附鲒轩诗》卷三《十九日游齐山偕同幕诸子》："扪碑自同蚁升木，伏险人惊鼠凭社。"

二十二日至二十四日，随学使朱筠游九华山，与陈蔚相识。

《附鲒轩诗》卷三《游九华止一宿庵》《自一宿庵至中峰》《天台》《东岩》《九华道中》等诗纪行。

《更生斋诗》卷五《喜青阳陈明经蔚过访》："他时九子峰头路，访罢东岩便访君。**东岩即九华东峰，三十年前与君分手处也。时订重游九华。**"

陈蔚《九华纪胜》卷三载朱筠《游九华题名记》（朱筠《笥河文集》不载）云："安徽督学使者、翰林侍读学士、大兴朱筠竹君，以乾隆壬辰夏五月廿二日，自池将之宁国，取道青阳为九子之游。是日过老田，宿一宿庵中。廿三日，入山谒甘露寺，再上，观于金地藏塔殿。跻惠香阁，下闵园，度溪桥，再缘壁直上，登玉屏峰之石亭，是曰天台。乃下宿于德云庵，僧出所藏唐闵居士为金地藏师画像观之，画时师年五十也。廿四日，复逾岭而下，过溪再上，游东岩，极前后两山之胜。下入化城寺，观堂至德中玉印，文曰'地藏利生金印'。是游获睹二宝，遂出。同游者，上虞张凤翔方海、馀姚邵晋海二云,及门归安吴兰庭胥石、上海刘濯桐引、瞿华叔游、宛平徐瀚文圃、阳湖洪礼吉稚存、武进黄景仁仲则、宛平莫与俦逊之。时青阳学生读书东岩,请余留题,未之应。明年癸巳秋九月廿有一日,再至池,将北渡江,乃追记前游书之,俾陈蔚刊诸山石。东岩嵌碑。"

刘濯(生卒年不详),字桐引,号礼园,清江苏上海人。以选贡中乾隆五十四年(1789)顺天副榜,四库馆议叙,补北城兵马司副指挥。事具《(嘉庆)上海县志》卷十四等。

瞿华,字叔游,清江苏上海人,生平不详。

陈蔚(1741—?),字豹章,号金霞,一号梅缘,清安徽清阳县人。廪贡生。工诗善文,所著有《梅缘诗钞》《九华纪胜》《齐山岩洞志》等。事具《青阳县志》卷五《人物志》等。

月底,随朱筠案临宁国府。

按:五月二十三日前后游九华山,则抵宁国府当在月底,故系于此。

六月,与庄炘订交于宁国府试院之青云楼。

《北江诗话》卷四:"庄刺史炘,余僚婿也,长余十岁。壬辰夏,始订交于宁国试院之青云楼。"

按:五月底抵宁国府,与庄炘订交,当在六月初,故系于此。

庄炘(1735—1818),字似撰,又字景炎,号虚庵,清江苏武进人。乾隆三十三年(1768)副贡生。历署县事,由陕西兴安府汉阴通判补为陕西咸宁县知县,累官至榆林知府。政务宽静,民感其德。所著有《师尚斋诗集》(辽宁省图书馆藏钞本)等。事具《碑传集》卷一百十、《武进阳湖县志》卷二十二《人物》等。

月底,归省旋里,临别,黄景仁有诗赠别。

吕《谱》本年条:"六月,以归省旋里。"

《两当轩集》卷六《宛溪行送稚存归里》:"昨来一月宛陵住,此都大好山水乡。君今忽忽有归计,纵尔小别愁茫茫。"

按:五月底抵宁国。据"昨来一月宛陵住"句,一月之后,当六月底,故系于此。

临行,作诗赠邵晋涵,邵有次韵之作。

　　《附鲒轩诗》卷三《赠邵进士晋涵八十韵》:"炎飚日以酷,见此鸣秋。风裁此吾师,敢云谊则朋。相期事黾勉,道统开云仍。"

　　《卷施阁诗》卷八《送邵祕校晋涵入都补官》:"大龙山下别君时,千六百言君尚记。辛卯、壬辰,与君同客安徽学使幕后,于怀宁城下相别,各为诗八百字以赠焉。"

　　邵晋涵《南江诗钞》卷三《次洪稚存亮吉见赠原韵》:"知君兼人勇,果决超先乘。愿以嗜学心,望古逌然兴。与君结绸缪,投纻报以绫。今君赋归省,残暑收丝縢。"

　　按:据先生诗"炎飚日以酷"与邵晋涵诗"今君赋归省,残暑收丝縢"句,先生与邵为诗八百字赠别在六月,非在九月于大龙山下相别时。《送邵祕校晋涵入都补官》诗作于十多年后,诗中小注云云,或许记忆有误。

夏,始著《汉魏音》。

　　《卷施阁文乙集》卷六《钱献之九经通借字考序》:"亮吉亦以壬辰之夏,著《汉魏音》一编,举昔人读如读若之端,声近声讹之故。自杜、郑说经,如苏注史,以迄涿郡之笺阳翟,淡长之疏《淮南》,靡不毕收,以存故读,盖实据叔言反语之先,为众经通转之助矣。证之君子,或有同心;贻于后人,实非小裨。"

七月初,所作诗为钱维城赞赏,徒步访之。

　　《更生斋文续集》卷二《崔恭人浣青诗草序》:"余以壬辰岁七月,以所业受知于同里尚书钱文敏公。"《卷施阁文乙集》卷二《伤知己赋》:"尚书来而徒步。尚书钱文敏公,见予所制乐府百首及游山诗,奇赏之。适以事归,遂徒步访焉。东里缟带,投之而订交;西华葛衫,泫然而道故。文敏公言与先君子有旧。团团如月,吴纨题五字之诗。公示以所执扇,即书予数诗。"

　　按:乐府百首,当是作于乾隆三十五年(1770)之《拟两晋南北朝史乐府》。

　　　　钱维城(1720—1772),初名辛来,字宗磬,又字幼安,号幼庵、茶
　　山,晚年又号稼轩,江苏常州府武进人。乾隆十年一甲一名进士,授修
　　撰。历官至刑部侍郎。以丁父忧哀毁卒,谥文敏。工文翰,擅画。所著
　　有《钱文敏公集》三十卷。事具《清史稿》卷三百零五、《清史列传》卷
　　二十三、王昶《春融堂集》卷《资政大夫刑部左侍郎赠尚书钱文敏公维
　　城神道碑》等。

初十日前后,赴太平就幕,沿途有诗纪行。

　　　　吕《谱》本年条:"七月,仍赴太平。"

　　　　《附鲒轩诗》卷三《中秋病甚偕黄二景仁饮》:"揭来江北复逾月,
　　寒鸟徙木虫离窠。"

　　　　按:诗作于八月十六日。据"揭来江北复逾月"句,往前推一月,
　　则抵太平当在十五日前后。

　　　　同卷《半亩》《晓泊当涂》《涂行遇雨因止白马山》。

下旬,随朱筠渡江案试安庆府。

八月初六日前后,患病。

　　　　《附鲒轩诗》卷三《十六夜独坐》中云:"远道怀人索鲤鱼,经旬多
　　病餐荆杞。"

　　　　按:由十六日往前倒推十天,则患病当在八月初六前后。

十四日,夜,病起看月,作诗,寄赵怀玉及里中诸子。

　　　　《附鲒轩诗》卷三《八月十四夜病起看月寄赵大怀玉及里中诸子》:
　　"西邻刻烛嫌宵短,我惜寒蟾夜行缓。千里谁回落月光,一壶且遣深杯
　　满。"

十五日,病加剧,偕黄景仁饮酒。

　　　　《附鲒轩诗》卷三《中秋病甚偕黄二景仁饮》:"承君携壶尉离疾,
　　饮即不醉心先荷。挑灯对君饮君酒,酒半惜我遭沉痾。"

　　　　《两当轩集》卷十八《春风袅娜·中秋夜使院对月》。

十六日夜,独坐,有诗。

　　　　《附鲒轩诗》卷三《十六夜独坐》:"我胡不乐入复出,无酒空辜少
　　年日。张灯博塞无一钱,日入祇听江声眠。"

居安庆期间,多有登临游览,有诗纪行。

  《附鲒轩诗》卷三《江上寄远》《登八卦城楼怀古》《登大观亭忆蒋大肇新》《安庆清水塘吊余忠宣》。

九月初,自安庆集贤里至大龙山,邵晋涵时主正阳书院,先生有诗寄别。

  《附鲒轩诗》卷三《自集贤里至大龙山寄别邵五晋涵》。

初九日,重阳,有诗赠黄景仁。

  《附鲒轩诗》卷三《舒城九日赠黄大》:"避人来九日,为客起新正。……无嗟村落酒,一醉感秋情。"

随朱筠案临六安州,识英山县令徐日纪,并有诗纪行。

  《卷施阁诗》卷十二《除夕写岁寒图贻徐太守日纪》:"乐府新传二十篇,蛮花犵鸟倍鲜妍。太守近勘事定番州,有乐府二十篇。使君循迹吾能识,记得相逢又廿年。壬辰年,太守官英山令,时余随学使者至六安,得识面。"

  《附鲒轩诗》卷三《题练潭秋月楼》《归燕曲》《皋陶祠三十韵》《六舒道中怀古》。

  徐日纪(生卒年不详),字松圃,清浙江桐庐县人。廪贡生,历官英山县令、酉阳知州、贵阳府知府等。著有《松圃诗草》等。事具何绍基《(光绪)重修安徽通志》卷一百四十九、潘衍桐《两浙輶轩续录》卷八等。

十月初五日前后,至颍口,有诗。

  《附鲒轩诗》卷四《自淠水入淮半日至颍口》:"淠水流不断,长淮极天静。我行发舒六,十月至清颍。颍尾清我心,颍歌行复警。严霜岸头重,积势落颍井。古树啼鸺鹠,闻声不知影。稍稍上初月,戚戚聚浮梗。"

  按:据诗中"稍稍上初月"句,抵颍口当在初五日前后。

泊舟颍上县,观月,有诗。

  《附鲒轩诗》卷四《泊舟颍上县见月》。

偕黄景仁游昭灵宫,有诗。

  《附鲒轩诗》卷四《昭灵宫祈雨祠》。

黄景仁《两当轩集》卷七有《昭灵宫》诗。

十一月初一日,舟发颖州①,与同人随朱筠案试凤阳府,途中,游夹石山,有诗纪行。

《附鲒轩诗》卷四《自颖水入怀》《淮口阻风戏赠吴二兰亭》《渡淮》《夹山馆》。

初六日,舟过涂山,偕黄景仁登禹庙,有诗。

《附鲒轩诗》卷四《禹庙》。

《两当轩集》卷七有《涂山禹庙》《夜起》。

《笥河诗集》卷十《涂山》诗跋:"右《涂山》诗,乾隆壬辰冬十一月六日山下作。"

约于下旬,急葬归里,作诗赠朱筠,并将此诗及文邮与袁枚,袁枚有书复先生。行前,与黄景仁饮别。

吕《谱》:"十一月,以两世六棺未举,归奉先生祖父母及午峰府君、叔父云上君佐两先生、叔母赵孺人柩,葬于城北前桥村新茔。"

《附鲒轩诗》卷四《岁暮急葬归里率效述德抒情诗一百十韵呈大兴朱学士》。

袁枚《小仓山房文集》卷十九《答洪华峰书》:"顷接手书,读古文及诗,叹足下才健气猛,抱万夫之禀;而又新学笥河学士之学,一点一画,不从今书,驳驳落落,如得断简于苍崖石壁间。仆初不能识,徐测以意,考之书,方始得其音义。足下真古之人欤!虽然,仆与足下,皆今之人,非古之人也。生今反古,圣人所戒。然而古有当反者,有不当反者。假作篆籀,宁不溯所由来,此古字之当反者也。既作行楷,何忽变其面目,此古字之不当反者也。足下作楷法,而以'从'为'㞢',以夏为'憂',此在冷唐人碑中,容或见之,而欧、虞诸大家所必无者也。韩昌黎云:欲作文必先识字。所谓识者,正识其宜古宜今之义,非谓掊掫一二,忍富不禁,而亟亟暴章之。今《南海碑》尚存,昌黎书法,班班可考。三代上重文不重字,保氏所掌,原无异同。自秦失其道,斯、邈之

---

① 许隽超:《黄仲则年谱考略》,上海古籍出版社 2007 年版,第 140 页。

徒，纷然造作。汉儒写经，竟有贿兰台令史以偷合其私文者。故叔重进《说文》，伯喈刊石经，垂为令甲，原非得已。卒之篆变隶，隶变楷，楷变行，风气所趋，日就简便，使许、蔡生于今日，亦难执所刊定以相拘阂。孔子曰：'麻冕，礼也，今也纯俭，吾从众。'以圣人之尊，冠冕之重，尚且从时；足下为唐、宋以后之文，而作唐、宋以前之字，是犹短衣楚制，而犹席地扮饭，捧鲁人之梲嶡，不已悖乎？且夫古字之与今字固有分，而古俗之与今俗亦宜辨。如写'双'为'雙'，今俗也，误也；若以'娭'为'嬉'，则古俗矣，庸何伤乎？写'裹'为'裡'，今俗也，误也；若以'逶'为'移'，则古俗矣，庸何伤乎？足下厌故喜新，必欲泥古以相恫喝，势必读《穆天子传》'长宝'为'兆璸'，读《诅楚文》写'亲戚'为'敕戚'。读书愈多，矜奇愈甚。他日对策王廷，诸衡文官必无好古如笥河者。少见多怪，徒遭驳放。颜元孙最辨字体，而《干禄字书》首言《说文》难据。宋子京最精小学，亦尝笑杨备模仿《古文尚书》《释文》，人呼怪物。足下之病，得毋相类！且足下文果传耶，虽字画小差，而后之人必有为之考据字书，校正重刊者。足下文果不传耶，虽笔笔古法，而后之人必无因此相钦，肯当作字书读者。足下不古其文，而徒古其字，抑末也。《上笥河学士一百十韵》搜尽僻字，仆尤不以为然。诗重性情，不重该博，古之训也。然而足下诗，不足以为博。何也？古无类书、志书、韵书，故《三都》《两京》，各矜繁富。今三书备矣，登时阑入，无所不可；过后自读，亦不省识，即识之，亦复何用！韩魏公称王荆公颇识难字，荆公终身以为恨。《中庸》曰：'人之为道而远人，不可以为道。'然则人之为诗而远人，独可以为诗乎？要知五味六和十二食，非不多也，而工于为易牙者，不尽调也。《本草》九千九百种，非不备也，而精于为俞跗者，不尽用也。画鬼魅易，画人物难。足下能思其故而有得焉，则于道也进矣。"

《卷施阁文甲集补遗·三与袁简斋书》："前礼吉喜作古字，先生自数百里移书规之，礼吉至今服膺。"

《附鲒轩诗》卷四《登郡斋南楼怀黄二景仁作》，题下有小字自注："分韵得览字。"诗云："我行仲冬月，别子执铅椠。"

《两当轩集》卷八《泗州喜洪大从姑孰来》："濠州仲冬雪，置酒行别君。"

归里途中,游醉翁亭,宿全椒江氏园,有诗。

  《附鲔轩诗》卷四《游醉翁亭》《全椒宿江氏园》。

十二月,至扬州访蒋士铨、汪端光,与王复相识于江都逆旅。

  吕《谱》本年条:"是冬,以所负多,访蒋编修士铨、汪孝廉端光于扬州,编修解橐金助之,乃得归,已迫除夜矣。"

  王复《晚晴轩诗稿》卷前先生序(刘本失收):"余与君交二十五年矣,中间屡别屡见,而君之诗益进。忆初相遇于江都逆旅也。"先生序作于嘉庆元年(1796),以首尾计,二十五年前,则先生与王复相交时,且先生是年访扬州,故系于此。

陆继辂、谭光祜、汤金钊生。

乾隆三十八年,癸巳(1773),二十八岁

正月初四日,清高宗诏访遗书,设四库馆。

  《清实录·高宗实录》卷九百:"朕稽古右文,聿资治理;几余典学,日有孜孜。因思策府缥缃,载籍极博。其巨者羽翼经训,垂范方来,固足称千秋法鉴;即在识小之徒,专门撰述,细及名物象数,兼综条贯,各自成家,亦莫不有所发明,可为游艺养心之一助。是以御极之初,即诏中外搜访遗书,并令儒臣校勘《十三经》《二十一史》,遍布黉宫,嘉惠后学。复开馆纂修《纲目三编》《通鉴辑览》及《三通》诸书。凡艺林承学之士,所当户诵家弦者,既已荟萃略备。第念读书固在得其要领而多识前言往行以蓄其德,惟搜罗益广,则研讨愈精。……今内府藏书,插架不为不富,然古今来著作之手无虑数千百家,或逸在名山,未登柱史,正宜及时采集,汇送京师,以彰千古同文之盛。其令直省督抚会同学政学通饬所属,加意购访。除坊肆所售举业时文及民间无用之族谱、尺牍、屏幛、寿言等类,又其人本无实学,不过嫁名驰骛,编刻酬倡诗文,琐屑无当者,均无庸采取外,其历代流传旧书,内有阐明性学治法,关系世道人心者,自当首先购觅。至若发挥传注,考核典章,旁暨九流百家之言,有裨实用者,亦应备为甄择。"

吕《谱》本年条:"时四库馆始开,江浙搜采遗书,安徽省设局太平,聘先生总司其事,沈太守业富并延兼管书记。"

按:先生司主安徽搜采遗书及兼沈业富管书记事,当在本月月底或二月事,今姑系于此。

初七日,偕左辅、赵怀玉、黄景仁、钱梦云、吴宾旭、蒋青曜于橇舟亭探梅,归饮于左辅书房。

左辅《念宛斋诗·蒙泉集第一》之《人日偕洪秀才亮吉稚存、赵上舍怀玉味辛、黄仲则、钱霞叔、吴江帆、蒋青曜重光橇舟亭探梅是处梅信独迟霞叔、江帆作诗嘲之因赋长句》:"江南献岁早发春,梅花处处如铺银。城东古亭足幽趣,招邀况值题诗辰。同游六人各潇洒,气与梅花斗清雅。……此花未开匪消歇,虽未流香香在骨。要将含蓄见天心,酝酿芳华不轻发。弗嫌索莫更凭阑,志士宁愁独立难。留得罗浮云一片,好从三五月中看。"

黄景仁《两当轩集》卷八《人日舣舟亭探梅过饮左云在斋头》:"多时欲探东城梅,披衣彻晓冲风来。钗枝粟蕊一相对,妙意远胜千林开。……主人爱客客满堂,今夕何夕同烛光。"

吴宾旭(1750—1775),字江帆,清江苏武进人。好购古书,所著有《江帆集》一卷,事具李兆洛辑《旧言集》卷首左辅所撰《吴江帆小传》等。

钱梦云(?—1810),初名迈,字企庐,一字霞叔,号双山,清江苏阳湖人。贡生,官候选训导。为人通脱,好滑稽。事具李兆洛《旧言集》所载左辅《钱双山小传》、张惟骧《清代毗陵名人小传稿》卷五等。

在姑熟与贾田祖订交。

《卷施阁文乙集》卷二《伤知己赋》"揖贾生于江馆"句下小字注:"岁癸巳,余在姑熟与贾明经订交。明经年六十馀,即席次王元之高斋韵三首见赠。"

贾田祖(1714—1777),字稻孙,号礼耕,清扬州府高邮人。廪膳生,笃学力行。所著有《贾稻孙集》四卷、《左氏春秋通解》等。事具汪中《述学》外篇之《大清故高邮州学生贾君之铭》、江藩《汉学师承记》

卷七《贾田祖传》等。

闰三月二十六日,长子饴孙生。

　　吕《谱》本年条。

　　洪饴孙(1773—1816),字孟慈,又字祐甫,清江苏阳湖人。嘉庆三
年(1798)举人。四试礼部不售,以荐卷为国史馆誊录。期满,选授湖
北东湖知县,旋卒。承家学,工诗。所著有《青垗山人诗》十卷、《世本
辑补》十卷、《毘陵艺文志》四卷、《三国职官表》三卷、《史目表》三卷等。
事具《清史列传》卷六十九、李桓《国朝耆献类征初编》卷二百四十六、
李兆洛《养一斋文集》卷十二《东湖县知县洪君墓志铭》等。

七月,随朱筠校试宁、徽二府。

　　吕《谱》本年条云:"七月,朱学使以阅卷乏人,复延先生偕试徽、
宁二府。"

在宁国使院望敬亭山,登南楼,并欲至北楼,有怀黄景仁。

　　《附鲒轩诗》卷四《宁国使院望敬亭山》《题南楼》《欲至北楼不果
兼忆黄二》。

在宣城敬亭山与汪端光订交。

　　《卷施阁诗》卷一《忆汪大莲花寺》其二:"敬亭山色对床眠,弹指
交期已九年。"

　　汪端光(1748—1826),初名龙光,字剑潭、泂昙,号睦从,清江苏仪
征人。乾隆三十六年(1771)举人,后屡试不第。选官官国子监学正、
广西南宁府同知、庆远、镇安府知府。晚年主扬州安定、乐仪书院。所
著有《剑潭诗钞》等。事具《重修仪征县志》卷三十一等。

赴徽州道中,有诗纪行。

　　《附鲒轩诗》卷四《自泾县至旌德道中作》《度翚岭》。

在歙县识程敦。

　　《卷施阁诗》卷六《赠程上舍敦即题其抱经图卷子》:"我初识君
时,君方作文我赋诗。"句下小字注:"癸巳岁,随朱竹均先生校士歙县,
识君于傅人中。"

　　程敦(生卒年不详),号彝斋,清安徽歙县人。贡生,少客苏、杭

间，师事郑虎文。后客陕西巡抚毕沅幕，后主临潼书院。辑有《秦汉瓦当文字》一卷、续一卷等。事具民国·石国柱等修《歙县志》卷十《士林》等。

抵徽州，谒洪源祖墓，有诗。

> 《附鲒轩诗》卷五《洪源谒祖墓》其一："五世还支子，全家问愍孙。野花生墓阙，古柏及祠门。"

月杪，在新安学使行廨意不协，偕汪端光买舟自新安江东下钱塘，九月中旬至杭州。

> 《更生斋文乙集》卷二《平生游历图序》："右《江艇劈潮图》。此图亦癸巳七月杪，在新安学使行廨，意有不合，即买舟同汪助教端光从新安江东下。"

赴杭州道中，有诗纪行。

> 《附鲒轩诗》卷五《发新安江》《七里泷阻风》。

九月十八日晨，抵富阳，候潮。

> 《更生斋诗续集》卷五《富阳江上买得一生鱼乃缩项鳊也喜而有作》末联"两日富春江上路，快看潮信似年前"句下有小字自注："癸巳年，亦九月十八日，过此候潮。"
>
> 《附鲒轩诗》卷五《富春郭》："富春城楼楼跨桥，晓日已入钱塘潮。"

抵杭州，小憩于五柳居，偕汪端光至湖心亭看月、万花楼看芙蓉，并访孤山，有诗纪行。

> 《附鲒轩诗》卷五《泛湖至五柳居小憩》《湖心亭看月偕汪大端光》《万花楼看芙蓉》《孤山》。

下旬，归里，奉母移居城东白马三司徒巷。

> 吕《谱》本年条："是冬，移居白马三司徒里赁宅。"不确。
>
> 《更生斋文乙集》卷二《平生游历图序》："右《北屋泛槎图》第二。……癸巳秋，始奉太宜人移居城东白马三司徒巷。"
>
> 《附鲒轩诗》卷五《租舍》："疏篱插棘护霜筠，租舍聊应绝市廛。稍喜岁时容坐客，未淳风俗愧居人。"

按：据《平生游历图序》，先生奉母移居城东白马三司徒巷，当在是年秋。先生里居，唯九月下旬中之数日，故系于此。

月底，再抵太平，与沈在廷、贾田祖登郡斋南楼遣闷，作诗怀念黄景仁。

沈在廷《经馀书屋诗钞》卷一《太平府署有楼额曰旷览遥青，取所远见也。癸巳九月，雨甚，爱与贾礼耕、洪稚存先生登楼排闷，分韵赋诗。贾得旷字，洪得览字，余得青字，遥字苦无拈者，因代作一首，属之黄仲则先生，以足四韵》诗。

登郡斋南楼怀黄景仁。

《附鲔轩诗》卷四《登郡斋南楼怀黄二景仁作》，题下小字自注："分韵得览字。"诗云："如何久行役，值此时序惨。寒雨亦凄其，山城复昏闇。……独客途路艰，独愁衣带减。我行仲冬月，别子执铅椠。千里何萧条，平原极葭菼。狂飙振肌骨，凛冽清晓犯。身谋既难遂，荣名亦俱淡。君如念朋侪，清修以为范。久矣君子心，临风独浏览。"

沈在廷（生卒年不详），字枫墀，清高邮州人，沈业富子。乾隆四十八年（1783）举人，官内阁中书。所著有《经馀书屋诗钞》八卷。事具李桓《国朝耆献类征》（初编）卷一百四十七等。

有诗寄杨芳灿昆仲。

《附鲔轩诗》卷五《寄杨秀才芳灿昆仲》："十五二十不可当，羡君一门双凤凰。即看骨相已深稳，坐觉毛羽生辉光。……比肩令弟真奇童，白日跳跃青两瞳。朗吟已解献康乐，著集那肯偷江东。"

按：诗次于九十月诗之际，故系于此。

十月，谒胡季堂于苏州，因访赵怀玉于穹窿山，游太湖、东西洞庭山及林屋洞，并有纪游之诗。

吕《谱》本年条："十月，先生以不能家食，往谒胡按察季堂于苏州，因访赵表弟怀玉于穹窿，同游东西两洞庭，入林屋洞，探金廷玉柱之胜，宿包山寺二夕，记游诗约十馀首，月杪复归。"

《卷施阁文乙集》卷二《七招》："巨区万顷"句下小字注："癸巳十月，主人访赵舍人褎玉于穹窿山，因同泛太湖，历东西两山，又独入林屋洞凡数百步。"

《附鲒轩诗》卷五《包山寺》《林屋洞》《大风自包山放舟至石公山游毕渡湖抵莫厘峰僧寺宿》《石公山》《莫厘峰》《胡廉使季堂贴封兄嫂诗》。

胡季堂（1729—1800），字升夫，号云坡，河南光山人。初以荫生授顺天府通判，改刑部员外郎、迁郎中。历官甘肃庆阳知府，甘肃、江苏按察使、刑部侍郎、山东巡抚、太子少保兼兵部尚书、直隶总督。卒，谥庄敏。所著有《培荫轩文集》二卷、《诗集》四卷等。事具《清史稿》卷三百二十四、李桓《国朝耆献类徵》（初编）卷一百八十二等。

十二月，闻朱筠离任安徽学政入都，附江阴缪晋赴广西便舠，至当涂送别。

吕《谱》本年条。

缪晋（生卒年不详），字申浦，号省薇，又号寄庵，清江苏江阴人，寄籍顺天大兴。乾隆四十年（1775）进士，选翰林院庶吉士，散馆授编修，历官侍读、湖北乡试正考官、会试同考官、山西平阳知府等。以事流伊犁。擅诗文。所著有《缪寄庵诗稿》《缪寄庵赋稿》《缪寄庵文稿》等。事具《词林辑略》卷四、《民国江阴县续志》卷二十等。

在当涂别太守沈业富、李廷扬。临行，与沈在廷互作诗赠别。

《附鲒轩诗》卷四《岁暮归里别沈太守业富李大令廷扬》："阳冰篆当盦，容斋帖姑孰。……频留迹成恋，欲去情匪速。偶作胜地谣，瑶华怅谁续。"

同卷《临发沈生在廷以诗赠行赋此志别》："岁既不我与，明当复远征。浮云欲何之，且指东南程。……临别赠一篇，子以贻友生。"

李廷扬（生卒年不详），字岩野，号随轩，直隶沧州（今河北沧州市）人。乾隆二十五年（1760）进士。历官礼部主事、郎中、广东高廉道、惠潮道、江苏按察使、广东按察使等。所著有《遂初堂文集》《诗集》《粤中吟草》等。事具（道光）天津府志》卷四十四等。

自江口泛舟至焦山，有诗。

《附鲒轩诗》卷五《由江口泛舟至焦山》："海门初日孤照我，寒沁肌骨愁衣单。"

有诗寄朱筠。

《附鲒轩诗》卷五《寄大兴朱学士三十韵》："海内朱公叔，名篇著绝交。几人犹按剑，俗党异投胶。惜别旬时久，伤贫岁月淆。"

按：据"惜别旬时久"句，诗当作于当涂送别朱筠后十天左右，故系于此。

十九日，与同人为苏轼生日设祀。

《卷施阁诗》卷十八《曾都转以六月廿一日集平山堂为宋欧阳文忠生日设祀同人赋诗成帙并索亮吉诗因赋此》"异哉平山堂，乃祀和仲忘欧阳"句下小字自注："予以癸巳、甲午客扬州榷署，腊月十九日曾两随众于平山堂为苏文忠设祀。"

二十三日，立春，有诗。

《附鲒轩诗》卷四《立春日》："频悲寒序促，那复值兹辰。人意怜迟日，吾生重早春。"

冬，作杂诗抒怀。

《附鲒轩诗》卷五《杂诗》其一："马卿穷卖赋，邢邵老作笺。丈夫非为贫，肯作无用言。马周客常何，封事草数篇。一朝天子知，不复归穷轩。遇合固有期，宾主亦大贤。持此语世人，多谢俗子怜。"其六："俗奢示之俭，即始训有终。谁为生民谋，一矫吴楚风。"其八："古贤乐箪瓢，昔贤廉一介。……陈平节尤累，戴圣儒复败。人慕庄周通，吾师伯夷隘。"其九："穷辰雨雪稀，麦陇未出芽。侧闻深村民，生计资鱼虾。何能待来春，米价已踊加。……忧来本无方，非独为室家。"

按：据诗其九，当作于冬日，故系于此。

冬夜不寐，作诗追忆亡友。

《附鲒轩诗》卷五《冬夜不寐追念亡友率成十律其前后以死之日月诠次不系辈行也》。所追念者，依诗之秩序，分别是蒋定熙、董书图、潘振焕、蒋宝善、钱璟、唐肇文、杨笠云、僧智能、盛龙光、杨焕。

董书图，生平待考。

潘振焕，清江苏阳湖人。

唐肇文，生平待考。

杨笠云，生平待考。

僧智能,生平待考。

盛龙光,生平待考。

杨煐,生平待考。

本年,先生作《项生诗》,勉项森之贫而好学。

> 《附鲭轩诗》卷五《项生诗》:"项生居虽在城邑,土室读书常畏湿。一念痴随蠹鱼化,百岁昏同候虫螢。平生经籍笑充轫,妻子饥寒坐啼泣。……生经著述非一家,万象盘回互收拾。名卿知生荐将及,努力蓬窗勤讲习。"

> 项森(生卒年不详),字木林,清江苏武进人。自幼究心邵雍《皇极经世》,通中西历算,著有《经世书鑰》,言约理赅。年八十馀卒。事具《光绪武进阳湖县志》卷二十六《艺术》等。

黄乙生、改琦生。

乾隆三十九年,甲午(1774),二十九岁

正月初六日,补壬辰年岁试,被特置一等,并晋见彭元瑞,受其诲勉。

> 吕《谱》:"正月,赴江阴补壬辰年岁试。"

> 《卷施阁文甲集补遗》之《上内阁学士彭公书》:"正月初六日,礼吉奉本学训导公文遣诣试院,补壬辰年岁试毕,阁下命进见,教之者再。"

初十日前后,舟抵扬州,有诗。

> 《附鲭轩诗》卷五《初泊扬州》:"星躔已见妖氛歇,谣俗欣传米价平。"

> 按:先生十五日在扬州与汪端光宴游(说详后),则抵扬州当在初十日前后,故系于此。

十五日,在扬州,与汪端光宴游。

> 《卷施阁诗》卷三《元夕看桃》:"甲午元夕在扬州,庚子客都下,俱与汪剑潭游。"

二月,高文照过常州,有诗寄怀先生及黄景仁。

> 《黄仲则年谱考略》本年条。

馆扬州榷署,且肄业于安定书院。三月十五日,作《上内阁学士彭公书》。

《卷施阁文甲集补遗》之《上内阁学士彭公书》文末款识:"前有人来扬州,述阁下注念礼吉之意,故敢及之。谨此,肃问正月后起居,并望阁下有以正而教之,幸甚,幸甚。三月十五日,礼吉再拜。"

按:详书中之意,此函作于先生馆扬州榷署时,故系于此。

在扬州期间,因黄景仁介,与孙星衍结交。

《附鲒轩诗》卷五《赠孙秀才星衍》:"孙郎少日偏儿戏,一室狂言及罴季。诗句终能向我夸,姓名真不劳人记。"

《附鲒轩诗》卷八《简黄二景仁》"我因作客缔心知,汝也得人非貌取"句下小字自注:"余与孙子订交因黄二。"

《卷施阁诗》卷一《结交行寄孙大》:"浮云变灭安足论,尔来友者洪与孙。……自从五年来,会合一一数。"

按:《结交行寄孙大》作于乾隆己亥(1779),由是年逆推五年,则乾隆甲午(1774)也,故系于此年。集中自是年始有与孙星衍唱酬之作,《附鲒轩诗》卷五《赠孙秀才星衍》。

孙星衍(1753—1818),行大,字伯渊,又字渊如,号季仇(仇又作述),清江苏阳湖人。曾为毕沅幕客,助修书多种。乾隆五十二年(1787)进士,授翰林院编修。历官刑部直隶司主事、广东司郎中、山东兖沂曹济道、督粮道。邃精经史。所著有《芳茂山人诗录》九卷、《问字堂文稿》五卷、《岱南阁文稿》五卷、《尚书古今文疏证》《周易集解》十卷、《史记天官书考证》十卷、《寰宇访碑录》十二卷、《平津馆金石萃编》二十卷等。事具阮元《揅经室二集》卷三《山东粮道孙君渊如传》等。

登蜀冈野望,慰汪端光悼亡。

《附鲒轩诗》卷五《醉后登蜀冈野望》《慰汪孝廉端光悼亡》。

与杨伦夜话,并以诗寄杨伦父杨诗南。

《附鲒轩诗》卷五《与杨秀才伦夜话作即寄其尊人诗南上舍》:"君家昔有江上田,岁租百斛输丰年。官粮入仓谷积廪,蜡腊时复开宾筵。十年迁移不常好,有儿读书田已少。……试看万事东流水,贫贱于今莫深耻。矧君家贫有才子,谷田初荒砚田始。"

　　杨伦（1747—1803），字西禾，清江苏阳湖人。乾隆四十六年（1781）进士。官广西苍梧、荔浦知县。晚年主讲武昌江汉书院、江西白鹿洞书院。博极群书，早播声誉，于诗尚杜甫。所著有《九柏山房集》《杜诗镜诠》二十卷等。事具《清史列传》卷七十二、赵怀玉《亦有生斋集·文》卷十八《广西荔浦县知县杨君墓志铭》《光绪武进阳湖县志》卷二十三《人物》等。

　　杨诗南（1721—1794），字端叔，号可庵，清江苏武进人。十五岁以国子监生应试训导，后屡试不举。及子杨伦成进士，乃绝意举子业，以捧觞自娱。乾隆五十九年（1794）卒。所著有《小兰亭文集》《乐志轩诗草》等。事具赵怀玉《亦有生斋集·文》卷十七《敕封征仕郎例赠文林郎国子监生杨君墓志铭》等。

访木兰院，有诗赠僧诵茗。

　　《附鮈轩诗》卷五《赠木兰院僧诵茗》。

　　僧诵茗（生卒年不详），名实乘，清无锡人。工诗善画，所著有《蔗查集》等。事具阮元《蔗查集序》、王豫《淮海英灵续集》辛集卷三、钱钟联主编《清诗纪事》等。

秋初，与孙星衍、黄景仁、杨伦放舟看荷至平山堂。

　　孙星衍《芳茂山人诗录》之《澄清堂稿》卷下《偕杨三伦洪大礼吉黄二景仁放舟看荷至平山堂》："西风吹散青磷火，几处苑门深不锁。涧底宫娃化碧多，月明幻出花千颗。细丝垂柳浓扫天，白苹叶暖生暮烟。水香十里泛舟人，似梦非梦仙非仙。石径朱栏看不足，惊蝉一声溪树绿。商女何知说旧游，吴娘只解歌新曲。轻桡贴水桥上头，移蓬争得风飕飀。露华点衣鬓丝裛，晚凉多处愁清秋。半陂森沉湿红冷，岸脚插入波光暝。鸡䳕鹚鸪呼不来，唤起花魂抱花影。醉中看天天倒置，仰首欲踏青琉璃。舟人催归倦仆㾭，斗柄行挂城楼西。是时月落风满渚，老鸦据巢作鬼语。巨鳞拍波亦惊舞，回视千舟杳何许。一子和舷二子歌，我手不放金叵波。隋堤今古属豪贵，此乐终让吾曹多。人生快意偶然尔，急脱征衣濯清泚。世事翻覆有如此，不见黑云半天电光紫。"

　　按：《黄仲则年谱长编》将此游系于二月，误。据诗中"细丝垂柳浓扫天,白苇叶暖生暮烟""惊蝉一声溪树绿""晚凉多处愁清秋""半陂森沉湿红冷"等句来看,此游当是在秋初,而不是二月。二月,水面无荷叶,更无荷花。

七月,偕黄景仁赴江宁乡试,同寓明徐氏东园旧址。

吕《谱》本年条。

《更生斋诗续集》卷七《自板桥泛舟至青溪感旧》:"三十三年鸿爪痕,余自甲午应试至白门,三十三年矣。板桥南去万花村。山松园里时联句,谓袁大令枚。水竹轩前对举樽。与黄二尹景仁寓东花园。剩有冷香烧柏叶,绝无情劫问桃根。茫茫六代江山里,葬尽诗魂与酒魂。三十年前旧友十无一在,是以云。"

法式善《清秘述闻》卷七"乾隆三十九甲午科乡试"条:"江南考官:侍读学士董诰字雅纶,浙江富阳人,癸未进士。洗马刘权之字德舆,湖南长沙人,庚辰进士。题'享礼有容'一句,'其次致曲'二句,'井九百亩事毕'。赋得'爽气澄兰沼'得'秋'字。"

董诰(1740—1818),字蔗林,清浙江富阳人。乾隆二十八年(1763)进士,二甲第一,选庶吉士,预修国史,散馆,授编修。历官中允、内阁学士、工部侍郎、吏部侍郎、刑部侍郎、户部尚书、军机大臣、东阁大学士等,兼充四库馆副总裁。嘉庆十四年(1809),晋太子太师,充上书房总师傅,三年后,晋太保。卒,赠太傅,谥文恭。主编《全唐文》等。事具《清史稿》卷三百四十、姚文田《邃雅堂文集》卷四《太傅董文恭公行状》等。

闱中得文及五策,拟作元,房师贾景谊以先生首艺有别解,与两主司争,乃定作副榜第一。

吕《谱》本年条。

贾景谊苴(生卒年不详),清山西阳曲人。乾隆二十二年(1757)进士。历官保康、郧阳、高要、和平、抚宁、吴县、等县知县、苏州府同知。后归田,优游林下。多循政。所著有《四书文》四卷等。事具《(道光)阳曲县志》卷十三等。

秋闱不售,归里,与孙星衍、黄景仁、赵怀玉、杨伦、吕星垣等常举文宴。

张绍南《孙渊如先生年谱》本年条："九月下第,归常州,居外舅王氏宅,与同里洪君亮吉、黄君景仁、赵君怀玉、杨君伦、吕君星垣,文宴无虚日。"

吕星垣(1753—1821),字叔讷,号应尾,又号映薇、湘皋,清江苏武进人。廪贡生。乾隆五十年(1785)召试一等一名,选训导,历官新阳县训导,直隶赞皇、河间知县等。所著有《白云草堂诗稿》三卷、《白云草堂文钞》七卷、《康衢乐府》曲本十种等。事具《清史稿》卷四百八十五、王昶《湖海诗传》、钱钟联主编《清史纪事》乾隆朝卷等。

十一月,与杨伦、蒋松如等至宜兴丰义乡吊塾师,杨伦令其弟子金宜拜先生。

《更生斋文续集》卷一《杨大令伦九柏山房诗集序》："犹忆甲午冬仲,余与君及松如吊塾师丧于宜兴之丰义乡,论诗至夜半,忽起拜余,并强君弟子今官甘肃知县歙金宜者从君后叠拜,宜不从,君大怒,责之。"

蒋松如,生平待考。

金宜(生卒年不详),清安徽歙县人。

十二月十九日,与同人为苏轼生日设祀。

《卷施阁诗》卷十八《曾都转以六月廿一日集平山堂为宋欧阳文忠生日设祀同人赋诗成帙并索亮吉诗因赋此》"异哉平山堂,乃祀和仲忘欧阳"句下小字自注："予以癸巳、甲午客扬州榷署,腊月十九日曾两随众于平山堂为苏文忠设祀。"

冬,汪中赴宁波道过常州,先生以诗送之,兼寄冯廷丞。

汪喜孙《容甫先生年谱》本年条："冬,往宁波依冯兵备廷丞。"

汪中《容甫先生遗诗》卷五《过常州诗》："百里延陵问水程,西风如舞一舟轻。"

《附鲒轩诗》卷五《送汪秀才中至宁波度岁兼寄冯兵备廷丞》："眼中吾子容千辈,肘后奇书系六经。闻说冯唐更招客,为言王粲正飘蓬。"

冯廷丞(1728—1784),字均弼,一字康斋,清山西代州(今代县)人。乾隆十七年(1752)举人。乾隆二十一年(1756),以一等荫生奉旨内用。历官光禄寺署正、大理寺丞、刑部广西司员外郎、广东司郎中、浙江宁绍台道、福建台湾道、江西按察使、苏松督粮道、松太兵备道、湖北

按察使等。为政廉介自持,尽心民事,以劳于政事遘疾卒。事具朱珪
《知足斋文集》卷三《湖北按察使司按察使冯君墓志铭》、汪中《述学·外
篇》之《大清诰授通议大夫湖北提刑按察使司按察使兼管驿传冯君碑
铭并序》等。

本年,应袁鉴招,与应澧等集于多景楼。

> 《更生斋诗续集》卷七《六月初二日登北固山凌云亭追念旧游感而
> 有作》诗中"浮云白日真难得,卅载宾朋复谁存"句下有小字注:"乾隆
> 甲午,袁兵备鉴宴客于多景楼。今在者惟应司训与余二人。"

> 袁鉴(生卒年不详),字澍甘,一作汝甘,号春圃,浙江钱塘县人。
> 乾隆丁丑进士,由翰林院编修考选江南道御史,转刑科掌印。后官江宁
> 布政使、江宁知府、安徽按察使等。事具黄叔璥《江南御史题名》、阮元
> 《两浙輶轩录补遗》卷五等。

> 应澧(生卒年不详),字仔传,号叔雅,又号藕泉,清浙江仁和(今杭
> 州)人。乾隆贡生,曾官安吉教谕。所著有《誾然室诗存》等。事具潘
> 衍桐《两浙輶轩续录》卷十三、徐世昌《晚晴簃诗汇》卷一百零三等。

金学莲生。

乾隆四十年,乙未(1775),三十岁

春初,与吴祖健会于西来庵,并共宿。

> 《附鲒轩诗》卷六《夜宿西来庵因忆春初与吴九祖健宿此感赋一
> 首》:"西来庵畔闻钟路,聊寄频年此间住。故人襥被念宵寒,行客衣裘
> 犯朝露。"

> 吴祖健,生平待考。

二月中旬,雨中送黄景仁入都,并作诗四首。

> 《卷施阁文甲集》卷九《候选县丞附监生黄君行状》:"(黄)生平于
> 功名不甚置念,独恨其诗无幽并豪士气,尝蓄意欲游京师,至岁乙未乃
> 行。亮吉亦以贡入都,值母孺人疾,中止。"

> 《附鲒轩诗》卷六《送黄大景仁至都门》其一:"弱冠心期誓始终,
> 故人江夏有黄童。数行书札来春半,一夕舟樯出雨中。"

《两当轩集》卷十《将至京师杂别》其一："翩与归鸿共北征,登山临水黯愁生。江南草长莺飞日,游子离邦去里情。五夜壮心悲伏枥,百年左计负穷耕。自嫌诗少幽燕气,故作冰天跃马行。"其二："看人争作祖生鞭,彩笔江湖焰黯然。亲在名心留十一,我行客路惯三千。谁从贫女求新锦,肯向朱门改旧弦?吴市箫声燕市筑,一般凄断有谁怜?"其三："穷交数子共酸辛,脉脉临歧语未申。割席管宁休罢读,分财鲍叔尚知贫。初心小负栖岩约,后会依然戴笠人。除是白云知此意,几曾情艳软红尘。"其四："冷炙残杯梦亦慵,雪痕到处印泥踪。原尝好客依都遍,邹季论交别更浓。浪许词场夸姓氏,要将人海荡心胸。不妨面似先生黑,上帝何曾杀黑龙。"其五："身世浑拚醉似泥,醉醒无奈听晨鸡。词人畏说中年近,壮士愁看落日低。才可升沉何用卜,路通南北且休迷。只怜寒食清明后,鬼馁坟头羡马医。"其六："载酒扁舟障锦车,风情昔日擅年华。牵魂西子湖头月,照泪吴王苑里花。已是旧游如梦境,那堪远别更天涯。马前细草茸茸碧,来岁相看可忆家?"

以彭元瑞荐,入江宁知府陶易幕,兼课其孙。

吕《谱》本年条:"彭阁学荐入江宁陶太守易署中,修校李锴《尚史》,匝月事竣。太守亦重先生,因延课其孙。四月,以太守俸满入都,因归省亲。"

陶易(1712—1778),字经初,号悔轩,清山东文登人。年十七,补诸生。乾隆十四年(1749),考充八旗教习官。乾隆十七年(1752)举人。因教习期满,以知县用,历署湖南桃源、武陵、安化、安福、浏阳等县,历官益阳、衡阳知县,擢直隶平安知州、江苏淮安、江宁知府,惠潮嘉道、江安粮道、江宁布政使。因已故举人徐述夔反诗按:被逮入京,病重而卒。工画。事具赵希璜《研棋斋文集》卷一《诰授通奉大夫江宁等处承宣布政使陶悔轩府君墓志铭》等。

题陶易《东井汲泉图》。

《附鲔轩诗》卷六《题陶太守易东井汲泉图》。

忆念孙星衍,兼柬朱沛。

《附鲔轩诗》卷六《忆孙秀才星衍兼寄朱训导沛》:"雨中春事已过

半,今者已往时难失。人生称意只少年,花枝可看唯二月。……遥思句曲不百里,近苦客斋无十笏。喜君比舍得诗人,坐读新篇激林樾。前时一见尤深慰,古道须眉意超忽。先生老矣怜徐稚,夫子圣者同臧纥。酒兵越席工射覆,腊屐登山历凹凸。平生学杜能遗貌,朱君前以近作见寄,并赠余诗数章。十得其九非髣髴。笔端森严锋颖秃,君以异采相黼黻。"

按:据"雨中春事已过半"句,故系于此。

三月五日,寒食醉酒,有诗。

《附鲒轩诗》卷六《寒食醉归作》:"身如病鹤形蹁跹,昨者苦辞歌舞筵。绕廊匝室百回步,初五月照空帘前。……临街已闻折柳声,苦道明日成清明。"

六日,晓起,有诗。

《附鲒轩诗》卷六《晓起》:"晓闻粥皷官斋侧,瞥眼今朝是寒食。……华年作客情如昨,绮语销除愁不作。伤春拟复共孙郎,宝马日高驰郡郭。"

按:据首句,诗当作于五日醉酒后之次日。

伤春,有诗。

《附鲒轩诗》卷六《春日偶成》。

春夏之际,有诗寄吕星垣。

《附鲒轩诗》卷六《寄吕秀才星垣》:"识君文名已三载,才如百川不归海。银河倒注弱水西,努力沧溟欲相待。"

按:诗次于得知钱维乔下第诗之前(详后),故系于此。

四月,自江宁归里省亲。

吕《谱》本年条:"彭阁学蒋入江宁陶太守易署中,……四月,以太守俸满入都,因归省亲。"

五月,钱中铣招饮,并读钱维城所著诗,时已得知钱维乔落第。

《附鲒轩诗》卷六《钱公子中铣招饮即出其尊人文敏诗见示感赋二首》其一:"三年为客叹消沉,闻说尚书墓草深。顾我久虚泉下望,感公重读座中箴。时读所书格言。"其二:"郎君彩笔亲承久,小弟青云事业非。时树参会试报罢。两过公门岂无意,感恩独为泪沾衣。"

　　按:会试揭晓,在四月下旬。而在里中得知钱维乔不第,最早在五月初,故系于此。

　　钱维乔(1739—1806),小字阿逾,字树参,一字季川,号曙川,又号竹初等,清江苏武进人。乾隆二十七年(1762)举人。曾官浙江鄞县知县等。工诗画,精音律,所著有《竹初诗钞》十六卷、《竹初文钞》六卷、《乐府》四卷及传奇《碧落缘》《鹦鹉媒》等。事具《阳湖武进县志》等。

　　钱中笏(生卒年不详),清江苏武进人,钱维城子。馀待考。

七月,复至江宁。

　　吕《谱》本年条。

　　《亦有生斋集》卷五《送洪大礼吉之江宁》:"纔携斗米归堂上,便挂征帆指石头。稍喜才名同说项,未堪生计尚依刘。买山待结移家伴,望岁谁深未雨谋?知尔校馀藜阁字,时君方为太守修书,感时犹抱杞人忧。"

以诗书陶易《朝天赠言》册后。

　　《附鲔轩诗》卷六《书陶太守易朝天赠言册后》。

八月,弟霭吉亲迎,作诗二首,勖以成人之义。

　　《附鲔轩诗》卷六《舍弟以八月亲迎悯其未知稼穑之艰难而即有家室爰作诗二章勖之以义云尔》。

约于中下旬,应句容令林光照聘,抵句容。

　　《附鲔轩诗》卷七《乌翅冈探梅分得果字》:"秋仲余始来,仲冬归未果。"

　　《孙渊如先生年谱》乾隆四十年条:"是年,洪君应林大令光照授经之聘,于时训导全椒朱沛、少府钱塘汪苍霖、公子嗣基,皆能诗,常相酬唱。句容士夫王司马周南、斗南吉士兄弟、骆秀才存友、朱秀才镛、沈上舍绍祖,同为胜游雅集。"

　　按:据"秋仲余始来"句,抵句容当在八月,故系于此。

　　林光照(生卒年不详),字珠浦,福建霞浦人。乾隆三十三年,由进士出知句容。询邑风俗,通达民隐。岁洊饥,发廪以振,全活甚众。邑中育婴久弛,特筹经费,亲验肥瘠,抚恤必周,于贫苦嫠妇,尤加之。阖邑称为慈父母。后官高邮知州、海州知州,被议以去。事具张绍棠《(光绪)续纂句容县志》卷八上、唐仲冕《(嘉庆)海州直隶州志》卷二十一等。

有诗题县丞汪苍霖《民谣三章》后赠之,鼓励其为民请命。

《附鲔轩诗》卷七《书汪少尹苍霖民谣三章后》,诗前有序:"甲午八月,河决入淮安城。其冬,苍霖奉宪檄运米抵淮安城下。赋诗三章,仁人之言,知民疾苦矣。昔杜甫读元结《春陵行》谓'得结辈十数公,参错天下为邦伯,天下可安。'余亦谓今日得苍霖辈十数人为令丞,于吏治未必无补。苍霖又尝以强直为上官所斥,因赋赠此章,非特赠苍霖,亦甫所云庶几知者听耳。"诗云:"今年零雨绝,赤地百万顷。山邑命更悬,饥寒久延颈。……我昔闻丞薄,得为民请命。监门绘流图,蓝田奏蒙省。吾儒所当效,不必厌官冷。酌酒读子诗,中心契刚鲠。"

汪苍霖(生卒年不详),号易堂,清浙江钱塘(今杭州市)人。以监生入赀为句容县丞,后官江宁县丞等。能为民请命。事具洪亮吉《又书三友人遗事》、潘衍桐《两浙輶轩续录》补遗卷二、《(民国)杭州府志》卷一百三十七等。

九月十三日,在句曲饮朱沛室,并与之相交。

《附鲔轩诗》卷七《九月十三日饮朱博士沛室奉赠二首》其一:"博士斋头饮,偏逢月十三。官贫愁歉岁,节冷喜狂谭。百念营生计,吾曹合负担。无穷忧乐意,白发影鬖鬖。"

按:句曲,在今江苏省句容县。

《卷施阁文乙集》卷二《伤知己赋》:"值朱游于建康"句下小字自注:"朱博士官句容训导,年已七十余,风貌甚古,爱人如不及。予乙未岁客句容,与相处甚久,茅山、赤湖间,亦时同游焉。以庚子春下世。"

朱沛(? —1780),字岷源,清安徽全椒人。岁贡生,官句容训导。事具《(民国)全椒县志》卷十等。

十五日,沈绍祖招饮,后移饮于王斗南西舫,作诗赠孙星衍。

《附鲔轩诗》卷七《九月十五日沈公子绍祖招饮月上后复移饮王广

文古上西舫醉归赠孙大星衍作》:"沈生一楼满贮书,其下置酒招癯儒。就中少年数尔我,吐纳俱有千明珠。峨峨县东王广文,玉骨饮酒无由醺。……忽然相约过溪步,数子于我亦非故。三尺雏童讶款门,主人迎街客四顾。清谭已了进百壶,爱客更肯容狂呼。烛花低昂眼花眩,失足尚厌旁人扶。狂来高歌出门走,兀兀横街屡招手。君从东路邀狂客,我顷西行追北斗。溪西尚有一灯红,醉影延回溪路中。脱衫悬树堕凉露,振袂过桥迎好风。桥头匆匆复尔汝,烂醉谁知是宾主。三更归路过县门,侧耳还听数声鼓。"

沈绍祖,生平待考。

王斗南,生平待考。

孙星衍亦有同作,告知昨晚醉眠处乃古冢。

《芳茂山人诗录》卷二《与洪大礼吉醉卧古冢明日戏作》:"两生宵来醉眠处,却往经过不能去。原头乃有大卧人,一篑斗起殊嶙峋。道旁农人为予语,此墓多年近畔坞。天寒出窟狐作群,林空无人鸟呼侣。怅然为忆昨日游,快意一失成千秋。试呼墓中人,汝亦能饮不?醉魂飘飘出幽穴,如汝见曲涎应流。山头土干夜寂寞,知尔哀歌动吟魄。得非古豪英,列屋罗香姬。琼杯绮食伐天禀,坐使蝼蚁相欺凌。不然朝行碌碌厕官尹,似吏非吏隐非隐。黄金买誉立作碑,磨灭不博行人悯。君乎名山一息苟足垂,若敖虽馁悲何为!君不见,浮名如云死即歇,三寸桐棺丧幽骨。才丰德薄肆语言,不及墓底甘沦没。清风朗月去不回,知尔至乐无如归。百年大悟信豪举,回视身世真劫灰。吾侪不饮亦黄土,夷跖尘埃各千古。一坏榛棘死何灵,莫听酒人头上舞。"

十六日,得孙星衍诗,作诗回复。

《附鲔轩诗》卷七《得孙大诗知昨日醉眠处乃古墓也戏赋一首即寄孙大》。

得黄景仁书及《绮忆》诗,有和作。

《附鲔轩诗》卷七《得黄大书知家叔自颍州归》其二末句小字注:"时黄大寄到《绮忆诗》十数首。"同卷《读黄二绮忆诗漫和四首》。

十月六日晚,在句曲城南同朱桂芳、孙星衍散步,有诗。

《附鲑轩诗》卷七《十月六日同朱大桂芳孙大星衍城南晚步》。

朱桂芳,生平待考。

中下旬,阴雨连绵。

按:《附鲑轩诗》卷七《苦雨》有"浃旬阻清樽"句,此诗作于十一月初(详下),据此可知十月中下旬下雨约二十天。

闰十月月初,作《苦雨》诗,拟游茅山。

《附鲑轩诗》卷七《苦雨》:"始闰视北斗,初昏见南门。阳月倐已除,节候尚复温。惊看未蛰虫,唧唧鸣树根。山雨忽复来,急响势若奔。寒暑理已乖,凉燠异旦昏。夙有登涉心,浃旬阻清樽。我友住巷南,眼急瞻朝暾。予怀亦郁纡,对此屋漏痕。"

按:据诗中"阳月倐已除"句,此诗当作于十一月初。阳月,农历十月也。

初五日,与孙星衍月下步行,并作诗《偕孙大张二步月复得景字》。

《附鲑轩诗》卷七《偕孙大张二步月复得景字》:"初三月虽好,初五光尤永。"

按:张二,不详何人。《附鲑轩诗》卷七《夜宿茅山元符宫步至印房待月复下饮石坛作》中"颇复念幽独"句下小字注:"时张绍南未得至。"疑张二即张绍南,且同卷有诗《寄张绍南》。

张绍南,生卒年不详,清江苏武进人。所著有《孙渊如先生年谱》等。事具《江苏艺文志》常州卷。

十六日,与林崇缉、孙星衍、周国柱、陈成、郑联华游茅山,夜宿元符宫,有诗纪事。

《孙渊如先生年谱》本年条:"冬,偕林公子、洪稚存游茅山,入华阳洞,燃烛行数里乃返。"

《附鲑轩诗》卷七《夜宿茅山元符宫步至印房待月复下饮石坛作》:"心赏不可忘,良辰记十六。"

按:据诗末句,游茅山为十六日。

《卷施阁文甲集补遗》之《游茅山记》:"由句容县城行五十里,至茅山。山行一里,抵元符宫。""同行六人:一以轿,为霞浦林崇缉;三以驴,为同具孙星衍、霞浦周国柱、闽县陈成;二以马,为余及霞浦郑联华。"

林崇缉,清福建霞浦人,林光照子。

周国柱,生平待考。

陈成,生平待考。

郑联华,生平待考。

十七日黎明,至喜客泉、大茅峰,入蓬壶洞(因洞口狭小,唯孙星衍与郑联华同入,因烛尽而返),后下至元符宫。

《附鲒轩诗》卷七《自元符宫上大茅峰憩晓霞阁》:"申旦不复眠,视此崖上月。初阳尚未升,了了见仙阙。……二里抵一泉,流清鉴毛发。"

同卷《入蓬壶洞行二里许以烛尽不得入》:"探奇惬幽寻,百步得数洞。巉巌束穴口,已复拒徒众。浹暝持一灯,幽光破苔缝。迟回叹游侣,贾勇得予仲。""予仲"下小字注:"孙大暨霞浦郑联华同入。"诗云:"惜此烛炬消,谁持蜡灯送。"

《卷施阁文甲集补遗》之《游茅山记》:"明日,行二里至喜客泉,行二里至大茅峰。下至元符宫宿。"

十八日,游乾元馆、洗心池、玉宸观、淤向,于夜返回县城。

《附鲒轩诗》卷七《游乾元观寻陶宏景宰相堂旧址》:"此山产丹砂,林木颇不茂。十里及郁冈,幽篁始深秀。……寻井识毁垣,穿松历遗构。夫君感通隐,信美想华胄。玄芝究方术,玉箧富章奏。洞响已出扃,山云讵归岫?流连若人度,沉想莫余觏。三叹读道书,孤怀为心疢。"

《卷施阁文甲集补遗》之《游茅山记》:"又明日,行十里至干元馆,行半里至洗心池,行五里至玉宸观,行二十里至淤向。夜,无火,行二十里,至县城。……时乾隆乙未年闰十月日也,是为记。"

孙星衍《芳茂山人诗录》卷一《游茅山偕洪大礼吉作四首》,分别是《宿元符》《上大茅峰》《入蓬壶洞》《憩郁冈》。

与孙星衍、沈绍祖、王斗南游骆氏园林,有诗。

《附鲒轩诗》卷七《偕王三沈大孙大游骆氏园林》:"出郭只一里,入村唯数家。过桥追落叶,摇树起飞雅。"

下旬,偕孙星衍自句容至江宁,道中拟游青龙山,未果,有诗。

《附鲒轩诗》卷七《自句容至江宁半道欲游青龙山未果》:"客饭匆匆去,幽栖未及寻。"

按:此行与孙星衍同行,说详下。

自雨花冈北至台上,憩于永宁泉,有诗。

《附鲒轩诗》卷七《自雨花冈北携酒至台上痛饮复憩永宁泉二首》其一:"冈北冈南路,萧萧雨黯晨。"其二:"荒冈千百转,知有永宁泉。……到晚逢僧语,怜余未解禅。"

《芳茂山人诗录》之《澄清堂续稿》第三《携酒上雨花冈饮醉复愒永宁泉作二首》。

游小仓山房,有诗呈袁枚。

《附鲒轩诗》卷七《游小仓山房即呈袁大令枚》:"白发耽文史,青山作寓公。园西风月满,二十五房通。"

十一月七日,大雪,与孙星衍饮于城南酒楼,有诗。

《附鲒轩诗》卷七《初七日雪与孙大饮城南酒楼》。

作《句容县士民捐赈碑记》。

《附鲒轩诗》卷七《新霁晚步归小饮沈公子绍祖宅》:"华阳山石尽,闻已食蒿芦。"句下小字自注:"今岁句容最荒,村民先屑石粉食之,名观音粉,近复食芦根。"

《卷施阁文甲集补遗》之《句容县士民捐赈碑记》:"乾隆四十年,江南北大旱。今兵部侍郎巡抚江苏等处地方,萨公徧履所属邑,勘灾之轻重入告。于是句容以山县旱独盛,特勘灾八分。十月,奉上命,发帑金三万九千九百两有奇赈之,自十一月始。"

按:据文中语句,此文当作于十一月,具体日期不详。

十二月十日,次子盼孙生。

吕《谱》本年条。

洪盼孙(1775—1792),先生次子,病逝于乾隆五十七年(1792)

九月。

二十三日,同孙星衍在城北痛饮,并送其归句容度岁,有诗。

《附鲒轩诗》卷七《小除前一日与孙大城北痛饮即送归句容度岁》:"一旬归客狂难已,十日醉眠呼不起。我病何能谢友朋,君才颇不容乡里。城门楼西放晚晴,我归惜君还远行。……津头戍鼓方三下,屋角疏星已二更。新诗别我何横放,同辈谁能出君上?世上儿偏奇细微,握手只惜为欢迟。孙郎高歌狂转甚,别我还因接王沈。破产明朝事远游,典衣此日供荒饮。此间亦有赵与杨,累日为尔称离觞。座中卜子庶同调,送客独至官河旁。官河迢迢夜程黑,倦仆离披立船侧。一风鼓棹不得停,明日还家已除夕。"

二十四日,与孙星衍、杨伦饮市中。

孙星衍《澄清堂稿》卷下《小除日毗陵市中别洪大礼吉杨三伦醉作》:"千倍酬我上北邙,不及容我生前狂。千言相思寄行路,不及逢君得君怒。君来巷南笑拍肩,入市欲藉糟邱眠。官街隆隆塞宾从,酌酒还呼乞人共。乞人鹄面悬鹑衣,呼之惊顾行逶迤。胸无余事得一醉,渐肯与我行天机。市桥来看立重足,更脱缨褙舞鸲鹆。我生志大不自量,菲薄囊哲如秕糠。小儒不答风射耳,爱我如君合心死。屈魂鲍鬼不可呼,我识二子今应无。三千年来复谁乐,六十日醉真吾徒。凡铅难烧石难煮,此肋应归浊醪腐。眼中绝业合有传,身后荣名苦无主。三更惜别各不知,欲去颠倒前相持。铀魂茫茫堕空阔,侧听乡语离多时。菰蒲萧萧梦中过,骨冷还疑枕君卧。"

冬,过白土镇,纪开旭饷以盘餐斗酒。

《更生斋诗》卷八《过白土镇》:"古县华阳驿,前朝白土乡。……盘餐思忘事,乙未冬过此,本镇茂才纪开旭以盘餐斗酒见饷。频问读书堂。"

纪开旭,生平待考。

本年,应林光照请,为其父作《赐进士出身诰授奉政大夫蓝翎侍卫赐花翎林君墓志铭》。

按:《卷施阁文甲集补遗》之《赐进士出身诰授奉政大夫蓝翎侍卫

赐花翎林君墓志铭》云:"卒以乾隆十七年五月四日。"又云:"卒后三年,葬于西郊镇峰山之麓。又二十年,而君令子光照官江南,始以状乞铭于余,欲追纳诸墓。余谨按状。"据此,本文当作于乾隆四十年,故系于此。

乾隆四十一年,丙申(1776),三十一岁

正月十六日,与诸同人步月,有诗。

> 《附鲒轩诗》卷七《十六夜偕诸同人步月》:"破墙明月上,从尔复东行。……无复童年戏,牵衣入曲城。"

二十日前后,应沈绍祖邀,抵句曲,与孙星衍于鸟翅冈探梅,有诗。

> 《附鲒轩诗》卷七《句曲与孙大鸟翅冈探梅》:"荒冈野桥溪水清,我初来游因沈生。桥边古梅百余朵,瘦影入柏何纵横!……看花人老苦无暇,可惜数日还东行。……绕花百匝与君别,明日病马骑劳人。"

次日,与孙星衍别,有诗。

> 《附鲒轩诗》卷七《句曲与孙大别》:"我今别君归,憔悴无欢情。……君知我心如皎日,我念君情比明月。落拓君真与世殊,狂名我更从人乞。……我行折君墙上梅,数日念君还东来。……我去真惭集载鸟,君留更作趋庭鲤。贻君书籍贮闲厅,绝业无如校六经。"

二月二日,因雨,感而有诗,忆念孙星衍。

> 《附鲒轩诗》卷七《社日雨偶成》:"窗外濛濛湿雨丝,折花声里春人醒。……空园初春怅无雨,小咒东风社公雨。"
>
> 同卷《忆孙大》。

十五日,寒食,出游,忆及亡友马广运。

> 《附鲒轩诗》卷七《寒食出游作》:"眼明不欲看春水,意懒只合寻残花。……黄花丛边故人住,死葬花香最深处。谓马秀才广运。沿溪杨柳忆同攀,讵料都成墓前树。"

十六日,清明,先生出行,同人饯于旗亭,有诗。

> 《附鲒轩诗》卷七《清明日诸同人饯予旗亭醉后赋此》:"君知我狂休更激,醉中牵人醒不识。君知我倦休复来,梦里得句醒还猜。……欲

行不行谁与共,独客缘知乏人送。溪南燕翳忽西飞,十里随人去如梦。"

三月初十日,上巳,拟重游句容,有诗寄孙星衍。

　　《附鲒轩诗》卷七《上巳日寄孙大》,题下有小字注:"时拟重游句容。"

五月上旬,得袁枚手书及为赵怀玉乐府诗所作序,作《与袁简斋书》。

　　《卷施阁文甲集补遗》之《与袁简斋书》:"昨奉手书,寄到赵君乐府,并为作序,冠其简端,具见。阁下奖掖后进,勤勤无已之心,为赵君称感者再,反复数四。惟内于吴中行劾座主夺情一事,阁下缀以四十六字曰:'弟子劾师,鄙意颇不以为然。师有过当谏,谏而不听当避位去,此君子之道也。东汉周举劾左雄,皆好名之过,不可为法。'伏见阁下以仁义为心,重师友之渊源,立人伦之至正,意有所感,笔则书之,而实不觉其言之过也。"

中旬,得袁枚报书,又作《再与袁简斋书》。至当涂访贾田祖,出诗集及制艺见示,乏资留滞,贾田祖假金以返里。返里后,作《三与袁简斋书》。

　　袁枚《小仓山房文集》卷十九《答洪稚存书》:"明吴中行劾座主江陵,仆心不喜,道师有过当谏,谏而不听,当避位。斯言也,下笔后颇知其非。位受之于君,非受之于师,不得以孟子论异姓之卿之礼援为事师之则。继而思之,位虽受之于君,而所以能受之于君者,未尝非师之力。饮水知源,不为无理。以故仍而不改。昨接手书,果招阁下之规,夫复何辨!然足下尚有未悉者。书中道座主轻于举主说,良是也。举主知其人,其恩重;座主知其文,其恩杀。然唐、宋以后,科目盛,辟举衰,士大夫舍座主无由进身,则座主之恩,不得不同于举主。东汉举主有丧,门生衰麻避位亦何尝不以君臣之义行之师弟之间?若曰:座主取士,彼自奉功令耳,于士无与也。然则父母生子,彼自感情欲耳,亦与子无与也。忘本之言,伊于胡底?卫庾公之斯以学射孺子之徒故,叩轮而反,孟子与之。夫追寇,君命也;学射,小伎也。学于其徒,非学于孺子也。然卒不忍以夫子之道反害夫子。孟子以为端人,且引以证逢蒙之恶。然则使孔、孟为人门生,必补不劾座主以为名也可知。唐萧遘扶王铎上殿,昭宗见之甚喜,曰:'卿待座主如此,待朕可知!'李夷简劾杨凭,杨远贬,其门客徐晦送之,夷简表晦为御史,曰:'君不负杨公,肯负国乎?'古明君贤臣,往往观过知仁,十不爽一。而足下乃虑禁劾座主,将有植党之虞,则尤与仆言相背,何也?仆言事师之道,有过则谏,谏而不听则避位。果如仆言,则门生多,谏者愈多,避位者愈多。大臣不善,朝廷且为之一空矣。彼座主者,独无所慑于心而不改弦易辙乎?又安见植党满朝,而不可动摇也?所引楚弃疾、李怀光事,尤为不伦。楚王将杀子南,三泣其子。王之心,岂不欲其子之谏父耶?然而弃疾之谏与不谏,传无明文,卒与父同死,或其间必有委曲难全之故遥遥千秋,难以臆断。至于怀光谋反,李璀大义灭亲,自无两全之术。使当日江陵果谋反,则中行劾之当也。足下书中所谓缓不及待,是也。乃在江陵并非谋反,所劾者不过夺情一节,则是江陵一身之私罪,于宗社安危毫无关阂,有何缓不及待之有?而况中行上疏之明日,赵疏入矣;又明日,艾疏入矣;又明日,沈疏入矣。明目张胆攻江陵者,如云而起,何劳门下士急急争先?古名臣如汉之赵熹、耿恭,唐之房、杜、褚遂良、张九龄,俱有夺情之事。彼诸君子者,岂无门生故吏,略知大义之人?而何以史册寂然,不闻有弹之者何耶?史称江陵相万历二十余年,四夷宾服,海内充实,有霍子孟、李赞皇之遗风。然则中行果有爱国之心,方宜留护江陵,为贤者讳过,可矣。中行本传称中行既上疏,以副封白江陵。江陵大惊曰:'已上耶?'曰:'不上,不敢白也。'审是,则中行不但不谏其师,并欺蔽之使不知过,而突出其不意,以相攻击。其心术尚可问乎?左氏曰:'人之欲善,谁不如我。'中行好名,江陵亦好名,观其惊问疏上否,颇有悔过掩覆之思,使中行不廷争之而私执门生之义,爱人以德,造膝婉陈,未必不动其天良,而自行求去也。及闻疏已上,则大名已裂,状如被逐,刚愎之性,遂至倒行而逆施。程子所谓吾党激成之祸,《儒行》所谓贤者之过可微辨不可面数,正谓此也。且中行为他人父,为他人母,忍使自己父母之遗体毁伤廷杖,尤为可嗤。而此后台臣阁臣,水火偾兴,互相排诋,无一日休,必至国亡而后已。如庸医治病,专务斗药争方,而不顾其人之元气命脉也。扬其波者,中行与有罪焉。仆山居,老矣,未必有为座主之日。而足下高才少年,为门生、为座主之日正长。言之者无私,闻之者有益,故不觉其倾尽云。"

《卷施阁文甲集补遗》之《再与袁简斋书》:"刻下拟至太平,三日后即回。阁下如有报意,祈十三日后赐之耳。礼吉再答。"《卷施阁诗》卷一《高邮哭亡友贾田祖》前诗尾联"囊钱斗酒江南路,他日相期报悫孙"句下小字自注:"丙申夏,予留滞太平,几不能行。先生假钱携酒送归。"

贾田祖《贾稻孙集》卷四《丙申岁仲夏洪稚存来自毗陵访予寓斋,用王荆公和王微之登高斋韵奉赠》其二:"妃黄俪白十丈埃,把君诗卷实壮哉!"句下小字自注:"稚存出诗集见示。"其三:"……牵肠绕腹能千回,高文子可泣鬼神。"句下小字自注:"稚存并以制艺见质。"

《卷施阁文甲集补遗》之《三与袁简斋书》:"十五日自太平归,复得阁下手书。……礼吉以庚寅秋以后进之礼见先生,迄今六年。"

按:《三与袁简斋书》中之"十五日",指五月十五日也。《再与袁简斋书》中之"三日",当指三天;而"十三日",则指五月十三日也。自庚寅(1770)逆推,先生与袁枚讨论明吴中行劾张居正事在丙申(1776)。吕《谱》不载此事,亦未载是年先生往返太平(当涂)事。而据《卷施阁诗》卷一《高邮哭亡友贾田祖》前诗尾联之小字自注,及贾田祖之《丙申岁仲夏洪稚存来自毗陵访予寓斋,用王荆公和王微之登高斋韵奉赠》之诗,综合考察,则先生往返太平及与袁枚三书,当作于此时。

夏,邵晋涵访先生于里门,不值。

《卷施阁施》卷八《送邵祕校晋涵入都补官》:"十年哀乐事亦同,往往相左红尘中。丙申夏君奉讳南归,访余于里门,不值。"

钱维乔闻先生失馆,以诗慰之。

《竹初诗钞》卷十《闻洪大稚存失馆归诗以慰之》其一:"丈夫艰难自食,出户意多违。将母家宜恤,依人道易非。关河青眼倦,风雨素心稀。归日看针线,徒惭身上衣。"

按:诗次于《闻金川荡平志喜二首》后,姑系于此。

夏秋之际,于里中结识王育琼。

《卷施阁文乙集续编》之《祭王秉玉驾部文》:"……自交君而哭

君,曾不逾乎廿年。忆岁丙申,值君里市。我时交友,不可一世。酒徒六七,爰有孙、杨。携瓢持杓,置瓮在旁。围观一市,君哂其狂。"

七月十二日,夜偕孙星衍暨王育琛、吴堂访青山庄故址,有诗。

《附鲒轩诗》卷八《七月十二夜偕孙大暨王、吴二秀才易僧服泛舟访青山庄故址薄暝衔醉归仍至旗亭痛饮四鼓乃别》。

《更生斋诗馀》卷二《南乡子·自云溪放舟至青山庄》。

王育琛(1756—1796),字秉玉,清江苏武进人。乾隆五十四年进士(1789),授兵部主事。居官恭谨诚悫。能篆书,为文纵丽。事具恽敬《兵部额外主事王君墓志铭》等。

孙星衍《芳茂山人诗录》之《冶城集补遗》卷一《题青山庄访古图》,诗前小序:"里居时,予与洪稚存太史亮吉、王秉玉比部育琛、吴公珍明府堂常游青山庄,寻访古迹。阅十馀年,予得第入翰林,三子皆计偕北上,会合京邸,补写为图。其后洪、王登第,吴以县令随牒中州。又数年,而王捐馆舍,又十馀年,而洪、吴亦下世矣。"

吴堂(1755—1812),字公珍,一字伯升,号肯哉,清江苏武进人。乾隆五十一年(1786)顺天乡试举人,大挑一等,分发福建,后改河南用。权福建长泰、同安、龙溪知县,多有循政。在河南,权鲁山、新野、南阳。上官以堂勤政,题授鄢陵县知县。工书。事具张惟骧《清代毗陵名人小传稿》卷五等。

八月十三日,夜偕赵怀玉、赵学愈、孙星衍饮于觅渡桥上,有诗。

《附鲒轩诗》卷八《八月十三夜偕赵大怀玉令侄学愈暨孙大携酒至觅渡桥上饮》:"前宵饮城东,昨复饮城北。偏惊里中儿,成群喜观客。"

赵学愈,清江苏武进人,生平待考。

十五日,同郭焜、吕星垣、孙星衍、王育璇泛舟白云溪,有诗。

《卷施阁文乙集》卷三《八月十五泛舟白云溪诗序》:"诗凡若干首。时乾隆四十一年丙申八月十五日。……同游者为钱唐郭焜,同县吕星垣、孙星衍、王育璇,凡五人。"

《附鲒轩诗》卷八《中秋夕邀同钱唐郭焜暨孙大吕大携笛及酒至云溪泛舟作》。

吕星垣《白云草堂诗钞》卷一《中秋夜云溪泛舟》。

郭焜，生平待考。

王育璇，生平待考。

十六日，应浙江学使王杰邀，先生出行，经嘉兴、杭州，抵绍兴，入其幕，有诗纪行。

吕《谱》本年条："时浙江学使王公杰欲延先生校文。七月，往谒学使于绍兴，值其局试，例不当通刺，资斧几至乏绝，及试毕往谒，学使一见先生如旧相识，遂偕往试台州、处州二府。中途历天台、雁荡诸胜，皆有诗纪事。"

按：吕《谱》所云赴绍兴就幕之时间不确。八月中秋，先生尚在里中与孙、赵、郭、吕、王等人或饮酒觅渡桥，或泛舟白云溪，则其赴绍兴就幕非七月明矣。对于自己出行就幕之时间，先生有所交代。其在《中秋夕邀同钱唐郭焜暨孙大吕大携笛及酒至云溪泛舟作》末云："风尘明日即别家，辛苦牵船不居屋。"据"明日即别家"句，出行时间当为泛舟白云溪之次日，即八月十六日。

《附鲔轩诗》卷八《嘉兴烟雨楼》："寥寥沙际楫，扰扰竹中馆。卑乡集鱼蟹，丰岁乐鸡犬。"

同卷《雨霁登飞来峰》："积奇登兹峰，峰卑阻雄眺。烟萝虽复翳，岩石苦未峭。秋霖杂飞瀑，深谷积泥淖。"

同卷又《伤鳞赋》："洪子以丙申之秋，苍皇远出。……车轮折于吴门，征帆沦于越市。犹复踰越险远，穷来会稽。狂吟堕魂，独处失影。鬻故衣于市上，备干糒于日中。"

王杰（1725—1805），字伟人，号惺园，又号葆淳，别号畏堂，清陕西韩城人。乾隆二十六年（1761）一甲第一名进士。历官修撰、浙江学使、侍读学士、礼部侍郎、吏部侍郎、兵部尚书、东阁大学士，入直军机。卒，谥文端。居官耿直清介，爱惜才士。所著有《葆淳阁集》《惺园易说》等。事具《清史稿》卷三百四十、《清史列传》卷二十六、朱珪《知足斋文集》卷五《太子太傅东阁大学士军机大臣予告在家食俸特赠太子太师谥文端王公墓志铭》等。

九月九日,登绍兴府山望海亭,怀里中诸子,有诗寄之。

　　《附鲒轩诗》卷八《九日登府山望海亭寄里中诸子》:"徒悲成令节,复此念前载。"

谒禹陵,有诗。

　　《附鲒轩诗》卷八《谒禹陵观空石》:"兹陵峨峨独百尺,丰碑蹲南穴列此。云埋山昏人不识,四千年来一横石。"

中旬,自绍兴舟行赴台州。

　　《附鲒轩诗》卷八《晓发曹娥江》:"晨帆县江开,夕骑府山发。"

　　同卷《晚泊栎树滩》:"黄悲西逝日,红伤秋末花。"

　　同卷又《自嵊县至天台山行杂诗》其五:"川原既相间,凉燠各有主。车马喧寂中,劳劳自尔汝。征衣冒荆棘,客饭杂尘土。旦发斑竹山,言寻白蘋浦。"

　　按:九日尚在绍兴,则随赴台州最早当在中旬。

九月底十月初,抵台州使院,有诗寄孙星衍。

　　《附鲒轩诗》卷八《台州使院杂诗寄孙大》其一:"秋风何其悲,冥雨入空隙。"其二:"山楼与水楼,高下千百级。南城视北城,飞鸟亦不及。"其六:"子有东顾忧,予贻后时悔。萧条此阳月,恻怆日无采。"

　　按:阳月,十月。据其一"秋风"句,时当九月;据其六"阳月"句,则当十月,故系于九月底十月初。

十月二十六日,先生母蒋太宜人卒。先生于十一月中旬奔丧归里,撰次蒋太宜人行述。

　　恽敬《前翰林院编修洪君遗事述》:"母卒,君时客处州,弟霭吉不敢计,为书言母疾甚,促君归。君亟行,距家二十里,舍舟而徒,方度桥,遇赁仆之父仇三,问得家状,君号踊,失足落水中。"

　　吕《谱》本年条:"水浆不入口者五日。诸姊以大义责先生,始稍进米饮。七七内仅啜粝粥。……自以未及侍蒋太宜人含敛,哀感终身。嗣后每遇忌日,辄终日不食,客中途次不变,三十年如一日。是岁,在苦次,撰次蒋太宜人行述。"

乾隆四十二年，丁酉（1777），三十二岁

> 吕《谱》本年条："居忧，在里授徒。从学者汪甥楷、刘生登禾、孙生星衡、瑂及张杨诸生，凡七人。长子饴孙时已五岁，亦日课以《尔雅》十数行。"

春，杨芳灿前来相唁，因约孙星衍、吕星垣相集纵谈。

> 《更生斋文甲集》卷一《吕广文星垣文钞序》："吾里中多瑰奇杰出之士，其年相若而才足相敌者，曰孙兵备星衍、杨户部芳灿（原作烁，误）暨君而三。……犹忆丁酉春，余居忧，授徒里中，杨君者买舟百里相唁。时君与孙君皆落拓居里，因约至舍，作竟夕谈。余时赁庑在白马三司徒项侧，贫甚，无几榻，三人者相与就余苦次，鳞比而寝，夜半月出，谈亦益纵。顾饥甚，无所得食，君独敲石火，搜旁室中，得败齑及麦屑升许，就三隅灶作餐，竞以手掬食至饱。天破暑，生徒以次进，三人始散去。"

> 《白云草堂诗钞》卷一《唁洪明经亮吉》。

> 杨芳灿（1753—1815），字才叔，又字香叔，号蓉裳，清江苏金匮（今无锡）人。乾隆四十二年（1777）拔贡生，廷试得知县。历官甘肃伏羌知县、灵州知府、户部广东司员外郎。丁母忧归，主讲衢杭、关中、锦江三书院。工诗文，长于骈体。所著有《芙蓉山馆诗稿》十四卷、《骈体文》八卷、《集外诗》四卷、《文集》四卷、《直率斋稿》十二卷及《罗襦记》传奇等。事具《清史稿》卷四百八十五、《清史列传》卷七十二、李桓《国朝耆献类征初编》卷一百七十四、赵怀玉《亦有生斋集》卷十八《户部广东司员外郎前甘肃灵州知州杨君芳灿墓志铭》等。

五月十一日，贾田祖卒。

二十七日，戴震卒。

夏秋之际，吴蔚光从黄景仁处得知先生丧母，有诗追挽之，并慰先生。

> 《素修堂诗集》卷八《洪节母挽诗五十韵其子明经礼吉也》："昔耳洪子名，始从青门邵。**编修齐涛。**弱龄见头角，刻砺颇自好。后闻中副车，私心枉倾倒。**黄生秀才景仁。**洪弟蓄，京华共西笑。闲示所寄书，骨力果排奡。一昨急叩扉，跼蹐面凄悼。谓洪枕苦出，路远弗得吊。揎

袖出行状,讓次剧伦要。"

按:吕星垣此诗次于七夕诗之前,故系于此。

十月,先生因葬母以书请汪中志墓。

汪中《述学·大清故国子监生洪君妻蒋氏墓志铭并序》:"乾隆四十二年十月,友人洪礼吉丧其母。既月将葬,以书来请志其墓。"

十一月二十日前后,应安徽学使刘权之延请,赴太平入其幕,并于太平度岁。

吕《谱》本年条:"十一月,座师刘公权之视学安徽,遣人相延。先生亦以营葬乏资,遂于长至前由陆程赴太平,并约孙君星衍偕行。刘公相待有加,以先生衣缟素,不肯更易,因约值节日朔望,皆听独处,专遣人司饮食,在学署一载,率以为常。又因先生誉孙君学行,因并款留,以助衡校。自是先生与孙君助学使校文外,共为《三礼》训诂之学,留太平度岁。"

按:冬至,十一月二十二日。

孙星衍《冶城䨇养集》卷下《采石同舟》诗前小序:"采石有绝壁,大书'珠联璧合'四字,俗传是李白、崔宗之醉月处。岁丁酉,予与洪君亮吉客安徽学使幕中,登黄山白岳,上天都峰,熟游青山、白纻之间,酾酒太白楼前而返。"

刘权之(1739—1818),字德舆,号云房,湖南长沙人。乾隆二十五年(1760)进士,选庶吉士,授编修。历官侍读学士、司经局洗马、安徽、山东学政、大理寺卿、左副都御史、吏部侍郎、礼部尚书、兵部尚书、协办大学士。卒,谥文恪。事具《清史稿》卷三百四十一等。

本年,先生恳请赵怀玉为祖父撰表墓之文。

赵怀玉《亦有生斋文集》卷十六《国子监生洪翁墓碣铭》:"国子监生洪翁,以乾隆癸未卒,越十年壬辰,孙礼吉奉其柩葬邑之前桥乡。又六年丁酉,礼吉始缀状乞为表墓之文。"

乾隆四十三年,戊戌(1778),三十三岁

吕《谱》本年条:"在安徽学使署。二月,随试太平、徽州、宁国、池洲四府。五月中始返太平,偕孙君至句容学署度夏。"

夏,黄景仁赠先生以范巨卿碑额。

> 《卷施阁诗》卷十四《十五日藏春坞消寒三集题范巨卿碑额即送张州守曾坿南还》:"昨者黄少尹,此碑刻系戊戌年夏亡友黄君仲则所贻。贻我金乡碑。"

> 吕《谱》本年条:"七月,复同诣太平,随试江北诸州府。"

夏秋之间,作书与朱筠,催为蒋太宜人立传。

> 《卷施阁文甲集补遗》之《与朱筍河先生书》:"唯是去岁,曾以状请先生为吾母立传,尚未赐下,今不孝待此以葬矣。祈急为之,勿缓也。"

> 按:先生葬母于乾隆四十二年十二月,则作书催传,当在夏秋之间,故系于此。

同孙星衍枉道扬州,过访方正澍,不值。

> 方正澍《子云诗集》卷四(戊戌)《洪稚存、孙渊如自当涂归毗陵,枉道见访不值,怅然有作》:"归家始知来两客,相左无端真可惜。"

> 方正澍(1743—1809),一名正添,字子云,号玉溪,清安徽歙县人。廪生。生平游幕四方,晚年旅居扬州。著有《子云诗集》十卷等。事具《清史列传》卷七十二、吴翌凤《怀旧集》卷八等。

十月,与秀才金兰订交。

> 《卷施阁诗》卷一《高邮金秀才兰以十月与亮吉订交越月来会母葬事毕将反同人集味辛斋作诗送之并索亮吉诗谨赋此首》。

> 吕《谱》本年条:"十一月,在滁州,因葬事先归,以十一月廿六日祔葬蒋太宜人于午峰府君墓。知友在百里以内者咸来会葬,如高邮金君兰、无锡杨君芳灿兄弟及同里孙君等,皆馆于白马三司徒里赁宅,旬日方去。先生在冢次三日夜,负土成坟,始归。岁暮,以负债多,偕孙君至句容。闻座师遭母忧,复亲诣太平吊唁,至除夕前仍回句容。"

> 金兰(生卒年不详),字畹芳,号湘谷,晚号碧云居士,清江苏高邮人。乾隆五十四年(1789)拔贡,续考取八旗官学教习,曾入翁方纲幕中。所著有《湖阴草堂遗稿》等。事具《(道光)增修高邮州志》《湖阴草堂遗稿·碧云居士传》等。

十二月五日,合葬母蒋孺人枢于父午峰府君墓。

> 先生《送金畹芳归高邮序》:"乾隆四十一年十月,亮吉遭吾母之丧。……越二岁十二月归葬。"

> 按:此先生佚文,存于金兰《湖阴草堂遗稿》卷三《次韵洪稚存赠别韵》附录。

> 《孙渊如外集》卷五《国子监生洪先生暨妻蒋氏合葬圹志》:"乾隆四十三年十二月五日,吾友洪亮吉奉其母孺人蒋氏枢合葬于尊甫午峰先生之墓。"

中旬,与孙星衍远送前来会葬之金兰归高邮。

> 赵怀玉《亦有生斋文集》卷五《送金畹芳还高邮序》:"金君之来,往返旬日。洎归高邮,吾友洪、孙二子复远送之。邈焉江湖,瘁此雨雪。"

二十七日,陶易卒。

汤贻汾生。

乾隆四十四年,己亥(1779),三十四岁

二月二十日,同孙星衍饮酒王秀才廷俞南圃,有诗。

> 《卷施阁诗》卷一《清明后一日与孙大饮王七秀才廷俞南圃归过县门忆亡友林嗣基作》其一:"晚吟朝咏寄萧骚,王七园前一树桃。……归路忽惊官阁过,又教铅泪滴城壕。"

> 按:清明,二月十九日。

> 王廷俞,生平待考。

三月,应孙星衍与赵怀玉约,离乡赴京师。

> 《卷施阁诗》卷六《抵里门感赋四首》其三:"姑理征衣姊劝餐,送儿三月上长安。如何五载音尘隔,无复牵衣但抚棺。"

> 按:据"送儿三月上长安"句,先生离乡赴都,时当三月。

> 《卷施阁诗》卷一《送赵表弟怀玉南归即呈侍御舅氏兼寄孙大》:"孙郎约我游燕台,尔者八月无书来。赵生约我长安住,亦复驱车觅归路。"

过扬州访汪端光，汪助以行资，两人相别于扬州东门。

> 吕《谱》本年条："过扬州，汪孝廉端光复助以行资，始舍舟登陆道。"

> 《卷施阁诗》卷一《代书寄汪大端光八十韵》："我生惭世间，感子引作徒。为倾橐中金，为计道上储。"

> 同卷《扬州别汪大端光》："吾行数千里，别子旧东门。"

经高邮，哭贾田祖，有诗。

> 《卷施阁诗》卷一《高邮哭亡友贾田祖》："城角参差暮雨昏，水程何处吊骚魂。吟狂陋巷三间屋，骨冷高原五尺坟。"

四月，在黄河岸边与缪恩相识订交。

> 《卷施阁诗》卷一《送缪公子公俨之江浦兼简孙大》题下有小字自注："余四月中入都，与缪遇于逆旅，遂订交焉。"其一："魂摇百草东风路，梦立黄河远岸时。"且末句下有小注："与缪初相值处。"则两人相识结交当在黄河岸边。

> 缪恩，字公俨，号笠庄，生平不详。

夜行宿迁道中，经邳州城外，过永济桥，有诗纪行。

> 《卷施阁诗》卷一《夜行宿迁道中》："荒原真厌马行迟，不定阴晴四月时。"

> 同卷《邳州城外》《偶成》《过永济桥》《晓行》。

过萧望之故里，感而有诗。

> 《卷施阁诗》卷一《过萧望之故里》其二："经术崇嶐位望崒，元成太傅总奇才。"

行次谒滕文公庙。

> 《卷施阁诗》卷一《滕文公庙》："滕亡祀则存，庙食普万年。我来谒荒祠，悼叹小国君。"

二十三日前后，行峄县道中，抵邹城，谒孟庙。

> 《卷施阁诗》卷一《四鼓行峄县道中》："夜气沉残月，天风动大星。"

> 同卷《谒孟庙》其一："摩挲读碑字，应愧历阶升。"其二："寝筵虡

拜谒,心折为三迁。"

> 按:据"残月"句,故系于此。

夜寻东阿西楚霸王项羽墓。

> 《卷施阁文乙集》卷八《东阿寻西楚霸王墓记》:"予以屠维之岁,始夏之月,夜抵东阿旧县,与舍弟、长白缪君,寻西楚霸王之墓,维时暑月倾谷,炎风满山,玄扃暨臻,双垄兀立。寻碑读之,云:'有李将军从王死,实祔葬焉。'"

> 《卷施阁诗》卷一《东阿谒西楚霸王墓》:"松柏曾无半亩宫,蒿莱时起愤王风。"

抵滋阳,谒柳下惠墓,有诗。

> 《卷施阁诗》卷一《滋阳谒柳下惠墓》:"孤魂我下无家泪,三黜谁招去国魂?"

月底,抵涿州三家店,与弟兴诛茅之思。

> 《卷施阁诗》卷二《涿州三家店水木明瑟舍弟前共过此有诛茅之思书此以寄并当示孙大》:"原空雅飞十余里,烟柳千条拂花起。吾家令弟昔爱之,残月扃门数回启。"据"残月",抵涿州当在月底。

本月,杨伦抵都。

> 许隽超《黄仲则年谱长编》本年条:"四月,……杨伦来京话旧。"

五月五日,因行役原野,感节物有诗。

> 《卷施阁诗》卷一《五日客感》:"节物关心泪暗滋,斜阳原上立多时。……愁看弱弟同行役,相对昏灯理鬓丝。"

> 按:据首句,五日而感节物,则此日当是端午(五);据"愁看弱弟同行役",则是时在道中,尚未入都。吕《谱》本年条云:"五月初二日,抵都。"日期不确。

十日前后,入都,初居黄景仁寓斋,与其话旧,后移居于同岁生孙溶寓,为四库馆校书。

> 吕《谱》本年条:"五月初二日,抵都,居黄君景仁寓斋。时四库馆甫开,雠校事繁,座师董公诰为总裁官,属总校江宁孙舍人溶延先生至打磨厂寓斋,总司其事,岁修二百金,仲弟亦送入方略馆效力。"

《卷施阁诗》卷一《与黄大景仁话旧》二首。其一云："壮志都从忧患移,别离如梦见犹疑。"其二云："十五年前将母身,同携襁被出城闉。"

黄景仁《两当轩集》卷十四《与稚存话旧》其一:"如猿嗷夜雁嘹晨,剪烛听君话苦辛。纵使身荣谁共乐,已无亲养不言贫。少年场总删吾辈,独行名终付此人。待觅它时养砂地,不辞暂踏软红尘。"其二:"身世无烦计屡更,鸥波浩荡省前盟。君更多故伤怀抱,我近中年惜友生。向底处求千日酒,让它人饱五侯鲭。颠狂落拓休相笑,各任天机遣世情。"

《卷施阁文乙集》卷二《伤知己赋》:"荀秘监四部之目,秘而得传"句下小字注:"岁己亥入都,馆于同岁生孙君溶,为校部书。"

《卷施阁诗》卷一《傭书》:"傭书生计尚淹留,并叠吟怀事校雠。"

孙溶(生卒年不详),清江苏江宁人。乾隆四十五年举人。充四库馆总校。事具《续纂江宁府志》卷十四之三《陶绍景传附》等。

本月,赵怀玉亦入都。

《收庵居士自叙年谱》本年条:"是岁四月,始……北上。"以四月北上,抵都日,当在五月,故系于此。

夏,与翁方纲相交,并恳其为母作传。

翁方纲《复初斋文集》卷十三《洪节母传》:"乾隆己亥夏,予得识武进洪君礼吉。发其箧,得所为诗文若干首,皆磊落志节之言,又刊史传谬误若干卷。洪君盖欲予知其学行所自也。泣而言曰:'公可以为某母之文矣。'……其求所以传母者,哀切尤异于人。呜呼,吾文何足以传之?"

翁方纲(1733—1815),字正三,又字叙彝,号覃溪,又号苏斋等,北京大兴人。乾隆十七年(1752)成进士。历官广东、江西、山西学政、内阁学士兼礼部侍郎。为诗尚苏、黄,倡"肌理"说。精于金石书法。所著有《复初斋诗集》七十卷、《集外诗》二十四卷、《文集》三十五卷及《两汉金石记》二十二卷、《粤东金石略》十二卷、《经义考补正》等。事具《清史列传》六十八、《清史稿》卷四百八十五等。

七月月初,小病,得孙星衍书,甚喜,答之。

> 《卷施阁诗》卷一《小病》:"佳时曾少出游车,侧屋三椽此寄居。失喜远书来酒后,时得季仇书。却怜新病入秋初。"

> 按:据"秋初"句,故系于此。

酬寄孙星衍书及词。

> 《卷施阁诗》卷一《得孙大江宁书却寄》:"樱桃一树旁红墙,书到翻怜客异乡。"

> 《更生斋诗余》卷二《忆秦娥·寄季仇》:"书乍捧,故人迟我华阳洞。"

> 《卷施阁文乙集》卷三《与孙季逑书》:"季逑足下:日来用力何似?亮吉三千里外,每有造述,手未握管,心悬此人。……惟吾年差长,忧患频集,坐此不逮足下耳。然犬马之齿,三十有四,距强任之日,尚复六年。"

> 按:据书"犬马之齿,三十有四,距强任之日,尚复六年"云云;且诗《得孙大江宁书却寄》所云寄书,当即此书,故系于此。

忆汪端光,有诗。

> 《卷施阁诗》卷一《忆汪大端光》:"淮南冀北经千里,除却孙郎便忆君。"

初七日,七夕,忆孙星衍,有诗。

> 《卷施阁诗》卷一《七夕露坐忆孙大》:"思君永日空濛望,南斗光中第一星。"

读白居易《长庆集》有感,作诗寄孙星衍。

> 《卷施阁诗》卷一《读长庆集寄孙大》,诗前小序云:"《长庆集》乐天自序,长微之七年。今亮吉春秋三十四,而季仇年才二十七,与微之小于乐天同。二人之交亦不减元白,所不逮者,或名位耳,其他尚可及也。爰作一诗寄季仇,并邀同作。"诗云:"偶读开成少傅诗,七年我亦长微之。……一代才名何必愧,九原交谊本堪师。"

> 按:诗次于《结交行寄孙大》前,而《结交行寄孙大》作于七月末或稍后(说详下),因而姑系于此。

月末,有诗柬孙星衍。

　　《卷施阁诗》卷一《结交行寄孙大》:"兹离检历日,已过一百五。"

　　按:先生离乡入都,乃四月中旬。其《送缪公子公俨之江浦兼简孙大》题下小字自注:"余四月中入都",由四月中旬往后数一百零五日,则其作《结交行寄孙大》当在七月末,故系于此。

八月二十日,偕弟及黄景仁饮于天桥酒楼,有诗。

　　《卷施阁诗》卷一《八月二十日偕黄二暨舍弟饮天桥酒楼》:"长安百万人,中有贱男子。日携卖赋钱,来游酒家市。昨日送君回,今日约君来。送君约君于此桥,长安酒人何寂寥!酒人物多聚还喜,破帽尘衫挈吾弟。摄衣上坐只三人,爽语寥寥落檐际。"

本月,作《华阳忆旧行》寄朱沛、林光照、汪苍霖、孙勋及孙星衍。

　　《卷施阁诗》卷一《华阳忆旧行寄朱博士沛林海州光照汪县丞苍霖兼呈孙丈勋及令子星衍》:"春华已过怜秋晓,落落天空寄鱼鸟。"

　　按:此诗次于《结交行寄孙大》之后与《九月初二日得家书始奉适王氏姑七月初九日讣翼日于崇南坊为位以哭哀定并赋诗一章》之前,因而姑系于此。

　　孙勋(1729—?)①,字孝勋,清江苏阳湖(今常州)人。乾隆二十一年(1756)举人,乾隆三十四年(1769)谒选句容教谕,后官山西河曲知县等。事具汪中《述学·补遗》之《大清故国子监生赠句容县儒学教谕孙君墓铭并序》、孙星衍《岱南阁集》卷二《许太恭人九十生辰事略》等。

以诗代书寄汪端光。

　　《卷施阁诗》卷一《代书寄汪大端光八十韵》:"时时读子诗,消此嘅与歔。子才信宛鸾,我笔非于菟。颇愧粉叠来,索诗若索逋。我常思子言,气敛不敢舒。逢子乃一言,笔禁口亦呼。"

　　按:此诗次于前诗之后,亦姑系于此。

────────────────

　　① 孙星衍:《岱南阁集》卷二《许太恭人九十生辰事略》"岁己酉,家君生"。据此,则孙星衍之父孙勋当生于雍正七年(1729)。

九月初二日,得家书,知适王氏姑七月初九日去世。初三日,于崇南坊寓舍设灵位以哭,有诗。

> 《卷施阁诗》卷一《九月初二日得家书始奉适王氏姑七月初九日讣翼日于崇南坊为位以哭哀定并赋诗一章》。

初九日重阳,遇吴端彝于陶然亭,话旧,并忆唐肇文,作《重九日陶然亭遇吴四端彝话旧因忆亡友唐肇文并寄令弟孝廉》诗。

> 吴端彝,曾为河津书院山长,馀不详。

本月,朱筠视学福建,与同人公饯于陶然亭,并与赵怀玉、徐书受、杨伦集于香炉僧舍联句。

> 许隽超《黄仲则年谱长编》本年条:"九月,朱筠视学福建,程晋芳、洪亮吉、杨伦、徐书受、赵怀玉及仲则等公饯于陶然亭。"
>
> 《亦有生斋集·诗》卷六《自陶然亭醉归集香炉僧舍联句四十韵》。
>
> 杨伦《九柏山房集》卷十《陶然亭醉归僧舍小集联句》。

十月初八日,作《南楼赠书图记》。

> 《卷施阁文乙集》卷四《南楼赠书图记》文末款识:"时乾隆四十四年十月八日,是为记。"

二十日,作《八月十五泛舟白云溪诗序》。

> 《卷施阁文乙集》卷三《八月十五泛舟白云溪诗序》:"诗凡若干首。时乾隆四十一年丙申八月十五日。越三年己亥十月二十日序。"

与徐书受于僧寺雨中话旧。

> 《卷施阁诗》卷一《僧寺与徐书受话旧即赠二首》其一:"一夕长安雨,寥寥话十年。"其二:"尔念无兄弟,逾年服姊丧。余尤痛风木,复此感姑亡。骨肉重泉满,松楸隔岁长。相将营丙舍,头白住江乡。"
>
> 按:该诗次于《东坡生日集翁学士方纲苏斋即送罗山人聘出都》之前,故系于此。
>
> 徐书受(1752—1805),字留封,一字尚之,清江苏武进人。乾隆四十五年(1780)副榜贡生。历官河南尉氏、兰阳、南召等县知县。工诗古文。所著有《教经堂文集》《教经堂诗集》《教经堂谈薮》等。事具洪亮吉《更生斋文续集》卷二《敕授文林郎河南南召县知县候补知州徐

君墓志铭》等。

十一月十九日,应翁方纲招,与程晋芳、张埙、罗聘、桂馥、吴蔚光、陈鸿宾、周厚辕、吴锡麒、陈崇本、沈心醇、宋葆淳及黄景仁集于苏斋,祀东坡生日,并送罗聘出都。

　　《卷施阁诗》卷一《东坡生日集翁学士方纲苏斋即送罗山人聘出都》。

　　沈津《翁方纲年谱》本年条:"十一月十九日,因此日罗聘出都,先生于苏斋具蔬,焚香雅集,并请程晋芳、张埙、罗聘诸人到斋,预祝苏轼生日,兼为罗聘送行。是日,有诗。'十二月一十九日,东坡先生生日,谨拟具蔬苏斋,焚香雅集。兹因扬州罗两峰居士为龙眠、松雪、老莲诸画像稿本新奉于是斋,而两峰居士定于月之二十出都,是以援近人预祝之例,敬移于十一月十九日,奉邀诸公枉驾早临,兼为两峰饯行,恕不速。鱼门先生、瘦同先生、两峰先生、未谷先生、竹桥先生、玉池先生、驾堂老先生、谷人老先生、伯恭老先生、匏尊大兄、芝山大兄、稚存大兄、仲则大兄。'(影3/764,《诗集》20/9A)"

　　翁方纲《复初斋诗集》卷二十《东坡生日,两峰为摹龙眠、松雪、老莲诸画像,邀诸公集苏斋,兼送两峰出都,同用苏字二诗》、吴蔚光《素修堂诗集》卷九《翁学士方纲召集宝苏斋,送罗山人聘出都,十一月十九日也》、张埙《竹叶庵文集》卷十六《东坡先生生日,覃溪置酒苏斋,并送两峰,得苏字》、张埙《竹叶庵文集》卷十六《东坡先生生日覃溪置酒苏斋并送两峰得苏字》。

　　罗聘《香叶草堂诗存》之《十二月十九日为东坡生日翁覃溪学士邀请同人用苏字韵送予出都余亦继作》:"尚友心期道不孤,先生自是列仙儒。瓣香远接峨嵋蜀,肖像争传学士苏。此日奎垣争降宿,来朝客路复吹竽。天寒岁暮匆匆别,高会还思异日俱。"

　　宋葆淳(1748—?),字师初,号芝山,晚年改号倦陬,山西解州安邑县人,乾隆五十一年(1786)举人。擅长金石考据,善书画,精篆刻。事具冯金伯《墨香居画识》卷五等。

　　罗聘(1732—1799),字遁夫,号两峰,自称花之寺僧,清江苏江都人。不事科举,好画,师事金农。擅画,尤以画鬼著称。平生周游天下,行踪不定。晚年里居。亦善诗,所著有《香叶草堂诗》一卷等。事具吴锡麒《有正味斋骈体文》卷二十三《罗两峰墓志铭》、李斗《扬州画舫录》卷三等。

张埙(?—1789),字商言,一字商贤,号瘦铜,又号吟乡,别号石公山人等,清江苏吴县人。乾隆三十四年(1769)进士。曾官内阁中书,并入四库馆任编校工作。精金石之学,工诗文,所著有《西征集》《竹叶庵文集》三十二卷、《碧箫词》五卷、《扶风金石录》《兴平金石志》等。事具李桓《国朝耆献类征初编》卷一百四十六及《国朝书人辑略》卷六等。

周厚辕(1746—1809),字驭远,号载轩,清江西湖口人。乾隆三十六年(1771)进士,历官翰林院编修、四川学政、京畿道监察御史、内阁户科给事中等。工书画,能诗词,所著有《蜀游草》等。事具曾国藩《(光绪)江西通志》卷一百六十六、殷礼《(同治)湖口县志》湖口县志卷八等。

陈崇本(生卒年不详),字伯恭,清河南商邱人。乾隆四十年(1775)进士。

沈心淳,生平待考。

陈鸿宾,字用仪,清浙江钱塘(今杭州)人。诸生。

吴蔚光(1743—1803),字悐甫,又字执虚,号竹桥,晚号湖田外史。祖籍清安徽休宁,四岁随父迁居清江苏昭文(今常熟)。乾隆四十五年(1780)进士,选庶吉士,改礼部主事。稍后以病假归,退居林下以终。所著有《古今石斋诗前集》四十五卷、《后集》十五卷、《素修堂文集》二十卷、《小湖田乐府前集》十卷、《续集》四卷等。事具法式善《存素斋文集》卷四《例授奉直大夫礼部主事吴君墓表》、张维屏《国朝诗人徵略》等。

十二月送缪恩之江浦,作《送缪公子公俨之江浦兼简孙大》。

《卷施阁诗》卷一《送缪公子公俨之江浦兼简孙大》其一尾联:"寥寥门闭红尘里,残腊都将浊酒支。"

《更生斋诗余》卷二《买陂塘·送缪公子笠庄至江浦》："趁霜风沿林飞遍，巢荒去住无据。"

按：据"残腊"、"霜风"句，送别缪公俨当在十二月，故系于此。

题石涛《竹西歌吹图》。

《卷施阁诗》卷一《题石涛竹西歌吹图》："浮云急景安得留，我顷四月离邗沟。陡边歌吹尚沸耳，回视已隔天南头。怀乡念友殊孤闷，我见此图惊复问。……烂醉莫嫌狂杜牧，枯僧亦复绘扬州。"

二十六日，送赵怀玉南归，有诗，并柬侍御舅氏蒋和宁及孙星衍。

《卷施阁诗》卷一《送赵表弟怀玉南归即呈侍御舅氏柬寄孙大》："孙郎约我游燕台，尔者八月无书来。赵生约我长安住，亦复驱车觅归路。……穷冬道我颜何瘦，我为伤亲益思舅。三径凭传闻讯书，十年我受恩私厚。更传消息语孙郎，莫向人前倚酒狂。"

《收庵居士自叙年谱》本年条："余以次年即届乡试，迟迟未行。会先考屡书促之，遂与无锡杨同叔搀出都，时已残腊矣。"

赵怀玉《亦有生斋集》卷七《人日汶上道中追酬洪大礼吉送别之作》："我行就道十一日，回首京华一千里。"

按：本年腊月共二十九日。据"我行就道十一日"诗句，由人日初七往前溯十一天，则送赵怀玉南归当在腊月二十六日，故系于此。

冬夜，与翁方纲、黄景仁饮于程晋芳宅，于其书斋观耶律楚材画像，有诗。

《卷施阁诗》卷一《程编修晋芳斋观元耶律文正画象赋》："先生好古购两轩，邀我读画兼开尊。颀然素幅出伟人，云元宰相辽王孙。"

黄景仁《两当轩集》卷十四《冬夜饮程鱼门编修斋观耶律文正公像》。又翁方纲《复初斋集外诗》卷十四《耶律文正画像赋》诗，末句下有小字自注："集程鱼门编修斋作。"

按：许隽超《黄仲则年谱长编》系此事于十一月。

程晋芳（1718—1784），初名廷矿，又名志钥，字鱼门，号蕺园，清安徽歙县人，后徙于江都。乾隆三十六年（1771）进士，历官吏部文选司主事、翰林院编修、武英殿分校官、会试同考官。晚年为债所迫，客死西安。好藏书，于学无所不窥。所著有《勉行斋文集》十六卷、《蕺园诗集》四十四卷、《周易知旨编》三十卷、《礼记集释》二十卷、《春秋左传翼疏》三十二卷、《尚书今文释义》四十卷、《诗毛郑异同考》十卷等。事具《清史稿》卷四百八十五、《清史列传》七十二、翁方纲《复初斋文集》卷十四《萩园程先生墓志铭》等。

被酒与吴麟夜话,有诗。

　　《卷施阁诗》卷一《被酒与吴生麟夜话》。

　　吴麟,生平待考。

乾隆四十五年,庚子(1780),三十五岁

正月初七日,赵怀玉于汶上道中酬先生送别之作。

　　《亦有生斋集》卷七《人日汶上道中追酬洪大礼吉送别之作》:"我行就道十一日,回首京华一千里。风餐雪虐不肯晴,瞥眼春光据鞍喜。"

十五日,元夕,与汪端光宴游。

　　《卷施阁诗》卷三《元夕看桃》:"甲午元夕在扬州,庚子客都下,俱与汪剑潭游。"

二十日前后,送弟霭吉南归,有赠序。

　　吕《谱》本年条:"仲弟以思家得咯血疾,新岁益甚。先生质衣具资,遣人送归。"

　　《卷施阁文乙集续编》之《送舍弟南归序》:"岁届孟春,节逾元夕,舍弟以幽忧致疾。一旬之中,啜事者再;申旦之内,咯血以数。……对寒风而陨涕,盼南雁以伤心,而行遂不可缓矣。反因远别,索我归期。"

　　《卷施阁诗》卷一《忆舍弟》诗题下有小字自注:"时抱病南归。"

二月十五日,与汪端光至天桥酒楼薄饮,有诗。

　　《卷施阁诗》卷一《二月十五日与汪大至天桥酒楼薄饮乘月而回》其一:"痛饮消馀暑,能闲有几人?"

忆弟,有诗。

　　《卷施阁诗》卷一《忆舍弟》,题下有小字注:"时抱病南归。"其一云:"弱弟如形影,相随作客初。……待营田一顷,早与共扶锄。"

二十三日,复与汪端光至天桥酒楼饮酒,有诗。

《卷施阁诗》卷一《二月二十二日复与汪大上天桥饮醉歌》:"天桥楼前一杯酒,昨日苦思今在手。我能饮,君能留,三十莫抱二十忧。"

二十六日,过访汪端光,见饷酒者,次日作诗寄之。

《卷施阁诗》卷一《二十六日过汪大斋头见饷酒者汪大云留以相待归后梦汪大以昨酒别饷人意甚不乐醒后戏作此以以寄之》:"故人不入梦,入梦床头酒。"

春,朱沛卒。

四月至七月,无考。

八月,新任四川按察使查礼聘先生为掌书记。

吕《谱》:"八月,应顺天乡试,出闱,即为四川查按察礼聘掌书记,入蜀,岁修四百金。"

《清秘述闻》卷八"乾隆四十五年庚子科乡试"条:"顺天考官:兵部尚书蔡新字次明,福建漳浦人,丙辰进士。刑部侍郎杜玉林字凝台,江南金匮人,甲戌进士。内阁学士嵩贵字抚棠,蒙古正黄旗人,辛巳进士。题'问管仲'一句,'天之道也'一句,'冯妇攘臂'一句;赋得'栽者培之'得'和'字。"

查礼(1716—1783),初名为礼,又名学礼,字恂叔,又字鲁存,号俭堂,又号铁桥,清顺天宛平人。乾隆元年(1736)举博学鸿儒,不遇。入赀为户部主事。后历官广西太平知府、四川按察使、布政使、湖南巡抚,未任而卒。喜藏古器。工诗擅词,所著有《铜鼓书堂遗稿》三十二卷、《铜鼓书堂词》三卷、《词话》一卷。兼擅绘事,尤擅画梅。事具《清史稿》卷三百三十二、《国朝耆献类征》卷一百八十一、吕星垣《白云草堂文钞》卷六《通议大夫湖南巡抚查公墓铭》、张舜徽《清人文集别录》卷五等。

蔡新(1707—1800),字次明,号葛山,又号辑山、缉山,清福建漳浦人。乾隆元年(1736)进士,改庶吉士,授编修,入直上书房达四十二年。历官至文华殿大学士,加太子太师。卒,谥文恭。所著有《缉斋文集》八卷、《附录》二卷、《诗稿》八卷、《首》一卷等。事具《清史稿》卷三百二十、《清史列传》卷二十六等。

　　杜玉林（? —1786），字宝树，号凝台，清江南金匮（今无锡）人。乾隆十九年（1754）进士，授刑部主事。历官刑部郎中、江西南康知府、四川布政使、刑部侍郎、工部侍郎。善治狱，迭使湖南、湖北、江南谳狱。坐海昇妻狱，戍伊犁，在召还返京道中卒。事具《清史稿》卷三百二十一等。

　　嵩贵（1733—1789），字抚棠，号补堂，蒙古正黄旗人。乾隆二十六年（1761）进士，改庶吉士，授编修，累官内阁学士。屡掌文衡，八旗俊彦多出其门。著有《邮囊存略》等。事具法式善《八旗诗话》等。

九月初七日，揭晓，中式第五十七名举人。房师李孔阳。

　　吕《谱》本年条。

　　《卷施阁文乙集》卷二《伤知己赋》"秉直得于雕颚，相逸群于黄骊"句下小字自注："房师李先生性清介，以御史屡与校士，出其门者，人皆谓无私。以庚子十月下世，余与同门生视含敛焉。"

　　李孔阳（? —1780），清直隶清苑人。乾隆二十五年（1760）举人。曾官刑部主事、御史等。事具《清秘述闻》卷七、卷十六等。

秋冬之际，陆寿昌为先生绘《机声灯影图》，翁方纲以诗题图。

　　《复初斋诗》卷二十二《洪稚存机声灯影图三首》。

　　《竹初诗钞》卷十三《寒簦永慕图为洪孝廉稚存作并系以诗》"谓君绩学由此基，颂君闻教各有诗"句下有小字注："同里陆君维南为绘《机声灯影图》，名公巨卿题诗已满卷矣。"

　　按：时人题《机声灯影图》诗，以翁方纲《洪稚存机声灯影图三首》为最早，而翁方纲此诗次于其《次和瘦铜新葺小斋》诗之前。《次和瘦铜新葺小斋》首句云："今年冬仲未严寒。"据此，可知翁氏题图之诗，最迟当作于十一月。而陆维南此图之作，当早于翁氏之题诗，故系于此。

　　陆寿昌（生卒年不详），字维南，号凫冈，清江苏武进人。幼博学，通经史，善古文辞，旁及象纬、舆图、算学，工山水画等。乾隆三十九年（1774）举人，授安徽东流训导。乾隆五十八年（1793）进士。事具《光绪武进阳湖县志》卷二十三《人物》等。

冬，孙星衍应陕西巡抚毕沅招，入其幕。

本年,屠绅报最入都,相聚话旧,有诗。

《卷施阁诗》卷一《屠大令绅以报最入都话旧赋赠四首》其一:"远宦迢迢十载余,相逢我亦颔添须。贤劳已觉官声起,忧患偏怜壮志虚。"为尚书梁国治制颂十八章,首邀睿赏,因而求文者甚众,自二月至七月,共得酬金四百两。

吕《谱》本年条:"时方南巡,诸臣例献赋颂,先生为山阴梁尚书国治制颂十八章,首邀睿赏,于是都下求属稿者甚众。先生亦精力绝人,日为孙舍人校官书八巨册,类有考证数十条,夜则制进呈册页一通,每至三鼓方休。是年恭遇万寿,颂述之文益多。自二月至七月,所制凡五六十篇,得酬金四百两。"

梁国治(1723—1786),字阶平,号瑶峰,又号丰山,清浙江会稽人。乾隆十三年(1748)进士,授修撰。历官湖南按察使、湖北巡抚、湖南巡抚、礼部侍郎、户部侍郎、协办大学士、东阁大学士兼户部尚书等。卒,谥文定。所著有《敬思堂诗集》六卷、《文集》六卷、自撰年谱一卷等,并与人合著《钦定国子监志》六十二卷。事具《清史稿》卷三百二十、《清史列传》卷二十一、朱珪《知足斋文集》卷四《太子少傅经筵讲官东阁大学士兼户部尚书赠太子太保谥文定梁公墓志铭》等。

本年,尝与黄景仁饮于天桥酒楼,遇武亿,相识结交。

江藩《汉学师承记》卷四"武亿"条:"庚子年,阳湖洪亮吉稚存、黄景仁仲则流寓日下,贫不能归,偕饮于桥酒楼,遇君,招之入席。尽数盏后,忽左右顾盼,哭声大作,楼中饮酒者骇而散去。藩尝叩之曰:'何为如此?'曰:'余幸叨一第,而稚存、仲则寥落不偶,一动念,不觉涕泣随之矣。'"

武亿(1745—1799),字虚谷,一字小石,自号半石山人,清河南偃师人。乾隆四十五年(1780)进士,官山东博山知县,创范泉书院。因得罪和珅被劾罢职,嘉庆年间被荐举召用,不久卒。所著有《授堂文钞》八卷、《续集》二卷、《授堂诗钞》八卷、《三礼义证》十二卷、《群经义证》八卷、《经读考异》八卷等。事具《清史稿》卷四百八十一、《清史列传》六十八、朱珪《知足斋文集》卷五《前博山县知县诏起引见武君墓志铭》等。

乾隆四十六年,辛丑(1781),三十六岁

正月,疏《国语》地名,序钱坫《注尔雅释地》。

　　《卷施阁文乙集》卷三《钱献之注尔雅释地四篇序》:"重光赤奋若元月,吾友钱君献之注《尔雅释地》四篇毕,时予方疏《国语》地名,未竟。……时孙君季述亦注《山海经》,削诸迂怪之谈,证以耳目所及。"

　　钱坫(1741—1806),字献之,号十兰,又号篆秋、泉坫,清江苏嘉定人。乾隆三十九年(1774)副榜贡生。以直隶州判衔入陕西巡抚毕沅幕。工书及刻印,尤擅篆书。所著有《史记补注》一百三十卷、《新斠地理志》十六卷、《说文解字斠诠》十四卷等。事具《清史稿》卷四百八十一、《清史列传》卷六十八、包世臣《小倦游阁集》卷三《钱献之传》等。

赵怀玉至都,携来孙星衍赴秦中之信,以诗简黄景仁、杨伦、徐书受。

　　《卷施阁诗》卷二《赵大至得孙大入关之信兼闻蒋表弟良卿欲入都城东酒徒无一人居里者感赋此首近简黄二杨三徐大》。

三月十一日,清明,此日前后,入闱会试。

　　吕《谱》本年条:"三月,应礼部试。"

　　《卷施阁诗》卷二《清明日闱中梦先慈感赋并寄孙大关中二首》。

十八日,偕同人至天桥饮酒。

　　《卷施阁诗》卷二《十八日早偕同人至天桥酒楼》。

二十日前后,探访黄景仁病。

　　《卷施阁诗》卷二《法源寺访黄二病因同看花》:"长安城中一亩花,远在廛西法源寺。故人抱病居西斋,瘦影亭亭日三至。……花时可惜雨声阻,不尔游屐时傍徨。看花抱病还难顾,我更因花乞同住。"

　　按:此诗次于《十八日早偕同人至天桥酒楼》与《三月二十六日同人至崇效寺看花作》两诗之间,故系于此。

二十六日,与同人至崇效寺看花。

　　《卷施阁诗》卷二《三月二十六日同人至崇效寺看花作》:"花开雅

兴无虚日,三度饯春留冀北。柳丝厅北敞高筵,赢得山僧姓名识。看花
十辈多少年,花下两两联吟肩。花枝已阑离思牵,时崔二景俨欲南回,
目断送尔江南天。"

二十八日,与冯敏昌、安桂甫、张锦芳、金兆燕、余鹏翀等集黄景仁法源寺寓
所,为饯花之饮。

冯敏昌《小罗浮草堂诗集》卷二十一《三月二十八日与安桂甫洪稚
存张药房集黄仲则余少云法源寺寓斋饯花同用饯字》。

金兆燕《棕亭诗钞》卷十五《辛丑三月二十八黄仲则招集于法源寺
寓饯花次韵》。

冯敏昌(1727—1806),字伯球,号鱼山,清广东钦州人。乾隆
四十三年(1778)进士,改庶吉士,授编修。历官会试同考官、主事、浙
江司行走、刑部河南司主事等。晚年掌教端溪、粤秀、越华三书院。工
诗文。所著有《小罗浮山草堂诗集》四十卷、《华山小志》六卷、《孟县
志》十卷、《师友渊源集》等。事具《清史列传》卷七十二、翁方纲《复初
斋文集》卷十四《冯敏昌墓表》、吴兰修《户部主事冯公敏昌传》等。

张锦芳(1747—1792),字粲夫(一作粲光),号药房、花田,清广东
顺德人。乾隆五十四年(1789)进士,改翰林院庶吉士,授编修。工诗
善画。所著有《逃虚阁诗钞》六卷、《南雪轩文钞》二卷、《南雪轩诗余》
一卷等。事具《清史稿》卷七十二、邵晋涵《南江文钞》卷十《翰林院编
修张君行状》、冯敏昌《小罗浮草堂文集》卷三《太史张君墓志铭》等。

金兆燕(1719—1791),字钟越,号棕亭,清安徽全椒人。幼称神
童。乾隆三十一年(1766)进士。历官扬州教授、国子监博士,分校《四
库全书》。后馆于扬州康山草堂。工古文辞。所著有《棕亭古文钞》十
卷、《诗钞》十八卷、《骈体文钞》八卷、《词钞》七卷,并著有传奇《旗亭
记》二卷等。事具《清史列传》卷七十一、王昶《湖海诗传》、李斗《扬州
画舫录》等。

余鹏翀(1756—1783),字少云,清安徽怀宁人。监生。所著有《息
六斋遗稿》三卷、《词曲遗稿》二卷、《韩文公文集编年考》《丧大礼考》
等。事具武亿《授堂文钞》卷五《余少云哀词》、李桓《国朝耆献类征初

编》卷四百三十六、王昶《湖海诗传》卷三十八等。

安嘉相(生卒年不详),字桂甫,湖北江夏人。举人。历官长寨同知、广顺州知州、开州知州等。性刚毅,治事严整。工书法,好吟咏,卒于官。事具《(民国)开阳县志》第三章等。

月末,孙星衍有书至。

吕《谱》本年条:"先是孙君星衍已入关,并札言陕西巡抚毕公沅钦慕之意,先生遂决意游秦。"

《卷施阁诗》卷二《送崔二景俨南归读书并就婚》:"乡间益复盛嘲毁,并以余论加孙郎。畏谗一室居疑蛰,昨者孙郎有书及。"送崔景俨南归在四月初一日(说详下),则得孙星衍书应在三月末,故系于此。

春,有诗酬同年黄钺。

《卷施阁诗》卷二《酬黄上舍钺》:"闲日偶倾燕市酒,经春别尔谢家楼。"

按:据"经春"句,诗当作于春日,故系于此。

黄钺(1750—1841),字左田,又字左君,晚自号盲左,清安徽当涂人。乾隆五十五年(1790)进士,历官户部主事,湖北、山东乡试考官,山西、山东学政、翰林院侍读、内阁学士、户部尚书等。卒,谥勤敏。工书擅画。所著有《壹斋集》四十卷、《壹斋集赋》一卷、《画友录》一卷、《二十四画品》一卷等。事具《清史稿》卷三百五十一、《清史列传》卷三十七、《安徽通志》等。

四月初一日,送崔景俨南归就婚,并拟游秦中。

《卷施阁诗》卷二《送崔二景俨南归读书并就婚》:"离风昨日吹原野,花叶纷披已成夏。交君未久别念侵,独持一杯与论心。……离程关陇复数千,时余拟游秦中,南瞻无家有墓田。桑根草堂富经史,举半赠子穷雕镂。识君不嫌迟,别君不嫌早。读书溪南柳阴好,新妇窗前月痕皎。人生聚散殊草草,君不见,百回相思令人老。"

按:此诗后一首为《四月初二日黄二景仁邀同人于法源寺饯春即席同赋得饯字》。而据此诗"离风昨日吹原野,花叶纷披已成夏"句,断此诗作于四月初一日,送别崔景俨亦此时。离,八卦之一,五行中代表火,于方位代表南方,于季节代表夏季。离风,夏风也。

初二日,应黄景仁邀,与同人聚于法源寺,饯春。

《卷施阁诗》卷二《四月初二日黄二景仁邀同人于法源寺饯春即席同赋得饯字》。

《两当轩集》卷十五《冯渔山、张粲夫、洪稚存、安桂甫、余少云同集愚斋为饯花之饮》得饯字:"今朝百事从屏遣,一饮无名借花饯。春藏佛地晚更浓,客惜芳时会频展。入杯一片意已醺,铺径重茵坐随选。绣襦微褺星辰间,锦幕不张蜂蝶善。高谈欲下曼陀罗,结习讵了摩诃衍。我今示疾倏衰飒,公等逢欢宜勤勉。明当闉闳谢羊欣,门外香泥愁踏践。"

张锦芳《逃虚阁诗集》卷四《黄仲则招同冯鱼山、洪稚存、安桂甫、余少云集悯忠寺寓斋饯春,得饯字》。

与丁履端话别,有诗。

《卷施阁诗》卷二《与丁二履端夜话即以赠别》,题下有小字自注:"时余约与屠大令绅共买外家鹳荡庄别业,丁君言已为渠亲串所得,并以志感。"其二:"新交数尔及崔陈,握手临期意独申。……风色满天云气冷,更从歧路入西秦。"

丁履端(1757—1804),字希吕,一字郁兹,清江苏阳湖(今常州)人。乾隆四十四年(1779)举人。充咸安官教习,以父忧归。后选直隶元城令,以母老,改官河南尉氏。历官河南尉氏、河北南宫、鸡泽、威县县令。工骈文,长于诗。事具赵怀玉《亦有生斋集》卷十八《直隶威县知县丁君墓志铭》等。

十六日,作别黄景仁,偕崔景仪西行。

吕《谱》:"四月十六日,偕崔同年景仪西行。崔方至四川定省。"

《卷施阁诗》卷二《将出都门留别黄二》其二:"枵腹谁怜诗思清,掩关真欲废逢迎。期君未死重相见,与向空山证世情。"

崔景仪(1760—1815),字云客,号一士,清江苏武进人。乾隆四十九年(1784)年进士,改庶吉士,散馆授编修。历官赞善、中允、翰林院侍讲学士、侍读学士、广西思恩知府、左江兵备道、广东高州兵备

道、广州兵备道、河南南汝光道、署河南按察使等,卒于官。事具赵怀
玉《亦有生斋文集》卷十九《河南分巡南汝光道署河南按察使崔君墓志
铭》等。

杨揆前来送行。

杨揆《桐华诗稿》卷一《送洪大稚存之西安》其一:"一曲阳关唱未
终,金镳马首恨匆匆。林梢四月才新绿,陌上三年厌软红。旧馆暂辞同
去燕,此身何处不飞蓬?剧怜送别多风雨,帘外浓阴似梦中。"

杨揆(1760—1804),字同叔,号荔裳,清江苏金匮(今无锡)人。杨
芳灿之弟。聪颖好学,乾隆四十五年(1780)召试,赐举人,授内阁中
书。从征卫藏,参与谋划,多著劳绩,历官文渊阁检阅、内阁侍读、四川
川北道、四川按察使、四川、甘肃布政使。卒于官,赠太常寺卿。所著有
《藤花吟馆诗文集》及《卫藏纪闻》等。事具《清史列传》、赵怀玉《亦有
生斋文集》卷十八《赠太常寺卿杨公墓志铭》等。

行涿州道中,见芃麦遍野,有田庐之思,作《田家诗》寄芮光照、杨毓舒。

《卷施阁诗》卷二《出都行涿州道中见芃麦遍野慨然有田庐之思因
作田家诗二十首寄意并寄芮光照杨毓舒两布衣》)。

芮光照,生平待考。

杨毓舒,生平待考。

抵涿州三家店,忆前过此,起诛茅之思,有诗寄孙星衍。

《卷施阁诗》卷二《涿州三家店水木明瑟舍弟前共过此有诛茅之思
书此以寄并当示孙大》:"异时我作樵苏计,幸有孙郎及难弟。"

二十六日,抵河间,作诗寄崔景俨。

《卷施阁诗》卷二《四月二十六日抵河间县知崔二先一日发却寄此
首》:"车停古驿日已曛,窗南一灯昨照君。"

五月,前往西安毕沅节署。

吕《谱》本年条:"时征逆回京兵入鳝,道出山西,因迂道由馆陶、
临清至河洛,抵开封而资斧以竭,适旧友杨司徒仁基、同年管户部世铭
皆在开封,共假资以行。"

初三日,抵临清关,阻雨留宿,吴锡纬宴之。

《卷施阁诗》卷二《五月初三日临清关阻雨因食角黍有感》："三更清梦越乡间,尚有半楼灯火在。"

《卷施阁诗》卷八《吴大令锡纬以二月抵大梁即奉檄勘赈西平遭疾遽卒亮吉等敛金相助至九月旅榇仅乃得归率赋此首哭之》："济水南来曾斗酒,辛丑夏,予下第,偕崔吉士景仪赴陕中,时君在临清榷署,留饮一日。大河东去与招魂。"

吴锡纬,清江苏阳湖人,馀待考。

初四日,自临清关渡运河晓行,当晚过馆陶。

《卷施阁诗》卷二《自临清关渡运河晓行》："晓星未落催客程,梦闻雨声醒复晴。"

按:据诗意,渡运河晓行,在临清关阻雨之次日,故系于此。

又同卷《馆陶道中》："柳丝蒙蒙新月高,卧闻笛声过馆陶。催车向路日已昃,霞色尚映征人袍。"

初五日,从清丰出发,作诗示崔景仪。

《卷施阁诗》卷二《五日客感示崔同年景仪》："马上一枝榴火红,行人朝日发清丰。"

按:清丰,在今河南省东北,于山东邻接。

初七日前后抵黄河,宿辛店,次日从柳园口渡河,有诗。

《卷施阁诗》卷二《未至黄河十里阻风宿辛店明日始从柳园口渡》:"恶风一日阻急程,十里外听黄河声。……清晨径渡大波伏,霞气压席青红平。"

按:据行程,当于七日前后抵黄河,故系于此。

管世铭《韫山堂诗集》卷四《渡河篇为洪大稚存亮吉崔生云客景仪赋》:"侯嬴门西漏一刻,夜觅肩舆揽衣展。横槊诗人洪稚存,传经弟子崔云客。相见苍茫应失喜,形神咄喏无欢理。亦知溃落返春官,困惫何为至于此。徐言侵晓到黄河,盈辆车书一苇多。数钱买渡始许让,相与风立沙中窝。辗转方当上船际,突有狂奴数辈至。骦骑官马甚豪雄,云是祥符厩中隶。一马分教占一船,手持白棓与长鞭。官津只合官人渡,那许寻常旅客前。前与从容语未毕,老拳疾起眥争裂。跳身远去避其锋,回顾从人已僵绝。短衣破帽尽蒙戎,僮仆呻吟尚未终。自伤卑贱固应尔,何至不得舆台同。我闻此事气填胸,急呼当途勿姑息。尽教荷校立阿干,暂使行人歌乐国。公等皆非骨相屯,翻飞自可致通津。他时坐拥旌旄贵,莫忘单车唤渡人。"管世铭此诗所述当是亮吉与崔景仪渡黄河事,故系于此。

渡河后,自河南入关,沿途以诗纪行。

《卷施阁诗》卷二《自河南入关所经皆秦汉旧迹车中无事因仿香山新乐府体率成十章》,分别是《荥阳城》《北邙山》《尸乡置》《贾谊墓》《董宣祠》《金谷园》《二崤山》《函谷关》《潼关门》《华清宫》。

十六日,抵达西安,宿开元寺。

吕《谱》本年条:"五月望后抵西安,寓开元寺一宿。"

《卷施阁诗》卷五《将赋南归呈毕侍郎六十韵》:"维时岁辛丑,四月节值晦。春官初下第,喜极乃不慨。急束一箧书,重欲等粃末。艰于行李费,肩背自负戴。途长三十日,勇进不暂退。"

按:此诗对乾隆四十六年(辛丑)赴毕沅幕历程之回忆,自离京至抵达西安,约三十天。自四月十六日离京,三十天后,当为五月十六日抵达西安,故系于此。

十七日,巡抚毕沅迎先生入节署。

吕《谱》本年条:"毕公闻先生来,倒屣以迎。翌日,遂延入节署。时幕中为长洲吴舍人泰来、江宁严侍读长明、嘉定钱州判坫及孙君与先生,凡五人。"

毕沅(1730—1797),字湘衡,一作纕衡,又字秋帆,号灵岩山人,清苏州府镇洋(今江苏太仓市)人。清经史学家,文学家。乾隆二十五年(1760)进士,状元及第,授翰林院编修。乾隆五十年(1785)累官至河南巡抚,次年擢湖广总督。嘉庆元年(1796)赏轻车都尉世袭。病逝后,赠太子太保,赐祭葬。好读书,通经史,精于小学、金石、地理之学,主编有《续资治通鉴》《经典文字辨证》等,所著有《灵岩山人诗集》《灵岩山人文集》《山海经校注》等。事具王昶《春融堂集》卷五十二《兵部尚书都察院右都御史湖广总督赠太子太保毕公神道碑》《清史列传》卷

三十、《清史稿》卷三百三十二等。

二十五日,适汪氏仲姊丧。

　　《卷施阁文乙集》卷三《适汪氏仲姊哀诔》:"姊……卒以今年五月
　　二十五日,年四十有一。"

闰五月,黄景仁应毕沅邀,抵西安。

　　《黄仲则年谱长编》本年条。

六月二十七日,朱筠卒于京师日南坊里第,年五十三。

　　朱珪《知足斋文集》卷三《翰林院编修诰授中议大夫前日讲起居注
　　官翰林院侍读学士加二级先叔兄朱公墓志铭》:"六月二十一日夜,忽
　　遘痰疾,翼日渐疗。二十六日,疾复作,夜四鼓遂卒。公生于雍正七年
　　六月六日丑时,年五十有三。是月,萧山始祖墓有古松高五六丈,大风
　　折其末丈馀,非偶然也。四方之士知者,痛惜如失所仗。公孝友直谅,
　　恬淡达观,不愧所学。"

七月十二日,得弟霭吉书,知适汪氏仲姊丧。

　　《卷施阁文乙集》卷三《适汪氏仲姊哀诔》:"乾隆四十六年七月
　　十二日,日在西隅,亮吉客西安使院,得舍弟京师报书,知仲姊之丧。"

十三日,为位哭姊。

　　吕《谱》本年条:"适汪氏仲姊以疾卒,先生闻讣,哭之恸。"
　　《卷施阁文乙集》卷三《适汪氏仲姊哀诔》:"质明,为位而哭。"
　　按:"质明",当是得耗次日之质明,故系于此。

闻知朱筠卒,偕黄景仁同哭于兴善寺。

　　《卷施阁诗》卷六《自西安至安邑临黄二景仁丧奉挽四首》其二:
　　"共哭寝门思往日"句下小字注:"向偕君在西安,闻笥河先生讣,同哭
　　于兴善寺。"

八月,题黄景仁所得宋铸"山谷诗孙"印。

　　《卷施阁诗》卷三《黄二景仁以旧得宋铸山谷诗孙印属题即以
　　志别》:"黄生年少苦乏师,口诵祖集无一遗。童耽诗祖诗,长获法孙
　　印。……缥囊缄佩入华山,时君将游华山。好句藉可通天关。君不见,
　　印方以寸深数黍,有才如君庶得主。聊藏箧笥贻子孙,百世传公用心

苦。"

    按：此诗次于九月初三日诗前，姑系于此。

九月初三日,是日三十六初度,偕黄景仁、孙星衍游荐福寺。

    《卷施阁诗》卷三《九月初三日雨后偕黄二孙大游荐福寺》。

    孙星衍《澄清堂续稿》之《别长安诗》十一："城南风日入秋清,忆得携朋落拓行。雁塔联吟一长啸,本来李杜不题名。黄仲则游秦,曾与稚存及予访城南胜迹。"

游慈恩寺上雁塔。

    《卷施阁诗》卷三《慈恩寺上雁塔》："莫笑众贤名易朽,塔前杯水已沧桑。寺外即曲江,今阔不数步。"

送黄景仁赴京待选,有诗。

    《卷施阁诗》卷三《关中送黄二入都待选》："欲别复念我,我归犹无时。"

秋,吴蔚光有和先生白桃花诗。

    《素修堂诗集》卷十《白桃花和洪孝廉亮吉原韵》。

十二月初六日,宿读雪山房,同崔景俨话旧,作诗赠之。

    《卷施阁诗》卷二《十二月初六日宿读雪山房话旧即赠崔公子景俨》："经旬频过访,识尔气无前。……一夕虚窗梦,无忘共被眠。"

冬,应严长明请,作《归求草堂寿言诗序》。

    《卷施阁文乙集》卷六《归求草堂寿言诗序》："内阁侍读严道甫先生,当代伟材。……岁在辛丑,先生及宜人皆届五十甲子,海内知识,为诗以寿者凡若干,令子畯等汇录以寄先生。亮吉与先生同客陕西巡抚毕公之署,辱先生之知,命为之序。"

    严长明(1731—1787),字冬友,或作东友,一字用晦,号道甫,清江苏江宁人。早慧,乾隆二十七年(1762)以献赋召试,特赐举人,授内阁中书,入军机,擢侍读。家富藏书。著有《归求草堂诗集》六卷、《秋山纪行集》二卷及《西清备对》《西安府志》等二十余种。事具《清史稿》卷四百八十五、钱大昕《潜研堂文集》卷三十七《内阁侍读严道甫传》、姚鼐《惜抱轩文集》卷十三《严冬友墓志铭》等。

木年,著《汉魏音》成。

> 《卷施阁诗》卷六《赠程上舍敦即题其抱经图卷子》:"我初识君时,君方作文我赋诗。癸巳岁,随朱竹均先生校士歙县,识君于侍人中。八年相逢在京邸,君耽六经我注史。少年已过学亦深,君穷古文我古音。时君校《说文解字》及《释名》等书,而余著《汉魏音》亦适成。"自癸巳往后数八年,则为辛丑,故系于此年。

与修《续资治通鉴》,始为地理之学。

> 孙星衍《孙渊如外集》卷五《翰林院编修洪君传》:"四十五年庚子科中北榜举人,旋至关中,依毕抚部沅,与纂《宋元资治通鉴》,始为地理之学,撰补《三国》《十六国疆域志》等书。"

钱坫为先生《补三国疆域志》作序。

> 钱坫《补三国疆域志序》:"余以辛丑之岁,与洪君稚存、孙君季仇同舍西安抚院幕府,时季仇注《山海经》,余注《汉书·地理志》。方有事于卟古责实,而稚存以所辑《三国疆域志》出示。"

顾九苞卒。

乾隆四十七年,壬寅(1782),三十七岁

正月初十日,同毕沅、严长明、张复纯、钱坫、孙星衍就开成石经联句,吴泰来书于碑末。

> 《卷施阁诗》卷四《开成石经联句》并序。序云:"唐刻十二经及五经文字、九经字样,在今西安府学后舍,通计一百二十有八枚。……壬寅春正月上丁,中丞致祭庙廷,同人咸往观礼。竣事后,循览贞石,相与共赋长律一章,以志其事。凡八百字,并属泰来书于碑末,用代题名云尔。"诗云:"孔壁群经在,沅。斯书八体更。请观唐太学,长明。直绍汉东京。伊昔乾纲振,江宁张复纯止原。初因泰道清。殷忧开福祚,坫。仁让戢戈兵。发迹同阳武,亮吉。除奸过子婴。冗员裁伎书,星衍。只日见公卿。"

> 张复纯(生卒年不详),字仁斋,一字葆初,号止原,清江苏江宁(今南京市)人。乾隆年间诸生。精医,工书,善篆刻。所著有《止原印略》

二卷等。

二月十五日,同毕沅、吴泰来、严长明、孙星衍就周忽鼎联句。

> 《卷施阁诗》卷四《周忽鼎联句铭及释文》。铭及释文后,有钱坫所作之记。记云:"右共百有三十七字,蚀者四字,半蚀者一字,存者百有三十二字。未详者四字。鼎高二尺,围四尺,深九寸。款足作牛首形。……乾隆戊戌岁,巡抚公得于长安,属坫为释文。土花历录,不尽识也。既命工锼剔,字迹显露,因以偏旁证之古籀,而可辨者咸得焉。巡抚公矜此幸存,与同幕士更唱再和,成联句一首,以坫如豫章之识韩城鼎也。令略疏文意,兼纪由来,书于诗后。若夫字画难稽,或磨泐未析,则从阙疑之例云。壬寅之二月十有五日。钱坫记。"诗云:"陈仓石鼓昔初得,沉韩始欲歌辞不敏。伟哉斯鼎晚方出,泰来坐使才人俊难忍。铸成二尺径四尺,长明字或如螭又如蚓。东坡欲读叹塞默,亮吉南仲如寻有讹僢。赖通六义求偏旁,星衍颇涉百家知的塙。"

> 吴泰来(1722—1788),字企晋,号竹屿,清江苏长洲人。乾隆二十五年(1760)进士,官内阁中书,不赴。后历经家变,应陕西巡抚毕沅聘主关中书院,后随至河南主大梁书院、至武昌主江汉书院。好藏书,工诗善词,诗宗王渔洋,词取法朱彝尊。所著有《昙花阁琴趣》二卷及《砚山堂集》《净名轩遗集》等。事具《清史稿》卷四百八十五、《清史列传》卷七十二、《国朝耆献类征》卷一百四十五、王昶《春融堂集》卷三十九《吴企晋静名轩遗集序》等。

三月,应毕沅邀,偕吴泰来、王昶、严长明、钱坫、孙星衍、王复饮于静寄园花下。

> 毕沅《灵岩山人诗集》卷三十一《邀吴企晋、王兰泉、钱献之、孙渊如、洪稚存、王秋塍复小饮静寄园花下》;"晴空百尺游丝裹,满院香云闲不扫。园丁走报春已深,杏花开到几分了。不速之客三人来,我有旨酒须倾倒。燕窥庭宇语呢喃,竹隐帘栊枝窈窕。春光泥人人不知,痴人日日增烦恼。须知寿命非金石,一觞可免百忧捣。莫放韶华瞥眼过,坐听鹈鴂催芳草。镜中青鬓惜蹉跎,风里红云易翻搅。一回花谢一回思,惆怅江南春雨好。今年花似去年红,明年人比今年老。"

王复(1738—1798),字敦初,号秋塍,清浙江秀水人。国子监生。入毕沅幕,为其所重。署浚县县丞及鄢陵、临漳、武陟诸县事。后官偃师知县,以遘疾遽卒。所著有《树萱堂集》《晚晴轩稿》等。事具《国朝耆献类编》卷二百四十五、武亿《授堂文钞》卷八《偃师县知县王君行实辑略》等。

六月,至朝邑访庄炘,回途访陆维垣。

吕《谱》本年条:"六月,至朝邑访庄大令炘。回途过潼关,赴陆司马维垣之约,时陆署同州知府,其子户部钟为先生庚子同年。留二日。"

陆维垣(生卒年不详),字景高,直隶大兴籍贯,浙江钱塘人。监生。曾官华阴县丞、知县、潼关厅同知、署同州知府、雷州知府等。明练有干才。事具《续修潼关厅志》卷中、《华阴县志》卷七、《(民国)海康县续志》卷四十三等。

陆钟,生平待考。

七月,游华山。

《卷施阁文乙集》卷二《七招》:"上削玉。"句下有小字注:"主人以壬寅七月游华山,往返三日。"

初三日,抵玉泉院。

《卷施阁诗》卷五《初三日抵玉泉院》:"静看初三月,才听戍夜钟。"

初四日正午,至五里关。

《卷施阁诗》卷五《自玉泉院至五里关》:"维时正晴午,昏晦雾欲结。"

其后至夜,续游车箱谷、十八盘、莎罗坪、青柯坪、天井、千尺幢、二仙桥、媪神洞、天梯、日月岩、仙人砭苍龙岭、通天门、玉女峰、落雁峰、莲花峰,宿于金天宫,均有诗纪游。

《卷施阁诗》卷五《由车箱谷经十八盘诸险》《自莎罗坪至青柯坪小憩》《从天井上千尺幢》《过二仙桥憩媪神洞》《经天梯升日月岩》《仙人砭望云台诸峰》《日昃经苍龙岭》《通天门纵眺》《坐玉女峰望东峰松桧》《侵黑登落雁峰》《夜从落雁峰足至莲花峰》《松桧亭待新月》《金天

宫夜宿》。

五日黎明，从金天宫出发，至环翠岩，并至落雁峰看日出，后返回玉泉院，作诗谢华阴县令送酒。

　　《卷施阁诗》卷五《未晓由金天宫西至环翠岩望山南诸峰》《四更上落雁峰看日出》《缥缈岭纳凉》《下抵玉泉院口占答华阴令送酒》。

大约同一天，谒华阴庙，有诗。

　　《卷施阁诗》卷五《华阴庙六十韵》："九垓初极览，一叶正迎秋。"

　　按：据"一叶正迎秋"句，诗当作于七月初游毕华山之后。

八月十一日，夜在终南仙馆听赵芝云弹琴。

　　《卷施阁诗》卷三《八月十一日夜终南仙馆坐月听赵芝云弹琴作》。

　　《芳茂山人诗录》之《澄清堂稿》卷下《壬寅八月十一日夜西安节署终南仙馆步月听赵芝云弹琴作》。

　　赵芝云，琴师。馀待考。

十二日，夜雨，独坐。

　　《卷施阁诗》卷三《十二夜雨坐》二首。

十三日，射堂观月，得朱潞亡耗。

　　《卷施阁诗》卷三《十三夜射堂观月》末联："一听山阳笛，行歌惨不狂。"句下小字自注："是日于孙大书中得朱三亡耗。"

有诗哭朱潞。

　　《卷施阁诗》卷三《哭朱秀才潞二首》其一："曾同原北数归雅，原树南头识尔家。上巳觅春衣袂冷，清明吹雨帽幨斜。诗从公子筵前讽，酒忆瞿昙坐上赊。君侧巷有草庵僧酿酒极美。零落数人重点检，两沉天路两天涯。君与余及孙君暨林公子奕眠，过从最数。今林及君俱下世。"

　　朱潞（1754—1782），字君彦，江苏句容人。幼聪慧，有神童之目。美风仪，多通经传百家之言。年十七，补诸生。以哀毁逾礼，呕血而卒，年二十九。事具《续纂句容县志》卷八下。

十五日，中秋，有诗。

　　《卷施阁诗》卷三《十五夜》。

十八日,为严观题《赠花图》。

    《卷施阁诗》卷三《赠花图为严公子观赋》,诗前有小序:"严公子姬人,袁子才先生青衣也。公子悼亡后,先生举以为赠,因绘《赠花图》,系以四诗,公子索同人共赋云尔。时壬寅八月十八日也。"其三:"识字偏多性亦柔,谈经帐后十年留。郑家《诗谱》听曾惯,他日传来与阿侯。"

    严观(生卒年不详),字子进,清江苏江宁人。嗜学,好金石文字,所著有《江宁金石记》等。事具《清史稿·文苑·严长明》附传、蒋启勋《(同治)续纂江宁府志》卷十四之八登。

秋,与毕沅、吴泰来、严长明、钱坫、孙星衍集终南仙馆观董源《潇湘图卷》联句。

    《卷施阁诗》卷三《集终南仙馆观董北苑萧湘图卷联句》,题下有小字注:"图以谢玄晖送范彦龙诗'洞庭张乐地,潇湘帝子游'二语为境。"诗云:"一绿千里何迢迢,沅。人烟不接水气骄。泰来。云霞今古见复消,长明。天若盖笠峰覆瓢,坫。扁舟胡来波上瓢,亮吉。丝风微吹丝雨撩,星衍。前有双姝颜若苕,沅下谪经岁犹垂髫。……秋堂展玩清以潦,长明。题诗愧比《英》《咸》《韶》。"

    按:据"秋堂展玩清以潦"句,可知此集在秋天,故系于此。

九月,汤大奎过陕相访,相与话旧。

    吕《谱》本年条:"九月,旧友汤大令大奎以输饷至甘肃过陕,相访,并出《炙研琐谈》,属为点定。"

    《卷施阁诗》卷三《汤大令大奎以公事至甘肃往来皆过西安书赠六首》,其一:"远患栖闽越,皇程向雍凉。故人称早达,客鬓亦初苍。报政心犹昔,吟篇兴较长。终南山色里,留与话斜阳。"

秋冬之际,吴蔚光仿先生《溪南曲》与汪端光《江南曲》,作《城西曲》。

    《素修堂诗集》卷十一《庚子春余在都门,见汪剑潭集中〈江南曲〉,辞致华妙,音节流美,殆不减昔人。越日,洪稚存作〈溪南曲〉,自谓梅村祭酒不是过。然实汪勍敌矣。村居多暇,检两君旧稿,戏成是篇。岂少年绮障未除,亦异日举似,成一笑耳》。

十一月十七日,消寒一集,登静寄园平台望终南山积雪,有诗。

　　《卷施阁诗》卷四《消寒一集登静寄园平台望南山积雪》:"层阴凝高斋,凄念集素节。凌晨瞻终南,岁晏已飞雪。"

　　史善长《弇山毕公年谱》"(乾隆)四十八年条":"(毕)公以去冬关中年丰人乐,与吴舍人泰来及幕中文士为消寒之会。自壬寅年十一月十七日始,每九日一集,至癸卯二月二日止。"

下旬,与同人集姚颐冠山园消寒,分赋斋中草木。

　　《卷施阁诗》卷四《消寒二集同人集姚观察颐冠山园分赋斋中草木》,所赋分别是水仙、天竹、木瓜、蜡梅。

　　姚颐(生卒年不详),字雪门,一字震初,号雨春轩、息斋,清江西泰和人。乾隆三十一年(1766)一甲二名进士,授编修。历官侍读学士、陕西督粮道、甘肃按察使、湖南学政等。所著有《雨春轩诗草》十卷、《经进诗》一卷等。事具《江西通志》卷一百五十等、《泰和县志》卷十八等。

十二月上旬,应吴泰来招,与同人集关中书院消寒,有诗。

　　《卷施阁诗》卷四《消寒三集吴舍人泰来招集讲院席上同赋食品二首》。

十九日,应毕沅招,与王昶、吴泰来、严长明、徐坚、孙星衍、王复、王开沃、程敦集于终南仙馆,祀苏东坡生日。

　　余金《熙朝新语》卷十五:"秋帆先生生平于古人中,服膺苏文忠公。每于十二月十九日,辄为文忠作生日会,悬明人陈老莲所画文忠小像于堂上,命伶人吹玉箫铁笛,自制迎神、送神之曲,率幕士及属吏、门生趋拜。拜罢,张宴设乐,即席赋诗。秋帆首唱,和者积至千馀家。当时传为盛事。"

　　王昶《春融堂集》卷十八《苏文忠公生日秋帆中丞招企晋、东有、友竹、稚存亮吉、渊如、敦初、家半庵开沃、程彝斋敦集终南山馆作》。

　　《卷施阁诗》卷四《消寒四集十二月十九日为东坡先生生日同人集终南仙馆设祀并题陈洪绶所画笠屐象后》:"谁携玉局堂前酒,七百年来为公寿?中丞爱公才似公,邀客设祀高斋中。"

《卷施阁文乙集》卷六《十二月十九日终南仙馆同人祀苏文忠公诗序》。

王昶(1725—1806),字德甫,号琴德,又号兰泉,晚号述庵,清江苏青浦人。乾隆十九年(1754)进士。历官内阁中书、侍读、刑部郎中、鸿胪寺卿、大理寺卿、都察院右副都御史、江西按察使、直隶按察使、陕西按察使、云南布政使、江西布政使、刑部右侍郎。乾隆五十九年(1794)春,举家南归。嘉庆十一年(1806)卒。所著有《春融堂集》六十八卷、《金石萃编》一百六十卷、《湖海诗传》四十六卷、《湖海文传》七十五卷等,编有《国朝词综》四十八卷、《二集》八卷等。另外,参与纂修《大清一统志》《续三通》。主修《西湖志》《太仓州志》等。事具阮元《揅经室二集》卷三《诰授光禄大夫刑部右侍郎述庵王公神道碑》《清史列传》卷二十六、《清史稿》卷三百一十一等。

徐坚(生卒年不详),字孝先,号友竹,又号邓尉山人,清江苏吴县人。早慧,为时人所重。工书画,喜篆刻,善诗。所著有《縘园诗钞》《西京职官印录》等。事具徐傅编《光福志》卷六《人物》《(民国)吴县志》卷七十五等。

王开沃(生卒年不详),字子良,号半庵,清江苏镇洋(今太仓)人。工诗词。寓关中,主醴泉书院,客死于秦。事具王昶《蒲褐山房诗话》等。

下旬,应严长明招,集其寓斋消寒,分赋岁事。

《卷施阁诗》卷四《消寒五集严侍讲长明招集寓斋分赋岁事四首》,所赋诗为《扫室》《烹茗》《试香》与《糊窗》。

与同人集花镜堂,分赋青门上元灯词。

《卷施阁诗》卷四《消寒六集同人集花镜堂分赋青门上元灯词》。

冬,与孙星衍曾客咸阳。

《伊犁日记》:(嘉庆四年十月)十一日,晴,行五十里,渡渭河,宿咸阳城内客馆。……因忆壬寅年冬,与孙兵备星衍同宿此,已十八年矣!"

本年,谒查礼于陕西巡抚毕沅之座,并应嘱作《桥亭卜卦砚歌》。

《卷施阁诗》卷三《宋谢文节公桥亭卜卦歌》并叙。叙云:"研,歙材,修九寸七分,广五寸六分,厚九分。额篆'桥亭卜卦研'五字。……砚中正书'宋谢侍郎研'五字。旧藏天津城西海潮庵。雍正初,周上舍月东焯以米易得之。今湖南巡抚查公礼最所心赏。岁丁卯,月东遘疾。时巡抚公官广西太平府知府。月东临没,语其子,持书抱研,行万里至太平以赠。嗣后公官于四川十年,会皇室平金川,公莅其事,常与砚偕。岁壬寅,公有湖南巡抚之命,自四川入觐,予得谒公于陕西巡抚毕公之座,因属为歌,以纪其事云。"

乾隆四十八年,癸卯(1783),三十八岁

二月十四至十五日,自西安送蒋知让至临潼,试华清池,并上骊山绝顶。

《卷施阁诗》卷三《自西安送蒋三知让至临潼试华清池并上骊山绝顶侵晓复酌酒为别饮口占送之》:"灞桥杨柳春风青,南山桃花锦作屏。看花溯水不知远,送客过尽春风亭。正逢骊山明月圆,华清宫中试汤泉。"

蒋知让(1758—1809),字师退,号藕船,江西铅山人,蒋士铨第三子。乾隆四十五年南巡召试举人,官直隶唐县知县。工诗,所著有《妙吉祥室诗钞》。事具《清史列传》卷七十二、李元度《国朝先正事略》等。

十九日,应按察使姚颐招,与刘召扬、孙星衍等集冠山堂宴饮。

《卷施阁诗》卷三《十九日姚按察颐招集冠山堂雅宴即席赋呈并送至湖南新任》:"花朝送客青门东,柳丝濛濛一万重。柳丝迷云花匝路,月光如花亦穿树。穿树明月光愁人,月到十九花初春。风光如此复愁别,冠山堂里离筵陈。"

《孙渊如先生年谱》本年条:"时姚观察颐督粮陕西,招君及幕中诸君刘中书召扬、蒋孝廉知让宴集论文。"

刘召扬(1746—1803),字卣于,号卣亭,清江苏武进(今常州)人,著名学者刘逢禄之父。乾隆二十九年(1764)南巡,召试第一,特次赐举人,授内阁中书。不与会试,以游幕、教授治生。工书法,尤精唐人楷法。著有《略识编》《平安舫诗稿》等。事具刘逢禄《刘礼部集》卷

十《先府君行述》《(光绪) 武进阳湖县志》卷二十、《江苏艺文志(常州卷)》等。

三月初四日,清明,作诗示孙星衍。

    《卷施阁诗》卷三《清明日偶成示孙大》:"一春曾未见流莺,屈指韶光数渐盈。新月如眉过寒食,东风吹雨作清明。"

十六日,送孙星衍入京,别于灞桥。归卧孙氏书斋,读所著《山海经音义》。

    《卷施阁诗》卷三《癸卯三月十六日孙大将入都并车送至灞桥折柳为别因忆己亥春孙大送我石城东畔至此已五年矣感而赋此》:"石城东畔牵衣处,灞岸西头折柳时。"

    同卷又《归卧孙氏书斋读所著〈山海经音义〉却寄一首》:"应愧故人耽著述,一编留与浚心灵。"

应庄逵吉之约,游郿县,访探马嵬坡、五丈原等诸名胜。

    吕《谱》:"三月,庄公子逵吉约游郿县。时尊人炘方署县事。因同由兴平抵马嵬夜宿,各有题壁诗。留郿县五日,登太白山,从新开路至上池一勺,久憩。别日,复上五丈原,望陈仓岐山,回途过整屋,徧访仙游楼观诸胜。"

    《卷施阁诗》卷三《马嵬》诗前小序:"马嵬驿旁佛堂三楹,唐杨贵妃旧缢所也。今岁三月,余偕庄公子逵吉至郿县,二鼓抵此,以烛视壁间石刻,断句约百馀首,率无佳者,因相约出新意为之,至漏四下。各成六截句,乃上马而去。"

    庄逵吉(1760—1813),字伯鸿,清江苏阳湖人。监生。入赀为知县,分发陕西,历官蓝田、咸宁知县、潼关同知。所著有《淮南子校本》《三辅黄图校正》《吹香阁诗草》《保婴备要》及戏曲作品《传奇》《江上缘》《秣陵秋》等。事具《国朝耆献类征》卷二百四十六、陆继辂《潼关同知庄君逵吉墓志铭》等。

二十九日,偕陈暻携酒至曲江看牡丹,有诗。

    《卷施阁诗》卷五《春尽日偕陈公子暻携酒至曲江村看牡丹作》:"殿春花红酒亦香,携酒十里来花旁。"

    陈暻(生卒年不详),字觐光,号二痴,毕沅赘婿,光禄寺卿孝咏子。

事母孝，多义举。事具《嘉兴府志》卷五十五、《（光绪）重修嘉善县志》卷二十三等。

本月，王昶改调西安按察使。

　　严荣《述庵先生年谱》本年条。

四月，应庄炘邀，游太白山，憩于龙池。

　　《卷施阁乙集》卷二《七招》"嗟太白之雪灵"句下小注："癸卯夏，庄大令炘邀主人游太白山，至新开岭，憩于龙池。"

　　《卷施阁诗》卷五《郿县道中望太白山积雪清晓复由县抵清湫镇入太白山三里憩上池作五首》，其一："兹山何皑皑，一白天际突。奇标隐难见，太古已积雪。"

登五丈原，谒诸葛亮祠，有诗。

　　《卷施阁诗》卷五《急雨登五丈原谒诸葛忠武祠》："风云变色渭川涌，太息复有荒祠遗。原高祠荒一间屋，庙柏森枝直斜谷。断碑棱棱石矗矗，土人耕烟拾遗镞。入门礼谒日已曛，梁栋南北交山云。"

　　《北江诗话》卷四："五丈原在郿县西南，与岐山县接界，原平如掌。余癸卯岁访庄大令炘于郿县，曾骑马遍历之。原尽处，有诸葛忠武祠三楹，以汉前将军关神武配。祠已荒圮，余有长句记游，末云'回风萧萧马蹄起，如掌原平三十里'是也。"

二十三日，王昶抵西安。

　　严荣《述庵先生年谱》本年条。

五月初，拟归里，有诗呈毕沅。

　　《卷施阁诗》卷五《将赋南归呈毕侍郎六十韵》："今将别公去，非为忆虾菜。邮奴驰高函，发纸忽三嘅。为言叔衰病，久客觅自在。昨复一书促，厉语责愦愦。行买百斛舟，枻鼓湖上埭。"

　　按：此诗次于《春尽日偕陈公子曛携酒至曲江村看牡丹作》之后。据诗意，似作于离开西安前夕。后因经纪黄景仁之丧，缓行，因而姑系于此。

十二日，得黄景仁临终遗札，假驿骑赴安邑。

　　吕《谱》："五月，得黄景仁安邑临终遗札，以身后事相属。先生由西安假驿骑,四昼夜驰七百里,抵安邑。"

　　《卷施阁文甲集》卷九《候选县丞附监生黄君行状》:"乾隆四十八年,岁在癸卯,黄君景仁以瘵疾卒于解州。临终,以书贻友人洪亮吉于西安,俾经纪其丧。亮吉发书即行,以五月十六日临君殡于解州之运城。"

　　按:先生以五月十六日临黄景仁之殡宫。吕《谱》云先生得黄景仁书后"四昼夜驰七百里",往前倒数四天,则先生得景仁书当在十二日,故系于此。

经风陵渡,识巡检李玑,后取道临晋。

　　《卷施阁诗》卷六《风陵渡歌为巡检李玑作》:"风陵渡头行客喜,昨来长官闻姓李。长官白皙尚少年,法严不受津吏钱。"

　　同卷《临晋道中》:"驿骑抵二更,衣上残月出。""奔驰念亡友,讵惮炎暑日。"

　　同卷又《道中望中条山作》:"昨岁莲峰宿,看山百里遥。兹来因哭友,不及访中条。"

　　李玑,生平待考。

十五日,夜宿蒲州城外,游普救寺。

　　《卷施阁诗》卷六《五月十五日夜宿蒲州城外因游普救寺作》:"人来桃林塞,月出普救寺。蓬蒿埋山门,碑断觅馀字。急行百里马汗流,却向寺东谋少休。寺僧开门揖客人,一塔面坡高百尺。闲寻石级上五层,远见太华高峰棱。蒲州城郭亦殷阜,夹县石阙分衢灯。山僧煮茗茶,邀客月台坐。僧言家本县北居,五十年从寺中过。恒逢征骑急扣扉,不诣古殿寻厢西。山僧语客客微哂,更引长廊看朱粉。"

十六日,抵解州运城,临黄景仁殡宫。

　　《卷施阁文甲集》卷九《候选县丞附监生黄君行状》:"乾隆四十八年,岁在癸卯,黄君景仁以瘵疾卒于解州。临终,以书贻友人洪亮吉于西安,俾经纪其丧。亮吉发书即行,以五月十六日临君殡于解州之运城。"

　　《卷施阁诗》卷六作《自西安至安邑临黄二景仁丧奉挽四首》,其一:"生何憔悴死何愁,早觉年来与命仇。病已支床还出塞,**君扶病自京师逾太行,始抵安邑,故病益殆**。家从典屋半居舟。魂归好入王官谷,名在空悬太白楼。**君早年以太白楼诗得名**。一事语君传欲定,卅年心血有人收。**西安幕府将为君梓遗诗**。"

十七至十八日,兼程返西安。

十九日,抵潼关,作《出关与毕侍郎笺》。

　　《卷施阁文乙集》卷六《出关与毕侍郎笺》:"亮吉十九日已抵潼关,马上率启,不宣。"

二十日或稍后,自西安取道楚中南归。

　　吕《谱》本年条:"时季父希李先生留滞汉口,约先生同归。先生遂自蒲州渡河,由襄阳至汉阳,而季父已先行。"吕《谱》云"自蒲洲渡河",而《卷施阁文乙集》卷二《七招》:"晒匡庐之云岫;云梦七泽,坳堂而可方"句下小字自注:"癸卯五月,自西安南归,道楚中,阻风泊匡庐下凡五日。"吕《谱》云"自蒲洲渡河",不确。

二十六日,行次宜阳,作黄景仁行状。

　　《卷施阁文甲集》卷九《候选县丞附监生黄君行状》:"亮吉知君最详,途次撰君行事状,以乞志传,并使后之文苑者有述焉。……五月二十六日,行次宜阳,友人洪亮吉谨状。"

　　《卷施阁文乙集》卷六《与孙季逑书》:"……闭制二旬,始达樊城。临池而举觞,寻碑而堕泪。越日,乃舍骑登舟。惜沿汉入江之乐,不及与足下共也。暑月正满,当抵武昌。"

六月初六日,至襄阳,在舟中遥望岘山,作《与孙季逑书》。

　　《卷施阁诗》卷六《六月初六日舟中遥望岘山作》末联:"欲试登临兴,征车偶未闲。"

　　《卷施阁文乙集》卷六《与孙季逑书》:"……闭制二旬,始达樊城。临池而举觞,寻碑而堕泪。越日,乃舍骑登舟。惜沿汉入江之乐,不及与足下共也。暑月正满,当抵武昌。"

　　按:据"越日,乃舍骑登舟"句,先生作书日当在初六日。

初七日,泊舟候风。

《卷施阁诗》卷六《初七日泊舟候风》:"无人共杯盏,复此忆羊
公。"

十五日,夜宿汉川板湖口,观月,并送舟子回家。

《卷施阁诗》卷六《六月十五夜宿汉川板湖口夜起视月并送舟子回
家》:"夜阑辟户光明彻,不觉月圆疑晓日。……舟人梦醒船抵村,却喜
到家还扣门。"

十七日前后,将至汉口,江水大涨,有诗。

《卷施阁诗》卷六《将至汉口江水大涨舟行值风甚险》:"大波森然
湖气黑,小波粼粼满舟湿。"

按:据行程,当十七日前后至汉口,故系于此。

二十日前后,汉江舟中谒房师杜玉林,过鹦鹉洲,有诗悼祢衡。

吕《谱》本年条:"座师杜公方鞫狱武昌,喜先生至。"

《卷施阁诗》卷六《汉江舟中谒座师杜凝台先生时奉使自湖南回
复奉谕旨至武昌谳狱率上二律》:"晴川阁外挹江亭,落落天空见使星。
迓吏乍传津鼓急,阑风先值停画桡。帆围鹦鹉洲前绿,旆曳胭脂岭上
青。明日陬生须谒事,高情还启碧莎厅。"

同卷《鹦鹉洲》:"咄哉祢正平,奇足与命仇。生作《鹦鹉赋》,死葬
鹦鹉洲。"

二十一日,自汉阳渡口登黄鹤楼,偕友人再登,并游大别山。

吕《谱》本年条:"座师杜公方鞫狱武昌,喜先生至,邀留旬日。陪
游黄鹤楼、西塞山及隔江大别、梅子诸山。"

《卷施阁诗》卷六《二十一日自汉阳渡江登黄鹤楼》:"携童自登
阁,与鹤共临风。"

同卷《再偕友人登黄鹤楼》末联:"却望洞庭西洒泪,素交诗句十
年余。"句下小字注:"壁间见亡友黄仲则庚寅年诗句。"

同卷又《黄鹤矶题仙人祠》《大别山访鲁肃祠》。

约于下旬,与汪端光晤于武昌旅舍。

汪端光《夜合花·武昌旅舍晤洪稚存闻黄仲则殁于山西道中哀而
有作》:"谁料洪厓忽见,黄宪中分。"

七月七日,应吴绍漪招,同山长毕怀图、王嵩高暨诸同人集汉江天都禅寺,并作诗柬侄洪琰。

　　《卷施阁诗》卷六《七夕吴上舍绍漪招毕山长怀图王太守嵩高暨诸同人集汉江天都禅寺抵暮泛舟后湖至二鼓始还率成四律》其二:"复此秋堂集,佳期巳及年。风花淡今夕,河汉渺中天。"

　　同卷又《是日舍侄琰以小病不至作此柬之》:"行穿修竹倚疏桐,到客皆怜乡语同。合坐九人浮醋白,卷帘七夕拂云红。吾家法护工秋思,小病维摩怯晚风。稳待明朝洗车雨,清凉应复门诗筒。"

　　吴绍漪(生卒年不详),清安徽歙县人。监生。曾官南昌通判。

　　毕怀图(生卒年不详),字花江,号展权,清江苏江都人。乾隆十二年(1747)举人,曾官直隶景州学正、桐城教谕,安徽绩溪、湖南永兴知县等。缘事回籍,历主楚中书院。工诗,善画梅,所著有《瓻道人诗》等。事具《江都县续志》卷六《人物》等

　　王嵩高(生卒年不详),字海山,号少林,清江苏宝应人。乾隆癸未(1763)进士,历官平乐知府等。所著有《小楼诗集》八卷等。《重修宝应县志》卷十七、《国朝诗人徵略》卷四十等。

　　洪琰,清江苏阳湖(今常州)人。馀待考。

晤表兄秦朝釪于江汉书院。

　　《卷施阁诗》卷六《江汉书院喜晤秦表兄朝釪赋赠一首秦前官楚雄太守》:"官清万里乏归装,转向名区辟讲堂。尔汝共怜生计切,江山如许著书忙。时以所著《消寒诗话》等见示。宵深已入高堂梦,话旧都称大父行。忍把外家遗事谱,十年群从半沦亡。"

　　秦朝釪(1722—1795)[1],字大樽,号岵斋,晚号蓉湖居士,清江苏金匮人。乾隆十三年(1748)进士,授工部主事,官至云南楚雄知府。善办治,不扰民,上官贤之。所著有《岵斋诗文稿》《消寒诗话》等。事具《国朝耆献类征》卷二百三十六、《无锡金匮县志》卷二十二等。

十五日,望日,观前湖放灯,至梅子山,憩于临湖亭。当夜三更,离武昌。

---

① 蒋寅:《清诗话考》,中华书局 2005 年版,第 395 页。

《卷施阁诗》卷六《七月望日观前湖放灯二鼓复至梅子山憩临湖亭作》："山月不复辉,耀此湖上灯。湖船遥遥来叩关,一湖灯光随上山。"

《卷施阁诗》卷六《舟中望采石太白楼感赋》："清江秋月圆,放棹出晴川。三更举首别黄鹤,鹤影欲拍空江船。"据此四句诗,亮吉离武昌当在十五日夜三更。

十八日前后,阻风泊匡庐下五日。

《卷施阁文乙集》卷二《七招》:"哂匡庐之云岫;云梦七泽,坳堂而可方"句下小注:"癸卯五月,自西安南归,道楚中,阻风泊匡庐下凡五日。"

《卷施阁诗》卷六有《舟中望匡庐》:"九朵白云天际落,好同瀑布浣征颜。"

自九江启行至彭泽,泊于小孤山,有诗。

《卷施阁诗》卷六《自九江关放舟至彭泽作》《彭泽即事》《移舟泊小孤山》。

二十二日前后,抵东流,以诗柬唐轶华。

《卷施阁诗》卷六《东流江舟忆唐县尉轶华却寄二首》,题下小字自注:"时唐尉此县。"

唐轶华(生卒年不详),本名鹏,字轶华,后以字行。又字寄舫,号竹虚,清江苏武进人。官安徽东流县典史等。曾客毕沅幕。工书。事具张惟骧《清代毗陵名人小传稿》卷五等。

二十五日前后,至芜湖。

《卷施阁诗》卷六《二鼓顺风自花扬镇放舟至芜湖作》:"清江残月影,放棹下芜湖。"

按:据首联"残月"两字,至芜湖当在七月二十五日前后。

舟过当涂,望太白楼,忆往感旧,有诗。

《卷施阁诗》卷六《舟中望采石太白楼感赋》诗中云:"客游万里来,松亦百尺长。松声如龙客宾苍,楼好亦复侵斜阳。一诗题高楼,一诗寄道士。君不见,偕游少年尽客死,辛卯至癸巳,与顾文子、黄仲则同客当涂,频登此楼。我欲登楼泪难止。"

八月初一日,抵里门,有诗。

　　吕《谱》本年条:"八月朔日,抵里门。因为黄君营葬。"

　　《卷施阁诗》卷六《抵里门感赋四首》其三:"姑理征衣姊劝餐,送儿三月上长安。如何五载音尘隔,无复牵衣但抚棺。"

　　同卷《八月抵里门寄钱大令维乔二首》其一:"握别江干云树秋,故人宰县我狂游。曾寻旧句南山上,君昔游关中。远识循声东海头。却晤惠休勤问讯,遥从小阮溯风流。宦情客况居然似,赢得新凉咏暮愁。"

二十五日,抵灵岩山馆,次日作诗寄毕沅。

　　《卷施阁诗》卷六《八月二十五日薄暮自吴门舟抵灵岩山馆偕张上舍复纯等止宿次日得诗六首即寄西安节署》。

九月九日,重阳节,应知府蒋熊昌招,集息养斋雅宴,有诗。

　　《卷施阁诗》卷六《九月九日蒋太守熊昌招同人集息养斋雅宴即席赋赠》:"我豪于饮诗亦豪,胸有太华终南高。为君消尽百壶醪,明日访菊还东郊。"

　　蒋熊昌(生卒年不详),字澄川,号立庵,江苏武进人。乾隆二十八年(1763)进士,以才隽官户部郎,历官至颖州知府。官颖州期间,颇有政绩,以事被议去官。晚年讲学于城北觉尘庵。工诗能文,所著有《桑梓乾德录》等。事具姚鼐《惜抱诗文集·后集》卷一《蒋澄川诗集序》等。

秋,沈在廷中举。

十月初三日,移居花桥北居第。

　　吕《谱》本年条:"先是,毕公知所居赁宅逼隘,因赠资为购宅,即今花桥北居第也。以十月初三日移居焉。"

　　《卷施阁诗》卷五《将赋南归呈毕侍郎六十韵》:"公前为购室,屋好不破碎。"

十二月初九日,偕陆寿昌、赵怀玉、吴骐计偕赴都。

　　吕《谱》本年条:"十二月,偕陆同年寿昌、赵表弟怀玉计偕北上,复迂道至句容、江宁,乃克成行。时将南巡,车马皆乏,雇小车前行。除夕,伴拈花集度岁。"

《收庵自叙年谱》本年条:"十二月朔日, ……越八日,同陆维南寿昌、洪稚存、吴应乾骐北上。时闻途中车辆甚难,因同人咸促行,不得已就道。"

吴骐,字应乾,生平待考。

本年,先生恳卢文弨为父洪翘作家传。

《抱经堂文集》卷三十《国子监生洪君家传》,题下有小字注:"癸卯。"标明家传作于"癸卯"年,当为先生是年恳其所作。

卢文弨(1717—1795),字召弓,号矶渔,又号抱经,清浙江余姚人。乾隆十七年(1752)进士,授翰林院编修。历官左春坊左中允、翰林院侍读学士、广东乡试正考官、提督湖南学政等。三十三年乞归后,历主江浙各书院。好校书,所校勘注释经子诸书为《抱经堂丛书》。所著有《抱经堂文集》三十四卷、《仪礼注疏详校》十七卷、《钟山札记》四卷、《龙城札记》三卷等。事具《清史稿》卷四百八十一、《清史列传》卷六十八、翁方纲《复初斋文集》卷十四《抱经先生卢公墓志铭》、江藩《汉学师承记》卷六《卢文弨传》等。

乾隆四十九年,甲辰(1784),三十九岁

正月,抵京师备会试。

吕《谱》本年条:"先生年三十九岁。正月十八日,抵都门。二月,偕江阴缪孝廉汝和寓泡子河观音寺。时已缔儿女姻,其第四子,先生婿也。三月,应礼部会试。试毕,偕同人游西山。榜发,荐而不售。本房编修祥庆公阅卷最迟,至四月四日,方以三场并荐,总裁蔡文恭公及纪公昀奇赏之。"

法式善《清秘述闻》卷八"乾隆四十九年甲辰科会试"条:"考官:内阁大学士蔡新字次明,福建漳浦人,丙辰进士。礼部尚书德保字仲容,满洲正白旗人。兵部侍郎纪昀字晓岚,直隶献县人,甲戌进士。工部侍郎胡高望字希吕,浙江仁和人,辛巳进士。题'知止而后'一节,'不逆诈不觉者','吾为之范获十'。赋得'摘藻为春'得'宾'字。"

德保(1717—1789),字仲容,又字润亭,号定圃,又号庞村,姓索绰络氏,赐姓石,满洲正白旗人。乾隆二年(1737)进士,改庶吉士,授检讨。五充会试考官,历官广东巡抚、福建巡抚、礼部尚书、吏部尚书,卒,谥文庄。所著有《乐贤堂诗文钞》。事具《清史列传》卷二十四、《国朝耆献类征》卷八十二等。

纪昀(1724—1805),字晓岚,又字春帆,晚年自号白云,清直隶献县人。乾隆十九年(1754)进士,改庶吉士,授编修。历官侍读学士、《四库全书》总纂官、日讲起居注官、内阁学士、礼部尚书、左都御史、协办大学士。卒,谥文达。博学多闻,深具卓识,一生精力倾注于《四库全书》的编纂。此外,所著有《纪文达公遗集文》十六卷、《诗》十六卷,《阅微草堂笔记》二十四卷、《河源纪略》三十六卷、《瀛奎律髓刊误》四十九卷等。事具《清史稿》卷三百二十、《清史列传》卷二十八、朱珪《协办大学士礼部尚书文达纪公墓志铭》等。

胡高望(1730—1798),字希吕,号豫堂,清浙江仁和(今杭州)人。乾隆十八年(1753)举人。乾隆二十六年(1761)中一甲第二名进士,屡任会试同考官。历官翰林院侍读学士,授詹事府詹事、内阁学士兼礼部侍郎、工部侍郎、兵部侍郎、江南学政、吏部左、右侍郎。嘉庆三年卒,赐祭葬,谥文恪。事具卢思诚《(光绪)江阴县志》卷十五等。

二十七日,翁方纲与先生书,讨论刊削黄景仁诗事。

翁书云:"拙作一首,草奉呈政。此去年冬删定仲则之诗,尚未寄与严公,而陈□□已开锓矣,是以且未示人。然仲则之诗,必如此严删,乃足传之,若全付剞,则非所以爱之矣。恳吾兄速致关中,暂停梨枣,则弟即将此删本寄去,否则此删本煞具苦衷,亦不肯轻以示人也。仲则千载人,何忍作寻常诗稿草草付剞哉?惟兄知我,有以鉴其愚忱乎?藉候新祺不既。稚存大兄道契。侍史方纲顿首。正月二十七日。"(《翁方纲书札》)

二月,吴蔚光有诗寄怀先生等。

《素修堂诗集》卷十三《春日寄怀汪剑潭、杨荔裳、周笙间、洪稚存、赵味辛、黄药林,时皆会试在都》)。

京中访邵晋涵，不值。

> 《卷施阁施》卷八《送邵祕校晋涵入都补官》："十年哀乐事亦同，
> 往往相左红尘中。……及甲辰春入都访君，又于三日前奉太公讳南下，
> 不及见矣。"

四月初一日，应言朝标、赵怀玉、朱屏之等之邀，偕游西山及檀（今作潭）柘
寺、龙潭等地，作纪游诗多首。

> 《卷施阁诗》卷六《游西山自花型坎至慧聚寺止宿》《由慧聚寺上
> 岭行三里许抵化阳洞复持火入洞行二里许》《由罗睺岭抵檀柘寺憩》
> 《由檀柘寺后二里抵龙潭憩八角亭作》《戒坛古松歌》《龙潭憩八角亭亭
> 外樱桃百余株花色红白可爱桃杏亦盛开因而有作》。

> 赵怀玉《亦有生斋文集》卷六《游西山记》："乾隆甲辰春，寓京师
> 城东之白衣精舍。同年生言起霞、朱屏之居玄极观，相距尺咫，晨夕过
> 从。因及西山之胜，邀洪稚存与游。稚存固夙有此志者也。四月朔，出
> 西直门。未数里，风大作，埃壒蔽天，不能开目。……次日黎明，肩舆过
> 罗睺岭。……约二十里，至潭柘寺。……夕阳在山，徘徊不忍去。晚归，
> 仍宿戒坛。……会天欲雨，乃下山。中途，雨如注。入阜成门，已薄暮。
> 稚存不及归，同宿精舍。是役也，游龙潭有稚存，而无屏之；游石景则
> 有屏之，而无稚存。无往而不偕者，起霞耳。"

> 言朝标（生卒年不详），字起霞，一字皋云，号可樵，清江苏昭文（今
> 常熟）人。乾隆四十五年（1780）召试，恩赐举人，授内阁中书，历官镇
> 安、柳州、夔州知府等。嗜好古好学，能八分书，善诗，诗颇清逸。所著
> 有《孟晋斋诗集》等。事具《常熟书画史汇传》等。

> 朱文翰（生卒年不详），字屏兹，又作屏之，一字苍眉，又作沧湄，号
> 见庵，清安徽歙县人。乾隆五十五年（1790）进士。工书法，尤长于篆
> 隶，且工骈体文。所著有《退思粗订稿》二卷、《可斋经进文存》《山阴碑
> 刻志》等。事具《清儒学案》卷一百零九、《皇清书史》卷四等。

四月十日前后出都赴陕，一路多有诗纪行诗。

> 吕《谱》："先生以四月出都，由山西赴陕，道中为《田家诗》寓意，
> 以资斧告匮，迂道访沈运使业富于运城。"

《卷施阁诗》卷六《甲辰四月自都门抵西安闻使节有太白祷雨之行追及于鳌屋三遂同寻游仙潭止宿时四月望日也庄大令炘方宰此县公子逵吉因绘元池访古图索诗归途于马上得一千字即寄大尹并公子》："我游西山来,欲与南山抗。太行升盘盘,赤日贴背上。"

同卷又《获鹿县早行》："出门欲看山,山险落额上。盘盘车轮摧,巨石横一丈。"

又《井陉关题成安君祠壁》《由固关营至井陉县山行》《井陉县》《核桃原》《石门汛》等。

二十五日前后,抵塞鱼城。

《卷施阁诗》卷六《塞鱼城》："我乘残月来塞鱼,马走半日偏嫌徐。"

按:据"残月"句,抵塞鱼城当在二十五日前后,故系于此。

抵介休,望介山感而有诗。

《卷施阁诗》卷六《介休县署中望介山有感作》其一："兹山号旌善,云以志君过。犹封绵上田,终胜黟桑饿。"

抵水头镇宿,次日度韩侯岭,经国士桥。

《卷施阁诗》卷六《晚宿水头镇》："水郭带山城,乔林倚修竹。人家总临水,山翠亦浮屋。"

同卷又《晓度韩侯岭》："足劈树杪云,参差见原隰。饥乌及疲劳,破晓山顶集。"

又《国士桥》："嗟嗟原过生,不若豫让死。"

五月初一日,夏至,撰《汉魏音》成,作序。

《卷施阁文甲集》卷九《汉魏音序》："夫求汉魏人之训诂,而不先求其声音,是谓舍本事末。今《汉魏音》之作,盖欲为守汉魏诸儒训诂之学者设耳。止于魏者,以反语之作始于孙炎,而古音之亡亦由于是,故以此为断焉。……今编次仍从《说文》旧部,而以所无者附见于后,或《说文》所有,而后复讹为他字者,则注云某字本某字,不移其部,若传讹已久,则亦各从其部,正附两列焉。其后儒以反语改汉人之音者,亦置不录,以非其旧也。排比阙失,成于六旬;演赞前后,断为四卷。

书成,值乾隆四十九年,岁在阏逢执徐,长至日。"

初三日,自洪洞至太平县宿。

　　《卷施阁诗》卷六《晓发洪洞由临汾襄陵至太平县宿》:"引领夕
亦劳,停车饭初更。县小无百家,十室九已扃。深黄草头花,新月荒半
城。"

　　按:据"新月"句,至太平当在初三日,故系于此。

初四或初五日,抵运城,访沈业富。

　　吕《谱》本年条:"以资斧告匮,迂道访沈运使业富于运城。"

　　《卷施阁诗》卷六《运城与沈运使业富话旧即席赋呈二首》其二:
"炎天骑马入公门,剪烛频招旅客魂。谓黄君景仁去夏客死于此。"

　　按:以初三日抵太平,据行程计,至运程当在初四或初五日,故系
于此。

得丁履端赠诗及崔景俨书,以诗柬之。

　　《卷施阁诗》卷六《寄丁二履端二首并柬崔二景俨》:"人海丛中两
少年,忆联昆季镇随肩。诗惭敬礼新投句,近有见赠诗四章。书答宗之
远寄笺。时得崔二浙中书。"

十五日,抵西安,从毕沅祷雨于鳌屋,同寻仙游潭,并止宿。

　　吕《谱》本年条:"五月半,闻毕公祈雨太白山,因至鳌屋仙游寺相
见。"

　　《更生斋诗馀》卷二《梧桐影·将至仙游潭迷路》。

　　《卷施阁诗》卷六《甲辰四月自都门抵西安闻使节有太白祷雨之行
追及于鳌屋遂同寻游仙潭止宿时四月望日也庄大令炘方宰此县公子逯
吉因绘元池访古图索诗归途于马上得一千字即寄大尹并公子》。

十六日,随毕沅同游楼观。

　　吕《谱》本年条:"翊日,同游楼观,半道闻甘肃回警,毕公即回西
安调拨兵饷,先生以病暑留鳌屋,旬日方返西安。"

　　《卷施阁诗》卷六《甲辰四月自都门抵西安闻使节有太白祷雨之行
追及于鳌屋遂同寻游仙潭止宿时四月望日也庄大令炘方宰此县公子逯
吉因绘元池访古图索诗归途于马上得一千字即寄大尹并公子》:"稍眠

复惊起,传语束急装。亭午集楼观,兼访化人葬。元哉五千言,似欲一彭殇。"

十九日,第三子符孙生。

> 吕《谱》本年条:"(五月)是月十九日,第三子符孙生。"

> 洪符孙(1784—?),字幼怀,国子监生。通史学,工诗文。所著有《禹贡地名集说》《齐云山人文集》《齐云山馆诗集》等。事具《江苏艺文志》常州卷等。

六月十九日,与钱大昕书,论学与恳请为母作墓表。

> 《黄侃日记》民国十一年九月二十四日载有先生佚文:"辛楣先生大人阁下:束发以来,即于友人许得闻绪论,道里甚近,常恨不获执经于门。近复与季仇、献之共居,得备读阁下所著书,方幸佗日南归,可介两君书,为执贽及门之计,乃承阁下与季仇札中,已勤勤齿及。……凡此数条,未识略有当否? 阁下以训厉后进为心,定不惜有以教之也。又亮吉少孤,吾母三十年苦节抚训,以至成人,近蒙卢抱经先生为立家传,又私念名臣硕儒为近今第一,亮吉所欲奉为师而尚未及者,惟阁下。如蒙史笔为先慈撰墓表一通,则亮吉一日不死,必不敢忘大德。……甲辰六月十九日,亮吉顿首肃启。"

> 钱大昕(1727—1804),字辛楣,号晓征,江苏嘉定(今上海市嘉定区)人。乾隆十六年(1761)召试举人,授内阁中书。十九年进士,选翰林院庶吉士,散馆授编修。累充山东乡试、湖南乡试正考官,浙江乡试副考官。大考一等三名,擢翰林院侍讲学士。入直上书房,迁詹事府少詹事,充河南乡试正考官。寻提督广东学政。嘉庆九年卒,年七十七。所著有《唐石经考异》一卷,《声类》四卷,《廿二史考异》一百卷,《潜研堂文集》五十卷,《潜研堂金石文跋尾》二十五卷,《养新录》二十三卷,《恒言录》六卷,《竹汀日记钞》三卷等。事具《清史稿》《汉学师承记》《清史列传》等。

本月,程晋芳乞假至西安,抵抚署病不起。

秋七月,患病,八月愈。

> 《卷施阁文乙集》卷二《伤知己赋序》:"粤以仲秋之月,久疾乍

瘁。"八月病瘁,则病当在七月或更早,今姑系于七月。

八月,序毕沅所校《晋太康三年地志》、王隐《晋书地道记》。

  《卷施阁文乙集》卷三《灵岩山馆丛书》大类有三:"小学家一,地理家二,诸子家三。地理自《山海经》至宋敏求《长安志》,凡若干种。先生以亮吉粗知湛浊,稍别广轮,每成志地之书,辄预校雠之役。阏逢执徐岁壮月,所校《太康志》《地理志》二卷刊成,授简宾筵,命书后序。"

  按:"阏逢执徐",太岁纪年,干支之甲辰年;"壮月",八月也。《尔雅·释天》:"八月为壮。"郝懿行义疏:"壮者,大也。八月阴大盛。"

秋冬之际,作《七招》。

  按:《七招》述平生行实,最晚为乾隆癸卯(1783),文中"嗤太白之雪灵"句下小字自注:"癸卯夏,庄大令炘邀主人游太白山,至新开岭,憩于龙池。"又"哂匡庐之云岫;云梦七泽,坳堂而可方"句下小字自注:"癸卯五月,自西安南归,道楚中,阻风泊匡庐下凡五日。"且次于《伤知己赋》之前,而《伤知己赋》作于甲辰冬十月(详下),因而姑系于此。

冬十月,作《伤知己赋》。

  按:《卷施阁文乙集》卷二《伤知己赋》:"鬼红磷兮沙碛。"句下有小注:"县丞黄君(黄景仁——笔者注),以去年夏扶病自京师逾太行。"黄景仁病逝于乾隆四十八年(1783),故断此赋作于黄氏病故之次年。又《卷施阁文乙集》卷二《伤知己赋序》:"孟冬之月,二毛甫摧。"据序中此两语,则知此赋作于十月。

本年,与王复订交。

  《卷施阁诗》卷七《送王大令复之官临漳兼寄杨州牧芳灿伏羌徐州倅书受太康》:"函关西去川原古,下第六旬行役苦。余以甲辰报罢后入关,始与君订交。"

乾隆五十年,乙巳(1785),四十岁

正月,毕沅抵都入觐,拟荐先生、孙星衍及江声书三体石经,因阻而止。

  吕《谱》本年条:"正月,毕公入觐,并摩唐开成石经进呈,拟荐先

生、孙君及吴县江布衣声书国朝三体石经,即在西安刻石以进,为当轴者所阻而止。"

二月上中旬,偕严长明游紫阁、白阁、圭峰、草堂寺,由浐水桥巡第五桥诸旧迹。

> 吕《谱》本年条。

十五日前后,毕沅改官河南巡抚。

> 吕《谱》本年条:"时毕公调抚河南,趣先生至开封,遂于月杪由陕入汴。至则豫省方积旱,又河工事填委,不复有关中酬唱之乐矣。"
>
> 《卷施阁诗》卷七《出关日先柬毕侍郎》:"半春移节来关外,一路传书向驿亭。"

二十一日前后,离西安赴开封。

> 按:二十四日已抵风陵渡,据行程,则应在两三天前启程,故系于此。

二十四日,寒食,晤风陵渡巡检李玑,行至阌乡,作诗柬毕沅。

> 《卷施阁诗》卷七《寒食自潼关至阌乡道中书怀》其一:"旧友别来逾二稔,晤风陵渡巡检李玑。名花看尽入中年。"
>
> 同卷又《出关日先柬毕侍郎》:"半春移节来关外,一路传书向驿亭。管下名山皆有岳,坐中奇士尽谈经。"

二十六日,抵灵宝,憩于县东风雪寺,有诗。

> 《卷施阁诗》卷七《清明后一日憩灵宝东二十里风雪寺作》:"马上游丝拂面过,匆匆寒食奈愁何!"

三月初,行缑山道中,作梦游仙诗。

> 《卷施阁诗》卷七《缑山道中梦游仙诗》。

沿途见旱情严重,有诗悯之。

> 《卷施阁诗》卷七《悯旱》其一:"镇日帷车坐,偏愁云气晴。客行殊望雨,敢说为苍生。"其四:"三月黄花少,蓬蒿积菜园。残灯山馆夜,殊复愧传餐。"

抵开封节署后,严长明属题归求草堂。

> 《卷施阁诗》卷七《严侍读长明属赋归求草堂十二咏》。

按：此诗次于《悯旱》诗后，姑系于此。

送陆锺入都，赠之以诗。

《卷施阁诗》卷七《赠陆民部锺即送入都》："去秋同侍鹿鸣宴，二百人中最少年。……今日送君春正好，青门遥望紫丝鞭。"

按：据"今日送君春正好"句，姑系于此。

春夏之际，应徐书受请，为其妻作墓表。

《卷施阁文乙集》卷五《署河南直隶汝州同知徐君妻杨安人墓表》："今年春，客开封，同岁生徐君书受适为州倅此方，以妻杨安人墓道之文请。"

四月，孙星衍抵开封节署，赠先生二石刻，有诗。

《孙渊如先生年谱》本年条："三月上巳，偕朱秀才镛游西郊，得吴葛府君碑及梁天监井阑文，为前金石家所未见。四月，至大梁节署。"

《卷施阁诗》卷七《孙大自句容来贻我二石刻喜甚各赋一诗》，其一《吴衡阳太守葛君碑》："君归止三月，我梦已百回。君来打门梦初破，破梦示我孙吴碑。"其二："井阑危坐无虚日，讵识足边奇字出。孙郎为剔百年苔，楷法棱棱三十一。"

应胡文铨、蒋光世招，会饮于相国寺，有诗。

《卷施阁诗》卷七《胡民部文铨蒋公子光世招饮相国寺》。

胡文铨（生卒年不详），字秉三，号衡斋，清浙江山阴（今绍兴）人，寄籍顺天府大兴。乾隆乙未（1775）进士。历官户部江南清吏司主事、安徽广德州知州、署宁国知府、湖南衡州府知府等。事具《广德直隶州志》卷二十五、《国朝畿辅诗传》卷四十八等。

蒋光世，生平待考。

夏秋之间，与孔广森相识，探讨古中牟所在。

孙星衍《仪郑堂遗文序》："岁乙巳，余客中州节署，值㢲轩以公事至。时秋帆中丞爱礼贤士，严道甫侍读、邵二云阁校、洪稚存奉常皆在幕府，王方川编修亦出令来豫，极友朋文字之乐。㢲轩美风仪，与之处，终日无鄙言。"

《卷施阁文甲集》卷七《与孔检讨广森论中牟书》："承询中牟所

在,昨客次口陈,恐尚未悉。”

　　孔广森(1752—1786),字撝约,一字众仲,号㢵轩,清山东曲阜人。乾隆三十六年(1771)进士,官翰林检讨。遭家难,为讼所累,扶病奔走江、淮、河、洛间,居丧,以哀毁卒。精研经术,擅篆隶,工骈文。所著有《春秋公羊通义》《大戴礼记补注》《仪郑堂文集》等。事具江藩《汉学师承记》卷六等。

秋冬之际,吴蔚光有怀先生。

　　《素修堂诗集》卷十五《毕秋帆前辈自陕西移抚河南,闻洪稚存随之而往,有怀一首》:“却被青山红叶笑,几时才得著书成。银管金尊联句谱,青山红叶著书庐,稚存赠余诗也。”

本年,送王复之官临漳。

　　《卷施阁诗》卷七《送王大令复之官临漳兼寄扬州牧芳灿伏羌徐州倅书受太康》:“梁园宾客嘉书记,才子为官亦游戏,却被人呼作仙吏。”

酬景安赠诗。

　　《卷施阁诗》卷七《偶得五百字酬景方伯安枉赠之作》:“前奉一卷诗,未读已束绅。开帙赠友篇,古意何温醇。我虽未面公,已晤公心神。岂惟识公贤,公友亦绝伦。”

　　景安(?—1823),字亿山,一作忆山,钮古禄氏,满洲镶红旗人。历官内阁中书、侍读、户部郎中、山西河东道、甘肃、河南按察使、布政使、户部侍郎、河南巡抚、江西巡抚、户部尚书、领侍卫内大臣。在河南巡抚任内,因冒功被流放至新疆。道光三年(1823)卒。能诗文,所著有《深省堂集》十九卷等。事具《清史稿》卷三百四十五、《清史列传》卷三十等。

乾隆五十一年,丙午(1786),四十一岁

二月月初,刊《卷施阁文乙集》成。

偕钱维乔等买舟至浙江杭州,同行者从舅氏蒋榕庵、蒋曙斋先生父子、杨梦符、孙振学、吴祖健、蒋承曾、陆继曾、崔浣青及公子崔景侃,遍游锡山、虎溪,复至玄墓、灵岩,流连篇什,继以清歌,极琴尊游览之乐。

吕《谱》本年条。

初十日,偕钱维乔、杨梦符、蒋陈尊、崔景侃及崔浣青恭人等至玄墓探梅。

《卷施阁诗》卷八《丙午二月十日偕钱三维乔杨大梦符等玄墓探梅作》。

卷十七《题崔恭人秋山访菊图》:"幽窗雨过点青苔,腊屐曾从响屩回。自觉向来秋气少,不随探菊只探梅。丙午二月,曾追陪邓尉探梅。"

《卷施阁文乙集》卷八《刑部江苏司员外郎杨君墓表》:"犹忆丙午之春,共艇适越,时同里鄞县知县钱君维乔、文学蒋君陈尊、崔公子景侃,咸在坐次。"

杨梦符(1750—1793),字西躔,一字六工,祖籍浙江绍兴,移居江苏武进。乾隆五十二年(1787)进士。历官刑部提牢厅及湖广清吏司主事、江苏清吏司员外郎等。工诗文,尤好骈体。所著有《心止居诗文集》十二卷、《三惜斋笔记》二卷等。事具《卷施阁文乙集》卷八《刑部江苏司员外郎杨君墓表》等。

孙振学,生平待考。

蒋陈尊,生平待考。

崔浣青(1739—1806),本名钱孟钿,字冠之,号浣青,清江苏武进人。钱维城女,崔龙见室。幼受母教,好吟咏,善诗。其诗力宗唐贤,以浣花、青莲为归,因以浣青自号。所著有《浣青诗钞》《浣青诗余》《鸣秋合籁集》等。事具《清史稿》卷五百零八"崔龙见妻钱",赵怀玉《亦有生斋集·文》卷十九《崔恭人钱氏权厝志》、施淑仪《清代闺阁诗人征略》等。

崔景侃(生卒年不详),字瘦生,清江苏阳湖人,原籍山西永济。工词善绘。所著有《红叶词》等。事具张惟骧《清代毗陵名人小传稿》卷五等。

有诗赠崔景侃,并柬崔景仪、景俨。

《卷施阁诗》卷八《赠崔三景侃二首兼寄哲兄景仪都下景俨剑门》。

游杭沿途有诗纪行。

《卷施阁诗》卷八《由净慈寺至龙井道中》《龙井小憩》《冒雨寻三

生石》《薄暮至湖上小饮》《钱塘舟次作》。

离杭将归,有诗寄钱维乔。

《卷施阁诗》卷七《钱唐归舟寄钱三维乔一首》:"昨来揖客津亭东,布帆如云已挂风。春风亭前一杯酒,送客多于道旁柳。……五年回首别孤屿,梦度江波逐君去。君行送我一惘然,何日更放梅花船。君不见,故人十辈多为吏,谁为梅花决归计。"

十三日前后,送杨梦符赴东平书院,时蒋齐耀赴选,盛惇大入都补官,赵怀玉赴浙西,有诗。

《卷施阁诗》卷八《送杨大梦符至东平书院》:"巷南春泥深一尺,知尔欲行行不得。杏花枝头春日晴,尔今别我有远行。……此时只忆城东门,桃枝李枝将放春。庄家笋足酒亦温,可惜眼底皆离人。**时蒋大齐耀将赴选,盛二惇大入都补官,赵大怀玉亦有浙西之行。作诗寄瘦崔,兼与瘦钱说。年好花好难久居,我亦清明挂帆别。**"

按:此诗次于花朝日诗之前。据此,送别杨梦符当在十三日前后,故系于此。

盛惇大(1755—1826),字甫山,清江苏阳湖人。乾隆四十五年(1780)南巡召试举人,赐内阁中书。乾隆五十八年(1793),直禁廷。历官内阁侍读、江西道监察御史、甘肃庆阳知府,署平庆泾兵备道等。事具李兆洛《养一斋文集》卷十二《庆阳知府盛君墓志铭》等。

蒋齐耀(? —1801),字敬五,清江苏阳湖人。监生。曾官海澄、南安、晋江县丞。工书。事具《皇清书史》卷二十六等。

十五日,花朝,访袁枚于江宁,并题《随园雅集图》,留宿随园。同日,袁枚为序《卷诗阁文乙集》。

《卷施阁诗》卷八《花朝日访袁大令枚江宁即出随园雅集图索题因赋以志别》:"生年虽合可不惭,图中五君识者三。……南北诗人十数公,仅余一老称前辈。山中访客当花朝,掷我一卷如牛腰。止留纸尾盈一尺,寒夜乞我来挥毫。"句下小字注:"是夕,大令留宿随园小眠斋。"

《卷诗阁文乙集》卷首:"君善于汉魏六朝文,每一篇出,世争传之。以倦于钞写,兹友人为刊其乙集四卷,以予素嗜其文,因请序于予。予前尝欲录亡友邵编修荀慈、胡征君稚威暨君数人之作,合为一集,忽忽未暇也。今《玉芝堂集》及君此刻,并已刊成,老念藉以稍慰。至其文之渊雅,气质之深厚,世皆能知之,予不赘述云。乾隆五十一年,岁在丙午,花朝日,钱塘袁枚序。"(此文不见于《小仓山房诗文集》)

三月,赵怀玉为先生题长短句卷。

赵怀玉《亦有生斋集·文》卷九《题洪稚存近来长短句卷后》:"岁在柔兆,稚存将复游于梁。感念扶尘,始于结发,大都晨星或已先露。因检累年投赠诗,萃而装之。长短句别为二卷,斯其一也。计诗三十有五,得人二十有二。题襟既多,置衷不灭。袭以龟背,帕以牛腰。遂传观于广筵,将永秘乎行籍。侨札而降,复有此交。苏、李而还,谁其嗣响?可谓名志相好,性命以之者矣。白云在天,落月照屋。因会惜别,追亡眷存。沈埋百年之欢,契阔千里之驾。不有遗喻,能无郁陶?则牛马如风,或者展焉如面;生死异路,亦且呼之欲出乎?"

按:赵怀玉题辞,在先生赴开封节署前,故系于此。

离乡赴开封节署。

吕《谱》:"三月,重赴开封节署。"

《卷施阁诗》卷八《送杨大梦符至东平书院》:"庄家笋足酒亦温,可惜眼底皆离人。时蒋大齐耀将赴选,盛二惇大入都补官,赵大怀玉亦有浙西之行。……年荒花好难久居,我亦清明挂帆别。"

按:送别杨梦符时拟清明辞别乡里,但未必一定是此日,因而姑从吕《谱》。

春,与钱世锡书,言及整理黄景仁诗并刊刻事。

钱世锡《麂山老屋诗集》卷十四《毗陵黄秀才仲则》诗"赖有故人洪玉父,周旋绰合古人风"句下小字注:"仲则殁后,稚存慰恤其家甚至。今春,稚存寄余书,言料理仲则诗,将付剞劂也。"

钱世锡(1733—1795),字嗣伯,一字慈伯,号百泉、雨楼,清浙江秀水(今嘉兴)人。乾隆四十三年(1778)进士,授编修,官翰林检讨。所著有《麂山老屋诗集》等。事具光绪《嘉兴府志》卷五十二等。

夏秋之际,翁方纲得先生所邮汉碑拓本,作诗报先生。

《复初斋诗集》卷三十二《宝应村间古墓有汉碑二：一刻孔子见老子像，一刻大鸟井兽衔环，近为汪秀才攫此石去。洪稚存孝廉为觅拓本见贻，作诗报洪》："汉时墓阙如画壁，洪相访之汪圣锡。但云益部兖与荆，那及江淮近搜剔。射阳村石闻之久，吾友江秋史、刘端临为屡觅。尔来闻落汪生手，复有洪君生感激。千里缄包墨犹晕，两纸苍茫拜初觌。……作诗报洪兼讯汪，善护缄箱外加羃。"

八月，登封令陆继萼延修县志，并约为嵩山之游。

吕《谱》本年条。

陆继萼（生卒年不详），清江苏阳湖人。举人。曾官登封知县。

十月，自郑州密县抵登封，游嵩山，手搨三石阙铭、信宿少林寺而返。

吕《谱》本年条："以十月由郑州密县抵登封，陟太室、少室，访嵩阳书院既启母石，手搨三石阙铭，信宿少林寺，乃回。"

《卷施阁诗》卷七《自密县至登封谒嵩高留山下三日遍游嵩阳书院及少林寺回途访三石阙》其四："太室少室阙，开母季度铭。兹文在世间，一字一列星。我来游嵩高，兼谒县吏庭。觅得数搨工，南北敢暂停。如猨升松梢，先剥苔藓青。闻声不见人，墨汁树杪零。三日始毕工，为文谢山灵。"

十二月初三日，同毕沅宴王昶。

王昶《春融堂集》卷二十八《长亭怨》词前小序："过开封，秋帆留饮，追忆终南仙馆中旧雨，惟稚存一人，相顾黯然。时丙午腊月初三日。"词云："正寒夜六幺声绝，酒罢歌残，蜡釭红泫。如梦如尘，山阳何计写幽怨。青绫帐外，看犹是诗囊画卷。但觉残年风景异，旧游云散。凄惋年来欢聚处，常得朝游晚宴。传柑爆竹，可仍似终南仙馆。况天南绝少征鸿，又谁递数行芳讯，便他日重来，已怕恒河难辨。"

本年，题童钰所藏晋太康五年买地莂。

《卷施阁诗》卷八《童上舍钰所藏晋太康五年买地莂歌》："大男杨绍买地莂，太康五年岁在乙，文云九月廿九日。黄滕阔泽北瞰湖，古名今地勘不符，今为山阴十七都。……童君好古无一田，抱瓦日向高斋眠。瓦文棱棱六十字，不及质君真恨事，采入晋家疆域志。时著《东晋疆域志》迄成，荆中黄滕阚泽诸地名，悉采入山阴县下。"

　　童钰（1721—？），字二如，改字二树，号璞岩，自称二树山人，清浙江会稽（今绍兴）人。不事举业，致力于古文辞，客游开封最久，晚年居扬州卒。工诗善画，尤长于画梅。所著有《二树诗略》五卷、《二树山人写梅歌》一卷等。事具《清史列传》卷七十一、《国朝耆献类征》卷四百三十六、周作人《关于童二树》等。

题《青门送别图》送史善长归吴江。

　　《卷施阁诗》卷八《青门送别图为史上舍善长赋即送归吴江》："去年别青门，今年客梁园。梁园为客忽不乐，放眼历历思秦川。……东西历尽诗一囊，已抵陆贾千金装。吴江枫落句虽好，何似变体吟伊凉？"

　　史善长《秋树读书楼遗集》卷八《酬别洪孝廉亮吉》："才多爱雕华，洪子独精专。观其《七招》篇，颇以陋前作。……得主慕李郭，间出陈志注。孝廉《补三国疆域志》，依据精核。……愿言握手偕，幸致卜邻约。论文泝云溪，剪烛卷施阁。"

　　史善长（1750—1804），字仲文，一字诵芬，号赤崖，或作册厓，又号赤霞，清江南吴江人。诸生。先后入王昶、毕沅幕，晚岁以作书自给。工诗擅书，所著有《秋树读书楼遗集》十六卷等。事具《（光绪）苏州府志》卷一百三十六、《清诗纪事》（乾隆朝卷）等。

乾隆五十二年，丁未（1787），四十二岁

二月，先生将入都会试，毕沅以诗送之。

　　《灵岩山人诗集》卷三十五《稚存应试春闱临行出素册索书诗以送之》："别思无端写玉琴，七年会合记题襟。……临歧不尽《停云》感，千里相待一寸心。"

偕孙星衍、唐仁植入都会试，寓绳匠胡同。

　　《更生斋诗馀》卷二《金缕曲·送唐大令蔗园之嵊县任》"京华往日曾联骑，忆匆匆、斜阳古道、柳丝同系"句下小字注："丁未春，偕君及孙渊如计偕北上。"

　　张绍南《孙渊如先生年谱》本年条："二月，偕洪稚存、唐柘田仁植

入都会试。"

　　按:吕《谱》本年条系此事于正月,不确。张绍南与孙星衍年龄相仿,且交好,所述比吕《谱》更确,故从之。

　　唐仁植(1752—1820),字凝厚,号柘田,清江苏江都人。乾隆五十二年(1787)进士,授浙江嵊县知县。后历仁和、乐安、丰城知县,全椒教谕、商虞通判、怀庆府黄沁同知、河南开归陈许兵备道,赐河南按察使衔等。事具英杰等修《续纂扬州府志》卷九、阮元《揅经室二集》卷六《赐按察使衔河南开归陈许兵备道柘田唐君墓志铭》等。

　　《清秘述闻》卷八"乾隆五十二年丁未科会试"条:"考官:内阁大学士王杰字伟人,陕西韩城人,辛巳进士。刑部侍郎姜晟字光宇,江南元和人,丙戌进士。内阁学士瑞保字执桓,满洲镶黄旗人,乙未进士。题'子路共之'二句,'故君子尊'三句,'孟子曰道'全章。赋得'四时为柄'得'乾'字。"

　　姜晟(1730—1810),字光宇,清江苏元和(今苏州)人。乾隆三十一年(1766)进士。历官刑部主事、光禄寺少卿、太仆寺、江西按察使、刑部侍郎、湖北巡抚、湖南巡抚、湖广、直隶总督、工部尚书。治狱明慎,受知高宗。事具《清史稿》卷三百五十二、姜晟《姜司寇自订年谱》、许宗彦《鉴止水斋集》卷十八《工部尚书姜公及配顾夫人合葬墓志铭》等。

　　瑞保(生卒年不详),字执桓,一字芝轩,满洲镶黄旗人。乾隆乙未(1775)进士,改庶吉士。散馆,授检讨。累官内阁学士、翰林院办事官、校书官。事具法式善《八旗诗话》等。

三月,榜发,先生不售,孙星衍成进士。

四月,访表兄庄宝书于河间。

　　《卷施阁诗》卷十五《续怀人诗》其十《庄县丞宝书》"回车尚忆南皮饮"句下小字自注:"丁未夏,访君河间客邸。"

　　按:吕《谱》本年条云:"以五月初返里",则先生访庄宝书必当会试不第后于返里途中,时当孟夏四月,故系于此。

五月初,归里。

吕《谱》本年条："以五月初抵里。时竞渡方盛，与庄表兄宝书、陈大令宾、陆广文寿昌，日为泛舟之游。"

构卷施阁。

吕《谱》本年条："构卷施阁于宅西，稍有树石及小池，日偃仰其中。"

《卷施阁诗》卷八《卷施阁落成偶赋四首》其三："东邻啼鹁鸪，西牖蝉噪柳。"

七月初七日，七夕，独游放生禅院，并至杨氏宅访友，怀忆杨伦，有诗。

《卷施阁诗》卷八《七夕独游放生禅院兼至杨氏宅访友有怀进士伦》其二："九株松桧绿，遥识草玄亭。鄂渚客偏久，山房昨已扃。欷门逢地主，佳节指天星。正好凉汀坐，相携采素馨。"

初八日，知府蒋熊昌招饮。

《卷施阁诗》卷八《初八夜蒋太守熊昌招同人小集即席赋赠》。

八月，在里。

十一日，夜，晚步云溪。

《更生斋诗馀》卷二《临江仙》，词牌下有小字注："八月十一夜，云溪晚步有感。"

十二日，夜，步月葛仙桥。

《更生斋诗馀》卷二《减字临江仙》，词牌下有小字自注："十二夜，步月葛仙桥。"

严长明卒。

九月，应郑辰招，同赵怀玉、庄复旦集陈氏云扈轩看菊。

《亦有生斋集》卷十《郑司理辰招同洪大亮吉、庄二复旦集陈氏云扈轩看鞠以人淡如鞠为韵分得鞠字》："椒峰老诗坛，城北有遗屋。使君风雅士，居称林亭筑。召客三人来，栽花九秋馥。"

郑辰（生卒年不详），字箴衣，清浙江慈溪人。乾隆四十二年（1777）拔贡，充四库馆誊录。后官苏州、松江、常州通判，扬州府同知，摄阳湖县令，徐州府经历。著有《句章摭逸》等。事具《（光绪）慈溪县志》卷三十二等。

庄复旦（1757—1814），字植三，号泽珊（或作山），一号槐轩，清江
苏阳湖（今武进）人。乾隆四十九年（1784）南巡召试钦赐举人，授内阁
中书，充文渊阁校理、方略馆纂修，拣发云南同知。历任维西缅宁通判，
历署赵州、石屏州知州，开化府同知、知府。著有《小酉山房诗稿》等。

冬日，送唐仁植之嵊县任。

《更生斋诗馀》卷二《金缕曲·送唐大令蔗园之嵊县任》："衣上春
云起。记征程、钱唐到日，好花开矣。"

十一月，偕庄复旦赴开封。

吕《谱》本年条："毕公屡书促行。十一月，偕庄舍人复旦重赴开
封节署。"

十二月十日，偕钱泳、方正澍、徐嵩、凌廷堪游城北尚方寺。

钱泳《梅花溪诗草》卷一《十二月十日同方子云正澍、洪稚存亮
吉、徐朗斋嵩、凌仲子廷堪游汴城北上方寺》："言游上方寺，铁塔耸云
长。……不尽登临兴，闲吟送夕阳。"

钱泳（1759—1844），初名鹤，字立群，号梅溪，清江苏金匮（今无
锡）人。以诸生游幕二十余年，生平足迹遍历豫、楚、浙、闽、齐、鲁、燕、
赵等地，致力于访碑、刻帖、著述。工书擅画，尤长篆隶。所著有《梅溪
诗草》四卷续一卷、《履园丛话》二十四卷等。事具胡源、褚逢春《梅溪
先生年谱》等。

凌廷堪（1757—1809），字次仲，清安徽歙县人。乾隆五十四年
（1789）举人，次年成进士。精通三《礼》，兼晓天算、乐律。以宣城府
教授终。所著有《校礼堂诗集》十四卷、《文集》三十六卷、《礼经释例》
十三卷、《燕乐考原》六卷、《梅边吹笛谱》二卷等。事具江藩《汉学师承
记》卷七、阮元《揅经室二集》卷四、《清史列传》卷六十八、《清史稿》卷
四百八十七等。

除夕之夜，与钱泳于节署同作一律。

钱泳《梅花溪诗草》卷一《汴梁节署除夜同洪稚存作》。

冬，钱维乔与先生书。

《竹初文钞》卷三《答洪稚存书》："毛生到四明，获足下手书，知有

中州之行,想入冬已抵节署。"

乾隆五十三年,戊申(1788),四十三岁

正月初一,作诗一律,向钱泳索和。

> 钱泳《梅花溪诗草》卷一《汴梁节署除夜同洪稚存作》后附录阳湖
> 洪亮吉稚存《丁未除夜,与梅溪先生同赋一律,元旦,复作此索和》。

与毕沅、凌廷堪、吴泰来、张舟、唐仁植、方正澍、徐嵩、朱秋岩、沈春林及王石
华补祀东坡生日。

> 凌廷堪《校礼堂诗集》卷六《秋帆中丞每岁十二月置酒高会为东坡
> 生日,丁未冬,以病不果,于戊申正月补为之。同人各赋七言长句一章。
> 时在坐者:吴竹屿舍人,张吾山广文,唐柘田进士,方子云布衣,洪稚存
> 博士,徐朗斋孝廉,朱秋岩明经,沈春林上舍,王石华、蔼夫二茂才也》。

> 徐嵩(1758—1802),入官后改名镳庆,字朗斋,清江苏金匮(无锡)
> 人。乾隆五十一年(1786)举人,从军湖北,积功以通判用。署武昌府
> 通判,官崇阳、黄梅知县,署蕲州知州。嘉庆七年(1802)二月暴卒,年
> 四十五善诗工画。所著有《玉山阁古文选》四卷、《诗选》八卷等。事具
> 《清史列传》卷七十二、王芑孙《惕甫未定稿》卷十三《署湖北蕲州徐君
> 墓志铭》、阮亨《珠湖草堂笔记》等。

> 张舟(生卒年不详),字廉船,号吾山,又号木头老子,清江西铅山
> 人。

> 朱秋岩,生平待考。

> 王石华,生平待考。

> 王蔼夫,生平待考。

> 沈春林,生平待考。

本月,与钱泳讨论褚遂良墓地。

> 钱泳《履园丛话》卷十九:"唐褚中令墓,据《河南府志》在偃师者,
> 误也。案《新唐书》本传,遂良贬死爱州,即窆於彼,二男彦甫、彦冲、一
> 孙俱祔。咸通九年,诏访其丧,归葬阳翟,唐人有诗纪其事,安有葬在偃
> 师之说?且《宰相世系表》云,褚氏出自汉褚少孙后,裔孙重始居阳翟。

又褚亮传云,亮父玠,玠祖澹,皆钱塘人。是其先并无居缑氏之说,自史载遂良自爱州贬所归葬阳翟,亦应在今禹州,不得云偃师也。乾隆戊申正月,余在开封,偶阅《河南府志》,与洪稚存论及此,故记之。"

二月初二日,送友人至河北。

> 《卷施阁诗》卷七《戊申社日送友人至河北》:"去年社日风,鼓浪渡河北。今年风更峭,掩卷送行客。"

与方正澍同作杏花绝句。

> 《卷施阁诗》卷七《卷施阁诗》卷七《杏花四绝同方五正澍作》其一:"倚墙临水只疑仙,艳绝东风二月天。要与春人斗标格,有花枝处有秋千。"

> 按:据"绝艳东风二月天"句,诗当作于二月。且此诗次于社日诗与寒食诗之间,故系于此。

二十七日,寒食,在开封忆里中胜游及西安韦曲看花之胜,赋二十绝句,凌廷堪有次韵之作。

> 吕《谱》:"赋寒食纪游诗四十首,和者数十人。"

> 《卷施阁诗》卷七《开封寒食怀里中胜游并记壬寅癸卯看花韦曲之胜漫赋二十截句》。

> 凌廷堪《校礼堂诗集》卷六《次洪稚存开封寒食日追忆旧游二十首元韵》。

以诗柬钱维乔。

> 《卷施阁诗》卷七《寄钱三维乔鄞县》。

四月初,题《张忆娘簪花图》。

> 《卷施阁诗》卷七《张忆娘簪花图》。

> 按:毕沅是年亦有《题张忆娘簪花图遗照》,见《灵岩山人诗集》卷三十六,该诗次于《汴京送春曲》之后,当作于四月初。先生此诗,亦当作于是时,因而姑系于此。

代毕沅款李世杰。

> 《更生斋文甲集》卷四《书李恭勤公遗事》:"李恭勤公,名世杰,贵州黔西人。……余素不识公,岁戊申四月,在河南巡抚毕公沅幕府,值

毕公病亟,公适自江南总督调回四川,道出开封,素厚毕公,欲入省之。毕公知余与公次子为同岁生也,属余迓公入,坐床侧数语,毕公愈甚,余遂延公入就近听事。"

李世杰(1716—1794),字汉三,又字云岩,清贵州黔西人。年二十,入赀为江苏常熟黄泗浦巡检。历官金匮主簿、泰州知州、镇江知府、四川按察使、湖北布政使、广西巡抚、湖南巡抚、四川总督、江南总督、兵部尚书。卒,谥恭勤。所著有《家山纪事诗》《南征草》等。事具《清史稿》卷三百二十四、洪亮吉《更生斋文甲集》卷四《书李恭勤遗事》、管世铭《兵部尚书谥恭勤李公世杰墓志铭》等。

作书与杨芳灿。

杨芳灿《芙蓉山馆师友尺牍》附录有先生与其书多通。中一通云:"客春大梁,相叙之乐,可谓冠绝平生。嗣马首西东,此二百日中,亮吉又自燕而吴,而越,乃复至汴。虽复春官之第,迟我数年,而秋士之游,殊迈流辈。至足下新领方州,次当特擢,……渊如通籍以后,京洛添一穷官,而大梁少一良友。幸有竟日不言之方五,聊以资晤对也。荔裳于何日入都会期?视足下当较近。此间游客如云,来而不绝,不数日味辛又将假馆于此。"[1]

据"味辛又将假馆于此"句,可知此书作于四月下旬,故系于此。赵怀玉馆于毕沅幕,详后。

五月初一日,作书与王复。

《洪亮吉集》第五册"附录"《与王复手札》:"……尚之已摄汝州之倅,不久即入省城为通志局提举矣。尚书师哲弟不日南来,味辛亦闻日内到此,皆近日之消息也。……飞鸿倘南,有以复我。不一。秋塍明府二弟足下,亮吉手启,五月初一。"

为凌廷堪题《夷门饯别图》。

《卷施阁诗》卷七《题夷门饯别图为凌上舍廷堪送友》其二:"目送羊车出城去,柳丝五月已惊秋。"

---

① 冉耀斌:《洪亮吉佚札六通》,《飞天》2010 年第 22 期。

本月,赵怀玉自里抵开封。

> 赵怀玉《收庵居士自叙年谱》本年条:"四月为大梁之行。……故人之在汴者,则童少詹凤三主讲大梁,方子云正澍、蔡敬五、洪稚存、徐朗斋嵩、钱立群泳分处两家幕中,遍游吹台、相国寺、铁塔、龙亭,颇极文宴之乐。同里陆君继荨宰登封。"

> 《亦有生斋集》卷十《四月廿九日将赴大梁》。

> 按:以四月二十九日启程,则赵怀玉抵开封当在五月十五日前后。

> 钱泳《履园丛话》卷十六"吹台":"五十三年三月,余在毕秋帆尚书幕下。尝偕方子云、洪稚存、徐朗斋、凌仲子辈登此台。惟一望平畴,黄沙扑面而已。上有禹王庙,故土人又谓之禹王台。又有三贤祠,祀李白、杜甫、高适三人。"

六月,与方正树、徐嵩、赵怀玉排日饮酒。

> 《亦有生斋集》卷十《方大正树洪大亮吉徐大嵩排日招饮纪事》:"落日梁园停客骑,熏风莲幕盍朋簪。便教痛饮追河朔,岂必名流让济南? 销暑一时人足纪,催诗连日雨方酣。谟筋闻有遗书在,蜡屐新秋好共探。"

夏,题赵怀玉《写经图》,赵亦题《寒檠永慕图》。

> 《卷施阁诗》卷七《赵大怀玉写经图》:"即论至性愧君甚,泣血写遍千回经。吴门日昨来何驶,共展双图泪难止。时余亦以《寒檠永慕图》属君赋长句。"

> 《亦有生斋集》卷十《题洪大亮吉寒檠永慕图》:"君祖迁常州,昏姻由赵始。君之外家蒋,居亦同闬里。君生六岁为孤儿,母兮鞠之兼作师。携来蒋宅邻吾宅,相望危楼一溪隔。"

> 按:赵怀玉五月抵开封。据"吴门日昨来何驶"句,二人题图当在夏季,故系于此。

七月七夕,有诗仿方正澍体。

> 《卷施阁诗》卷七《七夕词仿方五体》其一:"闭门三日雨无聊,闻说秋霖涨绛霄。若使天孙有馀巧,掷梭应已化成桥。"

为徐嵩题《芙蓉湖上读书图》。

《卷施阁诗》卷十《徐孝廉嵩芙蓉湖上读书图》。

严长明子严观乞先生诗题图。

《卷施阁诗》卷七《严侍读长明平生乐雨花冈二忠祠竹木之胜没后适权厝于此其子为图乞诗为赋此篇》。

严观（生卒年不详），字子进，严长明长子。太学生。好金石。以金陵桑梓地，旧刻之湮没者既不可考，乃访其见在者拓而藏之。始汉迄元，依时代为次，录其全文，附以考证，合一府七县，凡若干种。著有《江宁金石记》八卷。事具《清代学人列传·严长明传附》等。

黄易向先生索《访碑图》题诗。

《卷施阁诗》卷七《黄通守易访得汉武梁祠堂石刻圣贤画象既为亭覆之又绘访碑图索诗》："访碑客至何潇洒，拓地为碑营大厦。道旁错认鲁东家，一车两马栖栖者。"

黄易（1744—1802），字大易，自号小松，又号秋盦，清浙江钱塘（今杭州市）人。究心河防，历官河历县倅、兰仪同知、兖府运河同知、运河兵备道事等。精于金石六书之学，访得熹平石经等汉代碑刻多种。所著有《小蓬莱阁金石文字》《小蓬莱阁碑目》等。事具翁方纲《复初斋文集》卷十三《黄秋盦传》、王宗敬《我暇编》之《黄小松》等。

二十八日，与杨芳灿书。

"昨尚书师又擢督楚中，偕行者维亮吉与子云，至朗斋，则留于张观察处矣，味辛亦滞迹于此……对使作书，用致相思不尽，堂上祁肃请福安，亮吉顿首，七月廿八日。"①

八月，毕沅前往武昌任湖广总督，先生偕行。

《清史稿·毕沅传》："（乾隆）五十一年，赐黄马褂，授湖广总督。伊阳盗秦国栋戕官，上责沅捕治未得，命仍回巡抚。五十三年，复授湖广总督。"

九日，应童凤三招，偕张焘、崔景仪、赵怀玉、蒋齐耀至吹台登高，归饮寓所。

《卷施阁诗》卷七《八月九日将赴楚中童少詹凤三邀同张学使焘崔

---

① 冉耀斌：《洪亮吉佚札六通》，《飞天》2010 年第 22 期。

编修景仪赵舍人怀玉蒋上舍齐耀预至吹台登高归饮寓斋即席赋别》。

《亦有生斋集》卷十《八月九日前辈童少詹凤三招同张户部焘崔编修景仪蒋大齐耀洪大亮吉游吹台归饮寓斋纪事》："昨日苦热今日凉，天意似欲催重阳。秋风满城雨如发，落帽不妨前一月。薛斋先生兴特豪，整理舳樯招词曹。……浮踪只愁分手易，嘉会便与离筵并。张丈将还宣城，洪将之楚，崔将入都，惟蒋留此。酒酣往事重回首，我识先生岁时久。"

童凤三（1736—1801），字梧冈，一字鹤街，清浙江山阴（今绍兴）人。乾隆二十五年（1760）进士，改庶吉士，授编修，历官内阁中书及广西、广东、江西、上岸、顺天乡试同考官或主考、湖南学政，官至吏部左侍郎等。事具《枢垣纪略》卷十八、《晚晴簃诗汇》卷八十九等。

张焘（生卒年不详），字慕清，号涵斋，清安徽宣城人。乾隆二十八年（1763）进士。历官翰林院侍讲、湖北学政、礼部员外郎等。归主通州书院。事具光绪《宣城县志》卷十八等。

中秋夜，自尉氏至朱曲，途中玩月，作诗二首。

《卷施阁诗》卷七《中秋夕至朱曲途中玩月作》《中秋夕三》。

下旬，自樊城渡汉水，游岘山，谒羊祜、杜预及隆中诸葛忠武祠。

《卷施阁诗》卷七《自樊城渡汉游岘山归谒羊杜二公祠作》："一碑横眠一碑侧，石上摩挲感今昔。百世来分风日佳，一编欲正《春秋》癖。时著《左传诂》。"

同卷又《隆中诸葛忠武祠》："蜀国望难极，沔江流不穷。苍茫堕清泪，知不为羊公。"

先生中秋夜在尉氏，自尉氏至樊城，按当时行程，约需十天左右，故至樊城系于是月下旬。

九月五日，抵武昌。

吕《谱》："八月，毕公擢督两湖，先生偕行，以九月五日抵武昌节署。"

九日，重阳节，雨，饮于杨伦江汉书院寓所。

《卷施阁诗》卷七《九日雨中饮杨进士伦江汉书院斋舍即席赋赠》：

"读君五年作,饮我九日觞。腹笥既已富,修髯有时张。"

本月,与毛大瀛、项直莩相识。

> 《更生斋文甲集》卷四《跋简州知州毛大瀛所致书及纪事诗后》:
> "余识君在武昌总督署,时同署复有吴门项君,字直莩,忘其名。"

> 按:先生以九月初抵武昌,与毛、项二人相识当在是时,故系于此。

> 毛大瀛(1735—1800),原名思正,字又长,号海客,清江苏宝山(今
> 上海)人。诸生,少以能诗名,充四库馆誊录,以荐举得官,以州同用,
> 发陕西等地,累被巡抚毕沅等差用,以功擢知县、简州知州,因抗暴乱而
> 死。所著有《戏鸥居诗钞》等。事具《(光绪)宝山县志》卷九等。

> 项直莩,曾客于浙江巡抚王亶望,馀不详。

十月,再登黄鹤楼,忆及在荆州之毕沅,有诗。毛大瀛有和诗次韵。

> 《卷施阁诗》卷七《月夜再登黄鹤楼忆尚书师荆州》:"十月鱼龙先
> 入定,三更乌鹊自飞来。"

> 《戏鸥居诗钞》卷八《洪稚存登黄鹤楼寄示,依韵和之》《又次稚存
> 夜登黄鹤楼韵》。

十一月,史善长邀集寓舍,未赴。

> 史善长《秋树读书楼遗集》卷十《长至后十日,顾庶常钰、张庶常
> 溥、杨进士伦、巴部曹慰祖、张上舍廷蓥、周上舍夜集寓斋,未赴者方布
> 衣正澍、洪孝廉亮吉、吴茂才翌凤,分韵得十一陌》。

十二月,汪中题先生《机声灯影图》。

> 汪中《容甫先生遗诗》卷五《题机声灯影图》。诗前小序:"中年多
> 病,久不作诗。比至居忧,此事遂绝。某出此卷索题,有伤其事。聊作
> 数章,以当一哭。孤子汪中记,乾隆五十三年十二月。"

乾隆五十四年,己酉(1789),四十四岁

正月初二日,将北行入都会试,毛大瀛招与张舟、方正澍、邹恩三于三山径探
梅,并饯别先生。当晚,宿汉口。

> 吕《谱》:"先生四十四岁。正月二日,计偕北行,毛州判大瀛饯先
> 生于江北三山径。"

《卷施阁诗》卷八《新正二日太仓毛州倅大瀛招同铅山张上舍舟歙方上舍正澍无锡邹公子恩三山径探梅即席赋赠六首》其六:"居然人慕蔺,毛君字又长,故云。亦有字同杨。方。布雾方谁学,谈天口乍张。无为勤远送,揖别此花旁。"

《更生斋诗》卷四《喜张上舍舟过访口占以赠》:"五回曾领江淮运,两度同招楚蜀魂。赤米白盐家已破,朱旗玄甲阵犹屯。多愁自觉新诗少,老友今余几辈存。话到十三年上事,渚梅零落野云昏。辛酉年新正,在汉阳三山径访梅握别。"按:小字自注"辛"字为"己"字之误。

《更生斋诗续集》卷九《江行杂咏二十首》其九"化碧苌弘事已陈"句下有小字自注:"己酉年元旦,毛刺史大瀛曾约至三山径观梅,时同客毕尚书幕府。"

邹恩三,生平待考。

《卷施阁诗》卷八《初二夕宿汉口闻爆竹声不绝》:"五更喧爆竹,十里散飞花。已破早梅萼,还惊彻曙鸦。"

抵河南确山,以诗赠金朱楣。

《卷施阁诗》卷八《确山赠金同年朱楣》。

金朱楣(生卒年不详),江苏吴县人。乾隆四十年(1775)进士,曾官宿州教谕、莱芜、确山知县。事具李铭皖《(同治)苏州府志》卷六十三、《安徽通志》卷九十二等。

十五日,行至河南尉氏县,在朱仙镇观月,有诗赠张大鼎、徐书受。

《卷施阁诗》卷八《元夕宿尉氏赠张大令大鼎并寄徐州倅》《朱仙镇元夕》。

张大鼎,生平不详。

十六日,至开封,宿徐书受寓斋。

吕《谱》本年条:"由汉阳北上,元夕后抵开封,居同年徐大令书受寓斋数日。"

《卷施阁诗》卷八《朱仙镇元夕》:"明朝骑马去,又过古夷门。"

按:据此诗,抵开封日当在十六日,故系于此。

徐书受《教经堂诗集》卷十《予适抱疴,稚存自武昌节署过汴,出示同人送行长卷,即次韵送之入都,兼讯渊如、西廔》。

十九日,为徐书受子命名。

　　《卷施阁诗》卷八《洪儿歌为徐同年书受赋》,前有小序:"尚之三十后生子,乞余命名。余举前人之例,名以余姓,而以余名字之,曰孟吉,则因其庶长也。并作是诗。"诗云:"昨来欲访夷门雪,献岁发春才十日。故人举子乞我名,我名故人子不轻。"

　　按:本年正月初九日立春,故系于此。

　　《教经堂诗集》卷十《再次卷中弇山公韵送稚存并怀云麓少白蕙畤鄂楼兰渚朗斋诸子时俱应南宫试》《稚存濒行为予作洪儿歌更酬此篇,并寄示诸子》。

作诗赠董达章。

　　《卷施阁诗》卷八《董生诗赠董上舍达章》:"我知董生由赵左,不识董生才过我。我诗往复颇不穷,不及董生句更工。……董生三十无世名,我吟一篇见者惊。还生诗编生自省,我在何能压公等。"

　　董达章(1753—1813),字超然,号定园,清江苏武进人。国子监生。累试不第,晚岁家居奉母。性豪宕,喜急朋友之难。嗜诗,所著有《半野堂集》,另有取明谢榛事以寄意之《琵琶侠传奇》。事具包世臣《小倦游阁集》卷二十七《武进董定园先生墓志》等。

　　吕《谱》本年条:"渡河至武陟,访王大令复,不遇。因独游济源,谒济渎庙,至盘谷,欲往王屋山,不果。"

下旬,抵济源谒济渎庙,枉道访冯敏昌,有诗柬钱坫。

　　《卷施阁诗》卷八《济源谒济渎作并寄钱州倅坫西安》:"济源今始访,尚未及王屋。马头星落日未光,天半忽然落太行。……斜行卅里无平地,石触马蹄如斧利。车箱侧坐作一篇,聊当西寻济源记。我有故人官故京,万言能辨济为荣。州倅以《尔雅》济为濋为荥字之误,置论甚辨。何时并马入河浒,应诉蔡河原号楚。"

　　同卷又《延庆寺》《盘谷寺》《盘谷寺东山墅题壁》《盘谷寺道中》等诗纪行。

　　法式善《梧门诗话》卷一:"冯鱼山、洪稚存两编修皆酷喜游山。……己酉岁二月,尚书促其计偕北上,尚迂道留济源三日。"

按:法式善所云"二月",不确。

《卷施阁诗》卷十五《续怀人诗十二首》之第十一首《冯户部敏昌》:"早向长安斗酒杯,之秦之楚屡追陪。一官止抵传经席,五岳都成避债台。君以避债出都,遂遍游五岳。此日最推长句好,名山曾步后尘来。己酉春,余北上,枉道游王屋,时君甫出山数日耳。青松两树花千本,顿使先生笑口开。在都日,屡同诣法源寺看花。"

阻雨于卫辉行馆一日。

《卷施阁诗》卷十二《卫辉行馆忆己酉春计偕北上阻雨于此一日逆旅主人尚识之》:"临街楼上雨纵横,三载重来感客情。莫讶马前双节引,道旁还识弃繻生。"

抵宜沟驿,有诗。

《卷施阁诗》卷八《宜沟行》:"宜沟驿中逢节使,三日马蹄声不止。冲途驿马苦不多,役尽民马兼民骡。"

抵漳水桥,有诗。

《卷施阁诗》卷八《夜过漳水桥》:"行人莫问铜台事,漳水如今入海流。"

二月抵都,居孙星衍琉璃厂寓斋。

吕《谱》本年条。

三月,应礼部会试,榜发,不售。

吕《谱》本年条。

《清秘述闻》卷八"乾隆五十四年己酉科会试"条:"考官:内阁大学士王杰字伟人,陕西韩城人,辛巳进士。礼部侍郎铁保字冶亭,满洲正黄旗人,壬辰进士。工部侍郎管干珍,江南阳湖人,丙戌进士。题'点尔何如之撰','溥博如天'二句,'苟为不熟'二句。赋得'草色遥看近却无'得'夫'字。"

铁保(1752—1824),字冶亭,栋鄂氏,满洲正黄旗人。乾隆三十七年(1772)进士。历官吏部主事、郎中、少詹事、户部员外郎、翰林院侍讲学士、礼部侍郎兼副都统、内阁学士、盛京兵部、刑部侍郎、两江总督、

《八旗通志》总裁。优于文学，词翰并美。所著有《怀清斋集》等，辑有《熙朝雅颂集》等。事具《清史稿》卷三百五十三等。

管干珍（1734—1798），字松崖，清江苏阳湖（今常州）人。乾隆三十一年（1766）进士，改庶吉士，授编修。先后分校顺天乡试、会试，充贵州主考官、教习庶吉士，历官户科给事中、贵州道御史、陕西监察御史、鸿胪寺少卿、工部右侍郎、漕运总督等。所著有《管松崖诗》若干卷。事具《清史稿》卷三百二十四、赵怀玉《亦有生斋集·文》卷十八《总督淮扬等处地方提督漕运海防军务兼理粮饷管公墓志铭》等。

本月，与法式善相识。

法式善《存素堂诗初集存录》卷二十一《寄怀洪稚存编修》："识面虽云迟，今已十六年。"

按：法式善此诗作于嘉庆九年（1804）。由此年往前推，则与法式善相识当在乾隆五十四年先生应礼部试时，故系于此。

法式善（1752—1813），字开文，又字梧门，号时帆，蒙古乌尔济氏，隶内务府正黄旗。乾隆四十五年（1780）进士，授检讨，迁司业。由庶子迁侍读学士，大考降员外郎，阿桂荐补左庶子。性好文，以宏奖风流为己任。数奇，官至四品即左迁。其后两为侍讲学士，一以大考改赞善，一坐修书不谨贬庶子，遂乞病归。所居后载门北，明李东阳西涯旧址也。构诗龛及梧门书屋，主盟坛坫三十年，著《清秘述闻》《槐厅载笔》《存素堂诗文集》等。事具《清史稿》卷二百七十、钱林《文献徵存录》卷五等。

五月八日，抵里。

吕《谱》本年条。

七月，至杭州访友，并至绍兴、上虞访友，有诗寄唐仁植，并作纪游诗多首。

吕《谱》："七月，之杭州访友，留旬余，乃归。"

《卷施阁诗》卷八《自钱唐放舟至上虞即寄唐大令仁植嵊县》："我抛西子湖，来访山阴月。山阴上夜不眠，明月都疑古时雪。……我思访友至剡溪，故人手版归无期。"

同卷《湖上看雨》《湖上坐月》《湖上夜起》《韬光精舍》《山阴舟

149

中》《夜坐》等诗纪游。

八月,弟霭吉选授崇文门副使。

> 吕《谱》本年条:"八月,仲弟选授崇文门副使。时同年李太守廷
> 敬官常州,延修府志,并选唐百家诗。"

九月,进李廷敬官署修府志,黄景仁子乙生从先生游。

> 吕《谱》本年条:"时同年李太守廷敬官常州,延修府志,并选唐百
> 家诗,以九月进署,十二月返舍。"

> 《卷施阁诗》卷九《送万大令应馨之官广东》:"故人有子称能文,
> 谓仲则子。昨岁主我今依君。"

> 按:诗作于乾隆五十五年十二月。黄乙生从先生游当在先生修府
> 志时。

> 李廷敬(?—1806),字景叔,号宁圃,又号味庄,清直隶沧州人。
> 乾隆三十八年(1773)应天津召试,赐举人。乾隆四十年(1775)进士。
> 历官常州、苏州、江宁知府、松太兵备道等。事具吴锡麒《有正味斋骈
> 体文续集》卷八《李味庄同年诔》等。

> 黄乙生(1773—1822),字小仲,清江苏阳湖人。端凝寡言笑,不饰
> 文藻。善书,治郑氏《礼》,墨守先儒之说以通己意而躬行之。朝廷征
> 孝廉方正,有司以之应,不就。卒年五十。事具包世臣《小倦游阁集》
> 卷九《黄征君传》等。

十三日,偕钱维乔、庄廷叔饮于赵怀玉宅,诸人一同自云溪步月至葛仙桥。

> 《卷施阁诗》卷八《九月念一日自府东街醉归由迎春桥取空阔处玩
> 月归舍喜而有作》:"十三此夜清辉好,远挈幽人踏衰草。"句下小字注:
> "是日偕钱竹初、庄廷叔,饮赵味辛宅,酒后即偕味辛兄弟自云溪步月,
> 东折至葛仙桥始归。"

> 庄廷叔,生平待考。

二十一日,出游醉归,被余存谦拉入宴饮。

> 《卷施阁诗》卷八《九月念一日自府东街醉归由迎春桥取空阔处玩
> 月归舍喜而有作》:"今宵无意复出游,坐客失喜相攀留。"句下小字自
> 注:"是夕值州守余存谦招客,因拉入坐次。"

余存谦,江苏阳湖人。曾任天宝知县。馀待考。

十二月,与卢文弨书,讨论"束修"之义,并质之臧庸。

《卷施阁文甲集》卷八《与卢学士文弨论束修书》:"前坐次阁下言及吾乡邹君释束修二字,以为当从束身修饰解,心窃疑之。今观臧君镛堂辑《郑氏论语注》二卷,内间有疏证。于'自行束修以上'句,用《后汉书注》李贤之说,以破古义,愚以为不然。……前坐次语未悉,故敢复及之,并以质之臧君。"

按:卢氏是否有复书,未可知。今卢氏《抱经堂文集》不载有复书。而臧庸于本年季冬有《答洪稚存太史书》("太史"二字,当是编集时所加。先生次年才成进士,授翰林院编修,方可称太史。)则先生致卢氏书并致臧氏,当在本年季冬或稍早。今姑系于此。

臧庸复书先生。

臧庸《拜经堂文集》卷三《答洪稚存太史书》(己酉季冬):"镛堂顿首稚存先生阁下:拙辑《论语郑注》,承校勘数则,已如教改正。惟束修说,鄙见不以为然。今谨陈之。《后汉书·延笃传》:'且吾自束修以来。'李贤注云:'束修为束带修饰。'郑玄注《论语》曰:'谓年十五以上也。'玩李注,是十五以上,即经文束修之谊。若郑氏,于修字本训为脯。又云:'谓年十五以上可。'谓郑意古者十五入太学,始执修脯礼。然郑果如此,则李贤但云'束修为束带修饰',其义已明。郑注《论语》与《延笃传》异义,何庸漫引而删改之乎?若谓郑注止有'十五已上'一句隐括其义,言年十五始执修脯。李贤不通义训,妄为之说。然圣人既言自行束修以上,是止论执修论贽之重轻,未计年之长幼,而郑氏不为正解,拘拘入学之年核之,于经无当矣。恐郑氏不应若此也。同学友顾明遍考经传,无男子用修脯为贽事。郑氏精于礼者,故此注不同俗说。若从李贤束带修饰之言,'行'字不嫌虚设也。前晤赵亿孙舍人,云:'注中已上,即经文以上。'此语诚细审郑义者。尊书云:'贤注《伏湛传》,即云自行束修,谓年十五以上。盖以训修为饰,则下毁玷句为赘。且自行束带修饰,亦不成语,故不同于《笃》注。'按'自行束修讫,无毁玷者。'谓自行束带修饰之年以来,无毁玷之行也。语相连及儿非赘。谓年十五以上句,即用《论语》注,因《延笃传》已标明郑义,故此略其所本,其义则与《延笃传》同。余师卢召弓说亦如阁下,但反复郑义,不能无疑。若谓欲破古义,锐于立异,则镛堂岂敢倘不以为是?而更有以教之,幸甚。"

臧庸(1767—1811),本名镛堂,字西成,又字拜经,清江苏武进人。从卢文弨受经学,助阮元编《经籍籑诂》,校勘《十三经注疏》。所著有《拜经日记》八卷,《拜经堂文集》四卷,《孝经考异》一卷,《臧氏文献考》六卷等。事具阮元《揅经室二集》卷六《臧拜经别传》等。

按:先生次年方登第授编修。臧庸此书书题当是先生登第授编修后增改。

除夕,与吕星垣于晒经台剧谈竟日。

《卷施阁诗》卷十五《岁暮怀人二十四首》之《吕学博星垣》末联:"年年避债君尤窘,曾与同登百尺台。"下有小字注:"己酉年除夕,君避债城东晒经台,余访君剧谈竟日。"

本年,题杨嵋谷《渔樵问答》卷子。

《卷施阁诗》卷八《杨秀才嵋谷渔樵问答卷子》:"圣不自圣何其谦,执射执御无能兼。儒修为儒亦何意,欲渔欲樵谁者是?"

杨嵋谷(生卒年不详),字丽中,清江苏武进人。岁贡生。善治经,性至孝。所著有《五经臆》五卷、《石室心颂》一卷等。事具《光绪武进阳湖县志》卷二十三《人物》等。

作诗寄孙星衍、邵晋涵、章学诚、管世铭、汪端光。

《卷施阁诗》卷八《有入都者偶占五篇寄友》,分别是《孙比部星衍》《邵校理晋涵》《章进士学诚》《管民部世铭》《汪学正端光》。

卢文弨主讲常州龙城书院。

乾隆五十五年,庚戌(1790),四十五岁

正月,离乡入都会试。

初十日前后,钱维乔、毕涵为先生合绘《城东访月图》,并以诗题之,兼送先生入都。

《卷施阁诗》卷九《自题城东访月图》,诗前有小序:"余家清晖桥,距城东门不三十步,出城古寺五六,排比而立,寺后为晋陵县故址,广场数百亩,幽人三两家,余每晚食后必一诣其处。……庚戌献岁将北行,友人钱明府竹初、毕上舍蕉鹿为合作《城东访月图》,遂系以诗云尔。"

按:先生十五日离乡赴都。据"庚戌献岁将北行"句,姑系于初十日前后。

毕涵(1732—1807),字蕉鹿,自号蒙竹居士,清江苏阳湖人。工山水,扫去尘熟,远宗古法。晚年运笔益苍洁。书法亦清劲脱俗。所著有《毕涵诗钞》。事具《光绪武进阳湖县志》卷二十六《艺术》等。

《竹初诗钞》卷十五《题洪孝廉稚存城东访月图即送北行》。

蒋齐燿饯送先生入都。

《卷施阁诗》卷十二《清溪行馆见梅一株花甚烂漫喜而有作》其二"三载别来惟两面,白云溪外即清溪"句下小字自注"庚戌春初,计偕北上,蒋大齐燿饯我于舍南竹屋"。

十五日,偕庄宝书北寺观灯,夜趁山东使船,入都会试。

《卷施阁诗》卷十五《续怀人诗十二首》之第十首《庄县丞宝书》"归艇同寻北寺灯"句下小字自注:"指庚戌年元夕。"

吕《谱》本年条:"正月元夕,趁山东使船计偕入都,至王家营。"

二月,途中登泰山,月底至都,居弟霭吉海岱门三条胡同寓斋。

吕《谱》本年条:"以船行甚迟,复由陆取道泰安,登泰山。至高老桥,日已逼暮,欲径上,同伴不可,乃还。以二月杪抵都,居仲弟海岱门三条胡同寓斋。"

《卷施阁诗》卷九《自蒙阴界早发从车上望泰山半日始抵山麓又步行半日憩高老桥日已曛黑乃寻路而返》:"向背卅里间,钜细无不包。圣人坐明堂,若受万国朝。半日走未休,才能憩岩腰。"

按:同卷《送李同年赓芸赴任浙江》:"上章阉茂岁,科举由万寿。我方登岱宗,三月乃北首。"以吕《谱》所言"二月杪抵都",诗句中"三"当为"二"之误。

三月,应礼部会试。

吕《谱》本年条。

《清秘述闻》卷八"乾隆五十五年庚戌科会试"条："考官：内阁大学士王杰字伟人，陕西韩城人，辛巳进士。吏部侍郎朱珪字石君，顺天大兴人，戊辰进士。内阁学士邹奕孝字念乔，江南无锡人，丁丑进士。题'皆自明也'一句，'君命召不'二句，'使数人要于朝'。赋得'老当益壮'得'方'字。会元朱文翰字屏兹，江南歙县人。状元石韫玉字执如，江南吴县人。榜眼洪亮吉字君直，江南阳湖人。探花王宗诚字中孚，江南青阳人。"

二十五日，至法源寺看花，并得崔景偘书。

《卷施阁诗》卷九《三月廿五日小病初愈至法源寺看花适得崔三景偘书却寄》，其一："剩得春光有几时，病余端不负花枝。商量欲把春衫典，又值微寒扬雨时。"其六："春尽伤心抵岁除，江南别后意如何？丁香花底懵腾醉，却展崔三二月书。"

四月初九日，榜发，获隽，会试第二十六名。座师王杰、朱珪、邹奕孝，房师王奉曾。殿试，阿桂为读卷官，拟第一进呈，清高宗钦定一甲第二名。状元石韫玉，会元朱文翰。

吕《谱》："四月初九日，榜发，获隽。座师为东阁大学士王文端公杰、吏部侍郎后官体仁阁大学士朱文正公珪、工部侍郎邹公奕孝，房师为刑部员外郎后官安襄郧道王公奉曾也。先是，朱文正公虽未识面，然知先生名已久，入闱后，欲暗中摸索得先生作第一人。及得李君赓芸卷，有驳策问数条，以为先生，拟第一。复得朱君文翰卷，用古文奇字，又以为先生，遂置李君卷第六，而以朱君冠多士。及拆号，而先生名在第二十六。乃相与叹息，以为名次亦有定数云。殿试，先生卷条封详明，读卷大臣进呈第一，钦定第一甲第二名。"

《更生斋文甲集》卷四《书文成公阿桂遗事》："余登第日，公为读卷官，拟第一进呈。余素不习书，公独赏之，尝谓余友孙君星衍曰：'人皆以洪编修试策该博，不知字亦过人，余首拔之者，取其无一馆阁体耳。'"

阿桂（1717—1797），字广廷，号云岩，又作云崖，满洲正白旗人。

乾隆三年(1738)举人。以父荫补兵部主事,累官至武英殿大学士。定伊犁,平大、小两金川之乱,封诚谋英勇公。卒,谥文成。所著有《平定两金川方略》一百五十二卷等。事具《清史稿》卷一百三十八、《清史列传》卷二十六及王昶《阿桂行状》等。

朱珪(1731—1807),字石君,号南崖,晚号盘陀老人,顺天府大兴(今属北京)人。乾隆十二举人,次年成进士。历官侍读学士、按察使、布政使等职,安徽、广东巡抚,体仁阁大学士。著有《知足斋诗集》三十余卷,《知足斋文集》六卷等。事具《清史稿》卷三百四十、《清史列传》卷二十八、阮元《揅研经室二集》卷三《太傅体仁阁大学士朱文正公神道碑》等。

邹奕孝(1728—1791),字念乔,清江南金匮(无锡)人。乾隆二十二年(1757)进士,授翰林院编修,曾充多省乡试同考官、副考官及会试同考官,历官右春坊右中允、左中允,翰林院侍讲、文渊阁校理、国子监祭酒、礼部右侍郎、工部侍郎等。精通音律,奉敕定《诗经乐谱》《乐律全书》等。事具裴大中《(光绪)无锡金匮县志》卷二十等。

王奉曾(生卒年不详),字序思,号荔园,清顺天宛平人。乾隆四十九年(1784)进士,累官刑部主事、安襄荆道等。事具法式善《清秘述闻》卷十六、庆桂《剿平三省邪匪方略》正编卷七等。

李赓芸(1754—1817),字生甫,号书田,又号生轩、许斋,清江苏嘉定(今上海嘉定区)人。乾隆庚戌(1790)进士。历官浙江孝丰、德清、平湖知县,嘉兴、漳州知府,汀漳龙道,福建按察使、布政使,多有惠政。因被总督逼,自缢。所著有《稻香吟馆诗文集》七卷、《炳烛编》四卷等。事具《清史稿》卷四百七十八、《清史列传》卷七十五、阮元《揅经室二集》卷四《福建布政使良吏李君传》等。

石韫玉(1756—1837),字执如,一作琢如,号琢堂,清江苏吴县人。乾隆五十五年(1790)进士,一甲一名,授翰林院编修。历官福建乡试正考官、湖南学政、四川重庆府在知府、日讲起居注官、山东按察使等。生平立身清谨,和易近人。善诗文,兼工词曲。所著有《独学庐诗文集》《花韵楼诗余》及《花间九奏》九种杂剧等。事具《清史列传》卷

七十二、《国朝耆献类征初编》卷一百九十五、陶澍《陶文毅公全集》卷
四十五《恩赏翰林院编修前山东按察使司按察使琢堂石公墓志铭》等。

二十一日,殿试。

  吴振棫《养吉斋丛录》卷九:"旧时,二月会试,三月发榜,四月初
殿试。……乾隆十年,改四月二十六日殿试,五月初一传胪。二十五年,
以磨勘故,于五月五日殿试,初十传胪。二十六年,念士子守候时久,命
速磨勘,于四月二十一日殿试,二十五日传胪。至今沿其制。"

二十五日,传胪,作诗寄毕沅。

  《卷施阁诗》卷九《胪传日马上口占寄毕尚书师湖北》。

  吴振棫《养吉斋丛录》卷九:"(乾隆)二十六年,念士子守候时久,
命速磨勘,于四月二十一日殿试,二十五日传胪。至今沿其制。"

与法式善订交。

  法式善《存素堂文续集》卷二《洪稚存先生行状》:"当胪传日,余
方侍班,一见即与订交。"

管世铭有贺登第诗。

  《韫山堂诗集》卷六《贺洪稚存登第》:"才士论场屋,常艰针芥投。
僻书惊杠酉,难字误盱眙。赖有宗工出,能遗迹象求。终为学古勤,潘
鬓亦将秋。"

汪中有书来。

  《更生斋文甲集》卷四《又书三友人事》:"及余登第第一月,中致
书曰:'足下与量殊、渊如,皆吾弟也,而前后登第,名次悉同,老兄不
出,岂欲虚左以相待耶?'"

五月初一日,引见于帝,授翰林院编修。

  吕《谱》本年条:"五月初一日,引见,授职翰林院编修。"

  孙星衍《清故奉直大夫翰林院编修加三级洪君墓碑铭》:"五十五
年庚戌科成进士,殿试一甲二名,授编修充国史馆纂修官。"

本月,谒福康安于里第。

  《卷施阁诗》卷十五《福公相康安自全蜀移节滇黔近闻已抵威宁寄
呈四首》其四:"一刺记投通德里"句下小字自注:"庚戌夏,公自两广

率安南国王入觐。余时新入馆,曾谒公里第。"

按:先生入馆在五月,故系于此。

福康安(1754—1796),字瑶林,姓富察氏,满洲镶黄旗人。初以云骑尉世职授三等侍卫,后迁头等侍卫。历官户部侍郎、镶黄旗满洲副都统、领队大臣、云贵总督、户吏二部尚书、协办大学士、闽浙总督,进封贝子。卒,谥文襄。事具《清史稿》卷三百三十等。

夏秋之际,有书与杨芳灿。

先生与杨芳灿书:"亮吉已入中年,偶登一第,又禄不及养亲,视足下奉母而居,真望之如天上。……令弟近入机庭,亦可稍救贫乏。一月中亦时时相叙,无不谈及足下耳。……启入便祈代购狐皮一套,能于今腊寄都为感,又行。"①

八月初二日,感秋作诗。

《卷施阁诗》卷九《偶成》:"白露甫三日,阑干着意凉。偶然飞雨至,花亦点头忙。"

按:本年白露节气是七月二十九日。

初三日,卷施阁小集。

《卷施阁诗》卷九《卷施阁小集》:"斜阳倏西颓,新月已在东。同心六七人,团坐秋阴中。"

按:据"新月已在东"句,当是初三日,故系于此。

十三日,应张道渥招,小集赋诗。

《卷施阁诗》卷九《十三日张运判道渥招同人小集分韵得露字》。

张道渥(生卒年不详),字水屋,号竹畦,清山西浮山人。诸生,历官通州分司、霸州知州等。工诗画,所著有《水屋剩稿》等,事具《扬州画舫录》卷三、《浮山县志》卷二十一等。

十五日,中秋无月独饮,有诗。

《卷施阁诗》卷九《中秋日无月独饮》。

十六日,观月作诗。

---

① 冉耀斌:《洪亮吉佚札六通》,《飞天》2010 年第 22 期。

《卷施阁诗》卷九《十六夜有月》:"幽人喜新晴,屋角看星影。巡廊才数武,圆月出西岭。""微风吹空月流波,山翠落向城隅多。清辉入掌觉微腻,衣上似复倾银河。"

九月初九日,于金台送庄炘至汉阴新任,有诗。

《卷施阁诗》卷九《送庄通判炘至汉阴新任》:"太乙从西来,终南向东转。我前甚羡君,十宰山水县。……识君已卅载,别君又五年。重阳风日正晴好,相与共话金台边。……鄠杜山田买不成,全家更进褒斜口。离筵重傍菊花开,适有尚书信使回。"

按:据"重阳风日"句,诗当作于九日,故系于此。

以诗题张问陶诗卷。

《卷施阁诗》卷十《题张同年问陶诗卷》:"昨携君诗归,气候已迫冬。翛然一室居,四面皆秋虫。"

按:据"气候已迫冬"句,题张问陶诗卷当在九月末,故系于此。

张问陶(1764—1814),字仲冶,号船山,自称老船,清四川遂宁人。乾隆五十五年(1790)进士,改翰林院庶吉士,授检讨。历官御史、吏部郎中、会试同考官、山东莱州知府等。工诗,为时所重。所著有《船山诗草》二十卷等。事具《清史稿》卷四百八十五、《清史列传》卷七十二、胡传淮《张问陶年谱》等。

秋,移寓三里河清化寺街查莹旧宅,有竹木之胜。

吕《谱》本年条:"是秋,先生与仲弟移寓三里河清化寺街,饶有竹木之胜,查给事莹旧宅也。"

查莹(生卒年不详),字韫辉,号映山,别号竹南逸史,祖籍山东海丰,入籍浙江海宁。乾隆三十一年(1766)进士,授编修,官文渊阁校理、武英殿提调官,后历官山西道御史、吏科给事中等。事具《国朝御史题名》等。

十月,送李赓芸赴任浙江。

《卷施阁诗》卷九《送李同年赓芸赴任浙江》:"十月始出都,风号雪花骤。"

题吴蓬痴寄示纸仿秦汉瓦当。

《卷施阁诗》卷九《吴布衣蓬痴寄示纸仿秦汉瓦当为题二绝》。

吴蓬痴，生平不详。

十六日，候张问陶不至，怀里中诸旧游，有诗。

《卷诗阁诗》卷十《长至前一夕久坐待张同年不至兼怀里中旧游拉杂书毕不觉破晓》。

十二月初三日，雪霁，招张问陶、顾王霖过饮，有诗。

《卷施阁诗》卷十《十二月初三雪霁邀同年张问陶顾王霖过饮醉后作》，且附张问陶同作。张诗前有小序，曰："腊月初三，雪后拉容堂就稚存饮酒，醉后酣卧雪中，不知何以遂至松筠禅院。五更酒醒，见案上有朱习之、方茶山名刺。僮云：'此二公者，昨日戌时过访，坐此室中，谈笑久之乃去，主人不知也。'因细询昨日事。僮云：'主人在雪里时，但闻洪、顾二公呼李太白，主人在床上时，但闻朱、方二公叫刘伯伦而已。'"

顾王霖（1760—1805），字柱国，一字稚圭，号容堂，别号易农居士，清江苏武进人。乾隆五十五年（1790）进士。由庶吉士改官户部主事，升员外郎。忧归，卒。工诗文，善书画。所著有《五星堂文集》。事具王祖畲《（民国）镇洋县志》卷九。

十三日，夜半突入张问陶寓所，与张及朱锡经、石蕴玉、钱学彬饮酒达旦。

《船山诗草》卷五《十二月十三日，与朱习之、石竹堂、钱质夫饮酒夜半，忽有作道士装者入，视之，则洪稚存也。遂相与痛饮达旦。明日作诗，分致四君，同博一笑》："胜侣偶然合，何妨一举杯。南邻朱老声如雷，大呼僮仆无迟回。曼卿亦复隐于酒，钱郎濯濯如春柳。闭门欢笑成一家，扫除剩客如挥帚。回看好月来窗下，更洗清樽如卜夜。肴尽将擒寺狗烹，壶倾更向邻僧借。客贫岁暮常搔首，岂不怀归爱吾友？任他风桥响三更，密坐谈心还执手。何处微风入，开帘若有人。羊裘毡履五柳巾，庄严妙相如天神。大叫取酒来，四座皆逡巡。疑是唐朝酒人李太白，不然定是荷锸刘伯伦。屋漏之神忽大笑，公等无凿混沌之七窍。樽有余沥且浇之，乾坤浩浩知为谁？吁嗟乎乾坤浩荡知为谁？醉中各化飞云飞。"

朱锡经（生卒年不详），字习之，清北京大兴人，朱筠子。乾隆己亥举人，嘉庆中太仆寺少卿。馀待考。

钱学彬（生卒年不详），字质夫，一字采南，清云南昆明人。乾隆五十五年（1790）进士。官户部员外郎，泉州知府等。事具《清秘述闻续》卷十等。

得知张问陶乞假将归蜀，作诗送之，张问陶有和诗。

《卷施阁诗》卷十《张同年将乞假归蜀醉后作两生行送之》。

《船山诗草》卷五《稚存闻余乞假还山，作两生行赠别，醉后倚歌而和之》："读君《两生行》，涕笑一时作。黑夜关门读不休，打窗奇鬼争来攫。怀诗忽走心茫然，远登云栈如登天。人言彼土即吾土，藏诗可以经千年。我方欲西行，一星坠我前。戴樽衣瓮佩龙勺，俗客惊骇疑真仙。莫惊鬼夺诗，我为公诃护。且复立斯须，和此好诗云。是时下界冬已残，风狂雪虐天漫漫。一生牵衣不忍诀，一生和诗呕出血。城南柳秃空无枝，天诏酒星绾离别。重读《两生行》，如见两生情。一一若吾来，掷入两生杯。两生惊起糟丘台，欢声轰作隆冬雷。忽闻门外征马语，两僮泣下纷如雨。马声高朗僮声附，似诉两生离别苦。一生闻之悲，一生闻之喜。两生悲喜人不知，天外浮云地中水。君不见开门盘古氏，其情最可怜。九州岛莽莽无人烟，独坐独行一万年。又不见高真之居亦孤寂，举酒招人人不眤。九天费尽百神谋，仅夺唐朝一长吉。两生把盏同轩眉，居然日日相追随。一生偶送一生去，临歧何必吞声悲。我马莫怜君马瘦，我僮莫向君僮哭，云天万里好联吟，共把长空当诗屋。"

按：此诗次于《十二月十三日，与朱习之、石竹堂、钱质夫饮酒夜半，忽有作道士装者入，视之，则洪稚存也。遂相与痛饮达旦。明日作诗，分致四君，同博一笑》诗之后，《松筠庵十二月十五夜对月》之前，故系于此。

《两生行》诗之后，又再柬张问陶一诗。

《卷施阁诗》卷十《再送张同年一律》。

《船山诗草》卷五《又一首答稚存》："吸尽都城酒万杯，此行原不算空回。眼前醉语天收去，别后诗情梦补来。小住谈心孤月满，狂呼拍马乱山开。思君他日书千纸,定向峨眉顶上裁。"

十八日,夜偕张问陶、钱学彬、汪泽饮于朱锡经家,酒后访石蕴玉、竹山、朱文翰,返归与张问陶同榻。

> 《船山诗草》卷五《十八夜与稚存、质夫、子卿、饮酒朱习之家,醉后同车访竹堂、竹山、沧湄,皆各小谈乃去。近四鼓归松筠庵与稚存同榻抵足狂谈,达旦不寐》:"车声一夜绕如山,处处敲门不肯还。欲向金吾求锁钥,大家乘月入西山。"

> 王泽(生卒年不详),字子卿,清安徽芜湖人。嘉庆六年(1801)进士,曾官徐州知府,署赣南道。工画善书。所著有《观察集》等。事具徐世昌《晚晴簃诗汇》及钱钟联主编《清诗纪事》(嘉庆朝卷)等。

> 竹山,生平不详。

二十三日,小除夕,与张问陶祭一岁所作诗,属王泽作图。

> 《卷施阁诗》卷十《小除日仿唐贾岛例与张同年问陶祭一岁所作诗并属王文学泽为作图各系以诗》:"君诗四百篇,我诗六十首。君诗苦多我苦少,差喜流传同不朽。……醉中一客为作图,更遣一客同分书时朱同年文翰适至。君不见,门前车辙痛扫除,分付郁离与神荼,今夜俗客不许来催租。"

> 《船山诗草》卷五《小除日与稚存松筠庵祭诗属子卿作图,各题长歌纪之》:"万爆如雷送除夕,万人醉倒两人惜。不因残冬留不住,惜此一年诗欲去。中夜不敢眠,摊诗陈向天。祭之以酒脯,慰劳心拳拳。君诗六十又一首,我诗四百二十篇。抱情各有适,众寡亦偶然。同化奇光烛云汉,人能诋斥天能传。不祭天必怒,诗与天有缘。不祭两人亦赢惫,明年哪得精神全?一杯沃诗肠,一杯遥莫北斗边。却如老农索绘猫虎水庸邮表暖,三揖百拜何其虔。礼成而退各大醉,如闻门外神荼郁垒,啧啧称诗仙。自从大唐司户参军贾岛去尘世,此典不举忽已千余年。两人瞿然惊,顿作千秋想。兴到何必仿古人,事过须教后人仿。宁遭俗人骂,必索名人画。画之何以传天外,鬼护神呵长不坏。牛腰大卷七尺伟丈夫,何妨片纸图之小如芥。人能狂,天为痴,翩然归来一画师,轩轩鹤背仙人姿。传神不以貌,下笔如有诗。收取残霄眼前景,一一变

化神明之。酒酣伸纸不停手,但见房帏庐舍一庵人物着指来参差。绣佛斋,本无佛,诗如山,灯如月。拜者谁?洪稚存。立者谁?张柳门。伛偻向诗如乞恩,愿祝此图万古万万古。两人丰神奕奕常如生,悬图一笑春风惊。谁为图者王子卿。”

本月,送万应馨官广东。

《卷施阁诗》卷九《送万大令应馨之官广东》:“穷冬行色略已成,此时送君须出城。崇文门前别不足,更借宣南坊里宿。”据“穷冬”句,时间当在十二月。

张问陶作《题同年洪稚存亮吉卷施阁诗》。

《船山诗草》卷五《题同年洪稚存亮吉卷施阁诗》:“翰林昔未遇,名高神采王。歌声塞瀛寰,笔与岳渎抗。今春同拜官,识面銮坡上。示我纪游诗,双眸豁层障。墨云腾十指,一往但奔放。崧华想嵚崎,江湖写清旷。眼前真实语,入手见奇创。五字作长城,骚坛涌名将。我生齐楚间,望古心无让。衣染泰山云,帆回洞庭浪。年来苦饥走,转喜游踪畅。足迹半人寰,舟车随所向。梦中窥海日,愁外看云嶂。方域所区分,莺花亦殊状。方知诗律难,一得终无当。小枝具神工,乾坤归酝酿。轩然读大作,一片宫商亮。万象罗心胸,此才胡可量?”

按:据“今春同拜官,识面銮坡上”句,诗作于庚戌年无疑,但具体时间未详。

乾隆五十六年,辛亥(1791),四十六岁

吕《谱》本年条:“在京供职。”

正月十三日,长子饴孙娶妇,招饮同年张问陶。

按:吕《谱》:“正月十六日,长子饴孙娶妇,汪氏仲姊季女也。”而张问陶则云“十三日”。其《船山诗草》卷五《正月十三日稚存子饴孙孟慈在常州娶妇,稚存招饮,于上下三千年纵横二万里之轩席口占为稚存侑酒》其一:“狂奴气象猝然惊,娶妇称翁欲抱孙。日下歌声将进酒,江南春色正盈门。一攒星月房中出,十里笙簧柳外村。我醉欲思乘鹤去,试灯风里看新婚。”其二:“听惯丹山老凤声,诗家儿女定多情。云容窈

宛春犹浅,人影团栾月倍明。新妇先谙姑食性,仙郎应跨父才名。羡君五岳游将遍,不似当年向长平。"据张问陶诗题,洪饴孙娶妇在正月十三日,非吕《谱》所云十六日。两相比较,从张问陶所说。

二十日前后,张问陶有赠诗。

　　《船山诗草》卷五《赠稚存》:"谤诼满耳尽无端,渐近中年得友难。异姓逢君疑骨肉,同朝知我耐饥寒。科名通显宜经世,诗酒流连莫负官。交到重泉心不死,他生还作眼前看。"

　　按:此诗前一首为《上元雪后邻僧淡云》,后第四首为《正月二十八日》。则张问陶此诗之作,当在二十日前后,姑系于此。

二月初一日,饯送同年张问陶归四川。

　　《卷施阁文乙集》卷七《送同年张问陶乞假归潼川序》:"乾隆五十六年,岁在辛亥,二月朔日,张问陶给假归蜀。其友洪亮吉烹玉田之蔬,挈山阴之樽,送之于国西门。"

十九日,应朱锡经招,偕张问陶、王泽、石蕴玉、琴山、钱学彬、立凡携酒游钓鱼台。

　　《船山诗草》卷六《十九日习之招同子卿、竹堂、稚存、琴山、质夫、立凡携酒游钓鱼台》:"东风日日吹车尘,人欲闲处忘天真。出郭始知春已半,卷须小蝶来无算。柳枝漠漠笼青烟,山桃欲开红可怜。人声渐远波声小,一片明湖入林杪。轻艭喋水唱唱来,水光晃漾金银台。游人面积城中土,影入寒流亦奇古。举筋席地同酬呼,岸头推击惊官奴。酒徒观世最平等,兴到能拉乞人饮。四围观者如堵墙,西山那肯遮斜阳。就中我是将归客,也从杯底忘离别。痛饮不妨十日留,更呼四座邀重游。主人腾山客上树,醉后相寻不知处。"

　　按:据"出郭始知春已半"句,诗当作于二月十九日,偕游钓鱼台亦是时。

　　陈登泰(生卒年不详),字伯来,一字琴山,浙江仁和(今杭州市)人。乾隆庚戌(1790)进士。官户部广东司主事。著有《郊居》等集二十卷。事具阮元《两浙辎轩录补遗》卷七等。

春,王复自汴中至京,应其邀,集于惜阴秉烛山房,并送储润书南归,罗聘作图纪事,有诗。

> 《卷施阁诗》卷九《王大令复自汴中来邀同人小集惜阴秉烛山房罗布衣聘作图纪事是日并送储明经润书南归分韵得租字》:"有客归何急,疑收阳羡租。似君来正好,还罪朗陵厨。官满趋金阙,春浓买玉壶。朝衣吾幸典,衫笠入斯图。"

> 按:据"官满趋金阙,春浓买玉壶"句,此会似在辛亥年春,因而姑系于此。

> 储润书(生卒年不详),字玉琴,室名秋兰馆,清江苏宜兴人。乾隆五十四年(1789)优贡生,候选教谕。工诗,以诗鸣江汉间四十余年,诗颇秀逸。所著有《秋兰馆烬余剩稿》四卷。事具《江苏艺文志》(无锡卷)。

三月末,张问陶在华阴读《卷施阁诗文》,有怀先生。

> 《船山诗草》卷六《华阴客夜读卷施阁诗文怀稚存》其一:"烧尽黄初已后文,居然摇笔学三坟。敢为险语真无敌,能洗名心更不群。死有替人应属我,诗多奇气为逢君。天涯梦绕卷施阁,尚忆狂谈坐夜分。"

> 按:该诗次于三月二十二日洛阳诗之后,《华州道上饯春》《四月一日夜经骊山作五律二章题临潼店壁》诗之前,故系于此。

本月,与毕沅重会。

> 《卷施阁诗》卷十二《本欲诣武昌以驿道迂回不果行次建阳驿三鼓得尚书师急递以适欲至襄阳阅兵为先期行二日约相会于钟祥途次时亮吉已越行二百馀里势不能回车再图握手夜起不寐辄成长句一篇却寄》:"从公十年游,八年居幕府。离公只两载,月仅二十五。余自己酉春从武昌计偕北上,至壬子三月,尚书入觐,都门复得握手,统计别时仅二十五月耳。昨年公入觐,复得旬日从。"

> 按:本诗作于1792年。小字注中之"壬子"当是"辛亥"之误。据"昨年公入觐,复得旬日从"句,与毕沅相聚在辛亥年,前后约十天。

五月初三日,观月有诗。

> 《卷施阁诗》卷九《五月初三日偶成》:"蜀葵如锦灿篱根,檐雨初添屋漏痕。新月乍来帘正卷,槐花落尽阿开门。"

初五日，忆白云溪竞渡，作诗兼寄钱维乔、赵怀玉。

《卷施阁诗》卷九《五日忆白云竞渡作示儿辈兼寄钱三赵大里中》。

六月初，法式善招饮诗龛，并至西直门看荷花，时花未开，有诗纪事。

《卷施阁诗》卷九《法学士式善招饮诗龛并至西直门看荷花即席赋赠一首》："开门十顷荷花潭，邀我早日同幽探。""清谈已竟还传餐，饱食散步来河干。城门正对御河口，万柄荷叶风声搏。官衢南北车如织，骑马欲归归未得我。青槐影里昼初长，我亦玉堂将入直。"

按：据"万柄荷叶风声搏"句，是时荷花尚未开。而次于此诗之后《七月初四日游极乐寺看荷花分韵得看字》诗有云"长河万柄红荷花，匝月不来开已半"。匝月未至，则前次应招，当在六月初，因而故系于此。

七月初四日，与许兆桂、张道渥、李銮宣、何道生、吴方南、法式善游极乐寺看荷花。

《卷施阁诗》卷九《七月初四日游极乐寺看荷花分韵得看字》，诗前小序："出西直门三里而近，有极乐寺焉。长河荫前，高阜倚后，其东有国花堂，西有勺庭，皆城外之幽构也。梧门学士以偶日下直，徧招同人，饭于诗龛，接以往，车行者三里，舍车而徒，复二里，甫抵寺门。……同游者为许封君兆桂、张运判道渥、李刑部銮宣、何工部道生、吴明经方南及梧门学士与余凡七人。运判既为之图，余因序其本末云。时辛亥年七月初四日也。"

法式善《存素堂诗初集》卷三《七月四日邀同人饭于诗龛出西直门看荷花至极乐寺》其一："鸥尚有浮沉，人岂无聚散？良朋惠然来，幽情惬清旦。溪流息市尘，秋雨迟晨爨。言出西直门，心闲耳目换。薄曦山黹移，荒草城根断。亭亭君子花，可爱不可玩。出水香自存，受风影弗乱。承露碧玉盘，拔泥青铁干。一一招良友，随我登彼岸。愿言素心客，尽作此花看。"

李銮宣（1758—1817），字伯宣，一字凤书，号石农，清山西静乐人。乾隆五十五年（1790）进士。历官刑部主事、提牢厅、安徽司主使、湖广司员外郎、浙江温处道、云南按察使、天津兵备道、直隶按察使、广东按察使、四川布政使、云南巡抚等。善书工诗,所著有《坚白斋诗集》十六卷等。事具秦瀛《小岘山人续文集补编》之《云南巡抚四川布政使石农李公神道碑》等。

何道生(1766—1806),字立之,号兰士,又号菊人,清山西灵石人。乾隆五十二年(1787)进士。历官工部主事、员外郎、山东监察御史、江西九江知府、甘肃宁夏知府。任职京华期间,曾多次充顺天乡试同考官。工诗善画,精算法。所著有《双藤书屋诗集》十二卷。事具《清史列传》卷七十二、秦瀛《小岘山人续文集》卷二《宁夏府知府兰士何君墓志铭》、法式善《朝议大夫宁夏府知府何君墓表》、王芑孙《惕甫未定稿》卷四《何兰士遗诗序》等。

许兆桂(约1746—约1806),字香岩,清湖北云梦人。贡生。凤承家学,好游嗜曲,历蓟北、粤西、楚南,晚年侨居金陵,所著有《梦云楼诗钞》等。事具《湖北诗徵传略》卷二十二等。

吴方南(生卒年不详),字季游,清山东泰安人。余待考。

初十日,应张研村之请,序其父张符升诗集。

《苏门山人诗钞》卷前序:"岁乙巳丙午,余客汴中,距苏门先生之官此阅五六年矣。其治官之勤,字民之惠,与夫一切兴利除弊之举,尤卓卓为在所称道。盖先生之服官也,尤长于治河,故其绩亦于河防最著,然尚不知先生工于诗如此也。逮交令子研村司马,始得授而读之。……研村司马其为政与诗皆世其家学,余敢举所见质之,即请以序先生之诗。时乾隆五十六年,岁在辛亥七月上浣,阳湖洪亮吉序。"

按:此文为佚作,具见附录。据"七月上浣"句,故系于此。

张符升(生卒年不详),字学吉,号苏门,清江苏萧县(今属安徽)人。为诸生时,有声。河南河决仪封,以人材推荐,授职河工。历险要,皆著绩。累迁开封下北河同知,历柳州、卫辉知府。有守有才。著有《苏门山人集》。事具《(嘉庆)萧县志》卷十二等。

张爱鼎(生卒年不详),字研村,清江苏萧县(今属安徽)人。符升之子。历官卫辉通判、曹、单同知、开封下南河同知,迁武定知府。清廉峻直,修学校,振士风,多有循政。事具《(嘉庆)萧县志》卷十二等。

本月，法式善读先生诗集少作，有诗。

《存素堂诗初集》卷三《读洪稚存亮吉编修诗集》其一："万物弗自见，托之于文章。我语与子语，子肠非我肠。追金为花卉，颜色岂不光？置诸盆盎中，讵及兰芷芳？藜苋较鱼肉，滋味难相当。鱼肉而馁败，人则藜苋尝。"

同书同卷《洪稚存编修以鲋鲐轩少作见示题效其体》："七卷诗编鲋鲐轩，请题一诗思附骥。"

按：法式善此两诗次于七月四日诗与八月初八日诗之间，因而姑系于此。

八月八日，法式善偕赵怀玉、罗聘、何道生等集于先生卷施阁。

《存素堂诗初集》卷三《八月八日同罗两峰赵味辛张船山何兰士集洪稚存编修卷施阁》："疏影动林樾，浅凉生夕凉。冷花红不得，谁与识秋心？"

按：法式善诗题中"张船山"当是张道渥或他人，因为张问陶此时已归蜀，不在京。

九日，先生招何道生等同人集于卷施阁。

《方雪斋诗集》卷三《八月九日集洪太史卷施阁拈得六言四首》其一："终日奔驰官里。今朝消受秋阴。阁下卷施谁种？客来相对抚心。"

雨中酬答法式善见怀。

《卷施阁诗》卷九《雨中答法学士见怀之作》："秋馆渺无人，青苔梦行客。"

秋，与王芑孙相识，属题《寒綮永慕图》。

《惕甫未定稿》卷二十三《书洪稚存寒綮永慕图》："稚存以庚戌及进士第二人，入翰林。其明年秋，相见于京师，出一卷示予，曰《寒綮永慕图》。"

王芑孙（1755—1817），字念丰，号惕甫，又号铁夫、楞伽山人，清江苏长洲人。乾隆五十三年（1788）召试举人，官华亭教谕。肆力于诗古文，为时所推。所著有《渊雅堂集》五十六卷及《碑版广例》十卷等。事具《清史列传》卷七十二、《国朝耆献类征》卷二百五十八、秦瀛《小岘山人续文集补编》之《王惕甫墓志铭》等。

应何道生招，与曹锐、张道渥、李銮宣、罗聘、法式善、刘锡五集于秋堂，题罗、曹、张三人合绘《秋堂雅集图》。

《卷施阁诗集》卷十一《何工部道生招饮即席罗山人聘曹指挥锐张运判道渥合作一图秋堂雅集因系以诗》："一人画山，一人画树。旁有六七人，嘤嘤屋中住。……张风子画即有风，猗叶恍起秋堂中。兵曹诗百篇，法时帆。舍人酒一斗，刘湛斋。比部谈天李石农，我又手。"

曹锐（1732—1793），字又裴。屡试不成，入赀为吏，补直隶州吏。居职十年，不自得，复入赀求为兵马司指挥。善诗，尤工画。乾隆五十八年（1793）卒，年六十二。事具王芑孙《惕甫未定稿》卷十二《东城指挥曹君墓志铭》等。

刘锡五（1758—1816），字受兹，字澄斋，又号纯斋，清山西介休人。乾隆四十六年进士，选翰林院庶吉士，散馆授检讨。历官内阁中书舍人、侍读学士、湖北武昌知府等。曾三度分校顺天乡试。所著有《随侍书屋诗集》等。事具《介休县志》卷九、《词林辑略》卷四、《随侍书屋诗集》等。

应法式善招，与王友亮、曹锡龄、刘锡五、李銮宣、伊秉绶、何道生、玉栋、吴方南、曹锐、张道渥、罗聘、王芑孙集于诗龛消寒，作《寒林雅集图序》。

《存素堂诗初集》卷三《长至前四日招同人集诗龛消寒罗两峰曹友梅张水渥各作一图率题》。

《卷施阁文乙集》卷八《寒林雅集图序》："自寓斋清化寺街至正阳门三里，正阳门至厚载门十里，厚载门至诗龛又三里。……坐中作图者三人：长洲曹指挥锐、浮山张运判道渥、甘泉罗山人聘，为记者一人：长洲王孝廉芑孙，为诗者九人；蒙古法学士式善、上元王给谏友亮、汾阳曹侍御锡龄、介休刘舍人锡五、静乐李比部銮宣、汀洲伊比部秉绶、灵石何水部道生、汉军玉大令栋、泰安吴明经方南，而阳湖洪亮吉序之云尔。"

按：冬至，十一月二十七日。

玉栋(1745—1799),字子隆,号筠圃,满洲正白旗汉军。乾隆三十五年(1770)举人,历官山东宁阳、淄川、阳信等县知县,并署博兴、利津、章丘等县。好藏书。所著有《金石过眼录》五卷、诗古文八卷、杂志二卷等。事具王芑孙《惕甫未定稿》卷十三《山东阳信县知县玉君墓志铭》等。

曹锡龄(1741—1821),字受之,号定轩,清山西汾阳人。乾隆四十年(1775)进士,历官翰林院庶吉士、云南学政、京畿贵州道御史、吏科给事中等。内行纯备,秉正不阿,立朝有声。诸经皆承讲授,尤邃于《易》。诗、古文有前辈纯朴风。著有《周易集粹》《四书集粹》《翠微山房诗文集》《使蜀草》等。事具《(光绪)汾阳县志》卷六等。

二十四日,避债沙河门侧,作诗《里中十二月词》,并拟邀赵怀玉、孙星衍、陆继辂,行祭诗故事。

《卷施阁诗》卷十《里中十二月词》诗前小序:"辛亥小除夕,避债沙河门侧。因忆里中旧游及诸胜事,爰成十二月词十二首。"

《卷施阁诗》卷十一《小除日寓斋卷施阁祭诗作》:"昨年祭诗日,同馆挈仙史。谓张船山。今年祭诗日,阖户仅儿子。一儿读诗业未醇,一儿学《选》初有文。呼来筵上作陪祭,不向屋外招诗人。……一诗焚筵前,一诗寄蜀中。狂生避债作台后,预想掩户浮千钟。我行亦返卷施谷,欲仿长江作诗屋。更邀诸老同祭诗,短赵狂孙附癯陆。**陆秀才继辂年尚幼,已工诗,儿子友也。**"

按:子饴孙有和作。同卷附有洪饴孙《小除夕从家大人祭诗歌》。

陆继辂(1772—1834),字祁孙,一字修平,清江苏阳湖人。嘉庆五年(1800)举人,官合肥训导、江西贵溪县知县等。文工骈、散,所著有《崇百药斋诗文集》四十四卷、《合肥学舍札记》八卷、《清邻词》一卷等。事具《清史列传》卷七十二、李兆洛《养一斋文集》卷十三《贵溪县知县陆君墓志铭》等。

除夕,以酒炙酹亡仆窥园。

《卷施阁诗》卷十一《岁除以酒炙酹亡仆窥园并系以诗》:"自余为诸生,汝即侍左右。……一棺虽草草,必为枕邱首。除夕酹一杯,伤心汝知否？”

窥园，生平不详。

乾隆五十七年，壬子（1792），四十七岁

正月二十日，应杨梦符请，作《杨耕夫先生柳边纪略序》。

　　《卷施阁文乙集》卷八《杨耕夫先生柳边纪略序》："先生从曾孙梦
　　符与亮吉交，属为之序，因述其本末云。时乾隆五十七年，岁在壬子，上
　　元后五日，阳湖洪亮吉序。"

本月，袁枚《腹疾久而不愈作歌自挽邀好我者同作焉不拘体不限韵》《除夕
告存诗》柬至，有诗和之。

　　《卷施阁诗》卷十《袁大令枚病中以自挽诗索和率赋一篇寄呈》
《袁大令以辛亥除日复作告存诗七首索和戏加二绝奉答》。

　　按：此两诗次于辛亥年，误。前诗中有"宁知公尚在，年仅
　　七十七"。袁枚生于康熙丙申（1716），至本年方七十七岁，则先生前诗
　　之作，最早当在壬子年正月。而袁氏辛亥《除日告存诗》寄至京师，最
　　早亦在次年正月，故并系于此。

　　《小仓山房诗集》卷三十二《腹疾久而不愈作歌自挽邀好我者同作
　　焉不拘体不限韵》："人生如客尔，有来必有去。其来既无端，其去亦无
　　故。但其临去时，各有一条路。或以三年淹，或以顷刻仆。或明如水
　　精，或瘦如涸鲋。黄帝虽成仙，依然有陵墓。扁鹊被刺死，医病不医妒。
　　去路不雷同，偻指难悉数。我年垂八十，神明颇强固。客秋伤暑痢，服
　　药偶然悮。膳饮辄滞留，肠胃失常度。每有前后溲，相约必齐赴。如船
　　张破帆，虽行不速渡；如客骑病驴，无鞭更缓步；如酒滴漏卮，前茹后
　　已吐。临食不忘忧，非僧强茹素。虽然子公指，染鼎心犹慕；其奈廉将
　　军，三遗矢可怖。人身即国家，脏腑乃仓库。五仓逐渐空，危亡在朝暮。
　　因之将平生，历历自追溯。弱冠登玉堂，早献凌云赋。飞凫到江左，民
　　吏俱无恶。山居四十年，虚名海内布。著书一尺高，梨枣俱交付。妻妾
　　鬓发白，儿童头角露。黄粱梦太长，仙枕何时癠？晨星虽竟天，孤悬亦
　　寡趣。逝者如斯夫，水流花不住。但愿着翅飞，岂肯回头顾？伟哉造化

庐,洪钧大鼓铸。我学不祥金,跃冶自号呼。作速海风迎,仙龛陪白傅。或游天外天,目睹所未睹。勿再入轮回,依旧诗人作。"又有《诸公挽章不至口号四首催之》(不录)。《小仓山房诗集》卷三十三《除夕告存戏作七绝句》。诗前小序:"三十年前相士胡文炳道余六十三而生子,七十六而考终。后生子之期丝毫不爽,则今年七六之数,似亦难逃。不料天假光阴,已届除夕矣。桑田之巫不召,狸脲之梦可占。将改名为刘更生乎,李延寿乎?喜而有作。"其一:"天上匆匆守岁忙,天公未必遣巫阳。屠苏酒熟先生笑,此是卢循续命汤。"其二:"八十三龄阿姊扶,白头内子笑提壶。倘非造化丹青手,谁写《随园家庆图》?"其三:"手种梅花四十春,暗香疏影尽缠绵。花神似向诸天奏,还乞林逋管数年。"其四:"生圹司空久造成,家家生挽和渊明。如何竟失阎罗信,唱杀《阳关》马不行。"其五:"天上堂题辛刺使,海中龛待白香山。主人久别不归去,未识篱门关不关?"其六:"相术先灵后不灵,此中消息欠分明。想教邢(当为"郭"字之误——引者注)璞难推算,浑沌初分蝙蝠精。"其七:"过此流年又转头,关心枕上数更筹。诸公莫信袁丝达,未到鸡鸣我尚愁。"

二月十五日,花朝,独游二闸,归遇冯集梧索题,有诗。

《卷施阁诗》卷十一《花朝日独游二闸归适冯编修集梧得田侍郎雯大通桥秋泛卷子索题因率书长句于后》:"花朝日展重阳图,百年风光今在无。……田郎仁者固不同,刻石告诫垂桥东。即论文笔亦殊健,赤帜已植骚坛中。风光过眼谁能久,感旧怀人一杯酒。"

冯集梧(生卒年不详),字轩圃,号鹭亭,清浙江嘉兴府桐乡人。冯浩少子。乾隆四十六年(1781)进士,授编修。家多藏书,精于校勘。尝刻《元丰九域志》《杜樊川诗注》《惠定宇后汉书补注》等。著有《贮云居稿》等。事具《(光绪)嘉兴府志》卷六十一等。

本月,叶继雯移居观菜园上街东,作图索先生诗。

《卷施阁诗》卷十一《叶舍人雯移居观菜园上街东作图索诗为赋长句》:"楼头擘山作两峰,门外江汉流无穷。先生开轩日正东,绕宅万树桃花红。朝烹武昌鱼,暮饮江渚酒。"

按：据诗前数句，所述行实合于叶继雯（说详下）。可知，诗题"雯"前缺一"继"字。诗次于花朝日诗之后，寒食诗之前，因而姑系于此。

叶继雯（1755—1830），字桐封，号云素，清湖北汉阳人。乾隆五十五年（1790）进士。历官内阁中书舍人、户部郎中、山东道监察御史、刑科给事中。精《三礼》，擅文。所著有《毖林馆诗集》《读礼札记》等。事具《清史列传》卷七十三等。

法式善属题曹锐、张道渥所绘《诗龛图》《溪桥诗思图》。

《卷施阁诗》卷十一《法学士式善属题曹指挥锐张运判道渥所绘二卷子》，其一《右诗龛图》，其二《右溪桥诗思图》。

按：诗次于《叶舍人雯移居观菜园上街东作图索诗为赋长句》与《寒食出游词》至之间，姑系于此。

三月十二日，寒食出游，有诗。

《卷施阁诗》卷十一《寒食出游词》："墙头无雨声，墙下无草色。杏花一枝空复情，薄暝吹香作寒食。"

二十三日，夜坐丁香花下，订定法式善庚戌、辛亥两年诗，并作跋，有诗。

《卷施阁诗》卷十一《三月二十三日夜丁香花下独坐适法学士式善以庚戌辛亥两年所作诗属订定因跋于后》："丁香花底展君诗，花穗千条月一丝。句向卷中吟欲活，月从窗里堕多时。"

二十八日，独游法源寺，遇冯敏昌，同过黄景仁旧寓，有诗。

《卷诗阁诗》卷十一《三月晦前一日清晓独游法源寺看海棠花下值冯户部敏昌因同过寺旁亡友黄二景仁旧寓室已倾圮不可入感赋一首》："门阑雨圮纸窗破，时聆吟声夜深堕。君行叹息欲出门，我更代花招客魂。君不见，客魂定在花深处，怪底曙鸦啼不住。"

校法式善与张景运两人近诗，以诗束之。

《卷诗阁诗》卷十一《暇日校法学士式善、张大令景运近诗赋一篇代束》："我诗时苦难，法诗时苦易。若欲诗笔工，两人先易地。张君下笔有古人，我诗下笔苦有我。若论诗格超，有人有我皆不可。"

张景运（生卒年不详），晚更名太复，字静旐，号春岩，又号秋坪道人、浮槎散人,直隶南皮(今河北南皮)人。乾隆丁酉(1777)拔贡,历官顺天府学训导、浙江太平县知县。到官仅数月,以海盗案落职,发军台赎罪。后捐复学官,选直隶迁安县训导,卒于官。所著有《因树山房诗钞》《令支游览集》《秋坪新语》等。事具《晚晴簃诗汇》《清画家史》等。

二十九日,于卷施阁饯春,有诗。

《卷诗阁诗》卷十一《晦日卷施阁饯春偶赋十首》其一:"红杏枝头拜朔来,丁香花底饯春回。冷官一日无余事,只向疏阑举数杯。"其八:"送春归处敞斜扉,星露微茫点夹衣。休更梯墙看风色,明朝不放纸鸢飞。"

吕《谱》本年条:"三月考差,蒙记名。"

四月五日,作书与杨芳灿致谢所寄皮件。

冉耀斌《洪亮吉佚札六通》:"洪亮吉顿首启蓉裳大弟刺史足下,久别相思,殊形瘣瘵,昨得手示,欣悉堂上康宁,足下起居集吉为慰……所惠皮件已领到,谢谢。附问升安,祈时示一音是祝,亮吉顿首又。四月初五日。"①

十三日,应张道渥招,偕法式善、赵怀玉、张问陶、王友亮、刘锡五、伊秉绶、何道生、胡翔云、陶涣悦至海北寺古藤书屋看藤花。

《卷施阁诗》卷十一《四月十三日张运判道渥招同王给谏友亮刘舍人锡五伊比部秉绶何水部道生胡文学翔云陶上舍涣悦至海北寺街古藤书屋看花小集分韵得花字》:"一屋如舫门开斜,半空吹香不见花。入门老干复横路,根古半入邻人家。抬头花向竹梢飐,一架正把天光遮。"

《存素堂诗初集》卷三《四月十三日洪稚存赵味辛张船山集古藤书屋看藤花》:"言寻竹垞宅,曲巷深而窈。海波寺遗址,寒烟没翠筱。惟有古藤花,千枝万枝绕。挫折几风霜,凌空犹矫矫。百年曝书地,曾此集朋僚。诗成某也佳,花神必谙晓。赏花如诸君,不同俗客嬲。酒气与天碧,春星吐林小。此花更百年,人与花同杳。佛楼听鸣钟,斜阳数

---

① 冉耀斌:《洪亮吉佚札六通》,《飞天》2010年第22期。

啼鸟。"

王友亮(1742—1797),字景南,号蔚亭,清安徽婺源(今属江西)人。乾隆四十六年(1781)进士。历官刑部主使、通政司参议、太仆寺少卿、通政司副使。工文章,尤以诗称。所著有《蔚亭集》六卷、《双佩斋集诗》六卷、《金陵杂咏》等。事具姚鼐《惜抱轩文后集》卷七《中议大夫通政司副使婺源王君墓志铭》《清史列传》卷七十二等。

伊秉绶(1754—1815),字组似,号墨卿,清福建宁化人。乾隆五十四年(1789)成进士。历官惠州、扬州知府。尚理学。所著有《留春草堂诗钞》七卷等。事具《清史列传》卷七十二、《清史稿》卷四百八十七、赵怀玉《亦有生斋文集》卷十六《朝议大夫晋授资政大夫扬州府知府伊君墓表》等。

胡翔云(生卒年不详),字羽溟,一字禹铭,号黄海。清安徽婺源(今属江西)人。历署泾县、太湖、休宁、绩溪、芜湖、青阳教谕、训导。所至文风丕振。去任后,主讲粤浙两省及本郡古紫阳书院。曾与修县志。著有《仪礼文疏》《瓴余诗钞》《文钞》等。事具《(民国)重修婺源县志》卷三十五等。

陶焕悦(生卒年不详),字观文,号怡云,清江苏江宁(今南京)人。嘉庆十二年(1807)举人,曾官户部郎中。工诗,尚性灵,所著有《自怡轩初稿》等。事具《江苏艺文志》(南京卷)等。

十八日前后,自御园回,半道游五塔寺观银杏,有诗。

《卷诗阁诗》卷十一《自御园回半道游五塔寺寺中有古树二株出檐数十丈花开覆屋寺僧曰银杏也为赋一律》:"高枝似向云中出,落蕊犹能天半飞。"

按:诗次于十三日诗与二十二日诗之间,故系于此。

二十二日,偕孙星衍至丰台看芍药。

《卷施阁诗》卷十一《廿二日侵晓偕孙大至丰台看芍药》:"小坐不妨迟日出,满汀浓绿扑帘钩。"

六月十九日,应法式善招,与同人至积水潭汇通寺泛舟观荷。

《卷施阁诗》卷十一《立秋前一日法庶子式善邀诸同人至积水潭汇

通寺泛舟观荷》。

二十一日,再应法式善招,与文宁、玉栋、王友亮、陶涣悦、胡翔云、罗聘、周厚辕、宋鸣珂、吴嵩梁、姚思勤、卢锡采、陆元鋐、张道渥、曹锡龄、刘锡五、何道生、徐准游积水潭。

　　王芑孙《惕甫未定稿》卷六《积水潭游记》:"乾隆壬子六月,右庶子法君合饮群士大夫于城北积水潭之上,赋诗而乐之。是饮也,庶子先期以书招予。予不能赴,已而属为之记。予惟游记所以记其游也,古未有身不至而为焉者,将即庶子与诸君子所述以为之。……游者十八人,满洲文宁,汉军玉栋,江宁王友亮,陶涣悦,阳湖洪亮吉,歙县胡翔云,画者扬州罗聘,南昌周厚辕,奉新宋鸣珂,东乡吴嵩梁,仁和姚思勤,钱塘卢锡采,桐乡陆元鋐,临汾张道渥,汾阴曹锡龄,介休刘锡五,灵石何道生,遵义徐准,主者庶子也。"

　　吴嵩梁《香苏山馆诗集》之《古体诗钞》卷一《立秋后一日法梧门学士招集积水潭分韵得一字》,诗前有小字自注:"文洗马宁、王给谏友亮、洪编修亮吉、曹侍御锡龄、陆仪部元鋐、周编修厚辕、何水部道生、宋仪部鸣珂、徐太史准、刘舍人锡五、卢广文锡采、姚孝廉思勤、胡明经翔云,罗山人聘绘图,王孝廉芑孙记之。"诗云:"秋声昨夜来,吾怀已萧瑟。嘉招及令辰,复此寻诗出。"

　　文宁(生卒年不详),字蔚其,满洲正红旗人。乾隆四十九年(1784)进士。曾官侍讲学士、内阁学士等。事具《清秘述闻》卷八、《续闻》卷九等。

　　姚思勤(生卒年不详),字春漪,清浙江钱塘(今杭州)人。乾隆五十四年(1789)举人。劬于著述。尝以唐人律赋自元明失传,与吴锡麒、黄模、黄基为琴台夏课。抽妍骋秘,侔色揣称,至今言律赋,学者推黄吴姚三家。著有《桂堂遗稿》等。事具《(民国)杭州府志》卷一百四十六、《两浙輶轩录》卷三十五等。

　　陆元鋐(1750—1809),字冠南,号彡石,一作杉石,清浙江桐乡人。乾隆五十二年(1787)进士,历官四川雅州知府、惠州知府等。工诗,所著有《青芙蓉阁诗钞》六卷等。事具自编及陆瀚续编《彡石自订年谱》、潘衍桐《两浙輶轩续录》、钱钟联《清诗纪事》(乾隆朝卷)等。

　　吴嵩梁(1766—1834),字兰雪,又字子山,号石溪老渔,清江西东乡人。嘉庆五年(1800)举人,由内阁中书历官至贵州黔西知州。少慧,颇受名流所推重。所著有《香苏山馆古体诗钞》十四卷、《今体诗钞》十四卷、《文集》二卷、《听香馆丛录》六卷、《石溪舫诗话》二卷、《鹅湖书田志》四卷等。事具《清史稿》卷四百八十五、《清史列传》卷七十二、《国朝耆献类征》卷一百四十七等。

　　宋鸣珂(生卒年不详),字榙桓,号澹思,清江西奉新人。乾隆四十五年(1780)进士,改补南城兵马司正指挥、广西桂平梧道等。好吟诗,所著有《南川草堂诗钞》十三卷、《心铁石斋存稿》,另撰有传奇《杜陵春》《罗浮梦》等。事具《清诗纪事》(乾隆朝卷)等。

　　徐准(生卒年不详),字慕莱,号立亭,清贵州遵义人,祖籍浙江嘉善。乾隆庚子进士,授翰林院检讨。升福建道监察御史,转兵科掌印给事中,外任台湾道。准平居若无能者,遇事侃侃即发。朋辈虽素狎,常生惮心。官御史时,和珅权方盛,不为之屈。事具《(道光)遵义府志》卷三十四等。

　　卢锡埰(生卒年不详),号碧山,清浙江钱塘(今杭州)人。国子监生。曾任教官。

八月,充顺天乡试同考官。

　　吕《谱》本年条。

十四日,奉任贵州学政之命。

　　吕《谱》本年条:"十四日,又在闱中奉视学贵州之命。向例,未散馆翰林,无为学政者。有之,自先生及同年石修撰韫玉始,盖异数也。"

　　谢阶树《洪稚存先生传》:"明年,充顺天乡试同考官,旋命为贵州学政。故事,翰林未散馆无为学政者,有之,自先生及修撰石韫玉始。"

　　《卷施阁诗》卷十二《八月十四日闱中奉视学黔中之命纪恩八首》其五:"一纸除书下九重,凌晨传遍棘闱中。神仙亦有升沉感,闲向瑶阶说杜冲。"此诗末句下有小字自注:"时分校十八人,惟余及江西李编修传熊奉视学恩命。"

九月二日,偕赵怀玉、冯戍、伊秉绶、方体等宴饮于安乐园。

　　冯戍《勘斋诗钞》卷三《九月二日同洪稚存编修、赵怀玉舍人、伊墨卿、方道坤、李虎观、希静亭四刑部、吉虚斋户部、朱习之孝廉出丰宜门集百典簿安乐园宴饮竟日取道金氏废园而归得七古一首》。

　　冯戍(1757—1829),字百史,号勘斋,清山西代州(今代县)人。乾隆四十五年(1780)举人。历官浙江丽水、建德、桐庐等县知县,署峡口同知,以积劳卒于任。喜吟诗,所著有《勘斋诗集》等。事具《光绪代州志》卷九、《勘斋诗钞》卷首高珩《浙江建德县知县冯君墓志铭》等。

十日前后,榜发,得士董履坦等十三人,副榜希龄等二人。

　　吕《谱》本年条:"九月,榜发,得士董履坦等十三人,副榜希龄等二人,即日至海淀御园谢恩,兼请圣训,即蒙召见,垂询乡贯科第甚悉,并命速赴新任。先生退,即束装。"

王昶招分校诸同仁为先生及李传熊小集送行。

　　《春融堂集》卷二十一《放榜后李侍讲玉渔传熊、洪编修稚存被命督学滇黔即招分校诸君小集送行》:"东华秋杪霭春温,簪绂成行共别樽。……从此西南声教远,珠林玉圃接昆仑。"

　　李传熊(生卒年不详),字尚佐,号玉渔,清江西临川人。乾隆五十二年(1787)进士,授翰林院庶吉士。历官云南学政、翰林院侍讲学士、日讲起居注官等。事具《清秘述闻》卷十二、《临川县志》等。

十六日,次子盼孙殇。

　　吕《谱》本年条:"十六日,次子盼孙殇。"

　　《卷施阁诗》卷十二《九月十六日次子盼孙殇》。

二十四日,离京师前往贵州,有诗。王芑孙为送行。

　　吕《谱》本年条:"二十四日,挈家上道。"

　　《卷施阁诗》卷十二《临发志感》。

　　王芑孙《渊雅堂全集》卷十《洪稚存亮吉出督黔学,石琢堂韫玉出典闽试,遂往督学于楚。九月廿四日送稚存行,因寄琢堂》:"一代作家无数公,天下健者方推洪。平生读书万万卷,怪眼嵌月星罗胸。三军背水旗帜赤,九牧铸金炉鞴红。汉唐宋明无不有,百川灌河一洗空。文心如龙气如虎，牙须角甲光熊熊。开宝精神建安骨，创格自起今乾隆。廿年流宕不得意，一朝唱第蓬莱宫。受恩不次非故事，遂畀督学黔西东。黔风侨偻士疏朴，江山入手偏奇雄。君昔好游如好学，题名历纪箠屩踪。往来岱华看不足，高歌嵩华天当中。**稚存登嵩旧句'四面各万里，兹山天当中'**。以谭天口注释地，《三国补志》疆纵横。君著有《三国疆域志补》。箧中方草《九域志》，此行履勘证虚同。"

二十五日，抵良乡，遇雨。

《卷施阁诗》卷十二《蚤发良乡小雨》："昨日晚凉翻急雨，满堤黄叶似游鱼。"

同卷又《良乡道中》："我行虽值秋，气候已冬月。"

按：据行程，二十五日抵良乡，故系于此。

二十六日，早发涿州。

《卷施阁诗》卷十二《早发涿州》："十笼银烛辉，远逊残月影。"

按：据行程及"残月"句，发涿州当在二十六日，故系于此。

二十八日，抵保定，暮访汪如洋，不值。

《卷施阁诗》卷十二《莲花池访汪修撰如洋不值留柬一首》："岂料尘千尺，犹留水一方。……主人何处在？双鹤入书堂。"

按：据行程，二十八日抵保定，故系于此。

汪如洋（1755—1794），字润民，号云壑，清浙江秀水人。乾隆四十五年（1780）进士，授翰林院修撰，历官至云南学政。为人和平端雅，当世名流甚重之。工诗词，所著有《葆冲书屋集》《葆冲书屋诗余》等。事具阮元《两浙輶轩录》卷三十二、《清诗纪事》（乾隆朝卷）等。

二十九日，抵望都县，小憩后至清风店。

《卷施阁诗》卷十二《由泾阳驿早发至望都县小憩复抵清风店》："早发泾阳驿，兼程日未西。……传餐吾自愧，车下有饥黎。"

按：据行程，二十九日抵望都县，故系于此。

十月初二日前后，抵赵州雨花庵，和吴襄题壁诗，并示庵僧满坤。

《卷施阁诗》卷十二《赵州雨花庵小憩壁间有雍正三年吴少宗伯襄题句和者甚众亦用其韵作一首示庵僧满坤》："乍醒完县酒，频浣赵州茶。"

按：以行程计，初二日前后抵赵州。因为此时先生日夜兼程。《卷施阁诗》卷十二《自柏乡行至磁州道中杂诗》其一云："一日行两驿，所苦乏昏晓。"

吴襄（1661—1735），字七云，号悬水，清安徽青阳县人。康熙五十二年（1703）进士，授翰林院编修，充任《明史》《八旗通志》总裁及《治河方略》《诗经集注》总纂修官，兼任会试司考官，教习庶吉士。雍正元年（1723 年），直南书房，擢侍讲，督顺天学政。三年，晋内阁学士，兼礼部侍郎，充经筵讲官，任纂修《明史》及《八旗通志》总裁，后官礼部尚书，署都御史。卒，谥"文简"。著有《悬水诗集》《锡老堂诗秒》等传世。事具《(光绪)重修安徽通志》卷一百九十二等。

满坤，生平待考。

初四日前后，行至磁州。

《卷施阁诗》卷十二《自柏乡行至磁州道中杂诗》其一："一日行两驿，所苦乏昏晓。十日历数州，尤愁值僵殍。"其四："北风连晨来，气候已冬月。"

按：据"十日历数州"句，自九月二十四日往后计十天，至磁州当在十月四日前后。

抵安阳，赵希璜招饮，甚醉。

《卷施阁诗》卷十七《将至安阳先柬赵大令希璜二首》其二："还能与斗筵前酒，可有孙郎帐下儿。壬子冬，饮君署，醉甚，几欲逃席，值孙兵备旧仆郭芍药代饮数觥，乃解。"

赵希璜（生卒年不详），字渭川，一字子璞，广东长宁（今新丰县）人。乾隆四十四年（1779）举人。历署延川、永寿县知县，后补知安阳县知县。工诗，所著有《四百三十二峰草堂诗钞》《研岐斋文集》《安阳县金石录》等。事具《清史列传》卷七十二、《清史稿》卷四百八十五、《(道光)长宁县志》卷七等。

道中，有诗寄真定知府邱学敏。

《卷施阁诗》卷十二《道中寄真定邱太守学敏》："雨花庵内柏林

中,太守文章老更工。"

　　邱学敏(？—1796或1797),字至山,一字东河,浙江鄞县(今宁波市鄞州区)人。乾隆二十一年(1756)举人。曾官松阳训导。以才优,被荐擢广东保昌知县。以考绩优,擢南澳府同知。后擢真定知府,累官南雄知府、临江知府等。事具董沛《正谊堂文集》卷七《临江知府邱公传》等。

汤阴道中,有诗柬管世铭。

　　《卷施阁诗》卷十二《汤阴道中柬管同年世铭》,诗前有小字注:"时在河南抚署。"诗云:"尚喜石交难割席,若论子舍各沾缨。时君方居忧。"

与谭光祜相识、订交,并赠《菩萨蛮》词。

　　谭光祜《铁箫诗稿》卷一末题词附先生诗:"关心又是经年别,余至黔中,途次与君相值,遂尔订交。举足曾同万里游。漳水南头商去住,时君将南游。黄河西岸与勾留。谓初识君处。"

　　按:据此诗及诗中小字注,先生与谭相识当在此际,故系于此。

　　《更生斋诗余》卷二《菩萨蛮》题下小字注:"淇县道中,赠谭上舍子受。"

　　谭光祜(1772—1831),字子受、铁箫,号午桥,清江西南丰人。少以才见称公卿间。不得志于场屋,以入赀得通判。历官重庆府通判、江西厅同知,夔州府通判,归州知州,马边厅同知,宝庆府知府,卒于官,年六十。工篆隶,善度曲。事具陈用光《太乙舟文集》卷八《宝庆府知府谭子受墓志铭》等。

抵卫辉行馆,忆及己酉(1789)春曾寓此。

　　《卷施阁诗》卷十二《卫辉行馆忆己酉春计偕北上阻雨于此一日逆旅主人尚识之》:"临街楼上雨纵横,三载重来感客情。莫讶马前双节引,道旁还识弃繻生。"

九日前后,行至郑州,有诗。

　　《卷施阁诗》卷十二《早发郑州》:"此地通河洛,车声彻旦昏。适逢秦岁首,来过郑时门。"

同卷又《郑州十八里铺》《自郑州至新郑道中作》《早发新郑作》
《将至颍水桥》纪行。

按：以上诸诗次于四日诗与十一日诗之间，故系于此。

十一日暮，抵襄城，有诗。

《卷施阁诗》卷十二《十一日暮抵襄城行馆作》："龙陂山色参天
半，城内石坊高插汉。"

十三日前后，抵南阳行馆，表弟蒋青曜来访，为之题行卷。

《卷施阁诗》卷十二《抵南阳行馆蒋表弟青曜自舞阳来访访印邀至
前驿共宿谈次出行卷索题为拉杂书此以志别》："十年三值君，京洛及
汉皋。情话苦太长，日短继以宵。今作万里别，离怀益萧骚。"

为王复题《雪苑消寒集》，并寄毕沅。

《卷施阁诗》卷十二《王大令复以雪苑消寒集属题因忆甲辰乙巳间
与大令同客西安毕尚书师幕府亦有此集预其会者吴舍人泰来严侍读长
明贾上舍元模庄通判炘钱州倅坫朱秀才□徐布衣坚蒋县丞齐耀王文学
开沃孙比部星衍凡十人今甫八年存没相间不胜怀旧之情爰作一篇跋大
令集后并寄尚书师武昌》："感恩情抑抑，怀旧泪潸潸。尔日风多厉，相
思月乍弯。持笺不能寐，已恐鬓添斑。"

抵吕堰驿，忆及戊申年与方正澍阻雨于此，有诗柬方。

《卷施阁诗》卷十二《夜抵吕堰驿因忆戊申八月与方正澍赴武昌阻
雨于此却记一首时方尚在武昌节署》："思君几回唤，恐有旧时魂。"

十五日或十六日，抵樊城，有诗。

吕《谱》本年条："十月半，抵樊城，眷属暨宾友由水城进发，先生
驰驿先行。"

《卷施阁诗》卷十二《樊城》。

十六日或稍后，渡汉水后，轿夫误舆入九宫山，有诗。

《卷施阁诗》卷十二《涉汉欲至岘首舆丁误舆入九宫山时日已将暝
因小憩而返》："此时击楫涉江去，薄暝始向前山行。"

谒羊祜、杜预祠。

《卷施阁诗》卷十二《羊杜祠》："拍手儿童送远行，荒祠重到转欹

倾。"

十八日前后,抵宜城,署县事杨君饷京口百花酒,忆孙星衍,有诗。

    《卷施阁诗》卷十二《宜城》:"欲饮宜城酒,偏贻京口尊。是夕,署县事杨君饷京口百花酒。壁间诗句在,三复忆狂孙。行馆壁上黏余及渊如联句诗。"

    按:自樊城至宜城约一日程,计行程,故系于此。

以诗柬崔龙见。

    《卷施阁诗》卷十二《将至荆州先柬太守崔丈龙见》:"武昌欲往道苦迂,我视荆郢兼程趋。心知尺一定相迓,果有驿使来通衢。"

二十日前后,自丽阳至石桥驿。

    《卷施阁诗》卷十二《自丽阳至石桥驿道中作》。

    按:宜城至石桥驿约一日程,故系于此。

抵荆门,憩象山书院。

    《卷施阁诗》卷十二《早抵荆门州憩象山书院》:"残月已堕风凄清,水绿自向城头明。"

于建阳驿得毕沅急递,约会于钟祥途次。先生因越行二百余里,难以再会,有诗柬之。

    《卷施阁诗》卷十二《本欲诣武昌以驿道迂回不果行次建阳驿三鼓得尚书师急递以适欲至襄阳阅兵为先期行二日约相会于钟祥途次时亮吉已越行二百余里势不能回车再图握手夜起不寐辄成长句一篇却寄》:"大堤南去方逾夕,夜宿荆门建阳驿。三更门外传急邮,失喜读罢翻成愁。偏怜此度缘难巧,急递书迟我行早。……此时忆公因不眠,起视落月行檐前。"

抵荆州,县令导游新江城及堤,有诗。

    《卷施阁诗》卷十二《抵荆州》:"宰官迓我劝驻骖,导访息壤来城南。荆台遗迹渺何处,但见苍茫接江树。……君不见,新城峨峨堤屹屹,我仰庙谟同禹烈。城工及堤,皆奉勅建。"

抵公安,有诗寄崔景侃。

    《卷施阁诗》卷十二《至公安寄崔三景侃》:"行到驿亭残月出,一丛修竹卧思君。"

澧州城外渡溇澧诸水,宿澧州行馆,有诗柬州守方维祺。

　　《卷施阁诗》卷十二《澧州城外渡溇澧诸水作》:"澧水绿如玉,水清鱼露目。……溇波入澧澧入沅,欲向何处寻江湍?"

　　又同卷《宿澧州行馆夜雨因柬州守方维祺》:"昨来行馆宿,蕉柏雨纵横。更漏分明处,思君吏术精。"

　　方维祺,官澧州知州。馀待考。

自澧州至清化驿,经大龙驿、桃源、苏溪、长板塘,抵武陵,宿于新店驿,有诗纪行。

　　《卷施阁诗》卷十二《至清化驿》《大龙驿道中》《桃源行》《夜抵桃源宿江上行馆》《桃源行馆夜起》《涉苏溪》《过长板塘进山口作》《武陵行馆饭毕戏作》《新店驿夜起》。

出新店驿,有诗柬学使李传熊。

　　《卷施阁诗》卷十二《出新店驿雨暂止留柬李学使传熊》:"积晦殊难霁,山灵留待君。"

入沅陵,望壶头诸山,缅怀马援,有诗。

　　《卷施阁诗》卷十二《入沅陵县界雨中远望壶头诸山》:"带得桃源云,来穿沅陵树。濛濛竹木覆一山,不见马公穿岸处。男儿出身须立名,足底万里游行轻。虽然垂老亦宜审,当日何意轻南征?"

二十六日,发界亭驿,过扬武堡等,有诗纪行。

　　《卷施阁诗》卷十二《发界亭驿》:"昨宿新店驿,今居界亭谷。"

　　按:自界亭驿至辰州约二日程。二十八日抵辰州,则发界亭驿当在二十六日,故系于此。

　　同卷又有《过扬武堡升岭》《将至辰州先柬陈太守廷庆》《界亭驿南山险肩舆增缚夫八名》《白露塘道中》《山行》《将至辰州道中望大小酉诸山作》等。

二十八日,抵辰州,夜饮于知府陈廷庆署,四鼓早行,五鼓至师子塘。

　　《卷施阁诗》卷十二《廿八夜饮陈太守廷庆署醉甚四鼓起行四十里至马溪河乃稍醒》《廿八日五鼓师子塘西见残月》等诗纪行。

陈廷庆(1754—1813),字兆同,一字桂堂,号古华,别号非翁、耕石书佣等,清江苏奉贤(今上海市奉贤县)人。乾隆四十六年(1781)进士,改庶吉士,授编修,历官至辰州知府、上海太守等。工书善诗,所著有《谦受堂全集》《古华诗钞》等。事具《湖南通志》卷一百六、《昭代名人尺牍小传》卷三等。

十一月初一日,渡辰溪,有诗。

《卷施阁诗》卷十二《初一日未曙渡辰溪》:"一州及四县,皆以水得名。凌晨渡辰溪,天黑尚未明。"

自怀化驿出发,经板桥塘,午时至罗旧驿,沿无(今作潕)水行,晚宿于芷江。

《卷施阁诗》卷十二《十一月朔日发怀化驿舆丁甚速行三十里至板桥塘天始曙》:"四更排马陟山冈,候火齐明竹树光。欲向蓝舆续残梦,锣声惊过第三塘。每至一塘,塘兵辄击钲相迎。"

同卷次于前诗之后有《大山顶》《板桥塘北入山》《巳刻抵罗旧驿》《抵罗旧驿即沿无水行》《山行至一谷》《至巴洲汛无水中生一洲长几一里无水至此分流复合》《自芷江县晓行》诸诗纪行。

《巳刻抵罗旧驿》:"我来罗旧驿,日已及午候。"

按:次日自芷江县晓行,则前一日晚当宿于芷江。且以行程计,自怀化驿至芷江约一日程,故系于此。

初二日晓,发于芷江县。

《卷施阁诗》卷十二《自芷江县晓行》:"俯行一里始出坊,欲曙未曙星犹光。"

同卷又《下山至大栗塘》《上回龙关》《山行》诸诗纪行。

初三日,抵便水驿行馆,观水仙,有诗。

《卷施阁诗》卷十二《便水驿行馆见水仙一盆榦长三尺香亦较江乡者馥郁为赋一绝》:"牵得客怀无别事,芷江驿里一丛花。"

按:自芷江至便水驿约一日程,故系于此。

同卷又《骑马行》《渡无溪》《无溪道中》诸诗纪行。

初五日,自贵州玉屏出发,教谕刘嗣武、训导陈秀升率诸生相送,有诗。

《卷施阁诗》卷十二《晓发玉屏刘教谕嗣武陈训导秀升率诸生相送

舆中口占六首示之》其一：“一例青衫马首迎，罗施山半见诸生。眼前指点为文法，似此峰峦始不平。”

按：自便水驿至贵州玉屏县约二日程，故系于此。

同卷《发玉屏县》：“玉屏及清溪，五十里不足。其中山杂沓，颇觉寡平陆。”

又《山行》《将至漫溪塘》《将至清溪县上岭》诸诗纪行。

晚抵清溪行馆宿，见梅花一株烂漫开放，喜而有诗。

《卷施阁诗》卷十二《清溪行馆见梅一株花甚烂漫喜而有作》其二："三载别来惟两面，白云溪外即清溪。都门不产梅，惟庚戌春初，计偕北上，蒋大齐燿饯我于舍南竹屋，时老梅适放数花，然不及此十分之一。"

又《夜移瓶梅入纸帐作伴晓起香愈酷烈复赋一首》：“偏怜昨夕山窗里，魂滞疏香不能起。”

初六日，发清溪行馆，经焦溪行馆、盘石塘、油榨关，逢驿使，有诗柬张问陶，继经相见坡、偏桥，抵施秉县城，晚宿于养云阁。

《卷施阁诗》卷十二《侵晓入太和洞》《发清溪县至梅溪塘二十里沿无水行山径逼仄几不能上》《渡水至焦溪行馆山水环抱林木尤邃觉严滩剡中无此奇胜也》《盘石塘》《上油榨关》《下关逢驿使却寄张同年问陶》《相见坡》《偏桥》《天梯关》《二鼓至飞云岩秉炬上岩略周览即回至养云阁宿平明独行上岩并至圣果亭云根泉等久憩》诸诗纪行。

初七日，抵黄平州。

《卷施阁诗》卷十二《黄平州西见日出》：“黔中行两日，天短日苦阴。玉屏及清溪，尤若日暮行。黄平州北逢初七，甫见平衢流赤日。……相违百里风土殊，山前老苗亦读书。怪来门贴宜春字，明日欣逢日长至。”

初八日，冬至，发重安江行馆，有诗。

《卷施阁诗》卷十二《至日发重安江行馆忆京师早朝诸君子》：“独从万里桥边宿，却忆千官阙下逢。”

渡重安江，过清平，入大风洞，经白泥塘，抵杨老驿宿。

《卷施阁诗》卷十二《渡重安江上岭作》：“天向松梢暝，途从石罅分。"

同卷又《入大风洞半里阻水不得进》:"途行抵清平,山不秀而朴。盘盘十里外,石脉已潜伏。巉岩当面出,劣欲转地轴。"

又有《晚晴自白泥塘至杨老驿山行》《宿杨老驿》诗纪行。

经响琴峡、黄花坪、冷溪塘、牟珠洞、新安塘、陇首关,抵龙里县宿,沿途有诗纪行。

《卷施阁诗》卷十二《度响琴峡》《黄花坪道中》《牟珠洞》《过新安塘未三里见绝顶一关高出鸟道即陇首关也延回行半日始至》《晚至龙里县》。

抵贵定,县令陈熙藩前来会见。

《卷施阁诗》卷十四《春风折柳图送陈大令熙藩北上》:"前年来黔阳,长官摄疲邑。贵定城东南,马前惊一拜。"

陈熙藩(生卒年不详),清浙江德清人。官至兴义府知府。事具《贵阳府志》等。

十二日,早发龙里,有诗。

《卷施阁诗》卷十二《早发龙里县道中杂诗》:"濛濛四山雨,中有一山晴。漏得朝暾影,林鸠复怪鸣。……因贪听溪声,移入前林里。"

按:龙里距贵阳约一日程。十三日抵贵阳,往前倒推一日,当是十二日,故系于此。

十三日,抵贵阳,贵州巡抚冯光熊出城迎迓。

吕《谱》本年条:"十一月十三日,抵贵阳,巡抚嘉兴冯公光熊等皆出郭相迓。"

冯光熊(?—1801),字太占,清浙江嘉兴人。乾隆十二年举人,考授中书,充军机章京。累擢户部郎中、授盐驿道、广西右江道,署按察使兼盐驿道、江西按察使、甘肃布政使、安徽按察使、湖南巡抚、贵州巡抚、署云南总督、兵部侍郎、左都御史。事具《清史稿》卷三百五十八、《梅里志》卷九等。

十五日,接印任事,缄题观风十三府一厅所属生童,并始扩建衙署。

吕《谱》本年条:"十五日,接印任事,即缄题观风十三府一厅所属生童,以衙署逼窄,捐赀构署后楼阁,即今听事西红香馆、听雨篷、晓读书斋、千叶莲台等是也。"

《卷施阁诗》卷十五《衙斋十咏》诗前小序:"贵州学使公廨最湫隘。乾隆癸巳,今大学士孙公士毅视学此方,始于其后积土为堂,名曰近山。然屋止三楹,不足以供燕息。余抵任后,复于堂西隙地筑屋十数楹,或高而为台,或曲而为坞,或因树构屋,或临溪制轩。宾僚觞咏之暇,昕夕读书,恒于此焉。"

十二月初三日,眷属抵贵阳学使衙署。

吕《谱》本年条:"十二月初三日,眷属抵署。从子绳孙、悼孙、史甥超宗,并随署读书,延表侄蒋上舍维垣教之。从弟显吉、原吉、再从侄建禾、蒋表弟曜西、汪甥楷、屠甥景仪,及桂阳李秀才、万坤先后至署,佐理阅文及幕中杂事。"

蒋维垣,生平待考。

洪绳孙,生平待考。

洪悼孙,生平待考。

史超宗,生平待考。

洪显吉,生平待考。

洪原吉,生平待考。

洪建禾,生平待考。

蒋曜西,生平待考。

汪楷,先生(适汪氏姊)甥。

屠景仪,生平待考。

李秀才,贵阳人,余待考。

万坤,贵阳人,余待考。

序《新修镇远志》。

《卷施阁文甲集》卷八《新修镇远志序》:"予好为地理之学。今年冬,奉命视学黔中,自常德以南,即沿无水行抵镇远,见其山水回互,地形高下,以为当去故且兰不远。迨检诸地志,悉无与我合者,心窃疑之。适太守监利蔡君创修《镇远府志》成,举以示余。其条分缕析,星罗棋布,以为独为其难。既又读其夜郎、牂柯、且兰等考辨,而叹蔡君之精于地理,实有先获我心者焉。余亦何以序之? 亦惟举余之与蔡君合者,还以质之蔡君而已。"

　　按:据"今年冬,奉命视学黔中"句,故系于此。

二十四日,小除夕,依旧例祭诗,有诗。

　　《卷施阁诗》卷十二《小除夕祭诗作》:"南行万余里,小岁入三更。爆竹惊心碎,桃花照眼明。祭应遵旧例,醉复尽余觥。笑向儿曹语,今年帙已盈。"

　　按:吕《谱》:"是岁,得诗七十馀首。"不确。计《卷施阁诗》卷十一及卷十二壬子年,约一百四十馀首。

三十日,除夕,作《岁寒图》,遗贵阳知府徐日纪,有诗。

　　《卷施阁诗》卷十二《除夕写岁寒图贻徐太守日纪》其一:"使君循迹吾能识,记得相逢又廿年。壬辰年,太守官英山令,时余随学使者至六安。"

乾隆五十八年,癸丑(1793),四十八岁

正月初一日,发笔,有诗。

　　《卷施阁诗》卷十三《新正初一日发笔》:"惊雷爆竹都成阵,门外三更雨若丝。"

初七日,登贵阳东山,遇雪,有诗。同日或初八,张问陶有诗柬之。

　　《卷施阁诗》卷十三《人日登东山英雪复携客至黔灵山久憩》其三:"我愧非安石,山真似白门。乍披天半㡾,同醉雪中樽。"

　　《船山诗草》卷八《寄贵州学使洪稚存同年》:"奇人有奇遇,一往无不好。君作大宗师,得此何太早。黔南虽天末,一州已非小。侁侁弟子员,莺然见文藻。推君纯孝心,教之拙毋巧。秀才至性足,朝廷以为宝。考订实小技,何足立师道。君今宏远谟,诗书无扰扰。"

　　按:此诗前一首为《船山六峰诗》,该诗小序云:"乾隆癸丑,扁舟出峡。正月六日,从枝江县焦屋子水中得奇石六枚。"而后一首为《初九日沙市舟中作》。此诗次于两者之间,则其作当在初七或初八日,故

系于此。

初十日前后,忆里中同人,有诗。

　　《卷施阁诗》卷十三《初春忆里中诸同人》:"万山深处住,忽忆海
边春。不特花香好,兼忆花下人。……左家兄弟工煮茶,闲访屋北疏梅
花。钱郎多愁赵生娇,瘦董超然癯崔瘦生兄弟乡语好,……蒙庄兴逸
不可当,来及曙色归斜阳。"

　　按:所忆即左辅兄弟、崔景侃兄弟、钱维乔、赵怀玉、董超然及庄
炘。此诗次于《贵阳元夕灯词》诗前,故系于此。

　　董超然,清江苏阳湖人,张惠言外甥。馀待考。

十五日,元夕,有诗。

　　《卷施阁诗》卷十三《贵阳元夕灯词》。

三十日,游金钟山,有诗。

　　《卷施阁诗》卷十三《三十日游金钟山》。

二月,出巡上游。岁试安顺、南笼、大定、遵义四府。

　　吕《谱》本年条。

初三日前后,命工筑三层台于学使院后墙内。

　　《卷施阁诗》卷十三《使院后墙俯临县仓有荷池十顷癸丑二月将按
试上游命工筑三层台于墙内五月杪归池荷正花台适告竣因分日宴客于
上同里杨上舍浦为绘千叶莲台雅集长卷同人各系以诗余亦率成此篇云
尔》。

初七日,行清镇道中。

　　《卷施阁诗》卷十三《清镇道中》:"冥濛绿意石根迸,春笋昨夕闻
惊雷。"

　　按:清镇至安平约二日程。初九日抵安平行馆,则行清镇道中,当
在初七日,故系于此。

初九日,春分,抵安平行馆,有诗。

　　《卷施阁诗》卷十三《春分日抵安平行馆作》:"山泉围郭绿三里,
村树接天红一层。"

　　同卷又有《沙作塘西上陡坡》《中火塘西入山》诗纪行。

二十三日,寒食,出安顺府西门校射。

　　《卷施阁诗》卷十三《寒食出安顺府门校射》:"山鹊闪画弓,林乌
　　占门戟。于焉心奇赏,观者足若植。……聊记在蛮方,西郊度寒食。"

二十四日,清明,在试院试士。

　　《卷施阁诗》卷十六《清明》:"三年寒食住三州,前年在安顺,昨年
　　在黎平,并皆扃院试士。一样摊书据案头。"

　　　　按:此诗作于乙卯(1795),据诗首句小字自注,故系于此。

三十日,游金钟山。

　　《卷施阁诗》卷十三《三十日游金钟山》:"山笋高逾屋,天风响若
　　雷。"

三月初一日,出南门至华严洞,有诗。

　　《卷施阁诗》卷十三《初一日出南门至华严洞持烛入三里许》。

从土人所请,名华严洞外山为读书山。

　　《卷施阁诗》卷十三《华严洞外山甚秀折而无名县人赵氏聚族居焉
　　余岁试安顺赵氏子弟获隽者文武各二人因以读书名其山从土人所请
　　也》:"却喜青衫迎马首,华严洞口读书山。是日,适值诸生释菜回。"

初六日,发安顺,有诗。

　　《卷施阁诗》卷十三《初六发安顺作》:"今日蓝舆向西去,海棠花
　　放蜀葵开。"

十二日,上巳,自镇宁抵安庄。

　　《卷施阁诗》卷十三《上巳日自镇宁抵安庄道中》:"今年上巳风差
　　紧,分水桥过鉴春影。"

经白水河、鸡公岭、关索岭、抵永宁,有诗纪行。

　　《卷施阁诗》卷十三《白水河》:"忽惊一白垂无际,高欲切天低盖
　　地。"

　　　　同卷又《鸡公岭》《永宁道中》。

经哈马塘,抵盘江过铁索桥,至凉水营午饭。

　　《卷施阁诗》卷十三《哈马塘》《抵盘江过铁索桥久憩复下坡至凉
　　水营午饭》。

行普安道中,作书寄南中诸友,有诗。

> 《卷施阁诗》卷十三《普安道中作书寄南中诸友》:"榴火树中风骤
> 暖,芭蕉声里雨仍寒。"

抵新城行馆,有诗。

> 《卷施阁诗》卷十三《新城行馆即事》。

十三日,喜雨有作,以诗柬南笼知府张凤枝。

> 《卷施阁诗》卷十三《南笼苦旱余抵郡二日即得骤雨然麦苗未畅发
> 也十三夜甫就枕即闻雷声自南来雨急如注彻晓不止喜而有作即柬张太
> 守凤枝》。

> 张凤枝(生卒年不详),字东生,一字械斋,清江苏无锡人。官至南
> 笼知府。后遣戍伊犁。事具《(道光)仁怀直隶厅志》卷八等。

十五日前后,张凤枝有诗见赠,以诗答之。

> 《卷施阁诗》卷十三《答张太守凤枝见赠之作》:"千树影中圆月
> 上,万山深处一官贫。闲情谱到双红豆,莫哂吴侬白发新。太守有红豆
> 词二阕,极工。"

> 按:据"圆月"句,故系于此。

二十日前后,与花连布相识,且约为兄弟。

> 《更生斋文甲集》卷第四《书提督花连布遗事》:"提督花连布,满
> 洲镶白旗人。以世职历官贵州南笼镇总兵。余视学此方,始识之。……
> 学政例岁试武生童,必移文所辖总督,乞派副将以下一员监视骑射。盖
> 立法之始,恐文臣不谙弓马。故余试南笼,所派适公标下参将。余按定
> 制,正坐演武厅,而参将及提调之知府左右坐。公闻,不悦,日晚,会宴
> 公所,尚愠见于色。余笑曰:'非妄自尊大,实向例若此耳。况公不读
> 《左氏》乎?王人叙诸侯之上。'语未竟,公意顿释。后两人者,意气合,
> 遂约为兄弟。"

> 《卷施阁诗》卷十三《南笼府东郊试射士作》其二:"一条驰道倚晴
> 空,破晓先闻响角弓。"

> 按:先生识花连布,当其案试南笼武生童时,而试武生童,当在试
> 文生童之后,因而故系于此。

花连布(？—1796)，额尔德特氏，蒙古镶黄旗人。累迁火器营委署鸟枪护军参领、武昌城守营参将、贵州南笼镇总兵、贵州提督。平苗人乱战死。赐骑都尉兼云骑尉世职，谥壮节。事具《清史稿》卷三百三十四、《更生斋文甲集》卷四《书提督花连布事》等。

二十五日前后，离南笼府城，前往大定府，沿途有诗纪行。

《卷施阁诗》卷十三《南笼道中夜行》："行到石桥刚夜半，野花残月斗深黄。"

按：据"残月"句，离南笼府城当在二十五日前后。

同卷又《羊肠塘西见海棠》《发新城道中值雨》《三望坡骑马历黑土坡老鸦关诸隘》《度老鸦关》《过保甸塘至盘江道中》。

三十日，自新铺赴永宁，鸡公岭道中作家书，有诗。

《卷施阁诗》卷十三《春尽日发新铺至永宁道中》："去程三十里，如梦雨霏微。"

同卷《道中作家书戏占一律》："过得鸡公岭，蛮风说亦愁。"

张问陶由蜀抵都。

张维屏《国朝诗人征略》卷五十一"张问陶"条："壬子十一月舟发成都，眷属偕行，由蜀而楚。癸丑三月抵都，散馆授职检讨。"

四月初一至初五日，自永宁州署出发，经北口塘、观音洞、界首塘、骆家桥，抵乾沟，有诗纪行。

《卷施阁诗》卷十三《自永宁州署发至北口塘值雨》《观音洞》《自界首塘至骆家桥道中》《潜沟道中书所见》。

初六日，渡鸭池河，至四方井，并柬同年张曾垿。

《卷施阁诗》卷十三《初六日渡鸭池河至四方井道中作》其二："行入白云红万点，半空都放石榴花。"

同卷《将至黔西柬州守张同年曾垿一首》："忆昨相逢渭水边，忠宣门下说齐年。同官万里君尤远，曾宰三峰吏是仙。"

又《四方井至黔西州道次》："危途既稍夷，平壤拓十里。溪声流四面，山亦伏不起。"

张曾垿(生卒年不详)，字樽宜，又子鉴堂，号茶村，清安徽桐城人。

乾隆四十六年(1781)进士,历官华阴知县,署邠州知州,贵州黔西知州等。缘事镌级,寻卒。事具《(道光)续修桐城县志》卷十三。

十九日,至大定城西坡校射,归途至斗母阁看飞瀑,有诗纪行。

> 《卷施阁诗》卷十三《十九日至大定城西坡校射归途复诣斗母阁看飞瀑》:"射场距五里,清晓闻吹笳。初日旗帜翻,鸣钲出官衙。……回路改郭西,山田夹鸣蛙。飞瀑空中来,湿此半岭花。客倦欲暂停,禅扉试煎茶。"

> 同卷又《路穿岩》《乌西塘》。

张曾埁约来年科试赏黔西州署大海棠,有诗赠之。

> 《卷施阁诗》卷十三《黔西州署西偏有海棠一株大荫半亩惜花时已过同年张君约科试时再过相赏因作此以赠之》:"海棠笼半亩,辜负此花时。……不是张公子,谁能订后期。"

二十五日前后,张曾埁邀游东山寺,约同人在山棚角射。

> 《卷施阁诗》卷十三《张同年邀游东山寺》:"山厨连日绮筵开,邀客东峰角伎回。是日,约同人在山棚角射。……酒阑倘复待残月,北斗欲斜山四更。"

> 按:据"残月"句,当是二十五日前后,故系于此。

月末,离黔西州,前往遵义,经烂泥沟、革拨塘、三重堆等处,沿途有诗纪行。

> 《卷施阁诗》卷十三《将至烂泥沟上岭》《革拨塘遇急雨》《夜黑行三重堆汛南诸山中》。

有诗赠周景益。

> 《卷施阁诗》卷十三《赠周刺史景益》:"卅年家住蠡河湾,只隔衡门不往还。……何日对床乡梦好,白云流水自潺潺。"

> 同卷又《渡渭河桥》《杨柳塘道中》《白蜡坎道中》《鸭溪道中》诸诗纪行。

> 周景益(1738—1812),字星颉,号宿航,清江苏武进人。乾隆三十六年(1771)进士,曾官贵州黎平府同知。工诗文,以制艺有声于时。所著有《晚香草》一卷等。事具《清代毗陵名人小传稿》卷五等。

本月,法式善得先生所寄书及入黔诗,有诗三首怀先生。

《存素堂诗初集》卷五《洪稚存编修黔中寄书至,并示入黔诗》其一:"寄我黔阳书,字字沁肺腑。新诗雄且杰,宁止纪方士?堂堂忠孝祠,自写甘与苦。处贵弗忘贱,此情不愧古前贤。"

五月初五日,端午节,于遵义试院忆里中竞渡之胜,并以诗柬钱维乔、赵怀玉。

《卷施阁诗》卷十三《五月五日遵义试院忆里中竞渡之胜十首即寄钱三维乔赵大怀玉》其一:"溪流一曲巷西条,灯影三层接画桥。我亦赵家楼上客,七千里外忆今朝。"其二:"新辟柴门远市廛,病余读书复逃禅谓钱三。多因暇日添游兴,偷上吴娘鸭嘴船。"其三:"内河昨日雨萧骚,溪水平添绿半篙。惹得龙舟衔尾去,十番船泊北城濠。"

同卷又《遵义试院》。

遵义校射场考校武童生,有诗。

《卷施阁诗》卷十三《遵义校射场在城外六七里因就近假副将署射圃校士》其一:"沿林石细马蹄脆,带得落花来射堂。"

游回龙洞、桃源洞,有诗纪游。

《卷施阁诗》卷十三《回龙洞》《桃源洞》。

渡乌江,返贵阳途中。

《卷施阁诗》卷十三《渡乌江》其二:"江流中劈四山开,雨后江声怒若雷。万朵白云空际落,错疑潮自海门来。"

月末,返贵阳。

《卷施阁诗》卷十三《使院后墙俯临县仓有荷池十顷癸丑二月将按试上游命工筑三层台于墙内五月杪归池荷正花台适告竣因分日宴客于上同里杨上舍浦为绘千叶莲台雅集长卷同人各系以诗余亦率成此篇云尔》。

按:据此诗题意,归贵阳学使署在五月末。

贵州巡抚冯光熊招饮。

《卷施阁诗》卷十三《冯巡抚光熊招饮即席赋赠二首》。

六月,岁试贵阳府。

吕《谱》本年条。

十六日,邀同人集红香馆赏荷。

  《卷施阁诗》卷十三《十六日姜廉使开扬招同冯巡抚光熊万方伯宁
吴超尼堪什张继辛三观察暨徐太守日纪听绿轩赏荷即席为赋采莲词
十二首并邀诸君作》其一:"胼柯秋到雨如麻,盼得新晴露已华。我自
看红君听绿,一月前,余曾邀同人集红香馆赏荷,参差一月赏名花。"

  按:此诗作于七月十六日,一月前,则六月十六日,故系于此。

七月初二日,于学使院署荷池台上宴客,杨浦绘图,有诗。

  《卷施阁诗》卷十三《使院后墙俯临县仓有荷池十顷癸丑二月将按
试上游命工筑三层台于墙内五月杪归池荷正花台适告竣因分日宴客于
上同里杨上舍浦为绘千叶莲台雅集长卷同人各系以诗余亦率成此篇云
尔》:"宴客既有藕,藕底复有鱼。池莲可劈桃可食,酒盏借此青芙蕖。
帘垂百尺楼千丈,宴客真疑在天上。……新秋昨夜凉风起,楼阁都归雨
声里。"

  按:七月初一日立秋。据"新秋昨夜凉风起"句,诗当作于七月初
二日,故系于此。

  杨浦,字宗广,清江苏阳湖人。馀待考。

初五日,至南岳山下射圃校士,有诗。

  《卷施阁诗》卷十三《七月五日晓出南门三里至南岳山下射圃校士
回途小憩野人篱落偶成》。

七日,七夕,有诗。

  《卷施阁诗》卷十三《七夕四首示女纺孙》其三:"挈得书千卷,楼
头曝不停。分将小儿女,楼下拜双星。"

十六日,应廉使姜开扬招,偕巡抚冯光熊、方伯万宁及吴超、尼堪什、张继辛
三观察、徐日纪知府集听绿轩赏荷,有诗。

  《卷施阁诗》卷十三《十六日姜廉使开扬招同冯巡抚光熊万方伯宁
吴超尼堪什张继辛三观察暨徐太守日纪听绿轩赏荷即席为赋采莲词
十二首并邀诸君作》其一:"胼柯秋到雨如麻,盼得新晴露已华。我自
看红君听绿,一月前,余曾邀同人集红香馆赏荷,参差一月赏名花。"其
五:"束素腰纤点屐高,是日,令诸歌童结束作采莲女子。花非芍药即

樱桃。旁人错认红妆好,十五吴姬刺锦篝。"

万宁,满洲正黄旗人。监生。曾官贵州布政使、江西护巡抚等。余待考。

吴超,生平待考。

尼堪什,即尼堪富什浑,满洲镶黄旗人。进士,曾官贵东道。余待考。

张继辛(生卒年不详),字万含,又字椿亭,清湖北东湖县(即今宜昌市)人。乾隆庚辰(1760)举人。丙戌(1766)大挑一等,以知县用。历官永顺同知、武陵知县、永绥知州、都匀知府、贵州按察使、四川按察使等。练习时事,所至有声。事具《大清一统志》卷三百五十、《(同治)宜昌府志》卷十三等。

十七日,应徐日纪等邀再赏荷于听绿轩,有诗。

《卷施阁诗》卷十三《十七日徐太守日纪偕安顺遵义思南石阡黎平铜仁六太守威宁麻哈开州普安四刺史松桃丹江两司马贵筑遵义及候补诸大令复邀集听绿轩赏荷是日冯巡抚万方伯以事未至即席戏柬诸君子》其二:"夜凉移席屋西头,烛跋都同笑语流。怪底诸君兴偏逸,座中有蟹少监州。是日,始食蟹。"

郑锟自永丰寄近作百篇求点定,先生有诗题后,并柬张凤枝。

《卷施阁诗》卷十三《郑州倅锟自永丰寄近作百篇乞为点定因率成长句题后并寄张太守凤枝》:"使君句好谁能讴,高吟只凭石点头。怪来诗札霉如许,道远闻经普安雨。……倦来复忆南荒守,索米还家得之否?书成烛跋赘一言,蛮府参军我诗友。时太守欲假百金归为两亲寿,闻尚未得。"

郑锟,生平待考。

以诗谢冯光熊依韵见答诗。

《卷施阁诗》卷十三《冯巡抚既作外台宴集诗及见余采莲词十二章即日复依韵见答其用韵之妙不减皮陆爰作此志谢》其一:"传笺飞骑一何忙,射虎将军善挽强。不特事功吾拜倒,瓣香直欲到文章。"

题《玉垒洗砚图》。

《卷施阁诗》卷十三《吴司马玉墀洗砚图》："可怜有砚不钞书,仅写年来主客图。开缄忽欲念良友,读画已觉忘朝晡。"

八月,巡试平越等府。

吕《谱》本年条:"八月,出巡下游。岁试平越、思南、石阡、镇远、思州、铜仁六府。"

十四日,夜坐月下,有诗。

《卷施阁诗》卷十三《十四夜坐月》:"初三及十四,月止晴一宵。羞喜魄已圆,清光彻层霄。邻东歌吹声,舍北亦叫号。丰岁庶有期,中坐喧酒豪。而我亦甚闲,衔杯乐陶陶。……红烛忽敛辉,开帘已崇朝。"

作《管下名山图》八幅,寄富纲。

《卷施阁诗》卷十三《写管下名山图八幅寄富尚书富纲》:"惭余课士暇,秃笔有如帚。翩然图名山,不敢杂培塿。图成寄尚书,应复开笑口。倘有飞仙人,同来献春酒。"

富纲(生卒年不详),满洲正蓝旗人。历官陕西巡抚、福建巡抚、闽浙总督、云贵总督,署刑部尚书,漕运总督等。

二十日前后,过陇首关,赴平越府岁试。

《卷施阁诗》卷十三《过陇首关》:"排空杰阁势迢迢,百折才能及岭腰。"

同卷又《新安塘道中》。

按:出贵阳,赴平越府,当在中秋节后,故系于此。

二十二日,观残月,有诗。

《卷施阁诗》卷十三《廿二夜看残月》:"团栾时节雨辛酸,待得如钩转耐看。那识幽人有深意,五更楼阁坐高寒。"

同卷又《谷子塘》。

九月初九日,在平越,偕署中同人至城南福泉山高真观登高,县令郑五典设筵相待,有诗。

《卷施阁诗》卷十三《九日偕署中同人至城南福泉山高真观登高郑大令五典设筵于此相待即席赋赠》:"才经寒露辰,已值题糕节。骑马上城时,晖晖半楼日。胭脂花红菜甲黄,夹道半里来山房。主人开筵乐未央,琥珀作盏茱萸筋。"卷十四《陈大令熙藩蜀题城南雅集卷子》："兹方当九日,抚序却三秋。早陟高真观,**客秋按试平越,九日在高真观登高。**遥思甲秀楼。"

郑五典(生卒年不详),清陕西耀州人,副贡生。曾官清镇知县、威宁州知州。事具《(道光)大定府志》卷二十三、《(民国)清镇县志稿》卷八等。

十一日,自平越出发,至葛公桥,有诗。

《卷施阁诗》卷十三《九月十一日发平越至葛公桥作》："平明天气晴,送者逾五里。言寻葛公桥,乃复居釜底。"

十二日,行清平道中。

《卷施阁诗》卷十三《清平道中》："四山茶花香,黄白均可爱。……行及罗仲塘,山云转深晦。"

按:葛公桥至清平约一日程,故系于此。

经蓝峤、草塘关、偏桥、翁头塘、平贯塘、白岩汛,以行程计,约十八日前后抵石阡府,沿途有诗纪行。

《卷施阁诗》卷十三《蓝峤至草塘关道中》《过偏桥西三里上一陡坡》《翁头塘道中》《自平贯塘至白岩汛道中》。

浴石阡城南温泉,有诗。

《卷施阁诗》卷十三《石阡城南温泉》其一："石罅空濛逗烛光,访泉亭上拂衣忙。半生莫讶尘劳甚,已试人间第七汤。予所试温泉:直隶则盘山,陕西则临潼、鳌屋,江南则黄山硃砂泉及和州、句容与此而七矣。"

离石阡,自塘头舟行抵思南府城。

《卷施阁诗》卷十三《自塘头州行至思南府城外》："青山至塘头,南北忽中断。……江流曲处城郭开,岸上一骑惊先来。船头吹笳船尾鼓,湿雾惊开日刚午。"

二十五日前后,至思南府校士,有诗。

《卷施阁诗》卷十三《至思南府城东七里校射作》："三里出郭门,七里至角场。……红林疏处噪山鹊,屋后人家飞矢著。"

同卷又《夜起至射堂看残月》:"好是四更山月上,独来亭里听滩
声。"

按:据此诗题"残月"字,思南府校士当在九月下旬,故系于此。

同卷又有《出思南府遵化门道中》《观音阁》《小崖关》诗。

十月初,离思南府,赴镇远府校士,沿途有诗纪行。

《卷施阁诗》卷十三《将至掌溪塘道中》其一末两句:"蛮乡秋尽饶
春气,十月犹黄菜甲花。"

按:据此诗末两句中"秋尽""十月"字,当是十月初,故系于此。

同卷又《将至石阡道中》《重浴石阡温泉》《晓发路濑塘》《将抵荆
蓬塘》《过思南塘道中》。

于镇远城南考校武生童,有诗。

《卷施阁诗》卷十三《出镇远城南三里试射士》其一:"一半山云杂
水云,到来空里草香薰。环墙人语觉清脆,晓日射堂红一分。"

送姜开扬入都,有诗。

《卷施阁诗》卷十三《送姜廉使开阳入都》其一:"相离真不忍,且
尽酒千壶。每岁冲风雪,怜君在道途。君自言五年除夕皆在途中。"

冒雨游诸葛洞,有诗。

《卷施阁诗》卷十三《冒雨游诸葛洞》。

经响琴峡、黄花坪、陇首关,返贵阳,有诗纪行。

《卷施阁诗》卷十三《再度响琴峡》《黄花坪道中》《再经陇首关》。

以《雪意》为题试贵山诸生。

《卷施阁诗》卷十三《雪意》,题下有小字注:"试贵山书院诸生题
得先字。"

十一月,回署。

吕《谱》本年条。

二十一日,杨梦符病逝。

《卷施阁文乙集》卷八《刑部江苏司员外郎杨君墓表》:"乾隆
五十八年,岁在癸丑,十一月二十一日,吾友刑部江苏司员外郎杨君以
疾卒于京邸,年甫四十有四。"

十二月初五日,于近山堂消寒集会,有诗,子饴孙有同作。

> 《卷施阁诗》卷十四《初五日近山堂消寒一集分体咏秦宫人镜》。此诗后附有洪饴孙《家大人命同作》。

初十日,于漱石山房消寒集会,有诗,并为张凤枝题图。

> 《卷施阁诗》卷十四《初十日漱石山房销寒第二集题张太守凤枝珠还图》,诗前有序:"图为太守侍姬冉氏所作。姬母无赖,妄构讼端,姬由是遣归。其母谋别嫁之,姬剪发自誓,乃止。同人感其义,劝太守复迎焉,爰作是图,名曰《珠还》。亦所以美太守也。"

十五日,于藏春坞消寒三集会,并饯送知府张曾垿南还,有诗,子饴孙有同作。

> 《卷施阁诗》卷十四《十五日藏春坞三集题范巨卿碑额即送张州守曾垿南还》。此诗后附有洪饴孙《家大人命同作》。

濒行,张曾垿以素册索诗,以二绝应之。

> 《卷施阁诗》卷十四《张州守濒行又以素册索诗复成二绝句》其二:"红尘十载鬓初斑,却喜今因定省还。欲借寒威畅离绪,留君十日住黔山。时留作消寒第三集。"

二十日,集于听雨蓬消寒,有诗。

> 《卷施阁诗》卷十四《二十日听雨蓬消寒第四集同咏诸葛灯》。

汪中卒。

二十三日,写《岁朝图》赠巡抚冯光熊,有诗。

> 《卷施阁诗》卷十四《廿三日写岁朝图赠冯巡抚光熊并系以二诗》其一:"如水臣门日往还,识公清节服诸蛮。何妨馈岁无长物,自写黔南几尺山。"

二十四日,招张凤枝、孙文焕、陈熙藩、王湛恩与子饴孙举消寒六集,并祭诗,有诗。

> 《卷施阁诗》卷十四《小除日消寒第六集招同张太守凤枝刺史文焕陈大令熙藩王参军湛恩暨儿子饴孙卷施阁祭诗即席成六十韵》。
>
> 孙文焕(生卒年不详),字有堂,清四川绵州(今属绵阳市)人。乾隆甲午(1774)举人,历官贵州粮储道。著有《海楼山馆诗钞》等。事具

《(道光)大定府志》卷二十三、《晚晴簃诗汇》卷九十六等。

　　王湛恩(生卒年不详),字涌庵,浙江钱塘人,寄籍顺天。由吏员补镇远府经历。嘉庆元年(1796),奏升贵筑县,捐陞同知,补归化通判加知府衔。《(道光)仁怀直隶厅志》卷八等。

二十五日,思补斋消寒五集,并为徐日纪题图,子饴孙有同作。

　　《卷施阁诗》卷十四《二十五日思补斋第五集即题徐太守日纪阳春有脚图》二首七绝。诗后附洪饴孙同作七绝二首。

本月,作《岁暮怀人二十四首》,所怀之人依次分别是袁枚、钱大昕、毕沅、钱维乔、王昶、卢文弨、邵晋涵、屠绅、李廷敬、法式善、管世铭、赵怀玉、王吉士、杨伦及其弟炜、汪中、陈大用、汪端光、孙星衍、张问陶、吕星垣、王芑孙、杨芳灿及其弟揆、左辅、庄逵吉。

又作《续怀人十二首》,所怀之人依次分别是纪昀、江声、洪梧、管干贞、方正澍、徐大榕及其从弟徐书受、唐轶华、章学诚、蒋廷耀及其弟蒋馨、庄宝书、冯敏昌、姜开扬。

　　王芑孙《渊雅堂全集》卷十《洪稚存学使寄岁暮见怀诗至,久之未能和也。六月八日,夜忽梦稚存过予草堂,因次其韵》。王芑孙此诗次于甲寅年,则亮吉《岁暮怀人二十四首》诗必作于上年岁暮也。

　　陈大用,生平待考。

　　徐大榕(1747—1803),字向之,号惕庵,清江苏武进人,籍大兴。乾隆三十七年(1772)进士,授户部主事,累官至济南府知府,寻改京秩,后归养。善诗工书。事具《(光绪)武进阳湖县志》卷二十二、《清代毗陵名人小传稿》卷五等。

　　蒋廷耀(曜),清江苏阳湖(今常州人)。馀待考。

　　蒋馨,清江苏阳湖(今常州人),馀待考。

冬,张问陶过先生清化寺街旧居,有诗怀先生。

　　《船山诗草补遗》卷四《冬日过清化寺街稚存旧居,怀稚存》。

　　吕《谱》本年条:"先生每课士,皆终日坐堂皇,评骘试卷,积弊悉除。又历试诸府,皆拔其尤者,送入贵阳书院肄业。一岁捐廉俸数百金,助诸生膏火,又购经史足本及《文选》《通典》诸书,俾资讽诵。其在省日,每月必自课之,令高等诸生进署,讲贯诗文,娓娓不倦,歀以饮馔,奖之银两。由是黔中人士,皆知励学好古。……是岁,具折奏请以《礼记》郑康成注易陈灏,奉旨交部议,为部臣所格,不行。凡得纪游诗及杂文共百五十首,着《意言》二十篇。"

赵怀玉《亦有生斋集·文》卷十八《皇清奉直大夫翰林院编修洪君墓志铭》:"督学贵州,奏请以《礼记》郑康成注易陈灏,为部议所格。教士敦励实学,购经史足本及《文选》《通典》等书,俾诸生诵习。所识拔者,多掇科第去。黔人争知好古。"

《卷施阁文甲集》卷九《请礼记改用郑康成注折子》:"奏为敬陈管见,恭请训定事。查贵州本年岁试,五经内轮出《礼记》,臣按试于寻常拟题外出题。诸生百人中,即有曾读全经者,亦茫然莫知其解。臣推详其故,实缘元儒陈澔所撰《礼记集说》。自前明永乐以来,用以取士,澔书本我为科举起见,是以凡遇可备出题者,注解略为详明,其余即谫陋殊甚,是以士子无所遵循。伏查《十三经正义》现列学官,内《礼记》及《仪礼》《周礼》皆用汉儒郑康成注,最为详备。诚如我皇上钦定《礼记义疏》所云:'精奥无如郑注者也。'且陈澔《集说》,其详明者,皆采取郑注;其简略者,即自以意为删改,是用郑注则《集说》之精华已备,用《集说》则昔贤之训诂半沦。近奉到部咨,《春秋》一经,奏定改用三《传》,凡士子有志读书者,无不欢欣踊跃,争自濯磨。臣愚昧之见,可否《礼记》改为郑注?俾诸生通晓全经,兼明五礼,似于读书行己者皆有裨益。未审有当与否,伏乞皇上训示施行。为此谨奏。"

本年,先生纳姬郑塞云。

吴德旋《初月楼文续钞》卷六《洪母郑孺人传》:"年十五,归阳湖洪北江先生。"

郑塞云(1779—1807),清贵州人。年十五,为先生侍姬。年二十九,以疾卒。子二:长胙孙,次龄孙。事具吴德旋《初月楼文续钞》卷六《洪母郑孺人传》等。

按:《更生斋诗续集》卷十《花下忆亡姬塞云》中之塞云,当即郑姬之名。

乾隆五十九年,甲寅(1794),四十九岁

正月初五日,与同人集于陈熙藩霅溪吟舫,举消寒七集,陈赠以盆栽素心兰,有诗。

> 《卷施阁诗》卷十四《新正五日消寒第七集同人集陈大令熙藩霅溪吟舫大令以盆栽素心兰见赠即席赋诗》。

贺长庚属先生题其父兰竹卷子。

> 《卷施阁诗》卷十四《贺方伯长庚属题其尊人兰竹卷子》:"卅年岂以画得名,转借兰竹抒幽愤。"

> 贺长庚(生卒年不详),清湖北钟祥人。监生。曾官云南按察使、贵州布政使、山西布政使等。

初七日,人日,同人消寒八集,登黔灵山,并访圣泉,归饮王湛恩一角山房,有诗。

> 《卷施阁诗》卷十四《人日消寒第八集同人登黔灵山复迂道访圣泉归饮王参军湛恩一角山房杂成三十二韵》:"两载逢人日,三年住鬼方。"

初十日,刊《卷施阁诗》自己亥至癸丑十四卷,张远览序之。

> 《卷施阁诗》卷首《卷施阁诗序》:"《尔雅》'卷施草拔心不死',先生之名集,盖以此乎?《卷施集》自己亥至癸丑,已得十四卷。门下之士,乞刊之于黔中。远览在里门日,即受先生之知,今又从官牂柯,先生之所以待远览者,未尝以属吏视之也。今远览行以老乞休矣,先生门下士以远览知先生尚深,乞为序刊诗岁月,因即远览之所以知先生者序之。至诗之工拙,世之知先生者甚多,非远览之所敢及也。时乾隆五十九年,岁在甲寅,新正十日,镇远县知县、署黎平府下江通判、河南张远览谨序。"

> 张远览(1727—1803),字伟瞻,号梧冈,清河南西华人。少自力于学,博学工文,乾隆十八年(1753)拔贡生,乾隆二十四年(1759)举人。后累试不第,选授正阳县教谕、贵州镇远县知县,又署黎平府下江清军理苗通判。为治多有循政。因疾归田后,以著述终。所著有《初名集》《采薪集》《古欢集》《汝南集》《黔游集》《诗小笺》《春秋义略》等。事

具《清史列传》卷七十二、《国朝耆献类征》卷二百三十九、吴德旋《初月楼文续钞》卷六《伟瞻张君传》等。

十三日，赵怀玉夜宿直庐有怀，以诗柬先生。

《亦有生斋集》卷十三《正月十三日夜宿直庐有怀洪大亮吉走笔却寄》："城东曾步春月圆，与君一别今四年。前年我踏长安雪，君已先持金筑前。"

十五日，五鼓看雪，有诗，并为陈熙藩题画。

《卷施阁诗》卷十四《十五日五鼓起看雪》："拦门语忽惊，僮报四山晴。蛮地少冬雪，逢人诧夜明。冷光飞列帐，寒影淡孤檠。幸有辛盘在，聊将蛮酒倾。"

陈熙藩属先生题《城南雅集卷子》。

《卷施阁诗》卷十四《陈大令熙藩属题城南雅集卷子》。

十六日，消寒九集，于湛碧亭禅房看雪，有诗。

《卷施阁诗》卷十四《十六日消寒九集湛碧亭禅房看雪至二鼓乃返》。

二十日前后，送张凤枝南归，有诗。

《卷施阁诗》卷十四《寒风送别图送张太守凤枝南归》。诗前小序："甲寅新正十二日，太守遭外艰去任，将于春杪奔丧南归。同人欲作《黔山折柳图》赠行，余意有未安，易为《寒风送别》，盖仿燕丹时白衣冠送荆卿之例。考白衣冠本吊服，非执丧者所衣，吾辈与太守交厚，于其行，故当素车白马送之，情事方称。爰赋三诗，即邀诸君同作。"

按：此诗次于《十六日消寒九集湛碧亭禅房看雪至二鼓乃返》之后，当作于二十日前后，故系此。

送陈熙藩北上，有诗。

《卷施阁诗》卷十四《初春折柳图送陈大令熙藩北上》："蛮方百姓心难足，官好更方迁去速。烧灯节过持瓣香，私向山神社公祝。"

二月，巡试都匀等府。

吕《谱》："二月，出巡下游。岁试都匀、黎平二府。"

初三日前后，出贵定，遇雨，经蒋塘冈，抵谷洞塘宿，有诗纪行。

《卷施阁诗》卷十四《出贵定城雨至高家塘稍止》:"今晨山气寒,呵冻集徒侣。行穿石罅中,湿雾黑如许。"

同卷又《自蒋塘冈至谷洞塘》。

按:自贵阳至贵定约二日程,而初六日于都匀府试士,贵定至都匀亦约二日程,则出贵定,当在初三日前后,故系于此。

初四日前后,发谷洞塘。

《卷施阁诗》卷十四《早发谷洞塘》:"前山日欲出,后山雨复来,深谷隐隐喧轻雷。君不见,蛮方气候殊凌乱,晓日须裘午须扇。"

同卷《落月西塘》:"我来似欲齐昏旦,落月塘西日正中。"

又《将至都匀道中》《桥头汛》。

初六日,都匀府试射士,有诗。

《卷施阁诗》卷十四《初六日小雨至都匀府西门外试射士》。

初七日,试射士毕,登剑河桥耸翠亭望山,有诗。

《卷施阁诗》卷十四《初七日射堂试士毕登剑河桥耸翠亭望西北诸山》。

初十日前后,匀阳书院春望,有诗。

《卷施阁诗》卷十四《匀阳书院春望》。

按:此诗后一首诗为《多结塘》,中有句云"无人知道春将半",据此,匀阳书院春望当在初十前后,故系于此。

十二日前后,离都匀,前往黎平府,沿途有诗纪行。

《卷施阁诗》卷十四《发都匀日枉道过七星山入仙舟引洞》《多结塘》《晚度大登高小登高诸险》。

按:《多结塘》中有句云"无人知道春将半",而十五日则在都江舟中(详下)。自都匀至都江江中约二三日程,故系于此。

十五日,在都江舟中,有诗。

《卷施阁诗》卷十四《都江舟中》:"危厓春正半,花气欲熏天。"

十六日前后,按试至古州,提督彭廷栋、司马孙鉴迎接,并登古州抱膝亭春望。

吕《谱》本年条:"都匀试毕,陆行至三脚地,由都江舟行,古之牂柯江也。至古州，复登陆。时彭提督廷栋兼摄古州总兵，与孙司马鉴出迓，邀游五榕山，入诸葛洞。时方仲春，百卉齐放，菜甲花黄及一二十里，先生尝云：'江南无此春景也。'留一日，始行。"

《卷施阁诗》卷十四《下陡坡渡鸡贾河》《羊忙塘》《石槛滩》《雷音滩》《都江夜行》《古州登抱膝亭春望》《抱膝亭望憩园花木甚盛欲往未果》《渡溶江登五榕山兼谒诸葛祠作》等诗纪行。

应孙鉴招，同提督彭廷栋、副将书麐饮诸葛台，并角射，有诗。

《卷施阁诗》卷十四《孙司马鉴招同彭军门廷栋书副将麐饮署西诸葛台并角射至二鼓乃返》："阑干曲处林阴直，官里春闲试鸣镝。平坡十顷吹细香，日色袅袅垂鹅黄。"

孙鉴，浙江山阴（今绍兴市）人。举人。馀待考。

彭廷栋（？—1795），甘肃宁夏甫宁夏（今宁夏回族自治州银川市）人。乾隆二十二年（1757）武进士。历官三等侍卫、贵州都匀协左营游击、丹江营参将、安笼镇总兵、山西大同总兵、贵州提督、乌鲁木齐提督、太子太保等。事具邹汉勋《（咸丰）兴义府志》卷四十八等。

书麐，生平待考。

十七日前后，离古州，前往黎平府城，沿途有诗纪行。

《卷施阁诗》卷十四《八匡塘》《夜宿债麻有苗女年十三四者结队来歌苗童吹芦笙和之》《山中夜行》《九朝塘》。

十九日，抵大蓉塘。

《卷施阁诗》卷十四《大容塘值春分》："小阁两层山四面，百花香里度春分。"

同卷又《宿路团行馆》《将抵黎平历滚马坡诸险》。

按：本年春分，二月十九日，故系于此。

下旬，抵黎平。

《卷施阁诗》卷十四《出黎平南门》《射堂即事》《南泉山》。

本月，奉杨梦符之丧，于官廨为位以哭。

《卷诗阁文乙集》卷八《刑部江苏司员外郎杨君墓表》："越明年二月，始奉君之讣，为位哭于官廨。"

三月初四日,清明,在黎平局院试士。

> 《卷施阁诗》卷十六《清明》:"三年寒食住三州,前年在安顺,昨年在黎平,并皆局院试士。一样摊书据案头。"

> 按:诗作于乾隆乙卯(1795)。据诗中小字注,故系于此。

应杨绍恭之请,为杨梦符作骈体文墓表。

> 《卷诗阁文乙集》卷八《刑部江苏司员外郎杨君墓表》:"又逾月,君之孤绍恭等缮状来乞为表墓之文。"《北江诗话》卷一:"杨比部梦符,好学六朝文,小诗亦极幽峭。余尝以一联戏之曰:'诗笔四灵文六代科名两度籍三州。'盖杨寄籍山东,补博士弟子,续举陕西乡试,成进士,则又浙江原籍也。比部后寄居吾乡,宅在乌衣桥三将军巷,卒后,其子以比部遗命,乞余为六朝文格以表其墓,末云:'访将军之巷,大树犹存;过邗水之桥,溪流半涸,亦足以凄怆伤心者矣。'即指此也。"

> 杨绍恭,清浙江绍兴人。馀待考。

清明前后四十日,在黎平并试岁、科二试。

> 吕《谱》本年条:"三四五月,科试镇远、思州、铜仁、思南、石阡、平越、都匀七府。"又:"沿路苗寨中,皆合队出迎,男吹芦笙,衣锦衣,插雉尾,女则衣黑襜褕,以银圈饰颈,富者至一二十围。晚至馆驿,必东西列亭下唱歌,以荷包及银犒之,方去。黎平以岁、科并试,留四十日,乃行。"

> 《卷施阁诗》卷十六《清明》:"三年寒食住三州,前年在安顺,昨年在黎平,并皆局院试士。一样摊书据案头。"

> 按:此诗作于乙卯,据诗首句小字自注,故系于此。

> 洪饴孙《青垂山人诗》卷四《饴孙随侍,按试黎平路经此寨土司某率寨人以鼓乐来迎为赋此诗》。

> 又有《灵观阁春望》《过少寨河桥》《少寨河旁入一洞行半里许》《早发新化塘》《平江塘》《出锦屏县城上斗坡》《黄泥峡》《紫云桥》《师子崖》等诗纪行。

二十五日前后,发邗水,有诗,并示诸生熊焕章等。

> 《卷施阁诗》卷十四《早发邗水》:"早行出邗溪,残月溪上漾。"

同卷另有《瓦寨》《鬼鸟塘》《路濑塘道中》《雨夜至石阡温泉浴》《延江两生行示贵筑熊生焕章思南安生嶒》诸诗纪事。

按：据诗中"残月"句，诗当作于二十五日前后，故系于此。

熊焕章，清贵州贵筑人。馀待考。

安嶒，生平待考。

四月初一日，天柱县学生刘纬等溺水而亡，为文祭之。

《卷施阁文乙集》卷八《祭天柱县学生刘纬等文》："乾隆五十九年四月朔日，贵州督学使者洪亮吉遣天柱县学教谕刘某，以清酒庶羞，诣无水之流，致祭于天柱县学生刘纬、附生程三桂、童生谌忠钦等之灵曰：岁惟阏逢，孟夏朔日。汝党六人，共遭斯厄。我闻惊愕，询彼市廛。云汝将归，舍陆而船。时夜甫半，无流忽高。一舟飘然，乃触石桥。桥门有三，劈舟为两。群眠方酣，语不及响。乌呼此水，望海遄奔。直下千里，难停子魂。汝之始来，于何不卜？思攀骥尾，顾葬鱼腹。群瞻其出，不见其归。成名之望，尚切庭兰。尔刘尔程，里闬有闻。文期无害，命乃不辰。人亦有言，兄友弟敬。尤惨三生，全家并命。哀哀谌生，褰然举首。干鏋方试，卞玉未剖。蓝衫一袭，兼制儒冠。焚之三桥，慰彼九泉。尚飨。"

应袁纯德招，游思南州城南文昌阁，并以诗寿袁。

《卷施阁诗》卷十四《袁太守纯德招游城南文昌阁并归饮署斋即席赋赠并寿太守年七十》："春残约客城南头，江涨欲从城上流。看花步幛游山屐，谁信使君年七十。"

袁纯德（生卒年不详），字松皋，清江西泰和人。乾隆乡举。曾官陕西米脂知县，擢湖北宜昌通判，移黄州岐亭同知，擢贵州思南知府。铜仁苗、句楚苗作乱，纯德先事豫防，苗不敢犯。年八十，归。事具《江西通志》卷一百五十等。

雨中离思南，袁纯德、邹宽率兵弁相送，有诗。

《雨发思南袁太守纯德邹游戎宽率兵弁出小崖关相送即席赋赠一首》："竹亭留少坐，茶话觉清旷。雨立三百人，升头致微怅。愁霖安敢坐，急骑出崖上。"

邹宽,曾官参将。馀待考。

五月十三日,长孙毂曾生。

　　吕《谱》本年条:"五月十四日,返署。先一日长孙毂曾生。"

十四日,返回贵阳学使衙署。

　　吕《谱》本年条:"五月十四日,返署。"

六月八日,王芑孙次韵先生上年《岁暮怀人》诗柬之。

　　王芑孙《渊雅堂全集》卷十《洪稚存学使寄岁暮见怀诗至,久之未能和也。六月八日,夜忽梦稚存过予草堂,因次其韵》:"长安六月雨生寒,万里灯前斗帐宽。杜甫天涯曾梦李,孟郊日下旧侪韩。平蛮有信犹横槊,觅举难成似累丸。南雁断飞消息远,节华无恙勉加餐。"

　　按:据诗末联,此诗当柬于次日或稍后,姑系于此。

八月初一日,作《贵州水道考》成,撰序。

　　《卷施阁文甲集》卷九《贵州水道考序》:"余以壬子冬,奉命视学此方,轺车所至,类皆沿源溯流,证以旧闻,加之目验,既不信今,亦不泥古,两年于兹,撰成《贵州水道考》三卷。……乾隆五十九年,岁在甲寅,八月一日序。"

十五日,中秋,有诗。

　　《卷施阁诗》卷十五《八月十五夜》:"蛮方今夜月,儿女集樽前。迢递思乡国,团栾敞客筵。塔光云外隐,菱角雨中牵。不寐缘何事,相将话昔年。"

十六日,夜雨,有诗。

　　《卷施阁诗》卷十五《十六夜雨》:"阑干沉不见,都在雨声中。"

九月初九日,偕尚书富纲、侍郎冯光熊至甲秀楼登高,并送黔中两主司北上,有诗。

　　《卷施阁诗》卷十五《九日偕富尚书纲冯侍郎光熊至甲秀楼登高》:"殊方再值重阳日,候馆欣联五使星。是日,送黔中两主司北上。"

徐日纪饷菊数十盆,招同人赏之,有诗。

　　《卷施阁诗》卷十五《徐太守日纪饷菊数十盆因结作花龛并邀同人共赏即席赋谢太守》:"十日苦雨三日晴,秋老已觉无欢情。打门有客送花至,一笑红紫纷相迎。……冲寒花性昔所谙,斗室合作藏花龛。"

应太守沈丙招赏菊,有诗。

《卷施阁诗》卷十五《沈太守招集寓斋赏菊》。

沈丙(生卒年不详),字吉堂,乾隆三十三年(1768)举人,官贵州铜仁、石阡知府等。事具《师桥沈氏宗谱》等。

赴嘉杜轩公宴,有诗。

《卷施阁诗》卷十五《嘉杜轩公宴》。

应刺史冯克巩招,同沈丙、刘雁题两太守等集七研斋,有诗。

《卷施阁诗》卷十五《冯刺史克巩招集七研斋》其三:"题篇已擅沈休文,颂酒仍须刘伯伦。谓坐中沈太守丙、刘太守雁题。明日马头西北去,醉颜还剩十分春。"

冯克巩(生卒年不详),字七研,号小鲁,清浙江嘉兴人。太学生,四库馆誊录,议叙州同,历官漳州、重庆通判、开州知州,署安顺府。以平苗民乱,擢升松潘同知、丽江知府。因公褫职,后起复为鹤山知县,卒于官。为官廉正,以干略著。工书,逼似赵孟頫。事具《梅里志》卷九等。

刘雁题(生卒年不详),字仙圃,清河南光山人。乾隆二十五年(1760)进士。曾官平湖知县、铜仁知府。事具《(光绪)平湖县志》卷十等。

赴安顺、南笼两府科试,有诗纪行。

吕《谱》本年条:"九月,科试上游安顺、南笼二府。"

十九日,蒙师荆汝翼卒。

二十三日,抵安姑。

《卷施阁诗》卷十五《安南抵安姑作》:"山程红烛谁相迎,却喜前村月半规。"

按:据"月半规"句,当是下弦月,则抵安姑当在二十三日,故系于此。

同卷又《将抵南笼道中作》《南笼试院即事》《十八先生墓》。

十月南笼科试毕,起程返贵阳,沿途有诗纪行。

《卷施阁诗》卷十五《自南笼至新城道中病酒》《新城行馆独坐》《小病》《三味塘道中》《自高伍塘至安姑宿》《自安姑抵安南道中》。

范学敏读书仓廨索题。

《卷施阁诗》卷十五《范公子学敏读书仓廨索题》："伏波能聚米，上蔡亦监仓。移作摊书地，真成避客方。"

范学敏，生平待考。

经保甸塘、关岭、安庄，有诗纪行。

《卷施阁诗》卷十五《自保甸塘望盘江对岸诸山半日行尚未到感而有作》《侵晓渡关岭》《去岁三月自安顺按试南笼道过安庄花事甚盛今复经此则秋林尽摇落矣感而赋此》。

闻福康安移节滇黔，已抵威宁，先生以诗寄呈。

《卷施阁诗》卷十五《福公相康安自全蜀移节滇黔近闻已抵威宁寄呈四首》其三："昨传使节入秦关，威望先驰压百蛮。三万里踰星宿海，八千人上贺兰山。偏裨尽注通侯籍，掌记犹分侍从班。方太常惟甸、杨侍读揆，近日皆曾随幕府。却笑燕然地犹近，窦公容易勒铭还。"

方惟甸（1759—1816），字南藕，号茶岩，清安徽桐城人。乾隆四十六年（1781），以吏部主事随福康安出征台湾，累迁御史。历官光禄寺少卿、正卿、长芦盐政、山东按察使、河南布政使、陕西巡抚、闽浙总督等。所著有《心兰室稿》等。事具《（道光）续修桐城县志》卷十三等。

抵安平行馆，见梅，有诗。

《卷施阁诗》卷十五《安平行馆见梅》："独坐小窗斜日里，胆瓶风拆一枝花。"

本年，序贵阳太守徐日纪之祖徐南庐诗集。

《卷施阁文甲集补遗》之《徐南庐先生诗集序》："贵阳太守徐君松圃，与余交有年。暇日，出其祖南庐先生诗见示，余三复读之，以为唐之赵弘智、李日知，宋之徐仲车，复见于今日也。……甲寅岁，太守将梓于贵阳，属为数语，以弁其首。余喜名之得附见于先生之集，爰不敢辞，而命笔焉。今太守方以诗名家，又膺计典入都，将蒙不次之擢。读先生之诗,又可以知德门世泽之长,而太守诗法之传也。"

　　徐南庐,生平待考。

本年,凌廷堪部选得宁国府教授缺。

　　张其锦《凌次仲先生年谱》卷一本年条。

乾隆六十年,乙卯(1795),五十岁

正月初七日,登黔灵山,回途至雪厓洞小憩,有诗。

　　《卷施阁诗》卷十六《乙卯人日早登黔灵山》:"扶云入山门,一壁削天半。青松三百树,直上寡曲鞣。危厓嵌楼阁,悬处铁索断。开轩同客话,响与禽雀乱。"

　　同卷又《回途自郭外东转至雪厓洞小憩》。

十三日,贵州松桃厅大寨人石柳邓率苗民起义。

十五日,立春,夜雪,有诗。

　　《卷施阁诗》卷十六《十五日立春》:"元夕春,百年少。日月食,皆逢卯。鸦声愁,鹊声喜。兔升头,虎曳尾。雷凭凭,电光掣。春朝风,元夜雪。"

十八日,湖南永绥厅石三保亦率众起义。

十九日,被邀偕冯光熊至城南甲秀楼宴集,得石柳邓戕官起事耗。

　　吕《谱》本年条:"正月十九日,布政使以下奉邀巡抚冯公及先生至城南甲秀楼,张宴放灯,酒半,得铜仁苗石柳邓戕官起事耗。署按察使张公继辛、贵东道尼堪富什浑公闻信即行。甫曙,冯公继往。自此至任满入都,苗氛未参,数公并在军营,时有书函往复,颇靖规划焉。"

二十日,送客,憩于图宁关,有诗。

　　《卷施阁诗》卷十六《二十日送客久憩图灵关》:"闑轩春睡足,窥逯晚烟生。莫更留行客,劳劳尚半程。"

二月初六日,有诗。

　　《卷施阁诗》卷十六《二月初六日偶成》:"乌乌角声吹不停,忆昨夜过三千兵。山阴美酒贳百瓶,倾尔欲听苗蛮平。时铜仁苗匪滋事,巡抚以下并领兵亲往。"

初十日,至龙场,有诗。

　　《卷施阁诗》卷十六《初十日侵晓至龙场》。

十九日,出东门至芳杜洲看花,有诗。

　　《卷施阁诗》卷十六《十九日出城东门看花至芳杜州作》。

二十日或稍后,晓发龙场,前往遵义,沿途有诗纪行。

　　《卷施阁诗》卷十六《晓发龙场》:"二月气尚寒,蛰虫扃未启。冥
　　蒙菜甲花,飘黄十馀里。南瞻黄尽处,一线日初起。"

　　同卷又《延江道中》《早渡延江》《将至螺堰塘》《养马塘道中》《晓
　　发遵义四十里铺》。

约二十五日前后,抵遵义,于遵义试院校士。

　　《卷施阁诗》卷十六《遵义试院》:"二月春光好,幽寻使院西。"

　　吕《谱》本年条:"三月,科试大定、遵义二府。"所述小误。

三十日,于遵义使院小楼看桃花。

　　《卷施阁诗》卷十六《二月晦日使院小楼看花》:"长水捷书当可
　　达,铜仁逆苗,闻已进剿,尚未得实信。播州春雨不能晴。"

　　按:播州,遵义古名。

闰二月初一日或稍后,独坐试院小楼柬知府嵇承益,时得福康安书,知其率
兵入辰沅消息,有诗。

　　《卷施阁诗》卷十六《试院小楼独坐柬嵇太守承益》:"风光多在小
　　楼西,无数山云压槛低。与客生疏惟燕剪,背人开落有棠梨。酒逢地主
　　惭中户,君量最宏。札报天兵过五溪。时得福公相书,言已率黔兵入辰
　　沅矣。早晚捷书来郡阁,春融拚共醉如泥。"

　　按:此诗次于晦日诗之后,故系于此。

　　嵇承益,生平待考。

从遵义出发,前往大定,沿途有诗纪行。

　　《卷施阁诗》卷十六《晓发遵义》《八里水塘道次》《鸭溪行馆》《石
　　壁塘道中》《发半水塘》《度宏安硚》《宿沙溪行馆》《过三重堰上岭》
　　《渡渭水桥晚抵牛场塘》。

初七或初八日,抵黔西州。

《卷施阁诗》卷十六《黔西州廨海棠一株大可半亩到日花正盛开喜而作》："山光著客浓于酒,帘影随云逝若波。要与东君再三约,好留十日待重过。"

同卷又《看墙外桃花》："醉里似闻莺燕语,桃花颜色称春风。"

又《宿海棠庭院》："墙头香气时飘忽,骑马入门丝雨歇。春风庭外二分花,夜色帘前半规月。梨桃杏李春事忙,参差一亩横海棠。三更窥径花如活,红气入窗蒸梦热。"

按:据"夜色帘前半规月",抵黔西州当在初七或初八日之前,故系于此。

初十日前后,离黔西州赴大定,有诗。

《卷施阁诗》卷十六《自黔西州至新铺道中》："春阴何重重,花外路如墨。抬头见鸣鸠,咒雨一双黑。坡陀过新铺,稍觉径夷直。"

十五日,寒食,于大定试院试威宁等三州童生,有诗。

《卷施阁诗》卷十六《寒食大定试院试威宁等三州童生竟日坐听事作》。

同卷又《十五日薄暮作》："离居谁信是寒食,檐外风雨来无端。"

十六日,清明,得巡抚冯光熊函,知叛乱苗人战死二千馀人,毕节附生熊瑶具呈先生欲至军前效力,有诗。

《卷施阁诗》卷十六《清明》："三年寒食住三州。前年在安顺,昨年在黎平,并皆局院试士。一样摊书据案头。春半雨多频蜡屐,蛮中花好不登楼。局门莺燕时来觑,出谷烽烟昨已收。时得冯巡抚知会,初二日在嗅脑剿杀逆苗二千余人,正大营道路已通。却笑青衿未知事,漫思投笔佐军筹。时有毕节附生熊瑶,具呈,欲移送军前效力,余已谕却之。"

熊瑶,清贵州毕节人。附生。馀待考。

十七日,大定使院后圃望远,兴乡关之思,有诗。

《卷施阁诗》卷十六《十七日晴使院后圃望远》末联："年年桃坞春如许,辜负乡园三两丛。"

二十日前后,由大定返回贵州学使署衙。途中,再宿黔西州海棠庭院,有诗纪行。

　　《卷施阁诗》卷十六有《将抵西溪》《西溪汛即事》《重至黔西宿海棠庭院》《将抵镇西卫》等诗纪行。

本月,张问陶有诗柬先生。

　　《船山诗草补遗》卷四《乙卯春日寄洪稚存同年贵州学使》。

四月,图写荷花面寄方伯费淳,有诗。

　　《卷施阁诗》卷十六《偶写荷花便面寄费方伯淳》:"小阁才看暑雨过,一拳奇石面层阿。知君雅有乡山念,为写钱唐一顷荷。"

　　按:据此诗"小阁才看暑雨过"句,且次于《端午日闻官兵捷音》之前,因而姑系于此。

　　费淳(1739—1811),字筠浦,清浙江钱塘(今杭州)人。乾隆二十八年(1763)进士,授刑部主事。后历官刑部郎中、军机章京、常州知府、太原知府、冀宁道、云南布政使、安徽巡抚、江苏巡抚、两江总督、吏部尚书、工部尚书、协办大学士、体仁阁大学士等。卒,谥文恪。事具《清史稿》卷三百四十三等。

五月初五日,夏至,得知官兵奏捷,有诗。

　　《卷施阁诗》卷十六《端五日闻官兵捷音》,诗题下有小字自注:"是日夏至。"诗云:"今年节候奇,元夜立春节。如何日长至,复值端午日。榴花红处排两筵,却值露布来东边。兴酣邀客共劈笺,铙吹雅乐吟连篇。"

　　吕《谱》本年条:"五月,回署。"

下旬,因霖雨连绵,仓池荷花寥落,姜开扬由臬使左迁甘肃平庆兵备道,因感赋诗,柬冯光熊、张继辛、尼堪巴图鲁及姜开扬。

　　《卷施阁诗》卷十六《自春及夏淫雨连绵仓池荷花十减六七感赋一篇近柬冯侍郎光熊张兵备继辛铜仁尼堪巴图鲁臬使思州并寄姜兵备开扬甘肃》:"前年筑台面池水,昨岁花放池台前。朋来唤我作花主,日日楼上开宾筵。今年霖雨无停刻,水绿冲台台欲缺。三层台上无一人,花亦悄然如惜别。征东军容盛如火,忆昨出城来别我。残荷隔岁尚数茎,腊雪初看出梅朵。城头一别经廿旬,转眼又值看花辰。岂徒花色减畴昔,把酒苦忆花前人。……转思万里桥边水,多半楼台雨中毁。臬使署中,荷花最盛。今空署半年,闻楼阁半顷,花亦憔悴非昔。两地看花无一人,寥寥壁上诗笺在。藏春坞北偶傍偟,风急犹闻递远香。莫更城东招小史,左官先已抵伊凉。谓姜臬使开扬,时以事左迁平庆兵备道。小史郭郎,即姜所眷。屈指平苗露布来,主人亦欲辞花去。"

按:本年闰二月。自二月初出巡,合闰二月,前后五阅月不在学使署,与小字自注"今空署半年"合。因而此诗之作,当在五月下旬,姑系于此。

杨揆两度相访不及见,先生今得其书,知抵军营,以诗柬之。

《卷施阁诗》卷十六《杨兵备揆两至黔中皆不及见今得书知又抵军营寄怀一首》:"我生游迹殊通达,《禹贡》九州今历八。虽然输尔涉河源,远度昆仑越哈察。……尚烦奇计参帷幄,顿使蛮方靖戈铩。读君露布才益奇,鬼胆先看破罗魃。宁知马上杀贼手,正复翩翩如俊鹘。"

闻铜仁近日有警及辰水决城数丈,以诗柬巡抚冯光熊。

《卷施阁诗》卷十六《闻铜仁日来复有贼警兼辰水决城数丈冯侍郎光熊率官弁昼夜堵御寄怀》:"天乙虹梁暑雨交,昨传江水决城壕。蛮中稴稯红千顷,峡里舟船绿半篙。六月可能平板楯,一军闻尚驻松桃。萧萧白发筹边夜,谁识冯唐志意劳?"

本月,作平苗凯歌十章,并寄福康安。

《卷施阁诗》卷十六《平苗凯歌十章即寄福康安公相行营》其七:"阃外军威敢自专,国恩重迭与传宣。劳来不用歌周《雅》,六月王师已凯旋。"

按:诗末句"六月王师已凯旋",乃愿望之词,则此诗亦当作于六月之前,故系于此。

六月,科试贵阳府。

吕《谱》本年条。

初一日,移至莲台避暑。

《卷施阁诗》卷十六《自六月朔日移至莲台避暑闻儿子饴孙疾尚未愈书示一首》。

初六日,因酷暑至莲台夜坐,有诗。

  《卷施阁诗》卷十六《酷暑至莲台夜坐》:"六月六日大乍煦,窄袖葛衫犹苦暑。连房早厌人语稠,却曳襂被来楼头。莲台三面波光漾,一榻居然最清旷。蒙蒙桃树月西斜,鸟影斜生纸窗上。"

七月初七日,七夕,应陈熙藩邀,集城南鸣玉山房,有诗。

  《卷施阁诗》卷十六《七夕陈大令熙藩邀集城南鸣玉山房即席赋赠一首》:"赤甲一军争渡久,时续调滇、粤兵甫过境。紫薇双树得秋多。……莫向尊前问牛女,早凭天汉洗兵戈。"

八月上旬,录送士子入闱。

  吕《谱》本年条:"八月,值乙卯正科,录送士子入闱。

十五日,中秋,晓望及夜坐均有诗。

  《卷施阁诗》卷十六《中秋日晓望》:"城南未见烽烟歇,忘却秋中有佳节。阴寒雾雨迷一旬,才见清凉此宵月。烹葵剥枣饮不休,逸兴且上城南楼。忽然黄叶下如鸟,笑过三岁蛮中秋。"

  同卷《秋海棠》:"艳色偏嗟晚,酸心孰与同。昨宵乡梦破,露冷一庭空。"

  同卷又《中秋夜坐》:"上弦及初圆,一夜辄三起。连廊南北抱,鞋履行未已。……蛮乡三载住,良夜能有几?握管欲赋诗,朝曦堕林尾。"

九月初一日,贵州乡试出闱。

  《卷施阁诗》卷十六《乙卯贵州揭晓会城书院生徒获隽者二十七人回途率成五百字志喜全用十四缉韵即呈吴烜陈希曾两主试及许刺史学范诸同考》:"辟门逢月朔,雨雾路微湿。监司迫州县,一一连骑入。"

  按:据"辟门逢月朔"句,乡试入闱当是九月初一日,故系此。

贵州乡试发榜,会城书院生徒二十七人获隽,有诗志喜,呈吴烜、陈希曾两主考及许学范等同考。

  《卷施阁诗》卷十六《乙卯贵州揭晓会城书院生徒获隽者二十七人回途率成五百字志喜全用十四缉韵即呈吴烜陈希曾两主试及许刺史学范诸同考》:"前年使者来,冬仲月初拾。奉命宣化条,穷经事尤急。周行十三府,日或不暇给。……贵山储人才,两岁隽及册。谓贵山书院生徒，甲乙两科中式者至四十余人。方忻读书效，私自理囊橐。昨歌鹿鸣来，城府已麇集。然闻聘同考，颇复论阶级。**贺方伯代监临试考官，以朱经历龙藻文为第一，然不预内帘。朱云名不预，执卷每鸣唈。朱镌其拟墨遍送同人。**辟门逢月朔，雨霁路微湿。监司迫州县，一一连骑入。堂深更扃钥，门外直双钑。……持衡两君子，公望庶谐声。筳排多士卷，一一蒙访及。庶几能相马，拔十真得士。……只惜郭北生，犹然向隔泣。时诸生中，知名者惟贺世清独不售，贺居北郭，故云。"

陈希曾（1766—1816），字集正，一字雪详，号钟溪，清江西新城人。乾隆五十八年（1793）进士，授翰林院编修，历官四川学政、山西学政、江南学政、詹事、内阁学士、刑部左侍郎等。曾典顺天、云南、贵州、江南乡试。娴于掌故，为国史馆副总裁。事具《（光绪）江西通志》江西通志卷一百五十六等。

吴烜（生卒年不详），字旭临，号鉴庵，清河南固始人。乾隆五十二年（1787）进士，授翰林院编修。曾官江西学政、通政使、礼部右侍郎、兵部右侍郎、左侍郎、吏部右侍郎、左侍郎等。性方正，待人和易。事具《江西通志》卷十六、《清秘述闻》《东华续录》等。

许学范（生卒年不详），字希六，号小范，又号芊园，清浙江钱塘（今杭州市）人。乾隆三十七年（1772）进士，历官刑部员外郎、云南云龙州知州、贵州黔西知州、顺天府治中等。以母忧不复出。著有《武备辑要》等。事具《（嘉庆）黔西州志》卷六、《杭州府志》卷一百三十七、《晚晴簃诗汇》卷九十五等。

朱龙藻，生平待考。

贺世清（生卒年不详），清江西永新人，贵州籍。嘉庆十四年（1809）进士，授翰林院检讨。事具《（同治）永新县志》卷十一等。

十九日，雨，以任将报满，送蒋宜人率家眷归里，有诗。

吕《谱》本年条："九月，以将报满，蒋宜人先率子妇归里。"

卷施阁诗》卷十六《十九日独酌偶成》，诗题下小字自注："是日，家累南回。"诗云："不厌萧萧雨，风声彻户亮。又添新别痕，独对古重阳。石镜花千朵，琴台酒一觞。遥怜车骑远，凝眸此高冈。"

徐日纪属题申屠氏族谱中山水画册,有诗。

  《卷施阁诗》卷十六《徐太守日纪属题申屠氏族谱中山水画册八幅》。

屠绅擢判广南,过访留饮,有诗。

  《卷施阁诗》卷十六《屠二绅自寻甸州守擢判广南道过贵阳留饮三日醉后赋赠》:"依绿亭边识君日,三十年来五回别。一回握别一倾倒,我越壮岁君未老。天怜狂客爱远游,远宦皆出天南头。……北来驿使递一笺,骤阅反疑君左迁。人言宦广胜宦滇,俸入乃逾十万钱。……君不见,少岁瞀我去,幸有少岁交。红阑百尺挂酒瓢,恍若醉我城北之山桥。山桥边,即乡社。我距君家不三舍,何日同归醉桥下?"

十月十四日,即将离任,赋六诗志别,并贻新学使谈祖绶。

  《卷施阁诗》卷十六《喜代人将至率赋六诗留以志别并贻新学使谈户部祖绶》其三:"云山殊恋别,忽作两月晴。自八月十四日至此已两月,并无大风雨。土人云:为数十年所未有。清晨来阁中,霞采东南明。连冈何苍苍,修林亦英英。机事庶久忘,物亦谅此情。伴我读书日,不觉寒暑更。谢者尚未谢,生者日以生。爱此三载中,日添雏鸟声。新篁手所栽,亦乐观其成。"其六:"香樨南北廊,修竹东西径。红云楼百仞,白藕花千柄。兹庐最闲适,旁榭亦幽靓。岂兹崇土木,藉以适身性。昨者偶读书,欣闻有除命。前旌临沅水,当遣驺从迎。周间更修饰,砌石拭如镜。虽为居者计,客暂寄歌咏。分番扶美植,恶木久除屏。以此黾勉心,庶几贻后政。"

  按:据诗其三小字自注,诗作于十月十四日前后,故系于此。

  谈祖绶(生卒年不详),字紫垂,一字葆孙,清浙江德清县人。乾隆五十二年(1787)进士。历官户部主事、员外郎、贵州学政等。事具《清秘述闻》《贵阳府志》卷九等。

应同里幕下邀,集于参军苏凤池廨舍饯别,有诗。

  《卷施阁诗》卷十六《同里诸君子邀集苏参军凤池廨舍饯别即席赋赠一首》:"逶迤径折入琅玕,蛮府参军廨宇宽。已觉朔风伤谢朓,不妨微雨过苏端。群公雅称芙蓉幕,一老曾餐苜蓿盘。闻徐太守日纪,亦欲入座。拚得花前几回醉，马蹄应又踏长安。"

苏凤池，浙江人。监生。朗洞县丞。馀不详。

十一月初十日，自贵阳启程返京，新科举人熊焕章、杨大奎随行。

吕《谱》本年条："十一月十日，先生自省城启行。督抚密折陈奏声名，以为清廉爱士，数十年所未有。诸生送者，自图云关至贵定，三日中不绝。熊生焕章、杨生大奎随行，皆新中式无力入都者。"

杨大奎，生平待考。

十五日，抵镇远，适遇新学使谈祖绶，交印，遂发洪江，沿途有诗纪行，见兵燹之后城镇，深自哀痛。

吕《谱》本年条："十五日，抵镇远，新任学使谈君祖绶亦至，当即交印，由洪江进发。"

《卷施阁诗》卷十七《自镇远州行至常德杂诗》。诗题前小序："时正会剿铜仁沅州红苗，一路皆传箭送舟，仅乃得过，亦幸水程距札营处稍远也。"其一："青溪及玉屏，水程从此起。飞梦入吴江，迢迢七千里。"其二："两关皆虎豹，一棹若蜻蛉。昨得军门札，传烽送使星。"其七："杨柳千条巷，夫容百尺楼。可怜兵火后，剩有夜乌愁。浦市甫经烧劫，所见尤惨。"

二十八日，卢文弨卒。

十二月初，抵辰州，谒湖督毕沅、晤巡抚姜晟，识刘锡嘏，毕沅言钱伯坰尚在荆州未归，晤之。

吕《谱》本年条："十二月，抵辰州，晤湖督毕公沅、湖南巡抚姜公晟。"

《卷施阁诗》卷十七《辰州谒毕尚书师出所定诗文集见示即席赋呈二首》其一："一半戈船下濑横，烽烟开处见山城。天南纵置筹边驿，研北仍闻击钵声。幕府尽称诗弟子，谓刘侍御锡嘏。虚窗闲礼古先生。军容茶火由来盛，未改臣门似水清。"

同卷又《荆州喜晤钱上舍伯坰即送南归并寄令叔维乔》"尚书筵上说钱郎"句下有小字自注："抵辰州日，尚书为言，君尚在荆台未归。"

刘锡嘏（生卒年不详），字纯斋，一作淳斋，号拙存，清顺天通州（今北京市通州）人。乾隆三十四年（1769）进士。官至江苏淮徐道。工书画。所著有《十砚斋集》等。事具《清画家诗史》等。

钱伯坰（1738—1812），字鲁斯，又字鲁思，号野余，又号仆射山樵、见南居士，清江苏阳湖（今武进）人。监生，以擅书名天下。以四库馆誊录，得簿丞。工诗文，为书名所掩。事具张惟骧《清代毗陵名人小传稿》卷四等。

与毕沅共话，并题毕沅《灵岩山馆集》，三日方别。

《卷施阁诗》卷十八《卷施阁诗》卷十八《十七日惊闻毕尚书师楚南之赴翌日于卷施阁中为位而哭哀定赋诗六章即寄庄滨州炘钱干州坫毛简州大贏四川孙兵备星衍山东杨灵州芳灿甘肃方伯揆贵州杨大令伦广西王大令复河南》其五：“伤心别时语，乙卯冬，余自黔中报满入都，公留话三日方别。原不计生还。”

《北江诗话》卷四：“忆乙卯冬，余以黔中使竣入都，时毕尚书沅在辰阳筹饷，邀留数日，出其所定《灵岩山馆集》属题。”

初十日前后，抵常德，同年胡文铨招饮郡斋，有诗。

《卷施阁诗》卷十七《常德胡同年文铨招饮郡斋即席赋赠》：“十年前事重徘徊，曾醉梁王百尺台。未觉壮怀输少日，不妨闲里斗深杯。……清兴到今仍未减，春风先为折疏梅。”

十九日，抵荆州，晤姻家崔浣青恭人及钱伯坰、钱钺兄弟，送钱氏兄弟南归，并柬钱维乔，有诗。

吕《谱》本年条：“十九日，抵荆州，姻家崔太守龙见以公事出，晤崔浣青恭人、钱上舍伯坰兄弟。”

《卷施阁诗》卷十七《荆州喜晤钱上舍伯坰即送南归并寄令叔维乔》其一：“嘉平廿日来渚宫，骑马直诣官衙中。拦门握手久相视，尚喜君貌非衰翁。中郎阿大欣俱在，时令兄钺亦在署。咏絮诗成复谁对。……零珠断璧箧中字，尚抵陆贾千金装。欲行不行更搔首，握别还思素心友。君不见，竹初庵内证无生，应笑劳人日奔走。”

同卷《荆州官廨偕钱上舍伯坰暨崔恭人作消寒七集即席有怀崔丈龙见》其二：“一载军书插羽飞，人传公瘦我宁肥。路穿烽火惊身在，梦

逐波涛入秭归。时在宜昌一带谳狱。会面未能忘息壤,关心先自理初
衣。君时乞养屙归里,未允。天南伫看苗氛净,好买蓉湖筑钓矶。"

又《酬钱上舍丙曜》其二:"词笔欣看萃一门,比年风月共琴尊。
龙华会上如相问,交到彭俭四叶孙。余幼时谒萧山公,即蒙奖识,及长,
受尚书之知,又与大令及伯垌兄弟并称莫逆。"

按:钱维乔号竹初。

又《题崔恭人秋山访菊图》其一:"幽窗雨过点青苔,腊屐曾从响
屧回。自觉向来秋气少,不随探菊只探梅。丙午二月,曾追陪邓尉看
梅。"

二十四日,抵湖北吕堰,识驿巡检王翼孙。

《卷施阁文甲集》卷九《敕授登仕郎晋赠武德骑尉恤授云骑世职湖
北吕堰巡检王君神道表》:"乾隆六十年十二月,余视学贵州还京,以小
除日抵湖北之吕堰。曛黑中,有迎拜马首者,余起惊询,则吾友王芑孙
之弟,吕堰驿巡检王翼孙。暨抵馆,揖之入。"

按:据"小除日抵湖北之吕堰"句,故系于此。

王翼孙(1757—1796),字以燕,号听夫,清江苏长洲(今吴县)人。
善骑射。乾隆五十年(1785),考充宗人府供事,叙劳为从九品。乾隆
五十五年(1790),分发湖北,历官荆门州建阳驿巡检、兴山县典史、襄
阳县吕堰巡检、长乐县典史、县丞等。嘉庆元年(1796),枝江民乱,力
捍城,死于乱兵中。所著有《波馀遗稿》等。事具秦瀛《小岘山人文集》
卷六《湖北襄阳府襄阳县吕堰驿巡检王君行状》等、王昶《春融堂集》卷
六十《湖北襄阳吕堰镇巡检王君墓表》等。

二十六日,立春,抵襄阳谒房师王奉曾及羊祜、杜预二公祠,并怀孙星衍。

吕《谱》本年条:"廿四日,抵襄阳,晤房师安襄郧道王公奉曾。"

《卷施阁诗》卷十七《襄阳呈房师王观察》:"远宦迢迢各一方,马
头真喜向襄阳。西南尚见烽烟赤,师弟初惊鬓发苍。怀古池台聊驻节,
探春帘幕偶传觞。是日立春。盈箱案牍须勤理,肯学山公醉百场。"

同卷《立春日过襄阳谒羊杜二公祠有怀孙观察星衍山东》:"君为
东国诸侯长,我作南方多士师。"

本年,应包达源请,作《包文学家传》。

> 《卷施阁文甲集》卷十《包文学家传》:"先生讳士曾,……岁乙酉,赴试江宁,遘疾遽卒,年四十八。越三十年,族人将修谱系,其子达源前已举于乡,官泗州儒学训导,远致书亮吉,乞为立传。亮吉与达源同岁生,知先生详,且旧史氏也,遂为编次如左云。"

> 包达源,清江苏阳湖人。举人。泗州儒学训导。馀待考。

赵怀玉有次韵癸丑年《岁暮怀人》诗之《赵舍人怀玉并酬入直见怀之作》。

> 《亦有生斋诗集》卷十四《次韵答洪编修亮吉寄怀》:"射策君如萧长倩,斋粮我媿郑当时。那堪对雪三年病,自壬子以来入冬辄病。每读怀人万里诗。损俸喜还资药裹,关心闻已到蓴丝。终应同践江湖约,尊酒先来燕市持。"

嘉庆元年,丙辰(1796),五十一岁

正月初一日,清高宗弘历御太和殿,举行内禅礼,授玺。清仁宗颙琰即位,尊弘历为太上皇,颁诏天下。

行次南阳,偕总兵袁果、知府完颜岱至幄殿行朝贺礼,有诗。

> 吕《谱》本年条:"元日,偕南阳镇总兵袁果、南阳知府完颜岱等,至幄殿,行朝贺礼。"

> 《卷施阁诗》卷十七《元日南阳》:"幄殿趋朝夜向晨,宛南春首净无尘。早闻内禅光唐宋,又见元年值丙辰。全楚正欣秋再稔,史官应奏日重轮。尧阶未在追陪列,尚愧西清侍从臣。"

> 袁果,生平待考。

> 完颜岱(生卒年不详),满洲镶黄旗人。曾官肥乡令、刑科给事中、南阳知府、河南粮道、直隶按察使、河南布政使等。事具《(咸丰)庆云县志》卷二、《剿平三省邪匪方略》正编、《东华续录》等。

初二日,发南阳。

> 吕《谱》本年条:"初二,上道。"

初七日,抵郑州,巡抚景安遣人相迎,有诗。

> 《卷施阁诗》卷十七《人日抵郑州巡抚景安远遣人相迓书此报谢》,

其二："人日聊登百尺楼，繁台东望久淹留。破除旧例吾何敢，瘦马羸童入郑州。"末句下有小字自注："君清素如昔，一切酬应送迎之礼皆绝，今独遣一介相及，是以云。"

王复约游偃师，有诗柬之。渡河，遇大风，返南岸，宿于惠济桥行馆。费尽周折后，九日午时，始抵北岸。有诗纪事。

吕《谱》本年条："初七日，至荥泽，过河，半渡，风大作，舟几覆。薄暮，仍返南岸。因步行，携从子悼孙及两门生至惠济行馆草宿。越一日，月夜复渡河，夜半，忽冰凌大下，冲舟至四十里外，方得泊。明蚤，复至荥阳驿，索人夫帆缆，始成行。午刻，抵北岸。"

《卷施阁诗》卷十七《王大令复专人约游偃师余以驿路迂回未果翊日从冈里渡河半渡风发舟几覆日晚仅得抵南岸因徒步携从子两门生至惠济桥行馆宿却寄大令一首》："故人一别经岁时，封书约我游偃师。把书沉吟复东走，尘土随人已三斗。津头尘暗风尚微，挂席如马从风飞。忽惊风从半空旋，长年大呼人语乱。眼看北岸离才尺，帆急欲收收不得。一风吹舟舟转轻，楼橹尽讶凌空行。萧然天末一使星，河伯已遣鲛人迎。盘涡欲下仍未下，恶浪幸从船后泻。舟人心定客始猜，欲抵岸北偏南来。耸身一跃得平地，观者居然诧神异。邻舟望我竟若仙，余艇尚在风中颠。君不见，故人此日迟高会，客卧津亭自颠沛。瓦灯一盏土桥南，且唤行童理生菜。时觅食物无有，仅得生菜数把。"

同卷《叶县道中杂诗》其一："保安及昆阳，一驿三十里。奔马逐归鸦，齐入黄尘里。"

又《寄王大令复》："何因祖客筵前酒，转忆孙郎帐下儿。来书言及旧仆吴顺，已作孙郎帐下儿矣。几许笙歌两行烛，昵人魂梦忆多时。"

又《黄河阻风却至惠济桥行馆晚携从子门生至桥东玩月作》："多谢北风能欸客，吹帆三日住河南。"

初十日，白莲教徒张正谟、聂杰人等在湖北宜都聚众起义。

十一日前后，抵新乡，有诗赠孙希元。

《卷施阁诗》卷十七《过新乡赠孙同年希元》："篮舆薄晚过山庄，飞骑惊看迓道旁。"

按：据此诗首联，以行程计，抵新乡时当十一日傍晚，故系于此。

孙希元（生卒年不详），字仲和，号淡如，清山西兴县人。乾隆五十五年（1790）进士。历官贵州盐亭、新乡、北流等县，以军功署古州同知。所至多有循政。后主讲秀容书院。事具《（光绪）兴县续志》卷上等。

十三日，晓发汤阴，谒岳飞祠，将至安阳，有诗柬赵希璜。

《卷施阁诗》卷十七《晓发汤阴》："残雪明华表，惊沙暗驿楼。停骖吾不愿，昨已饭宜沟。"

同卷《将至安阳先柬赵大令希璜》其一："寻常三五团栾月，自到牂柯见未曾。料得邺中元夜好，故人应为剪春灯。"

按：十四日未刻抵安阳城（说详下），故将此诗及前诗系于十三日。

又《汤阴夜岳忠武祠》其二："埋骨西湖恨已多，小朝廷久厌兵戈。此方立庙非无意，尚为君王障两河。"

十四日未刻，抵安阳县境及县城，有诗。

《卷施阁诗》卷十七《抵安阳境尘土扑人戏柬大令一首》。

同卷《十四日未刻抵安阳赵大令为招春灯社火燕客海棠诗屋至三鼓乃别翊日更邀游天宁寺设百戏饯别醉中赋赠》。

十五日，元夕，游天宁寺后，当晚从安阳出发，抵磁州行馆。

《卷施阁诗》卷十七《十四日未刻抵安阳赵大令为招春灯社火燕客海棠诗屋至三鼓乃别翊日更邀游天宁寺设百戏饯别醉中赋赠》《晚发安阳至磁州行馆一路灯火甚盛喜而有作》。

赵希璜《四百三十二峰草堂诗集》卷十五《洪稚存学使同年差竣过邺招赴海棠吟屋小饮赋此赠行即以志别》："雪消梅瘦春瞳瞳，疏窗晓透初暾红。干鹊噪檐远客到，海棠吟屋新醅浓。黔南三载士丕变，大匠独运斤成风。气象蒸腾已日上，山川斐亹罗胸中。发之诗歌数百首，譬如环佩交玲珑。君昔规我绝吟咏，时披案牍仍冬烘。差幸民俗颇醇厚，无须钩距劳听聪。把酒对君技复痒，闭门觅句嗤难工。会当习气扫除尽，樗栎散弃甘龙钟。"

二十八日，入都。

　　　　吕《谱》本年条:"廿八日,入都。"

二十九日,诣宫门复命。

　　　　吕《谱》本年条:"廿九日,诣宫门复命。时先以任满日,黔省督抚
　　保奏过优,蒙谕,见面时题奏。当日军机处将原折先递,旋即召见,谕问
　　黔中课士情形,黔楚庙匪近状,民情安扰,官吏贤否甚悉,又垂询祖父兄
　　弟并甲第师生。良久方遣出。"

二月,僦寓兵马司前街,邻邵晋涵寓所。如皋陈嵩前来谒见。

　　　　吕《谱》本年条:"二月,僦寓兵马司前街。"

　　　　《卷施阁诗》卷十七《奉酬邵学士晋涵病中见寄之作》:"与君卜邻
　　意非好,欲拉酒徒时醉倒。墙西望汝一树花,君病未瘳春遽老。笺云日
　　啜半瓯粥,颇厌墙东酒徒扰。"

　　　　按:据"墙西望汝一树花"句,寓所当在邵寓之东。

　　　　《卷施阁文乙集续编》之《送奎文阁典籍陈嵩归里省亲序》:"柔兆
　　执徐之岁,予自黔中入都,僦屋琐巷。于是,有挟素业以就质,操乡语
　　而通款者,则如皋陈肖生也。望衡对宇,几将一周;连舆接茵,曾不间
　　日。"

　　　　陈嵩(生卒年不详),字肖生,清江苏如皋人。曾充任四库馆典籍,
　　工花鸟,以墨梅驰名。事具《(道光)如皋县志续志》卷七《陈汉源传》
　　附等。

初二日,白莲教徒王聪儿率众于襄阳起义。

题李鼎元《登岱图》。

　　　　《卷施阁诗》卷十七《李舍人鼎元登岱图》其一:"肯待向禽婚嫁
　　毕,仅留老眼看青山。"

　　　　李鼎元(1749—1812),字和叔,号墨庄,清四川绵州(今绵阳)人。
　　乾隆四十三年(1778)进士,授翰林院庶吉士。嘉庆四年(1799),充册
　　封琉球副使。历官至兵部主事。善诗文,与弟骥元、从兄调元先后在翰
　　林,皆负文名,时有"绵州三李"之称。所著有《师竹斋集》十四卷、《使
　　琉球记》六卷等。事具《清史列传》卷七十二、李桓《国朝耆献类征初
　　编》卷一百四十七等。

戏题《秦人种桃采芝图》。

  《卷施阁诗》卷十七《戏题秦人种桃采芝图》。

题冯培《竹鹤图》。

  《卷施阁诗》卷十七《冯给谏培竹鹤图》："君不见，今人不来古人往，鹤步空庭竹森爽。画中山好不可居，何不归为五湖长。"

  冯培（生卒年不详），字玉圃，又字仁寓，号实庵，别号读易翁，清江苏无锡人。乾隆四十三年（1778）进士，授庶吉士，官户科给事中。致仕归，掌教苏州紫阳书院等。所著有《鹤半巢诗存》十卷、《岳庙志略》十卷、《两浙盐法志》三十二卷、《经学纪纂》等。事具张江裁《燕京访古录》、杨钟羲《雪桥诗话续集》等。

十日前后，应顾亭王召，偕吴锡祺、邵葆祺、张问陶集饮于张问安寓斋。

  张问安《亥白诗草》卷六《顾亭王丈招同吴谷人赞善、洪稚存编修、邵寿民孝廉、家弟船山小集寓斋》："春愁乱人忽如梦，酒尊到眼乍还醒。……吟髯笑拍洪厓肩，筋政争飞粲花舌。"

  张问安（1756—1815），字悦祖，一字季门，号亥白，清四川遂宁人。乾隆五十三年（1788）举人。累举进士不第后，归四川主讲温江万春书院、华阳潜溪书院。工诗，兼擅书画。所著有《亥白诗草》八卷等。事具《清史稿》卷四百八十四张问陶附传、《清史列传》卷七十二张问陶附传、胡传淮《清代诗人张问安行年简谱》（《川北教育学院学报》2000年第4期）等。

  邵葆祺（生卒年不详），字寿民，号屺春，清顺天府大兴人。嘉庆元年（1796）进士，历官吏部员外郎等。所著有《桥东诗草》等。事具《国朝畿辅诗传》卷五十五、《晚晴簃诗汇》卷一百一十三等。

  顾亭王，生平待考。

二十六日，寒食，得家书，有诗。

  《卷施阁诗》卷十七《寒食早得家书偶题二绝寄南中小儿女》。

本月，张问陶为先生题《枫林揖别图》。

  《船山诗草补遗》卷五《题枫林揖别图为稚存作》。

三月末，邵晋涵病中见寄，以诗柬之。

邵晋涵《南江诗钞》卷四《病中戏简洪稚存》:"嗟余日啜半瓯粥,瘦骨棱棱竹一束。闻君广坐开长筵,豪饮直欲吸百川。与君门巷近尺咫,一欢一愁殊若此。论交却忆廿年前,追逐涧磴如飞鸢。狂歌忽当中席起,急觞敢让他人先。吾衰百事具唾弃,病不能饮真可怜。藤花不发春已过,有时窥檐只愁坐。男儿作客须作健,提壶不待山禽劝。熏风转盼栏药开,还期对饮三百杯。"

《卷施阁诗》卷十七《奉酬邵学士晋涵病中见寄之作》:"与君卜邻意非好,欲拉酒徒时醉倒。墙西望汝一树花,君病未瘳春遽老。笺云日啜半瓯粥,颇厌墙东酒徒扰。……期君醉我君辞疾,反作新诗恼行客。酒逋我纵盈门索,药券知君亦山积。君如戒药我戒酒,一日颠毛恐俱白。"

按:据邵诗"藤花不发春已过"与先生诗"君病未瘳春遽老"句,诗当作于三月末,故系于此。

春夏之际,先生属翁方纲题曾祖《秋山读书图》。

《复初斋诗集》卷四十八《洪稚存编修以其先昆秋山读书图属题》:"先生官晋土,芰荷留燕云。却画读书处,家园撷芳芸。时尚未之官,瘴寐旧香芸。……此图失复得,八十又七春。康熙癸未,禹鸿胪作图,乾隆己酉复归于洪氏。明年文字祥,果兆廷对辰。"

四月初,题李存厚《梅窝图》。

《卷施阁诗》卷十七《李公子存厚梅窝图》。

按:此诗次于《奉酬邵学士晋涵病中见寄之作》之后,姑系于此。

为吴鼒题《却扇》诗。

《卷施阁诗》卷十七《却扇诗为吴孝廉鼒赋》其四:"忪忪鞭马出金台,失意偏教笑口开。我忆婿乡风日好,红荷百顷待郎还。"

吴鼒(1755—1821),字山尊,又字及之,号抑庵,别号达园锄菜叟,清安徽全椒人。嘉庆四年进士。积官至侍讲学士。以母老告归,讲学于扬州等地书院。尚骈文。所著有《吴学士文集》五卷、《诗集》四卷等,并编有《国朝八家四六文钞》。事具夏宝晋《冬生草堂文录》卷四《墓志铭》《清史列传》卷七十二、《清史稿》卷四百八十五等。

为胡唐作《白发诗》。

　　《卷施阁诗》卷十七《白发诗为胡上舍唐作》："邻东胡生昨叫绝，白发忽然冲帽出。大呼掷帽理发末，幸喜根株惟有一。胡生胡生意若失，走马索诗兼口述。我为生语生勿怵，此事何关生与殁。"

　　胡唐（1759—1826以后），又名长庚，字西甫，号城东老人、木雁居士，清安徽歙县人。深于篆学，善治印，所著有《印谱》《砚谱》《岭云词》《木雁斋杂著》等。事具（民国）石国柱等修《歙县志》卷十《人物志·方技》《广印人传》《宋元明清书画家年表》等。

为徐嵩题王宸仿董源《潇湘图》。

　　《卷施阁诗》卷十七《题王太守宸仿董北苑潇湘图为徐孝廉嵩赋》。

　　王宸（1720—1797），字子凝，一作紫凝，号蓬心（蓬薪），又号蓬樵老运、柳东居士、潇湘翁等，清江苏太仓人。乾隆二十五年（1760）举人。历官内阁中书、湖南永州知府等。清初画家王原祁曾孙。工画，所画山水，枯毫重墨，气味荒古。所著有《蓬心诗钞》《绘林伐材》十卷等。事具《清史稿》卷五百零四、李桓《国朝耆献类征初编》卷二百三十九、李濬《清画家诗史》丁上等。

二十日，偕胡稷会饮光禄金孝继宅，饯送汪端光、王芑孙、徐嵩、张问安、吴鼒等，有诗，柬庄逵吉、陆继辂。

　　《卷施阁诗》卷十七《四月廿日与胡公子稷会饮金光禄孝继宅被酒醉甚归途于马上得五百字即送南归兼柬庄上舍逵吉陆秀才继辂》："今年绝代才，皆下考功第。汪端光、王芑孙、徐嵩、赵怀玉、张问安，尤苦不得意。王生除学博，卖字作归计。赵生居僻巷，忽尔闹车骑。无端长须奴，失笑复垂涕。揭晓前一日误报中式。汪生将外擢，以助教当得同知。毕力此一试，寅初闻揭晓，侧立门隙伺。猛闻敲扉声，妻子杂沓至。宁知非报捷，有客误投刺。徐生病支离，一夜屡登厕。先期吟病鹤，君甫作《病鹤赋》。谶已兆垂翅。蒙头闻报罢，急起理囊笥。张生已获售，黜落为奇字。欲归东西川，奈此楚氛炽。相邀避人迹，戚戚聚萧寺。吴生鼒示不屑，频日酒筵肆。……今晨闻剥啄，君又理归辔。君才希数子，靡不夙投契。况兹年尚少，拭目盼遭际。嗟贫兼叹老，与众不一例。

感君行计速,饮饯为粗备。不愁分袂早,反恨把臂迟。"

胡稷(生卒年不详),原名光荣,字公望,号梦湘,清安徽庐江人。胡观澜之子。乾隆时举人。历官四川东道、江西盐法道、署江西按察使等。以诖误罢官。所著有《律诗》四卷、《诗余》一卷、《盐政利弊书》四卷等。事具《(光绪)江西通志》卷一百二十八等。

金孝继(生卒年不详),字志祖,一字云皋,清安徽休宁人。监生。曾署广东阳江知县。事具《(道光)休宁县志》卷十一等。

五月八日,应方体、吴萧邀,偕同人集金氏园亭,饯送桂馥官云南永平,有诗。

《卷施阁诗》卷十七《五月八日方比部体吴孝廉萧邀同人出西直门小集金氏园亭即席赋赠并送桂大令馥之官云南》其二:"几许关心客,无多卖赋钱。……遥程愁更数,西去万三千。"

桂馥(1733—1802),字冬卉,号未谷,清山东曲阜人。乾隆五十五年进士。官云南永平县知县,卒于官。精小学,工篆刻。所著有《晚学集》八卷、《许氏说文解字义证》五十卷、《札朴》十卷及《后四声猿》等。事具《清史稿》卷二百六十八、《(道光)济南府志》卷三十八等。

方体(生卒年不详),字道坤,号茶山,清安徽绩溪人。乾隆五十五年进士,历官刑部郎中、九江知府以至湖北按察使等。政平讼理,闲即吟咏山水。所著有《仪礼今古文考证》《仪礼今古文考误》《绿雨山房诗文集》等。事具《(光绪)江西通志》卷一百三十二等。

题法式善、李如筠、张问陶、刘锡五、何元烺、何道生、王芑孙、徐嵩八人相集之《城南雅集图》。

《卷施阁诗》卷十七《城南雅集图》,诗前有小序:"《城南雅集图》凡八人:法祭酒式善、李编修如筠、张检讨问陶、刘舍人锡五、何户部元烺、水部道生兄弟、王广文芑孙、徐孝廉嵩。图成,属亮吉跋之云尔。"

李如筠(1765—?),字介夫,号虚谷,清江西大庾人。乾隆五十二年(1787)年进士,授翰林院编修,历官湖南乡试主考官。奉官福建学政,未行,遭父丧,哀毁成疾卒等。为人刚正不阿,工诗,著有《蛾术斋试帖古近体诗》等。事具《(光绪)江西通志》卷一百六十七、《(同治)南安府志》卷十六等。

何元烺(1766—?)，字研农，清山西灵石人。乾隆五十二年
(1787)进士。历官户部郎中、山东道御史、广西太平府知府等。所著
有《砚农集》《方雪斋诗》。事具《国朝御史题名》《枢垣记略》卷十八
等。

题法式善《雪窗课读图》。

《卷施阁诗》卷十七《法祭酒雪窗课读图》："感君与我孤露同，六
岁七岁称孤童。君以七岁孤，余甫六岁。贫家无师读不得，卒业皆在纱
帷中。"

题铁保、玉保《联床听雨图》。

《卷施阁诗》卷十七《少宗伯铁保暨少宰玉保绘联床听雨图属题率
赋一首》。

玉保(1759—1798)，铁保弟，字阆峰。乾隆四十六年(1781)进士，
选翰林院庶吉士，散馆授检讨。积官至兵部左侍郎、吏部左侍郎。卒，
年四十。所著有《萝月轩存稿》等。事具《清史稿》卷三百五十三、李桓
《国朝耆献类征初编》卷一百零一等。

十七日，夏至，招赵怀玉饮于寓斋。

《亦有生斋诗集》卷十四《夏至日，洪大招饮寓斋》："此会春明少，
当筵尽故乡。酿从千里至，日爱小年长。是日饮吾乡所寄酒。庭竹涓
涓尽，檐风细细凉。不辞情话久，坐到月昏黄。"

二十二日，应吴人骥请，作《惠定宇先生后汉书训纂序》。

《卷施阁文甲集》卷九《惠定宇先生后汉书训纂序》："惠定宇先生
以经学名东南。其所著《九经古义》《易汉学》《明堂大道录》等，精博
有过阎、顾诸君。余昨著《左传诂》一书，采先生之说为多，今又得读
《后汉书训纂》，而知先生之史学亦非近时所能及也。此书皆先生采缀
众家，凡有异同增损，皆摘入卷中。其门下再传弟子朱邦衡，为之缮写
补缀，汇为一编。仍有签识某书某卷未经录入者，吾友桂进士未谷，复
为补成之。定本既出，适吴念湖司马入都，爰力任剞劂之事，濒行，复索
序于余。……余近又尝以《水经注》校范书及《续志》，增益二十余事；
以《前汉书》《三国志》《宋书》校范书、《续志》，举正亦不下数十事。他

日当质之吴、桂，二君，或可附先生之书以行也。时嘉庆元年，岁在丙辰，夏至后五日。"

　　吴人骥（生卒年不详），字念湖，天津人。乾隆三十一年（1766）进士。官山东东昌府同知、莱州知府、济南知府等。风流倜傥，广交游，工诗词。事具《（光绪）重修天津府志》卷四十三、《历代画史汇传》卷七等。

二十五日前后，送王芑孙出京。

　　《渊雅堂编年诗稿》卷十三《出京四首》附录"送行杂诗"洪编修稚存名下有两诗："前身本是华亭鹤，却向由拳官学博。""他时经阁摊书夜，莫学扬雄作《解嘲》。"

　　按：此诗不见于先生集中，为佚作。《雅渊堂编年诗稿》卷十三《沤波舫归兴二十四首有序》诗前序云："余既得方保岩中丞、阿雨窗都转两人之助，又承辇下王公及台省馆阁诸君并故人之在外者，相与资其归装，宿逋具了，仆赁粗完，遂买舟以五月廿七日携妇子登程。"王芑孙以二十七日登程，则先生送行当在二十五日前后，故系于此。

本月，福康安病逝军中。

六月，派本衙门撰文。

　　吕《谱》本年条。

二十五日，邵晋涵卒。

　　《卷施阁文甲集》卷九《邵学士家传》："君讳晋涵，字与桐，一字二云。……君体素羸，又兼诸馆，晨入暮出，复以其暇授徒自给，执经者尝林立以待，前后著录弟子至数百人，由是体益不支。今年三月，感寒疾，医误投剂，遂剧，竟以六月二十五日卒于邸第，年仅五十有四。"

送桂馥远官云南永平，有诗。

　　《卷施阁诗》卷十七《送桂大令馥之官永平》："汪钱卢邵相继作，汪明经中、钱教授塘、暨卢文弨、邵晋涵两学士。海内故人今益稀。洪生终日块然坐，欲哭不哭常歔欷。数君岂止伤夭折，汪、钱、邵年皆仅五十左右。六艺微言亦将绝。……桂生亦是今儒者，六十扃门校《苍雅》。远官万里无一钱，手抱遗经尚难舍。"

　　按：据诗意，诗作于邵晋涵死后，桂馥前往云南之前，姑系于此。

题陈嵩画梅册子。

　　《卷施阁诗》卷十七《题陈布衣嵩画梅册子》。

　　按：诗次于《送桂大令馥之官永平》后，故系于此。

题陈庆槐借树山房。

　　《卷施阁诗》卷十七《题陈同年庆槐借树山房》："人生天地间，百物无不借。日受天地恩，不向天地谢。"

　　陈庆槐（生卒年不详），字应三，又作荫三，号荫山，清浙江定海人。乾隆五十五年（1790）进士，授中书舍人，官内阁侍读、乡试、会试同考官等。工诗，长于抒情。所著有《借树山房诗钞》八卷、《遗稿》二卷等。事具潘衍桐《两浙輶轩续录》卷十六等。

夏，与刘大观相识。

　　许隽超《洪亮吉的一篇佚文》："洪亮吉与刘大观初次觌面的地点在京师，时约在嘉庆元年（1796）夏。"[1]

　　刘大观（1753—1834），字松岚，号正孚，清山东章丘县人。乾隆四十二年（1777）拔贡。历官广西知县、奉天宁州知州、山西河东道署布政使等。后掌教罩怀书院。能诗文。所著有《玉磐山房文集》四卷、《玉磐山房诗集》六卷等。事具王昶《湖海诗传》、李斗《扬州画舫录》卷六、《清诗纪事》（乾隆朝卷）等。

七月，充咸安宫官学总裁。

　　吕《谱》本年条。

五日前后，王育琮病逝，作祭文。

　　《卷施阁文乙集续编》之《祭王秉玉驾部文》："……自交君而哭君，曾不逾乎廿年。忆岁丙申，值君里市。我时交友，不可一世。酒徒六七，爰有孙杨。携瓢持杓，置瓮在旁。围观一市，君哂其狂。及客汴中，岁维丙午。我时研经，君亦攻苦。是时执友，严邵钱孙。连间握管，各号专门。一灯达晓，君服其勤。洎岁丙辰，我还京国，君已沉屙，望君

　　① 许隽超：《洪亮吉的一篇佚文》，《中国典籍与文化》2008 年第 4 期。

门侧,自春之首,逮此秋初。"

按:据"自春之首,逮此秋初"句,王育琮病故于七月初,祭文自然作于是时。

初七日,七夕,应吴锡祺招,偕桂馥、赵怀玉、伊秉绶、张问陶、何道生、法式善集澄怀园清凉界;酒半。移酌池上,与张问陶失足堕水。

《卷施阁诗》卷十七《七月七夕吴侍讲锡麒招集澄怀园赏荷即席赋赠》:"居然秋雨余,邀客集深径。何止盈眸花,叶声清可听。……蒙庄方任达,管辂苦言命。坐中赵味辛舍人谈命不已。莫负佳节欢,移樽酌波暝。"

同卷又《酒半移酌池上与张同年问陶皆失足堕水戏作一篇并呈》:"……张郎行酒冠已侧,笑道一年惟此夕。携筋约客临北池,指点塘坳欲铺席。影先入水身误从,影没反讶身凌空。一花惊从足底红,转眼荷叶迷西东。谁云直下真无地,幸踏纤纤藕如臂。玩波一饷不出波,浓绿溪光若衣被。忽然一跃波已开,分手乱摹青莓苔。吾曹不死亦可哈,多谢花朵攀魂回。"

伊秉绶《留春草堂诗钞》卷二《七夕雨中同洪稚存编修赵味辛舍人怀玉张船山检讨吴谷人侍读锡麒澄怀园直庐三首》其二:"蔚蓝天映濯龙低,霁入黄昏晼宛迷。未必鱼知庄叟乐,攀荷争喜叶东西。稚存、船山醉后失足落池。"

《存素堂诗初集》卷六《七月七日,吴谷人前辈招同桂未谷、洪稚存、赵味辛、伊墨卿秉绶、张船山、何兰士集澄怀园清凉界,时未谷将之永昌》:"闭门就俗居,深怕接俗客。秋风飒然至,堕街梧叶碧。神仙展芳谦,琼馆敞瑶席。丹曦匿楼角,凉雾覆山脊。绕屋红莲花,不辨人行迹。一缕茶烟飞,精庐望犹隔。槐荫破窗补,草香空院积。开轩纳众宾,扫苔坐苍石。酒气忽腾云,墨华洒满宅。未谷酒酣作书。人生嘉会难,胡为悲远适?百年只须臾,万里亦咫尺。身苟与物忘,心不为形役。蝉噪鸥自闲,乌墨鹄仍白。富贵不可求,岁月要当惜。举杯问青天,今夕是何夕?"

张问陶《船山诗草补遗》卷五《七夕吴谷人侍讲招同法时帆祭酒赵

味辛舍人桂未谷大令洪稚存编修伊墨卿比部何兰士水部集澄怀园看荷》其二："池巾醉态花应笑,枕上诗情梦亦香。"

初九日,旧仆朱禄病故,将殓,不忍视之,至胡唐斋,吴文桂出款,饮醉,有诗。

《卷施阁诗》卷十七《初九日早旧仆朱禄忽遘危疾卒将以是夕殓于旁舍余不忍视之因出巷至胡文学唐寓斋索饮醉甚至二鼓始归率赋一首》:"凌晨欲出门,一仆殒西牖。念其久追随,不忍视棺柩。驱车出巷西复东,访友十辈九不逢。雨声潇潇促归去,日晚方欣与君遇。主人不在客亦豪,胡时主程吏部振甲舍,程前已出使。呼酒半日辞无肴。充肠且复啖生果,幸有菱栗兼梨桃。我前与君同里井,三十六峰悬倒景。乌聊山头笋堪煮,更摘乡园雨前茗。时吴上舍文桂出问政,山笋及松萝茶啖客。千杯万杯酒不醉,帘角月已来丝丝。"

程振甲(? —1826),字也园,清安徽歙县人。乾隆四十九年(1784)召试,钦赐举人,授内阁中书舍人。历吏部考功司主事、万寿盛典纂修官、文选司员外郎,军机处行走。随钦差查办事件,勇于雪冤。居官勤慎,明敏通达。事具《(道光)歙县志》卷八之二、《(光绪)重修安徽通志》卷一百八十七等。

朱禄,生年不详,先生仆人。

初十日,吴文桂邀津门李生为先生写《管领九秋图》。

《卷施阁诗》卷十七《初十日吴上舍文桂邀津门李生为余写管领九秋图爰赘以二绝句》其二:"篱前薄薄有花阴,小立居然爽客襟。一曲红阑天万里,是谁能识九秋心?"

吴文桂(生卒年不详),字子华,清安徽歙县人。所著有《就和轩五古律诗》等。事具《(民国)歙县志》卷五等。

十八日,与张问陶、伊秉绶、吴玉松、戴敦元、法式善、马履泰重饯桂馥、刘大观于赵怀玉寓斋。

《船山诗草补遗》卷五《七月十八日与洪稚存伊墨卿吴玉松戴金溪法时帆马秋药重饯桂未谷明府刘松岚刺史于赵味辛寓斋醉归车中有作》。

戴敦元(? —1834),字金溪,清浙江开化人。十岁举神童。乾隆五十五年(1790)进士,选庶吉士,历官礼部主事、刑部主事、郎中、广东高廉道、江西按察使、山西布政使、湖南护理巡抚、刑部侍郎、尚书。卒,赠太子太保,谥简恪。事具《清史稿》卷三百七十四等。

马履泰(1746—1829),字叔安(或庵),号秋药,清浙江仁和(今杭州)人。乾隆五十二年(1787)进士,改庶吉士。历官光禄寺少卿、陕西学政、太常寺卿等。工诗善画,以文章气节重。书宗唐人,好收藏。所著有《秋药庵集》等。事具《(民国)杭州府志》卷一百四十六、《晚晴簃诗汇》卷一百五等。

吴玉松,生平待考。

八月,移寓八角琉璃井官房。

吕《谱》本年条:"八月,移寓沙土园八角琉璃井官房,有亭池树石之胜。"

九月,独坐卷施阁,有诗。

《卷施阁诗》卷十七《卷施阁久坐》:"秋燕已无影,夜窗殊觉寒。"

按:诗次于《送张孝廉问安归蜀》前。据"秋燕已无影"句,诗当作于深秋,故系此。

饯送张问安归蜀,有诗。

《卷施阁诗》卷十七《送张孝廉问安归蜀》:"朝看东篱花,暮折北堤柳。……穷秋霜霰集,戚戚聚侪耦。相对惨不欢,惟应市篘酒。"

下旬,邵葆祺邀集其寓斋,饯送张问安,有诗。

《卷施阁诗》卷十七《邵进士葆祺邀集寓斋饯张孝廉即席赋赠》:"邵生不特诗才逸,兼买黄花醉行客。就中行客我即知,西蜀才人张亥白。……花前揖客屡举杯,客醉欲别花徘徊。拦门残月向东逗,兴发尚能骑马回。"

按:据"兼买黄花"句、"拦门残月"句,诗当作于九月下旬,故系此。

寓斋独坐,感而有诗。

《卷施阁诗》卷十七《寓中独坐》:"堆檐黄叶一尺深,下有著书人不老。"

秋,题桂馥《戴花骑象图》、赵希璜《云车飞步图》、张问陶《梦月卷子》、陈嵩《咏簟轩卷子》。

> 《卷施阁诗》卷十七《桂大令馥戴花骑象图》《赵大令希璜云车飞步图》《张同年问陶梦月卷子》《陈布衣嵩咏簟轩卷子》。

十月二十三日,邵葆祺饷酒,并约张问陶过卷施阁小饮,别后读黄景仁《悔存轩集》,有诗。

> 《卷施阁诗》卷十七《廿三日雪邵进士葆祺饷酒并约张同年问陶过卷施阁小饮别后复独酌池上读亡友黄景仁悔存轩集至二鼓作》其一:"故人携酒来,赏我庭畔雪。"其二:"浅醉不出门,送客竹篱畔。……移尊酌池上,看此冰欲泮。旧友陟上心,遂令爵无算。"
>
> 《船山诗草》卷十三《冬夜稚存招同寿民雪中饮酒既醉作歌》。
>
> 邵葆祺《桥东诗草》卷八《十月二十三日始雪,招张船山同过洪稚存寓圃,雪中饮酒,醉后作歌》。

题黄恩长《印谱》。

> 《卷施阁诗》卷十七《题黄上舍恩长印谱》。
>
> 黄恩长(生卒年不详),字宗易,一子奕载,号苍雅,清江苏长洲(今吴县)人。善画,尤工花草人物,且精篆刻。所著有《敦好斋印谱》《千顷斋画谱》等。事具《(民国)吴县志》卷第七十五下、《扬州画舫录》等。

送黄钺归芜湖,有诗。

> 《卷施阁诗》卷十七《送黄户部钺乞假还芜湖》其一:"黄生通籍久,而乏仕进意。郎官才半岁,坚欲洁归计。乞闲书既允,偃卧无一事。归日万斛涛,空明洗胸次。"

十一月十四日,待月卷施阁,表弟蒋良书以惠泉酒索售助装,留饮,有诗。

> 《卷施阁诗》卷十七《十一月十四夜卷施阁待月适蒋表弟良书以惠泉酒索售因留饮至醉作》:"今夜明月圆,清辉殊腻手。蒋生叩门入,半日俯其首。索我助急装,饷我一尊酒。开尊与酬酢,乡味汝知否?"
>
> 蒋良书,清江苏阳湖(今武进)人。馀待考。

十六日,独坐玩月,至四鼓,月食,至太常寺随班行礼,有诗。

《卷施阁诗》卷十七《十六夜独坐玩月至四鼓月食诣太常寺随班行礼》："全家既南归，一婢携向北。欣闻月当头，为我具肴核。……三更驱羸车，入寺救月食。"

胡唐属题《梦李昌谷图》。

《卷施阁诗》卷十七《胡上舍唐属题梦李昌谷图即戏效昌谷体》。

二十五日，应温汝能招，偕吴锡麒、温汝适、春崖小集。

《船山诗草补遗》卷五《十一月二十五日温熙堂汝能同年招同谷人侍读、步容编修、春崖孝廉、稚存同年小集即席有作》。

《卷施阁诗》卷十七《廿五日雪》："一片广场三亩雪，好同心地证空明。"

温汝能（生卒年不详），字希禹，号谦山，清广东顺德人。乾隆五十三年（1788）举人，官内阁中书。所著有《谦山诗文钞》等，并辑自汉迄清粤东诗文千馀家为《诗文海》。事具李桓《国朝耆献类征初编》卷一百四十七补录、《国朝先正事略》卷四十九等。

温汝适（1755—1821），字步容，清广东顺德人。乾隆四十九年（1784）进士，改庶吉士，授编修。历官赞善、洗马、侍讲学士、侍读学士、国子监祭酒、太仆寺少卿、陕甘学政、副都御史、兵部右侍郎等。所著有《携雪斋诗钞》六卷、《文钞》二卷、《曲江集考证》二卷、《咫闻录》二卷、《日下纪游略》等。事具《广东通志·温汝适传》等。

吴锡麒（1746—1818），字圣征，号谷人，又号东皋生，清浙江钱塘人。乾隆四十年（1775）成进士。历官至翰林院编修、国子监祭酒等。后乞归，寓扬州，主东仪、梅花、安定等书院。擅骈文，工词曲，所著有《有正味斋全集》七十一卷等。事具《清史列传》卷七十二、《清史稿》卷四百八十五等。

童春崖，生平待考。

以诗柬钱维乔。

《卷施阁诗》卷十七《柬钱三维乔》："竹初庵主近如何，习静翻怜岁月磨。……一片五湖千顷月，收帆拟共著渔蓑。"

十二月十九日晚，招赵怀玉等同人祀东坡生日。

《卷施阁诗》卷十七《十二月十九日卷施阁招同人祀苏文忠公即席赋一章并邀诸人同作》："七百年来弹指过，又随裙屐寿东坡。生天至竟谁能免，传世如公庶不磨。"

《亦有生斋集》卷十五《是晚洪大亮吉复以东坡生日招同人集卷施阁，归而作歌》。此诗前一首为《十二月十九日，翁学士方纲招同罗山人聘、伊比部秉绶、方明经楷、金秀才学莲集苏斋修东坡生日之祀，上溯景祐丙子盖七百六十一年矣》。

《船山诗草》卷十三《嘉庆丙辰腊月十九日与赵味辛、温谦山两舍人、方茶山、伊墨卿两比部、温笘坡、洪稚存两编修集于稚存卷施阁为东坡先生生日设祀稚存属摹先生画像并题长句纪之》。

温汝适《携雪斋诗集》卷四《十二月十九日雪后洪稚存招同赵味辛、方茶山、张船山、伊墨卿、谦山兄集卷诗阁祀东坡先生，晚饮欢甚，即成长句纪事》。

二十四日，小除，招吴锡麒、戴殿泗、赵怀玉、温汝能、方体、刘锡五、伊秉绶、叶继雯、张问陶、彭蕙交、戴敦元等同人于卷施阁祭诗。

《卷施阁诗》卷十七《小除日邀同吴侍读锡麒戴吉士殿泗赵舍人怀玉温舍人汝能方比部体刘舍人锡五伊比部秉绶叶舍人继雯张检讨问陶彭明经蕙交戴礼部敦元集卷施阁祭诗作》："洪生除日筑两台，餔糟避债人俱来。……无端聚饮众或嗤，转假旧例称祭诗。"

《船山诗草补遗》卷五《丙辰小除夕洪稚存编修招同吴谷人侍读、戴东山殿泗吉士、戴金溪敦元礼部、伊墨卿、方茶山两比部、赵味辛、刘澄斋、叶云素、温谦山四舍人及予与田桥祭诗于卷施阁同人嘱予作贾长江画像祀之因题长句纪事》："仿佛枯僧月下来，阆仙生面忽重开。祭诗偶创千秋例，下笔谁堪一代才。"

戴殿泗《风希堂诗集》卷五《丙辰小除日洪稚存前辈招饮赋呈》："厂桥南头光烛空，有客撰述于其中。读书万册行万里，吐辞不与儿曹同。曾见《卷施》甲乙集，剑气排云何欻爝。鸟爪仙姑烂漫搔，鲸牙海客连翩拾，校书余事溢为诗。文豹全斑尚未窥，即今斗转小除日，效贾阆仙一祭之。高朋海内豪歌客，而我何为厕兹席？陈酒深杯过百巡，新肴巨椀围三尺。兴酣疑入琨瑶圃,彩爆声声戛廊庑。梅花梨花参差开,手掣星筲凌乱舞。天边岁暮春未来,列炬醉客何雄哉! 祭诗聊藉诗将贺,秃管风生不待催。"

戴殿泗(生卒年不详),字东瞻,又作东珊,清浙江浦江人。嘉庆元年(1796)进士,改庶吉士,授编修,后入直上书房。所著有《风希堂诗集》六卷、《文集》四卷等。事具《两浙𫐐轩续录》卷十八等。

彭方训(生卒年不详),又名蕙交,字田桥,清四川丹稜人。嘉庆庚申举人。

冬,王复诗集刊行,索序于先生,先生序之。

《晚晴轩稿序》卷前序(刘本失收):"忆岁壬子,余奉命视学乾中,及丙辰报满入都,驿道所经,距君官舍不二百里,皆拟与君相见而辄不果,心常怅然。其冬,君刊其前后诗若干卷示余,并索余序之。"

本年,另有《感旧》《梦入从舅氏白云溪旧宅感赋长句》《张烈妇诗》《偶成》七律四首《偶成》七绝二首。

嘉庆二年,丁巳(1797),五十二岁

正月初七日,立春,应童春厓、二厓招,与张问陶、赵怀玉等集吾心书屋。

《船山诗草》卷十三《立春日童春厓、二厓招同味辛、稚存、笕坡、谦山、竹溪集吾心书屋分韵得流字》。

温汝适《携雪斋诗钞》卷四《人日立春,童春厓、二厓昆仲招同洪稚存、张船山、赵味辛暨谦山兄、旋矩弟同集吾心书屋以流水今日,明月前身分韵得旧字》。

十四日,应温汝能招饮,有诗。

《卷施阁诗》卷十八《正月十四日雪霁温舍人汝能招饮分韵得兼字》。

《携雪斋诗钞》卷四《上元前一夕偕洪稚存、赵味辛、孙镜渠、伊墨卿、谭子受、童春厓、二厓、弟旋矩同集谦山兄寓斋以天宜明月独,山与宿云兼分韵得明字》。

十五日,于琉璃厂步月,有诗纪事,并怀念亲人。

《卷施阁诗》卷十八《十五夜琉璃厂步月》："一市人如海,尘从隙处穿。帷车排巷窄,社火压场圆。"

同卷又《元夕有怀》四首,分忆州倅舅氏、适汪氏仲姊、女亿孙及孙。

二十二日,雨水,得吴文桂来札,有诗。

《卷施阁诗》卷十八《吴上舍文桂倚梅图》其二："才过烧灯无几日,误书谷雨我心惊。来札雨水日,误书谷雨。多应仙客思家切,预想踏青人出城。"

二月二十四日,长孙女生。

吕《谱》本年条。

送陈嵩归里省亲,有赠序。

《卷施阁文乙集续编》之《送奎文阁典籍陈嵩归里省亲序》："柔兆执徐之岁,予自黔中入都,僦屋琐巷。于是,有挟素业以就质,操乡语而通款者,则如皋陈肖生也。望衡对宇,几将一周;连舆接茵,曾不间日。越岁二月,陈君将归。爰择令辰,集胜侣,掣北地之果,酳南中之樽,以遨以游,卜昼卜夜,所以申聚散之感,极欣戚之致焉。"

得知刘大观刻黄景仁《悔存轩集》竣工,有诗,并柬刘。

《卷施阁诗》卷十八《刘刺史大观为亡友黄二景仁刊悔存轩集八卷竣感赋一首即柬刺史》："一瓣心香契独神,此公高义出风尘。应怜少日齐名者,已作千秋传世人。检点溪山余笠屐,删除花月少精神。诗为翁学士方纲所删,凡稍涉绮语及饮酒诸诗皆不录入。向平婚嫁为君毕,君一子一女,皆君没为之婚嫁。亦拟穿云访列真。"

按:此诗次于《吴上舍文桂倚梅图》之后,《三月三日作》诗之前,姑系于此。

三月初三日,奉旨上书房行走,侍皇曾孙奕纯读书,移寓澄怀园近光楼下,有诗。

吕《谱》本年条:"三月初三日,奉旨在上书房行走,侍皇曾孙奕纯读书。即日移寓澄怀园近光楼下。"

《卷施阁诗》卷十八《三月三日作》："不妨衣冷更装绵,十里冲寒笼玉鞭。到处雨犹零昨日,别来人乍入三关。是日,入直上书房。情怀已分难成梦,消息缘知欲禁烟。只有御河桥畔柳,临风袅袅试初眠。"

初五日,上巳,送吴锡麒归养,作赠序。

> 《卷诗阁文乙集续编》之《送翰林侍读吴谷人先生乞养归里》:"嘉庆二年三月上巳日,吾友翰林院侍读吴君乞养南归,其同岁生洪亮吉招同志之朋,乘入值之暇,饯之于卷施行馆。"

成亲王永瑆呈先生古诗,先生作《古意》诗贻之。

> 《卷施阁诗》卷十八《古意十首贻晋斋应教同作》其一:"连枝新月出,鸟影波上漾。"

> 按:据"新月出"句,此诗当作于初五前后,故系于此。

> 永瑆《诒晋斋集》卷六《古诗呈洪稚存先生》其一:"春水到平地,春云如远潮。君向云生处,春水何迢迢。"

> 永瑆(1752—1823),号镜泉,一号少庵,清高宗第十一子,乾隆五十四年(1789)封成亲王。嘉庆四年,仁宗命在军机处行走,以亲王领军机。其书房号诒晋斋。工书善诗,出语渊雅隽逸。所著有《诒晋斋集》八卷,《后集》一卷,《杂记》一卷。事具《清史稿》卷二百二十一等。

初八日,清明,与罗聘、赵怀玉、查堂、汪端光、金孝继、马履泰、方体、伊秉绶、魏成宪、王霖、彭田桥、查有炘等携酒于陶然亭饯送吴锡麒归里。

> 《卷施阁诗》卷十八《清明日同人各携酒至陶然亭饯吴侍读锡麒分韵得郭字》:"今晨值清明,浅步不出郭。言登西南亭,稍觉笋鞋拓。……吾子又告归,心期渺谁托。中年富筋力,敢退事耕凿。无容筹去住,且复视寥廓。"

> 《有正味斋骈体文》卷十四《陶然亭饯记》:"时维暮春,节过寒食。……是日会者,罗两峰聘、洪稚存亮吉、赵味辛怀玉、查兰圃堂、汪剑潭端光、金云皋孝继、马秋岳履泰、方道坤体、伊墨卿秉绶、魏春松成宪、王春波霖、彭蕙交田桥、查小山有炘暨余,凡十四人,各分韵赋诗。两峰为作《江亭饯别图》,山水当心,烟云脱手,指征夫以前路,导游子之迷津,尤可感已。"

按：寒食，初七日。据"节过寒食"句，故系于三月初十日前后。

查堂（生卒年不详），字兰圃，浙江海宁人。曾官刑部员外郎。

查有炘，号小山，生平待考。

王霖（生卒年不详），字春波，清江苏江宁（今南京市）人。监生。官福建罏尹。工山水、人物、花卉。事具《国朝书人辑略》卷七、《爱日吟庐书画别录》卷四等。

魏成宪（1756—1831），字宝成，号春松，清浙江仁和人。乾隆四十九年（1784）进士，历官刑部主事、扬州知府、江安观察、山东道观察御史等。以病乞休。后主紫阳书院讲习数年。所著有《清爱堂集》二十三卷。事具《两浙輶轩续录》卷十四、《（民国）杭州府志》卷一百四十六、《清诗纪事》（乾隆朝卷）等。

送鲍之钟南归[①]。

《卷施阁诗》卷十八《送鲍郎中之□乞假南归》。

鲍之钟（1740—1802），字论山，号雅堂，清江苏丹徒人。乾隆三十四年（1769）进士。曾充四库全书馆编校，典试贵州、广东，官至户部郎中。所著有《论山诗选》十五卷、《山海经韵语》等。事具《清史列传》卷七十一、《国朝耆献类征》卷一四六等。

集宴于西爽村。

《卷施阁诗》卷十八《西爽村雅集应教》。

约十五日前后，送吴文桂旋里，有诗。

《卷施阁诗》卷十八《送吴文学文桂旋里》："我从黔中来，共子客京邸。君今新安去，是我旧乡里。……黄花半顷麦一畦，努力同输太平税。"

送郭淳乞假还里，有诗。

《卷施阁诗》卷十八《送郭同年淳乞假还里》："春秋三榜悉同年，

---

① 《卷施阁诗》卷十八《送鲍郎中之□乞假南归》诗题中"之"后缺字，据刘德权考证，所缺之字，当为"钟"字。所送者，为鲍之钟。鲍为乾隆三十四年己丑进士，四十八年充贵州乡试副考官，江苏丹徒人，且诗中所云"廿年前忆夫容城，君官我尚为书生"，"十年前过昆阳驿，君作使星吾尚客"行实与鲍、洪二人相同，故从其说。《洪亮吉集》，刘德权点校，中华书局 2002 年版，第 896—897 页，且《更生斋诗续集》卷六有《憩松寥阁追悼亡友鲍户部之钟》诗。

入直同趋朵殿偏。……他日讲堂来问讯,胥台侧畔越溪边。"

郭淳(生卒年不详),字晓泉,清江苏吴县人。乾隆五十五年(1790)进士,选庶吉士,授编修。为人敦学行,无贪竞心。官编修数年,告归,以课徒自给。年六十余卒。事具《(同治)苏州府志》卷八十三、《(民国)吴县志》卷六十六等。

春夏之际,遗书阮元,向之荐陆继辂。

陆继辂《崇百药斋文集》卷二十《先太孺人年谱》本年条:"太孺人以不孝立志未定,虽困甚,不使为客。至是,稚存先生遗书浙江学使阮云台先生元,盛称不孝。学使来招不孝助校试文,太孺人慰遣之。"

按:荐书今不存集中。陆继辂是年秋赴浙,则先生遗阮元书最迟当在春夏之际,故系于此。

四月初五日前后,有《望雨作》诗。

《卷施阁诗》卷十八《望雨作》:"朝望雨,雨不来,乌鹊声里红云开。暮望雨,雨不下,柝声茫茫星影泻。……君不见,安得檐头雨如注,更望驿西传露布。时望陕西捷音甚切。"

按:"陕西捷音",平定白莲教起义之捷报。同卷《四月十一日绮春园雅集应教》其一"欣传檄报秦关捷",即"陕西捷音"也。据此,该诗当作于五日前后,因此,姑系于此。

十一日,与同人集于绮春园,并乞成亲王书卷施阁榜。

《卷施阁诗》卷十八《四月十一日绮春园雅集应教》其一:"名园一棹水沄沄,柳正披香草乍熏。画舫已教延碧月,紫藤偏欲上青云。欣传檄报秦关捷,不碍颜从鲁酒醺。雅有剡溪笺百幅,时观成亲王所书堂额,亦乞写卷施阁。醉余书许乞羊欣。"

二十六日,新雨后有诗。

《卷施阁诗》卷十八《廿六日新雨后作》:"先生看雨出屋头,破暝复闻呼妇鸠。"

二十七日前后,起看残月。

《卷施阁诗》卷十八《频夜起看残月有作》。

同卷《偶成》:"残月出半宵,残客扶半醉。"

按：据"残月"句，姑系于此。

五月初一或初二日，清高宗恩赐葛纱宫扇香串药等。

吕《谱》本年条："五月，恩赐葛纱宫扇香串药定有差。"

《卷施阁诗》卷十八《澄怀园即事十首》其六："屈指风光五月前，蛙声阁阁草绵绵。宫纱赐罢颁宫扇，日午传宣集后天。"

三日，以诗纪澄怀园同人钱棨、张运暹、王绶、裴谦、童凤三、陈万全、达椿、邵玉清、王坦修、汪廷珍、万承风，并怀里中景物。

《卷施阁诗》卷十八《澄怀园即事十首》其一："读书楼上一灯红，穿破疏篱入水中。隔牖乍惊钱庶子，误疑残夜月升东。所居与钱庶子棨相接。"其二："雨湿溪光画不成，平堤百尺水云生。过桥时有玱玱响，学士厅前落子声。张学士运暹与王侍讲绶、裴编修谦，暇辄对局。"其三："直庐遥对寺门开，分得西山一角来。载酒欲过童大理，十年重与话繁台。童大理凤三寓庐独在澄怀园外。十年前曾同客开封。"其四："八分日影上阶除，张检讨绶出入每刻日影为度。风动帘纹自卷舒。携得剡溪藤十幅，成王书罢定王书。"其五："嫩凉时节雨初过，格子千行墨数螺。却笑病馀陈赞善，万全。索书人比索逋多。"其六："屈指风光五月前，蛙声阁阁草绵绵。宫纱赐罢颁宫扇，日午传宣集后天。"其七："偶向花前共举觞，自惭小户逊三张。谓学士及检讨绶。花猪肉好梅苏熟，更忆西头达侍郎。达侍郎椿饮馔兼人。"其八："破曙同看入左门，金炉宿火尚余温。传经不愧真司业，分课皇家五代孙。邵司业玉清督课最严，时分授皇玄孙经。"其九："洗马清谈昔擅名，说经祭酒亦铿铿。阑干日午天风起，吹彻南来笑语声。谓王学士坦修、汪祭酒廷珍。"其十："闲廛一亩富莓苔，正值花时借榻来。架却紫藤扶住竹，清阴仍待主人回。予应居西头小楼，以墙宇尽圮，暂假寓万侍讲承风直庐。"

按：此组诗其六"屈指风光五月前"之"前"，乃初之意，且此时"宫纱赐罢颁宫扇，日午传宣集后天"。"后天"，即两日后之端午节，又称"天中节"。同卷《午日拜纱葛香药之赐纪恩一首》："弱冠为人师，逮今几卅年。人言绅佩荣，簪毫入中天"之"中天"，即指天中节。正前有赐,而后于端午日相集时拜谢纪恩。合此而言,此组诗当作于端午节前之二日,故系于此。

同卷又《天中节近有怀里中景物并望家累入都》其九:"初三已是学堂空,竞渡争看出郭东。六角蒲葵三角黍,采丝穿就过天中。"

按:由现实中之五月初三忆及故乡中之五月初三也。

钱棨(1734—1799),字振威,号湘舲,清江苏长洲人(今苏州市)。乾隆四十六年(1781)一甲一名进士,清代第一位连中三元之状元,授翰林院修撰。充任顺天乡试同考官、上书房行走,侍教皇子。时和珅权倾朝野,欲罗致钱棨,为钱棨所拒,因受和珅暗算,高宗以为其旷职,大怒,交部议革职留任。乾隆五十八年,任右赞善。乾隆五十九年,出任广东乡试副主考官。乾隆六十年,升中允、侍读,充日讲起居注官。清仁宗亲政,钱棨被任为内阁学士兼礼部侍郎衔等。所著有《湘舲诗稿》。事具石韫玉《独学庐四稿》卷五《内阁学士钱公墓志铭》等。

达椿(? —1802),字香圃,姓乌程氏,满洲镶白旗人,乾隆二十五年(1760)进士,选庶吉士,授户部主事,迁员外郎。历官翰林院侍讲、侍读、国子监祭酒、詹事府詹事、大理寺卿、《四库全书》总阅、礼部侍郎兼副都统、吏部侍郎、翰林院掌院学士、左都御史兼都统、礼部尚书等。事具《清史稿》卷三百五十三等。

万承风(1752—1812),字和圃,一字卜东,清江西义宁(今修水)人。乾隆四十六年(1781)进士,选庶吉士,授检讨。直上书房,侍宣宗读。累官翰林院侍读、检讨、广东学政、侍讲学士、礼部侍郎、安徽学政、内阁学士、兵部侍郎、经筵讲官等。嘉庆十七年卒。宣宗即位,赠礼部尚书,谥文恪。所著《赓飏集》《思不辱斋文集》等。事具《清史稿》卷三百五十四、陆继辂《崇百药斋文集》卷十八《荣禄大夫兵部左侍郎加一级万公神道碑》等。

汪廷珍(1757—1827),字玉粲,号瑟庵,清江苏山阳人。乾隆五十四年(1789)一甲二名进士,授编修。历官至礼部尚书、协办大学士等。卒,赠太子太师,谥文端。于学无所不通,好奖掖后进。所著有《实事求是斋遗稿》四卷、《续集》一卷。事具《清史稿》卷三百六十四、

《清史列传》卷三十四、《国朝耆献类征》卷三十八等。

裴谦（生卒年不详），字子光，清山西阳曲人。乾隆三十七年（1772）进士，选庶吉士，授编修。官至侍读学士。所著有《竹溪诗草》等。事具徐世昌《晚晴簃诗汇》卷九十五等。

张绶（生卒年不详），字佩青，号南坡，清甘肃徽县人。乾隆四十六年（1781）进士。钦点翰林院庶吉士，散馆授检讨。历官日讲起居注官、国史纂修官、文渊阁校理、右春坊右赞善、侍讲学士、咸安宫总裁、广西学政等。卒于任，年五十四。所著有《犁雨书屋古文集》《犁雨书屋今文集》等。事具《（嘉庆）徽县志》卷六等。

王坦修（1744—1809），字仲履，号正亭，清湖南宁乡人。乾隆三十七年（1772）进士，改庶常，授检讨，充三统馆纂修。历官右春坊赞善、会试同考官、日讲起居注官等。辞官归田后，主讲岳麓书院。所著有《东湖诗文集》《东湖经史札记》等。事具《清秘述闻》卷十六、《（光绪）湖南通志》卷三十七等。

王缓（生卒年不详），字介堂，清江苏溧阳人，顺天大兴籍。乾隆四十六年（1781）进士。历官侍讲、贵州正考官、安徽学政、会试知贡举、内阁学士、礼部侍郎。改归原籍，以体弱乞休，卒于家。所著有《泽山书屋文集》等。事具《清秘述闻》《（光绪）溧阳县续志》卷九等。

邵玉清（生卒年不详），字履洁，号朗斋，清直隶天津（今天津市）县人。乾隆四十九年（1784）进士，授编修，历官司业等。事具《清秘述闻》《国朝畿辅诗传》卷四十九等。

张运暹（生卒年不详），字相庵，清河南祥符县（今开封县）人。乾隆三十四年（1769）进士，官翰林院检讨。事具吴锡祺《澄怀园留别记》等。

陈万全（1747—1802），字越群，又字佚群，号梅垞，清浙江石门（今属桐乡）人。乾隆四十九年（1784）进士，选翰林庶吉士，授编修，入直上书房。历官侍讲学士、詹事府詹事、内阁学士兼礼部侍郎、兵部左侍郎等。工书善诗，所著有《三香吟馆诗钞》等。事具李桓《国朝耆献类征初编》卷一零五、《（光绪）石门县志》石门县志卷之八上、《皇清书史》

卷八等。

五日,端午节,拜谢前此纱葛香药之赐,有诗。

> 《卷施阁诗》卷十八《午日拜纱葛香药之赐纪恩一首》:"日午宣赐来,鹄立朵殿边。缤纷香药丸,纱葛欣有联。"

十五日前后,同金学莲题黄景仁《悔存诗集》。

> 《卷施阁诗》卷十八《偈侧行同金秀才学莲作题亡友黄二悔存诗集后》:"锦州刺史刘大观,独抱一卷来长安。奉钱三百千,一一为校刊。姓名一日长安市,交口诵君如未死。我顷闻之泪难止,却忆石交疑隔世。"

> 金学莲(1774—1834 以后),字青侪,又字子青,清江苏吴县人。附监生。五岁学诗,慕唐李白、李贺、李商隐,因以"三李"颜其堂。所著有《三李堂诗集》《三李堂词》等。事具王豫《群雅集》、范锴《汉口丛谈》等。

送杨伦之官广西,有诗。

> 《卷施阁诗》卷十八《送杨大令伦之官粤西》二首,其一:"儒流谁说不知兵,跃马提戈万里行。猿鹤已堪成一队,时以粤西军务检发知县八人,皆先后同行。苗蛮从此乞馀生。愁经百驿先头白,官比双江彻底清。莫忘鹅笼旧时事,夜寒风细拥孤檠。"

陈万全纳姬索和,以诗柬之。

> 《卷施阁诗》卷十八《戏简陈侍讲万全四首》,题下有小字自注:"时陈新纳姬人,作诗所和。"

本月,蒋宜人率家眷抵都。

> 吕《谱》本年条:"五月……蒋宜人率子妇等抵都。"

闰六月十四日,立秋前一日,偕颜崇榘、赵怀玉至太液池观荷,访法式善,同至西直门五里长河,憩于极乐寺。

> 《卷施阁诗》卷十八《立秋前一日偕颜大令崇榘赵舍人怀玉侵晓诣太液池观荷便访法祭酒式善遂自德胜门徒步至西直门五里长河花事甚盛并过极乐寺勺亭久憩乃返》:"北斗未落天冥濛,骑马独入萧斋中。梦醒拉客事游览,晓日未透舲棱东。……良朋屡约期屡误,世事何苦填

心胸。团蕉卧久仆夫促，来趁斜月归闻钟。回车顿觉有秋意，一叶正堕青梧桐。"

《亦有生斋集·诗》卷十五《立秋前一日与颜明府崇榘洪编修亮吉衍祥门看荷复邀伍尧祭酒法式善同出德胜门步至极乐寺作》："五日四儤直，寅入出逾午。遮眼惟文书，打头易风雨。今晨幸得闲，爽气澄天宇。平明过陋巷，有客随款户。驾言同出游，洗此尘壒苦。"

按：本年闰六月十五日立秋。

颜崇榘（生卒年不详），字运生，号心斋，清山东曲阜人。乾隆三十五年（1760）举人，官江苏知县，工诗文，喜考订。事具《国朝书人辑略》卷六、《山东画家史》等。

十五日，与同人再游极乐寺。

《亦有生斋集·诗》卷十五《立秋日同人再游极乐寺作歌》。

二十日，应章学濂之邀，与戴璐、罗聘、周厚辕、甘立猷、曹锡龄、冯履泰、戴殿泗、赵怀玉、汪端光、法式善、叶绍楏、戴尧垣、冯宬、伊秉绶、熊方受、宋鸣琦、沈琛、孔传薪、笪立枢、何道生、李调鼎、金学莲、谭光祜、颜崇榘、石韫玉、张问陶游积水潭看荷，有诗。

《卷诗阁诗》卷十八《二十日早章大令学濂邀游积水潭看荷同人分韵得光字》："十里长河汇作塘，马嘶人语看花忙。能闲客总神仙侣，当晓潭月日月光。断札几行留黯淡，时展旧游长卷，见亡友王友亮通副所作《看荷诗》。乔松千尺揖青苍。惟应薄醉牵船好，消受荷花面面凉。"

《卷诗阁文乙集续编》之《游积水潭看荷花序》："盖洛水盛会，意宣光之后来；山阴再游，悲逸少之既逝。**谓王通副友亮。**亦可以志友朋之离合，寓今昔之感慨焉。时同游者：归安戴璐服庸，扬州罗聘遁夫，湖口周厚辕驭远，奉新甘立猷维弼，汾阳曹锡龄受之，仁和冯履泰叔安，浦江戴殿泗东瞻，武进赵怀玉亿孙，仪征汪端光剑潭，蒙古法式善开文，南城章学濂守之，归安叶绍楏琴柯，嘉兴戴尧垣衡三，代州冯宬百史，宁化伊秉绶组似，永康熊方受介兹，奉新宋鸣琦步韩，乌程沈琛右侯，句容孔传薪楚尧、笪立枢绳斋，灵石何道生兰士，汾州李调鼎，吴县金学莲子青，南丰谭光祜子受，曲阜颜崇榘，吴县石韫玉执如，遂宁张问陶船山,皆纪以诗,而属亮吉为之序云。"

李调鼎,清山西汾州人。馀待考。

章学濂(生卒年不详),字守之,号石楼,清江西南城人。乾隆己亥(1779)举人。三通馆议叙,分发卢龙令。累官宛平知县、蔚州知州等。颇有能声,卒于任。事具《(同治)建昌府志》卷八、《(同治)南城县志》南城县志卷八之一等。

孔传薪(生卒年不详),字楚尧,一字伯曼,号雪樵,清江苏句容人。乾隆己酉(1789)选拔贡生。充满洲正白旗教习,授安徽太平教谕。升任湖北武昌县知县,后历官行唐、任丘等县知县。所至多有能声。工楷法,精绘事,尤善写兰,名重都门。所著有著有《行唐纪政》《梦松居士诗稿》等。事具《(光绪)续纂句容县志》卷九等。

笪立枢(生卒年不详),字绳斋,清江苏句容人。笪重光之孙。乾隆五十七年(1792)举人,以教习授知县。善山水,得宋元人气韵。所著有《梦松居诗略》等。事具《(同治)续纂江宁府志》卷十四之三、《(光绪)续纂句容县志》卷八等。

戴璐(1739—1806),字敏夫,号蕺塘,又号吟梅居士,清浙江归安人。乾隆二十八年(1763)进士。历官工部都水司主事、郎中、湖广道御史、吏科给事中、通政副使、太仆寺卿等。博闻强识,学有渊源。所著有《秋树山房集》《吴兴诗话》等。事具姚鼐《惜抱轩文后集》卷七《中议大夫太仆寺卿戴公墓志铭》《两浙辋轩续录》等。

熊方受(生卒年不详),字介兹,号梦安,清广西同正(今永康县)人。乾隆五十五年(1790)进士。钦点翰林院庶吉士,散馆,授检讨,任国史馆纂修。历转礼部郎中、军机章京、都察院江西道监察御史。历任山东东昌府知府,简用兖沂曹济兵备道,兼管黄河道。事具《(民国)同正县志》人事第八、《熊方受生平考辨》(《广西地方志》1995年)等。

宋鸣琦(1762—1840),字梅生,一字少梅,号步韩,一号云墅,清江西奉新人。乾隆五十二年(1787)进士,官礼部主事。历官礼部员外郎、四川嘉定、叙州知府、广西盐法道。以疾辞官,归里后主讲豫章书院。工诗文,所著有《心铁石斋存稿》等。事具《心铁石斋存稿》附自撰年谱、《(同治)奉新县志》卷八等。

甘立猷(生卒年不详),字维(或作惟)弼,清江西奉新人。乾隆四十年(1775)进士,由庶吉士授编修,充三通馆纂修官。曾典河南乡试。历官兵科给事中、户科掌印给事中、刑部员外郎、东仓监督,以事卒于官。工诗文,勤于著书。所著有《养云楼集》八卷等。事具《(同治)南昌府志》卷四十二、《(光绪)江西通志》卷一百四十等。

沈琛(生卒年不详),字右侯,清浙江乌程(今湖州)人。馀待考。

戴尧垣(生卒年不详),原名经,字衡三,清浙江嘉兴人。国子监生。坐监期满,以训导用。所著有《春水居笔记》。事具《(光绪)嘉兴县志》卷十九等。

叶绍楏(?—1821),字振湘,号琴柯,清浙江归安(今湖州)人。乾隆五十八年(1793)进士,选庶吉士。散馆,授翰林院编修。历官河南道检查御史、云南学政、工科给事中、鸿胪寺少卿、顺天府丞、广西布政使、巡抚等。所著有《古今体诗》六卷、《观象权舆》等。事具《湖州府志》卷七十《人物传》等。

跋方薰《春水居》长卷。

《卷施阁诗》卷十八《跋方布衣薰所作春水居长卷》:"方居士,性本孤。画水不画舟,画岸不画庐。纵然画屋仅接茅,前后左右皆禽巢。一身居其间,意态何嘐嘐。……我与居士交,恨未及往还。手订居士诗,不识居士颜。他时我访湖西宅,为补四时松与柏。"

方薰(1736—1799),字兰坻,又字兰士、懒儒,号长青,一号樗庵,又号遇安居士,清浙江石门人。工画,写生以意胜形似。兼善诗词,所著有《山静居诗钞》《山静居词》二卷、《山静居论画》等。事具《清史稿》卷五百零四、李桓《国朝耆献类征初编》卷四百三十六、阮元《两浙轾轩录》卷三十二等。

七月初一日,因雨不止,以诗遣闷。

《卷施阁诗》卷十八《七月朔日雨竟夜不止作此遣闷》。

同卷又《苦雨待客不至戏成》。

初三日,毕沅积劳病逝。

《卷施阁文乙集续编》之《祭毕尚书师文》："乌乎！公之生也，八月之望，氛霾始消，风车电马，集此崇朝。公之卒也，大星堕地，七月之朔，秋云阴翳，万灶无烟，千屯雪涕。"

三子愍孙病夭。

《卷施阁诗》卷十八《哭愍孙》："尔病真难起，吾衰久矣夫。……伤心厝棺地，夕照满平芜。盼孙棺厝于城西夕照寺，今亦当同。"

贾崧自无锡来京师乞先生为诗冢乞诗。

《卷施阁诗》卷十八《诗冢诗》，诗前小序云："无锡顾兵备光旭选刻同县人诗为一集，其剩稿贾上舍崧乞得之，为卜地瘗于梁溪之侧，三伏日走数千里索诗，可云好事者矣。爰赋四绝句。"其二："身后浮名定有无，尚余清泪洒平芜。他年地下传文苑，此事真推鬼董狐。"

贾崧，清江苏无锡人。馀待考。

为俞坊之妹俞贞女作《女贞行》。

《卷施阁诗》卷十八《女贞行为俞贞女作》，诗前有小序："无锡俞贞女，许字高邮金明经兰。未几，明经病卒，贞女誓以身殉，母兄防之苦。贞女画女贞花一枝，题诗于上以见意。不半岁，终以瘵疾卒。其兄孝廉坊为索诗，爰赋此篇。"诗云："英英女贞树，郁郁冬青枝。上有六出花，下有五色芝。君不见，断肠可续死可生，不若此木尤坚贞。良人无年妾年促，手握此花方瞑目，万古贞心托贞木。"

与同人约七夕集于卷施阁。

《卷施阁诗》卷十八《同人约七夕卷施阁小集先作此代柬》："红烛千条酒百瓶，石阑干外雨初停。人间未必输天上，此夕虚堂聚德星。"

七日，七夕，有雨夜坐，同人不至，有诗。

《卷施阁诗》卷十八《七夕词》其一："今岁风波恶，涛冲星斗边。时大雨连日，永定河决口。鸳鸯三十六，险欲上青天。"

同卷又《七夕夜坐戏拟古别离词寄孙大山东》："中岁念师友，惧或成晨星。晨星今亦稀，惟剩一启明。……君为启明我长庚，昏旦相代东西行。"

十一日，同人集卷施阁，有诗。

《卷施阁诗》卷十八《十一日同人集卷施阁醉后作》："十日无一
客，客至必满堂。十日无一樽，客来必千筋。主人爱客客亦知，皆竟来
早无来迟。……忽然客句朵速成，满屋尽变为吟声。欢呼座中人，历乱
屋头雨。惊雷掣电总不闻，银烛如椽客围语。须臾雨歇月满廊，蜡屐攒
响来窥楹。半厅人归半厅坐，别扫一厅留客卧。金手山等皆留宿阁中。
三更门索谁更牵，知是惊乌夜飞过。"

十七日，闻毕沅逝于楚南，极为哀痛。

《卷施阁诗》卷十八《十七日惊闻毕尚书师楚南之赴翌日于卷施阁
中为位而哭哀定赋诗六章即寄庄滨州炘钱干州坫毛简州大瀛四川孙兵
备星衍山东杨灵州芳灿甘肃方伯揆贵州杨大令伦广西王大令复河南》。

十八日，哭毕沅，作文祭之，并赋诗柬庄炘、钱坫、毛大瀛、孙星衍、杨芳灿、杨
揆、杨伦、王复。

《卷施阁诗》卷十八《十七日惊闻毕尚书师楚南之赴翌日于卷施阁
中为位而哭哀定赋诗六章即寄庄滨州炘钱乾州坫毛简州大瀛四川孙兵
备星衍山东杨灵州芳灿甘肃方伯揆贵州杨大令伦广西王大令复河南》：
其六："同人凡几辈，白发半应飘。讶绝全家讣，半年以来，公仲弟夫妇
及冢媳房老皆相继卒。哀腾八月潮。公以潮生日生，故小名潮生。枕
鞍书耿耿，归棹雨潇潇。他日虚堂宿，仍歌楚《大招》。"《卷施阁文乙集
续编》之《祭毕尚书师文》："乌乎！公之生也，八月之望，氛霾始消，风
车电马，集此崇朝。公之卒也，大星堕地，七月之朔，秋云阴翳，万灶无
烟，千屯雪涕。……亮吉夙蒙国士之知，久处宾僚之位。狂瞽时陈，而
公不怼。敢缘恩义，敬设几筵，以头抢地，以口呼天。乌乎！东里子产，
明明有言，夫子而死，吾其已矣。"

和曾燠祀欧阳修生日诗，兼怀王复、陈澧堂，并寄史善长。

《卷施阁诗》卷十八《曾都转燠以六月廿一日集平山堂为宋欧阳文
忠公生日设祀同人赋诗成帙并索亮吉诗因赋此》："临安祀东坡，邗上
祀永叔。两公政绩犹在人，不特高名辈流服。……大星昨报前军殒，
昨得舁山尚书赴。清泪挥残天尽头。君思欧公我思毕，同是龙门异今
昔。十辈门生宦九州岛，谓庄似撰、钱献之、孙渊如、杨蓉裳、荔裳诸同

学。感恩一日头俱白。王南宁,少林太守。陈博士,澧堂学博。我所思兮二三子。却忆征南幕下人,一篇并寄吴江史。册厍文学。"

　　按:据"大星昨报前军殒"句下"昨得弇山尚书赴"小字注,和曾燠祀欧阳修生日诗当在十八日或稍后,今姑系于此。

　　曾燠(1760—1831),字庶蕃,号宾谷,清江西南城人。乾隆四十六年(1781)成进士,历官至两淮盐运使、贵州巡抚、两淮盐政等。工骈文,好吟咏。所著有《赏雨茅屋诗集》二十二卷、《外集》一卷,编有《国朝骈体正宗》等。事具《清史列传》卷三十三、包世臣《艺舟双楫》卷七下《别传》等。

　　陈澧堂,生平待考。

二十一日,重哭毕沅。

　　《卷施阁诗》卷十八《重哭尚书诗》:"三日愁霖涨满池,打门消息到偏迟。南来薏苡冤方白,北渡琼瑰梦已知。无泪哭公惟有血,此身阅世讵多时。平原宾客消沉尽,谁共筵前莫一卮言。谓邵学士诸人。"

　　按:据"三日愁霖"句,诗当作于十八日为位哭毕沅三日之后,故系于此。

以诗题杨廷焕《传砚堂卷子》,并赠之。

　　《卷施阁诗》卷十八《赠杨州倅廷焕即题其传砚堂卷子》:"我是孔融交两世,一回展卷一摩挲。"

　　杨廷焕,清江苏阳湖(今常州)人。曾官归州州倅、同州州判等。馀待考。

八月初一日,随皇上行释奠礼于太学。四子胙孙生。

　　吕《谱》本年条:"八月丁酉朔,皇上释奠于太学,奉旨偕李编修钧简、石修撰韫玉、王编修宗诚分献后殿。是日,四子胙孙生。"

　　洪胙孙(1797—?),字子馀,秀才,馀待考。

十五日,中秋节,应何元烺、何道生邀,同法式善、伊秉绶、赵怀玉游法源寺,有诗。

　　《卷施阁诗》卷十八《中秋日何民部元烺水部道生招同法祭酒式善伊比部秉绶赵舍人怀玉游法源寺竟日》。

二十二日,偕任承恩、法式善、何道生共游西山。

《卷施阁诗》卷十八《八月廿二日侵晓出西便门抵海淀约任军门承恩共游西山因小憩官廨待法祭酒式善何水部道生》:"我行月初升,甫到月未落。初日亦已辉,星光尚回薄。蒙蒙开湿雾,才止巷南柝。官斋野花艳,隙地日开拓。早饭及射堂,纷然具羹臛。年丰饶稻蟹,且喜鲙新斫。传觞休更缓,有约在岩壑。斜行车屡陷,沟水仍未涸。周庐欣在望,便道一省度。园林甫修葺,昨已饰丹臒。笑指云外楼,今成草《玄》阁。时新修澄怀园,余已移居近光楼下,因便道入视。"

同卷又《循青龙桥北入山》:"绝险度一冈,同行俨相失。玲珑诸石窍,往往野花苗。"

又《久憩龙神殿观泉源并喜春海棠复开》:"堕薪天半落,知复有樵人。及此林花开,幽岩忽觉春。"

又《登苍雪庵小轩望安定平则诸门并见白塔》:"危瞻七层塔,天际白如雪。斜日下九门,丹楼亦齐突。"

法式善《存素堂诗初集》卷六《八月二十二日,任畏斋永恩提督招同洪稚存编修、何兰士员外游山》:"出门冒凉月,秋色增旷衍。隔树烟忽深,过桥路已转。西风闪丹阳,村户微茫辨。策马入林际,巾舄露光法。主人雅好事,凌晨芳燕展。红酝经夜温,绿菘揆霜剪。呼童扫落叶,不许损苔藓。同志聚处难,良约今始践。前岁即有游山之约。岁月不我留,凡事贵黾勉。西山许筑庐,及早一庵选。"

何道生《方雪斋诗集》卷八《任畏斋协镇承恩招同时帆、稚存游宝藏寺六首》。

任承恩(1730—1798),字伯卿,号畏斋,清山西大同人。以父荫袭都司,授三等侍卫。历官兖州镇总兵、江南提督、福建陆路提督、巡捕营参将、京营副将等。所著有《二峨草堂学稿》《愚稿》等。事具《清史稿》卷三百一十一、《清史列传》卷二十四等。

二十九日,成亲王过访于澄怀园并赠诗,赋诗报谢。

《卷施阁诗》卷十八《八月廿九日抵澄怀园成亲王枉骑过访并辱赠诗谨赋此报谢》:"偶厕谈经席,频劳问字车。过汀喧列骑,入室噪栖鸦。土灶茶难热,丹林日易斜。不因邻禁籥,犹认野人家。"

《诒晋斋集》卷六《过澄怀园呈丽瀛、佩青、稚存三先生》:"空骑石桥畔,立谈松树根。……我能知典故,欲话近黄昏。"

《诒晋斋集》卷六《酬稚存先生见和过澄怀园之作》:"倒屣情惭蔡,酬缣语怯何。林泉分一曲,当复梦烟萝。"

九月初二日,王复卒。

初九日,重阳,在澄怀园,有诗。

《卷施阁诗》卷十八《澄怀园九日》:"荒园秋尽景萧骚,一半松林起怒涛。是处冈峦行已遍,破除今日不登高。"

与何道生、赵怀玉、汪端光、伊秉绶、石韫玉、宋鸣琦、李传熊集于周厚辕寓斋,饯送贾崧、谭光祜。

谭光祜《铁箫诗稿》卷二《何水部道生、洪编修亮吉、赵舍人怀玉、汪博士端光、伊比部秉绶、石修撰韫玉、宋仪部鸣琦、李中允传熊于周编修厚辕寓斋饯贾生崧,作展重九会,且招余言别,醉中歌此径归》。

偕同人晚步于澄怀园。

《卷施阁诗》卷十八《澄怀园偕同人晚步》:"不是逢摇落,谁知天地心。"

得袁枚拟所寄戊午己未重宴鹿鸣琼林诗,有诗答之。

《卷施阁诗》卷十八《袁大令枚寄示拟戊午己未重宴鹿鸣琼林诗二十首率成十二绝奉简》其一:"唐代诗人推李杜,何曾雁塔得追陪。先生要吐前贤气,两向慈恩顶上来。"其十二:"王母蟠桃岁月长,羯来屡见窃东方。曲江杏比瑶池实,也要先生三度尝。"

秋,应章学濂招,与法式善、曹定轩、周厚辕、言朝标、赵怀玉、顾宗泰集宴衙斋。

顾宗泰《月满楼诗集》卷三十五《章石楼明府招同法时帆祭酒曹定轩侍御洪稚存编修言皋云比部赵味辛舍人集宴衙斋即席作》。

顾宗泰(生卒年不详),字景岳,号星桥,清江南元和(今苏州市)人。乾隆四十年(1775)进士。官吏部主事,广东高州知府,以事罢归。所著有《月满楼诗文集》《月满楼词》等。事具《(同治)苏州府志》卷

九十、《(民国)吴县志》卷六十八等。

十月一日,作书与杨芳灿。

冉耀斌《洪亮吉佚札六通》:"日昨从钱献之处转寄一椷,未审得达否?日来川陕多事,而甘梁尚称宁谧,想公余动定清胜是慰。亮吉供职如常,维派值内廷,在家日少。明秋意欲乞假暂回,恐与足下益远。诗文比来,亦略有进境,惜不及一一正之左右。附便再问近祺,用致相思不尽,蓉裳大弟刺史。洪亮吉手肃。十月朔日。"①

六日,应邀偕何道生、法式善、周厚辕、伊秉绶、赵怀玉集于晚香精舍看菊,乞何道生与精舍主人抚琴,有诗。

《卷施阁诗》卷十八《十月初六日同人集积善大令晚香精舍看菊并出古琴十六相示即乞主人与何水部道生于花下抚琴率成长句》:"琴琴不同声,花花不同色。琴标六代元宋唐,花放百枝黄赤白。古琴泠泠一十六,其外萧疏尽丛菊。琴囊满墙花满屋,一本花开弹一曲。主人岂止能爱琴,爱琴兼赏琴知音。何郎三十妙指法,花下一见先题襟。主人岂止能爱菊,尤爱看花人不俗。为花筑屋亦殊雅,别自扃门不烦仆。我生嗜古癖未忘,旧物先抚澄心堂。**主人蓄唐琴三,其一即澄心堂物也。**题名元祐三十字,洗以菊水逾清光。灌花初完抚琴好,犹有春泥在长瓜。琴声愔愔花袅袅,花韵都浮七弦表。客弹一回主一回,千朵万朵花徘徊。罢琴置酒客不去,花下促坐倾千杯。琴既停无声,菊暝亦无影。主人离披客酩酊,明月入来窥藻井。"

积善,字庆亭,生平不详。

何道生《方雪堂诗集》卷五《十月五日积庆亭明府善招同时帆、载轩、稚存、墨卿、味辛集晚香别业看菊听琴,并出示所藏自唐以下古琴十六枚,作歌赠之二首》。

按:何道生所集会之日为五日。

送弟霭吉归里。

吕《谱》本年条:"十月,仲弟以嗣母余太孺人年迈乞养归,先生垂

---

① 冉耀斌:《洪亮吉佚札六通》,《飞天》2010 年第 22 期。

泪送之,自此亦有归志矣。"

得赵希璜札,知王复病故,作诗挽之。

《卷施阁诗》卷十八《挽王大令复二首》其一:"昨得安阳札,安阳
赵大令希璜札来,始得凶耗。连篇悼偃师。更怜交友少,已愧哭君迟。
沛上犹相讯,函关定未期。钱州倅坫。茫茫挥老泪,西向酹亲知。谓尚
书师及君。"

按:王复病故于九月初二日。赵希璜《四百三十二峰草堂诗钞》
卷十八《哭王明府二首》其二:"福与才名折未齐,夷门寓感共凄凄。乙
卯冬,予赋《夷门寓感》诗,秋縢和音有云'福与才名折未齐'。遂教永
别成诗谶,正值重阳访菊蹊。重阳日讣音始至。风雨满城花有泪,飘零
断梗我先迷。东篱独莫伤心酒,卮落浑忘手自携。"王复所官偃师与赵
希璜所官安阳,相距不算远,故赵能及时得知,并札告先生。

十一月十七日,袁枚卒。

十二月,题李符清《濮阳跨驴卷子》。

《卷施阁诗》卷十八《李符清濮阳跨驴卷子》:"琴堂三月别,独跨
一驴来。面目都非是,衔胥费浪猜。讵知行役苦,安怪壮颜摧。他日循
吏传,推君利济才。"

按:详"琴堂三月别"句诗意,李符清似与于十月六日集会。据
此,姑系于此。

李符清(1753—?),字仲节,号载园,又号海门,清广东合浦(今属
广西)人。乾隆四十八年(1783)举人。历官直隶满城知县,天津、获
鹿、开封知府等,颇有政声。好书画,所著有《海门诗钞》二卷、《海门文
钞》一卷,另与人合纂有《开州志》《束鹿县志》等。事具《清史列传》卷
七十二、钱钟联主编《清诗纪事》乾隆朝卷等。

二十日前后,乞友人作岁朝图。

《卷施阁诗》卷十八《乞友人作岁朝图贻诒晋斋主人并缀四截句》
其二:"沿街都为岁除忙,清绝城西半里坊。却忆诸王勤问字,未妨门
有束修羊。"

按:据诗首句"沿街都为岁除忙",诗当作于二十日前后,故系于

此。

二十三日,小除,章学濂遣人饷酒,有岁朝图及诗柬之。

> 《卷施阁诗》卷十八《小除日章大令学濂遣人饷酒时适写岁朝图却寄并附以诗》:"故人念我寒,饷我酒一尊。阅门不敢应,恐是催租人。催租人不来,送酒人踵至。*时郭大令亦遣人饷酒及食物。*……主人官赤县,骑马日出城。百事逼岁除,犹能念友生。衔杯对盆梅,*前数日承饷梅四种。*此意何可报。聊写春风图,博君元日笑。"

与吴树萱等于卷施阁祭诗。

> 吴树萱《霁春堂集》卷九《小除夕洪稚存同年斋中祭诗,题庚戌岁船山、稚存两人祭诗图》:"我今亦作祭诗人,欲摹瘦影惭食肉。酒星炯炯当头悬,只许淋漓醉糟麴。"

> 吴树萱(生卒年不详),字寿庭,一字少甫,清江苏吴县人。乾隆四十五年(1780)进士,改庶吉士。历官内阁中书,礼部郎中,湖南、四川广西乡试主考,四川学政、盐茶道等。工古文,精篆隶,摹印,所著有《霁春堂集》等。事具《(同治)苏州府志》卷八十三、《续印人传》卷七、《晚晴簃诗汇》卷一百二等。

本年,应庆僖亲王永璘招,同成亲王永惺、童凤三、张翱、张绶、张崇懿等宴饮。

> 《诒晋斋集》卷六《十七弟招同诸先生小宴》:"四座沉吟都袖手,就中阳湖肝胆人,自称贱者非敢后,引觞一吸涓滴无,万事何尝耐人肘。*洪稚存先生。*山阴诗翁即席兴,笑谓群贤矜老丑。*童梧冈先生。*洛中自说怀抱闳,欲挽天河入罂瓿。*张丽瀛先生特闻河南贼平。*山东关两两无敌,径作鲸呿耻鸡口。*张牧村、张佩青先生。*老兵田父解衔杯,顾肯唇干如木偶。辘轳一转一年华,两头纤纤新月斜。出门红雪深三寸,便是来时树上花。"

> 按:"出门红雪深三寸"句,成亲王此诗作于冬日,故系于此。

> 永璘(?—1820),清高宗弘历第十七子。乾隆五十四年(1789)封贝勒。嘉庆四年(1799)正月,仁宗亲政,封惠郡王,寻改封庆郡王。二十五年(1820)三月,疾笃,仁宗临视,进封亲王。薨,谥曰僖。

　　张翮(生卒年不详),字叔举,号牧村,清山东平原人。乾隆四十九年(1784)进士,授庶吉士。三充同考官、三主乡试。性沉毅果敢,不苟言笑。出为河南怀庆府知府,多循政,为民所颂。后官光禄寺,卒于任。事具《(道光)济南府志》卷五十六等。

　　张崇懿(生卒年不详),字瑞华,号丽瀛,清江苏华亭(今属上海市)。厌制艺,好古文辞。通六书,工小篆及篆刻。嘉庆时,与修府志。性孤介,同郡张温和公抚陕西,聘,不赴。卒,年七十五。事具《(光绪)重修华亭县志》卷十六等。

本年另有《题萧照所绘宋高宗瑞应图六幅》《闭门见花落有感》《晚坐》《赵忠毅公铁如意歌》《米图南铁笛歌》《夜起》《山行杂咏》《凤仙》《鸡冠》《秋葵》《红蓼》《秋海棠》《玉簪花》《题罗山人聘为周编修厚辕所作移居图》《澄怀园夜起看月》《管夫人墨竹》《晚步》《夜起》《筑屋》诸诗。

嘉庆三年,戊午(1798),五十三岁

正月初七日,宴客微醉,阑入韩崶、韩崶兄弟主持之消寒四集痛饮,与会者有赵怀玉、马履泰、盛惇崇兄弟等,并应属题图。

　　《卷施阁诗》卷十九《人日宴客薄醉闻韩孝廉崶及令弟观察崶招同人作消寒四集因阑入痛饮醉后孝廉兄弟属题听雨图率笔作长句应命》:"忽然牛腰巨卷掷我前,属我醉后放笔题长篇。绘图伊谁马秋药,赵诗颇详舍人怀玉。盛诗略。侍御惇崇兄弟。"

　　韩崶(1758—1835),字峻维,又字听秋,晚自号知守老人,清江苏元和(今苏州市)人。乾隆四十八年(1783)举人,充国史馆誊录,任满议叙以知县用。累试礼部不第。后患目疾废明,事佛,专修净土宗。工诗文,所著有《水明楼集》等。事具石韫玉《独学庐余稿》之《韩听秋家传》等。

　　韩崶(1758—1834),字桂舲,清江苏元和(今苏州市)人。崶少慧能文,由拔贡授刑部七品,历官郎中、河南彰德知府、广东高廉道、刑部主事、郎中、湖南岳常澧道、湖南按察使、福建布政使、湖南布政使、刑部侍郎、广东巡抚、兵部尚书等。精于律法,折狱公正。所著有《还读斋

诗稿》二十卷、《续稿》八卷。事具《清史稿》卷三百五十二、李桓《国朝耆献类征初编》卷一百零三等。

盛惇崇（生卒年不详），字孟岩，清江苏阳湖（今常州）人。乾隆三十九年（1774）举人，由中书直军机；四十六年（1781）进士，授主事，升御史。历官陕西督粮道、江西按察使、甘肃布政使等。事具《武进阳湖县志》卷二十二《人物》等。

十二日，弟霭吉卒。

吕《谱》本年条："正月十二日，仲弟副使君卒于里门。"

十五日前后，有诗纪人日阑入消寒四集事并题《听雨图》，仍迁入澄怀园直庐，且拟乞假南归。

《卷施阁诗》卷十九《人日宴客薄醉闻韩孝廉崧及令弟观察尉招同人作消寒四集因阑入痛饮醉后孝廉兄弟属题听雨图率笔作长句应命》："一杯人日酒，醉我至元夕。君家兄弟皆可人，肯放非时欺门客。欺门客岂真酒狂，或者以辞韬其光。孝廉说我诗名好，比部订交愁不早。满堂华灯满堂客，半不相知半相识。长安人海宦十年，屈指筋政皆居先。闲坊冷巷行还坐，酒妪酒翁都识我。即如今宵痛饮亦偶然，坐客握手一一称前缘。忽然牛腰巨卷掷我前，属我醉后放笔题长篇。绘图伊谁马秋药，赵诗颇详舍人怀玉。盛诗略。侍御惇崇兄弟。"

按：据"一杯人日酒，醉我至元夕"句，诗当作于元夕或稍后；同卷《将乞假南归仍于行寓种花莳藕以贻来者戏题壁一首》："双桥口，栽新柳。乞归未遽归，更种横塘藕。寥寥春风，不过短墙。团团明月，刚满曲廊。桃花蹊，李花堤，海棠一株香绝奇。黄蔷薇，红郁李，紫藤花牵北窗里。君不见，月月花开主人喜，种花人隔三千里。"据"团团明月，刚满曲廊"句，拟乞假南归、种花莳藕事，亦当于十五日前后，因此，将两事姑系于此。

吕《谱》本年条："元夕后，仍迁入澄怀园直庐。"

十九日，绮春园观灯。

《卷施阁诗》卷十九《十九日绮春园观灯即席应教》："一灯迎人过桥去，忽有千灯万灯聚。水中灯影乃益奇，百影已化千虹蜕。"

二月十五日,花朝,有诗。

　　《卷施阁诗》卷十九《花朝日作》:"今日百花朝,花香无一片。"

时拟归里。

　　《卷施阁诗》卷十九《湛怀园留别诸藩邸》:"半春我约随归雁,一
　　疏人传批逆鳞。"

　　按:据"半春"句,姑系于此。

游昆明湖,有诗。

　　《卷施阁诗》卷十九《春日游昆明湖》:"山云穿罢入水云,鹈鹕天
　　半飞成群。"

　　按:诗次于花朝日诗之后,姑系于此。

十九日,清明,抵澄怀园,有诗。

　　《卷施阁诗》卷十九《清明日侵晓自南城抵澄怀园道中作》:"横门
　　西来卅余里,泥滑马蹄声不起。"

二十七日,大考翰詹诸员。

　　吕《谱》本年条:"二月廿七日,大考翰詹诸员于正大光明殿,钦命
　　题为《井鲋赋》《春雨如膏诗》《征邪教疏》。先生于疏内力陈内外弊
　　政,至数千言,情词剀切。阅卷者皆动色,初拟二等前列,旋置三等二
　　名。"

　　《清实录》第28册《仁宗实录》卷二十七:"(二月)辛酉,遣官祭贤
　　良祠。大考翰林院詹事府各官于圆明园正大光明殿。"

　　《卷施阁文集甲集》卷十《征邪教疏》,题下有小字自注:"戊午二
　　月廿七大考题。"

　　法式善《皇清奉直大夫翰林院编修洪稚存先生行状》:"……嘉
　　庆三年,翰詹廷试,钦命题有《征邪教疏》,先生下笔数千言,观者皆动
　　色。"谢阶树《洪稚存先生传》:"……又明年,大考翰詹官,上命诸臣拟
　　《征邪教疏》。是时,川、楚、陕余氛未靖,先生指陈规画,慷慨数千言,无
　　所为忌讳。阅卷官嗛其切直,抑置三等。"

应章学濂招,偕法式善、周厚辕、吴寿亭、石韫玉、马履泰、伊秉绶、宋梅生、吴
嵊、顾宗泰等宴集署之古墨斋。

顾宗泰《月满楼诗集》卷三十六《章石楼明府招同法梧门、周载轩、吴寿亭、石琢堂、洪稚存、马秋药、伊墨卿、宋梅生、吴兼山宴集署之古墨斋主人座上出眎游潭柘寺近诗四首即席和韵》。

吴嵊(？—1841 以后)，原名尚锦，字兼山，号敦素，清江苏常熟人。监生，晚年就卑官，任钜鹿主簿，后官至浙江绍兴同知。善诗，多在诗中表现民生疾苦与社会巨变。所著有《红雪山房诗钞》等。事具《(同治)苏州府志》卷一百零二、《海虞诗话》卷十四等。

三月初二日，引见于乾隆帝，蒙记名。

吕《谱》本年条："三月初二日，引见，蒙高宗纯皇帝记名。"

初四日，闻弟霭吉之讣，拟乞假南归。

《卷施阁诗》卷十九《三月初四日惊闻舍弟南中之讣准古人期功之丧去官例乞假南回书此志痛即留别京邸同人》。《更生斋诗馀》卷一有词《江南好》十首，词牌下有小字自注："时将乞假南回，作此寄里中亲旧。"其二："乡园梦，昨已到花桥。对舫乍怜诗社歇，陆祁生每与丁叔候兄弟及饴孙等联吟，时并远出。隔河添得酒旗飘，灯火彻清宵。"

丁叔候兄弟，行实不详。

五日，与王芑孙书，告知弟丧及乞假南归事。

《惕甫未定稿》卷八《与洪稚存书》："前见叔讷为言令弟抵家骤殁，诧叹久之。而得吾兄三月五日告知，兄闻耗便自乞假。"

按：据书中"吾兄三月五日告知"句，先生在本月五日有与王芑孙书，故系于此。

初七日，因弟丧乞假南归。

吕《谱》："时甫得仲弟凶讣，即于初七日陈情引疾。"

周邵莲属题罗聘所仿董源《潇湘卷子》。

《卷施阁诗》卷十九《周孝廉邵莲属题罗山人聘所仿董北苑潇湘卷子》："属题潇湘图，一诣潇湘境。潇湘人不见，独雁时相警。揭来得遇湘浦人，纸上瑟瑟秋将分。山楼《豳风》亭楚颂，余在秋帆宫保节署八年，其题北苑《潇湘图》，时在秦中，及题王蓬心太守仿本，则在湖北。今宫保已下世。回望潇湘转增恸，万事寻思纵如梦。"

周邵莲（生卒年不详），字恭先，号湘浦，清江西奉新人。拔贡，充咸安宫教习。后官华容知县。因事落职，总督汪志伊惜其才，留其襄办河工，因病卒。所著有《诗考异字笺馀》等。事具《奉新县志》卷九等。

二十日前后，拜别座师王杰，兼忆旧游汪照、于□□、刘汝谟、李瑞冈，有诗。

《卷施阁诗》卷十九《濒行诣韩城座师话别兼忆旧游即席赋呈一首》："汪于刘李并蹉跎，汪明经照、于文学□□、刘编修汝谟、李刺史瑞冈，向在幕府。岁月真随东逝波。如许少年成老辈，记曾宾坐纵狂歌。忧时早见扶鸠杖，赐第都堪设雀罗。与诣城相公隔巷，清节亦同。差喜乡关驰露布，元戎新已剪么髍。时姚之辅、齐王氏皆在陕西授首。"

按：二十五日离都归里，拜别王杰当在数日前，故系于此。

李瑞冈（生卒年不详），字义一，清江苏武进人。乾隆二十六年（1761）进士，改庶吉士，散馆，授刑部主事，出为龙岩直隶州。后丁母忧，不复出，主讲昆山、淮阴书院，以文行并进为诸生勖。事具《光绪武进阳湖县志》卷二十三《人物》、张惟骧《清代毗陵名人小传稿》卷五等。

汪照（生卒年不详），字勖明，清江苏娄县（今上海市松江）人。喜绘事，工翎羽花卉，亦精隶书。事具《（嘉庆）松江府志》卷六十一等。

刘汝谟，翰林院编修，清江苏阳湖人（今常州市）。馀待考。

法式善约张问陶、何道生、赵帅饯先生及余集、赵怀玉。

《存素堂诗初稿》卷六《赵伟堂帅大令过访不值适将饯余秋室学士、洪稚存编修、赵怀玉舍人兼约张船山检讨、何兰士郎中为诗酒之会并邀大令先之以诗》。

余集（1738—1823），字蓉裳，号秋室，清浙江仁和（今杭州）人。乾隆三十一年（1766）进士，候选知县。后与修《四库全书》，授翰林院编修，累官至侍读学士。引疾归，主大梁书院八年。博学多艺，擅绘艺，尤工仕女画。所著有《秋室诗钞》《大梁归棹录》《忆漫庵剩稿》等。事具《清史稿》卷五百零四、《清史列传》卷七十二、李桓《国朝耆献类征初编》卷一百三十等。

赵帅（生卒年不详），字元一，号伟堂，清安徽泾县人。乾隆壬午（1762）南巡，召试二等。是秋，领乡荐，官镇江府训导。后官安肃知

县,以事罢归。所著有《伟堂诗钞》三十卷。事具《(嘉庆)泾县志》卷
十八、《(光绪)重修安徽通志》卷二百二十六、《晚晴簃诗汇》卷九十二
等。

二十二日前后,有与成亲王启,留别湛怀园诸藩邸。

《卷施阁诗》卷十九《湛怀园留别诸藩邸》。此诗次于前诗之后,启
程归里之前,故系于此。《卷施阁文乙集续编》之《乞假后上成亲王启》:
"亮吉猥以下士,获趋三天,侍左右者历时,陪清宴者不一。……乃者,
玄枵入命,予季摧残,浮梗断萍,痛心疾首。侍从请急,非厌承明之庐;
期功去官,亦准古人之例。临别惘惘,殊难为怀。"

按:据启中文意,启当作于南归之前,故系于此。

为法式善作存素斋诗序,并作西厓诗。

《更生斋文甲集》卷三《法式善祭酒存素诗序》:"余为词馆后进,
承先生不弃,前后倡酬者五年。今余为弟丧归,先生曰:'君知我最深,
序非君不可。'余因曰:先生之所居,李西厓之旧宅也。先生采择之博,
论断之精,杜君卿之能事也。然则他日则他日撰述益多,位望益通显,
本学识以见诸行者,视二公又岂多让,诗文特其馀事尔。余行急,请即
录是言以为序。"

按:据"余行急"句,此序当作于归里之前一二日,姑系于此。

《卷施阁诗》卷十九《西厓诗为法式善祭酒赋》:"昨者法祭酒,索
我西厓诗。西厓以人重,不在水一陂。寂寥今昔人,断续往来水。流波
照居人,前后差济美。相公居前朝,文作一代雄。祭酒生盛世,诗有三
唐风。遂令东逝波,送鉴苦吟影。厓前通长河,厓后冠西岭。昨闻西厓
上,别立双梧门。非云阶级高,藉表坛坫尊。六月红荷花,清光彻天地。
高低千坡陀,日有百游骑。君餐层湖藕,我饭江北稻。西厓人去远,疑
在五云表。流波日以深,积土日以高。他时西厓名,与岳争岧峣。"

按:《西厓诗为法式善祭酒赋》亦当作于是时。

二十四日,作书与杨芳灿,告知返里及翰詹考试事。

冉耀斌《洪亮吉佚札六通》:"正在束装欲发,忽奉手言,申纸发函,
欣然独笑。又稔堂上康宁,足下宦祉增胜,尤为至慰。亮吉近况如常,

本拟于秋仲乞假南行,乃三月初,忽得舍弟南中凶耗,遂准昔人期功之丧去官例,已请急于月之廿五日陆路回矣……蓉裳大弟刺史足下功,洪亮吉手肃,三月廿四日晚。"

二十五日,挈家启程归里,张凤枝走送至城南,成亲王永瑆、陈万全等亦前来送别。

吕《谱》本年条:"(三月)二十五日,挈家属从陆路南回。"

《卷施阁诗》卷十九《临行张刺史凤枝走送书此志别》:"蛮乡血战经三昔,慷慨故人多庙食。谓军门彭廷栋、花莲布诸人。南笼老守仅脱身,亦作西垂戌边客。临行握别泪不流,荷校送我城南头。东飞黄尘西掣电,不死他时会相见。"

《诒晋斋集》卷六《送稚存先生给假还里》:"一杯酒,相情亲,人生安得无故人;相情亲,一杯酒,故人那得不分手?去年春寒花未开,谷人先生摇艇走。庭虚情满思念深,一日何尝不在口?君无吴君膳羞恋,白云更不烦搔首。……但恐吴君解笑人,此行已落春花后。"

陈万全《三香吟馆诗钞》卷十《送洪稚存编修请假归里》:"频年惜别正依依,旧同直者大半出京。喜拍仙肩证道机。嗜酒欲将奇气吐,句书能不性真违。春融楼阁巢痕浅,草绿池塘梦境非。稚存新得家书有弟之丧。今日闻君归又决,迟余乔畔立斜晖。"

四月初,抵山东平原东方朔故里,有诗题壁。

《卷施阁诗》卷十九《东方朔故里题壁》。

按:以行程计,当四月初抵平原,故系于此。

五日前后,抵兖州,应孙星衍邀游南楼,与王石华、张复纯、毕恬溪、杨云三、王景桓、刘霞裳等相聚,有诗。

《卷施阁诗》卷十九《抵兖州日适孙大星衍自济宁回署即日邀游南楼席上赋赠》:"东武城南古兖州,暂停归骑一登楼。奔鲸骇浪方迷目,时河决口未合。野鹤闲云偶掉头。林壑总留他日约,时约游济宁诸名胜,以行促未果。神仙应妒此宵游。试看百里闲人集,时王石华、张止原、毕恬溪、杨云三、王景桓、刘霞裳,皆不期而集。会见祥光烛斗牛。"

毕亨(1757—1836),原名以珣,改名以田、恬溪,号九水,清山东山东文登人。嘉庆十二年(1807)举人。道光六年(1826),以大挑知县分发江西,署安义县知县,后官崇义知县。精研古训,尤精于《尚书》。所著有《九水山房文存》等。事具《清史稿》卷四百八十一、《清代朴学大师列传》第四等。

杨云山,生平待考。

王景桓,江宁人。国子监生。馀待考。

刘霞裳,袁枚弟子。馀待考。

作别孙星衍,有诗索和。

《卷施阁诗》卷十九《临别戏赠孙大并索和章》。题下有小字自注:"时河臣以孙未谙河务,奏离本任候补。"诗云:"少日齐名孙与洪,即今相对俨衰翁。疏渠君苦桃花汛,荡桨吾欣柳絮风。津吏几时沉白马,时决口尚未合。词臣有客避青骢。自余《征邪教疏》出,每有京邸宴集,居谏垣者必引避。十年共挂神仙籍,劫外居然胜劫中。"

二十日前后,抵江南境,有词《江南好》。

《更生斋诗馀》卷一《前调》。《前调》,《江南好》也。且题下有小字自注:"抵江南境作。"其二:"江南月,不厌彻宵看。无奈乍圆还乍缺,未妨轻暖与轻寒,长凭玉阑干。"

按:据"无奈乍圆还乍缺"句,词当作于二十日前后,故系于此。

二十五日,抵里哭弟。是日,管干珍卒。

吕《谱》本年条:"四月二十五日,抵里,哭弟于厝舍。"

五月,诣苏州,哭毕沅。

吕《谱》本年条:"五月,抵苏州,哭毕公沅于其墓。"

《卷施阁诗》卷十八《灵岩谒毕尚书师墓》:"奇勋久勒凌烟阁,遗爱犹留堕泪碑。公与古人争不朽,我思前事感无涯。"

同钱大昕等游林屋洞,并题其《林屋夜游图》。

《卷施阁诗》卷十九《钱少詹大昕林屋夜游图》,其一:"我携铁杖游林屋,此事如今及卅春。蝙蝠窍中时见日,蛟龙堆里不逢人。竹笼贮火惊穿穴,石墨留名记隔尘。便欲办粮三百两,径从山胁上昆仑。"其二末句下有小字自注:"时同人皆至隔凡,惟先生以足力不及中止。"

谒白公祠于虎丘,得知故人魏成宪官扬州,有诗呈任兆炯。

  《卷施阁诗》卷十九《虎丘谒白公祠即呈同年任太守兆炯》。题下小字自注:"祠即太守所建。"其一:"大历才人剩此翁,百篇稍已变唐风。因思白傅谈诗好,雅与生公说法同。言外自然参妙悟,个中兼可喻童蒙。西昆词格西江派,只惜雕镂语太工。"其二:"差喜故人皆郡守,**时魏君成宪亦擢守扬州**。可容傲吏早归田。"

  任兆炯(生卒年不详),字晓林,清山东聊城人。乾隆四十五年(1780)北闱举人,历官邳州知州、海州知州、苏州知府、转部主事等。为政多持大体,卓识定力,不为毁誉所动。所至以民望为重,多有惠政。事具《(嘉庆)海州直隶州志》卷二十一等。

本月,与蒋业晋相识。

  《更生斋诗》卷三《蒋州守业晋寄天远归云图索题》其一"何因暂谋面,两地讶重游"句下小字注:"余两至楚中,一诣塞外,与君略同,而路较远。又戊午年乞假归,曾于吴门一识君。"

  按:于戊午年(1798)吴门识蒋业晋,故系于此。

  蒋业晋(1728—1804),字绍初,号立厓,清江苏长洲(今属吴县)人。乾隆二十一年(1756)举人。乾隆四十六年,官汉阳同知,因讵误被发乌鲁木齐,后发还,与袁枚、潘奕隽等唱和。所著有《立厓诗钞》七卷等。事具王昶《湖海诗传》、王豫《江苏诗征》等。

六月初,抵上海,与李廷敬夜话,牛稔文在座,有诗。

  《卷施阁诗》卷十九《上海榷署与李兵备廷敬夜话即席赋赠》:"八载重来访素知,讶公头白我添丝。樽前万里投荒客,时牛太守稔文在坐,即当赴云南澂江任。箧底千篇寓兴诗。激电入楼飞一瞬,怪风吹海立多时。更阑急递书何数,只觉楼船出浦迟。时崇明、狼山二镇会剿洋匪,久未出海。"

  按:同卷《将发上海寄王博士芑孙》:"仙人海上忽见招,要看六月飞寒涛。"据此两句诗,抵上海并盘桓,在六月,故系于此。

  牛稔文(生卒年不详),字用徐,号师竹,直隶献县(今河北献县)人。乾隆三十一年(1766)举人,官天津知府、湖南督粮道等。事具徐世昌《晚晴簃诗汇》卷九十三等。

应李廷敬邀,游吴淞炮台及叶氏园。

《卷施阁诗》卷十九《将发上海寄王博士芑孙》:"我乘松江潮,欲泊松江郭。殢人连日酒,酒醒潮已落。仙人海上忽见招,要看六月飞寒涛。搜岩剔壑匪无事,时正搜捕洋匪。窟穴恐有潜蛟逃。闲中宾从闲台榭,难得群公政多暇。**李兵备连日邀客游吴淞炮台及叶氏园。**溪南笑指白云生,别有故人庐此下。"

偕牛稔文、范孝廉游炮台,并望海。

《卷施阁诗》卷十九《偕牛太守稔文范孝廉□至炮台望海》:"澂江太守老能奇,邀我同来陟翠微。人与鱼龙争奋迅,帆从鸥鹭各纷飞。"

范孝廉,生平不详。

同卷又《炮台观海歌》。

应李廷敬邀集叶氏园,有诗赠僧铁舟。

《卷施阁诗》卷十九《李兵备邀集叶氏园小集待客久不至赠楚僧铁舟》:"客来不来劳久待,阁外飞楼有僧在。我不待客先揖僧,僧握客臂从东升。僧言与客成三友,身外一琴年代久。横琴在膝欲摘弦,忽有鼓吹来门前。"

释铁舟(1757—1820),俗姓徐,本名德济,又名可韵,自号铁舟,清湖北江夏(今武汉市)人。善诗,工书画,尤擅写兰竹,天资清妙,有名江淮间。事具钱咏《履园丛话》卷十一、《履园文集》之《清故诗僧铁舟塔铭》等。

行吴淞江道中,有诗。

《卷施阁诗》卷十九《吴淞江道中杂诗》其一:"惊雷冲小暑,所虑伏秋潦。"

按:小暑,五月二十四日至六月初十日,姑系于此。

孙廷璧约游洞庭东山。

《卷施阁诗》卷二十《客夏孙总戎廷璧约游东山以事未果新正八日访梅邓尉因便诣衙斋值他出不遇两公子留住信宿意甚勤挚爱留别二首并呈总戎》。

孙廷璧(? —1805)，清顺天大兴(今属北京市)人。乾隆二十五年(1760)一甲三名武进士，二等侍卫。历官荆州城守参将、湖南永顺协副将、浙江黄岩镇总兵、镇江守营参将、太湖营副将、苏松镇总兵及浙江、湖北、乌鲁木齐提督等。事具李桓《国朝耆献类征初编》卷三百等。

抵无锡慧山，酌第二泉。

《卷施阁诗》卷十九《慧山酌第二泉》："自来兹泉侧，水厄乃不避。竹炉煎松明，静听蟹眼沸。一碗至百碗，走卒苦急递。清凉生齿颊，兼复沁心肺。童奴皆窃笑，已破往时例。先生语童奴，汝太不解意。我重在山泉，兼之故乡味。神清不思睡，偃仰借初地。"

跋陈奉兹《敦拙堂诗》。

《卷施阁诗》卷十九《跋陈方伯敦拙堂诗后》其三："累我长吟短讽，知君后乐先忧。所为五字七字，不减嘉州道州。"

陈奉兹(1726—1799)字时若，号东浦，清江西德化人。乾隆二十五年(1760)进士。早年官四川彭山、阆中知县、茂州知州。在平定金川之乱中，劳绩甚著，晋嘉定知府。后历任建昌道、四川及河南、江苏按察使，署江苏巡抚，护两江总督。所著有《惇拙堂诗集》等。事具《(光绪)江西通志》卷一百六十六、《(同治)德化县志》卷三十三、姚鼐《江苏布政使德化陈公墓志铭》等。

于晚静阁听僧镜澄弹琴。

《卷施阁诗》卷十九《晚静阁听山僧镜澄》："一松覆一庭，空外怒涛集。寥寥琴韵起，松响时参入。风递三两声，禽惊出巢立。"

僧镜澄(生卒年不详)，金陵水月庵僧，能诗，善鼓琴。事具袁枚《随园诗话补遗》卷七等。

夏秋之际，王昶得先生所邮书札，以诗寄先生。

《春融堂集》卷二十三《得稚存书却寄》："江湖憔悴念离群，忽荷瑶华远寄闻。……传语东来移鹢首，鲈鱼雉尾满溪渍。"

按：据"传语东来移鹢首"句，王昶得知先生买舟东游，其得先生当在夏秋之际，故系于此。

七月十五日，送子饴孙暨舅氏曙斋先生至江宁乡试。

吕《谱》本年条。

八月初七日,应秦承业招,偕刘种之、戴均元、张焘、茅元铭、李廷敬、许兆椿集隐仙庵看桂,并听道士王至淳弹琴。

　　《卷施阁诗》卷十九《八月初七日秦司业承业招同座师刘少宰暨戴学使均元张侍讲焘茅学士元铭李兵备廷敬许太守兆椿集隐仙庵看桂并听王朴山道士弹琴丙夜乃返》:"五条弦上六朝山,一夕分明感秋气。天低月黑江怒潮,过岭草木声萧萧。琴弹一曲续一曲,坐使江月复白江天高。朴山道士翻新谱,能令人欢令人苦。"

　　按:刘少宰,即刘种之。

　　秦承业(1747—1828),字补之,号易堂,清江苏江宁(今南京)人。乾隆四十六年(1781)进士,散馆,授翰林院编修。曾官国子监司业、侍讲学士。卒,谥文悫。所著有《养正书屋诗》《瑞芝轩文集》《字学启蒙》等。事具《(同治)续纂江宁府志》卷十四之七等。

　　许兆椿(1748—1814),字茂堂,号秋岩,清湖北云梦人。乾隆三十七年(1772)进士,改庶吉士,授编修,累官松江知府、江苏粮储道、漕运总督、刑部侍郎、浙江巡抚、贵州巡抚等。所著有《秋水阁诗集》八卷《首》一卷、《秋水阁杂著》一卷等。事具《国朝诗人征略》卷四十三、《晚晴簃诗汇》卷九十五等。

　　戴均元(1746—1840),字修原,号可亭,清江西大庾人。乾隆四十年(1775)进士,选庶吉士,授编修。历官御史、四川、安徽学政、工部侍郎、仓场侍郎、左都御史、协办大学士、文渊阁大学士等。事具《清史稿》卷三百四十一、《(光绪)江西通志》卷一百六十七、汤金钊《戴可亭相国年谱》等。

　　茅元铭(生卒年不详),字耕亭,号栗园,清江苏丹徒人。乾隆三十七年(1772)进士,散馆,授翰林院编修。历任浙江乡试副主考,福建、广东乡试主考,广东、河南学政。后官詹事、内阁学士兼礼部侍郎。工书。所著有《诵芬斋诗钞》等。事具《(光绪)丹徒县志》卷二十二等。

　　王至淳(生卒年不详),字朴山,江宁隐贤庵道士。幼工诗。书法如米襄阳。所著有《清凉山房诗概》。事具《长春道教源流》卷七、《晚晴簃诗汇》卷一百九十四等。

初八日前后,题蔡元春《天花乱落长卷》。

《卷施阁诗》卷十九《蔡明经元春天花乱落长卷》。

按:此诗次于七日诗之后,姑系于此。

蔡元春(生卒年不详),字芷衫,清江苏江宁人。诸生,为童子师,性疏狂,工诗善画。所著有《在山堂诗略》。事具《(道光)重修仪征县志》卷三十九、郭麐《消夏录》卷下等。

为方昂赋《蠡矶夫人像》。

《卷施阁诗》卷十九《蠡矶夫人像为方廉使昂赋》。

方昂(1740—1800),字叔驹,号坳堂,清山东历城人。乾隆三十六年(1771)进士,授刑部主事,历官刑部郎中、江西饶州知府、江苏苏松道、松太道、江宁盐巡道、贵州按察使、江宁布政使等。事具《清史稿》卷三百三十六、姚鼐《惜抱轩文集》卷十三《江苏布政使方公墓志铭》等。

题蒋征蔚《雨窗读史图》。

《卷施阁诗》卷十九《蒋上舍征蔚雨窗读史图》。

蒋征蔚(生卒年不详),一名蔚,字应质,又字起霞,号蒋山,清江苏元和(今苏州市)人。弱冠游浙江,为学使阮元所重。工诗,所著有《经学斋诗集》等。事具阮元《定香亭笔谈》、陈康祺《郎潜纪闻二笔》等。

题《春山觅句图》。

《卷施阁诗》卷十九《友人属题春山觅句图》。

以上四诗次于七日与九日诗之间,故系于此。

九日,偕刘少宰、李廷敬游摄山高峰及紫峰谷、白鹿泉诸胜。

《卷施阁诗》卷十九《初九日侵晓至摄山待刘少宰座师李兵备同年共游最高峰及紫峰谷白鹿泉诸胜竟日乃返》:"别山二十年,梦寐松色古。松涛已出关,迎人至江浒。江云欲上山云下,红紫壁间相激射。……绿云庵,紫峰谷,一石一云看不足。桃花涧,白鹿泉,一僧一客来偶然。秋风吹山秋气深,座上别念时时侵。东南良会有如此,屈指何口重幽寻。"

十五日晚,联舫邀方正澍、储润书、汪文锦等诸名士至青溪泛月,有诗。

　　《卷施阁诗》卷十九《八月十五日晚联舫邀方上舍正澍储广文润书汪文学文锦暨诸名士至青溪泛月遂畅饮达旦醉中作》:"六朝人物本如海,可有一客狂如吾。"

　　汪文锦(生卒年不详),字绣谷,清安徽歙县人,江苏甘泉籍。诸生。工诗词。书工篆籀,精于铁笔。事具《淮海英灵续集》庚集卷四、《歙县志》卷十等。

二十九日,邀同人小集于陈渡草堂。

　　《卷施阁诗》卷十九《廿九日邀同人至陈渡草堂小集》:"园扉阴阴当昼开,主人不约客亦来。君不见,满堂花香客酩酊,网得一鱼长似艇。"

九月乡试榜发,子饴孙中式第四十三名举人,舅氏蒋署斋先生以年过八十获赐举人。

　　吕《谱》本年条:"九月,榜发,饴孙中式第四十三名举人,曙斋先生亦以年过八十,循例钦赐举人。"

阮升基约游宜兴。

　　《卷施阁诗》卷十九《阮大令升基约游阳羡山水先寄一首》:"五岳寻都遍,乡山独未游。偶逢贤令尹,约共小句留。"

　　阮升基(生卒年不详),字亨举,号昉岩,清福建罗源县人。乾隆五十五年(1790)进士。官宜兴知县时,振兴书院,增修县志,倡造、修葺亭宇桥梁等,多有建树。《宜兴县志》称其"接士以礼,抚民以宽,治狱平恕"。历任吴江、武进知县及扬州、常州同知,均有政声。嘉庆四年,都宪熊枚以其"卓绝才能"予以保举,适逢母逝丁忧。服满,官广东从化知县。中丞韩葑久闻其才,欲破格提拔,升基因病请辞。不久病卒,享年五十三岁。事具《宜兴县志》等。

冒雨至锡山。

　　《卷施阁诗》卷十九《冒雨至锡山作》。

　　按:此诗次于八月二十九日诗之后,当作于九月,故系于此。

陈廷庆道过常州,有诗柬先生。

　　《谦受堂全集》卷二十《毘陵柬洪稚存太史亮吉兼贺其令嗣秋捷》："一叶艑纤申浦棹,九秋间就菊花卮。造门快事犹堪羡,雏凤新当鹗荐时。"

十月初,因长子洪饴孙至高淳拜房师张其缙,偕至宜兴,遍游善卷、龙池等名胜,有诗纪行。

　　吕《谱》本年条："十月,因长子饴孙至高淳谒房师张君其缙先生,偕至宜兴,遍游善卷龙池之胜,旋即归里。"

　　张其缙(生卒年不详),清山东蓬莱人。举人,历官江苏高淳知县、邠州知州,授文林郎。事具《(道光)重修蓬莱县志》卷八等。

　　《卷施阁诗》卷十九有《龙池寺》《善权洞》。

　　按:《善权洞》诗末两句云:"半饷出石楼,松梢已新月。"据"新月"句,至高淳及游宜兴善卷、龙池诸名胜当在月初。

游善权寺、祝英台读书处及三生堂故址,有诗。

　　《卷施阁诗》卷十九《善权寺访祝英台读书处及三生堂故址》:"百折溪流断,蓝舆束急装。碧山迎客远,红树导人忙。道昃侵官柳,台荒倚女桑。三生益何渺,插话此闲堂。"

　　吕《谱》本年条："初十日,叔母余太孺人卒。先生经理丧事,踰月不出户。"

下旬,抵杭州,小憩龙井,秦瀛为先生题《城东访月图》。

　　《卷施阁诗》卷二十《同孙公子锦暨令弟镶至翠峰枕流阁访梅》"昨留漱石居"句下小字注:"客冬寓西湖漱石居半月。"

　　《卷施阁诗》卷十九《龙井小憩》:"山已深百折,水亦曲百回。……深山十月中,香已逗古梅。冥坐历片时,泉声殷如雷。"

　　秦瀛《小岘山人诗集》卷十二《为洪稚存题城东访月图四首》其一:"故人十月到西湖,示我《城东访月图》。认是清晖桥畔路,昔年曾此载琴壶。"其二:"青袍似草记临岐,北去金台别故枝。图为稚存庚戌计偕时作,是年即入翰林。今日锦衣行乐地,月明翻忆玉堂时。"

　　秦瀛(1743—1821),字凌沧,号遂庵,晚号小岘山人,清江苏无锡人。乾隆三十九年（1774）举人。历官内阁中书、军机章京、刑部右侍郎德等。所著有《小岘山人诗文集》三十二卷、《无碍山房词》《淮海公年谱》等。事具《清史稿》卷三百四十五、《清史列传》卷三十二、陈用光《太乙舟文集》卷八《予告刑部右侍郎秦公遂庵墓志铭》等。

　　按：据先生《龙井小憩》"深山十月中"与秦瀛《为洪稚存题城东访月图四首》其一"故人十月到西湖"句，先生于十月已至杭州，吕《谱》本年条所云"十一月，至杭州"，不确。

十一月初五日前后，在杭州，睹胡高望遗榇抵西湖，感而有诗，并寄谢启昆、冯应榴。

　　《卷施阁诗》卷十九《初八日断桥晚步》。

　　按：据此诗题，先生抵杭州当在五日前后，故系于此。

　　同卷又《余内直日与胡总宪高望直庐咫尺总宪没及半年适余假归以事至武陵与总宪遗榇同日抵湖上厝屋又甚逼近不胜存没今昔之感爰赋一诗哭之即寄谢方伯启昆冯鸿胪应榴二君皆总宪同年生也》："弹指人生岁月迁，感公归骨我归田。并无华屋栖恒鞦，自有清名过昔贤。"

　　谢启昆（1737—1802），字蕴山，号苏潭，清江西南康人，清著名史学家、诗人。乾隆二十六年（1761）进士，朝考第一。历官翰林院编修、河南乡试主考官、镇江知府、扬州知府、宁国知府、浙江按察使、山西布政使、广西巡抚等职。所著有《树经堂初集》十五卷、《续集》八卷、《文集》四卷、《西魏书》二十四卷、《小学考》等，晚成《广西通志》，为世所称。事具《清史稿》卷三百五十九、《清史列传》卷三十一等。

　　冯应榴（1740—1800），字诒曾，一字星实，晚号踵息居士，清浙江桐乡人。乾隆二十六年（1761）进士，授内阁中书，迁宗人府主事，累充湖北、顺天、山东乡试考官，官至鸿胪寺卿。工诗，尤嗜苏轼诗，为之作注，所注兼前人之长。所著有《苏诗合注》五十卷《附录》五卷、《学语稿》等。事具《清史列传》卷七十一、秦瀛《小岘山人文集》卷五《鸿胪寺卿星实冯君墓表》等。

初八日，游断桥。

　　《卷施阁诗》卷十九《初八日断桥晚步》。

偕陆继辂、嵇三游湖。

> 《卷施阁诗》卷十九《与陆七嵇三游湖即送入城》。

> 按：陆七，即陆继辂。陆继辂《合肥学舍札记》卷一："嘉庆戊午十月，余与洪稚存丈亮吉先后至杭州，余住蒋晴槎姊倩重耀钱塘县署，洪住湖上片石居。"嵇三，疑即嵇承裕。

谒苏文忠公与淮海先生祠，劝谢启昆、秦瀛建白居易祠。

> 《卷施阁诗》卷十九《苏文忠公祠即呈秦同年瀛》，诗题下小字自注："祠即秦所创。"同卷又《秦同年瀛观察浙江重新淮海先生祠落成索赋》。

> 《更生斋诗续集》卷二《是日即移寓苏公祠》其二："筑堂我劝祀香山，戊午冬，余乞假回，薄游湖上，曾劝谢方伯启昆、秦兵备瀛建白公专祠，二公因循未果，近始建成。今日祠成却叩关。公学浮屠我嘲佛，就桑三宿倘蒙许。"

十一日，雇舟游御教场、圣果寺，晚至湖心亭、苏公祠痛饮。

> 《卷施阁诗》卷十九《十一日待蒋大齐耀昆仲不至因买舟往御教场圣果寺》《是日晚蒋裕之携歌者相访遂至湖心亭及苏公祠痛饮醉中作》。

十三日，游花神庙夜归。

> 《卷施阁诗》卷十九《十三夜自花神庙夜归》。

十五日，冬至，至葛岭访初阳台、半闲堂故址。

> 《卷施阁诗》卷十九《长至日携酒至葛岭访初阳台半闲堂故址》："仙翁祠屋亦已敧，鼪鼠都从石龛穴。神仙毕竟不可为，化鹤或恐仍归来。试问葛稚川，何似丁令威？"

访僧破迷不值。

> 《卷施阁诗》卷十九《蝁庵访破迷和尚不值题壁》："松花饭熟僧不归，闻说南屏访师去。"

> 破迷（？—1815），清浙江平湖人。剃度于浙江新昌。好游山水，五台、峨嵋及浙中等名山无不至之。后居杭州西湖蝁庵，崇奉者众。事具秦瀛《小岘山人文集》卷三《蝁庵破公六十序》等。

在杭期间,又有《偶成》《湖上作》《暮归》《龙井小憩》《灵隐山房浴》《春溪垂钓图为秦同年赋》《月夜自涌金门至漱石居》《凤凰山顶望江海及里外湖作》《由华津洞登莲花峰》《由凤皇山半至胜果寺复从寺后寻石门及仙姑洞郭公泉升天梯诸胜》《月夜自六桥归》《云栖寺望五云山并访莲池大师塔院》《向晚由徐家村至理安寺》《下石屋岭遍游石屋水乐诸洞》《表忠观拜钱武肃王像》诸诗纪游。

抵苏州,重展毕沅墓,并至石湖访戈襄。

> 《卷施阁诗》卷十九《灵岩山重展毕尚书墓感赋》:"丘壑心徒恋,公廙欲遂初不果。岩峦气未平。松杉识人意,都作怒涛声。"

> 同卷又《石湖戈氏园访戈上舍襄复不值》:"访客仍难遇,空题石上铭。"

> 戈宙襄(1765—1827),一名襄,清江苏元和(今苏州市)人。监生。弃仕进,曾师从钱大昕。精音韵,尤擅算学。善诗文,所著有《半树斋文》。事具《李桓《国朝耆献类征初编》卷三百九十三、《半树斋文》卷首《戈孝子传》等。

十二月,葬叔母余太孺人与弟霭吉。

> 吕《谱》:"十二月,葬余太孺人于前桥先茔,并卜葬仲弟于茔南计家村。"

十七日前后,王芑孙过访。

> 《渊雅堂编年诗稿》卷十五《雨阻常州过稚存饭》:"君前访我未克至,我昨访君仍不值。人生一别动参商,今期风雨登君堂。……比岁如君真福人,我犹偕计随车尘。"

> 按:王芑孙此诗次于其《十五日风雪辞家》诗之后。十五日辞家,以行程计,十七日前后当抵常州,故系于此。

二十四日,小除,于城东晚步。

> 《卷施阁诗》卷十九《小除日城东晚步》。

二十九日,招陆继辂及儿子等于淡香斜月西堂祭诗。

> 《卷施阁诗》卷十九《腊月二十九日淡香斜月西堂告成招陆秀才继辂等及儿子祭诗》其一:"年除百事费支持,检点闲情付酒卮。却约比

邻三陆到,扫厅同与祭新诗。"

本年,李贻德于嘉兴识先生,其后为学受先生影响。

> 刘毓崧《通义堂文集》卷四《李次白先生春秋左氏传贾服注辑述后序》:"右《春秋左氏传贾服注辑述》二十卷,嘉兴李次白先生所著也。先生生于乾隆癸卯,多见当时耆旧。嘉庆戊午,洪稚存太史至嘉兴,生年甫十六,聆其绪论,即深企慕先生。(《揽青阁诗钞》卷上《洪稚存先生建言诗》,有'鸳水听诗如昨日'之语。自注:'戊午岁,遇先生于冯七砚观察横经书舍。')"

> 李贻德(1783—1832),字天彝,号次白,自号杏村先生,清浙江嘉兴人。嘉庆十八年(1813)举人。少工韵语,于学无所不窥。孙星衍晚年著作,多因其为之卒业。所著有《诗考异》《诗经名物考》《周礼膡义》《十七史考异》《揽青阁诗钞》《梦春庐词》等。事具《清史列传》、钱仪吉《衍石斋记事稾》卷十《李次白墓志铭》等。

嘉庆四年,己未(1799),五十四岁

正月初三日,清高宗弘历谢世。

> 吕《谱》本年条:"正月,为洞庭包山之游,回舟复至香雪海探梅,月杪返里。"

初八日,抵苏州,访梅邓尉,并诣孙廷璧,不遇。

> 《卷施阁诗》卷二十《客夏孙总戎廷璧约游东山以事未果新正八日访梅邓尉因便诣衙斋值他出不遇两公子留住信宿意甚勤挚爱留别二首并呈总戎》其一:"为有将军约,来随估客槎。半帆悬雪月,百里走风沙。公子欣除舍,疏梅正作花。夜阑银烛里,留与斗新茶。"

初九日,访袁廷梼于枫桥。

> 《卷施阁诗》卷二十《初九日枫桥访袁上舍廷梼》:"挂帆东南行,百里只瞬息。非徒访疏梅,兼诣幽人宅。幽人宅旁寒山住,腊雪在门曾一顾。"同卷又有《三鼓自木渎放舟至胥口》《自胥口渡湖》《湖心遇风》《将至东山作》《暂憩东山麓》《翠微禅院》等诗纪行。

> 袁廷梼(1763—1809),字又恺,又字寿阶或绶阶,清苏州吴县人。

监生。好藏书，无书不读，精丁小学、校雠。所著有《袁氏世范》三卷、附《集事诗鉴》一卷、《红蕙山房吟稿》一卷、《渔隐录》一卷。事具《国朝耆献类征初编》卷四百二十、江藩《汉学师承记》卷四《王兰泉先生》附。

初十日前后，偕孙锦、孙镶兄弟至翠峰枕流阁访梅。

《卷施阁诗》卷二十《同孙公子锦暨令弟镶至翠峰枕流阁访梅》："昨留漱石居，客冬寓西湖漱石居半月。今访枕流阁。川程逾十驿，胜地乃交错。"

按：初九日访袁廷梼，偕孙锦、孙镶访梅于枕流阁当是初十日或稍后，故系于此。

孙锦、孙镶，生平待考。

有诗赠程师乐。

《卷施阁诗》卷二十《即席赠程司理师乐》。

程师乐，生平待考。

郑时泰招饮，并约五月游洞庭西山。

《卷施阁诗》卷二十《郑司马时泰招饮赋赠一首》："剖符殊不殊，分领此山中。属吏如梅福，谓程司理。通家得孔融。快谈当世事，饶有古人风。临别仍相约，同来访石公。约夏半游西山。"

郑时泰（1740—？），字协相，清广东香山人。附贡生。捐通判，陞江苏太湖水利同知。事具《（光绪）香山县志》卷十一《选举表》等。

十二日，与钮树玉同舟游湖，探梅玄墓，读其所著《说文新附考》，赋诗，并柬赠钱大昕、王念孙、段玉裁、孙星衍。

《天山客话》："己未正月十二日，友人约至玄墓探梅。曙色乍分，即白光福镇。舍舟而骑，友人辄数里设供帐于梅花树下，湖光山色，香溢四隅。座中和钮匪石布衣诗，有'人间清福享未易，幸是玉皇香案吏'之句。"

《卷施阁诗》卷二十《渡湖与钮布衣树玉同舟因出其所著说文新附考见示赋赠一首即钱少詹大昕王给事念孙段明府若膺孙兵备星衍》："东山三万户，仅止一儒者。童年耽竹素，暇复讨苍疋。《说文》五百部，寝食不暂舍。蝇头排细字,时把心得写。茅檐两三层,住乃近橘社。家贫长物少,书反盈两厦。扁舟偶相访,坐久烛屡炧。口陈六书失,如水向盆泻。维时四座客,耳口若聋哑。二徐生唐末,不甚晓通假。谐声兼会意,一一多苟且。强编新附字,合者盖已寡。惟生纠厥失,证以毛郑马。隋音庶刘曹,唐疏陋孔贾。陵夷南北宋,弃置若土苴。长编多称引,又出张郭下。方今富儒术,小学亦娴雅。王钱暨孙段,见尔手定把。倚桅赠一篇,飘风忽飞瓦。"

钮树玉(1760—1827),字蓝田,号匪石,亦作非石,清江苏吴县人。少孤贫,业贾,笃志好学,从钱大昕研小学与金石之学。工诗,擅篆隶。所著有《匪石先生文集》二卷、《说文解字校录》十五卷、《说文段注订》八卷等。事具《清史列传》卷六十八、《清史稿》卷四百八十一、梁章钜《钮山人墓志铭》等。

段玉裁(1735—1815),字若膺,号茂堂,又号长塘湖居士、侨吴老人等,清江苏金坛人。乾隆二十四年(1759)举人,任国子监为教习。乾隆三十五年(1770),吏部铨选,官贵州玉屏知县及四川富顺、巫山等县知事。引疾归,专意研讨经训。所著有《说文解字注》《经韵楼集》等。事具《清史稿》卷二百六十八等。

十三日,访梅于邓尉、玄墓、香雪海,有诗寄钱维乔、蒋陈尊。

《卷施阁诗》卷二十《十三日邓尉访梅忆昔游寄大令维乔蒋文学陈尊》。

同卷又《过邓尉感旧》:"别来山中客,已葬山花下。摩挲坟上树,一半梅枝亚。"

又《玄墓小憩》:"松涛覆屋客眠稳,梦觉香气来无边。"

又《香雪海久坐》:"风吹花气入远空,一半上接山云红。"

光福镇哭徐坚。

《卷施阁诗》卷二十《光福镇哭徐处士坚》:"魂归万树梅花内,家在三更鹤唳中。"

二月,北上。

吕《谱》本年条:"二月惊闻高宗纯皇帝升遐,以内廷翰林例应奔赴,随即束装北上。"

月初,偕刘嗣绾启程北行。

《卷施阁诗》卷二十《北行》其一:"三月束装归,二月束装发。出门才十稔,抵家无百日。昨为弟丧归,今为国丧出。我劳何敢惮,我泪忽呜咽。挥泪北向行,程程冒风雪。"其二:"初日上蒜山,回头望东海。"

按:同卷《过沂水桥柬族孙梧》,题下小字自注:"二月十二日。"以十二日过沂水,则启程当在二月初也,故系于此。

刘嗣绾《尚䌹堂诗集》卷二十六《劳歌集》前小序:"己未春公车历碌,余以二月初旬偕稚存洪太史束装就道。"

刘嗣绾(1762—1820),字醇甫,又字简之,号芙初,清江苏阳湖人。嘉庆十三年(1808)会试第一,廷试改翰林院庶吉士,散馆授编修。其人和平安雅,见义无不为。工诗及骈体文。所著有《尚䌹堂集》。事具《清史列传》等。

途中,刘嗣绾有诗呈阅。

刘嗣绾《尚䌹堂诗集》卷二十六《山行三首呈稚存丈》。

十二日,过沂水,有诗柬洪梧。

《卷施阁诗》卷二十《过沂水桥柬族孙梧》题下小字自注:"二月十二日。"诗云:"沂河之水清且徐,先二十日来被除。风光春半尚未定,莺燕见客犹生疏。参差流水兼修竹,绿映桥南万家屋。横流昨岁喜乍平,数郡创痍渐将复。**时以曹县河决**,邻郡皆助工作。路人为言太守贤,贪吏昨已褫归田。君不见,吾宗两守皆称职,记否赵人思顺德。君兄朴,守顺德,有惠政。"

洪朴(生卒年不详),字素人,清安徽歙县人。乾隆乙酉高宗南巡召试,赐举人,授内阁中书。乾隆三十六年(1771)进士,洊陞吏部郎中,出典湖南乡试,历官湖北学政、刑部郎中、记名御史、直隶顺德府知府等。事具民国《歙县志》卷六等。

洪梧(生卒年不详),字桐生,清安徽歙县人。乾隆五十五年(1790)进士,改庶吉士,授编修,历官至沂州知府。解组后,主讲梅花书院,与郡人结诗会,编有《韩江酬唱集》、著有《易箴》及诗文集等。事具《(光绪)增修甘泉县志》卷十五、《(民国)歙县志》卷七等。

同卷另有《别敖阳镇二日敖山尚可见题壁》、

十五日,望日,抵羊流店,有诗。

《更生斋文乙集》卷二《平生游历图序》:"右《宗岱雪霁图》第十。……己未正月,恭值纯皇帝大事,以曾值内廷,奉文奔赴。二月望日,行抵羊流店,距泰山不百里,海月正升,遽尔大雪,夜半疾雷迅发,震撼山岳。"

《卷施阁诗》卷二十《羊流店望岱》《夜半忽大风雪惊雷彻晓》等诗纪行。

十六日,抵崔庄驿,读壁上清高宗遗诰,有诗。

《更生斋文乙集》卷二《平生游历图序》:"右《宗岱雪霁图》第十。……二月望日,行抵羊流店,……次日,行抵崔庄驿,始敬读纯皇帝遗诏。盖泰山有灵,先一日已相告也。"

《卷施阁诗》卷二十《将至泰安于崔庄驿壁敬读太上皇遗诰泣赋一首》。

同卷又有《山云》《泰山道中五首》《雪霁》《二鼓抵郓州故城宿南关》《重抵卢沟桥有怀亡弟》等诗纪行。

下旬,在卢沟桥为金学莲跋悼亡诗册。

《卷施阁诗》卷二十《跋金文学学莲悼亡诗册后》。此诗次于《卢沟折柳图送金文学至大梁》之前,故系于此。

卢沟桥上送金学莲至大梁。

《卷施阁诗》卷二十《卢沟折柳图送金文学至大梁》:"东西南北人,皆向长安走。卢沟桥上往复来,便折桥头一枝柳。卢沟桥柳年年秃,折尽柔条剩枯木。幽燕客罢客大梁,杨柳作絮飞何忙。"

按:据诗意,送别金学莲当在卢沟桥上。

三月

吕《谱》本年条:"三月初二日,抵都,奉旨在观德殿随班哭临,因赴本衙门销假,暂寓同年戴刑部敦元铁厂寓斋。"

哭任承恩,有诗。

  《卷施阁诗》卷二十《哭任军门承恩》:"槐里朱云本最狂,藉公时复语通方。同游爱咏新题句,分道为收旧奏章。予去岁大考后,即以弟丧乞假归。都下盛传予疏,竞相传写,间有失真者。公恐又成伪稿之事,百计为购而焚之。死友谊真逾骨肉,殇儿疾已入膏肓。公六十后甫得子,不久即殇,以是疾益亟。屠麑何止时来唁,一事相思莫一觞。"

至法源寺看花,并送言朝标官夔州,有诗。

  《卷施阁诗》卷二十《法源寺看花即送言八朝标至夔州任》。

三十日,梦入卷施谷看花,有诗。

  《卷施阁诗》卷二十《春尽日梦入卷施谷看花》。

题左辅《葛岭蒿庐图》。

  《卷施阁诗》二十《题左大令辅葛岭蒿庐图》。

约春夏间,吴骞代卢蟾桂赠先生诗。

  吴骞《拜经楼诗集》卷十(己未)《代赠洪稚存编修》,诗前小序:"卢茂才蟾桂过墨阳楼夜话,并述去夏洪编修稚存至桃溪,同游国山、善权诸胜,且惜予未及一晤,以穷山水之乐。爰拟代卢子赠编修诗一首。"

  吴骞(1733—1813),字槎客,又字葵里,号拜经,又号兔床山人,清浙江海宁人。因幼多病,弃举子业。工诗善画,好藏书,每遇善本,不惜重金购置。所辑有《拜经楼丛书》,以校勘精审著名;所著有《拜经楼文集》《拜经楼诗集》《许氏诗谱钞》《孙氏尔雅正义》等。事具《碑传集补》卷四十五、《(民国)杭州府志》卷一百四十六等。

  卢蟾桂,生平待考。

四月,官实录馆纂修官。

  吕《谱》本年条:"四月,派充实录馆纂修官,偕总裁诸公,首先订定条例,承纂第一分书,即高宗纯皇帝初登极时事也。是月,以高宗纯皇帝升祔太庙,恩诏赠先生父奉直大夫,母宜人。本身妻室本请封典如例。充己未科会试磨勘官,殿试受卷官。"

初二日,应法式善邀,偕同人至极乐寺小集,怅忧国事,有诗。

  《卷施阁诗》卷二十《四月二日法祭酒式善邀同人至极乐寺小憩分

韵得月字》："……偶得学士械，邀我叙契阔。……纵谈当世事，喜罢或鸣喧。侧闻秦陇蜀，兵苦不得歇。至尊忧黎元，御殿每日昃。时时思说论，何异饥与渴。开诚布条教，欲使黎庶活。奈何诸大吏，敷告尚不实。民犹困科敛，吏不奉法律。文书巧相抵，百变难致诘。居然贪欺成，不复畏斧锧。两湖全陕地，事变可胪列。因循及弛废，百事待刚决。倒悬诚已久，水火救宜切。我官非谏诤，讵敢肆笔舌？幸多同志友，肝胆素郁勃。能言固堪赏，尤在通治术。敷陈政之要，置彼事纤屑。虽争焚谏草，道路有传说。吾侪究多幸，贮见荡平日。花前时时来，一醉百忧豁。"

十八日，与法式善、张问陶、何道生、赵怀玉邀王昶、金学莲、谢振定集于国花堂同王芑孙话别。

《渊雅堂编年诗稿》卷十六己未《四月十八日时帆兰士稚存船山味辛邀同家述庵先生金手山茂才学莲谢芗泉侍御振定话别国花堂四十韵》："雨别三年久，云浮一世孤。重来会京阙，此去渺江湖。"

谢振定（1753—1809），字一斋，号芗泉，清湖南湘乡人。乾隆四十五年（1780）进士，选庶吉士，授编修。历官兵科给事中、礼部员外郎等。工诗文，所著有《知耻斋诗集》六卷、《知耻斋文集》二卷等。事具《清史稿》卷三百二十二、《清史列传》卷七十二、法式善《存素堂文续集》卷二《礼部员外郎前翰林院编修江南道监察御史谢君墓表》等。

送同年祝曾赴陕西军营，并题其《山寺读书卷子》。

《卷施阁诗》卷二十《送同年祝兵备曾至陕西军营即题其山寺读书卷子》。

按：张问陶《船山诗草》卷十五有《祝兰坡侍讲曾观察陕甘属题山寺读书图即以赠别》。此诗次于同卷《己未四月二十一日贾家胡同移寓横街作》后，当作于二十一日后。先生《送同年祝兵备曾至陕西军营即题其山寺读书卷子》亦约略其时，故次于此。

祝曾（生卒年不详），字绍宗，清河南固始人。乾隆五十五年（1790）进士。曾官平庆兵备道、凤邠兵备道等。事具《清秘述闻》《剿平三省邪匪方略》正编等。

五月,充己未科庶吉士教习,所课有张惠言、汤金钊、贵庆等。本月,移居西华门外南池关帝庙。

  吕《谱》本年条:"五月,奉旨教习己未科庶吉士。分课汤君金钊、张君惠言、贵君庆等十四人。移寓西华门南池子关帝庙。"

  《卷施阁诗》卷二十《偶成二十首》其三"广场三十顷,乃在池以南"句下小字自注:"近移居西华门外南池关帝庙。"

  《更生斋诗》卷一《卢沟桥口占赠张吉士惠言并寄同馆诸君子》,诗前小序:"张君本同里故交。今岁五月,余蒙恩派教习庶吉士,张君适在其内,执弟子之礼甚恭,余不敢当也。"

  张惠言(1761—1802),字皋文,清江苏阳湖人。嘉庆四年(1799)进士,改庶吉士,充实录纂修官,授翰林院编修。其学深于《易》《礼》。工词,尚比兴,为常州词派开山人物。所著有《茗柯文》五卷、词一卷等,并选有《宛邻词选》等。事具《清史列传》。

  汤金钊(1772—1856),字敦甫,号勖兹,浙江萧山人。嘉庆四年(1799)进士,选庶吉士,授编修,入直上书房。历官侍讲、湖南学政、内阁学士、户部侍郎、左都御史、礼部尚书、工部尚书、吏部尚书、户部尚书协办大学士、太子太保。以达官而讲理学,为士大夫所尊。所著有《寸心知室存稿》六卷等。咸丰六年(1856)卒,谥文端。所著有事具汤金钊《汤文端公自订年谱》《清史稿》卷三百六十四等。

  贵庆(生卒年不详),字月善,又字梦黄,号云西,姓富察氏,满洲镶白旗人。嘉庆四年(1799)进士,散馆授检讨,累官内阁学士、礼部侍郎、兵部右侍郎、刑部左侍郎、吏部左侍郎、仓曹侍郎、漕运总督、礼部尚书等。所著有《知了义斋诗钞》等。事具《清秘述闻续》《东华续录》等。

送陈熙藩至贵州,并柬冯光熊、吴超、程国玺等。

  《卷施阁诗》卷二十《送陈太守熙藩至贵州即寄冯侍郎光熊吴兵备超暨程太守国玺诸人》:"五年我已别南云,又向金门见此君。几许故人皆抗节,谓彭廷栋、花莲布两军门。无多健吏亦从军。张太守凤枝近以事发新疆。工愁吴质官先罢,垂老冯唐力尚勤。珍重雪厓亭畔月,好封书札慰离群。"

　　程国玺(生卒年不详)，汉军正白旗人。曾官笔帖式、兵部主事郎中、开州知州、安顺知府等。勤于听断，处事明敏。事具《安顺府志》《平苗纪略》等。

管世铭病逝，有诗哭之。

　　《卷施阁诗》卷二十《哭管侍御世铭》："半生每自夸龙尾，晚节憎人说凤毛。独有上书心事在，不教风节并钱曹。闻先生客秋欲上封事，属草已定遽卒，庄刺史炘尚及见。钱、曹，为钱南园、曹剑亭两侍御。"

董思驷谢世，哭之以诗。

　　《卷施阁诗》卷二十《哭董太守思驷》："玉杯珠柱书难着，凤髓龙筋判独传。记得白云溪水涨，凌晨送上浙江船。君回里中匝月，由浙江水程赴浔州任，到官甫七日而谢世。"

本月，序徐书受诗。

　　《教经堂诗集》卷前，有先生序(刘本失收)，文曰："大河南北宰剧县而工诗者，得三人焉：赵安阳希璜、王偃师复，其一则君也。……读君潜农之诗，浚川纪事之作，即以为《于蒍》之歌，可也；即以为《新田》《新渠》之颂，可也。嘉庆四年，岁在己未五月，同里同岁生洪亮吉序。"

六月，陈文述于吴蕭席上赠先生诗。

　　陈文述《颐道堂诗选》卷一《吴山尊吉士蕭席上赠洪稚存太史》其一："上苑三珠树，斯才信凤鸾。文章魏曹植，经术宋刘瓛。气节人皆重，声华世所叹。容斋读书处，风雪草堂寒。"

　　按：陈文述于嘉庆三年(1798)秋随阮元入京，是时，先生居里。陈与先生相会并以诗见赠，必在本年先生三月抵都及吴蕭举进士为庶吉士之后，故系于此。

　　陈文述(1771—1843)，原名文杰，字隽甫，号云伯，别号退庵、碧城外史、莲可居士、颐道居士等，清浙江钱塘(今杭州)人。嘉庆五年(1800)举人。历官全椒、繁昌、昭文、江都、崇明等县知县，所至多有惠政。所著有《碧城仙馆诗钞》八卷、《颐道堂诗选》十四卷、《颐道堂文钞》十三卷等。事具《清史列传》卷七十三、《(民国)杭州府志》卷一百四十六《陈文述传》等。

夏，先生有书与刘大观，刘氏有书复先生。

> 刘大观《玉磬山房文集》卷三《复洪稚存太史书》："去岁读先生大考文字，切中时弊，针针见血。……今岁，闻有特旨起先生于卧庐。四月中旬阅邸报，知已到都，正拟驰书作贺，补寄去岁所寄之诗，邮签未行，诲贴先至。"

夏秋之际，掌院拟以先生使琉球赐封，后以事不果。

> 《更生斋文甲集》卷三《重修明太常少卿凌公祠墓碑记》："尝忆今天子嘉庆四年，亮吉尚在翰林，适琉球国王以嗣位乞封于朝。掌院事者将举亮吉以往，后值他事不果。"

> 按：先生八月下旬以上书言事触清仁宗颙琰怒，先生被举使赐封琉球，当在夏秋之际，故系于此。

七月初，作《后游仙诗》。

> 《卷施阁诗》卷二十《后游仙诗》第十一首："清虚一别事茫然，消息谁从下界传。闻谁白榆天上树，夜凉时亦噪秋蝉。"第二十九首："东南一抹是扬州，天外山排十二楼。欲趁新凉看沧海，月高吹笛下云头。"第三十二首："疏星三两逗河津，新月如船欲载人。便裁帆向东去，麻姑传说海扬尘。"据"夜凉时亦噪秋蝉"、"欲趁新凉看沧海"及"疏星三两逗河津，新月如船欲载人"等句诗意，《后游仙诗》当作于七月初，故系于此。

初三日，罗聘卒。

初七日，有诗寄女纺孙。

> 《卷施阁诗》卷二十《七夕偶题寄女纺孙》其五："宗崔《月令》手全钞，谁似吾家幼女娇。莫证瓜期是初六，怕他乌鹊再填桥。"

八月，乞假置装，因忧及川陕民变，上书获罪系狱。

十五日，中秋，有词。

> 《更生斋诗馀》卷一《木兰花慢》，词调下有小字自注："己未中秋内城南池寓舍作。"

所撰《实录》成，呈御览，有词。

吕《谱》本年条："八月，第一分《实录》告成，先呈御览。"

《更生斋诗馀》卷一《临江仙》，词调下有小字自注："恭纂高宗纯皇帝实录第一分进呈，拟欲乞假南下，偶此书事。"词云："人说绿蓑青箬好，可容仍殿朝班。玉堂官烛影阑珊。昨朝书已奏，明日棹当还。天上楼台曾小住，明湖如带回环。夜凉偏欲梦乡关，屋前双叠港，屋后一堆山。"

二十日，乞假置装，拟九月初二日叩送清高宗梓宫后南行。

吕《谱》本年条："八月，……先生以春初束装匆遽，在都车马衣履一切未具，遂于二十日在本衙门乞假，已准，拟于九月初二日叩送高宗纯皇帝梓宫后南行。"

《伊犁日记》："嘉庆四年八月二十日本衙门乞假已准，拟于九月初二日叩送纯皇帝梓宫后南行。"

二十四日，忧虑川陕民变，上书言时政，托成亲王转。

吕《谱》本年条："时川陕馀匪未靖，湖北、安徽尚率兵防堵。时发谕旨筹饷调兵。先生目击时事，晨夕过虑，每闻川陕官吏偶言军营情状，感叹焦劳，或至中宵不寐。自以曾蒙恩遇，不当知而不言；又以翰林无言事之责，不应违例自动章奏，因反覆极陈时政数千言，于二十四日上书成亲王及座师吏部尚书朱公珪、左都御史刘公权之，冀其转达圣听。发书后，始以原稿示长子饴孙，告以当弃官待罪。是日，宿宣南坊莲花寺，与知交相别，同人皆惧巨测，先生议论眠食如常。"《清史稿》卷三百五十六本传有该书节录。

《自励》诗述怀言志约作于此时。

《卷施阁诗》卷二十《自励》其一："宁作不才木，不愿为桔槔。桔槔亦何辜，俯仰随汝曹。权枒适当时，旋转如风涛。高原多低枝，感汝汲引劳。一朝时雨行，弃置眠蓬蒿。"其二："宁作无知禽，不愿为反舌。众鸟皆啁啾，反舌声不出。岂絷果无声？无乃事容悦。依依檐宇下，饮啄安且吉。何忍视蜀鹃，啼完口流血。"

二十五日，成亲王等将先生书奏呈清仁宗，因而获罪，下刑部南狱，偕刑部司官刘钰抵狱。王苏、庄曾仪、朱锡经、朱锡庚、王引之、贵庆、吴鼐、朱禄、叶继

霙、乔比部、方体、汪端光、余怀清、陶登瀛、刘少府、友人月升子、韩劀、李于
培等前来探视。

　　吕《谱》本年条:"二十五日,即经成亲王等将原书先后进呈。奉
旨,传至军机处诘问。旋有旨:落职,交军机大臣会同刑部严审,定拟
具奏。"

　　《更生斋文乙集》卷二《平生游历图序》:"右《圜扉待讯图》第
十四。主人以己未八月,乞假将归,临行,上书三府。即日军机处传旨
讯问,覆奏入,即褫职下刑部狱治罪。刑部狱有南北二所,主人所下,即
南所狱也。狱旁窄屋二间,凡官吏待罪者例得居此,以别于众囚。初涖
狱,司事者不测上意,令两吏夹持以寝,四鼓即唤起,严加桎梏。"

　　《伊犁日记》:"二十五日,王以书进呈。是日,传至军机问供。申
刻,有旨草职,交刑部。即偕刑部司官刘钰从隆钟门出西长安门,同车
到刑部,拨入南监。……在南监中来省者,王编修、庄上舍、朱公子锡经、
锡庚、王编修引之、贵吉士庆、吴吉士鼐、朱吉士渌、叶舍人继霙、乔比部
某、方比部体、汪学正端光、余孝廉怀清、陶孝廉、刘少府(忘其名)、友
人月升子、韩比部劀,而李比部于培,为予壬子荐卷门生。"

　　陶登瀛(生卒年不详),号心洲,清江苏阳湖(今常州市)人。嘉庆
三年(1898)举人,官安徽泾县、天长知县。事具《(道光)泾县续志》卷
二等。

　　王引之(1766—1834),字伯申,号曼卿,清江苏高邮州人。嘉庆四
年(1799)进士,授编修。大考一等,擢侍讲。历官至礼部尚书、工部
尚书、吏部尚书、武英殿总裁。卒,谥文简。所著有《王文简公文集》四
卷、《补编》二卷、《经传释辞》十卷、《经义述闻》十五卷等。事具《清史
稿》卷四百八十一、汪喜孙《汪孟慈集》卷四《光禄大夫工部尚书王文简
公行状》、龚自珍《龚定庵全集类编》卷九《工部尚书高邮王文简公墓表
铭》等。

　　朱锡庚,(1761—?),字少白,号少河山人,璞存居士,清顺天大兴
人。朱筠少子。乾隆五十五年(1790)举人,官山西候补直隶州知州。
好藏书,所著有《未之思轩杂箸》《未之思轩诗草拾遗》《璞存山房初

稿》等。事具罗继祖《朱锡庚事辑》等。

余怀清,清江苏阳湖(今常州市)人。嘉庆三年(1798)举人,曾官宁晋、柏乡知县。余待考。

李于培(1765—1817),字因甫,号滋园,清山东安邱(安丘)人。嘉庆元年(1796)进士,授中书舍人。历官刑部主事、郎中,直隶正定、保定知府,分巡通永遵蓟道、总理永定河道、天津道,督办水师营务,卒于任。事具《(民国)安邱县志》卷十八等。

王苏(1763—1816),字侨峤,清江苏江阴人。幼慧,课以诗古文辞,操笔立就。乾隆五十五年(1790)进士,改庶士,授编修,擢御史,敢言,有直声。出守河南卫辉府。报最,获晋级,因疾作假归。后以入都注选遽卒。所为诗文,出入六朝唐宋,为人所称。所著有《试睃堂集》等。事具陈延恩、李兆洛等纂修《江阴县志》卷十七《文苑》《江苏艺文志·无锡卷》等。

庄曾仪(1769—1807),字传永,一字心崖,清江苏阳湖(今常州)人。善为诗文,工琢砚篆刻书法,与张惠言极为友善。为人伉爽真率,客京师,当世贤达钦之,比之黄叔度。事具吴德旋《初月楼续闻见录》卷十、陆继辂《崇百药斋文集》卷十八、张惟骧《清代毗陵名人小传稿》卷五等。

朱渌(生卒年不详),字清如,号意园,清浙江山阴(今绍兴市)人。嘉庆四年(1799)进士,改翰林院庶吉士,散馆授工部主事。由员外郎出知临江府,多惠政,尤以作育人才为务。倡建章山书院,崇尚经术。著有《滋山堂诗文集》等。事具《(光绪)江西通志》卷一百二十九、《两浙輶轩续录》卷二十等。

二十六日,在都虞司被讯,陶登瀛、王苏、庄曾仪、赵怀玉、张惠言前来探省。

吕《谱》本年条:"二十六日,王大臣等在都虞司讯问,并面传谕旨:'洪亮吉系读书人,不必动刑。'先生感激圣恩,伏地痛哭,一一如问,指陈无隐。当经王大臣等拟以大不敬斩立决。"

《伊犁日记》:"二十六日五更上刑具,复车押至内西华门外都御史衙门,候军机王大臣会同刑部严审。未刻讯毕,入奏,照大不敬律拟斩立决。"

《更生斋文乙集》卷二《平生游历图序》："右《圜扉待讯图》第十四。……押至御史台严审，嗣军机刑部，照大不敬律，拟斩立决。"

《伊犁日记》："在都御史衙门来省者：陶孝廉登瀛、王编修苏、庄上舍曾仪、赵舍人怀玉、张吉士惠言。"

二十七日，奉旨免死，流放伊犁，成格以屋券质银为助，即日起行。作书与钱维乔、孙星衍。同日，那彦成奉命往陕西军营参赞。

吕《谱》本年条："奉旨免死，发往伊犁，交将军保宁严行管束，二十七日即行。时事出仓猝，车马行李，俱无所出。姻家崔大令景俨方在都门谒选，偕同年王编修苏、同里庄上舍曾诒等，日夜拼挡。满州侍郎成格公，时官户部主事，素未识先生，自以屋券质银三百两为助，方得成行。计在刑部三日夜，及自刑部至兵部，暨出彰仪门，慰问者不绝于道，其中多有未经识面者，先生一一谢之。崔、庄二君及同里张庶常惠言、陶孝廉登瀛，皆送至卢沟桥，信宿而返。"

《更生斋文乙集》卷二《平生游历图序》："右《圜扉待讯图》第十四。……蒙恩减死。发戍伊犁。自下狱至出狱，共三日夕。"

《更生斋诗》卷一《八月二十七日请室中始闻遣戍伊犁之命出狱纪恩二首》其一："暂离三木即身轻，忽缀元戎后队行。那彦成尚书奉命往陕西军营参赞，亦于是日率京兵启行。天上玉堂虚想像，道边金甲尚纵横。预知前路应长往，从此余年号更生。稳卧侧轮车畔好，员扉几夕梦难成。"

同卷《卢沟桥口占赠张吉士惠言并寄同馆诸君子》，诗前小序："张君本同里故交。今岁五月，余蒙恩派教习庶吉士，张君适在其内，执弟子之礼甚恭，余不敢当也。其馀诸君，亦并络绎出送致赆，故作此致意云尔。"诗云："春明门外驻征轮，簪笏同来唁逐臣。我视黄州已侥幸，缀行相送较情亲。"卷五《哭张编修惠言》其二："万里逢严谴，三秋值抱疴。避人来请室，鞭马及浑河。己未八月，余在请室中，君无日不入访。濒行，复扶病送至卢沟桥，聚谈竟夕。阅世知心少，思乡别梦多。屡欲乞假归，未果。十年无泪洒，为尔一滂沱。"

《更生斋文甲集》卷一《钱大令维乔诗序》："不半岁,以语言愚戆,部议殊死。圣天子宽其要领之诛,戍之绝域,即日押出国门。时余在请室中,缧绁遍身,役车又敦促上道,匆猝未暇念及妻子也,独割谳案纸尾,疾作书,寄季木与孙兵备季仇,与之诀别。"

那彦成(1764—1833),字韶九,一字东甫,号绎堂,章佳氏,满洲正白旗人,大学士阿桂孙。乾隆五十四年(1789)进士,选庶吉士,授编修。历官工部、户部侍郎,工部礼部尚书,署陕甘总督,两广、直隶总督。卒,谥文毅。工诗善书,所著有《那文毅公奏议》八十卷等。事具《清史稿》卷三百六十七、《清史列传》卷三十三等。

成格(生卒年不详),字果亭,满洲正黄旗人。嘉庆元年(1796)年进士。曾官江西巡抚、广东巡抚等。事具《(光绪)江西通志》卷十六等。

二十八日,出监,押出彰义门,王苏、戴敦元、赵怀玉、施锡蕃、邵舍人、庄曾仪相送,世交王长年、管学洛相候于普济堂,崔景俨、庄曾仪联车而进,夕抵卢沟桥。

《伊犁日记》:"二十八日,出监,至江苏司听事,卸刑具,传送兵部车驾司,拨车一两,即日押出彰义门。诸友人同官同乡欲送者,皆误以为明日,是以皆不及。……出彰义门相送者,王编修、戴比部敦元、赵舍人、施孝廉锡蕃、邵舍人、庄上舍,世交王公子长年、管知州同在普济堂相候。时日已曛黑,因相与茶话而别。惟偕崔知县、庄上舍联车而进。……抵卢沟桥左,觅店投宿,则同里张吉士已扶病相待。……是夕,与崔、庄、张三人抵足剧谈,四鼓乃卧。"

管学洛(1761—1809),字道明,号午思,清江苏阳湖人,管世铭子。久试不举,入赀为候选知州。嘉庆十四年,入都就选,卒于清江舟次。工诗词,所著有《祇可轩删余稿》等。事具赵怀玉《亦有生斋集·文》卷十四《候选知州管君家传》、张惟骧《清代毗陵名人小传稿》卷五等。

施锡蕃,生平待考。

王长年,生平待考。

二十九日,子饴孙雇车并送衣履行费,偕子及外甥芮玉衡抵良乡,追送不及者有王念孙、法式善、汪端光及其二子、张问陶、方体、陈文杰、许学范，另有携贶出送者阮元、朱锡经、锡庚两公子。刘召扬送先生独远，并倾囊中装相赠。

《伊犁日记》八月二十九日条。

《更生斋诗》卷二《刘舍人召扬自山左寄示潘文学梦阳驿柳诗四首并约同作因匆猝赋此即寄文学》其四"绝忆戍楼劳远望"句下小字注："前岁余遣戍时，君适在都下，送我独远，并倾囊中装相赠别。"

陈文杰，生平待考。

阮元（1764—1849），字伯元，号芸台，亦作云台，晚号擘经老人等，清扬州府仪征人。乾隆五十四年（1789）进士。由翰林直南书房，历官山东、浙江学政，浙江、江西、河南等省巡抚，湖广、两广、云贵总督，晚岁入为体仁阁大学士。所至倡导经术，主持风会，表彰绝学，一生得人最盛。学博而专，主汉学，兼采宋学。所著有《擘经室集》五十三卷、《诗书古训》六卷、《积古斋钟鼎彝器款识》十卷等，主编有《十三经注疏》及《校勘记》二百十七卷、《皇清经解》一千四百卷、《经籍籑诂》一百零六卷、《畴人传》四十六卷等。另外，选辑刊刻《小琅仙馆叙录书》《文选楼丛书》《宛委别藏》等丛书。事具《清史列传》卷三十六、《清史稿》卷三百六十四等。

九月初一日，遣子饴孙归里，晚抵涿州。

吕《谱》本年条："（八月）二十八日，遣长子饴孙旋里，支持家事，遂挈二仆一车夫以行。"所述日期不确。

《伊犁日记》："九月初一日，早自良乡发，因命儿子、芮甥回都，并命儿子于次日雇车偕崔君旋里，支持门户。惟属以'阖门待罪，恐惧修省'八字，他不多属。遂只身长行。是夕二鼓，宿涿州东关。"

闻董心牧讣，东向以哭。

《更生斋文甲集》卷一《董太恭人晚翠轩遗稿序》："濒行，奏记三府，以语言愚戆，罪至不测。今上赦其死罪，遣戍伊犁。行至涿州，始闻心牧广西之讣，于役车中，东向以哭。"

先生虽然遣戍伊犁，仍忧心国事，有诗纪行抒怀。

《卷施阁诗》卷二十《书事》其一:"忆昨仓皇际,防生肘腋忧。何尝动声色,先已决机谋。讯鞫归藩邸,传呼出殿头。缟冠才几日,褫服作累囚。"其二:"敛怨知何似,茫茫八极中。干戈兆秦楚,珠玉罄南东。逼迫归邪教,搜求过正供。明明祖宗法,百计坏淳风。"其十一:"单车催上道,特敕不随人。"

初二日,抵定兴县。

　　《伊犁日记》九月初二日条。

初三日,抵安肃县。

　　《伊犁日记》九月初三日条。

初四日,抵保定,清苑令李君来访,并致赆及食物;表弟赵钟书、陈淳至,赠以说部书。

　　《伊犁日记》九月初四日条。

　　李君,生平待考。

　　赵钟书(? —1813),字守田,清江苏武进人。乾隆五十九年(1794)举人。官徐州丰县训导。林清之乱,协助知县守城。以守城功,保举知县,未赴选而卒。事具陆继辂《崇百药斋文续集》卷四《书丰县训导赵君事》《(光绪)武进阳湖县志》卷二十二等。

　　陈淳,生平待考。

初五日,抵望都县南关。

　　《伊犁日记》九月初五日条。

初六日,抵定州。

　　《伊犁日记》九月初六日条。

初七日,抵新乐县。

　　《伊犁日记》九月初七日条。

初八日,抵正定。

　　《伊犁日记》九月初八日条。

初九日,雨,不及行。

　　《伊犁日记》九月初九日条。

初十日,渡滹沱河,抵获鹿县,知县孔传经来访,不及见。

孔传经(应作金),清江苏长洲人。历官获鹿知县、清苑知县、南阳知府等。馀待考。

　　《伊犁日记》九月十日条。

十一日,抵井陉县,宿城外泜水上。

　　《伊犁日记》九月十一日条。

十二日,抵乐平故县柏井镇。

　　《伊犁日记》九月十二日条。

十三日,抵平定州西关外。

　　《伊犁日记》九月十三日条。

十四日,抵芹泉驿宿。

　　《伊犁日记》九月十四日条。

十五日,抵西岭铺宿。

　　《伊犁日记》九月十五日条。

十六日,抵榆次县城外西关,知县陈日寿来访,并馈赆;夜半,教谕崔登云率诸生何郁曾等来谒。

　　《伊犁日记》九月十六日条。

　　陈日寿,生平待考。

　　崔登云,生平待考。

　　何郁曾,生平待考。

十七日,遇同年吴树萱,在永康镇茶话而别;抵徐沟,知县佟谨思来访。

　　《伊犁日记》九月十七日条。

　　吴树萱《霁春堂集》卷十四《榆次道中遇洪稚存同年西戍,诗以慰别》:"送君西出并州道,我亦驱车向锦官。豪杰真能轻万里,绵愁还与慰加餐。"

　　佟谨思(生卒年不详),字诚庵,清直隶丰润(今河北丰润县)人。乾隆三十九年(1774)举人。历官灵石、徐沟知县、代州知州,后擢户部员外郎。多有惠政,以卓异闻。事具《(光绪)丰润县志》卷六等。

十八日,抵祁县。

　　《伊犁日记》九月十八日条。

十九日,抵平遥。

　　《伊犁日记》九月十九日条。

二十日,抵界休县,访文潞公祠,逢董教增、宋鸣琦、郑丕清。

　　《伊犁日记》九月二十日条。

　　《更生斋诗续集》卷九《皖口寄怀同年董教增巡抚率柬》中"班生人望拟登仙"句下有小字自注:"余奉恩命遣戍伊犁,时君以道员检发四川,相值于平定州文潞公祠,谈久乃别。"

　　董教增(1750—1822),字益甫,清江苏上元(今属南京)人。乾隆五十一年一甲三名进士,授编修,散馆改吏部主事,累迁郎中,历官四川按察使、布政使、安徽巡抚、陕西巡抚、广东巡抚、闽浙总督,兼浙抚。道光二年卒,赐恤,谥文恪。事具《碑传集》卷七十四、《清史稿》卷三百五十七等。

　　郑丕清,清云南普洱人。馀待考。

二十一日,抵灵石县水头岭宿。

　　《伊犁日记》九月二十一日条。

二十二日,过韩侯岭,抵霍州府城,蒋荣昌、恽从礼、胡钰来访,并于次日早共饭于范尔照别墅,蒋赠先生《夷坚志》。

　　《伊犁日记》九月二十二日条。

　　蒋荣昌(生卒年不详),清河南睢州人。乾隆四十二年(1777)举人。曾官霍州知州、常州知府、江南观察等。

　　恽从礼,清江苏武进人。馀待考。

　　胡钰,清河南光山人,进士。馀待考。

　　范尔照,清山西霍州人。馀待考。

二十三日,抵赵城县南关宿。

　　《伊犁日记》九月二十三日条。

二十四日,抵临汾县东乾井镇宿。

　　《伊犁日记》九月二十四日条。

二十五日,抵平阳府,缪晋、张五伦来访,宿赵曲镇。

　　《伊犁日记》九月二十五日条。

张五伦(生卒年不详),字伯淳,号铭渠,直隶清苑(今河北清苑县)人。乾隆庚子(1780)举人。历官浮山知县、潞安府同知。所著有《渌漪轩学吟草》等。事具《(光绪)保定府志》卷四十四、《国朝畿辅诗传》卷四十八等。

二十六日,至曲沃,前至候马驿宿。

《伊犁日记》九月二十六日条。

二十七日,抵闻喜县东关宿。

《伊犁日记》九月二十七日条。

二十八日,经夏县,抵安邑县北关宿。次日清早,知县严廷灿来访。

《伊犁日记》九月二十八日条。

严廷灿(生卒年不详),清顺天(今北京市)宛平人。乾隆三十五年(1770)举人。曾署武昌县事。事具《安邑县续志》卷二等。

二十九日,抵猗氏县东关宿。

《伊犁日记》九月二十九日条。

三十日,抵临晋县城外东关。

《伊犁日记》九月三十日条。

本月,刘逢禄以咏秋海棠诗四首寄先生。

刘逢禄《刘礼部集》卷十一《秋海棠寄洪稚存丈伊犁》其一:"断肠犹自当春看,庭院秋深倚画栏。欲向东篱寻伴侣,晚香依旧耐霜寒。"

按:据"庭院秋深倚画栏"句,诗当作于深秋九月,故系于此。

刘逢禄(1776—1829),字申受,号申甫,又号思误居士,清江苏武进人。嘉庆十九年(1814)进士,改翰林院庶吉士,散馆,授礼部主事,后官仪制司主事。刘逢禄传外祖庄存与及舅氏庄述祖之经学,为学不专章句,务通大义。所著有《尚书今古文集解》三十卷、《刘礼部集》十二卷《公羊春秋何氏解诂笺》一卷、《春秋公羊经何氏释例》十卷《后录》六卷等经学著作多种。另辑有《八代文苑》四十卷、《唐诗选》四十卷、《绝妙好辞》二十卷、《词雅》四卷等。事具《清史稿》卷四百八十二、《清史列传》卷六十九等。

十月初一日,抵蒲州府城宿。

《伊犁日记》十月初一日条。

初二日,渡黄河,抵潼关城内宿,同里余秀才来访。

《伊犁日记》十月初二日条。

余秀才,清江苏阳湖(今常州市)人。生平待考。

初三日,谒华岳庙,抵华阴县城西关宿。

《伊犁日记》十月初三日条。

初四日,抵华州,钱坫苦邀至署住,本城公子王志恬、志沂、李式郿来谒。

《伊犁日记》十月初四日条。

王志恬(生卒年不详),清陕西华阴人。

王志沂(生卒年不详),号鲁泉,清陕西华阴人。聪慧过人,年十二,捐员外郎,在京候补。所著《关中汉唐存碑跋》《三南纪游》《陕西志辑要》等。事具《同州府续志》卷十二等。

李式郿,清广东海丰人,州守李带双之孙。例监生。

初五日,同钱坫骑马至少华山,憩于白衣庵。

《伊犁日记》十月初五日条。

初六日,抵渭南县城宿,俞廷璋来访。

《伊犁日记》十月初六日条。

俞廷璋,清浙江馀杭人。

初七日,在零口晤屈焕文,抵临潼,宿城外华清泉上,知县阮坦来访。

《伊犁日记》十月初七日条。

屈焕文,清江苏常熟人。馀待考。

阮坦,清江苏上元(今南京)人。曾官临潼知县。

初八日,抵西安,同乡费浚为备楼北客馆,友人程敦及同乡缪绂、表兄庄宝璐、年家子龚述祖来访。且重雇车马。

《伊犁日记》十月初八日条。

吕《谱》本年条:"初八日,抵西安,重雇车马,留三日,乃行。"

费浚(生卒年不详),字浚川,江苏武进人。乾隆五十一年(1786)副榜,官州判,发陕西,历署盩厔、扶风县,俱有惠政。署长安知县,因平民乱功,陞升直隶州同知,署耀州知府,擢延安知府,后官西安知府、

陕西督粮道兼署按察使、山东督粮道。事具《武进阳湖县志》卷二十二
《人物》等。

　　龚述祖,清江苏阳湖(今常州)人。曾官江西临川丞等。

　　缪绂,清江苏江阴人。曾官平泉州州判。

　　庄宝璐,清江苏阳湖(今常州)人。

初九日,雨,陈理问来访,并至书坊购书。

　　《伊犁日记》十月初九日条。

　　陈理问,字望曾,清浙江海盐人。

初十日,雨止,午后偕缪孝廉　骑马访荐福寺、小雁塔,长安令费君浚两次来
访,甫得见,久谈乃去,并馈赆。续同乡程鹏、王敬思及咸宁贺廷佐、临潼马
封君并来谒,并各馈干粮食物,苦辞不允,皆酌受一二种。

　　《伊犁日记》十月十日条。

　　程鹏,生平待考。

　　王敬思,生平待考。

　　贺廷佐,清湖北咸宁人。馀待考。

　　马封君,生平不详。

十一日,晴,渡渭河,抵咸阳城内客馆宿,忆及壬寅年冬与孙星衍同宿此。

　　《伊犁日记》十月十一日条。

十二日,道中小雨,抵醴泉县西关宿。

　　《伊犁日记》十月十二日条。

十三日,阴翳,抵乾州城内客馆宿。

　　《伊犁日记》十月十三日条。

十四日,雨甚,抵监军镇宿。

　　《伊犁日记》十月十四日条。

十五日,雨作雪,抵永寿县城外东关客馆宿。邠州守庄炘已遣人相迓。是日
泥泞甚,在途次羁留半日。

　　《伊犁日记》十月十五日条。

十六日,至邠州界太峪,庄炘已遣人备小饭于此。因饱食而进,至州署,与庄
炘及表姊谈至二鼓方睡。

《伊犁日记》十月十六日条。

十七日十八日,在州署。

　　《伊犁日记》十月十七日十八日条。

十九日,午后偕同里程永孝诸人出州北门,眺泾水上,折至东门,浴于皇涧上客邸,乃归。

　　《伊犁日记》十月十九日条。

　　程永孝,清江苏阳湖人。

二十日,庄炘夫妇馈赆百两,以及御寒衣裘果饵干糗无不备。

　　《伊犁日记》十月二十日条。

二十一日早,庄炘昆仲暨程永孝同送至二十里外,憩大佛寺,遍观宋明人磨厓,共饭而别。是日,抵长武县城南关宿。

　　《伊犁日记》十月二十一日条。

二十二日,抵泾州郭内宿。

　　《伊犁日记》十月二十二日条。

二十三日,渡泾水,抵平凉白水驿亭中宿。

　　《伊犁日记》十月二十三日条。

二十四日,抵平凉,距城二里,平凉令徐寅来迓。入城,宿县东客馆。

　　《伊犁日记》十月二十四日条。

　　徐寅(生卒年不详),清浙江钱塘人,壬午副榜。

二十五日,抵瓦亭驲客馆宿。次日,为母讳日,是夕焚香行礼,夜久乃息。

　　《伊犁日记》十月二十五日条。

二十六日,经乐蟠山,抵隆德县城客邸宿。

　　《伊犁日记》十月二十六日条。

二十七日,抵静宁州西关客邸宿。

　　《伊犁日记》十月二十七日条。

二十八日,抵会宁县清家驿宿。

　　《伊犁日记》十月二十八日条。

二十九日,抵会宁县城外西关宿。

　　《伊犁日记》十月二十九日条。

武亿卒。

十一月

初一日,抵安定县青岚山顶宿。

> 《伊犁日记》十一月初一日条。

初二日,抵安定县,换车。同年吴江王鲲,前兵备巩昌已擢浙江臬使,行已二十余日,特留人相迓,并馈食。抵秤钩驿宿。

> 王鲲(生卒年不详),字旭楼,清江苏吴江人。例选州吏目。多义举。勤于著述,著有《话雨楼金石目录》《松陵闻见录》,并辑里人诗为《盛湖诗萃》等。事具《吴江县续志》卷十九《王楠传》附等。

> 巩昌,浙江臬使。

> 《伊犁日记》十一月初二日条。

初三日,迂道至金县。新月已上,县僻无逆旅,寄宿野人家。

> 《伊犁日记》十一月初三日条。

初四日,日晚至甘肃省城兰州。杨揆已遣人相迓入署。与杨芳灿、黄骈谈至二鼓出就客邸宿。

> 《伊犁日记》十一月初四日条。

> 吕《谱》本年条:"十一月初四日,抵兰州。"

初五日下午,杨揆、黄骈来访,久谈乃去。

> 《伊犁日记》十一月初五日条。

> 黄骈(生卒年不详),字约领,清江苏兴化人。乾隆辛卯(1771)举人,乾隆四十一年(1776)内廷教习,挑发山东,任淄川县。官历甘肃清远县令、平凉盐茶同知、宁夏西宁知府,卒于官。所著有《约领诗钞》《双江唱和集》等。事具英杰等修《续纂扬州府志》卷九、王豫、阮亨辑《淮海英灵续集》"庚集"卷五等。

初六日,晨刻,嵇承裕来访,询以出关事宜。续周惟汉、陆芝田及杨承宪来谒。午后杨揆来访,久谈乃去。并邀同至署,在艺香花圃围炉久坐,剧谈至三鼓归寓。

> 《伊犁日记》十一月初六日条。

> 周惟汉,清浙江浦江人。

陆芝田(生卒年不详),清甘肃狄道(今临洮)人。蒲城教谕。所著《三百株梨花吟馆诗文集》等。

杨承宪,清甘肃狄道人。

嵇承裕,清江苏无锡人。曾官贵德县同知等。

初七日,姜开扬过访,久谈乃去;同年秦维岳胞弟秦维岱、维岩、维岫来谒,并馈食物。午后,出城登五泉山寺。

《伊犁日记》十一月初七日条。

秦维岳(1759—1839),字觐东,号晓峰,清兰州后五泉人。乾隆五十五年(1790)进士,选翰林院庶吉士,散馆,改授国史馆编修。历官武英殿国史馆纂修、都察院江南道御史、浙江道御史、兵科给事中、湖北盐法道,并署布政使、按察使,捐银建江汉书院、勺庭书院。嘉庆二十四年,丁母忧归里,再未出仕。晚年主持兰山、五泉两书院。所著有《听雨山房诗钞》等。事具《国朝御史题名》等。

秦维岱,生平待考。

秦维岩,所著有《妙莲馆诗文集》等。

秦维岫,生平待考。

初八日,嵇承裕复来访,姜开扬邀过署午饭。午后诣杨揆署道别。杨揆、姜开扬各馈赆百两,西安守朱勋寄至赆金二百两。

《伊犁日记》十一月初八日条。

朱勋(生卒年不详),字晋阶,清江苏靖江人。国学生。累试未第,援例授佐贰。历官陕西咸宁知县、乾州知州、同州知府,以军功官西安知府、榆绥道、陕西按察使、布政使、巡抚、陕甘总督等。事具《(光绪)靖江县志》卷十三等。

初九日,周惟汉、杨承宪、陆芝田与秦维岱兄弟前来送别。午后,杨揆、杨芳灿同来邀入署饯别。

《伊犁日记》十一月初九日条。

初十日,诣姜开扬署话别。出城,皋兰丰大令及黄驿前来相送,秦维岱送至三里外。抵沙井驿宿。

《伊犁日记》十一月初十日条。

皋兰丰大令,待考。

十一日,抵苦水驿宿。

《伊犁日记》十一月十一日条。

十二日,抵平番县西关宿。

《伊犁日记》十一月十二日条。

十三日,同年韦佩金相访,并约同至凉州。抵岔口镇宿。

《伊犁日记》十一月十三日条。

韦佩金(1752—1808),字书城,号酉山,清扬州府江都人。乾隆
四十三年(1778)进士,历官广西苍梧、怀集、马平、凌云知县,后坐事遣
戍伊犁,四年后释回,以教授生徒终。以制艺有声于时。工诗词。所著
有《经遗堂全集》。事具《碑传集补》卷二十二、《扬州府志》卷四十八
《人物三》等。

十四日,抵黑松营宿。

《伊犁日记》十一月十四日条。

十五日,抵古浪县,至靖边营宿。

《伊犁日记》十一月十五日条。

十六日,抵凉州府,宿东关客馆。蔡骧来访。

《伊犁日记》十一月十六日条。

蔡骧,清江苏无锡人。馀待考。

十七日,蔡骧约至武威署早饭。

《伊犁日记》十一月十七日条。

十八日,陈正常偕蔡骧来谒,韦佩金亦至,约先生在肃州相候。

《伊犁日记》十一月十八日条。

陈正常,清甘肃安定人。馀待考。

十九日,抵四十里铺宿。

《伊犁日记》十一月十九日条。

二十日,抵义学堡宿。

《伊犁日记》十一月二十日条。

二十一日,抵永昌县宿。

《伊犁日记》十一月二十一日条。

二十二日,抵丁将庙宿。

《伊犁日记》十一月二十二日条。

二十三日,抵山丹县宿。

《伊犁日记》十一月二十三日条。

二十四日,抵张掖古城汛宿。

《伊犁日记》十一月二十四日条。

二十五日,五鼓行,至甘州府东郭,唐以增、周能珂来访,并馈赆;周并赠骡一头。至县署中饭,并识唐梦庄。

《伊犁日记》十一月二十五条。

唐以增(生卒年不详),字寿川,清浙江归安人。乾隆四十二年(1777)选拔举人。官甘肃碾伯知县。事具《湖州府志》卷十三、《归安县志》卷三十二等。

周能珂(生卒年不详),清浙江浦江人,曾官甘肃东乐县丞、山丹知县等。事具《山丹县续志》卷七、《浦江县志》卷六等。

唐梦庄,清浙江归安人。馀待考。

二十六日,冬至,抵沙河堡宿。

《伊犁日记》十一月二十六日条。

二十七日,抵抚夷厅,通判于时兆遣人邀至署相见,共饭而别。复行四十里,抵高台县东关宿。县令蔡本荣邀寓公廨,并共饭。

《伊犁日记》十一月二十七日条。

于时兆(生卒年不详),字子应,清江苏金坛人。乾隆二十一年(1756)举人。由举人大挑知县,官至顺天府北路同知。

蔡本荣,清福建人。官甘肃高台县。馀待考。

二十九日条,抵黄泥铺宿。

《伊犁日记》十一月二十九日条。

十二月

吕《谱》本年条:"初一,抵肃州,重雇出关长车。"

初一日,抵肃州城内客邸宿。李景玉来访,徐应鹏来谒。

《伊犁日记》十二月初一日条。

李景玉,清湖南长沙人。举人。官甘肃肃州知县、知州护理等。

徐应鹏,清浙江山阴人。馀待考。

初二日,王储英、韩成宪、武永清来谒,后与李景玉等共饭,并为徐应鹏等书柱帖十余幅。

《伊犁日记》十二月初二日条。

王储英,清甘肃肃州人。馀待考。

韩成宪,生平待考。

武永清,生平待考。

初三日,雇定伊犁长车,午后,徐应鹏约入署小饭,蒋维宗、李景春、潘炯、张子龄来谒。

《伊犁日记》十二月初三日条。

蒋维宗,长洲人。待考。

李景春,湖南人,景玉弟。馀待考。

潘炯,清甘肃武威人。馀待考。

张子龄,清甘肃武威人。馀待考。

初四日,赵敬业来谒。下午,蒋维宗招饮,李景玉馈赠出关食物。

《伊犁日记》十二月初四日条。

赵敬业,清陕西三原人。

初五日,离肃州,李景玉与蒋维宗相送。抵嘉峪城外东关宿。巡检高词来谒。

《伊犁日记》十二月初五日条。

高词,山阴人。馀待考。

初六日,出嘉峪关,抵双井子宿。

《伊犁日记》十二月初六日条。

《更生斋文乙集》卷一《与崔瘦生书》:"遂以十二月六日,北出嘉峪关。"

《更生斋诗》卷一《出嘉峪关雇长行车二辆车箱高过于屋偶题一绝》。

同卷又《出关作》:"半生迹踪未曾闲,五岳游完鬓乍斑。却出长城万馀里,东西南北尽天山。"

初七日,抵赤金湖宿。

《伊犁日记》十二月初七日条。

初八日,抵玉门县东关宿。署县姜□华与典史顾光显来谒。

《伊犁日记》十二月初八日条。

《更生斋诗》卷一《抵玉门县》:"万馀里外寻乡郡,三十年前梦玉关。余弱冠时,在天井巷汪宅课甥,曾夜梦至天山。详见所著《天山客话》。绝笑班超老从事,欲从迟莫想生还。"

姜□华,清山东昌邑人。馀待考。

顾光显,清江苏无锡人。馀待考。

初九日,姜□华约入署,并使其子出见,兼馈赆。是日,抵三道沟宿。胡纪勋以比粮至,约至公廨小饭。

《伊犁日记》十二月初九日条。

初十日,抵八道沟宿。

《伊犁日记》十二月初十日条。

十一日,抵沙枣园宿。

《伊犁日记》十二月十一日条。

十二日,抵安西州,胡纪勋遣人邀入署剧谈,并使其子出见。宿州东客邸。

《伊犁日记》十二月十二日条。

《更生斋诗》卷一《安西道中》。

胡纪谟(1743—1810),一作纪勋,字献嘉,晚号息斋,清浙江山阴(今绍兴)人。乾隆二十三年(1768)顺天乡试举人。乾隆四十六年(1781)进士,大挑一等,奉旨分发甘肃以知县用。历官甘肃镇原、署安定路、中卫、皋兰县令、安西知州、巩昌知府等。擅诗文,所著有《知足居诗文集》等。事具杨芳灿《芙蓉山馆文钞》卷八《甘肃巩昌府知府胡公墓志铭》等。

十三日,学正李蓉、吏目徐秉中来谒。胡纪勋来访,并约于署中早饭,饷食物及皮衣,兼馈赆。

《伊犁日记》十二月十三日条。

李蓉,清陕西韩城人,清乾隆五十一年(1786)举人。馀待考。

徐秉中,清浙江山阴人,吏目。馀待考。

十四日,抵白墩子宿,作书与胡纪谟讨论疏勒城与疏勒国地理方位事。

《伊犁日记》十二月十四日条。

《更生斋文甲集》卷一《与安西州守胡纪谟书》:"昨握别后,出州城北行九十里,至白墩子宿。墩旁地势高下,沙砾中尚有废城旧址,土人居者亦不下数十家。右侧有泉,宽二十馀步,土人呼为疏勒泉,日用灌溉皆资之。余时即疑疏勒国在龟兹之西,于阗之北,较乌孙等国更远,何得敦煌郡地即有疏勒泉?连日车中无事,取所携前、后《汉书·西域传》及《耿恭》等传校之,而知恭所屯之疏勒城,实非汉疏勒国所都之城,但同其名耳。"

按:胡纪谟,日记中作"胡纪勋"。

《更生斋诗》卷一《疏勒泉》。

十五日,抵红柳园宿。

《伊犁日记》十二月十五日条。

十六日,抵大泉宿。

《伊犁日记》十二月十六日条。

十七日,抵马连井宿。

《伊犁日记》十二月十七日条。

十八日,抵猩猩峡宿。

《伊犁日记》十二月十八日条。

十九日,抵沙泉子宿。

《伊犁日记》十二月十九日条。

二十日,抵苦水汛宿。

《伊犁日记》十二月二十日条。

二十一日,抵客子汛宿。

《伊犁日记》十二月二十一日条。

二十二日,抵长流水宿。陈世章来访。

《伊犁日记》十二月二十二日条。

《更生斋诗》卷一《安西至格子墩道中纪事》其一："我行发安西，十日五停轴。疲踪本思憩，所苦乏室屋。"其三："偶逢陈世昌，曾令楚边邑。"

按：诗中"陈世昌"，即陈世章。据日记，故系该诗于此。

陈世章，清江西万载人。乾隆五十八年(1793)进士，官湖北保康知县，以邪教案发新疆。

二十三日，抵哈密西关宿。哈密通判王湖遣人相迓，并共帐于乾泰店。晚，王来访。

《伊犁日记》十二月二十三日条。

王湖，生卒年不详，汉军正红旗人，由中书历官至知府，降调通判至此。(《伊犁日记》)

二十四日，印房主事塔宁阿来访。续后，钦差驻哈密大臣三等伯伍弥乌逊来访；署副将何守林来访。伍送食物甚丰。王湖馈赆。作《天山歌》。

《伊犁日记》十二月二十四日条。

《更生斋诗》卷一《天山歌》。

塔宁阿，正红旗人，满洲驻防古城人。举人。

伍弥乌逊，蒙古人，大学士伍弥泰长子。

何守林，清甘肃西宁县人。

按：《天山歌》次于《进南山口》诗之前，而先生抵南山口在二十五日，故系于此。

二十五日，抵南山口宿，有诗。

《伊犁日记》十二月二十五日条。

《更生斋诗》卷一《进南山口》。

按：此条次于二十四日与二十六日之间。"五"字原本讹作"三"。

二十六日，下天山口，过岭，雪飘如掌，是日抵松树塘宿，有诗。

《伊犁日记》十二月二十六日条。

《更生斋诗》卷一《下天山口大雪》："云头直下马亦惊，白玉阑干八千丈。"

同卷又《松树塘道中》《松树塘万松歌》。

二十七日,抵奎素宿,有诗。

　　《伊犁日记》十二月二十七日条。

　　《更生斋诗》卷一《菩萨沟道中》。

二十八日,抵至镇西府城内宏顺店,宿于巴里坤客帐,有诗。

　　《伊犁日记》十二月二十八日条。

　　《更生斋诗》卷一《廿八日抵巴里坤》。

二十九日,奇寒,宜禾县景安馈食物。

　　《伊犁日记》十二月二十九日条。

三十日,除夕,于巴里坤客帐祀先,晚,景安复馈食物,有诗。

　　吕《谱》本年条:"除夕,在镇西府度岁。"

　　《更生斋诗》卷一《巴里坤客帐祀先》:"昔日功勋瓒,临歧祀北邙。
　　潸然感先德,忘却在殊乡。烛借穹庐火,牲求牧泽羊。荒寒一瓯雪,聊
　　抵奠椒浆。"

　　同卷又《除夕夜坐》。

本月,张问陶有诗怀先生。

　　《船山诗草》卷十四《怀稚存》:"万里风沙悲独往,旧时李杜愧齐
　　名。……落日安西凝望远,浮云难掩故人情。"

嘉庆五年,庚申(1800),五十五岁

正月一日,有诗。

　　《更生斋诗》卷一《镇西元日》。

初二日,至满洲城内闲步,有诗寄胡纪谟、杨芳灿、庄炘、钱坫。

　　《伊犁日记》元月初二日条。

　　吕《谱》本年条:"正月二日,自镇西府西行。"不确。

　　《更生斋诗》卷一《逢人入关即寄胡安西纪谟杨灵州芳灿庄邠州炘
　　钱华州坫四刺史》:"心交海内今余几,呵冻裁书手自封。"

　　按:此诗次于初三日诗之前,姑系于此。

初三日,抵苏吉宿,是日马惊车覆,逢人救乃甦。

《伊犁日记》元月初三日条。

《更生斋诗》卷一《覆车行》:"惊沙扑马马忽奔,削径倒下先摧轮。车箱压马马压人,马足只向人头伸。"

《天山客话》:"新岁初三日从巴里坤西行六十里,将抵宿处,忽车夫遇里中人留话。马遂掣缰奔逸,从削岸斗下,双轮齐覆,辕马压余几死,半时许始遇救得免。"

初四日,抵肋巴泉宿,有诗。

《伊犁日记》元月初四日条。

《更生斋诗》卷一《勒巴泉夜起冒雪行》。

初五日,抵噶顺宿。

《伊犁日记》元月初五日条。

初六日,抵北山子宿。

《伊犁日记》元月初六日条。

初七日,行白山道中,抵大石头汛宿,为逆旅主人子分句读,有诗。

《伊犁日记》元月初七日条。

《更生斋诗》卷一《人日白山道中》:"居人能尚义,犹馈束修羊。逆旅主人子将授经,属余为分句读。"

初八日,经大石头汛、乌兰乌素,抵三个泉夜宿。

《伊犁日记》元月初八日条。

《更生斋诗》卷一《自白山至噶顺》《发大石头汛》《乌兰乌素》《初八日乘月行四十里至三个泉》。

初九日,抵木垒河宿。

《伊犁日记》元月初九日条。

初十日,抵奇台县,诣同里县尉张潮海署,因留宿。前尉孙球来谒,并馈食物。

《伊犁日记》元月初十日条。

孙球,清浙江山阴(今绍兴市)人。

张潮海,清江苏阳湖(今常州)人。

十一日,立春,行次古城。午后,出访长白少司寇琅玕;巡检宁乡李泰馈食物及果饵,有诗。

　　《伊犁日记》元月十一日条。

　　《更生斋诗》卷一《古城逢立春》:"短辕车逐短衣人,万里来寻塞上春。……肯把障泥容易澣,就中犹有帝京尘。"

　　琅玕,生平待考。

　　李泰,清湖南宁乡人。

十二日,抵吉木萨城宿,午后,县丞蒋锦成来谒,并馈春饼、牢丸及南菜。

　　《伊犁日记》元月十二日条。

　　蒋锦成,清江苏长洲(今并入吴县)人。馀待考。

十三日,抵四十里井宿,有诗。

　　《伊犁日记》元月十三日条。

十四日,抵大泉宿。

　　《更生斋诗》卷一《早发四十里井寒甚路人有堕指者》。

　　《伊犁日记》元月十四日条。

十五日,元夕,过阜康县,宿于黑沟,猝中寒疾欲死,有诗。

　　《伊犁日记》元月十五日条。

　　《更生斋文乙集》卷一《三益斋铭及跋》:"庚申正月望日,行未抵乌鲁木齐五十里,猝中寒疾欲死,仆人已布簟籧,敛手足矣。残喘未绝,尚属从者以二物为殉。"

　　《更生斋诗》卷一《元夕过阜康县七十里宿阜康》:"君恩虽已重,不敢更思乡。……儿女岁相忆,何由识阜康。"

　　同卷又《黑沟步月》。

十六日,抵乌鲁木齐,至满城都统兴奎处挂号,因便访同年徐午、迪化州满洲那灵阿。

　　吕《谱》本年条:"十六日,抵乌鲁木齐。"

　　《伊犁日记》元月十六日条。

　　兴奎,满洲镶白旗人。满城都统兼提督。

　　徐午(生卒年不详),字芝田,清江苏江都人。举人。工山水,自成一家,有宋元人气韵。事具《续修江都县志》卷二十六等。

那灵阿,满洲镶白旗人。曾官河州知州。

十七日,至汉城买杂物;徐午、那灵阿来访。

《伊犁日记》元月十七日条。

十八日,那灵阿约早饭,并诣徐午处话别。午后,都统兴奎遣人答拜。

《伊犁日记》元月十八日条。

十九日,徐午约早饭,坐中有那灵阿、熊言孔、顾掞、沈仁澍。抵昌吉县东关宿。王寿朋过访,并致所寄到之书函。署县事百庆馈食物。抵昌吉县东关宿。

《伊犁日记》元月十九日条。

熊言孔,字谨之,清直隶顺天府(今北京市)大兴人,乾隆三十七年(1772)进士,官浙江江山知县。馀待考。

顾掞,清江苏长洲(今吴县)人。乾隆四十二年(1777)举人,曾官福建海澄知县。馀待考。

沈仁澍,清江苏吴县人。曾官清水典史。馀待考。

百庆,长白人。

王寿朋,先生房师王奉曾从子。馀待考。

二十日,抵呼图壁宿,沈仁澍嘱家人馈食物。

《伊犁日记》元月二十日条。

二十一日,抵土古里宿。

《伊犁日记》元月二十一日条。

二十二日,抵绥来县东关宿。

《伊犁日记》元月二十二日条。

二十三日,抵乌兰乌素口宿。

《伊犁日记》元月二十三日条。

二十四日,抵安济海宿,有诗。

《伊犁日记》元月二十四日条。

《更生斋诗》卷一《安济海夜起》《自乌兰乌素至安济海雪皆盈丈十余日不见寸土因纵笔作》。

二十五日,抵奎敦宿。

《伊犁日记》元月二十五日条。

二十六日,抵哈尔乌素宿。午后,新补古城领队大臣伊江阿来访,并致保宁手示,去后馈食物;通判汉军罗某亦过访。饭后答拜伊、阿,并至都统雅某处挂号。

> 保宁(?—1808),图伯特氏,蒙古正白旗人。乾隆中,由亲军袭爵,授乾清门侍卫。历官陕西兴汉镇总兵、江南提督、成都将军、伊犁将军、吏部尚书、武英殿大学士、侍卫内大臣。谨慎有操守,尽心边事。嘉庆十三年卒,谥文端。事具《清史稿》本传。

> 伊江阿(?—1826),字诚庵,满洲正白旗人。历官理藩院笔帖式、兵部主事、员外郎中、刑部侍郎、山东巡抚,卒于任。事具《济南府志》卷三十七等。

> 罗某,生平不详。

> 《伊犁日记》元月二十六日条。

二十七日,抵布尔喝济台宿。

> 《伊犁日记》元月二十七日条。

二十八日,抵托托克宿。

> 《伊犁日记》元月二十八日条。

二十九日,抵沙窝头宿,有诗赠沈仁澍。

> 《伊犁日记》元月二十九日条。

> 《更生斋诗》卷一《赠呼图壁巡检沈仁澍》:"如何远宦经三徙,君从闢展调署济木萨丞,又调署呼图壁。仅比流人近十程。同向瞭高台上立,欲从何处望江城。"

> 按:据是"仅比流人近十程"句,先生此诗当作于离呼图壁十天时,故系于此。

三十日,抵精河宿,鲁观国来谒。

> 《伊犁日记》元月三十日条。

> 《天山客话》:"精河逆旅,余方命仆检蚕豆别蒜台为羹,而粮员鲁观国来谒。鲁君,建昌新城人,与同年陈比部希曾为密亲。"

> 鲁观国,行实待考。

本月,先生另有诗《鹰攫羝行》《牛触冰行》。

二月,继续西行,抵戍所。

初一日,抵托里台宿。

> 《伊犁日记》二月初一日条。

初二日,抵托霍穆图台宿。

> 《伊犁日记》二月初二日条。

初三日,抵四台宿。

> 《伊犁日记》二月初三日条。

初四日,抵土尔卜穆台宿。

> 《伊犁日记》二月初四日条。

初五日,经树头店,抵二台,冷坐一夜,有诗。

> 《伊犁日记》二月初五日条。
>
> 《更生斋诗》卷一《三台阻雪》:"北风吹雪入鬼门,风定雪已埋全村。"

初六日,待重车,有诗。

> 《伊犁日记》二月初六日条。
>
> 《更生斋诗》卷一《行抵伊犁追忆道中见闻见率赋六首》。
>
> 按:《行抵伊犁追忆道中见闻见率赋六首》当作于抵伊犁之前待重车之时,因此时颇闲,姑系于此。

初七日,行半里后,因道中雪深回至原宿处,绥定城同乡遣人来迎,云已在头台备饭。遣之先行,并致书房师王奉曾。有诗。

> 《伊犁日记》二月初七日条。绥定之"定",原本作"来",误。
>
> 《更生斋诗》卷一《发二台》。

初八日,抵头台。芦草营参将那阿、绥定城总戎纳尔松阿及粮员李洵、巡检林廷焕并遣人来迓,同里赵自怡遣仆备饭,烹饪尽皆乡味,为之饱餐。有诗。

> 《伊犁日记》二月初八日条。
>
> 《更生斋诗》卷一《行至头台雪益甚》:"天山雪花大如席,一朵雪铺牛背白。寻常鸡犬见亦惊,避雪不啻雷与霆。"
>
> 那阿,行实待考。

纳尔松阿（生卒年不详），字中峰，满洲正黄旗人。侍卫。南赣道总兵。事具《江西通志》卷十九等。

李洵，行实待考。

林廷焕，行实待考。

赵自怡，行实待考。

初九日，抵芦草沟宿，有诗。

《伊犁日记》二月初九日条。

《更生斋诗》卷一《芦草沟》。

初十日，抵绥定城，至赵自怡处早饭，并赴戍所伊犁惠远城，至将军保宁处报到。接舒其绍、黄聘三任，拟效仿陆贽，于戍所不问世事。

吕《谱》本年条："二月初十日，抵伊犁惠远城。自八月二十七日由都起程，至是凡行百六十一日，始抵戍所。先是伊犁将军保宁妄测圣意，于未到之先，先递奏摺，中有'该员如蹈故辙，即一面正法，一面入奏'等语。奉朱批'此等迂腐之人，不必与之计较。'保公之意始息。到日，派办册房事务，并给西域官墅一所。先生自抵伊犁，除谒见将军外，踪迹不出户庭。所居环碧轩，高柳百株，亭亭蔽日，轩下溪水四周，暇则静坐摊书，间或巡栏闲步而已。"

《更生斋诗》卷二《二十日抵乌鲁木齐那灵阿州守顾拨熊言孔徐午三大令频日致饯即席赋赠三十韵》："累臣先未到，幕府业奏请。国书三百字，引例悉严整。狂愚乃至此，不杀不足警"句下小字自注："余未到日，总统将军已具清字摺密奏，稍蹈故辙，即一面入奏，一面正法。"

《更生斋诗》卷一《伊犁纪事诗四十二首》之一："城西乞得暂勾留，到日，将军派居城西别墅中。何止逃喧亦避仇。只觉医方有奇效，闭门先学陆忠州。"之四："到日先传领督催，无端堂帖复追回。余初到日，初派督催处行走，后又改派册房。闲心检点流人册，枨触西川御史台。余检点旧事，见御史李玉鸣年貌册，故及之。"

得钱维乔书。

《更生斋文甲集》卷一《钱大令维乔诗序》："及余抵戍所甫一日，即得季木书于患难中，申之以婚姻，所以慰戒之者无不至。"

《天山客话》:"余抵伊犁后,连得竹初居士及虚庵刺史书,词极恳挚,皆以语言文字为戒。虚庵并引前人赠东坡二语相比例云:'北客若来休问讯,西湖虽好莫题诗。'不知余自经忧患后,夙有戒心,断除笔墨已久。终日危坐,唯效陆忠州检校经验良方,及偶观一二说部而已。……又有摺房及督催处,皆印房所分。摺房专管国书摺奏,督催处则又总催五六处稽迟事件。余未到伊犁以前,侧房为任邱舒大令其绍、闽县黄别驾聘三,皆南北诗人也。余与同年韦大令又继之。于是人以派册房办事为荣。……回途至红庙,与长洲顾大令掞、宛平熊大令言孔订交。皆诚笃君子也。……余前惧罪至红庙,即断饮并与友人约,非再至此,不开酒戒。今诸人执此辞劝饮,无以却也。因即席作三百二十字赠之,并以纪恩。诗在《荷戈集》中。"

四月初一日,随伊犁将军保宁至演武场角射。

《更生斋诗》卷一《伊犁纪事诗四十二首》之十:"坐来六尺马如龙,演武堂高夹路松。谪吏一边三十六,尽排长戟庄军容。四月一日,随将军演武场角射。时废员共七十二人。"

在伊犁戍所,与同人多有交往。与房师王奉曾重遇。

《更生斋诗》卷一《伊犁纪事诗四十二首》之七:"已分从公老牧羊,门生家世本敦煌。金丹五百题容缓,临行著篆金丹五百字。先献麻姑禁酒方。房师王荔园先生,官湖北安襄郧道,以军兴法先遣伊犁,在将军署课读,饮酒时或过量,故末语规及之。"

廉使德泰乞书堂额,并话旧,善制饼之兵备方受畴常邀饭。

《更生斋诗》卷一《伊犁纪事诗四十二首》之九:"日日冲泥扫落苔,一条春巷八门开。鼓楼北有八家巷,屋宇街道极修整。外台自有萧闲法,谓廉使德泰乞余书堂额云'萧闲外舍'。携具方家说饼来。方兵备受畴,制饼极佳,与廉使对门。每邀余饭,则两人合治具。"又之三十五:"偶向尊前学楚歌,天涯谁识故人多。郎官湖水清如镜,绝意三更放棹过。"末句下有小字自注:"癸卯秋,余自西安归,过汉阳,族侄圣也邀余夜游郎官湖。时廉使德泰为汉阳守,亦在座,余已不记忆矣。及至此,廉使话及之。"

德泰,行实待考。

方受畴(? —1822),字来青,号次耘,清安徽桐城人。乾隆四十年(1775)由监生捐盐大使,事具李桓《国朝耆献类征初编》卷一百七十五等。

品尝同里赵炳之食品及烧花猪肉。

《更生斋诗》卷一《伊犁纪事诗四十二首》之十五:"百辈都推食品工,剪蔬饶复有乡风。铜盘炙得花猪肉,端正仍如路侍中。同里赵上舍炳,先以事遣戍伊犁,今馆于绥定城,食品最工,烧花猪肉尤美。"

赵炳,清江苏阳湖人。馀待考。

为廉使杨廷理点定《平台纪事》。

《更生斋诗》卷一《伊犁纪事诗四十二首》之十八:"一卷《平台纪事》功,十年循吏说宏农。杨廉使廷理,曾官台湾知府,预平林爽文等,著《平台纪事》二卷。时属余点定,廉使在闽中最有政声。便同海外奇书读,腹痛还思郍曼容。内有纪吾友汤大令大奎死节事。"

杨廷理(1747—1813),字清和,号半缘,又号更生,清广西马平(今属柳州)人。乾隆四十二年(1777)拔贡,以知县发福建。历官归化知县、台湾南路理蕃同知、台湾知府、分巡台湾道、台澎兵备道,以任职亏空,谪戍伊犁。戍满归后,复任台湾知府。精通台湾事务。善诗文,所著有《知还书屋诗钞》《平台纪事》等。事具《逊学斋文钞》卷五、光绪《台湾通志——列传》等。

为同知哈丰阿说九朝事迹。

《更生斋诗》卷一《伊犁纪事诗四十二首》之三十八:"待得城楼月欲升,竟携茶具就书灯。九朝旧事无人听,只有西厅老郡丞。同知哈丰阿性严冷,与满汉同官无一合者,惟最重余,又留心国朝旧事,以余历直内廷诸馆,颇谙掌故,每夜辄携果饵等物就访,乞余为说九朝事迹,恒倾听不倦。"

哈丰阿,行实待考。

陈淮常招先生归景照常邀说饼。

《更生斋诗》卷二《二十日抵乌鲁木齐那灵阿州守顾拨熊言孔徐午

三大令频日致饯即席赋赠三十韵》："珍馐罗中丞,陈巡抚淮。方伯邀说饼。归方伯景照。"

归景照(生卒年不详),清江苏常熟人。荫生。父归宣光。历官山西冀宁道、浙江按察使、布政使等。因事革职,发往伊犁军台效力。事具《续修两浙盐法志》等。

闰四月

吕《谱》本年条:"是年四月,京师亢旱。皇上虔祷三坛,祈求雨泽,因命清理庶狱,又敕刑部及各省,详查永远监禁人犯,分别省释;其在新疆年久未经释回者,俱分别开单,候旨加恩。先生以未及三年,例不开列。自四月二十四日皇上亲祷社稷坛之后,经旬尚未得雨。闰四月初三日,因奉上谕:'从来听言为郅治之本,拒谏乃失德之大。朕从不敢自作聪明,饰非文过。采择群言,兼听并观,惟求一是而已。去年编修洪亮吉既有欲言之事,不自具摺陈奏,转向成亲王及朱珪、刘权之私宅呈送,原属违例妄为。经成亲王等先后进原书,朕详加披阅,实无违碍之句,仍有爱君之诚,惟视朝稍晏,小人荧惑等句,未免过激。令王大臣等询问,拟以重辟,施恩改发伊犁。然此后言事者日见其少,即有言者,亦论官吏之常事,而于君德民隐,休戚相关之实,绝无言者,岂非因洪亮吉获咎,钳口不敢复言,以至朕不闻过,下情复壅,为害甚巨。洪亮吉所论,实足启沃朕心,故铭诸座右,时常观览。若实有悖逆,亦不能坏法沽名,不过违例奔竞取巧营私之咎,况皆属子虚,何须置辨,而勤政远佞,更足警省朕躬。今特明白宣谕王大臣并洪亮吉原书,使内外诸臣知朕非拒谏饰非之主,实可与言之君,诸臣倖遇可与言之君,而不与言,大失致君之道,负朕求治之苦心矣。'王大臣看此谕,先行回奏,仍各殚心竭思,随时密奏。军机大臣即传谕伊犁将军保宁,将洪亮吉释放回籍,等因,钦此。是日午刻,皇上硃笔亲书,谕旨交军机处颁发中外。下午以后,彤云密布,即得甘霖。御制《得雨敬述诗》纪事。御制诗注有'纳言克己,乃为民请命之大端'。本日亲书谕旨,就去年违例上书发往新疆之编修洪亮吉立予释回,宣谕中外,并将其原书装潢成卷,常置座右,以作良规。正在颁发,是夜子时,甘霖大霈,连宵达昼。"

初三日,特旨释还。

> 《天山客话》:"恩命谪戍伊犁,于嘉庆五年二月十日抵戍所,至又四月三日即有特旨释还。"

二十二日,冯应榴病逝。

二十七日,得赐还旨。

> 吕《谱》本年条:"是月二十七日,先生在伊犁,钦奉谕旨,于将军署庭涕泣叩首,恭谢圣恩讫,即呈明将军,以五月一日东还。统计居伊犁仅及百日。同人言:自辟新疆以来,汉员赐环之速,未有如先生者。"

> 《更生斋诗》卷二《庚申又四月廿七日特奉恩命释回感事纪恩四首》其一:"出关无别念,止有首邱愿。何期圣人恩,特赦返乡县。将军阶下九叩头,微臣之命天所留。上惭螟蠓下蝼蚁,百计无能报天地。"

二十八日,方昂卒。

月底,与同人作别,有诗,同人陈淮、黄聘三、韦佩金等亦赋诗赠别。

> 《更生斋诗》卷二《将发伊犁留别诸同人》。

> 按:五月初一启程东归,则作别同人当在月底,因而姑系于此。

> 《天山客话》:"余谪戍伊犁,于嘉庆五年二月十日抵戍所,至闰四月三日奉旨释回,计居惠远城仅百日。……世执商丘陈巡抚淮以下,皆赋诗送别。"

> 陈淮、黄聘三、韦佩金等赋别诗见《更生斋诗》卷二《行抵伊犁追忆道中闻见率赋六首》后附录。

> 陈淮(生卒年不详),字望之,号药洲,清河南商丘人。拔贡。浙江盐道、甘肃按察使、湖北布政使、贵州巡抚、江西巡抚。因贪被革职,发往军台效力。事具《重修两浙盐法志》等。

> 黄聘三(生卒年不详),字启睿,号再莘,清福建闽清人。拔贡,充四库馆校录,叙湖北州同,权石首县丞、潜江主簿。因事被陷,谪伊犁,次年释回。事具《(民国)闽清县志·目录》等。

五月初一日,自伊犁起行东还,同知哈丰阿赠白马。

> 《更生斋诗》卷二《庚申又四月廿七日特奉恩命释回感事纪恩四首》其四:"五月始生魄,送者盈北牖。捆载戚友书,代致闾里间。入关

一日走一驿，计到江南止三月。兹还梦想所不及，到日闭门先感泣。"同卷《别惠远城》其二："逐客纵已归，犹念未归客。今宵路歧梦，分道向南北。"

同卷又《余发伊犁日理事同知哈丰阿赠一白马性极驯谨行抵白山改道由小南路马忽中暑五日不食至三堡汛势垂毙矣询于逆旅主人以为尚可救余即留以赠之并作诗一首寄意》。

初三日，自伊江启行。

《天山客话》："五月三日，从伊江启行。"又："初三日申刻，同人送保相国渡伊犁河验马；回途即竟出北关相送余，苦辞不获，因一一执手聚语于夕阳古岸旁。"

初四日，发绥定城，总镇那某率队相送。

《天山客话》："初四日，早发绥定城，总镇那亦率全队出城三里相送。"

初七日，抵四台，待行李车。

《天山客话》："（五月）初七日，抵四台，待行李车不至。"

初十日前后，抵精河。

《更生斋诗》卷二《二十日抵乌鲁木齐那灵阿州守顾揆熊言孔徐午三大令频日致饯即席赋赠三十韵》："离城三十里，马尚不敢骋。旬时经精河，庶获保要领。"

按：据"旬时经精河"句，先生在五月初十日前后抵精河，故系于此。

十七日，抵绥来县，有诗。

《更生斋诗》卷二《绥来县》："长吏出郭迎，吏惊审无迹。招邀驿亭坐，先已具朝食。官贤诚念旧，一一讯迁客。不知经年来，添得几相识。离家万余里，百事宜自适。谆谆意良厚，共话移晷刻。客去始闭门，林阴正西直。"

按：绥来县距乌鲁木齐约三日程，以二十日抵乌鲁木齐，则十七日当在绥来县，故系于此。

同卷又《马瑙斯龙斗雷行》。

十八日,抵呼图壁,得知同年徐午纳赎亦将南归,有诗。

　　《更生斋诗》卷二《呼图壁》:"兼闻徐南昌,先时理征衣。时同年徐大令午亦纳赎将南归。倘得合伴归,百驿庶不迷。语尽夜已阑,当窗警晨鸡。"

　　按:呼图壁距乌鲁木齐约二日程,二十日抵乌鲁木齐,则十八日当在呼图壁也,故系于此。

二十日,抵乌鲁木齐,顾拢、熊言孔、徐午致饯。

　　《更生斋诗》卷二《二十日抵乌鲁木齐那灵阿州守顾拢熊言孔徐午三大令频日致饯即席赋赠三十韵》:"我为东海臣,罪重谪雪岭。前行望西海,只隔八达顶。……明明天与日,再得见公等。前时覆尊罍,前至此断饮,约重到乃开。今此复酷酊。非云肆荒宴,聊记受恩并。时徐亦奉文将归。"

二十三日前后,至滋泥泉,遇雨,有诗。

　　《更生斋诗》卷二《将至滋泥泉汛雨》。

　　按:二十日抵乌鲁木齐。滋泥泉距乌鲁木齐约三日程,故系于此。

二十七日前后,抵吉木萨,尹刘之芳出城二里相迎,有诗。

　　《更生斋诗》卷二《未至吉木萨二里见赛神者络绎不绝时刘二尹之芳亦出城相迓因作此以赠》:"彩旗彩胜从空堕,满屋春人赛神坐。……钟鱼声中角声响,马上人皆避官长。"

　　按:吉木萨距古城约一日程。二十九日发古城,则二十七日前后当抵吉木萨,故系于此。

　　刘之芳,行实待考。

二十九日,发自古城,巡抚伊江阿、县令阮署并马相送水磨阁,有诗。

　　《更生斋诗》卷二《廿九日发古城巡抚伊江阿大令阮署并马相送至水磨阁茶话》:"出城闻泉声,到阁复数里。逶迤冈四面,云向水中起。……殷勤相送客,门外尚馀几。挥马去不停,林长久延企。"

　　阮署,行实待考。

三十日,抵奇台,访同里张潮海县尉,有诗。

　　《更生斋诗》卷二《奇台访同里张县尉潮海》:"一刺字半灭,长须方吵吵。县尉赤足来,窥门忽呼号。……饭我屋正中,浴我堂北箱。百斛尘土尽,陡然余清凉。主人虽至诚,留客已不及。三更出城东,持灯上车急。"

按:奇台距古城约一日程,至奇台当在三十日,故系于此。

六月初一日,取路白山口往哈密。

《更生斋诗》卷二《道白山口取小南路往哈密》。

同卷《宿沙枣泉》:"伊犁三月三,哈密六月六。风日固自佳,其奈客幽独。今宵宿沙枣,马病扰心曲。时一马中暑病,五日不食矣。"同卷又《余发伊犁日理事同知哈丰阿赠一白马性极驯谨行抵白山改道由小南路马忽中暑五日不食至三堡汛势垂毙矣询于逆旅主人以为尚可救余即留以赠之并作一诗寄意》)。

按:由六月六日往前推五日,取路白山口当在初一,故系于此。

初三日早发,行抵七个井宿,有诗。

《更生斋诗》卷二《将至七个井宿》:"霞光天半色若颒,新月竟与斜阳争。"

按:新月一般在初三日出现,且七个井距奇台约三日程。据此两句诗,抵七个井当在初三日,故系于此。

初四日,朝发七个井,至节节草店露宿,有诗。

《更生斋诗》卷二《朝发七个井雨》:"初阳甫出山,绝壁忽挂雨。"

同卷《初四日节节草店露宿》:"新雨乍倾飞瀑溜,一尺水深疲马瘦。……车箱兀坐夜望永,腐齿犹能截坚病。"

初五日,抵瞭台,有诗纪行。

《更生斋诗》卷二《早行四十里至一间房小憩》。

同卷《瞭台三老柳行》。

初六日,抵沙枣泉,并宿,将中暑白马赠逆旅主人,有诗。

《更生斋诗》卷二《宿沙枣泉》:"伊犁三月三,哈密六月六。风日固自佳,其奈客幽独。今宵宿沙枣,马病扰心曲。时一马中暑病,五日不食矣。"同卷《余发伊犁日理事同知哈丰阿赠一白马性极驯谨行抵白山改道由小南路马忽中暑五日不食至三堡汛势垂毙矣询于逆旅主人以为尚可救余即留以赠之并作一诗寄意》。

抵哈密,伍弥乌逊招饭于署东蔬香圃,有诗。

　　《更生斋诗》卷二《抵哈密日诚毅伯伍弥乌逊招饭署东蔬香圃》其
　　四:"相公真荩臣,司马习边事。侯为大学士伍弥泰子。哈密土鲁番,
　　十年劳卧治。"《更生斋文乙集》卷二《平生游历图序》:"……右《闲厱
　　学圃图》第十五。主人蒙恩赦还,道过哈密,见少司马伍弥乌逊于廨旁
　　辟圃,亲课园仆种菜,晚日,即以圃中所有饭客。"

十日前后,抵长流水,作《长流水关神武庙碑记》。

　　《更生斋文甲集》卷三《长流水关神武庙碑记》:"人有代谢,神亦
　　有代谢。……惟忠义之气塞天地者,则历百世如一日焉,神武与唐之张
　　许、宋之岳忠武是矣。……余蒙恩赦回,过长流水,值里人欲新神庙,乞
　　为记其璧如左云。"

　　按:先生十三日抵星星峡,以行程计,则十日前后当至长流水,故
　　系于此。

十三日,夜抵星星峡,有诗。

　　《更生斋诗》卷二《十三夜三鼓抵星星峡》。

十四日,抵马莲井。

　　按:以行程计,十四日抵马连井,故系于此。

十五日,自马连井夜至大泉。

　　《更生斋诗》卷二《月夜自马连井至大泉》:"鹊巢云外突,马影月
　　中圆。"

　　按:据诗及行程计,十五日抵大泉,故系于此。

十六日前后,抵安西州,应嵇承裕请,为张烈女作传。

　　《更生斋文甲集》卷一《竹栢楼记》:"余顷因罪谪伊犁,不半岁,蒙
　　恩释归,甫抵安西,即允玉门令嵇君承裕之请,为张烈女作传。"

十八日,抵赤金峡,有诗。

　　《更生斋诗》卷二《度赤金峡》:"出峡月已高,惊闻鼓声沸。是夕,
　　村人赛神。"

　　按:以行程计,故系于此。

二十日,入嘉峪关,闻知里中因禁竞龙舟兴大狱事,有诗。

  《更生斋诗》卷二《入嘉峪关》:"瀚海亦已穷,关门忽高矗。风沙东南驱,到此势已缩。……驻马官道旁,生还庆僮仆。"

  同卷又《示关吏》:"诏许南回理钓矶,寄声关吏莫诃几。书生万里归装内,添得长刀短后衣。"

  按:二十一日抵肃州,而嘉峪关距肃州仅一日程,故系于此。

  《更生斋诗》卷三《端五日偶成二首即柬赵兵备》其一"欲救举国狂,惜哉谋已误"句下小字注:"余昨岁入嘉峪关,即知里中因禁龙舟至兴大狱。"

二十一日,抵肃州,换车而行。

  吕《谱》本年条。

七月初五日,抵凉州,有诗。

  《更生斋诗》卷二《凉州城南与天山别放歌》:"昨年荷戈来,行自天山头。天山送我出关去,直至瀚海道尽黄河流。今年赐敕回,发自天山尾。天山送我复入关,却驻姑臧城南白云里。"

  按:初七日抵古浪。而古浪距凉州约二日程,故系于此。

初七日,抵古浪,有诗。

  《更生斋诗》卷二《古浪县七夕》其一:"古浪县边逢七夕,天河桥外说双星。夜深偶忆小儿女,遮梦远山无数青。"

初九日或稍后,过枝阳渡,有诗。

  《更生斋诗》卷二《过枝阳渡》其一:"清绝枝阳渡,平番只半程。"

十日前后,自武胜驿抵平番,得姻亲崔景俨札,有诗。

  《更生斋诗》卷二《自武胜驿抵平番》:"万重山险忽已收,又转百曲羊肠沟。前行正愁途愈窄,对面乃复来车牛。……牛人咨嗟马夫叹,半日误程时已宴。"

  《更生斋诗》卷二《客岁在请室中崔大令景俨频入问讯就道时又送我独远今岁余奉恩命释回大令适官兰州先飞札道中急待把晤因率占一律以寄》:"才辞狱中仍低首,乍见交亲即解颜。杜甫预悲成死别,虞翻偏幸得生还。"

按:十三日抵兰州,据行程,抵平番、且得崔景俨札当在初十日前后,故系于此。

十三日,抵兰州。

吕《谱》本年条:"十三日,抵兰州。"

十五日,过车道岭,有诗。

《更生斋诗》卷二《十五日过车道岭时尚留一巨瓜因分饷僮仆及同行伴侣并以瓜皮饲马》。

二十日前后,有诗答杨棽。

《更生斋诗》卷二《答杨文学棽》:"我今欲行为子留,携手且上黄河楼。"

按:诗次于十五日诗与月末诗之间,故系于此。

杨棽,行实待考。

月底,抵西安,费浚集同里二十馀人宴先生于署斋之海棠小舫,坐中客有以《苏武牧羊图》见赠,先生以马赠庄炘。

《更生斋诗》卷二《七月杪道出西安费大令浚集同里二十余人宴我于署斋之海棠小舫即席赋谢》:"短衣昨日过咸阳,故旧都怜鬓发苍。赤汗马惊来异域,余乘一大宛马入关,是日赠庄刺史炘。素心人喜尽同乡。蓴羹鲈脍秋皆具,是日馔皆乡味。雪窖冰天梦未忘。苏武廿年臣百日,坐中客以《苏武牧羊图》见赠。感恩真欲罄千觞。"

八月初十日前后,抵偃师,闻武亿卒,往哭之,武穆淳乞题联。

《北江诗话》卷二:"余自塞外还,道出河南偃事,闻吾友武大令亿卒,往哭之,其子明经穆淳出谢,并乞题数语于總帐,以慰先人。余即作一联云:'降年有永有不永,廉吏可为不可为。'盖大令诸兄皆老寿,惟大令年未周甲也。"

武穆淳(生卒年不详),字敬斯,号小谷,清河南偃师人,武亿子。以大挑一等,补发江西以知县用。历官江西永新、万载、乐平、信丰等县知县等。所著有《读画山房文钞》二卷、《桃江日记》二卷、辑有《安阳县志金石录》十二卷、纂修《浚县志》《安阳县志》等。事具闵尔昌《碑传集补》卷二十三《武小合传》《赣州府志》卷四十三等。

按：八月十五日抵中牟,则抵偃师当在十日前后,故系于此。

十五日,抵中牟,夜邀巡检李宜春及逆旅主人共饮,有诗。

《更生斋诗》卷二《八月十五夜中牟旅次邀李巡检宜春及逆旅主人共饮待月作》。诗题下有小字自注:"李自甘肃解饷回。"诗云:"居然一斗郑州酒,复有双尾荥阳鱼。秣陵醉尉兴不浅,逆旅主者言非迂。"

李宜春,行实待考。

十六日,抵祥符,同蒋青曜话旧。

吕《谱》本年条:"十六日,抵开封。"

《更生斋诗》卷二《十六日抵祥符与蒋表弟青曜话旧》:"十年又向祥符过,把臂故人无一个。只余髯蒋住北头,贫病亦怜豪气挫。我行万里历七州,腹痛屡过元规楼。昔游西安、开封,皆依毕尚书节署。……三更开筵四更歇,望后清凉一片月。与均历落论盛衰,逐客亦厌游天涯。"

按:祥符,今河南开封市。

十八日,杞县阻雨,有诗。

《更生斋诗》卷二《十八日杞县东郭阻雨》:"两日两夜秋雨大,杞县东头不能过。"

二十日前后,抵商丘,苦雨,有诗。

《更生斋诗》卷二《商丘作》:"三日愁霖大,黄河欲倒流。"

二十三日,将抵江南境,有诗。

《更生斋诗》卷二《廿三日将至江南境大雨》:"堪怜海西客,才听江南雨。……愁中淮岸三尺风,梦里天山万年雪。"

二十五日前后,过宿州,阻雨,有诗。

《更生斋诗》卷二《过宿州》:"梦醒乡心觉根触,瓜花黄过宿州东。"

同卷又《宿州东阻雨》。

道中作论诗绝句二十首。

《更生斋诗》卷二《道中无事偶作论诗截句二十首》。

按:诗次于《宿州东阻雨》后,姑系于此。

二十七日前后,抵固镇,有诗。

　　《更生斋诗》卷二《将至固镇》。

　　按:以行程计,故系于此。

月底,过临淮关,忆黄景仁,有诗。

　　《更生斋诗》卷二《过临淮关忆亡友黄二景仁》:"及到淮南路,寻思三十年。……伤心黄叔度,泉下已高眠。"

　　按:以行程计,过临淮关当在月底,故系于此。

九月初,过滁州,有诗忆朱沛。

　　《更生斋诗》卷二《过滁州忆亡友朱训导沛》:"所交盈海内,谁可作人师。只有朱居士,无惭元紫芝。"

初四日前后,抵浦口、燕子矶。

　　《更生斋诗》卷二《自浦口放舟至观音门》。

　　同卷又《燕子矶守风》:"陆程何其长,一百二十日。方买一叶舟,风急樯又折。"

　　按:"一百二十日",当是成数。先生启程为五月初一,历一百二十日后,当是九月初四三日前后,故系于此。

初七日,抵家。

　　吕《谱》本年条:"九月初七日,抵里。亲故话旧,几如隔世,因自号更生居士。"

　　《更生斋诗续集》卷七《复得二律》中"九日正欣风雨集"句下有小字自注:"余庚申九月七日自戍所归里。"

　　《更生斋诗》卷二《抵家》:"邻舍墙头望,亲朋户外呼。生还亦何乐,聊足慰妻孥。雪窖冰天归戍客,琼楼玉宇谪仙人。生还检点从前事,五十年如梦里身。"

初九日,汪端光过访。

　　《更生斋诗续集》卷七《闻汪郡丞端光讣为位哭之并赋二首后知误传而诗已寄去因而不削》《复得二律》。

　　按:后诗中"九日正欣风雨集"句下有小字自注:"余庚申九月七日自戍所归里,甫二日,君即赴任广西,迂道过访。"

　　　　　　　　　　　　— 327 —

以诗报谢赵翼长篇题《万里荷戈集》。

　　《更生斋诗》卷二《赵兵备翼以长篇题余出塞诗后报谢二首》其一："四岳三途力不支,避公海外去吟诗。惟余日月同中土,不觉鸿濛是昔时。山鬼惯觇人动息,天龙争共马奔驰。归装正苦无奇句,辜负先生弁首词。"

　　赵翼《瓯北集》卷四十二《题稚存万里荷戈集》："人间第一最奇境,必待第一奇才领。浑沌淌无人可凿,不妨终古懵不醒。中原一片好景光,发泄已尽周汉唐。所未泄蛮僚窟,天遣李白流夜郎。又教子瞻渡琼海,总为离昧开天荒。伊犁城在西北极,比似炎徼更辽僻。乌孙故地毡裘乡,睢呿何曾读仓颉。近年始入坤舆图,去者无非罪人谪。一闻严谴当出关,如赴鬼门泪流赤。岂知天固不轻与,若辈纷纷何足数。要等风骚绝代人,来绚鸿蒙旧风土。稚存先生今李、苏,狂言应受撄鳞诛。热铁在颈赦不杀,广柳车送充囚徒。天公见之拍手笑,待子久矣子才到。钟仪故是操南音,斛律何妨歌北调。从此天山雪岭间,神马尻舆恣吟眺。国家开疆万余里,竟似为均拓诗料。即今一卷荷戈诗,已如禹鼎铸魑魅。狂风卷石落半岭,坚冰凿梯通九逵。人惊鹏扑抱头窜,雷怯龙斗飞轮驰。生羌变驴或剩腿,降夷化鱼皆游尸。皆诗中所纪。随手拈作锦囊句,诺皋狭陋宁须支。翻嫌赐环太草草,令威百日归华表。倘更留君一二年,北荒经定增搜考。忆君唯恐君归迟,爱君转恨君归早。"

陆继辂中举,其家不克具礼,先生贷钱五万。

　　《崇百药斋文集》卷二十《先太孺人年谱》本年条："(嘉庆)五年庚申,……是年不孝中式本省举人。报捷者至,不孝方客两淮运使曾宾谷先生澳署。太孺人属窘甚急,觅数钱市一烛不可得,不得已,敏稚存先生门告之。先生喜甚,立使公子饴孙输钱五万。"

以诗奉答友人问讯。

　　《更生斋诗》卷二《归里后案头见友人问讯书积已盈寸作此奉答》。

闻先生释归,范来宗有诗。

　　《洽园诗稿》卷十一《洪稚存编修自伊犁释回》。

秋冬之际,应曾澳请,作《西溪渔隐诗序》。

《卷施阁文甲集》卷十《西溪渔隐诗序》:"今亮吉远戍乍归,一意杜门,感恩省咎,不获预宾从之末,一发其所欲言,先生顾不唾弃,独寄示近作若干卷,曰:'子其为我阅而序之。'亮吉何敢序先生,亦惟举平日所欲与先生言者,一质之先生而已。"

按:据"远戍乍归"句,故系于此。

十月,应赵翼招,与刘种之、庄廷叔、董大醇集于赵府。

《瓯北集》卷四十二《招檀桥廷叔稚存三编修董映珊庶常荒斋小集皆同馆也江乡此会颇不易得作诗志雅》。

按:赵翼此诗次于《初冬柳色》之后,故系于此。

刘种之(1738—1810),字存子,号檀桥,清江苏武进人。乾隆三十年(1765)召试行在,赐举人,授内阁中书,次年,成进士,入翰林,由庶吉士授翰林院编修。曾典山东乡试、广西乡试,历官山西学政、河南学政、山西归绥兵备道及文渊阁校理右春坊、右赞善等。事具赵怀玉《亦有生斋文集》卷二十《刘赞善哀辞并序》等。

董大醇(生卒年不详),字映珊,顺天(今北京市)大兴籍,原籍江苏武进。嘉庆己未(1799)进士。散馆,由庶吉士官邹平县,多循政。事具《济南府志》卷三十八等。

作《董太恭人晚翠轩遗稿序》。

《更生斋文甲集》卷一《董太恭人晚翠轩遗稿序》:"太恭人遗稿一卷,诗凡若干首,……时嘉庆五年,岁次庚申,归自伊犁之次月。"

十一月间,以诗报谢余彤所赠山水竹石图。

《更生斋诗》卷二《余文学彤画山水竹石幅见贻作此报谢》。

余彤(生卒年不详),字右宾,号子山,清江苏武进人。性磊落。工画竹,间作山水。画作流传海外。年八十馀卒。事具《光绪武进阳湖县志》卷二十六《艺术》、张惟骧《清代毗陵名人小传稿》卷五等。

以诗答友人问近状。

《更生斋诗》卷二《答友人问近状三首》。

十二月二十日,郊访,遇乳母子王均祥。

《更生斋诗》卷二《立春前一日出郊访迎春堂故址因遇园叟均祥话

旧》。题下有小字自注："均祥,余乳媪子。"

按:立春,十二月二十日。

为赵贵览赋《兕觥还赵歌》。

《更生斋诗》卷二《兕觥还赵歌为赵大令贵览赋》:"此觥阅岁二百余,如璧归赵盟无渝。我作兕觥歌,泪若缏贯珠。忤宰相者罪濒死,忤圣主者当如何? 始知吾皇圣德古所无,欧刀在颈赦不诛,仅使万里行长途。枢庭昨忽下急符,绝域已把流人呼,小臣万死不蔽辜,乃复荷此天高地厚恩施殊。"

赵贵览,江苏常熟人。监生。曾官咸宁知县、乾州同知,馀待考。

应刘召扬约,同作《驿柳》诗寄潘梦阳。

《更生斋诗》卷二《刘舍人召扬自山左寄示潘文学梦阳驿柳诗四首并约同作因匆猝赋此即寄文学》其四:"和烟和雨一丝丝,三复君家憔悴词。绝忆戍楼劳远望,前岁余遣戍时,君适在都下,送我独远,并倾囊中装相赠别。几曾驿使寄相思。愁生王粲南登道,君时即南归。话到桓公北伐时。惆怅玉门千万里,含情频折最高枝。"

按:诗次于二十日诗与二十四日诗之间,故系于此。

潘梦阳,行实待考。

二十四日,于卷施阁祭诗。

《更生斋诗》卷二《小除日卷施阁祭诗作》。

嘉庆六年,辛酉(1801),五十六岁

正月初二日,步至前桥村上冢,并憩于大姊宅。

《更生斋诗》卷三《辛酉正月二日步至前桥村上冢兼至大姊宅久憩》。

初十日前后,以诗报僧借月,并赋《借月歌》。

《更生斋诗》卷三《天宁寺僧借月两以诗见投戏得八百二十字报之》:"今为谪吏归,偶诣知客寮。闻有借月僧,形癯事推敲。……我为子作诗,非徒逞喧嚣。冀子鉴苦心,中道回风飚。"

《更生斋诗》卷四《借月歌为借月上人赋》。

借月,行实待考。

访陈明善,约游徐墅。

《更生斋诗》卷三《过祥源观访陈刺史明善》:"故人近住祥源观,
老友时过杨陟庭。谓杨刺史奋,字陟庭。准待北河春水发,野桥安稳共
扬舡。时约游徐墅。"

十四日,夜同人至各庙观灯棚,归路过白云溪,有诗。

《更生斋诗》卷三《十四夜同人至各庙观灯棚归路过白云溪步月》:
"冻梅才放后,春月正圆时。却向云溪步,无嫌夜漏迟。"

十五日,元夕,有诗及词。

《更生斋诗》卷三《辛酉元夕灯词十首》其十:"日日衙斋灯火盛,
一楼似竹倾升平。人生只有乡园乐,万里孤臣梦尚惊。"

《更生斋诗馀》卷一《念奴娇》。词调下有小字自注:"元夕醉中复
至城东,憩巽宫楼。"词云:"余生何意,擘蛮笺、重写孝侯《风土》。醉我
百杯元夕酒,更听一堂箫鼓。我醉还歌,歌仍引满,说尽边亭苦。妻孥
雨泣,昨年投畀豺虎。

残夜出户闲行,城门东去,弥望多平楚。一领绿蓑收拾好,恰称
涡湖渔父。踏曲归来,儿童指我,眉目皆飞舞。为此言客,与楼与月千
古。"

按:据词中"歌仍引满,说尽边亭苦。妻孥雨泣,昨年投畀豺虎"
句,词当作于辛酉元夕,故系于此。

二十日前后,因积雨以诗柬赵翼,赵翼有和诗。

《更生斋诗》卷三《积雨柬赵兵备翼》:"人言未蛰先启蛰,一百廿
日晴昼失。西邻翁,歌苦寒,束手三日书难观。东零叟,歌苦雨,隔巷招
邀期亦阻。皇天有意宽灾黎,米价不复能居奇。昨朝三十今廿五,只有
菜把仍拖泥。米价稍平,惟菜蔬价甚昂,市估常杂泥出鬻。"

按:惊蛰,二十二日。

赵翼《瓯北集》卷四十二《和稚存积雨见怀之作》:"已办青鞋踏麹
尘,天教寒雨阻寻春。虫将启蛰翻坏户,将交惊蛰。驴可冲泥欲借邻。
稍喜回枯鲑有韭,最愁炊湿桂为薪。如何咫尺城东路,隔绝几同越与

秦？"

得庄炘寄书言陕甘民乱已平,其喜,有诗。

> 《更生斋诗》卷三《雨中得庄刺史炘榆林寄书言甘陕盗贼已尽喜而
> 有作》:"闭门六昼雨如尘,枉却江南乍好春。……稍喜八行来远道,早
> 闻盗贼靖三秦。"

二十五日,乍晴后复有雨意,过访赵翼并柬以诗,赵有和诗。

> 《更生斋诗》卷三《廿四日午后暂晴翌日复有雨意再柬赵兵备》其
> 一:"乞得田间自在身,课晴课雨阅晨昏。天山尚梦三时雪,人海初平
> 十丈尘。浪说戈头能淅米,几曾釜底乞分薪。烧灯市外云如墨,辜负风
> 光过早春。"

> 《瓯北集》卷四十二《雨后稚存枉过复出二诗见示再次其韵》其一:
> "林间难得两闲身,话雨何妨竟夕晨。天意似偿残腊雪,去冬无雪。客
> 装重洗隔年尘。谈言涌比开新溜,诗律严于束湿薪。便作对床听也得,
> 流连已不负芳春。"其二:"廉纤才止喜君过,健步应称曳落河。甘雨乍
> 收犹觉少,佳章难和已嫌多。字摹屋漏真毅笔,诗扫云开亦鲁戈。从此
> 晴暄好联步,清游何必定披蓑。"

二月初二日,独行谒土神祠,并至玉梅桥观火,有诗。

> 《更生斋诗》卷三《二月二日独行至城东北谒土神祠几遍回途至玉
> 梅桥观社火作二首》其二:"土风今已变,社日胜元宵。草绿乌衣巷,花
> 明朱雀桥。满堤喧画鼓,隔院唤伤箫。聊复行歌去,城东有酒标。"

十二日,花朝,邀同人携具至横舟亭小饮,有诗。

> 《更生斋诗》卷三《花朝日乍晴邀诸同人各携一壶一楪至横舟亭
> 小饮乘月乃归即席成长句一首》:"檐漏乍歇溪风清,天放一角东南晴。
> 同人宿约竟思践,十里五里同游行。……嘿携一盏向何处,苔滑石洞穿
> 峥嵘。祝花生日并自寿,笑我一往饶深情。"

> 按:花朝有两说,二月十二日与二月十五日。此诗之后,所次之诗
> 依次是十三、十五、十七、十八、十九日所作,则此诗题之"花朝日",当
> 为二月十二日,非十五日,故系于此。

十三日,偕同人吴俊臣、陆伯才等至赵恭毅祠看杏花,并至太守蒋熊昌宅赏

玉兰花,有诗。

  《更生斋诗》卷三《十三日同人复约至赵恭毅祠看杏花回饮蒋太守熊昌宅赏玉兰花作》:"五更枕上闻剥啄,瘦仆排门径相速。为言红杏开半株,恭毅祠西一间屋。江乡又馈刀鲫至,惊笋出篱刚一束。眼前光景期不负,远拉髯吴俊臣及瘦陆伯才。……青钱三百倘复赢,明日定来看覆局。时太守与两吴君角棋,互有胜负。"

  吴俊臣,行实待考。

  陆伯才,行实待考。

十五日,夜至云溪步月,有诗。

  《更生斋诗》卷三《十五夜独至云溪步月》。

十七日,应赵翼邀、蒋廷曜邀,赏山查及杏花,有诗。

  《更生斋诗》卷三《十七日赵兵备翼蒋少府廷曜叠邀赏山查及杏花薄晚归看灯作》。

十八日,戴村土人约食河豚,有诗。

  《更生斋诗》卷三《十八日戴村土人约食河豚因放舟诣其居并留宿》。

十九日,偕陈明善诣亦园,有诗。

  《更生斋诗》卷三《十九日偕陈刺史明善同诣亦园夜宿即席赋赠》:"主人虽贫仍爱友,布置一筵谈夜漏。园空月出栖鸟惊,醉折园花为君寿。"

  同卷又《月上携酒花神祠下小饮》《古香斋柏树歌为陈刺史赋》。

二十日,微雨,自徐墅步行至潘墅,雇舟归,有诗。

  《更生斋诗》卷三《二十日微雨自徐墅七里步至潘墅买舟归》。

二十一日,偕同人游东岳庙,有诗。

  《更生斋诗》卷三《廿一日同人游东岳庙久憩礼斗楼》。

二十二日,寒食,应赵翼招,偕赵绳男、蒋熊昌、庄通敏、陈宾、刘种之小饮山茶花下,有诗。

  《更生斋诗》卷三《寒食巳刻赵兵备翼招同赵比部绳男蒋太守熊昌庄官允通敏陈大令宾刘官赞种之小饮山茶花下即席赋赠》《是日晚偶

成》。

《瓯北集》卷四十二《寒食日招蒋立庵太守刘檀桥赞善庄迂甫中允洪稚存编修陈春山明府家缄斋比部小集山茶花下立庵稚存皆有诗即和其韵》。

赵绳男（1723—1803），字来武，号缄斋，清江苏武进人。赵怀玉父，诸生，屡试未第，入赀为郎，补户部云南司员外勾稽，历官至刑部福建司郎中，当以知府用，不就，移疾归。事具赵怀玉《亦有生斋文集》卷十二《先考赵府君事状》、吴锡麒《有正味斋骈体文》卷二十三《奉政大夫刑部郎中赵公墓志铭》等。

庄通敏（生卒年不详），字际盛，又字迂甫，清江苏阳湖（今常州）人。乾隆三十七年（1772）进士。事具张惟骧《清代毗陵名人小传稿》卷五等。

二十三日，清明，先生自乾隆四十四年己亥后至此，始在里中度清明，有诗。

《更生斋诗》卷三《莫折柳歌》，题下小字自注：“清明日早起，见人家皆折柳插门户，感而赋此。”

同卷《清明日早起》：“一片迎神鼓，惊从枕上来。最怜新节序，须觅好池台。鸟逐吟声啭，花同笑靥开。儿童漫相诧，廿载客初回。予自己亥后至此始值里中清明。”

二十四日，独坐西堂，有诗。

《更生斋诗》卷三《廿四日西堂独坐》。

二十七日，上城东浮屠望远，有诗。

《更生斋诗》卷三《廿七日上城东浮屠望远》。

二十八日，庄宇逵招饮于小山堂看花，有诗。

《更生斋诗》卷三《廿八日庄征君宇逵招饮小山盎看花作》：“主人未是耽狂饮，怜我新抛短后衣。”

三月初二日，至赵怀玉味辛斋看海棠，有诗。

《更生斋诗》卷三《初二日味辛斋看海棠作》。

初三日，得蒋青曜书，携酒上城东浮屠，有诗。

《更生斋诗》卷三《三月三日携酒出游并上城东浮屠》：“风光真已

胜清明,杏叶扶疏柳叶轻。上巳几年悲远客,先庚三日喜新晴。初一日晚,积雨始晴,至初四为庚辰日。书从薄洛津边至,是日得蒋仲先河南书。酒向浮图顶上倾。不是遇花篇痛饮,更谁佳节住江城。"

颜崇榘寄来明杨继盛名印,有诗。

　　《更生斋诗》卷三《颜大令崇榘寄示明杨忠愍公名印敬赋二律》。

初六日,报赵翼嘲召客赏牡丹诗,并邀同作。

　　《更生斋诗》卷三《赵兵备诗来嘲余牡丹未开遽尔召客因走笔用原韵作四百二十字报之并邀作》:"前日上巳过,后日谷雨至。"

　　按:本年三月五日为辛巳日,即上巳,八日为谷雨。据此诗首两句,诗当作于三月初六日,故系于此。

　　赵翼《瓯北集》卷四十二《同人预订牡丹之会稚存不待花开辄折简邀集作此戏之索和》:"借花作饮资,借饮为诗地。此亦退闲人,居乡一乐事。山茶既开尊,海棠又举觯。预期牡丹时,再续花下醉。先生乃不待,老饕急欲试。枝头方茧栗,折简遽邀致。由来不羁人,作事必奇气。仕宦甘勇退,鸡肋竟轻弃。游宴乃躁进,未卵辄轻许。吾笑谓先生,此酒为花赏。有花则成实,无花则空费。待取花开时,须补郇庖治。"

初九日,先生家牡丹开。

　　《更生斋诗》卷三《赵兵备以十四日招客宴牡丹花下先期以花朵绝小作诗解嘲因用原韵复得五百八十字答之》:"我家一丛花,发自月初九。"

十日前后,作书与崔景侃。

　　《更生斋文乙集》卷一《与崔瘦生书》:"谷雨既届,庭花乱开,归期若迟,恐值风雨。"

　　按:谷雨,三月初七日。据"谷雨既届"句,故系于此。

十四日,应赵翼招,与同人宴于牡丹花下,并游夹城庵,有诗。

　　《更生斋诗》卷三《赵兵备以十四日招客宴牡丹花下先期以花朵绝小作诗解嘲因用原韵复得五百八十字答之》。

　　同卷《偶游夹城庵题壁》。该诗次于十五日是之前,姑系于此。

　　赵翼《瓯北集》卷四十二《牡丹既开邀同人小集,而花色不艳,朵亦差小,作诗解嘲》)。

十五日,夜饮于牡丹花下候崔景侃不至,有诗。

《更生斋诗》卷三《十五夜小饮牡丹花下待崔三景侃不至》。

刘种之招同人小集赏斋头盛开牡丹,有诗。

《更生斋诗》卷三《刘中允种之斋头红牡丹盛开招同人小集即席赋赠》。

赵翼作牡丹正面文字诗索和。

赵翼《瓯北集》卷四十二《稚存谓古来牡丹诗少有作正面文字者戏成四首索和》)。

按:《更生斋诗》无就此意和诗。

十七日前后,自无锡至梅里谒泰伯祠,有诗。

《更生斋诗》卷三《自无锡放舟至梅里谒泰伯祠》。

按:此诗次于三月十五日与三月十九日诗《古藤歌》之间,先生谒泰伯祠行实当在十七日前后,故系于此。

十九日,应汤朴斋公子招,与同人宴集于古藤花下,有诗。

《更生斋诗》卷三《古藤歌》。诗前小序:"藤,相传为宋苏文忠公寓孙氏宅时手植。今宅归汤方伯镇业。三月十九日,汤公子招同人宴集花下,即席赋此。"

赵翼《瓯北集》卷四十二《汤朴斋邀饮紫藤花下》诗亦纪其事。

汤朴斋,行实待考。

二十日前后,送杨元锡北游,有诗。

《更生斋诗》卷三《云溪行送杨元锡北游》:"月出云溪东,照见云溪西。云溪鲤鱼亦成队,生世不肯离云溪。奈何溪边人,屡放溪边艇。我向溪头望远行,布帆一一飞无影。君居云溪已七世,三世及交情并挚。君族祖衣文、印曾及尊人敦复,皆余故交。矧君才笔胜昔人,使我论交复伤逝。……昨因酒后一临眺,君已薄醉难同登。最怜云溪春,更向云溪步。我属溪头赤鲤鱼,送君直到江干渡。"

杨元锡(生卒年不详),字云珊,清江苏武进人。监生。工诗,尤擅歌行。所著有《揽煇阁集》。事具《北江诗话》卷五、张惟骧《清代毗陵名人小传稿》卷六等。

二十三日,应沈元辂招饮饯春,有诗。

　　《更生斋诗》卷三《廿三日沈广文元辂招饮饯春》。

　　沈元辂,字尊朴,清江苏吴县人。举人。曾官阳湖训导。馀待考。

四月初三日,屋后圃中莺粟盛开,有诗。

　　《更生斋诗》卷三《屋后圃中莺粟盛开率成一律》:"日日冲帘柳絮风,送春已觉酒杯空。墙头新月半钩绿,屋后好花三亩红。"

　　按:据诗中"送春"与"新月"句,诗当作于初三日,故系于此。

题蒋业晋《天远归云图》。

　　《更生斋诗》卷三《蒋州守业晋寄天远归云图索题》。

五月初五日,端午,有诗柬赵翼。

　　《更生斋诗》卷三《端五日偶成二首即柬赵兵备》其二:"俗奢原可虑,幸此丰岁再。江鱼频入馔,山果随所爱。水明楼上望,赵叟已先在。相应携蒲觞,终日与晤对。"

作《云溪竞渡词十二首》及《续竞渡词十首》。

　　《更生斋诗》卷三《云溪竞渡词十二首》《续竞渡词十首》。

赵翼以地理数事相访,录示原委。赵喜,以长诗奖之,并拟质一事劳酒一壶。先生有诗酬之。

　　《更生斋诗》卷三《赵兵备以地理数事见访因走笔奉答猥蒙长篇奖假并目为行秘书因率成四截句酬之即戏效其体》其二:"尚惭正卯记丑博,敢说师丹老善忘。莫更一瓶缘旧例,次公犹恐醒而狂。来诗欲缘借书之例,问一事即赠酒一瓶,故戏及之。"其四:"三伏将临九夏长,不辞挥汗走门坊。奚奴拍手还相笑,此两闲人何太忙。"

　　赵翼《瓯北集》卷四十二《偶有遗忘问之稚存,辄录示原委。老夫欣得此行秘书矣。无以为报,拟质一事,即劳酒一壶,戏书此为券》:"年老苦健忘,又懒寻故牍。每当数典处,搁管瞪两目。邂逅洪景庐,便便五经腹。我欲纳屦质所疑,惟恐括囊秘弗告。岂知华鲸待撞莛,直为亡羊追逋足。凭君胸罗储佁多,供我耳食取携速。共夸到老尚弩强,谁识从旁有刀捉。快哉得此行秘书,读万卷如为我蓄。安世能备三箧亡,张巡遍记一城熟。予取予求不汝瑕,何以报之心愧恧。欲将文通残锦赠,君才自有天机縠。欲作曹邱寸舌仰,君名已播风轮轴。聊援酒瓶借书例,一事劳以酒一斛。只愁醉后发狂言,笑我《南华》不曾读。"

为曾燠赋《西溪渔隐歌》。

> 《更生斋诗》卷三《西溪渔隐歌为曾都转燠赋》。

题袁廷梼《移居载书图》。

> 《更生斋诗》卷三《袁文学廷梼移居载书图》。

题袁廷梼所集明东林诸贤及黄道周手札之长卷。

> 《更生斋诗》卷三《袁文学集明东林诸贤及黄石斋手札汇成长卷索题》。

十三日,孙宛曾殇。

> 吕《谱》本年条:"五月十三日,孙宛曾殇。"

本月,赵翼为先生题《秋山读书图》。

> 赵翼《瓯北集》卷四十二《题洪昆霞秋山读书图为其曾孙稚存编修作》,其四:"梁公像已沿门售,张璪图曾染练裁。不是后人兰錡盛,楚弓那得去还来?图久失去,稚存复得之于扬州。"

乐钧过常州,谒见先生,并赠诗。

> 乐钧《青芝山馆集·诗集》卷十二《过常州赠洪稚存太史亮吉》:"未识期相见,非君谅复谁?由来气节士,须遇隆昌时。圣主终怜惜,荣名有盛衰。归人无限意,烟雾正迷离。"
>
> 乐钧(1766—1816[①]),原名宫谱,字元淑,号莲裳,清江西临川人。嘉庆六年(1801)举人。家贫,游幕江淮、中州及岭南等。工诗词,尤擅骈体。所著有《青芝山馆集》(其中诗二十二卷、骈文二卷、词三卷)、《耳食录》等。事具《清史稿》卷四百八十五、《清史列传》卷七十二、张维屏《国朝诗人征略》等。

六月,避暑焦山定慧寺,与僧清恒相识,在僧耨云导游下,与清恒、慧超、恒赞游京口南山。

---

① 李金松:《乐钧卒年辨》,《书品》2014年第1辑。

吕《谱》本年条。

《更生斋文甲集》卷三《送巨超僧自焦山移主山阴玉笥山方丈序》：
"余自辛酉岁六月始识焦山僧巨超。"

《更生斋文乙集》卷一《游京口南山记》："余自返退荒，即思屏迹。……杜门省愆，遂已阅岁。今夏六月，始近为百里之游。避暑焦山者，旬有六日。……游凡三日，同游者僧三人，焦山方丈巨超、摄山方丈今退居放生池静室慧超、夹山首座恒赞。导游者僧一人，吾乡天宁寺知客僧耨云也。"

释清恒《借庵诗钞》卷一《喜晤洪稚存太史，即题万里荷戈集》：
"一棹东风过海门，千秋事业喜重论。"

释清恒（1757—1837），俗姓陈，字巨超，清浙江海宁人。乾隆年间主持焦山，工诗，兼善书法，与当世名流多有交往，所著有《借庵诗草》十二卷、《借庵诗文遗稿》等。事具《新修高僧传四集》卷六十五、钱钟联主编《清诗纪事》释道卷等。

释达瑛（1745—1804），字慧超，号练塘，清江苏丹阳人。曾主摄山栖霞寺。工诗，与焦山定慧寺清恒、万寿寺悟霈相唱和。所著有《旃檀阁诗钞》等。事具徐世昌《晚晴簃诗汇》卷一百九十七等。

释恒赞（生卒年不详），俗姓何，字恒赞，清广东南海人。嘉庆时至常州天宁寺参僧净德，被命为继席。精研经教，兼通文翰。卒，年七十九。事具《武进阳湖县志》卷二十九等。

释耨云，行实待考。

跋僧巨超《足踏万峰》卷子。

《更生斋诗》卷三《跋巨超上人足踏万峰卷子》。

十五日，自京口渡江至焦山度暑，有诗。

《更生斋诗》卷三《十五日自京口渡江至焦山憩定慧寺作》："西南行尽路万千，返棹乃访兹山颠。……少年事业百不就，削壁仅把新诗镌。浮名在世究何益，回顾我已惭焦先。"

在焦山避暑期间，观日出，访隐君洞，观音厓待月，夜坐法界楼等，均有诗纪行。

《更生斋诗》卷三《东升楼看日出》《山半访隐君洞》《观音厓待月》《法界楼夜坐》。

十七日,访秀才冒鸣、茹寿冲。

《更生斋诗》卷三《山斋访冒鸣茹寿冲两秀才并招小饮》:"昨来酷暑刚三夕,读得好书盈一尺。邻翁最喜文字交,夜半煮酒来相邀。"

按:先生十五日抵焦山避暑。据诗中"昨来酷暑刚三夕"句,诗当作于十七日,故系于此。

冒鸣(生卒年不详),字云鹤,清江苏如皋人。岁贡生。天资颖异,诗宗李、杜,书法山谷,擅文。事具《如皋县续志》卷七等。

茹寿冲,行实待考。

访秀才王豫。

《更生斋诗》卷三《翠屏洲访王秀才豫》。

王豫(1768—1826),字应和,号柳村,清江苏江都人。附监生。举孝廉方正,不就,以布衣终。工诗。诗宗李白、孟浩然,清微淡远,足耐讽咏。所著有《种竹轩古文初集》《诗选》十卷等。事具《丹徒县志》卷三十三等。

曾燠邀游扬州平山堂。

吕《谱》本年条:"同年曾都转燠,邀游扬州平山堂,数日,仍返焦山。"

二十一日,欧阳修生日,与同人赋《醉翁操》以寿,并作《题禊馆记》《青芝山下卜邻图记》。约曾燠游焦山。

《更生斋诗》卷三《六月二十一为宋欧阳修生日同人赋醉翁操以寿并邀同作即呈曾都转燠》:"醉翁去后七百五十年,平山堂下仍复开宾筵。醉翁生日重理醉翁操,欲使醉翁心迹一一传人间。"

曾燠《赏雨茅屋诗集》卷五《醉翁吟》,诗题下有小字自注:"欧阳文忠公生日致祭,座客同作。"

曾燠赠题《万里荷戈集》诗,先生有诗寄酬。

《更生斋诗》卷三《寄酬曾都转见题荷戈集诗二首》。

曾燠《赏雨茅屋诗集》卷五《读洪稚存万里荷戈集百日赐环二集题

其后》其一："君得为诗是国恩,长歌万里入关门。笑他绍圣元符际,苏轼文章禁不存。"其二："沧江风雨一船高,招我松寮看海涛。嘉庆六年六月廿一日约我同游焦山。绝少行吟憔悴色,知君未肯著《离骚》。"

曾燠赠先生鹤与柳,先生有诗。

《更生斋诗》卷三《题襟馆赠鹤》:"空廊怪底步不前,五鹤一客随吟肩。……闲扉六扇夜不迥,窗里客眠窗外鹤。"

按:题襟馆,曾燠馆客之所名。

同卷《又赠柳》:"比肩岂独同心友,添得三株水杨柳。"

《更生斋文乙集》卷三《题襟馆记》:"自癸丑以来,十年于兹,先生以政举尤异,当膺节旄。于是高斋宾僚,横舍弟子,恐盛事莫传,高会不再,属亮吉为之记。亮吉百里来游,三宿生恋。居山谢客,草木颇谙。泛海陶生,鸥鱼并识。兹不辞而为记者,以志贤人之集,上比景星,名篇之传,后成故实云尔。"

《更生斋文乙集》卷一《青芝山下卜邻图记》。

释巨超、慧超过访,并题《万里荷戈集》,有诗。

《更生斋诗》卷三《巨超偕栖霞僧慧超过访喜赋》。

释清恒《借庵诗钞》卷一《喜晤稚存太史即题万里荷戈集》:"一棹东风过海门,千秋事业喜重论。"

二十五日前后,夜坐月波台,有诗。

《更生斋诗》卷三《月波台夜坐》:"地缺洲三面,天空月一钩。乌鸦争噪暑,蟋蟀遽鸣秋。"

按:二十九日立秋。据"天空月一钩"句,诗当作于二十五日前后,故系于此。

有诗赠巨超、慧超并题其诗集。

《更生斋诗》卷三《赠巨超慧超即题二僧诗集》。

二十六日,巨超与王豫、卞萃文二生过访。一同登于月波台看潮,有诗。

《更生斋诗》卷三《廿六日同人月波台看潮》。

《借庵诗钞》卷一《同稚存太史暨卞孚升、王柳村登月波台》。

卞萃文(1768—1844),字孚升,号逊斋,晚号钝夫,清江苏仪征人。

诸生,尚理学,以游幕为生。热心地方公益、慈善事业。所著有《卞征君集》。事具《卞征君集》卷一《年谱》、卷七《逊斋先生传》等。

曾燠拟至焦山访先生,至瓜洲阻于风,有诗戏柬。

《更生斋诗》卷三《曾都转燠及诸宾客约以廿六日至焦山见访闻至瓜洲阻风二日不得渡作此戏柬》:"七日东南风不止,倒卷沧溟入扬子。顺流一叶不得下,断渡先从象山始。一客既去不得来,一客留滞仍难回。翠屏洲王、卞二生过访,一留象山,一留此,皆不得渡。松寥阁小一无事,饱看雪浪飞千堆。回头却忆瓜洲客,日日江楼看风色。别来几日心眼空,清梦时与焦空通。君不见,波涛绕榻一万里,正好日试登山笻,时叱槛外巡江龙。"

《赏雨茅屋诗集》卷五《赴稚存焦山之约,以大风引还,得句却寄》:"洪崖堕足罡风里,西过流沙万余里。归来东海访名山,乐与焦山共栖止。眼中怜我尚尘埃,期我扶桑一问津。咫尺蓬莱忽相失,乘风破浪彼何人。"

有诗酬僧慧超。

《更生斋诗》卷三《酬慧超僧二首》。

二十八日,同巨超、慧超二僧早饭于松寥阁,闻曾燠等因阻风回返,有诗。

《更生斋诗》卷三《廿八日同巨公慧公松寥阁早饭》:"山僧约客松花饭,破晓同登竹叶楼。正尔日长思就枕,未妨风急遽回舟。始闻都转等以阻风回舟。怕传消息来三楚,时楚中教匪尚未净尽。闲理心情说十洲。浅醉更从窗外揖,午潮无际接天流。"

《赏雨茅屋诗集》卷五《赴稚存焦山之约以大风引还得句却寄》。

七月,孙廷璧邀游太湖。

吕《谱》本年条:"七月,孙总戎廷璧邀游太湖东、西二山,遂至消夏湾观荷。"

初七日,七夕,泊舟夹浦。

《更生斋诗》卷三《泊舟夹浦七夕》其一:"此夕新湖汊口,昨年古浪城楼。笑看新月生处,曾到斜阳尽头。"

初八日,将至消夏湾在新塘候风,有诗及游记。

《更生斋诗》卷三《将至消夏湾在新塘守风晚值雷雨》。

《更生斋文乙集》卷一《游消夏湾记》："余以辛酉七月来游东山，月正半圭，花开十里。人定后，自命月湾放舟西行，凉风参差，骇浪曲折。夜四鼓，甫抵西山，泊所为消夜湾者。"

按：据"月正半圭"句，可知为初八日上弦月，故系于此。

在太湖湖口望缥缈峰，有诗。

《更生斋诗》卷三《夜携酒至湖口望缥缈峰作》。

因东南风急，回舟抵东山，有诗。

《更生斋诗》卷三《东南风急不得至西山因回舟从伍浦抵东山作》。

自新塘至伍浦溪，有诗纪行。

《更生斋诗》卷三《自新塘至伍浦溪行杂诗》。

有诗寄邢澍并柬李赓芸。

《更生斋诗》卷三《寄长兴邢大令澍二首并柬李司马赓芸》其一："故人久宰长兴邑，逐客新游消夏湾。甚欲牵船远相访，斜阳影外浪如山。"其二："年前寄我长笺好，前寄质经说数条。逋峭文章擅一时。更忆南荒李司马，同官同榜两经师。"

邢澍（1759—1819），字雨民，号佺山，清甘肃阶州人。乾隆五十五年（1790）进士。博学多闻，富藏书。官长兴等地知县，历官至江西南安知府。所著有《守雅堂诗文集》《关右石经考》十一卷、《金石文字辨异》十二卷及《两汉稀姓录》等。事具《嘉兴府志》卷五十一、《永康县志》卷五等。

夜泊舟伍浦后，五鼓自伍浦渡湖至东山，憩东山道院，有诗纪行。

《更生斋诗》卷三《夜泊伍浦》："高士宅边新月上，伍胥浦口落朝余。……宵残烛跋摊书卧，静听松声落枕虚。"

同卷《五鼓自伍浦渡湖至东山》："水声摇短梦，风色眒长年。昨夜前山雨，茫茫笠潭边。"

同卷又《憩东山道院》："历尽松杉梢，一院开山颠。……道士识未来，劝我山顶眠。"

同卷另有《偶成》，亦作于是时。

晤程思乐,有诗,并为赋《梅花仙人歌》。

　　《更生斋诗》卷三《喜晤程司理思乐》《梅花仙人歌为程司理思乐赋》。

　　程思乐,待考。

同孙廷璧坐上话旧,忆亓九叙,有诗。

　　《更生斋诗》卷三《孙总戎廷璧坐上即席赋赠二首并忆亓总戎九叙四川军营》,题下有小字自注:"孙为庚辰科武探花。"其一:"万顷洪涛艇似梭,相逢先唱定风波。山中共说支离叟,天上同魁甲乙科。话旧半皆沦宦海,谓毕宫保沅、童少宰凤三诸人。溯源先已到黄河。狂吟痛饮三更尽,衣上分明烛泪多。"其二:"猎猎营前秋雨斜,将军筵上说龙沙。何曾一醉轮台酒,余出关即戒酒。忆昨同乘博望槎。薄谴最怜家似梦,感恩新额鬓添华。谁知万里归来客,依旧军门听晓笳。时亓在四川军营效力,已补都司矣。"

　　亓九叙(? —1802),字开弼,平阴人。乾隆三十四年(1769)武进士,恩赏蓝翎侍卫。历官贵州新添营都司署威宁游击、广东督标右营参将、三江口副将、四川建昌总兵、福建建宁总兵、江南苏松总兵、山东青州府寿乐营都司等。事具《东华续录》卷一百二十、《崇明县志》卷十等。

初九日,夜自东山放舟至西山消夏湾,有诗。

　　《更生斋诗》卷三《初九夜乘月自东山放舟至西山消夏湾宿荷花内》:"花光碍月舟不前,花气薰客宵难眠。三更一棹破花出,客梦尚结花香边。……荷花香破梦亦阑,再转已入仙人关。"

初十日或稍后,有诗赠蔡九龄。

　　《更生斋诗》卷三《消夏湾歌赠蔡博士九龄》:"荷花中间结一楼,主人约客楼上头。烹鱼煮藕日尚早,手劈莲房客先饱。"

　　按:该诗次于前诗之后,按其行迹,当作于次日或稍后,故系此。

　　蔡九龄(生卒年不详),字步蟾,清江苏吴县人。举人,官六安学正。事具《六安州志》卷十八、《苏州府志》卷六十五等。

游太湖期间,另有纪行咏物诗《白云》《新浴后怡云阁望缥缈峰》《四鼓自西山渡湖》等。

八月,与赵翼相约游金陵。

《更生斋诗》卷三《雨花台待同人不至》。

按:所待同人,或即赵翼。

赵翼《瓯北集》卷四十三《与稚存相订同游金陵余以儿辈赴试期迫遂送考先往及稚存到而余已归兹各述游迹率赋》:"已约同游白下亭,无端先后各扬舡。恐君诗要压元、白,使我身如避尹、邢。牛首双峰凌岌嶪,燕矶十洞阚玲珑。探奇各有雄夸处,互述芒鞵所未经。稚存未到牛首,其所游燕子矶一带岩洞,余亦未到。"

与孙星衍、汪为霖、陶涣悦游清凉山。

《更生斋文乙集》卷一《游城北清凉山记》:"曾不半日,而城北之胜,已俱览焉。庵名隐仙,楼则扫叶。北登翠微之亭,西泛莫愁之艇。……同行孙君星衍、汪君为霖、陶君涣悦,……是日也,孙君等各赋诗,而亮吉为之记。"

汪为霖(1763—1822),字傅三,号春田,清江苏如皋人。乾隆三十四年(1769)武进士。历官厦门参将、刑部湖广司郎中、广西思恩府及镇安府知府等,有政声。工诗,善写兰竹,所著有《小山泉阁诗存》等。事具《济南府志》卷三十七、《续修如皋县志》卷七等。

游幕府山及泛舟江口,傍晚,汪为霖、孙星衍前来送别。夜三鼓,作《游幕府山十二洞及泛舟江口记》。

《更生斋文乙集》卷一《游幕府山十二洞及泛舟江口记》:"余以辛酉秋仲,送客白门。事毕欲归,吾友孙君星衍送我临江之渚,时日乍过午,相与舍舟登陆,携一僧一童,偏历幕府山十二洞。……晚日,汪君为霖、孙君星衍,接踵而至。于是蜡屐既停,蒲帆又举,载酒涉险,并舟浮江。霞采极于新洲,风棱生乎瓜步。……是日三鼓,遂濡笔而为之记。"

汪为霖《小山泉阁诗存》卷四《送洪稚存归里》。

九月初,送孙韶至浙江,有诗。

《更生斋诗》卷四《题孙文学韶行卷后即送至浙江幕府》。

按:此诗次于《生日自述》诗之前,故系于此。

孙韶(生卒年不详),字九成,号莲水,清江苏上元(今南京市)人。工诗,为袁枚所赏。尝至杭州客阮元节署,后客江西病故。所著有《春雨楼诗略》等。事具陈文述《道颐堂文集》卷三《孙莲水传》等。

为冒鸣题《重修水绘园》卷子。

《更生斋诗》卷四《重修水绘园卷子为冒文学鸣作》其四:"云郎去后小杨枝,檀板都吟绝妙词。只有夜乌还记得,冒家园里放灯时。"

为蒋斗灿之童养媳吕贞女题词。

《更生斋诗》卷四《蒋斗灿童养媳吕贞女题词》。

蒋斗灿,行实待考。

初三日,生日,有诗。

《更生斋诗》卷四《生日自述》。

赋《偶成》诗抒怀。

《更生斋诗》卷四《偶成》:"闲从里巷说新事,卧听儿孙读故书。不必更携芒屩出,闭门红日下街除。"

张舟过访,有诗赠之。

《更生斋诗》卷四《喜张上舍舟过访口占以赠》:"五回曾领江淮运,两度同招楚蜀魂。毕尚书沅、毛州守大瀛,与君最善,今先后殁于王事。赤米白盐家已破,朱旗玄甲阵犹屯。多愁自觉新诗少,老友今余几辈存。话到十三年上事,渚梅零落野云昏。辛酉年新正,在汉阳三山径访梅握别。"按:诗末小注"辛"为"己"之误。

初七日,雨,有词。

《更生斋诗馀》卷一《西江月》,词调下有小字自注:"九月初七日,雨窗遣闷。"词中有云:"明岁重阳何处?去年此夕方归。"

初十日前后,赵翼有诗简先生。

赵翼《瓯北集》卷四十三《今岁桂花甚迟九月望前始大开,而菊花已烂漫矣。戏效香山体简稚存》:"菊花称晚节,于桂犹后辈。向来不同时,桂谢菊始代。胡为今年秋,两花结同队?方赏篱艳舒,尚喜天香在。桂有香无色,借菊发精采。菊有色无香,借桂出韶韶。菊非贪躁进,桂岂昧勇退?或为吾二人,同处寂寥内。君含老圃客,肯伍凡粉黛。

我留小山丛，亦压贱菅蒯。共支风露天，一扫胭脂态。得句笺五赓，谈
心床相对。相期保岁寒，论交久可时。"

　　按：赵翼诗题云"今岁桂花甚迟九月望前始大开"。据"望前"，姑
系于九月初十前后。

题黄丕烈《祭书图》。

　　《更生斋诗》卷四《黄主事丕烈祭书图》："古人饮食必祭始，何以
读书则不然？致身通显不知报，是为饮水忘其源。先生创例实陈例，拜
庚子日尊文宣。陈书万卷复千卷，烛炬如梃香如椽。书神报君亦孔厚，
往往获一珍珠船。……我曾借本细雠校，例得陪祭来筵前。虔诚拜罢
共饮福，一醉欲乞书仓眠。"

　　黄丕烈（1763—1825），字荛圃，一字绍武，号复翁，又号佞宋居士、
秋清居士，清江苏长洲人。乾隆五十三年（1788）举人，官分部主事。
好藏书，尤好宋椠本书，尝构室藏所得宋本书，曰宋百一廛。所刊《士
礼居丛书》，为藏书家所重。所著有《士礼居诗钞》二卷、《汪本隶释刊
误》一卷、《百宋一廛赋注》及《百宋一廛书录》等。事具《清史列传》、
石韫玉《独学庐四稿》卷五《秋清居士家传》等。

十三日，抵苏州之越来溪，有诗。

　　《更生斋诗》卷四《九月十三日越来溪见燕》。

唐仲冕招饮网师园，有诗。

　　《更生斋诗》卷四《唐大令仲冕招饮网师园即席赋赠》："才从识面
便忘形，饭我城东水上亭。老友瘦真同野鹤，谓王广文芑孙。残荷多尚
比天星。百身未易酬恩遇，时坐客询伊犁释回日月。一石偏教吐性灵。
归去且营耕钓好，得闲陇畔便横经。"

　　唐仲冕（1753—1827），字六枳，号陶山，清湖南善化人。乾隆
五十八年（1793）进士。历官荆溪、吴江、吴县知县，海州、通州知州，署
松江、苏州二府，累官至陕西布政使，所至有循吏声。所著有《陶山诗
前录》二卷、《陶山诗录》二十八卷、《陶山文录》十卷、《红梨花馆词》二
卷、《岱览》等。事具《国朝耆献类征初编》卷一百九十六、《续碑传集》
卷二十一、陶澍《陶文毅公全集》卷四十五《护理陕西巡抚陕西布政使

司布政使陶山唐公墓志铭》等。

十五日,作《重建新塘乡文成桥碑记》。

　　《更生斋文甲集》卷一《重建新塘乡文成桥碑记》:"新塘乡之有桥,俗呼曰雪堰,即方志所为文成桥也。其上为南北之孔道,其下为吴越之要津,又为太湖之隘口,旱潦宣泄之所经。嘉庆五年六月,甚雨,水涨,桥忽崩圮。……逾年,本镇募钱得五百余千,法兴筑之。……桥成,乞亮吉书日月于右,因乐为之记,并垂以为后来式云。时嘉庆六年九月望日。"

十月,游上海。

　　吕《谱》本年条:"十月,松太道李观察廷敬邀游吴淞江,镇洋汪庶子学金邀游趣园,遂自苏州偏游娄东诸胜而返。"

　　按:游趣园在十一月,非十月,吕《谱》不确,说详后。

月初,自吴淞江抵上海,有诗。

　　《更生斋诗》卷四《自吴淞江抵上海与友人夜话》:"吴淞江上路,乘月去迢迢。海气全疑雨,天风不卷潮。梦馀频怅望,云外偶招邀。及此烧红烛,层楼已半宵。"

　　按:同卷《偶成为陈太守廷庆赋》诗中有云:"一幅蛮笺任屈伸,半钩新月倍精神。"陈廷庆时为上海太守。据"半钩新月"句,先生抵上海当在月初,故系于此。

蒋齐耀病故,以诗哭之。

　　《更生斋诗》卷四《哭蒋二尹齐耀》。

赵翼见示《瓯北诗话》,以诗跋之,赵翼有诗和之。先生时作《北江诗话》。

　　《更生斋诗》卷四《赵兵备翼以所撰唐宋金七家诗话见示率跋三首》其三:"名流少壮气难驯,老去应知识力真。七十五年才定论,一千馀年几传人。杀青自可缘陈例,初白差难躡后尘。君意欲以查初白配作八家,余固止之。只我更饶怀古癖,溯源先欲当周秦。余时亦作《北江诗话》,第一卷泛论,自屈、宋起。"

　　赵翼《瓯北集》卷四十三《稚存见题拙著瓯北诗话次韵奉答》其三:"晚知甘苦择言驯,一代风骚自有真。耄学我悲垂尽岁,大名君已必传人。幸同禅窟参三昧，不笑玄关隔　尘。从此国门悬《吕览》，听他辩舌骋仪、秦。"

十一月十六日，万承纪招集吴舫消寒，听校书宁福弹胡琵琶，有诗。

　　《更生斋诗》卷四《消寒第一会万大令承纪招集吴舫听宁福校书弹胡琵琶为赋长句》，题下小字自注："时长至前一日。"

　　按：冬至为十一月十七日。"长至前一日"，乃十六日，故系于此。

　　万承纪（1766—1826），字畴五，号廉山，清江西南昌人。嘉庆初，以副贡生佐湖南巡抚幕。苗疆平，以军功议叙州同，历任江苏江浦、丹徒、宝应、元和、山阳知县，安徽和州知州，以知府摄淮安府等。善画，工篆隶、音律。事具陈文述《颐道堂文钞》卷十三《万廉山司马传》等。

　　宁福，生平不详。既善弹琵琶，又以校书称之，当是苏州乐伎。

汪学金属题《捉月图》。

　　《更生斋诗》卷四《汪庶子学金以捉月图属题戏成三言诗一首》。

　　汪学金（1748—1804），字敬箴，号杏江，晚号静厓，清苏州府太仓人。乾隆四十七年（1782）进士。历官内阁中书、协办侍读、武英殿方略馆总裁、日讲起居注官、左春坊左庶子等。工诗善文，所著有《井福堂文稿》十卷、《静厓诗初稿》十二卷、《后稿》十二卷、《续稿》六卷，另辑有《娄东诗派》二十八卷等。事具朱珪《知足斋文集》卷五《日讲起居注官文渊阁校理教习庶吉士詹事府左春坊左庶子加二级汪君墓志铭》等。

二十日前后，偕苏加玉饮宴于汪学金趣园，并以柏梁体题汪所设荐度娄东诗派诸诗老之水陆道场。

　　《北江诗话》卷三："太仓苏加玉茂才，游山诗亦颇刻画尽致，……辛酉冬，余过太仓，饮汪庶子学金三日，无日不与茂才偕。"

　　《更生斋诗》卷四《消寒第二会汪庶子学金趣园座上追赋嘉庆戊午四月编辑娄东诗派成为诸诗老设供建水陆道场用瑜珈荐度法并考生平行诣分上中下三坛别设闺秀一坛七日乃竣分赋得柏玲体一首》。

　　汪学金《静厓诗续集》卷三《春浮子编辑娄东诗派成，为诸诗老设供后圃，建水陆道场七昼夜，用瑜珈荐度法，并考生平行诣，分为上、中、下三坛,别设闺雅一坛,家以消绮业,结胜因。愿此文字功德,回向三宝,普度一切有情。时嘉庆戊午四月既望也。越辛酉长至后,更生居士自晋陵过访,稽其事,曰:是不可以无诗。首倡柏梁体一首。余不获辞,乃偕同塾诸子追赋焉》。

按:冬至,十一月十七日。"长至后",虽未必是十八日,但当是冬至日稍后数日之内,故系于此。

苏加玉(生卒年不详),字维晋,号餐霞,清江苏太仓人。诸生。壮年游幕安徽、江西、河南。性喜游览,凡遇名山胜迹,必登临吟啸而去。晚岁家居,以塾师终。所著有《蓼虫吟稿》《唐诗阶级》等。事具吴德旋《初月楼续闻见录》卷四等。

同汪学金登梵钟寺楼。

汪学金《静厓诗续集》卷三《同稚存晚登梵钟寺楼》:"疏钟隔流水,一棹野塘幽。落日迷沧海,寒风撼石楼。人惊天外至,寺记劫前留。弹指华严界,僧雏已白头。"

题扇赠汪元爵。

《更生斋诗》卷四《题扇赠汪童子元爵》:"昌黎已序张童子,魏国先知员半千。他日蓬莱问家世,童子祖父三世词馆。四传应号小神仙。"

汪元爵(1788—1834),字伯孚,号竺君,清江苏镇洋(今太仓市)人。道光三年(1823)进士。历官湖广司郎中、方略馆提调等。所著《泾西书屋诗稿》《文稿》等。事具《(民国)镇洋县志》卷九》等。

应王履荃、胡金诰邀,游乐郊园,题《娄东十老图》。

《更生斋诗》卷四《消寒第三会王孝廉履荃胡明经金诰邀游乐郊园因出娄东十老图索题》。

王履荃,行实待考。

胡金诰(1764—1834),字晋阶,号蛟门,清江苏太仓人。嘉庆六年(1801)拔贡生,以疾不赴试。工文章,誉满士林。性简雅,不慕荣利。所著有《绀雪草堂诗集》《观我生斋稿》等。事具《皇清书史》卷五等。

与刺史汪廷昉集于南园消寒,有诗。

《更生斋诗》卷四《消寒第四会汪刺史廷眆座上赋南园古梅歌梅为前明王文肃公手植名一只鹤》："一双凤去不回,一只鹤翩然来。城北即双凤镇。翩然下啄莓与苔,渺尔化作罗浮梅。……园林之主先后殊,昔者太保今尚书。南园近为毕秋帆尚书购得,以居甥沈憼师。围棋赌墅偶然得,瘦骨尚欲凌高株。研芗居士开宾阁,邀客咏梅如咏鹤。长身安得居樊笼,复恐化鹤飞横空。"

汪廷眆(生卒年不详),改名廷钺,字晓山,安徽休宁人。乾隆丁酉(1777)拔贡,历官上海知县、太仓知州等。事具《休宁县志》卷十、《苏州府志》卷五十五等。

县令田钧邀集官廨消寒,题《荆树山房图》卷子。

《更生斋诗》卷四《消寒第五集中田大令钧邀集官廨即为题荆树山放图卷子》,诗前小序："荆上山房,为大令六世祖萍乡令□□所建,嘉庆三年钱唐黄司马易为补图。"

田钧(生卒年不详),号若谷,清山东钜野人。举人。曾官镇洋、宝山县知县。事具《宝山县志》卷七、《青州府志》卷十一等。

汪彦国招集复初斋消寒,观王时敏所绘山水直幅,有诗。

《更生斋诗》卷四《消寒第六会汪公子彦国招集复初斋观王石谷绘山水直幅》,题小小字自注："画系石谷赠公子七世祖明处士汪溥。溥亦工,为娄东第一手。"

汪彦国(生卒年不详),字博第,清江苏镇洋(今太仓)人。诸生,入赀得官,官至北运河务关同知、直隶河间府同知。所著有《心太平室诗钞》等。事具《镇洋县志》卷十一、《太仓州志》卷二十八等。

应唐仲冕招,与同人集吴县仓廨,观唐寅画马,有诗。

《更生斋诗》卷四《消寒第七集唐明府仲冕招集吴县仓廨观唐六如画马》。

应孙星衍邀,返舟至永昌镇访孙武大冢,有诗。

《更生斋诗》卷四《消寒第八集孙兵备星衍邀同人返舟至永昌镇访孙武大冢》,其一："初日甫欲升,照我出东郭。巫门已迷离,何况冢廓落。言寻永昌镇,十里路初探拓。英雄骨未朽,其上已耕凿。虽然巢冢鹊,鹰隼不敢搏。翻罢《越绝书》,酸风下悬阁。"

本月,访石湖范成大祠,有诗。

《更生斋诗》卷四《石湖范文穆祠分赋得石字》。

另有诗歌篇什《颜鲁公名印歌》《偶成》(万念俱空后)、《梦游仙诗三十二首》《偶成》(愁多久已置形骸)、《昙阳仙观题壁》《题明姜黄门艺圃谏草楼二图》《吴梅村祠题壁》《题王应宸太守洞庭泛月卷子》《又岁寒宴坐图》《吴舫即事》《别友》)。

十二月初八日,应李廷敬招,与同人吴锡麒、范来宗、李奕畴、孙星衍、李尧栋、张溥集于虎阜消寒,有诗。

《更生斋诗》卷四《消寒第九集腊八日李廉使廷敬招同人至虎阜憩梅花书屋看黄梅作》:"……日当腊八月上弦,楼上两两排华筵。饮中八客疑八仙,是日同在词馆者共有八人。不饮我欲花前眠。花光既分飞,灯影亦交错。君不见,谈深不觉冬日促,几树斜阳黄不落。"

同书卷六《是日座上有怀孙兵备星衍复成一律即呈诸前辈并寄兵备》:"白门旅客亦词臣,却望归帆已浃辰。坐次尚小于三秘阁,饮中原拟八仙人。居然皓首称先辈,同向青云逐后尘。两度木天高会好,占他残腊与初春。前岁腊八日,李廉使廷敬于吴门作高会,坐中同馆亦有八人:吴祭酒锡麒,范编修来宗,李粮储奕畴,孙兵备星衍,李太守尧栋,张吉士溥,暨余及廉使也。"

范来宗(1737—1817),字翰尊,号芝岩,一号支山,清江苏吴县人。乾隆四十年(1775)进士,改庶吉士,授编修,纂修国史。乾隆五十四年(1789),告养归。工诗,所著有《洽园诗稿》二十二卷等。事具王豫《江苏诗征》《苏州府志》等。

李奕畴(1754—1844),字书年,号立斋,清河南夏邑人。乾隆四十五年(1780)进士,选庶吉士,授检讨,改礼部主事,迁郎中。历官山西宁武、平阳知府、江苏粮道、山东按察使、江南河府道、安徽按察使、浙江巡抚、漕运总督等,多循政。事具《清史稿》卷三百五十九等。

李尧栋(1753—1820),字东采,号松云,清浙江山阴(今绍兴)人。乾隆三十七年(1772)进士,由翰林院庶吉士历官至湖南巡抚,署云贵总督。善诗文,兼擅度曲。所著有《写十四经堂诗集》十二卷、词一卷、乐府一卷、奏疏二十卷等。事具《国朝耆献类征初编》陈用光《太乙舟文集》卷八《资政大夫前湖南巡抚李公神道碑铭》等。

张溥,行实待考。

十九日,邀同人为苏轼生日设祀,有诗。

《更生斋诗》卷四《腊月十九日卷施阁邀同人为宋苏文忠公生日设祀作》。

本年,应臧庸请,先生为汪辉祖所撰《二节母行状》作跋。

《更生斋文续集》卷二《奉直大夫湖南宁远县知县加三级萧山汪君墓志铭》:"岁辛酉,亮吉自伊犁放还,君时已罢湖南县令归里,又介吾里中臧文学庸乞为《双节堂序》,亮吉不敢辞也。"

汪辉祖《梦痕录余》:"(嘉庆)十年乙丑,七十六岁。……阳湖洪编修稚存亮吉过访,出赠《更生斋集》。有跋辉祖所撰二母行状一篇,情词真挚,至文也。编修初名礼吉。卅年前介二云乞言,得七古长篇。前年臧序东又为余乞得此文,重感良友之意。"

蒋业晋有赠先生诗。

《立厓诗钞》卷七《赠洪稚存太史亮吉》:"谔谔昌言动九霄,平生风义士林标。罗胸列宿穷三史,抗疏孤臣答两朝。荒徼赐环天子圣,家山挂笏硕人遥。好贤不待蒲轮贲,适馆闻开石室招。**谓广德州谭君慕君名设学授徒,仿紫阳书院修币相招。**"

本月诗歌篇什另有《古会晤词》《古诀别词》《邗溪步月》。

本年,为许汝原题《观涛图》。

《更生斋诗》卷四《许上舍汝原观涛图》其二:"我欲与君同卜筑,城南阳羡好溪山。"

许汝原,行实待考。

本年另有诗《题画》《答友人问近状》《友人贻所知集见卷中录先君子诗颇多敬读一过感赋》。

嘉庆七年，壬戌（1802），五十七岁

正月月初，作《励志诗》抒怀。

> 《更生斋诗》卷五《励志诗》三十首。其二十四云："不随俗，可挽俗。不趋时，乃捄时。"

初九日，应吴端彝等邀，至世经堂观梅，有诗。

> 《更生斋诗》卷五《壬戌新正九日吴封翁端彝等邀集世经堂看梅作》。

十八日，偕陆继辂、庄曾仪、黄载华等城东横舟亭探梅，并送陆入都应会试。

> 《更生斋诗》卷五《十八日偕陆孝廉继辂庄上舍曾仪黄秀才载华至城东横舟亭探梅回集卷施阁小饮即送孝廉北上》："东风才解冻，北风又飞雪。已伤青春迟，复与友生别。陆郎卅载同乡里，早岁声名日边起。……八角篱门尺五汀，暂时分手若为情。南行欲趁凫溪棹，北上先题雁塔名。"

> 黄载华（1767—1816），字璞山，清江苏阳湖（今常州）人。家多藏书，以力学补学官弟子，文名著于京师。嘉庆十六年（1811）成进士，取咸安官教习，以父老，不待次而归。卒，年五十。事具陆继辂《崇百药斋文集》卷十七《黄璞山墓志铭》等。

二月，应谭子文聘，携子洪符孙、婿缪梓前往旌德洋川书院主讲席。

> 吕《谱》本年条："旌德谭君子文居下洋镇，自建洋川书院，延课郡诸生童。聘先生主讲席，遂以二月携第三子符孙、婿缪梓至洋川，与诸生讲经谈艺，每至宵分。远近闻风从游者日众。"

> 谭廷柱（1733—？），字子文，清安徽旌德人。布衣，以经商起家。斥资于洋川镇建毓文书院，供多士卒业。事具《更生斋文甲集》卷四《洋川毓文书院碑记》等。

> 缪梓，字楚材，正白旗，清江苏江阴人。曾充正白旗教习。余待考。

初十日前后，诣郭北谒别先茔，有诗。

> 《更生斋诗》卷五《将至洋川书院先诣郭北谒别先茔》。

> 按：二月十五花朝日已抵达采石，而启程至洋川书院当在五日之

前,谒别先生当在初十前后,因而姑系于此。

临行,赵翼有诗相饯。

《更生斋诗》卷五《将至旌德赵兵备翼枉诗相饯未暇报也山馆无事戏作长句柬之并约同游黄山》。

赵翼《瓯北集》卷四十四《送稚存宁国之游》:"步展过从一载余,忽教行色动征裾。里中渐少看花会,海内犹传《谏猎书》。秋浦晴波移櫂稳,宛陵遥翠映窗虚。定增谢朓惊人句,寄我邮筒慰索居。"

按:旌德属宁国府,故云。

赴旌德洋川书院途中,有诗纪行。

《更生斋诗》卷五《过东坝》《花朝日阻风江口望采石太白楼咫尺不得上》《泾县道中夜宿》《过茹麻岭》《行次桃花潭山店看杏花作》《山坑道中》等。

约二十五日前后,抵洋川书院。

《更生斋诗》卷五《抵洋川书院》其三:"生徒十数人,曙即揽衣起。周廊听书声,都穿白云里。与谈前世事,一一尽色喜。所愧学业荒,款门来不已。"

同卷《偕诸生至下洋川修禊各赋一首》:"我来已半月,未及洋水滨。兹逢禁烟节,又值上巳辰。"

按:本年上巳日为三月十一日,由此日往前推十五六天,则抵洋川书院当在二十五日前后,故系于此。

二十七日前后,侵晓送客过岭,有诗。

《更生斋诗》卷五《侵晓送客过岭》:"孤帷隐一灯,行客尚未起。残月下北山,寥寥犬初吠。"按:据"残月"句,诗当作于二十七日前后,故系于此。

本月,另有诗《咏亭侧海棠》《晓起看梨花》《山楼喜雨歌》《山馆静坐忆孙大星衍》《登山半小阁》《山下访友》《偶成》(鸟声不下树)《连日风雨花事零落殆尽牡丹芍药尚无消息感而有作即示诸生》《度岭》《山楼晓望》《微雨》《山行》等。

三月初二日,观大风拔木,有诗。

《更生斋诗》卷五《大风拔木歌》,诗题下有小字注:"寒食前一
日。"

初三日,寒食,忆里中云溪诸胜。

《更生斋诗》卷五《三月三日忆里中云溪诸胜》其一:"今晨三月
三,禁烟亦此日。风花无一朵,清冷值佳节。携樽上高皋,转觉乡思切。
遥怜池馆好,疏雨亦将歇。北郭展嫩晴,双桥上新月。应有挑菜人,延
回出城阙。"

初四日,清明,得孙星衍书,望远,并忆女纺孙,有诗。

《更生斋诗》卷五《清明日望远》:"湔裙春水年年好,只惜红颜镜
中老。"

同卷《清明日忆女纺孙却寄》。后诗云:"小白长红几树桃,嫩黄浅
碧柳条条。春光偶到三层内,客梦频牵八字桥。婿可学文愁病肺,儿能
涉笔幸垂髫。谓符孙。他时卜宅乌衣巷,时得孙大季仇札,约买宅共住
江宁,故云。门外山光即六朝。"

十一日,偕诸生至下洋川修禊,有诗。

《更生斋诗》卷五《偕诸生至下洋川修禊各赋一首》:"我来已半
月,未及洋水滨。兹逢禁烟节,又值上巳辰。"

按:上巳日,为十一日。

十四日,夜起,有诗。

《更生斋诗》卷五《十四日夜起》。

十五日,至日涉园看牡丹,有诗。

《更生斋诗》卷五《十五日诣日涉园看牡丹》《看花归值急雨》。

十八日,诣延芳书屋看牡丹,归经日涉园,有诗。

《更生斋诗》卷五《十八日诣延芳书屋看牡丹》《归途复过日涉园
花事尚盛》。

二十日,大风雨,四鼓乃睡,有诗。

《更生斋诗》卷五《二十日大风雨屋瓦皆飞至四鼓乃睡》。

二十五日前后,作诗柬赵翼,并约游黄山。

《更生斋诗》卷五《将至旌德赵兵备翼枉诗相饯未暇报也山馆无

事戏作长句柬之并约同游黄山》："逐臣初归恋乡土，日日醉眠肠欲腐。有花即向花前饮，不问谁宾谁复主。少年英英丁与陆，明经履恒，孝廉继辂。跌宕文场气颇粗。就中我敬西头赵，七十高年健如虎。哦诗一字不相让，往往雷霆杂吞吐。牡丹八首尤奇绝，老笔转能生媚妩。……我餐黄独才匝月，君跨青骢去何所。时闻有吴门之行。名山欲入先鼓兴，此老若来当步武。朱砂泉记仍可续，红杏原诗不须补。缓程水定由青弋，回路岭仍登白紵。……君如爽约当有说，意必两端持首鼠。踪疲既畏行客笑，句劣或恐山灵侮。兴公果系天机浅，安石辄为人事阻。纵然曳踵看山色，应悔埋头在江浒。溪南帆席不肯挂，屋北降旗定须竖。归时掷示一巨编，让我长歌擅今古。"

　　按：据"我餐黄独才匝月"句，以诗柬赵翼当在二十五日前后，故系于此。

二十八日，破晓雷雨，因连日风雨，春事将阑，感而有诗。

　　《更生斋诗》卷五《二十八日破晓雷雨》《连日风雨杜鹃红者尽落复有黄色一种花朵较大满山谷喜而有作》《自十五六日雨至此十余日不止春事将阑感而有作》。

二十九日，稍霁，纵步于山后，有诗。

　　《更生斋诗》卷五《二十九日稍霁向山后纵步》："崖穷谷断步欲回，对面樵客穿云来。沿流飞渡捷如鸟，诧说北山花事好。"

所著《左传诂》将成，有诗。

　　《更生斋诗》卷五《频年著左传诂已欲告成偶题一律》："频年几案整精神，训诂方舆勘较真。于世已疑成弃物，此经未愧号功臣。时将古意参前哲，不肯多端误后人。红豆一株今在否，莫教嘉种化为薪。红豆山房，惠征君定宇所居也。此书采征君《九经古义》颇多，故忆及之。"

三十日，饯春，有诗。

　　《更生斋诗》卷五《三十日饯春》："屈指将长至，摊书昼漏长。日浓花气淡，山静水声忙。红隐新迁社，青连古战场。北去即兰石，为晋宣城守桓彝屯兵距苏峻处。残春今已尽，三复举离觞。"

春，序唐处士吕从庆诗，并跋以诗。

　　《更生斋文续集》卷一《唐丰溪处士吕从庆诗序》："今年春，余来主洋川书院，吕氏之从游者数人，括帖之暇，亦皆喜赋诗。暇日，玺、培兄弟辑丰溪处士诗，共得四十五篇，谋复付之梓。余细读其诗，而益敬处士之为人也。……玺、培皆勤学有文，其表彰先世不遗馀力，亦可嘉也。"

　　《更生斋诗》卷四《跋唐丰溪处士吕从庆诗集后》诗前小序："处士本大梁人，以唐广明元年避黄巢之乱至歙，又自歙移旌德之丰溪，遂家焉。……余来主洋川书院，其末孙玺与培皆从余游。近复从零缣断碣中搜罗处士之诗，并前所刊共得四十五首，乞余序之，因并系以诗。"

本月，另有诗《郁李》《半山看雨》《街前花草黄白可爱为赋一绝》《偶成》（校得《南华》内外篇）《夜起》《水北三松歌》《暮窗看雾》《望远》《山杜鹃》《山中》《即事》《雨夜友人过访》《洋河桥题柱》《题仕女游春图》《夜坐》《案头盆蕙盛开》《山楼读书杂诗》等。

四月初，作《山馆即事》抒怀。

　　《更生斋诗》卷五《山馆即事》其一："平心已任唤牛马，壮志偶欲笺虫鱼。"其二："惟嫌村酒淡不酾，卅里呼童走山店。"

初七日，偕同人至郑氏园看芍药，有诗。

　　《更生斋诗》卷五《初七日偕同人至郑氏园亭看芍药归途遇雨作》："闭户才旬日，高原麦已黄。"据诗首两句，行实及诗当是在洋川书院时事，故系于此。

中旬，陈蔚过访，属定所作与序，且约游九华山，有诗。

　　《更生斋诗》卷五《喜青阳陈明经蔚过访》："惊起山南鸟鹊群，笋舆穿径已斜曛。意中欲定千秋业，时以所作乞订定，并乞序。肩上犹飞五色云。种蛤近添新事业，近于江北置水田数顷。射鱼仍忆故将军。君客福建将军署中五年。他时九子峰头路，访罢东岩便访君。东岩即九华东峰，三十年前与君分手处也。时订重游九华。"

　　按：据诗首句，陈蔚过访，当先生在洋川书院未返里时，故系于此。

　　吕《谱》本年条："四月，旋里。"

先生约于四月中旬启程返里，有诗纪行。

《更生斋诗》卷五《丰溪道中望天都峰作》《画眉岭》《泾县道中山行》《琴高溪小憩》。

下旬，赵翼以诗答负约之嘲。

赵翼《瓯北集》卷四十四《稚存往宁国时曾约同游黄山迟余不到归以负约相嘲和韵报之》："孤居足不出乡土，那得一豁尘襟腐。自君前岁塞外归，劲敌相逢互客主。过从不觉步屟频，治具宁嫌盘格粗。有花必酒酒必诗，正是酒龙遇诗虎。意珠不畏骊颔探，思缕直倾蚕腹吐。始知草圣运腕神，端仗剑娘斗眉妩。朋簪乐事焉最，冠盖西园何足数。无端飘风吹萍散，聘币到门君出户。为增山路《攓云篇》，抛却乡园行药圃。临分约我黄山行，览胜归来过端午。老夫已办宿舂粮，败兴忽停发船鼓。遂招诺责暗讥嘲，摩垒致师将覆楚。淋漓大篇五百字，咄嗟立办一炊黍。公然欺我老无力，谓此衰孱勇难贾。凭凌直欲以气吞，三寸笔锋当刀斧。岂知我昔亦壮游，历险探奇不知苦。……是时君才课童律，一穗寒灯瞰饥鼠。如今才名虽盖代，何得便将老成侮。劝驾偶发王猷兴，停车亦岂臧仓阻。倘因负约辄见责，势必尾生死水浒。已拚头地让君出，那把降旗强我竖。君子不欲多上人，有才安得独千古？"

按："淋漓大篇五百字"，指前引《将至旌德赵兵备翼枉诗相饯未暇报也山馆无事戏作长句柬之并约同游黄山》。赵翼此诗次于《午节携家人水阁小酌看夜船灯火之盛》之前，当是四月下旬或月底之作，姑系于此。

二十六日，王文治卒。

五月在里度夏。

六月初十日，应于宗林之招，至蒜山，收于渊为弟子，并题《第一村图》。

《更生斋诗》卷五《第一村图》，诗前小序："于征君宗林就在蒜山之麓，相传即晋时孙子荆所居第一村也。壬戌六月十日，征君招余过洲上信宿，并命幼弟渊问业于余，坐次出此图索题，因作长句以赠。"诗云："京江西头第一村，大水细水吞柴门。柴门开处一峰立，对门即九子山。直上棱棱百千级。"

于宗林（生卒年不详），字子道，清江苏丹徒人。少随父学于五河。

嘉庆六年(1801)举孝廉方正,以亲老不赴,家居侍养。所著有《四箴斋文集》《孙冯翊集发微》等。事具《安徽通志》卷二百六十五等。

于渊(生卒年不详),号静斋,清江苏丹徒人。所著有《第一村诗钞》等。事具《湖海诗传》卷四十五等。

十一日,同人游九子山,有诗。

《更生斋诗》卷五《十一日同人游九子山》。

十二日,应僧巨超邀,游焦山焦公洞、巨公厓诸胜,并与郭堃相交,有诗。

《更生斋诗》卷五《剪江至焦山并游巨公厓》《巨超上人于焦公洞西北复辟一厓境极奇峭十二日邀余及同人避暑其下并乞命名余因以巨公名之复系以诗》。

郭堃《种蕉馆诗集》卷五《焦山方丈晤洪稚存先生赋赠》:"关塞归来气更豪,远公留客置香醪。青山已了遂初志,白发不辞行路劳。时约游黄山。朗朗姓名标黼座,茫茫身世羡鱼舠。君恩已许还乡里,莫采江蓠赋楚骚。"

按:郭氏此诗次于壬戌年,则其与先生相识,当在此时,故系于此。

郭堃(1763—1806),字以简,一字莲生,号厚安、厚庵,清江苏丹徒(今镇江市)人。嘉庆五年(1800)举人,官内阁中书。少工诗,与过往名流多有往还。所著有《种蕉馆诗集》等。事具《湖海诗传》卷四十二、《江苏艺文志·镇江卷》等。

是日,张惠言卒。

十三日,至别峰庵看日出,有诗。

《更生斋诗》卷五《十三日别峰庵看日出》。

如鉴上人招登天中塔,有诗。

《更生斋诗》卷五《诣高旻寺如鉴上人招登天中塔望海》《高旻寺行官敬赋》。

如鉴,行实待考。

与同人纳凉于茱萸湾别墅,有诗。

《更生斋诗》卷五《茱萸湾别墅与诸同人纳凉分赋》,诗题下有小字自注:"即放生池。"诗云:"茱萸湾中无六月,水竹水云凉沁骨。"

十八日前后,归里,侵晓至放生池看荷花,有诗。

> 《更生斋诗》卷五《侵晓诣放生池看荷花因夏仲雨水过多花事寥落池上谢公祠等又半毁于活感而有作回途复至卞家池上小憩》。

卷施阁中盆蕙盛开,有诗。

> 《更生斋诗》卷五《盆蕙盛开》:"一枝亭亭凡九花,根蒂尚带山中沙。君不见,离山更忆居山日,万朵奇花一钩月。洋川书院在山半,此花尤多。"

二十日,诣学宫观诸生释菜,并登尊经阁远望,有词。

> 《更生斋诗馀》卷一《临江仙》,词前小序:"六月二十日,诣学宫观诸生释菜,并登尊经阁远望。"

二十六日,谢启昆卒。

得张惠言病逝耗,以诗哭之。

> 《更生斋诗》卷五《哭张编修惠言》其二:"万里逢严谴,三秋值抱病。避人来请室,鞭马及浑河。己未八月,余在请室中,君无日不入访。濒行,复扶病送至卢沟桥,聚谈竟夕。阅世知心少,思乡别乡梦。屡欲乞假归,未果。十年无泪洒,为尔一滂沱。"

七月初,应赵翼招,与蒋熊昌、蒋骐昌、香远宴集于钱维乔斋中观赏建兰。

> 《瓯北集》卷四十四《竹初斋中建兰盛开招同立庵、莹溪、稚存、香远宴集即事》。

> 按:此诗在《瓯北集》中次于《七夕》诗之前,当作于七月初,所纪事亦当时事,姑系于此。

> 蒋骐昌(1740—1810),字云翔,号莹溪,清江苏武进人。累举不第,以入赀为县令,直发陕西沔县,真授醴泉,调临潼,复摄朝邑,迁汉阴通判。为人好善举,工诗力学,所著有《历代舆地考》《篆隶偏旁考》《闻见卮言》《列岫山房诗钞》等。事具赵怀玉《亦有生斋集·文》卷十三《陕西兴安府通判蒋君家传》等。

> 香远,行实待考。

二十三日,赴洋川书院途中,过访凌廷堪,与赵良澍、戴大昌、戴尔勤游宣城南楼,并为凌题《校礼图》,为凌族曾祖遗札题诗。

《更生斋诗》卷六《七月廿三日道过宣城凌教授廷堪邀赵舍人良澍、戴教授大昌陪游南楼晚日即饮教授学舍率赋一篇奉赠并呈赵戴二君》："我前来宣城，北楼正盛南楼倾。楼头七客作高会，璧月夜半县帘旌。我今来宣城，南楼招客北已扃。江城不雨及匝月，楼上习习凉风生。地高正可瞰中外，冈阜缺处菰蒲平。春归台前望敬亭，山色无复前时青。流光弹指卅年耳，旧友一辈谁峥嵘。紫薇舍人有盛名，谓舍人父侍御青藜，余壬辰年随学使者至此，犹及见之。前游正值歌《鹿鸣》。灵光岿然尚及见，令我再到思前型。西头博士官极冷，大戴小戴俱横经。教谕子孝廉扬辉亦随行。邀来共向此楼坐，意外一一欣合并。……凌阳仙子窦子明，邀客不惜飞千觥。烹鲜斫脍炙煮菱藕，洒扫竹径开荒厅。茶杯初停酒杯续，爱我奇论时纵横。主人先醉客转醒，隔屋仆竖杯难停。君不见，烛花堕穗已四更，门外仆马催长征。炎天虽热夜气清，岚翠重叠浮冠缨。瞢腾醉客路冥冥，照径幸有东南星。南楼北楼此夜一回首，落落更鼓馀三声。"

《更生斋诗》卷五《校礼图为凌同年廷堪赋》："君年三十正据鞍，相与共客河之干。丁未、戊申，曾同客河南抚署。是时我有《左传》癖，未暇从子研《周官》。《礼经》盘盘若干例，君近著《礼例》一书。释例甫完先擢第。木天粉署非所愿，只觅著书将母地。宣城僻在水一方，昔为诗薮今礼堂。惊人不赋谢朓句，解诂间学卢中郎。我行千里与万里，羡子枕书眠不起。昨宵访旧来此州，万卷都堆竹窗里。游谈我已戒不根，况子经术今专门。留宾亦复太狡狯，仓猝为我罗鸡豚。君不见，溪茶可煮笋可食，官满十年阶欲陟。他时博士擢礼官，兀兀看君称其职。"

《更生斋诗》卷四《凌同年廷堪以其族曾祖明侍御□□遗札属题率赋一首》。

凌廷堪《校礼堂诗集》卷十二《洪稚存同年自塞外归，主讲旌德。迂道过宣城见访，留宿斋中。次日，邀同赵肖岩中书、戴斗垣广文、令子尔勤孝廉遍游南楼诸胜。晚归小酌，即席成诗》："故人远自塞外回，皋比讲席旌川开。宛陵迂道特相访，话旧不惜倾千杯。寒斋下榻再信宿，佳婿佳儿并如玉。时稚存携子符孙、婿缪荃同至。夜深刺刺语不休，跂见凤窗椽似烛。南楼诘旦同登临,约客正好天微阴。道旁观者堵墙立,啧啧争看洪翰林。凤池舍人老诗伯,说经不穷屡夺席。广文先生两目昏,斗垣目即疾久未愈。胸中之奇过张籍。更有才子方少年,孝廉裙屐何翩翩。槎枒老干松柏古,忽露一树春花妍。……当年共作梁园客,今日看君须鬓白。会当控卫雪中来,豫为留髡储一石。"

按:题凌廷堪族曾祖遗札,当先生会凌于宣城时,故系于此。

戴大昌(生卒年不详),字斗垣,一作斗源,又字泰之,清安徽婺源(今属江西)人。乾隆五十一年(1786)举人,以大挑官宣城教谕。与凌廷堪、赵绍祖友善。工古文辞。所著《补馀堂文集》二十四卷、《补馀堂诗钞》六卷、《四书答问》二十四卷《附》一卷、《驳四书改错》二十一卷、《琴音标准》四卷《首》一卷等。事具《补馀堂文集·凌次仲先生事略状》、赵绍祖《补馀堂文集序》等。

赵良澍(生卒年不详)。字肃征,号肖岩,清安徽泾县人。乾隆六十年(1795)进士。历官内阁中书、广东乡试副考官等。嘉庆四年乞归,掌教书院。卒,年七十四。所著有《肖岩文钞》四卷、《肖岩诗钞》十二卷、《读诗》四卷、《读礼记》十二卷等。事具《国朝耆献类征》卷一四八、《泾县续志》卷三《儒林》等。

戴尔勤,行实待考。

二十六日,作《琴高溪夜游记》。

《更生斋文乙集》卷二《琴高溪游夜记》:"……独琴高溪则不然。拔地矣,不遽千仞,而旋螺如可及也;赴壑矣,不及十寻,而颒蛤如可拾也。此则幽隐之外宅,动植之奥薮乎? 主人以壬戌七月,再过此溪。……七月二十六日发曙,是为记。"

八月,应陈蔚邀游九华山。

吕《谱》本年条:"八月,青阳陈明经蔚邀游九华,历天台东岩诸胜,复游黄山,浴朱砂泉,重至洋川书院。"

《更生斋文乙集》卷二《自下洋川取道游九华山记》:"壬戌八月,自下洋川将游九华,梯峰砺川,凡百有六十里。……是游也,往反共五日。"

初七日,经九峰、三折、轲、冲榧岭,宿汪王岑。

　　《更生斋文乙集》卷二《自下洋川取道游九华山记》:"甫至山麓,
过岭四:九峰、三折、轲、冲榧岭。……初七日,宿汪王岑。月方上弦,
天若覆笠。……日未昃,已至南阳湾。"

　　《更生斋诗》卷六《度柯冲岭》:"屋前童失声,屋后山起立。尤愁
沙石滑,空处不置级。斜晖初没水,行客势转急。君看崖上树,迅羽亦
不急。飞腾如猿猱,我仆愧难及。……过岭望九华,凌空向予揖。"

初八日,宿于陈氏湛清园。

　　《更生斋文乙集》卷二《自下洋川取道游九华山记》:"是夕初八,
宿陈氏湛清园。主人明经蔚他出,其弟为呼网师,捕此溪鲫。山笋裂
径,秋菱溢池。烹鸣旦之鸡,漉隔宿之酒。子弟聚立,多于凫鸥。房廊
散空,尽逼星斗。飞雨适至,烦襟顿除。修乎北窗,惬此清梦。"

初九日,宿于舍身崖东牖,读壬辰年朱筠题名碑,感而有诗,夜半下岭。

　　《更生斋诗》卷六《夜宿九华山东岩读壬辰年朱学使筠题名碑共
十二人自亮吉外无一存者感而有作》。《更生斋文乙集》卷二《自下洋川
取道游九华山记》:"自屋后上岭,复四十里,乃抵所届。陈氏子弟之隽
者二人偕行,度涧越壑,能言其名。……山僧出迎,忽讶旧识。披藓读
碣,则壬辰石刻在焉。……是夕初九,宿舍身崖之东牖。……是游也,
往反共五日。上距壬辰年偕诸同人,随学使者大兴先生筠过此信宿,已
万一千一百七十余日。……盖前游十二人,墓木已拱者,十有一人。均
未臻徂年,殒以半道。摩挲读碑,呜咽话旧者,仅后死之一人耳。以视
栖涧之鹤,顶仍未丹;蟠庭之松,盖初欲偃。人之不能与植物与动物等
也,一至此哉!"

初十日凌晨,陈蔚已自江北回,与之闲话,为点定所辑《联珠集》,收其子陈
塾、侄陈壤为门人。

　　《更生斋文乙集》卷二《自下洋川取道游九华山记》:"仍臻来路,
复饭故处。始悉呼傔从下岭,时主人已自江北回,余少日同学也。来迎
山舆,笑辟水榭。盘罗川陆,话匝今昔。又命少子塾、犹子壤执经于余,
即偕行之二生也。"《更生斋诗》卷六《湛清园夜宿为陈明经蔚点定所辑

联珠集》。

陈塾(生卒年不详),字熟之,号坳堂,清安徽青阳人。廪贡生,候选训导。所著有《凹堂诗草》《榆塞吹芦集》等。事具《安徽通志》卷一百五十七等。

陈壤(生卒年不详),字绣与,清安徽青阳人。嘉庆十八年(1813)举人。官怀宁训导。著有《次堂诗集》等。事具《安徽通志》卷一百五十七等。

天曙,取道陵阳镇,过沙涧,饭于及门曹汝贤宅。

《更生斋文乙集》卷二《自下洋川取道游九华山记》:"天曙,别取道陵阳镇,以避柯冲之险。过沙涧,复饭于及门曹汝贤宅。乃回。"

曹汝贤,行实待考。

赴洋川书院道中,憩云岭书屋,有诗赠芮炳。

《更生斋诗》卷六《下洪溪憩云岭书屋赠芮茂才炳》。

芮炳,行实待考。

同卷又《自庙首至石柱山久憩》《归途访白山精舍》《松涧》诸诗纪行。

十三日前后,因僧巨超晚至不值,得顾鹤庆所寄《天台踏月图》,题诗并柬顾鹤庆、王豫。

《更生斋诗》卷六《余本约焦山僧巨超同游九华巨超迟至山二日遂不相值巨超濒行丹徒顾文学鹤庆绘天台踏月图见寄因作长句题后以贻巨超即寄文学及王秀才豫》:"犹迟过江僧,未及登天台。天台山高一千丈,却值秋中月将望。山光正好客不来,一谷猿猱致惆怅。"

按:据"月将望"句,以诗题图当在十三日前后,故系于此。

顾鹤庆(1766—1830以后),字子余,号弢庵,清江苏丹徒人。年十七,补博士弟子员,已为知名士。入都,馆裕亲王、庄亲王邸,工画,名噪都下。后纵游江南名山。所著有《弢庵集》十四卷、《天台游记》二卷等。事具《(光绪)丹徒县志》卷三十三《文苑传》等。

十五日,在洋川书院,有《浪淘沙》词。

《更生斋诗馀》卷一《浪淘沙》,词调下有小字自注:"壬戌中秋,夜起望月不见。时在洋川书院。"

倡诸生汪瑛、吕伟标、吕玺、吕培、谭正治及儿子饴孙作《小言赋》,先生作《拟小言赋》。

> 《更生斋文乙集》卷一《拟小言赋》:"壬戌八月既望,有觞主人于西堂者,薄醉,偕诸生暨儿子辈升山椒,穿石廊,憩乎风云之阁。时酒渴思饮,主人适游九华归,携雾露之铭,因谓诸生曰:'有能为宋玉《小言赋》者,沃已巨瓷。'诸生欣然,略一构思,即历级而进。"

> 吕伟标(生卒年不详),字锦元,号果斋,清安徽旌德人。幼天资颖慧,十岁能文。嘉庆十九年(1814)进士,即拟用知县,以年老自请改教官,补江宁府教授。修文庙,兴教化,卒于官。所著有《飞虹阁诗集》等。事具王清林、胡承珙等修纂《旌德续县志》卷七《人物》等。

> 吕培(生卒年不详),字因叔,一字之亭,清安徽旌德人。幼聪慧,为黄钺所器重,作文似李兆洛。嘉庆癸酉举人。师从洪亮吉,尽得其训诂、地理之学。善行楷,工篆隶,六试春官不第。入赀为员外郎。所著有《说文笺》《五代史补》,毁于火。存者《四书典制类考》四十二卷、《爨桐剩稿》八卷(已刻)等。事具王清林、胡承珙等修纂《旌德续县志》卷七《人物》等。

> 谭正治(生卒年不详),字行方,清安徽旌德人。附贡生。幼聪颖好学,从当世名流游,多得指受,诗文并臻古雅,为时所称。屡应北闱不售,抑郁而终。所著有《小尔雅疏证》四卷,另有《洋水研经》《黄海寻秋》等诗集。事具王清林、胡承珙等修纂《旌德续县志》卷七《人物》等。

> 汪瑛,清安徽旌德人。县学生。馀待考。

八月底或九月初,抵棕山,应芮枬邀,憩于碧琅玕山馆。

> 陈炳德、赵良澍纂修《旌德县志》卷九《艺文》"记"类之《棕山碧琅玕山馆记》,题下署"洪亮吉",文云:"余以壬戌九月将重游黄山,取道于此,主人邀余于山馆憩息。"

> 按:此文失载于先生集中。

> 芮枬,行实待考。

九月二日至四日,游黄山,浴于朱砂泉,作《黄山浴朱砂泉记》。

　　《更生斋诗》卷六《余以九月初旬至黄山浴朱砂泉及门青阳陈博士坡文学壤及塾昆仲后十日始至亦不相值博士等宿文殊院及紫云庵各二日始下山并迁道过访出游山诗相质复衰作此篇跋后兼寄巨超》。

　　《更生斋文乙集》卷二《黄山浴朱砂泉记》:"余授经洋川,距黄山七十里而近,欲续旧游者屡矣,频待良友不至。八月杪,余适有抑搔之疾,昕夕不宁,因决意往焉。携两门生一仆,由云岭西南行,蓬颗蔽路,抽霖积途,日入甫届汤口,又曛黑行五里,抵紫云庵。庵据汤泉上百步,住凡三日夕,计七浴于汤泉,而所患若失,人皆异焉。……门生吕培、谭正治二人,各得诗十数篇,而余仅缀赞四首,聊以纪事云。时壬戌九月初四日也。"

初四日,再抵棕山,憩于碧琅玕山馆,作《棕山碧琅玕山馆记》并书于壁。

　　陈炳德、赵良澍纂修《旌德县志》卷九《艺文》"记"类之《棕山碧琅玕山馆记》:"余以壬戌九月将重游黄山,取道于此,主人邀余于山馆憩息。……是月初四日,自黄山回,因书此于壁。"

　　《天真阁集》卷四十七《碧琅玕山馆记》:"往阳湖洪先生为予道碧琅玕山馆之胜,心遥慕之。越十五年而始得游历。读壁间先生所为记,雄辞奥句,润色其事,山川之灵,非得伟人奇士以发其概,则亦埋没而世无知者。"

十五日前后,及门陈坡及陈壤、陈塾兄弟以游山诗相质。

　　《更生斋诗》卷六《余以九月初旬至黄山浴朱砂泉及门青阳陈博士坡文学壤及塾昆仲后十日始至亦不相值博士等宿文殊院及紫云庵各二日始下山并迁道过访出游山诗相质复衰作此篇跋后兼寄巨超》。九月初旬之"十余日"后,自是十五日左右,故系于此。

　　陈坡,行实待考。

二十六日,在洋川书院,得家书,知妻蒋宜人病重,忧甚,有诗。

　　《更生斋诗》卷六《霜降前二日得家书知山妻病甚亟时以事淹滞未得急归书此遣闷》:"山馆传经底事忙,一旬犹未返江乡。青林尽变为红叶,那得愁人鬓不苍。"

按：霜降,九月二十八日。

本月,作《陈姬吴荔娘圹志铭》。

> 《更生斋文乙集》卷一《陈姬吴荔娘圹志铭》:"吾友陈明经蔚,有
> 别室曰吴荔娘,归明经一岁而卒。明经伤之,乞余为志圹,仓猝未果。
> 壬戌九月雨夜,偶检案头,得荔娘所作《兰陵剩稿》,读竟,怃然曰:'是
> 其慧业或可传矣。'因据明经所作传略,为之志曰。"

秋,作《重修明太常少卿凌公祠墓碑记》。

> 《更生斋文甲集》卷三《重修明太常少卿凌公墓碑记》:"吾尝作
> 《续吴地冢墓志》,载黎里镇有明太常少卿凌君信墓。其旁有庵,名宝
> 纶,即凌公祠屋也。……徐待诏达源见而慨然谋于里人,并太常之父明
> 工部虞衡司主事凌显祠墓亦并修葺,工始于嘉庆六年,至七年秋甫竣。
> 将立碑,以永其传,以碑文属亮吉。"

十月初十日左右,返里。

> 吕《谱》本年条:"十月,旋里。"

十九日,蒋宜人病故。

> 吕《谱》本年条。

十一月,因为排遣伤感,前往焦山散心,途中宿于宗林宅。

> 《更生斋诗》卷六《宿京口于征君宗林宅》:"日月双丸竟若梭,此
> 愁难遣酒消磨。"

宿焦山法界楼,梦见蒋宜人。

> 《更生斋诗》卷六《焦山法界楼记梦》:"几番推枕睡难成,索索愁
> 闻故纸声。一语似传阳羡好,微茫或已证来生。梦中见蒋宜人,似言将
> 往宜兴。"

> 《更生斋诗馀》卷一《八声甘州·梦亡妇》:"向空房尽处瓦灯昏,缺
> 月影横陈。算伤离感逝,残冬既尔,何况经春。"

二十日前后,赴吊吴门,舟次作《悼亡八首》,追悼蒋宜人。

> 《更生斋诗》卷六《悼亡八首》,诗前小序:"蒋宜人亡已匝月,心绪
> 恶劣,不能握管。昨赴吊吴门,舟次无事,勉成八律,聊寄哀思云尔。"
> 其八云:"一种伤心谱不成,画眉窗外總怫横。何堪枕冷衾寒夜,重听

儿啼女哭声。只影更谁怜后死,遗言先已订他生。无眠转羡长眠者,数尽疏钟到五更。"

　　按:蒋宜人卒于十月十九日,则此诗之作,当在十一月二十日左右,故系于此。

秀才汪次玉属题《夜意图》,赋《潇湘夜雨》词答之。

　　《更生斋诗馀》卷一《潇湘夜雨》,词调下有小字自注:"汪秀才次玉属题《夜意图》。时余悼亡日近,与君同病,爰率赋此寄意。"词云:"悟彻前因,销磨尘劫,又来楼上孤眠。微黄灯影镜台偏。声惨惨、寺钟初动,光黯黯、帘幕斜褰。无聊境,我方匝月,君已三年。

　　两愁相校,望夫山外,愁更堪怜。只投荒归日,病正缠绵。浑欲诉、金戈铁马,念谁禁、激管哀弦。亡情好。他时同穴,百岁镇相肩。"

　　按:据"无聊境,我方匝月,君已三年"句,故系于此。

　　王次玉,行实待考。

应徐大榕之子请,为之作家传。

　　《更生斋文甲集》卷三《诰授朝议大夫山东济南府知府改补京员徐君家传》:"君居丧尽礼,服阕,未及赴补,今岁春夏忽患痛疾,至冬病益剧,遂以十一月十九日卒于里第,年五十七。……余自成童日,里中之友与余同岁者,至十数人。十年来,相继殂谢,惟余与君在耳。今君又卒,而余复悼亡日近,濡笔述君,不自知其涕之何从也?"

　　按:据"余复悼亡日近"句,徐大榕家传当作于十一月,故系于此。

十二月,应徐达源邀游吴江黎里,前后约十馀日。

　　吕《谱》本月条:"十二月,吴江徐待诏达源邀游黎里,旬馀而返。"

十日,与徐达源、陈焕及唐在简、沈翯三秀才,吕英、冯珍两上舍游故宫傅周元理宅后五亩园,有诗怀之,并伤毕沅。

　　《更生斋诗》卷六《十二月十日同徐达源待诏陈焕理问唐在简潘眉沈翯三秀才吕英冯珍两上舍游故宫傅周元理宅后五亩园率赋》:"我来黎里镇,冬杪意凄肃。……尚书曾一面,归棹昔何速。休神家衖日,久已鬓毛秃。死有五亩园,生为八州督。同时弁山叟,亦复振英躅。俄焉大星殒,倏尔故巢覆。并看饶远略,独此享殊福。"

周元理（？—1784），字秉中，清浙江仁（今杭州）人。乾隆三年（1738）举人，乾隆十一年（1746）以知县拣发直隶，补蠡县知县。后历官清苑知县，霸州知州，宣化、天津、保定知府，清河道、按察使、布政使、直隶总督、左副都御史、兵部左侍郎、工部尚书等。为治举大体，泛爱兼容。乾隆四十九年（1784）卒。事具《清史稿》卷三百二十四等。

徐达源（生卒年不详），字山民，清江苏吴江人。工为诗，早年宗杨万里，晚年出入黄庭坚，以翰林院待诏需次京师。性豪迈，好宾客，交一时士大夫。留心乡邦文献。晚年家落，卜居于南溪草堂。事具鉴福曾、熊其英等纂修《吴江续志》卷二十一《文苑》等。

陈煐，字理问，馀待考。

唐在简，号潘眉，馀待考。

沈翻，行实待考。

吕英，行实待考。

冯珍，行实待考。

有诗赠徐达源。

《更生斋诗》卷六《赠徐达源待诏》。

以诗跋秀才屠揆《鲟灯笔谈》。

《更生斋诗》卷六《跋秀才屠揆鲟灯笔谈》："吴江书生授徒毕，不朽思凭退毫笔。文章李益诗韩翃，鬼董狐兼三绝笔。……君之此书我所喜，有劝有惩非众比。因君发我所欲言，白日当空照窗几。"

屠揆，行实待考。

阻风于海虞镇，有诗柬吴尉光。

《更生斋诗》卷六《阻风二首寄吴祠部尉光》其一："残年心迹闲如此，为访知交屡阻风。料得故人吟案侧，寥寥先有梦魂通。"

同卷《阻风二日随地泊舟率书所见四首》其一："昨宿吴淞营，今宿海虞镇。官塘咫尺不得近，且向波心候风信。"

自吴江归取道宜兴返里。舟次鸥波阁，邂逅同年邢澍，并话旧，有诗。

《更生斋诗》卷六《自吴江归取道宜兴舟次值同年邢大令澍话旧即席赋赠》："前年西子湖，同访孤山鹤。今年鼓归棹，值子鸥波阁。我行万里归两年，君官一县还未迁。即个大吏举尤异，鞍马结束行朝天。官舟初停我亦泊，意外值君殊错愕。"

无锡双河口守冻，有诗。

《更生斋诗》卷六《守冻双河口竟日对锡山喜赋》。

十八日，应吴尉光招，与邵圣艺封君及孙原湘、席世昌、邵□□三孝廉集小湖田馆，有诗。

《更生斋诗》卷六《十二月十八日吴祠部尉光招同郡邵圣艺封君、孙原湘、席世昌、邵□□三孝廉集小湖田馆即席分赋》："小湖田馆值年残，难得诗人六辈闲。映雪半窗聊读画，冲泥双屐罢登山。休官未免仍忧国，荒饮何曾更闭关。尤喜贼氛消咫尺，符离城外戍兵还。昨宿州盐枭戕官滋事，江苏巡抚亦令兵至徐州防守。适闻事已大定，兵可撤还。"

《更生斋诗余》卷一《前调》（即八声甘州），词前有小字自注："常熟访吴祠部竹桥赋赠。"词云："又匆匆扶醉入山城，雪意酿寒更。"

孙原湘（1760—1829），字子潇，号心青，清江苏昭文（今常熟）人。嘉庆十年（1805）进士，改翰林院庶吉士，充武英殿协修官，后因疾归。历主毓文、紫琅、娄东、游文等书院。工诗，善骈、散文，所著有《天真阁集》五十四卷、《外集》六卷。事具《清史稿》卷四百八十五、《清史列传》卷七十二、李兆洛《养一斋文集》卷十二《翰林院庶吉士孙君墓志铭》等。

邵圣艺（生卒年不详），字贡父，一字云巢，又字芳圃，号仲游，一作字仲游，号贡父，清江苏虞山人。邵齐熊子。明经。能诗善画，人品笔墨，为士林所重。卒，年七十二以外。事具《墨林今话》《虞山画志》《常熟书画史汇传》等。

席世昌（生卒年不详），字子侃，清江苏苏州人。乾隆乙卯（1795）举人。工诗古文辞，尤精《说文》。所著有《席氏读说文记》等。事具《（道光）苏州府志》卷一百二等。

过访孙原湘，饮于吴蔚光宅。

孙原湘《天真阁诗集》卷十五《洪稚存编修亮吉由伊犁赦还田里，雪中过访，即同过竹丈素修堂宴饮》："冻云压檐白昼昏，有客来扣袁安

门。客来何方自绝域,面带霜威雪山色。万里生还不恋家,遍访湖山旧
相识。相携同过吴公家,满身抖擞玉雪花。烧灯暖酒备痛饮,朔风门外
吹边筇。酒酣手击铁如意,自诉平生自言事。臣无言职卑且疏,乌能
启沃从青蒲?昌黎将进《佛骨表》,邹阳且上《梁王书》。书陈万言罪万
死,幸遇宽宏圣天子。但令荷戈入西域,免使朝衣向东市。冷山使者洪
忠宣,啮雪自拌十五年。边庭百日马生角,刀环便唱还家乐。生戴头颅
入玉门,雷霆雨露皆皇恩。掀髯说到圣明处,泪落如雨飘清尊。公自感
泣人自笑,喜闻圣朝容直臣。座皆引满为公贺,吾曹幸作同时人。夜深
孤舟送客发,开门看雪还似月。笑指梅花冻不僵,百炼千锤直臣骨。"

二十三日,祭诗。

    《更生斋诗》卷六《小除前一日祭诗作》:"过江名士渺难求,温峤
居然第一流。懒把黄金铸生佛,闲栽碧玉绕新楼。时于屋后筑一小楼,
先期种竹以待。升歌尚有儿能读,斗酒先无妇可谋。谁更殷勤送梨橘,
蒋宜人在日,余夜饮归,必预储梨橘以待。未经沉醉已生愁。"

本月出游吴中期间,另有诗《客中雨夜不寐起坐读吴祭酒锡麒近所寄诗》
《偶成》《山村杂咏》《夜泊》《打冰行》。

本年,作《春秋十论》。

    《更生斋文甲集》卷二《春秋十论》:"壬戌岁,在旌德洋山书院课
徒,因作此以示及门。"

    按:在洋山书院课徒为春秋二季,难以确定季节,故系于此。

嘉庆八年,癸亥(1803),五十八岁

正月元日,于影堂祀先,蒋宜人亦祔祀。

    《更生斋诗》卷六《癸亥元日影堂祀先感赋》,题下小字自注:"时
蒋宜人亦祔祀。"

十三日,约蒋廷曜出东郭看迎春,有诗。

    《更生斋诗》卷六《十三日约蒋二廷曜出东郭看迎春》:"今朝却喜
值花辰,是日梅始放花。晴雪能消隔岁尘。却约白云溪畔客,试灯风里
看迎春。"

十九日,应赵翼招,与刘种之、庄通敏、蒋蘅、曾燠、顾皋、庄骐男、谢丁宴集赵家草堂(后三人未到),并怀孙星衍。是日,曾燠宿于洪家。

《更生斋诗》卷六《新正十九日赵兵备翼招同庄官允通敏、刘官赞种之暨舅氏蒋检讨蘅湛贻堂雅集适同年曾运使燠过访遂并邀入会并词馆也兵备作三诗纪事余依律奉答并寄顾修撰皋、庄吉士骐男、谢吉士干》,诗题下有小字注:"是集本约三君,修撰以道阻,二吉士以属疾。"其二:"一院阴阴覆薜萝,清谈原不沸笙歌。筵前客尚迟三少,修撰及二吉士。座末人犹冠却科。余于词馆为后进,然距壬戌新及第诸君子,已属七科前辈矣。选日早欣传里□,使星偏欲驻岩阿。运使以公事赴吴门,归途阻冻,留宿余舍。扬州金带围休羡,只此梅花瑞气多。"

同卷《是日座上有怀孙兵备星衍复成一律即呈诸前辈并寄兵备》:"白门旅客亦词臣,却望归帆已浃辰。"

《瓯北集》卷四十五《新春招刘檀桥中允、庄迁甫赞善、洪稚存编修、蒋佩荃检讨宴集草堂。适曾宾谷运使枉过,遂并邀入会,皆词馆也。江乡此会,颇不易得。爰作诗以张之,并诸公属和》:"五人词馆共家居,合有春醪折简呼。廿榜辈行吾独老,一堂风雅世应无。占星或拟贤人聚,入画堪追学士图。科目最先杯最后,主人笑比饮屠苏。"

《赏雨茅屋诗集》卷六《正月十九日过常州,赵云崧观察招同刘檀桥中允、庄迁甫赞善、洪稚存、蒋曙斋检讨宴集,皆从词馆出者。云崧前辈先有诗,奉和二首》其二:"且幸浮生半日闲,听谈旧事动心颜。蛮荒烟雨人磨盾,云崧观察。大漠风沙客度关。稚存同年。鬖发萧骚百年内,梦魂安稳五湖闲。诏书新到同称庆,楚蜀全军报凯还。"

顾皋(1763—1832),字缄若,一字歃斋,号晴芬,清江苏金匮(今无锡)人。嘉庆六年(1801)进士,一甲一名,授修撰,充实录馆纂、国史馆协修。历官贵州学政、国子监司业、国史馆总纂、右春坊右庶子、左庶子、直上书房、工部左侍郎、户部右侍郎署兵部左侍郎、经筵讲官署礼部左侍郎等。事具陈用光《太乙舟文集》卷八《光禄大夫经筵讲官户部左侍郎致仕歃斋顾公墓志铭》等。

庄骐男,行实待考。

谢干,行实待考。

二十四日,闻慧超、巨超、莲艇至西郭,欲过访,有诗。

　　《更生斋诗》卷六《二十四日小窗独坐闻慧超巨超莲艇三上人已抵
　　西郭即欲过访喜赋》。

二十五日,同慧超、巨超、莲艇至红梅阁探梅,有诗。

　　《更生斋诗》卷六《二十五日雨中同三上人至红梅阁探梅小憩》。

二十九日,蒋宜人卒百日,有诗悼念。

　　《更生斋诗》卷六《蒋宜人亡已百日感赋》。蒋宜人卒于十月十九
　　日,至正月二十九日,正百日,故系于此。

二月,两淮盐政额勒布聘主扬州梅花书院。

　　吕《谱》本年条:"盐政额勒布公聘主扬州梅花书院,因游京口诸
　　山,遂至平山堂看梅。"

月初,题邢澍《松林读书图》。

　　《更生斋诗》卷六《邢大令澍松林读书图》:"作宦十七年,读书近
　　万卷。仍然勤吏事,讯谳无剩案。……曾闻哲人训,仕学本同贯。作吏
　　即废书,彼哉何足算。"

初至梅花书院,并谒史可法祠,有诗。

　　《更生斋诗》卷六《初至梅花书院》《史阁部祠》。

十七日,至凌江阁,道士徐体微为先生招高士张崟、举人郭堃集于早梅花下,
与张崟订交。及门于渊兄弟闻信亦至,午后,至金山江天寺看夕照,并宿于
寺中之西来阁,有诗。

　　《更生斋诗》卷六《二月十七日早至凌江阁久憩浣梧道士为招张高
　　士铉、郭孝廉堃早梅花下小集于生渊昆仲闻信亦至日昃更放舟至金山
　　驻江天寺看夕照作即寄浣梧道士》《江天寺晚步》《西来阁夜宿》。

　　按:诗题中张铉应作张崟。

　　鲍鼎《张夕庵先生年谱》本年条:"嘉庆八年……与阳湖洪稚存亮
　　吉先生订交。先是,稚存先生自戍所归,钦先生,欲见不得。盖凡达官
　　来谒,先生皆拒而不纳也。稚存故识凌江阁道士徐浣梧体微,乃属浣梧
　　折简邀先生燕集,先弗以告。及先生至,乃为绍介之,一语契合,遂成知

己,写《万里荷戈图》赠之。稚存与先生书札,每呼高士云。"

张崟(1761—1829),字宝崖,号夕庵,又号且翁,晚自号城东蜇叟,清江苏丹徒人。好读书,工书画,不事科举,喜为诗,与堂弟张铉及茅元铬、郭堃、鲍文逵以文字交,称松溪五友。所著有《逃禅阁诗集》八卷、《外集》四卷、《文集》十卷等。事具鲍鼎《张夕庵先生年谱》《丹徒县志》卷三十三《文苑传》等。

徐体微(生卒年不详),字妙庭,号浣梧。在苏州玄妙观多年,晚住银山玉皇阁。工诗画,擅弹琴。事具《丹徒县志》卷三十四等。

茅元铬(1752—1828),字翊衢,号三峰,清江苏丹徒人。乾隆五十三年(1788)举人。工诗擅曲,绝意仕进,好游山水。家有园林,优游终老。尤工联语,名山庙寺及寿丧楹帖,多出其手。所著有《香草堂集》。事具《丹徒县志》卷三十三等。

十八日,登慈寿塔、头陀岩,并鉴赏方丈出示之苏轼玉带,读清高宗弘历御制诗,有诗。

《更生斋诗》卷六《晓登慈寿塔》《头陀岩小憩》《方丈僧出宋苏文忠公玉带见示并恭读纯皇帝御制四诗敬赋三首》。

二十四日,应程赞皇、程赞宁、王豫招,至平山堂探梅,有诗,并柬汪端光、储润书、汪文锦。

《更生斋诗》卷六《二月廿四日程文学赞皇、吉士赞宁、王上舍豫招望往平山堂探梅即席感赋一首即寄汪司马端光广西并近柬储明经润书、汪秀才文锦》:"花朝已过十余日,梅枝才抒三两花。舍舟登岸一展眺,令我三复悲年华。浮云变灭谁能说,转忆邗沟授经日。当时白裕诸少年,眨眼忽惊头尽白。汪生憔悴秀才文锦金生死,高邮金明经兰,在扬州日,皆寓秋雨庵,今久下世。秋雨庵中土花紫。穷边远宦今何在,久不得汪司马端光消息。三岁不贻书一纸。"

程赞皇(生卒年不详),字平泉,号滉公,清江苏仪征人。贡生,好客,有孟尝之目。事具阮亨《淮海英灵续集》"庚集"卷五。

程赞宁(生卒年不详),后改名赞清,字定甫,号静轩,清江苏仪征人。嘉庆壬戌(1802)进士。授编修,典试山东,所取多知名士。补吏科掌印给事中。后官安徽宁池太广道、贵州按察使署布政使等。著有《绿荫轩诗集》等。事具《重修仪征县志》卷三十一等。

作《古意》十首酬范棠见赠。

《更生斋诗》卷六《古意十篇奉酬范文学棠见赠作》其二:"与世而相忘,在我殊不敢。闲居缅前哲,所慕庄与黯。平生撄世事,又苦知识闇。欲献封禅书,将毋近于谄。"

范棠(生卒年不详),字芸卿,清江苏娄县人。早岁以能文名。诚恳无城府。以岁贡选安徽旌德训导。年八十卒。事具《娄县续志》卷十七等。

汪璨自泰州过访,不值,有诗柬之。

《更生斋诗》卷六《汪上舍璨自泰州枉道过访不值却寄一首》。

汪璨(1779?—1807?),清安徽旌德人。随父贾于泰州,遂寄居于此。工诗。事具《北江诗话》卷六等。

二十九日,应洪梧招,与族子洪莹、族孙洪维德小集梅花下,有诗。

《更生斋诗》卷六《二月晦日家太守梧招同族子莹族孙维德小集梅花下用少陵示从孙济韵见设率酬一篇即用来韵》。

洪莹(生卒年不详),字宾华,清安徽歙县人。嘉庆己巳(1809)恩科进士第一人。授修撰。淹贯经史,事具《歙县志》卷七《洪榜传附》等。

洪维德,行实待考。

本月,有诗寄汪为霖。

《小山泉阁诗存》卷五《和稚存太史见寄原韵时主讲梅花书院》。

按:据汪诗诗题下小字注,姑系于此。

在扬州期间,过访方正澍话旧。

方正澍《子云诗集》卷九(癸亥)《洪提学稚存过访话旧因赠》。

按:先生访方正澍约在此期间,姑系于此。

闰二月仍在扬州主梅花书院。

初一日,应曾燠招,至平山堂看梅,归途遇雨,有诗纪游。

《更生斋诗》卷六《闰二月朔日曾同年燠招同人至平山堂探梅归途

值风雨漫赋一首》《秋雨庵》《镇海楼》。

与金学莲醉饮于尺五楼梅花下。

金学莲《三李堂集》卷七《舟至常州访稚存不值,闻前一日往游焦山,作此寄之》"落梅花下啼红雨"句下小字注:"今春闰月,同醉尺五楼梅花下。"

遇僧巨超于江口,时巨超将前往山阴主玉笥山方丈,而先生将辞梅花书院讲席,作赠序,并有诗。

《更生斋诗》卷六《江口喜遇焦山僧巨超赋赠一首》,诗题下有小字注:"时巨超将从焦山移主山阴县玉笥山方丈。"诗云:"欣逢一棹入江湾,与话春波浩渺间。笑我转成僧退院,时余以性疏懒将辞扬州梅花书院。羡君真有术移山。何妨讲席频南北,更拟名区递往还。为语若耶溪畔客,忘机何似白鸥闲。"

《更生斋文甲集》卷三《送巨超僧自焦山移主山阴玉笥山方丈序》:"余自辛酉岁六月始识焦山僧巨超,与之久处,知其心性明澈。……今岁春,巨超以其乡贤士大夫敦请之殷,将自焦山移主山阴玉笥方丈。适余亦自洋川书院移讲席于扬州梅花岭。巨超来谒别,并乞一言以赠行。巨超,浙人也。今归主乡山方丈,与昔人之官乡郡无以异矣。……然余居山中久,疏懒益甚,骤居南北冲要,酬应纷沓,心实苦之,或不久即当谢去。而巨超之归主乡山也,会稽之松柏,鉴湖之鱼鸟,禅定之后,顾而乐之。其所得又岂余所可希其万一哉!其行速,因率书所见,以为之叙。"

初十日前后,已辞去扬州梅花书院讲席,归里。

按:十五日已在里中与同人集会,二十一日抵宣城,月底抵洋川书院,则辞去讲席,当在十日前后。(说详后)。

吕《谱》云:"四月,以扬州讲席酬应较繁,辞之而归,仍赴洋川书院",不确。《更生斋诗》卷六《山居杂咏》其二:"山中春仲月,气已若长夏。生徒增日课,所幸仍有暇。意欲校道书,闲从佛楼借。"此诗所咏为洋川书院之生活。据此诗可知,闰二月底先生已主讲于洋川书院,其辞去扬州梅花讲席,当在本月十日前后。

先生自扬州归里,金学莲有诗赠别。

> 金学莲《三李堂集》卷七《次用稚存看梅花诗韵,即送归常州》:
> "君归何速春归迟,别路但冀相逢时。须臾聚散一反覆,长悲不独苍黄
> 丝。"

十五日,清明,招同人携具小集于橄舟亭,除崔景侃外,余人至月上中天始
归,有诗。

> 《更生斋诗》卷六《清明日招同人各携一壶一碟至橄舟亭小集酒半
> 崔三景侃以事先去余十五人并至月午始归分韵得阙字》。

十七日前后,前往旌德洋川书院,有诗纪行。

> 《更生斋诗》卷六《舟行》《泊杨家港》《过三塔荡》《抵银林坝》《渡
> 小南湖》。

> 按:以二十一日抵宣城,则启行当在十七日前后,故系于此。

二十一日,以舟行抵达宣城,偕凌廷堪、戴扬辉、蒋德培至城南看桃花,遇雨,
有诗。

> 《更生斋诗》卷六《廿一日抵宣城偕凌教授廷堪戴孝廉扬辉暨蒋表
> 弟德培至城南看桃花值雨》。

> 戴扬辉(生卒年不详),字以勤或昀,清安徽婺源人。嘉庆戊辰
> (1808)进士。补授山西大宁知县,政简刑清。后官浦县、永和县,以廉
> 能称。晚年主讲碧阳书院。事具《(民国)重修婺源县志》卷二十四等。

> 蒋德培,行实待考。

为凌廷堪序《魏书音义》,作《后魏书音义叙》。

> 《更生斋文甲集》卷三《后魏书音义叙》:"今年春以事过宣城,值
> 同年生凌君廷堪以名儒教授此地,坐次出近所撰《魏书音义》四卷见
> 示。余受而读之,而以为实获我心也。……余虽衰陋,然《宋书音义》
> 亦粗有类例,他日当附儿子饴孙足成之,或可附君此书以传耳。"

> 按:文虽未交代写作年月,但揆之于行实,当作于是时,姑系于此。

二十六日前后,重至洋川书院,有诗。

> 《更生斋诗》卷六《重至洋川书院》。

> 按:同卷《山居杂咏》其二有"山中春仲月,气已若长夏"句。以闰

二月之月底,气温自然近于夏天。二十一日抵达宣城,计其行程,则当于二十六日前后抵达洋川书院,故系于此。

二十八日,杨伦卒。

本月,秦瀛夜过常州,不及访先生。

> 《小岘山人诗集》卷十六《夜过郡城不及访洪稚存有作》:"昨到扬州访稚存,知君先已返家园。三更戊鼓兰陵镇,未得停桡一叩门。"

本月,另有诗《兰石桓太常墓》。

三月,在旌德洋川书院。

十五日,应洋川毓文书院创建者谭子文请,作《洋川毓文书院碑记》。

> 《更生斋文甲集》卷四《洋川毓文书院碑记》:"洋川毓文书院者,旌德县洋川镇人谭子文所创建也。君以勤苦起家,有贸易在庐州府之双河,距家五六百里,君徒步负行囊,数日辄往返,以为常。五十后,家稍起,即割其资之半,创书院于镇之洋山,费白金二万有奇。……余自戊午岁以弟丧乞假归,及即请于大府,乞为课士师,然未久余复入都,又已罪戍伊犁,不果至也。及自伊犁归之二年,君又遣冢孙来,以前约请。余感君之意,又以地居万山之中,可借以避谗谤、远尘杂也。馆于是者二年,君暇日请曰:'书院之成,不可无记。记又非先生不可。'余诺之。……嘉庆八年,岁在癸亥,三月望日,阳湖洪亮吉记。"

为徐达源妻作墓志铭。

> 《更生斋文甲集》卷三《敕封承德郎翰林院待诏加三级徐君妻吴安人墓志铭》:"余以壬戌十二月道出黎里,始识翰林院待诏徐君达源。……今年三月,余授徒徽、宁两府界之箬岭,地居万山中。忽见有冒雨至者,则徐君仆也。发君书,始知吴安人已于又二月二十三日谢世。濒危,属徐君转乞余志墓之文,徐君诺之,乃暝。余妻蒋宜人,亦以客冬谢世。"

> 按:据"又二月"及"余妻蒋宜人,亦以客冬谢世"句,文当作于癸亥年三月,故系于此。

本月,跋所得毛大瀛札及纪事诗,作文《跋简州知州毛大瀛所致书及纪事诗后》。

《更生斋文甲集》卷四《跋简州知州毛大瀛所致书及纪事诗后》：
"此手书一，纪事诗二，毛君守简州城时所寄也。……癸亥三月暴书，得
君此札，跋竟，复书此，以为服官者戒。"

四月二十八日，次孙女生。

吕《谱》本年条。

五月初，自旌德归里，观里中灯船竞渡，谒访宗泽祠、陈少阳祠、唐顺之读书
处，有诗。

《更生斋诗》卷七《竞渡灯船行》《宗忠简祠》《陈少阳祠》《城渡桥
访唐襄文读书处》。

以诗跋钱维乔所作《自制圹铭》《三幻图说》。

《更生斋诗》卷七《跋钱三维乔自制圹铭及三幻图说》其一："君是
生魂我生輓，银笺聊当白衣冠。"

其二："多少楼台杂松竹，君皆疑幻我疑真。"

二十二日，赵绳男（赵怀玉父）卒。

六月二十日，偕同人载酒至城东陆氏中隐园看荷花，有诗。

《更生斋诗》卷七《六月二十日偕同人载酒至城东陆氏中隐园看荷
花至二鼓始归率赋》："今年水荷花低，前后一月稽花期。花期忽展六
月杪，花朵如盘色逾好。陆家荷干捎城墙，隔城薰风沸满塘。……看花
既足酒亦完，花外尚有千琅玕。深绿影护红团栾，不须更与花朵语。花
外鹊声催客遽，一半酒人穿竹去。"

题陆继辂《洞庭缘》传奇。

《更生斋诗》卷七《陆孝廉继辂洞庭缘乐府》其二："到头一例神仙
梦，乐府新传两柳生。"

应陆镕邀至城看荷花，拟避暑焦山，有诗。

《更生斋诗》卷七《陆公子镕邀至城北看荷花而客坐正与花相背率
赋一首》，题下小字自注："时将游焦山。"诗云："深杯到手休辞醉，明
日征帆向润州。"

陆镕，行实待考。

下旬，避暑焦山定慧寺，旬余返里。

吕《谱》本年条:"六月,至焦山定慧寺避暑,旬余而返。"

金学莲至常州访先生不遇,有诗寄先生。

金学莲《三李堂集》卷七《舟至常州访稚存不值,闻前一日往游焦山,作此寄之》:"落梅花下啼红雨,今春闰月,同醉尺五楼梅花下。衰柳桥边荡白云。百日注疏应一尺,九秋风露已三分。逢人说项真知我,到处游山独有君。亦欲相随渡江去,可怜尘俗正纷纷。"

月夜登北固望金、焦二山,有诗。

《更生斋诗》卷七《月夜登北固更望金焦二山回途与友人憩演武厅小饮作》。

七月初七日,七夕,于京口北固山凌江阁待友人不至,饭于听秋轩,观瓜果筵,有诗,柬之张崟、郭塈、及于渊。

《更生斋诗》卷七《七夕京口凌江阁待友人不至率成四绝即寄张文学崟郭孝廉塈暨及门于生渊》《是日过听秋轩饭并观瓜果筵作》。

夜半携于渊至焦山,有诗。

《更生斋诗》卷七《携于生渊夜半剪江至焦山》。

深感题焦山之诗,无切焦山者,作《焦山》诗。

《更生斋诗》卷七《焦山》:"山头高土垒,山下大江潮。一柱中流兀,千年古像洞。气犹凌北固,名欲并南谯。山本名谯山。且把心香蓺,鱼龙未敢骄。"

《瓯北集》卷四十五《稚存自焦山归谓同人作诗无切定焦山者余戏拟一首却不用焦山一典》。

初八日,应万廷兰之邀,题钱履坦《梅花卷子》。

《更生斋诗》卷七《吾乡钱生履坦在南昌日作梅花卷子寄万刺史廷兰到日正值刺史八十四寿辰因绘为长卷刺史并作诗纪事邀同人共赋》。

按:此诗次于初七与初九日诗之间,当作于初八日,姑系于此。

万廷兰(1719—1807),字芝堂,号梅皋,清江西南昌人。乾隆十七年(1752)进士,改庶吉士。散馆,以知县用,历官献县知县、顺天府通州知州等。事具吴锡麒《有正味斋骈体文》续集卷八《奉直大夫直隶知通州事万公墓志铭》等。

钱履坦(1760—1806),字素园,号像启,钱鲁斯弟,清江苏阳湖(今常州)人。与张惠言等友善。初学举子业,小试不利辄弃去。工诗,擅画山水,尤工画梅,精篆刻与鉴别古董。所著有《清娱书屋删存》三卷等。事具吴德旋《初月楼闻见录》卷七、李兆洛《养一斋文集》卷十六《旧言集诗人小传》之《钱像启》等。

为万承纪题《林下二髯图》。

《更生斋诗》卷七《林下二髯图为万刺史昆仲赋》。

题张学仁《寄槎图》。

《更生斋诗》卷七《张秀才学仁寄槎图》。

张学仁(生卒年不详),字也愚,别字冶虞,号寄槎,清江苏丹徒(今镇江市)人。嘉庆丁卯举人,授安徽宣城训导,卒于官。性纯厚,诗法盛唐。所著有《青苔馆集》八卷以及《杜诗律》,辑有《京江耆旧集》十三卷、《京江七子诗钞》等。事具《丹徒县志》卷三十三《文苑传》等。

初九日,邹文璪载酒相访,因约同人集于松寥阁,有诗。

《更生斋诗》卷七《初九日邹水部文璪载酒相访因约同人松寥阁小集分韵得声字》。

邹文璪,清江苏丹徒人,工部虞衡司员外郎。馀待考。

初十日,夜步于半山至三更,有诗。

《更生斋诗》卷七《初十夜山半步月至三鼓始回》:"花香堂前一杯酒,杯底清光无不有。三更以后月愈明,兴发我欲凌波行。"

十一日夜,于东昇阁看盂兰盆会放灯,有诗。

《更生斋诗》卷七《十一夜东昇阁看盂兰盆会放灯作》。

应万廷兰邀,集于其子万承纪丹徒官廨,有诗。

《更生斋诗》卷七《万刺史廷兰邀集令子承纪丹徒官廨小饮即席赋赠》。

江口候僧慧超不至,有诗柬之。

《更生斋诗》卷七《江口待慧超僧不至却寄一首》:"松寥高阁不同登,一榻慵眠醒未曾?僧性最懒。我忆放生池上路,秋花病鹤与孤僧。"

闻曾燠将报最入都,有诗柬之。

《更生斋诗》卷七《山中避暑闻同年曾都转燠将报最入都却寄一首》。

时金学莲携一姬寓扬州,先生题《秋海棠卷子》赠之。

《更生斋诗》卷六《秋海棠卷子即赠金秀才学莲》:"醉完春酒醉春茶,三十才人鬓欲华。满砌海棠双瘦影,时君已两次悼亡,仅携一姬寓维扬。伤心人看断肠花。"

金学莲《三李堂集》卷七《稚存在京口,以秋海棠卷子并诗见寄,作此奉酬》:"断肠秋色似斑斓,墙角斜阴镇日开。十月燕支和雨泣,莫愁先遍海棠山。京口莲花洞多秋海棠,人称海棠山。"

居焦山期间,有诗纪游。

《更生斋诗》卷七《翠屏洲》《嘉鱼港》《种竹图》《巨公厓》《月波台夜坐》《登别峰庵望海忽值风雨》。

十三日前后,自焦山返里。

《更生斋诗》卷七《年来里中赛神之会事事竞胜较十年前费已百倍矣感而赋此时七月望日俗所传中元节也》。

按:据诗题之意,诗作于十五日,则其自焦山返里,当在十三日前后,故系于此。

十五日,观里中赛神之会,感而有诗。

《更生斋诗》卷七《年来里中赛神之会事事竞胜较十年前费已百倍矣感而赋此时七月望日俗所传中元节也》:"令节寻常事,奢风几岁开。绮罗裁帜纛,金玉裹舆伯。神岂余威及,人争罄产来。徒充里役橐,一日醉三回。"

题范来凤《铁琴诗草》。

《更生斋诗》卷七《题范秀才来凤铁琴诗草》:"一编能窥天地心,白电掣屋霜飞林。"

范来凤,字绍九,清江苏苏州人。诸生,著有《五屿堂诗集》。

得杨伦病故讯,以诗哭之。

《更生斋诗》卷七《哭同年杨大令伦》:"一生心术及诗篇,都复研摩到昔贤。稷契许身聊复尔,君生平作诗,服膺杜氏。所著有《杜诗镜诠》二十卷。羲皇入梦致悠然。填胸卷轴逾三万,古骨程途渺七千。
未敢与君中外叙,予与君皆蒋氏甥,君母则余外家姊也。忘形且自托齐
年。"

偶检故书,得钱澧、花莲布、汤大奎书札,赋诗悼之。

《更生斋诗》卷七《偶检故书得三友人札各赋诗一首》,三诗分别是
《通政司副使钱澧》《太子太保提督花莲布》《凤山县知县赠云骑尉汤大
奎》。

钱澧(1740—1795),字东注,号南园,清云南昆明人。乾隆三十六
年进士,改庶吉士,官检讨,充史馆纂修官、广西副考官。官御史,疏劾
陕西巡抚毕沅,为时所称。后历官通政司参议、太常寺少卿、通政司副
使、湖南学政、户部江南司主事、军机处行走。善诗文,所著有《钱南园
遗集》五卷。事具《清史稿》卷三百二十二、袁文揆《钱南园先生传》、程
含章《钱南园先生墓志铭》等。

本月,另有诗《清泉濯足长卷》《鸣鸠图》《江流断处有停水数十步荷花盛开
偶赋》《地灯行》。

七、八月之交,里人戈裕良为筑西圃将落成,且为戈题诗。

《更生斋诗》卷七《近筑西圃将次落成偶赋八截句》其一:"堆胸奇
气渐销磨,山不嶙峋水不波。只有露台高百尺,偶然平视到羲娥。"

同卷《同里戈裕良世居东郭以种树累石为业近为余营西圃泉石饶
有奇趣眼日出素笺索书因题三绝句赠之》其三:"三百年来两轶群,山
灵都复畏施斤。张南垣与戈东郭,移尽天空片片云。"

又《新构卷施阁成登眺偶赋》。

戈裕良(1764—1830),清江苏武进人。工园林布置,以堆假山、造
园亭著称。所布置园林有仪征之朴园、如皋之文园、江宁之五松园、虎
丘之一榭园等。事具钱咏《履园丛话》卷十二、张惟骧《清代毗陵名人
小传稿》等。

八月十五日,中秋,夜坐有诗。

《更生斋诗》卷七《中秋夜坐》。

十七日前后,自里中启程,前往旌德洋川书院。

已《谱》本年条："八月,仍赴洋川书院。"

　　按:《更生斋诗》卷七有诗《八月二十日抵宁国同年鲁太守铨邀游北楼并留饮桂花树下赋赠二首》。八月二十日抵宁国,则启程,当在十七日前后。

二十日,抵宁国府城,同年鲁铨邀游北楼,有诗。

　　《更生斋诗》卷七《八月二十日抵宁国同年鲁太守铨邀游北楼并留饮桂花树下赋赠二首》其一:"自有兹楼复几年,争传句好问青天。人言李白曾低首,我是洪崖许拍肩。不觉玉盘迟出海,何访金粟早开筵。群仙高会今三度,余与太守同年同门,然把晤甚少,惟己未岁太守谒选入都,会饮二次,及此而三耳。一榻仍容醉后眠。"其二腹联:"秋老茱萸先酿酒,衙荒苜蓿罢堆盘。"下有小字自注:"凌教授欲招饮,以此而止。"

　　鲁铨(生卒年不详),字子山,清江苏丹徒(今镇江市)人。乾隆五十五年(1790)进士。历官河南西华县知县、安徽宁国府、直隶广平府知府、清河道、布政使等。干练有才,多善政。能文善书。事具《(光绪)丹徒县志》卷二十六等。

二十三日,坐于半月台,有诗。

　　《更生斋诗》卷七《半月台久坐》:"正值下弦候,来登半月台。……他时阑楯葺,太守欲修北楼及此台。应许醉千回。"

　　按:下弦,月二十三日。

喜晤施晋,有诗赠之。

　　《更生斋诗》卷七《席上喜晤施上舍晋赋赠》:"十年不遇施居士,金粟花开偶来此。白须居士金粟花,我鬓亦与霜争华。……仙人赤鲤脍作丝,兴发不顾琴高嗤。青松枝头碧月来,移酒欲上玄晖台。眼前百事不措意,肘后花朵惊齐开。山禽回飞水禽集,只觉楼高渺难极。何时百尺为贮梯,时北楼梯拆不得上。送我白云头上立。"

　　施晋(1756—1818),字进之,一字锡蕃,号雪帆,清江苏无锡人。诸生,以游幕资生。性高旷,好游山水,终生未仕,以游幕为生。工诗文,取法于杜,所著有《一枝轩稿》八卷,并参与纂修《嘉庆宁国府志》。

事具侯学愈《续梁溪诗钞》卷二等。

赴洋川道中,有诗纪行。

《更生斋诗》卷七《琴溪客馆作》《晓度箬岭》《夜宿许村》。

二十七日前后,抵歙县,与程振甲话旧,馆于程宅五日,有诗。

《更生斋诗》卷七《与程吏部振甲话旧》:"精庐百里走难停,依旧山排屐齿青。老眼读碑犹似月,古让堆鬓已多星。挥毫尚记参旁午,君久值机廷。凿险今看迈五丁。君尊甫虚谷先生,修箬岭南北道,几及百里,至今行人德之。君又续修府城中道,八门皆遍。却喜过庭诗礼在,半传家法半传经。"

同卷又《程君款我于丹丘精舍前后凡五日醉后率成二律即赠令子待诏洪溥》。

按:二十三日尚在宣城,而自宣城抵歙县,以当时之交通条件,约四日程,故系于此。

程洪溥(生卒年不详),字木庵,号音田,清安徽歙县人,程振甲子。侨居吴中(今江苏)。进士出身。博物好古,通金石学,收藏颇富,对古籍、金石、书画无不搜集。

与汪燡、程洪溥游河西桥,时得方如川书札,约游岩寺。

《更生斋诗》卷七《河西桥太白酒楼歌同汪孝廉燡及程待诏洪溥作》:"公前只有楼,公后复有桥。石桥千步楼百尺,远视城郭何迢迢。白云中间立少时,适有远札驰相思。时得方明经如川札,约游岩寺。同游年少亦清绝,潇洒并若崔宗之。君不见,楼头一派扬之水,直下严滩复难待。故人忆我我忆公,云自归山水归海。"

汪燡(生卒年不详),字子熙,清安徽歙县人。举人。精考据,通时务,言皆有本。工诗、古文辞。官江苏上元、兴化教谕。卒于官。事具《续修兴化县志》卷十一、《续纂江宁府志》卷十一等。

方如川,字鸿锡,清安徽歙县人。候选训导。馀待考。

在歙期间,游乌聊山、太函山、傍溪庵、环峰阁,有诗纪行。

《更生斋诗》卷七《乌聊山》《太函山》《傍溪庵》《环峰阁》。

九月初,别程振甲,赠诗沈成渭、庄隽甲。

《更生斋诗》卷七《留别程史部》："明日两重山外路,梦君先欲梦天都。"

同卷《赠沈教授成渭》："我爱沈夫子,平生见地超。……醉谈先世事,七十恍垂髫。"

同卷又《赠庄司训隽甲》："我爱庄夫子,中年薄宰官。君大挑一等,呈改教职。……俸钱馀数百,先约客晨餐。"

按:以二十七日前后抵程宅,并馆五日,则别程振甲,当在九月初,故系于此。

沈成渭(生卒年不详),字南谷,号午桥,乾隆六十年(1795)进士,官徽州府教授。整躬训士,多有所成。精于易。著有《听泉书屋诗文集》等。事具《(道光)泰州志》卷二十八等。

庄隽甲(1761—1806),字经饶,清江苏阳湖(今常州市)人。乾隆六十年(1795)进士,以大挑知县改授教职,官歙县教谕等。所著有《庄经饶手摩金石文字》等。事具《毗陵庄氏族谱》等。

返洋川书院道中,有诗纪行。

《更生斋诗》卷七《出郭望天都峰》《半道宿吴公堡》。

道中得诗,柬程洪溥,并呈程瑶田。

《更生斋诗》卷七《道中偶得二绝句即寄洪溥并呈瑶田征君》其二:"易田三礼彝斋史,更有鱼门五七言。怪底郎君家学好,春华秋实萃篁敦。征君及文学敦、编修晋芳,皆篁敦支。"

程瑶田(1725—1814),字易田,一字易畤,号让堂,清安徽歙县人。乾隆三十五年(1770)举人。与戴震同师事事江永,精通训诂,于数学、天文、地理、水利、兵器、农器、文字、音韵等诸多领域,有深入研究,为一代通儒。所著有《宗法小记》一卷、《莲音集濠上吟稿》一卷、《读书求解》一卷、《让堂亦政录》一卷、《修辞余钞》一卷、《琴音记》三卷、《仪礼丧服足征记》十卷、《禹贡三江考》三卷、《考工创物小记》八卷、《磬折古义》一卷、《沟洫疆小记》一卷、《九谷考》四卷、《声律小记》一卷、《水地小记》一卷、《解字小记》一卷、《释虫小记》一卷、《论学小记》一卷、《释草小记》一卷、《外篇》一卷等,总称《通艺录》。事具《清史稿》卷四百八十一、《清史列传》卷六十八、夏炘《程瑶田别传》等。

程敏政，号篁敦，明安徽歙县人。曾官礼部右侍郎。

初五日，夜起，见霜降，有诗。

《更生斋诗》卷七《山中夜起》："山空群动息，木叶已先凋。众响从何至，天风与荡摇。砌凉虫语寂，阁暗鼠声嚣。夜半催人发，新霜幕外飘。霜降节在重阳日，时甫月初五。"

初九日，在下洋，有诗。

《更生斋诗》卷七《重阳日霜降》："白衣方送酒，青女正飞霜。聊记重阳节，今年在下洋。"

得唐轶华问讯书，以诗柬之，劝其归里。

《更生斋诗》卷七《唐二轶华罢东流县尉寓居皖口已二十年昨得问讯书作此奉答并劝归里》，诗题下有小字注："唐本名鹏，后以字行。"诗云："昔年曾住屋西头，薄宦离家已卅秋。……邱陇近闻荒翳甚，待君归更理荒楸。"

二十三日，乘月夜行宣城道中，有诗。

《更生斋诗》卷七《乘月行宣城道中》其一："叶叶随风逐去尘，半空残月出残更。"

按：此诗次于《登北楼作》诗之前。而《登北楼作》诗下有小字自注："是日立冬。"立冬，二十四日，姑系于此。

二十四日，登宣城北楼，有诗。

《更生斋诗》卷七《登北楼作》："卅载时牵梦，今辰眺览真。颓然五苍柏，都似六朝人。径有玄晖月，楼无庾亮尘。更应招白也，同醉小阳春。是日立冬。"

先生自宣城取道溧阳、滆湖兼程返里，有诗纪行。

《更生斋诗》卷七《夜泊小南湖》《溧阳道中》《滆湖夜望》《蠡河感旧》。

秋，陈用光误闻先生在金陵钟山书院，投诗不值。

陈用光《太乙舟文集》卷七《寿洪稚存先生序》："癸亥秋，居金陵，与渊如过从至熟也，闻稚存先生居钟山书院，作诗欲投之。比至，而知为传闻之误,乃不果见。"

　　陈用光《太乙舟诗集》卷三《诣钟山书院投洪稚存前辈》:"十年诵公所著书,词章考据才而儒。十年慕公所立行,砥节植躬根至性。山川万里遍行踪,昨来乍听清凉钟。蓬山名刺得修谒,何幸蓉湖未买楫!……讲堂闢处借三宿,公有奇书纵我读。"

　　陈用光(1768—1835),字硕士,又字实思、硕辅,号石士、瘦石,清江西新城(今黎川)人。嘉庆六年(1801)进士,改庶吉士,授编修。历官至礼部侍郎。工文,为姚鼐之后桐城派古文名家。所著有《太乙舟文集》八卷、《诗集》十三卷、《明鉴》二十四卷等。事具《清史稿》卷四百八十五、《清史列传》卷三十四、吴德旋《初月楼文续钞》卷七《诰授资政大夫礼部左侍郎陈公神道碑》等。

本月,另有诗《见落叶有感》《题画》。

九月底至十月初,复赴洋川书院,沿途有诗纪行。

　　《更生斋诗》卷七《乘月行摄山道中至朝阳门作》:"正是四更残月好,骑驴行遍六朝山。"

　　同卷《过徐中山王墓道有感》《送孙大星行仍兵备山左》《采石重谒太白楼》《然犀亭怀古》。

十月五日前后,抵泾县黄田,先生访朱珔,宿培风阁,赋诗赠之,并柬其兄朱理。

　　《更生斋诗》卷七《泾县黄田访朱吉士珔因留宿培风阁即席赋赠并寄哲昆观察理闽中》:"君家门前溪水足,大石宽于百间屋。到来三折山已深,锁径一桥环碧玉。……谈深复忆神仙侣,橐笔乍完仍叱驭。溪山如此不归来,却复看山厦门去。"

　　同卷《列岫轩久憩》:"峰峦三面峻,都抱读书堂。……偶悬徐稚榻,真认郑公乡。"

　　朱珔《小万卷斋诗》卷十二《挽洪北江前辈四首》其三:"培风阁上醉曾眠"句下小字注:"癸亥冬日见访,剧饮培风阁中。"

　　朱珔(1769—1850),字兰坡,清安徽泾县人。嘉庆七年(1802)进士,选翰林院庶吉士。散馆授编修,擢至侍读,直上书房,后官至右春坊右赞善。告养归,植品敦俗,奖诱后进。历主锺山、正谊、紫阳书院等。爱书如命,研精经术,学问笃实。主讲席几三十年,教士以通经学古为先。与姚鼐、阳湖李兆洛并负儒林重望。所著有《说文假借义证》二十八卷、《经文广异》十二卷、《文选集释》二十四卷、《小万卷斋诗文集》七十卷,辑有《国朝古文汇钞》二百七十二卷、《诂经文钞》六十二卷。事具《清史稿》卷四百八十二、《清史列传》卷六十九、李桓《国朝耆献类征初编》卷一百三十二等。

朱理(1761—1819),字燮臣,号静斋,清安徽泾县人。乾隆五十二年(1787)进士,授翰林院编修,曾充山西乡试主考、会试同考官。历官衢州府知府、兴泉永兵备道、浙江按察使司、山东布政使、光禄寺卿、都察院佐副都御史、刑部右侍郎、仓场总督、贵州巡抚等。事具朱珔《小万卷斋文稿》卷二十四《先兄静斋朱公行状》等。

留黄田期间,作《培风阁藏书记》。

朱珔《小万卷斋诗》卷五《万卷斋诗集》卷五《至常州访洪北江前辈即席赋呈二首》"黄卷阁中新作记"句下小字注:"近为培风阁藏书记。"

二十三日,晓起见半山以上皆雪,喜而有诗。

《更生斋诗》卷七《二十二日夜雨晓起见山顶皆白盖天气严寒山半以上均以作雪也喜而有作》:"飞雪不到地,只积高高峰。……围炉倚酒欲作书,飞白先惊入窗孔。"

十一月,自洋川由水程沿江至芜湖,太守张祥云、孝廉陈懿本留游后湖蝟矶诸胜,遂访孙星衍于江宁。

吕《谱》本年条。

初十日,冬至,以太和殿早朝诗课院中诸生,有诗。

《更生斋诗》卷七《以长至日太和殿早朝诗课院中诸生亦敬赋一首》。

十一日,及门诸生饯先生于洋川书院之生云阁,有诗。

《更生斋诗》卷八《长至后一日消寒第一集诸及门饯余洋川书院之生云阁分韵得山楼即事四首》。

十三日前后,抵芜湖,晤太守张祥云,有诗。

　　《更生斋诗》卷八《芜湖喜晤张太守祥云》,诗题下小字自注:"时摄道事。"诗云:"暂移五马驻雄关,意外相逢递往还。同辈渐如秋后叶,异书高比屋头山。人传海上鱼龙横,时洋匪在宝山、嘉定一带滋事。我共江干鸥鹭闲。阔别十年重握手,喜君青鬓不曾班。"

　　张祥云(生卒年不详),字鞠园,清福建晋江人。乾隆五十二年(1787)进士。官刑部郎中,明习法令。后官庐州知府、皖南兵备道。事具《(光绪)续修庐州府志》卷二十七等。

约十四日,应陈懿本招,游芜湖城东沿后湖隄,至三昧庵看黄梅,有诗。

　　《更生斋诗》卷八《消寒第二集陈孝廉懿本招游芜湖城东沿后湖隄至三昧庵看黄梅作》。游芜湖后湖隄当在抵达芜湖后之次日,故系于此。

　　陈懿本,清安徽芜湖人。馀待考。

十五日晚,自东梁山移舟至西梁山,有诗。

　　《更生斋诗》卷七《十五日晚自东梁山移舟至西梁山泊晨起阻雨》。

十六日,候风西梁山竟日,有诗。

　　《更生斋诗》卷八《十五日自东梁山移舟至西梁山泊晨起阻雨》《守风西梁山竟日》。

十七日,仍候风西梁山,有诗。

　　《更生斋诗》卷八《十七日晨起北风尚劲书此遣闷》:"昨宵雨如烟,今晨雨如雾。多谢西梁山,留人三日住。咫尺不见娥眉开,山溜隐隐喧惊雷。明朝未敢望江浦,只愿征帆泊牛渚。"

舟离芜湖,闻彭元瑞之讣,有挽诗。

　　《更生斋诗》卷八《舟过芜湖始闻彭尚书元瑞之讣》。

晚抵采石,游三元洞,夜登太白楼,有诗。

　　《更生斋诗》卷八《是日晚抵采石因独游三元洞》《夜起登太白楼》。

十八日,因将抵江宁访孙星衍,先以诗柬之。

　　《更生斋诗》卷八《十八日早自采石挂帆将抵江宁访孙大星衍先寄

一篇即以志别》。诗题下有小字自注："时将赴山东监司任。"

十九日早,过烈山,有诗。

> 《更生斋诗》卷八《十九日早过烈山作》。

二十一日,应胡稷兄弟邀,同孙星衍冒雨至小仓山房探梅,留饮小眠斋,有诗赠袁枚子袁迟。

> 袁迟,清江苏江宁人,祖籍浙江钱塘袁枚子。监生。馀待考。

> 《更生斋诗》卷八《十一月二十一日消寒第三集胡户部稷昆仲邀同孙兵备星衍冒雨至小仓山房探梅并留饮小眠斋即席赋赠袁公子迟》。

月底,归里。

> 吕《谱》本年条:"十一月,……月杪,旋里,偕同里诸公为消寒雅集,杯酒往还,更迭置宴。"

本月,赵翼有诗戏赠。

> 《瓯北集》卷四十五《喜稚存归戏赠》:"送君去后无吟兴,待得君归便起予。笑比雪中狂郑五,一天诗在灞桥驴。"

十二月,复游上海,偕李观察廷敬及幕中诸客,为消寒会,旬日返里。

> 吕《谱》本年条。

初二日,应李廷敬招,与同人集平远山房观宋四家墨迹,有诗,并题《秦宫人晓妆图》。

> 《更生斋诗》卷八《十二月二日消寒第四集李兵备廷敬招同人集平远山房观宋四家墨迹即席同赋》《题秦宫人晓妆图》。

题李廷敬《泛海图》。

> 《更生斋诗》卷八《李兵备以会勘江浙地界泛海至羊山信宿公事毕绘泛海图属题率成长句以正》。

初四日,应李筠嘉招,同李廷敬、何琪、陆继辂、林镐、储桂荣、储桂华、李学璜、鲍熙、改琦、徐棠及铁舟上人集于吾园,因次日归里,诸人赋诗相饯,有诗。

> 《更生斋诗》卷八《初四日消寒第五集李明经筠嘉招同李兵备廷敬何征君琪陆孝廉继辂林镐储桂荣、桂华李学璜鲍熙改琦徐棠诸文学并铁舟上人吾园小集时余以名日旋里诸公皆即席赋诗相饯醉后率答一篇

即以留别》。

李筠嘉,字修林,号笋香,清江苏上海(今上海市)人。候选光禄寺典簿,藏书甚富。精校勘,多义举。有别业吾园,为名流胜集所。卒,年六十三。事具《(同治)上海县志》卷二十一、《松江府志》卷二十四等。

储桂荣,字向之,清江苏宜兴人。廪膳生,工楷法。事具《皇清书史》卷二等。

储桂华,行实待考。

改琦(1773—1828),字伯蕴,号香伯,又号七芗、玉壶外史等,清江苏华亭(今上海松江)人。工诗词,尤擅画,精于人物、花草,其人物画在嘉、道后为最工。所著有《玉壶山房词选》二卷、《茶梦庵随笔》二卷、《砚北书稿》一卷等。事具《清史稿》卷五百零四、张慧剑《明清文人年表》等。

何琪(生卒年不详),字东甫,号春渚,清浙江钱塘人。布衣,卒,年七十余。好酒,工诗文。所著有《小山居诗稿》四卷。事具符保森《国朝雅正集》、潘衍桐《两浙輶轩续集》等。

林镐(生卒年不详),字远峰,自号双树生,清福建龙岩州人。国子监生。好酒,擅诗文。所著有《双树生诗草》一卷。事具钱钟联主编《清诗纪事》(乾隆朝卷)等。

李学璜(生卒年不详),字安之,号复轩,清江苏上海人。所著有《枕善居诗剩》等。事具《松江府续志》卷三十七等。

鲍熙,行实待考。

徐棠,清江苏上海(今上海市)人。岁贡生,著有《秋檀诗钞》。

初五日,应铁舟上人邀,至南园早饭,并启程归里,陆继辂送之。

《更生斋诗》卷八《铁舟上人邀至南园早饭》《初四日消寒第五集李明经筠嘉招同李兵备廷敬、何征君琪、陆孝廉继辂、林镐、储桂荣、桂华、李学璜、鲍熙、改琦、徐棠诸文学并铁舟上人吾园小集时余以明日旋里诸公皆即席赋诗相饯醉后率答一篇即以留别》。

《崇百药斋文集》卷三《李氏园消寒第三集送洪编修丈旋里》:"何期我与公,复此欢对床。……回飙急雪催公行,客中送归伤别情。"

临行,有词赠僧铁舟。

> 《更生斋诗余》卷一《壶中天·赠僧铁舟》:"浮生如梦,记恩恩、沪渎城边小别。石烂海枯重握手,相对各惊华发。……今日短簿祠前,长洲苑外,客路将铺雪。"

舟过昆山,缅怀徐乾学、王鸿绪,有诗。

> 《更生斋诗》卷八《舟过昆山有感徐司寇乾学、王司农鸿绪旧事率赋二绝句》。

初七日,抵苏州,应瞿应谦邀,游虎丘,憩于生公石,有诗。

> 《更生斋诗》卷八《初七日消寒第六集瞿应谦别驾携酒招游虎丘久憩生公石时宿雾漫山饮毕不见一人怅然而返分赋得石字》:"山僧启山关,惊出双逸翩。宁知携榼者,先已候门隙。僧寮虽未启,已布行客席。楼台丹碧影,裹此寒雾白。三载偶一来,为欢感今昔。兼携亡友句,时适携亡友张问簪诗,为阅定。久憩生公石。同侪撄世事,一饷闲不得。时待诸同人并不至。千人石上苔,寥寥坐双客。"

> 瞿应谦(生卒年不详),字益之,清江苏上海(今上海市)人。曾官浙江处州通判。事具《(同治)上海县志》卷十七等。

初八日破晓,舟过锡山,有诗。

> 《更生斋诗》卷八《腊八日破晓过锡山作》。

十二日,葬妻蒋宜人,并迁弟霭吉墓。

> 吕《谱》本年条:"十二日,葬蒋宜人于前桥先茔昭穴,复迁葬仲弟副使君于穆穴,先生自营生圹,戒子孙毋得更葬,为诗以记之。"

> 《更生斋诗》卷八《先垄侧形家言尚有昭穆二穴因以昭穴葬亡妇而舍弟冢适被水漂遂迁葬于穆穴自此先垄已无隙地他日子姓不得更附葬并作此诗以为戒约暇日复课儿子等添种松百本作篱卫之庶几封殖之义云尔》其二:"十步依我祖,五步依吾亲。料量松柏株,芟此荆与蓁。石几清且修,藉以列俎尊。吾弟接近亦迁,庶免水啮坟。弟冢为水啮墓门,爰迁祔穆穴。全家骨肉多,郁郁满墓门。统计一室中,谁亡谁复存?恒干有自来,吾以迁二人。"

十七日,应杨槐招,与赵翼、庄通敏、刘种之、金棨、方宝昌早饭于石竹山房,并至秦园茶话,有诗。

《更生斋诗》卷八《十七日消寒第七集杨上舍槐招同赵兵备翼、庄官允通敏、刘官赞种之、金太守棨、方明府宝昌早饭石竹山房复至秦园茶话始别分体得五古一首》。

杨槐,行实待考。

方宝昌,大兴籍,四川温江县知县。馀待考。

金棨(1747—?),字戟门,一字丹采,号素中,清安徽休宁人。监生。历官光禄寺典簿、光禄寺署正、泰安、济南知府、护理济东泰武临道。晚年居常州。曾修《泰山志》,所著有《清晖阁集》等。事具《晚晴簃诗汇》卷一百二十二等。

十九日,至句容,应王周南招,与宋保、王理问、王斗南、简可游独鹤山庄,看梅,并展亡友王吉士墓,时拟游茅山,有诗。

吕《谱》本年条:"葬事既毕,因至句容茅山,遍游青元馆、华阳冈、乾元殿,与旧友王司马周南谈宴竟日而返。"

《更生斋诗》卷八《腊月十九日消寒八集王司马周南招宋学博保暨令弟理问、斗南、文学简可陪游独鹤山庄看梅归饮修竹精舍即席赋赠分韵得庄字》。

同卷又《重至句容展亡友王广文吉士殡率赋一篇即呈令兄司马周南理问斗南》:"……淡香吟屋赋诗处,采笔一一埋青苔。朱茂才铺及令侄潞暨骆秀才三奇,均已下世。孙郎远宦鸿河口,我亦荷戈天外走。前时白袷诸少年,相对各惊成老丑。青元馆前访葛仙,更向鸟翅冈头眠。三峰远复有前约,时将游茅山。道士待客排双筵。城难欲别频回首,复挈城西草酒。一杯醉尔应快心,生友竟堪成死友。"

宋保(生卒年不详),字定之,一字小城,清江苏高邮人。入部,以廪贡生肄业成均。师从同里王念孙之门,究心声音训诂,会通经义,不囿于汉学门户。所著有《谐声补逸》十四卷,《尔雅集注》《京笔杂记》《治河纪略》等。事具《续增高邮州志·人物志》等。

王周南(生卒年不详),字诗正,别号修竹,清江苏句容人。由太学生捐同知。好读书,积书三万余卷,四方知名之士多喜与之游。乐善好施。著有《安钝诗稿》等。事具《续纂句容县志》卷十等。

　　王斗南,行实待考。

　　简可,行实待考。

二十一日,沿破冈渎抵绿野村,应裴畅招,与杨凤翔、裴錡、裴鍼集于金粟山房,并约次日游茅山。

　　《更生斋诗》卷八《二十一日自句容沿破冈渎抵绿野村裴主政畅招同杨文学凤翔暨小阮中翰錡、上舍鍼集金粟山房作消寒第九集并约明日同游茅山即席分体得长短句一首》。

　　裴畅,所著有《词苑草编》等。馀待考。

　　杨凤翔,行实待考。

　　裴錡(生卒年不详),字受堂,清江苏句容人。监生。工诗。事具《续纂句容县志》卷二十等。

　　裴鍼,行实待考。

游裴氏园亭,有诗。

　　《更生斋诗》卷八《游裴氏园亭》。

二十二日,与裴鍼相别于破冈渎桃林,并约明年花时复游,有诗赠之。

　　《更生斋诗》卷八《破冈渎夹岸皆栽桃裴明经鍼于此送别更约花时复游因作此赠之》。

游茅山,自黄仙墓至乾元观,夜宿于观,有怀孙星衍。

　　《更生斋诗》卷八《入茅山自黄仙墓至乾元观宿》《宿乾元观有怀孙星衍》。

夜起乘月看梅,并寻山北老君、垂云诸洞,游青元观,有诗。

　　《更生斋诗》卷八《乾元观夜起乘残月看梅》《山北寻老君垂云诸洞》。

　　同卷《青元观》。

过白土镇。

　　《更生斋诗》卷八《过白土镇》:"古县华阳驿,前朝白土乡。剩坡余腊雪,微雨出朝阳。月向嶺头望,人从驴背忙。盘餐思忘事,乙未冬过此,本镇茂才纪开旭以盘餐斗酒见饷。频问读书堂。"

过京口,访女史骆佩香。

　　《更生斋诗馀》卷一《望江南·过京口访骆佩香女史,率成二首》。

　　骆绮兰(1754—?),字佩香,号秋亭,清江苏句容人。龚世治室。博通经典,早寡无子,课螟蛉女以自遣。工画,所著有《听秋轩诗集》等。事具施淑仪《清代闺阁诗人征略》卷六等。

二十四日,小除,招同人于更生斋祭诗,有诗。

　　《更生斋诗》卷八《小除日更生斋招诸同人祭诗》。

月末,赵怀玉以奔丧归,舟败几溺,作诗自嘲,且索亮吉诗纪事。

　　《更生斋诗》卷八《赵司马怀玉自山左奔丧归同官赠以一舟至清江浦渡河胶败舟坼八口几至覆没以救得免司马作厄解自嘲并索余赋一诗纪事》。

赵翼次韵先生诗慰赵怀玉。

　　《瓯北集》卷四十六《味辛衔恤归泊舟袁浦为他舟触破眷属仅得登岸行李已大失稚存作诗相慰余亦次韵》。

归懋仪以亲手所绣荷囊及诗筒寄先生。

　　《更生斋诗续集》卷一《再跋佩珊女史绣余诗草》末句"不绣平原绣更生"句下小字注:"客冬承亲绣荷囊及诗筒见寄。"

　　归懋仪(1762—1832),字佩珊,清江苏常熟人,李学璜之室。工诗词,往来江浙间为闺塾。晚年卜居沪上。所著有《绣余诗草》一卷、《绣余续草》五卷等。事具王韬《瀛壖杂志》、施淑仪《清代闺阁诗人征略》卷六等。

冬,朱琦过访。

　　朱琦《万卷斋诗集》卷五《至常州访洪北江前辈即席赋呈二首》。

本年,应陆继辂请,撰《贞寿堂记》。

　　《更生斋文乙集》卷三《贞寿堂记》:"贞寿堂者,陆孝廉继辂奉母林太孺人娱老之室也。……太孺人顾而乐之。适春秋之序已七十矣,奉觞北堂,开宴东第。亮吉与孝廉,两世交也。"

　　《崇百药斋文集》卷二十《先太孺人年谱》嘉庆九年(1804)条云:"九年甲子,七十岁。去年不孝预撰太孺人七十述,乞言海内士大夫。

至是,以诗古文辞来寿者踵相接。"

> 按:陆继辂为母乞寿文在嘉庆八年(1803),先生作记当在是年,故系于此。

嘉庆九年,甲子(1804),五十九岁

正月元日,有诗。

> 《更生斋诗续集》卷一《甲子元日》。

初五日前后,题管世铭《读雪山房卷子》示管学洛,作《续城东酒徒行》赠陆继辂。

> 《更生斋诗续集》卷一《题亡友管世铭读雪山房卷子即示令子学洛》:"故人有子亦老苍,南边读雪仍作堂。山房读雪南北殊,腹痛忍过君新居。君不见,平生相期汗青史,我愧投荒君遽死。丈夫事业宁止此,努力还期故人子。"

> 同卷《续城东酒徒行赠陆孝廉继辂即题其行卷后》:"孙郎憔悴黄郎夭,可惜城东酒人少。双丁二陆夹里门,城东近复添酒人。谓解元煦、明经履恒及孝廉叔任。……读君诗完笑口开,新月影外休徘徊。一城梅花今始开,与尔且覆三百杯。"

> 按:据"新月"句,诗作于初三日或稍后。《题亡友管世铭读雪山房卷子即示令子学洛》次于此诗之前,故并系于此。

率子饴孙至江阴吊学使平恕,并过访杨名时里第。在江阴期间,于祝百五家食河豚,并登君山望靖江、泰兴,访李秀才,赠诗李攀第,有诗纪行。

> 吕《谱》本年条。

> 平恕(生卒年不详),字宽夫,号余山,清浙江萧山人。乾隆三十七年(1772)进士,选庶吉士,授编修。历官广东学政、詹事府詹事、内阁学士、礼部侍郎、户部左侍郎等。以内阁学士官江苏学政,卒于任。所著有《留春书屋诗集》等。事具李桓《国朝耆献类征初编》卷一百零一、《国史列传》卷七十二等。

> 《更生斋诗续集》卷一《江阴过杨文定公里第》。

> 按:杨名时谥文定,江阴人。

同卷《祝秀才百五家食河豚作》《登君山望靖江泰兴诸山作》《小塔巷访李秀才》《三河口赠李明经攀第》。

祝百五(?—1830),字丙(或作炳)季,清江苏江阴人。贡生。工诗善词,所著有《瘦丰诗钞》《百衲琴谱》等。事具徐世昌《晚晴簃诗汇》卷一百三十三等。

李秀才,清江苏江阴人,生平不可考。

李攀第,行实待考。

月底,应邢澍邀,游浙江长兴龙华寺,沿途有诗纪行。

《更生斋诗续集》卷一《雨中自东汃抵乌溪口》:"卷施高阁中,霖雨已十日。却买一叶舟,远从东汃出。"

同卷《翦湖至夹浦》。

二月初一日,抵长兴,与姚樟游城西地藏殿、爽心亭,以诗赠之,且有怀古之作。

《更生斋诗续集》卷一《长兴赠姚茂才樟》:"二月雨声偏杂雪,一州山影总环湖。爽心亭畔谈心处,是日,陪游城西爽心亭。多半花魂已欲苏。"

同卷《长兴游城西地藏殿并上爽心亭远望》《长兴怀古》。

按:据"二月雨声"句,抵长兴在二月。而初二日过湖州城外,则抵长兴日在初一日。

姚樟(生卒年不详),字玉梁,清浙江归安(今湖州市)人。嘉庆己巳(1809)进士。官湖南永定知县。著有《云腴仙馆诗稿》等。事具《两浙輶轩续录》卷二十六等。

与邢澍话旧。

《更生斋诗续集》卷一《与邢大令澍话旧》:"素心海内应无几,早许烟波递往还。"

初二日,过湖州城外,有诗纪行。

《更生斋诗续集》卷一《二月二日过湖州城外》:"道场山外路,一半社公祠。五夜喧歌吹,三堤飐雨丝。病嫌蕉叶落,寒觉杏花迟。入梦先怅触,犹疑负米时。丙申秋,负米经此,垂三十年矣。"

同卷《荻港舟次》，诗题下有小字注："近构吕仙祠，香火颇甚。"诗末二句云："社公殊寂寞，灯火塞他途。"

同卷又《舟行即事》："社公生日过，香火仍不断。樱桃开一枝，先与社公看。"

按：社日，二月初二日。

经新市，至石门，遇嵇承烈，并偕嵇同至海宁安澜园憩息。

《更生斋诗续集》卷一《新市道中》《将至黎里道出石门喜晤嵇大令承烈赋赠二首》《自石门放舟偕嵇大令承烈至海宁安澜园久憩》。

嵇承烈（1752—1805），字锡光，号霁峰，清江苏无锡人。国子监生。嘉庆二年（1797），谒选得浙江平阳县丞，颇有政绩。以卓异保荐署石门知县，擢黄岩知县，到任八月病卒。事具左辅《念宛斋文补》之《浙江台州府黄岩县知县嵇君墓志铭》等。

出海宁城东登塔院看潮，有诗。

《更生斋诗续集》卷一《出海宁城东登塔院看潮》："曲江涛头天下奇，此邑还居曲江上。晨昏信早一二时，诡谲观真万千状。……潮升潮落能几时，白气一线如中驰。星芒几点险欲落，塔影七级危难支。"

同卷《水仙祠》："欲报早春花事好，灵潮先撼水仙祠。"

回舟长安镇。

《更生斋诗续集》卷一《回舟泊长安镇》："近觉烟波窄，偏欣粟米宽。"

过嘉兴，有怀郑虎文。

《更生斋诗续集》卷一《过嘉兴城外感旧作》："垂老惊心岁月迁，偏舟重过此湖边。……郑公清德居然异，谓郑赞善虎文。一世从无郭外田。"

郑虎文（1714—1784），字诚斋，清浙江秀水（今嘉兴）人。乾隆七年（1742）进士，改庶吉士，授编修，与修国史、会典等。历官湖南、广东学政，官至左春坊左赞善。工诗，所著有《吞松阁集》等。事具（光绪）嘉兴府志》卷五十二等。

经淀山湖，至朱家角访王昶，赠施希闰诗。

《更生斋诗续集》卷一《淀山湖舟中望九峰作》《湖中值雨》《朱家角访王侍郎昶赋赠一首》《赠施布衣希闰》。

《春融堂集》卷二十四《寒夜洪稚存见访》："依然浩气见须眉,慰我三年万里思。……烛跋更阑馀后讬,好为有道勒遗碑。"

施希闰(生卒年不详),字小愚,清浙江归安(今湖州)人。诸生。著有《小愚诗集》等。事具《归安县志》卷二十二等。

抵昆山,访亭林草堂及传是楼故址,并游文笔峰,有诗纪行。

《更生斋诗续集》卷一《昆山访亭林草堂及传是楼故址》《昆山登文笔峰回憩花神庙作》。

将抵上海,有诗柬吴锡麒、且忆念崔景偘。

《更生斋诗续集》卷一《将抵上海先柬吴祭酒锡麒》《客中忆崔三景偘病》《江行即事》。

抵上海,馆于也是园,并游城隍庙,有诗酬李廷敬。

《更生斋诗续集》卷一《留馆也是园》《读李观察廷敬六十自寿诗率呈二首》《上海城隍庙》。

初十日,春分,应李廷敬邀,集于上海南园,听俞生弹琵琶,有诗。

《更生斋诗续集》卷一《春分日李兵备廷敬招同南园雅集听俞生弹琵琶》："东边西边发杏花,推手却手弹琵琶。琵琶声繁杏花放,一朵惊开酒筵上。琶声稍略琵声多,腕底欲养三春和。……收得新声月已飞,杏花枝外仍垂手。"

俞生,生平待考。

十一日,偕同人雨中集吾园,改琦携影兰女史与众相见,有诗赠李筠嘉与僧铁舟。

《更生斋诗续集》卷一《十一日偕同人雨中集吾园改山人琦复携影兰女史见过率呈二绝》,其一:"红阑干外雨潇潇,趁雨还过独木桥。不住鹁鸪花底唤,似言明日百花朝。"

同卷《重抵吾园赠主人》《赠楚僧铁舟》。

影兰,待考。

十二日,花朝,偕同人至闸口访瞿秉虔,并至鸥波池馆,且作《花朝雅集图》。

《更生斋诗续集》卷一《花朝日偕同人至闸口访瞿舍人秉虔》："花当生日开仍敛,客号齐年会转希。笑我短衣西戎日,此君先已遂初衣。舍人庚子副贡。"

同卷《花朝日鸥波池馆即事》："半春何事寻春忙,远挈旧侣来兹方。缁衣绿衫间朱履,更有红袖相扶将。……三更尚欲留清话,恶浪乍平帆可挂。铁舟开士明日来,好补闲人入图画。时方绘《花朝雅集图》。"

按:先生十一日诗"似言明日百花朝",则此诗所言花朝之日当是指十二日,故系于此。

瞿秉虔,号西塘,乾隆四十三年(1778)副榜。

返里途中,夜泊吴淞江,有诗。

《更生斋诗续集》卷一《吴淞江夜泊》。

十五日前后,归里,应赵翼招,与刘种之、钱维乔、赵怀玉集于赵府,观赏山茶花。与赵翼述说王昶近状。

《瓯北集》卷四十六《山茶既开适稚存游松江归遂邀同檀桥、竹初、味辛小饮即事》《稚存说述庵侍郎近状尚无恙喜赋》。

按:先生十二日尚在上海,则返里当在十五日前后,应赵翼招,赏山茶花,亦当是时。

十八日,招同人集于舣舟亭,有诗。

《更生斋诗续集》卷一《十八日招同人至舣舟亭小集》。

十九日,启程前往洋川书院。

《更生斋诗续集》卷一《十八日招同人舣舟亭小集》末联："明日挂帆江口去,草薰波暖惹相思。"按:据此,先生启程赴洋川当在十八日舣舟亭小集后之次日。

途中,有诗纪行。

《更生斋诗续集》卷一《舟行宣城道中》《晚泊水阳镇》。

二十三日,山馆看桃花,有诗。

《更生斋诗续集》卷一《二十三日山馆看桃花》。

二十四日,寒食,舟次青弋江中,有诗。

《更生斋诗续集》卷一《寒食青弋江舟次》:"今午逸兴游难止,看
海初完涉江始。雨馀残月斗幽黄,梦后野花成艳紫。"

二十五日,清明,抵宁国府,登北楼,宿于学署,有诗。

《更生斋诗续集》卷一《清明日宿宁国学署早起》《是日同人登北
楼》。

二十六日,抵琴溪,雨中邂逅鲁铨,有诗。

《更生斋诗续集》卷一《廿六日琴溪雨中值同年鲁太守铨》:"独跨
一驴盘石磴,忽逢五马返江城。使君雨立官途左,待我诗从驴背成。"

月底,抵洋川书院,检得屠绅所寄诗,以诗追挽。

《更生斋诗续集》卷一《检得屠刺史绅所寄诗追挽一首》。

本月,另有诗《偶成》。

三月,于延芳书屋看牡丹,忆念张凤枝,有诗。

《更生斋诗续集》卷一《延芳书屋看牡丹有怀张太守凤枝》:"十分
春向枝头腻,千瓣香从幕外浮。谁识静中开落意,有人肠断绿珠楼。"

下旬,度箬岭,前往歙县洪源,展曾祖之墓,有诗纪行。

吕《谱》本年条:"四月,自洋川书院至歙县洪源,谒先祠,展大同
府君之墓。"不确,说详后。

《更生斋诗续集》卷一《度箬岭》《万福庵避雨》《将抵吴公壁急雨》
《长春山馆夜宿》《吴公壁阻雨二日》。

二十五日,至许村,天霁,有诗。

《更生斋诗续集》卷一《二十五日行至许村稍霁》:"山山春雨霁,
岚翠静如洗。"

按:据"山山春雨霁"句,抵许村乃三月二十五日,非四月二十五
日。许村,属歙县,距先生洪源祖居约二日程。故此,吕《谱》云四月至
歙县洪源,不确。

渡丰口,抵岩镇,方如川馆先生于鸥光精舍,有诗赠之。

《更生斋诗续集》卷一《行抵岩镇方博士如川馆我于鸥光精舍即席
赋赠一首》:"闲中相订已经年,馆我丰溪颍水边。鸥鹭有光飞彻夜,松
杉倒影入层田。"

同卷《丰口从竹簟渡》。

二十七日前后,抵洪源祖居,有诗赠从兄洪嘉鸣,与族子洪仁夜话,谒宗祠,上先冢。

《更生斋诗续集》卷一《抵洪源旧居赠从兄嘉鸣》:"莫笑头衔已尽删,尚欣生入玉门关。……天都采药如同往,兄医道最精。定挈黄芝白术还。"

同卷《与族子仁夜话》:"卅载重逢有鬓丝,离筋入夜酒难辞。……琅玕补种非无意,他日重来拂故枝。"

同卷又《洪源谒宗祠》《雄村上先冢》。

按:二十五日抵许村,先生抵洪源当在二十七前后,故系于此。

洪嘉鸣,清安徽歙县人。馀待考。

洪仁,清安徽歙县人。馀待考。

在歙期间,先生读《山海经》与吴应箕《见山楼集》,睹民生疾苦,有诗悯之,并以诗纪行。

《更生斋诗续集》卷一《卖儿行》:"爷娘饭未足,几处抛骨肉。"

同卷《土豪行》:"君不见,豪不攘粮粮满屋,攘者出门豪入狱。"

同卷又《岑山渡并登小南海久憩》《颖水浊歌》《夜宿古寺读山海经作》《捕蝉行》《读吴次尾见山楼集》《即景》《程园红豆树歌》。

按:吴应箕,字次尾,明安徽贵池人,因举兵抗清死难。

春,访赵绍祖不值。

赵绍祖《琴士诗钞》卷十一《赠洪北江太史》"湖上停车里有春,金陵相遇转相亲"句下有小字注:"甲子春,太史访余于敝里,适余以他出不遇。"

赵绍祖(1752—1833),字绳伯,号琴士,清安徽泾县人。二十岁补诸生,累应乡试不售。弃举子业,致力于经史、碑版、书画之学,造诣精湛。曾滁州训导、广德州训导。先后主池州秀山书院、太平翠螺书院。博学多才,能诗善文。所著有《四书集注管窥》二卷、《新旧唐书互证》二十卷、《通鉴注商》一十八卷、《金石文钞》八卷、《续钞》二卷、《安徽金石略》八卷、《读书偶记》八卷、《兰言集》十二卷、《琴士诗钞》十二卷、《文钞》六卷等,并与修《安徽通志》《泾县志》等。事具《清史稿》卷四百八十六附传、陶澍《陶文毅公全集》卷四十五《赵琴士征君墓志铭》、朱琦《小万卷斋文稿》卷《赵琴士征君传》等。

四月初,自歙县返旌德洋川书院。

初十日前后,离洋川书院启程归里。

> 《更生斋诗续集》卷一《将别洋川书院留示诸及门》:"三度洋川感岁华,问奇差喜得侯芭。……心情几日难为别,且尽门前载酒车。"

> 按:此诗次于十五日诗之前,故系于此。

十五日,夜起,坐山楼看月,有诗。

> 《更生斋诗续集》卷一《四月十五夜起坐山楼看月》。

五月初一或初二日,自琴溪归里。

> 吕《谱》本年条:"五月,旋里。"

> 《更生斋诗续集》卷一《自琴溪归里频日赵兵备翼方大令宝昌联舫约观竞渡率赋一首即和兵备原韵》:"琴高溪前雨模糊,银床坝头啼鹁鸪。客行时复问来艇,竞渡消息传闻殊。蠡河桥畔忽狂笑,龙尾已揭龙身趋。初三国忌初四雨,初五淡日泥金涂。遂令画舫塞河满,慢曳五采帘垂珠。"

> 按:诗中已述及初三日,则归里当在初一或初二日,故系于此。

初五日,与赵翼、方宝昌联舫观竞渡。

> 《更生斋诗续集》卷一《自琴溪归里频日赵兵备翼方大令宝昌联舫约观竞渡率赋一首即和兵备原韵》。

初七日,应方宝昌招,与刘种之、赵翼、庄通敏、蒋熊昌、杨炜、龚稼堂、蒋骐昌、陈宾泛舟看竞渡,赵翼有诗,依韵和之。是日,第五子龥孙生。

> 《瓯北集》卷四十六《午节后二日方慕云明府招同刘檀桥中允庄迂甫赞善洪稚存编修蒋立庵杨星园两太守龚稼堂州牧蒋莹溪别驾陈春山大令泛舟看竞渡即事》:"常州龙船天下无,今年腊雨愁沾濡。天怜措大作豪举,云端忽矗黄金乌。主人发兴大召客,十千高价雇舳舻。长鱼大肉咄嗟办,水晶之盘白玉壶。客来大半双鬓皓年,最少亦已苍髯须。……吾侪此会颇酣纵,不知可否传画图?"

《更生斋诗续集》卷一《自琴溪归里频日赵兵备翼方大令宝昌联舫约观竞渡率赋一首即和兵备原韵》。

吕《谱》本年条:"初七日,第五子齮孙生。"

龚稼堂,行实待考。

洪齮孙(1804—1859),字直方,一字龄甫,号芝舲,先生幼子。幼孤。道光十九年(1839)举人,后五试南宫,得誊录,官广东新宁知县,因病卒于官。所著有《补梁疆域志》《淳则斋文钞》《淳则斋诗》《战国地名备考》等。事具陆黻恩《同年洪君芝舲谏》《清史列传》先生传附以及《江苏艺文志》常州卷等。

十七日,拟至欂舟亭,因雨不果,回集天井坊,有诗赠杨炜。

《更生斋诗续集》卷一《十七日雨同人欲至欂舟亭不果回集天井坊至二鼓始散即席赠杨太守炜》《苦雨》《寓斋望雨》。

二十日前后,偕刘大观会晤赵翼。

《瓯北集》卷四十六《刘松岚观察大观旧尝宰镇安之天保县在余守镇安后二十馀年矣兹过常州偕稚存来晤具言镇安民已为余立生祠虔奉弗替感赋》。

按:赵翼此诗此于《午节后二日方慕云明府招同刘檀桥中允庄迂甫赞善洪稚存编修蒋立庵杨星园两太守龚稼堂州牧蒋莹溪别驾陈春山大令泛舟看竞渡即事》之后与《五月中阴雨连旬低田淹浸今届小暑尚有未插秧者感赋》之间。本年小暑,六月初一日。事当发生于五月初七与六月初一之间,因而姑系于此。

二十九日,拟至能仁寺访赵良澍,迷道不达,回途遇雨,有诗。

《更生斋诗续集》卷一《五月廿九日欲至能仁寺访赵舍人良澍迷道不得达回途已大雨矣却寄一首》。

六月,送书院诸生至江宁乡试,留居报恩寺精舍匝月。

吕《谱》本年条。

初四日,拟访隐仙庵王清真道士,因急雨与同人憩莫愁湖,遇蒋知节,有诗。

《更生斋诗续集》卷一《初四日急雨同人憩莫愁湖值铅山蒋孝廉知节即席赋此》:"雨花冈外风千缕,散作莫愁湖上雨。湖头乍觉收飞电,

咫尺蒋山新月见。……隐仙庵远不可寻,欲唤道士弹鸣琴。是日,欲至
隐仙庵访王道士清真,以雨不果行。鸣琴无声雨声代,急响迸发波上
碎。文禽花鸭队已分,一林昏鸦复逐人。僧雏一半野如鹿,仆从懒散
如羊群。棋收一局诗千句,难得三江酒人聚。三江词客别十年,意外忽
与同酣眠。酒人思归天亦黑,小市烛龙多似织。君不见,出门百步望始
愁,急浪正摆三层楼。"

　　蒋知节(生卒年不详),字冬生,号秋竹,清江西铅山人。蒋士铨次
子。乾隆己亥年(1779)举人。壮年游幕,晚年主讲安徽紫阳、扬州广
陵两书院。著有《冬生诗钞》等。事具《(同治)铅山县志》卷十六等。

　　王清真,行实待考。

七月,与赵绍祖于金陵相逢。

　　赵绍祖《琴士诗钞》卷十一《赠洪北江太史》"湖上停车里有春,金
陵相遇转相亲"句下小字注:"甲子春,太史访余于敝里,适余以他出不
遇。秋间,始得相值于金陵。"

八月,重游上海,李观察邀同先生及吴祭酒锡麒、祝编修堃、赵表弟怀玉诸
人,以中秋夜泛月至吴淞江,饮宴达旦,各有诗纪事。

　　吕《谱》本年条。

十五日,应李廷敬邀,与同人至吴淞江泛月,有诗。

　　《更生斋诗续集》卷一《中秋日李兵备廷敬同吴祭酒锡麒祝编修堃
赵司马怀玉林上舍镐储上舍桂荣改山人琦暨铁舟上人吴淞江泛月至三
鼓始返》。

　　《收庵居士自撰年谱》嘉庆九年甲子条:"至上海,谢李景叔观察廷
敬之吊,时吴祭酒锡麒、郑侍御澂、祝堃、洪亮吉两编修并集,遂留数日。
十五夜吴淞口观月,诸君多有吟咏,余不赋诗,惟晨夕过从而已。"

　　祝堃(生卒年不详),字厚臣,号简田,清顺天(今北京市)大兴人,
原籍浙江海宁。乾隆四十六年(1781)进士。曾官翰林院编修等。事
具《上海县志》卷九等。

十六日,应瞿秉虔邀,与同人集鸥波池馆,留宿有诗。

　　《更生斋诗续集》卷一《十六日瞿舍人秉虔邀同人集鸥波池馆夜久

即留宿斋头率赋一首》。

十七日,与同人集于吾园,听鞠叟与俞生对弹琵琶,有诗。

《更生斋诗续集》卷一《十七日吾园小集听鞠叟及俞生对弹琵琶》。

鞠叟,乐工,生平待考。

十八日,晤郑澂于黄浦江上,有诗。

《更生斋诗续集》卷一《十八日黄浦江上喜晤郑侍御澂率赠一首》:
"看潮偶集浦江东,廿载神交半刺通。……今日圣人求治切,愿公莫更
作冥鸿。"

郑澂(生卒年不详),字秋浦,清直隶丰润人。乾隆辛卯(1771)进
士。由主事累迁掌四川道监察御史。才识宏通,以忤当道落职。嘉庆
初起复,以表谢辞。多义举。事具《(光绪)丰润县志》卷六等。

为田汝荇作《春江花月词》。

《更生斋诗续集》卷一《春江花月词为田汝荇作》。

田汝荇,行实待考。

题云间张嬡女史画册。

《更生斋诗续集》卷一《题云间女史张嬡画册》。

张嬡,行实待考。

十九日,避酒辞苏昌阿招,应林镐邀,与改琦、汤咸及其子汤诩至春风楼痛
饮,有诗。

《更生斋诗续集》卷一《十九日避酒出南园林上舍镐复招同改山人
琦汤布衣咸暨令子诩至春风楼痛饮三鼓乃返》:"酒人逃席思出游,是
日,大令苏昌阿招饮,未赴。半道客复相遮留。醒谈毕竟不能乐,一笑
更上春风楼。……三更不归入四更,笼烛道上无人行。君不见,酒人中
酒亦易醒,卧听弦管喧平明。县署宴客,彻曙甫散。"

苏昌阿(生卒年不详),原名昌龄,字爱堂,满洲正白旗人。廪贡
生。以盐大使升任兴化知县、上海知县,后官上巡道。勤政爱士,多循
政。事具《重修兴化县志》卷六、《上海县志》卷十三等。

汤咸(生卒年不详),字阮仲,号让泉,清江苏如皋人。赋性深醇,
以孝友文章著,为当世名流所赏。一举不第,遂绝意仕进。诗法杜甫,

文学韩愈,书法颜徐。通世务,饶干略,惠泽及人。著有《抱瓮轩集》《燕台小草》等。事具《(嘉庆)如皋县志》卷十七等。

汤诩,行实待考。

在上海期间,为李廷敬题元人白描《揭钵图》。

《更生斋诗续集》卷一《元人白描揭钵图为李同年廷敬赋》。

本月,另有诗《出郭见秋成有望喜赋》。

九月初三日,偕朱文翰昆仲放舟至唐顺之读书台,并访李述来秀才,有诗。

《更生斋诗续集》卷一《九月三日偕朱比部文翰昆仲放舟至唐文襄读书台兼访李秀才述来即席作是日值余初度日》:"五里迢迢此问津,读书台访许东邻。"

李述来(生卒年不详),字绍籽,清江苏武进人,后侨居浙江仁和。诸生,工书画,尤擅画梅。诗学王维,工五言。所著有《莳乡阁诗草》《莳乡诗草》《陈渡草堂集》《读通鉴纲目条记》等。事具张惟骧《清代毗陵名人小传稿》卷五等。

二十三日,雨,应天宁寺僧了月约至净室洗浴,归赴友人持螯看菊之约,有诗。

《更生斋诗续集》卷一《廿三日雨中天宁寺僧了月约至净室浴归赴友人持螯看菊之约》:"雨中约我清池浴,九月温汤泛寒菊。浮波更有艾叶香,道士远寄仙人方。斋心危坐历日午,四面雨声喧若鼓。僧厨不足餍老饕,归漉新酒持霜螯。"

了月(1731—1812),俗姓赵,字净德,晚号虚奇,清江苏阳湖(今常州)人。少有出家志。二十六岁,经历诸多变故后,投润州五峰山出家。乾隆五十一年(1786),主常州天宁寺。为人慈和忍辱、温恭克让。卒,年八十一。事具《赵翼全集》附录四《净德禅师行略》等。

十月,应汪为霖邀,拟游通州狼山,取道扬州,与友人方本、储润书、韦佩金、宋葆淳等日偕出游。

《更生斋诗续集》卷一《何所行乐十六首》诗前小序:"甲子冬孟,将游狼山,道出邗沟,友人方孝廉本、储明经润书、韦进士佩金、宋博士葆淳等,日偕出游,皆三十年前老友也。"

吕《谱》本年条："十月，如皋汪观察为霖邀游北园，遂偕登狼山绝顶，望海，访水绘园故址，回途溯江，复至焦山小憩。"

方本（生卒年不详），字立堂，清江苏江都人，仪征籍。乾隆五十四年（1789）举人。才质通敏，工诗文，精音律，善楷书。卒，年六十八。事具《续纂扬州府志》卷十二、《江都县续志》卷六《人物》等。

抵维扬，寓居董公祠十日，有诗。

《更生斋诗续集》卷一《抵维扬寓董公祠十日》："得归仍拥旧头颅，又向邗沟访钓徒。有愧更生刘子政，无妨重拜董江都。百年能作几回客，三十年前曾寓此，败壁尚有旧题。六日喜看三泛湖。消我不穷仍不达，留题曾罩碧纱无？"

应诸生约，过梅花书院，有诗。

《更生斋诗续集》卷一《自平山堂暮归诸生复约过梅花书院感赋一篇》。

赴通州途中，阻风三日，登高旻寺望海，谒泰州忠武寺，有诗纪行，并赠诗汪文锦与僧镜台。

《更生斋诗续集》卷一《登高旻寺浮图望海先柬韦同年佩金》："绥远城头薜荔丹，两人同捧赦书还。……闲从东海寻西海，心怯瓜沙万仞关。"

同卷《泰州岳家山谒忠武祠》："少保当年此著勋，断垣兀自起风云。……心香一瓣兀多祝，伫望东南净海氛。"

同卷《赠岳家山僧镜台》："少保崇祠外，支公此结茅。……几时忘世事，门外挂蟏蛸。"

同卷又《道中阻风前后三日》《同人诣上方寺看黄叶》《汪上舍文锦才而善病书此以謿之》。

镜台，生平待考。

十八日，抵通州，泊舟南门，同年欧阳炘见访；至丰利场访汪为霖，留饮北园。

《更生斋诗续集》卷一《侵晓泊通州南门喜欧阳炘同年见访》："故人来白下，得句比黄初。两舫烛光合，三桥雁影疏。"

同卷《丰利场访汪兵备为霖即日留饮北园作》："红烛衾朋饮,青杨隔市喧。兴酣归去晚,斜月满平原。"

同卷《廿一日复招饮韵石山房》："三日帆停云水乡,快谈才了便飞筋。"

按:二十一日诗云"三日帆停水云乡",由此日逆推,则抵通州日当在十八日前后,故系于此。

《小山泉阁诗存》卷五《喜稚存过访即赠》："一卷新诗吟塞北,三年旧梦别江干。"

欧阳炘,字棣之,馀待考。

二十日,偕汪为霖、欧阳炘、孙鼎焘登狼山,归途憩于云深处禅院,并访骆宾王墓,有诗。

《更生斋诗续集》卷一《自通州南门车行至狼山道中作》："偶驾人车出古城,飞沙十里走滩声。地因逼海峰逾削,天许看山日乍晴。"

同卷《狼山即事》："此山当东南,一气走江海。桑田今渐涨,海势亦全改。连山首皆仰,独此頫而迫。……兹来风日好,喜值月之亥。"

同卷《登狼山绝顶浮图》《归途憩云深处禅院》《访唐骆义乌墓》。

按:本月有两亥日,一为初八日癸亥,一为二十日乙亥。计其行程,登狼山当在二十日乙亥,故系于此。

《小山泉阁诗存》卷五《甲子孟冬偕稚存太史、欧阳棣之、孙秋潭上舍鼎焘游琅山》。

是日,钱大昕卒。

孙鼎焘,行实待考。

二十一日,汪为霖招饮韵石山房,有诗。

《更生斋诗续集》卷一《廿一日复招饮韵石山房》。

二十六日,偕欧阳炘、顾秀才、孙鼎焘作别汪为霖,离通州。

《更生斋诗续集》卷一《连日汪观察邀作狼山雉皋之游临别赋此志谢》："东来客兴讵阑珊,一日川程静掩关。时值家忌,闭关一日。别舫尚携三胜侣,谓同年欧阳炘、顾秀才、孙鼎焘上舍。故人今赠五名山。通州城南凡五山。"

按：家忌，先生母蒋太宜人忌日十月二十六日。顾秀才，疑即顾鹤庆。

二十八日前后，至如皋，访水绘园故址，有诗。

《更生斋诗续集》卷一《访水绘园故址》："冒氏名园好，亭台劫火收。只应余逝水，犹足悟来游。"

同卷《水绘园旁有别创池馆者率赋二首》。

按：自通州（今南通市）至如皋约二日程，故系于此。

月底，汪为霖有诗寄先生。

《小山泉阁诗存》卷五《寒夜舟中寄稚存》。

十一月初，道出三江营，访汤贻汾不值，与其弟汤贻浚夜话，并以诗柬汤贻汾。

《更生斋诗续集》卷一《通州观海回将诣焦山道出三江营访汤守备贻汾不值与令弟贻浚夜话即柬一首》："观海归来欲住山，半程先此款岩关。……心期十载交三世，拟挂征帆递往还。"

汤贻汾（1778—1853），字若仪，号雨生，晚号粥翁，又号琴隐道人，清江苏武进人。历官守备、副将。太平军攻战江宁，殉难，谥贞愍。工诗，尤以画著。所著有《画眉楼集》《琴隐园诗集》三十二卷等。事具张惟骧《清代毗陵名人小传稿》卷六等。

汤贻浚，清江苏武进人。馀待考。

次日，自三江营抵焦山，有诗纪行。

《更生斋诗续集》卷一《自三江营放舟至焦山》《风水不便夜半始抵焦山》。

居焦山期间，为顾鹤庆题赠慧超之《山水图》及赠觉灯《青山红树图》，并题僧如鉴《秋山宴坐图》遗照，以诗柬巨超。

《更生斋诗续集》卷一《顾文学鹤庆绘山水图寄栖霞僧慧超属题其首时慧超年甫六十又病甚》："两岁不通问讯书，懒残之懒当何如？昨来偶得江皋咏，因懒无何复成病。……思君梦君何可得，展画空堂阅三昔。"

同卷《顾文学写青山红树图赠方丈僧觉灯即题其帧》："君为北苑

僧南能,诗景写就贻诗僧。诗僧莫忽闲中景,领取山前万堆锦。"

同卷《法界楼独坐偶得四截句即寄巨超僧湖州》其二:"巨公厓畔路,曾共巨公游。今日思巨公,黄叶惊打头。"

同卷又《题如鉴僧秋山宴坐图遗照》《久坐山后松寮二小山以水尚涨咫尺不得过》。

觉灯(生卒年不详),字秋屏,清江苏盐城人。主焦山定慧寺。所著有《退思集》。事具《续修盐城县志稿》卷三、法式善《梧门诗话》卷十四等。

于渊闻先生在焦山,载酒相访;先生留之住,并与僧瀛洲斗酒。

《更生斋诗续集》卷一《于生渊闻余在焦山载酒相访留住数日醉中作诗送之归》《自然庵僧瀛洲号能饮酒半忽大醉逸去作此》。

瀛洲,行实待考。

初九日,与及门于渊、僧觉灯坐寺门石阑上玩月,并望海门,有诗。

《更生斋诗续集》卷一《初九夜与于生渊方丈僧觉灯坐寺门石阑上玩月并望海门作》。

将归,先生偶得长句,赠觉灯、超凡,并寄巨超、慧超,兼示真源、若愚。

《更生斋诗续集》卷一《将挂归帆率赋一首》:"归帆何止客心忙,江亦回头认故乡。"

同卷《偶得长句赠觉灯超凡两方丈即寄巨超卞山慧超摄山兼示首座真源知客僧若愚》:"借庵从学诗,秋屏从学篆。尤怜懒残僧,残夜镇相伴。……华严楼阁云烟间,今与真源并居焦山华严楼。正对黄鹤之南山。就中一僧双鬓斑,弃儒学佛甘痴顽。真源本凤阳诸生而学佛。知客轩中淡和尚,诗笔居然亦相康。"

释真源,清安徽凤阳人。诸生,后弃儒学佛。

释若愚,行实待考。

释超凡,行实待考。

启程归里之前,先生于月波台看日出,复上半山看红叶,有诗。

《更生斋诗续集》卷一《侵晓月波台看日出》《将归复上山半看红叶率赋》。

十二日前后,归里,题赵翼《秋山晚景长卷》,赵翼有诗酬答。

  《更生斋诗续集》卷一《题赵兵备翼秋山晚景长卷》其二:"利名心并析秋豪,珠玉丛中坛坫高。十万黄金诗一万,送君归老亦堪豪。"

  《瓯北集》卷四十六《稚存见题贱照有十万黄金之嘲走笔戏答》:"秀才眼孔本不大,堕。十万青钱便塞破。青钱忽变作黄金,惊喜横财赊望过。得毋折钞非实支,大似考赇竟悬坐。若果腰缠如此多,跨鹤应愁半空堕。……今试与君较岁入,我仅锱铢营十一。君挟大名惊世人,广致赂遗来络绎。乞书币涌李邕门,问字酒填扬子宅。居则坐收海贾馈,《萧子云传》。出则满载汴京获。元遗山诗:'大船浑载汴京来'。筑室已规元畅楼,为园更运到公石。君新构精舍,极水木竹石之胜。汉上足谷翁,江南多牛客,总作陆庄供取给。是我有限君无穷,黄金早向君家积。想应怕我为刘叉,先发制人防攘夺。"

  按:先生约于十二日归里,故系于此。

十三日前后,有诗酬赵翼诗柬。

  《更生斋诗续集》卷一《赵兵备枉赠诗有虚名若论时长短纵不千年亦百年二语爱广其意戏简一篇》:"长即寿金石,短或同蟪蛄。若只一百年,何足论有无。先生夙工长短篇,若论律体尤精妍。昔人所云铜头铁额五百汉,究不若先生铜墙铁壁五百间。先生自言七律惬心者五百首。珊瑚出海霞满天,精采下照千馀年。昨来惠我诗一纸,大匠抝谦乃如此。……我即不好名,名或欲我随。世间有盛必有衰,五百年内吾能知,五百年外或者难支持。"

  按:此诗次于初九日与十四日诗之间,则当作于十三日前后,故系于此。

  《瓯北集》卷四十六《戏简稚存》《再简一首》。后诗云:"游戏红尘两散仙,平生诗句已流传。虚名若论时长短,纵不千年也百年。"

得先生酬答,赵有诗再简。

  《瓯北集》卷四十六《稚存答诗嫌百年太少盖其才已独有千古也再简奉酬》:"少陵见同辈,不轻许必传。千秋万岁名,只属李青莲。……与君共诗国,查初白诗:'毗陵自古称诗国'。狎主齐盟坛。已令天下十,趋风快睹先。称君必及我,累如贯珠连。藉君光焰长,挈我声价悬。苍蝇附骥尾,一日路亦千。不朽竟分我,窃有厚幸焉。"

有诗挽钱大昕。

《更生斋诗续集》卷一《钱少詹大昕挽诗》其一:"相逢握手贺生还,余自塞外归,晤先生于吴门。昔昔真如指一弹。犹记缺文商夏五,余《左传诂》成,先生为商榷数事。最怜封札到秋残。先生以冬孟谢世,秋杪尚通音问。淮南冀北生徒盛,王后卢前位置难。五十年来为朴学者:王光禄鸣盛、卢学士文弨、而先生述作尤精审。十载顿亡三老学,冯高不觉涕汍澜。"

十四日,为庄宇逵补五十称觞,有诗赠之。

《更生斋诗续集》卷一《十一月十四日为庄征君宇逵补称五十之觞征君出自寿诗见示率赠一篇》。

赵翼见示题《湖海诗传》诗,有诗酬答。

《更生斋诗续集》卷一《赵兵备见示题湖海诗传六截句奉酬一首》。

《瓯北集》卷四十六《述庵侍郎遣人送示新刻湖海诗传所辑皆生平交旧凡六百余人人各系小传其心力可谓勤矣敬题六绝句》其一:"涉江逾岭采芳荪,多是题襟旧墨痕。辛苦雅轮扶只手,故应一代仰龙门。"

赵翼此诗次于《长至日同人夜集》之前,先生酬答略稍后,故系于此。

下旬,应赵翼招,与吴锡麒、赵怀玉宴集。

《瓯北集》卷四十六《吴谷人祭酒枉过草堂邀稚存、味辛同集》其二:"裙屐联翩总胜流,沉沉泥饮尽更筹。江天望气人应说,今夜文星聚赵楼。已届消寒九九天,灯光月影泛舠船。杀鸡为黍儒家宴,俗煞汾阳软脚筵。"

> 按:据"已届消寒九九天"句,宴聚当在十一月。且此诗前一诗为《长至日同人夜集》。冬至,为二十一日。因此,赵翼招饮,当在二十一日之后,因而姑系于此。

十二月初二日,城东闲步,有诗。

《更生斋诗续集》卷一《十二月二日行城东》:"城东半亩宫,瑟然有春意。层檐障冰雪,草绿尚无际。……我行顾乐之,稍休坐阶砌。却藉壁粉书,嘉平月初二。"

按:嘉平,十二月。

临石竹山房,有诗悼杨槐。

《更生斋诗续集》卷一《石竹山房悼杨上舍槐》:"我为吊客行石台,腹痛忍举堂中杯。君不见,吾家奇石出墙半,未识还能看几回。"

初八日,晨诣天宁寺斋堂,看食粥,有诗。

《更生斋诗续集》卷一《初八日侵晓诣天宁寺斋堂看食粥》。

酬答赵翼枉诗相嘲。

《更生斋诗续集》卷一《前题赵兵备行卷有十万黄金诗一万之句兵备复枉诗相嘲爰戏答一篇》:"此间岁暮偶苦贫,奇想乃欲富以邻。适逢巨轴掷案上,白鬓红颊此老何精神。人思黄金铸越臣,不知臣家金穴原等身。牙签玉轴中,偶尔一欠伸,下视黄铁同黄尘。君家富术可传世,不积俸钱惟积赘。先生居官极廉,归里后以授徒起家。广陵绛帐设五年,秦贾越商皆列传。经生此席本寒乞,从此入门饶利市。……我言十万信不虚,质库况尔盈吴趋。子钱及母钱,叠日飞青蚨,努力可望猗顿兼陶朱。我言如虚我受诬,君亦莫肯欺狂奴。君不见,狂奴逼岁气更粗,买邻十万何不即日输,不然欲向画上此老日日追前逋。"

中旬,至苏州,游天平、支硎诸山。

吕《谱》本年条。

抵吾与庵,有诗赠方丈湛谷。

《更生斋诗续集》卷一《初抵吾与庵赠湛谷方丈》。

湛谷(生卒年不详),一名古风,字澄谷,号寒石,清浙江天台人。得法于理安寺,乾隆四十四年(1779)来苏,苏门丛林为之一振。著有《倚杖吟》等。事具吴锡麒《有正味斋集·骈体文续集》卷八《理安澄谷大师生塔志铭》《苏州府志》卷一百三十四等。

游支硎山,历吾与庵、法螺寺、寒泉亭、暖翠亭,有诗。

《更生斋诗续集》卷一《支硎山杂诗》,共四首,分咏吾与庵、法螺寺、寒泉亭、暖翠亭。

游天平山、灵岩山,展毕沅墓,谒范仲淹祠,有诗纪行。

《更生斋诗续集》卷一《天平山》《白云泉》《无隐禅院》《水木明稿园展毕宫墓》《谒范文正公祠》《花山》《中峰》。

十五日,偕陈鳣、钮树玉及澄(湛)谷方丈重游白云泉,并应澄谷方丈招,同诸人及黄丕烈集于见山阁,有诗。

《更生斋诗续集》卷一《十五日偕陈征君鳣钮布衣树玉暨澄谷方丈重游白云抵暮乃返》:"才游山寺归,忽喜故人至。故人清兴发,仍与诣山寺。……归路月已高,村醪亦须市。"

同卷《是日晚澄谷方丈招同陈征君钮布衣及黄主政丕烈见山阁小集分韵得把字》,诗前有小字自序:"是夕月食,更余始复。"

陈鳣(1753—1817),字仲鱼,号简庄,又号河庄,清浙江海宁人。嘉庆元年(1796),举贤良方正。深于经学,精校雠。所著有《论语古训》十卷、《石经说》六卷、《续唐书》七十卷、《孝经郑注辑解》一卷、《简庄缀文》六卷等。事具《清史稿》卷四百八十四、《清史列传》卷六十九、陈鸿森《清儒陈鳣年谱》等。

十六日,泊舟米堆山,至玄墓、邓尉等处探梅,有诗纪行。

《更生斋诗续集》卷一《十六日早泊舟米堆山至元墓探梅道中作》《偕湛谷至邓尉看梅》《还元阁》《香雪海》《光福镇》《惊鱼涧》。

居吾与庵期间,另有题画与纪游之作。

《更生斋诗续集》卷一《题吾与庵图》《藕花庵》《普贤禅院》《德云精舍》《石像庵》。

二十日或稍后,作《岁暮杂诗》。

《更生斋诗续集》卷一《岁暮杂诗》其一:"我居吾与庵,冬月亦已残。"其十一:"我生秉庭训,不作无用言。虚抱拯世心,经训藉可笺。"其十六:"支硎及邓尉,十日展齿屐。"

按:据末诗,诗当作于二十日或稍后,故系于此。

作别澄谷方丈归里。

《更生斋诗续集》卷一《留别澄谷方丈》:"君为退院僧,我亦罢闲吏。从容云水间,遂尔成默契。……别山梦山山转青,更梦老衲松风扇。"

过锡山，访张凤枝。

　　《更生斋诗续集》卷一《过锡山访张太守凤枝》："万里才归骨，三旬屡断肠。君入关后，始知爱妾雉经、寻长君亦物故。疲踪滞扬越，变调激伊凉。"

二十四日，招吴端彝、赵怀玉、赵学彭、庄颖曾、庄宇逮、段达和、陆继辂及子饴孙于更生斋祭诗，有诗。

　　《更生斋诗续集》卷一《小除日招同吴封君端彝赵司马怀玉暨小阮秀才学彭庄明经颖曾暨小阮征君宇逮段达和陆继辂两孝廉及儿子饴孙更生斋早集仿贾长江例祭诗即席用征君原韵》。

　　赵学彭（1779—1821），字子述，清江苏武进人，赵怀玉侄。久举不第，入赀为河丞，卒于任。事具陆继辂《崇百药斋文续集》卷四《东河候补县丞赵君墓志铭》等。

　　段达和，清江苏武进人。举人。官舒城县教谕。

得杨揆病故耗，以诗哭之。

　　《更生斋诗续集》卷一《哭杨杨布政揆》："八年憔悴历行间，殉国仍怜鬓未斑。……谁料玉关分手处，君成死别我生还。"

本年，应徐书受请，为其父作墓表。

　　《更生斋文续集》卷二《敕授文林郎河南南召县知县候补知州徐君墓志铭》："嘉庆十年月日，河南南召县知县候补知州徐君以疾卒于官。……君卒前一年，曾属余志彭水君墓。"

　　同书卷一《敕受文林郎晋奉奉直大夫四川彭水县知县徐先生墓表》。

嘉庆十年，乙丑（1805），六十岁

正月初一日，有诗。

　　《更生斋诗续集》卷二《乙丑元旦》："衰年默数童年侣，谁复迎门与过从。"

初五日前后，作咏怀诗八首。

　　《更生斋诗续集》卷二《咏怀诗》其八："今人何太浮，古人何太靓。

授以一卷书,今人读难竟。以之膺世事,心志苦不定。我虽惭往折,六籍等性命。愿假一岁间,群书读当罄。"

　　　　按:诗次于初一日诗与初十日诗之间,故系于此。

初十日,抵苏州,探梅邓尉,过访姜晟,有诗。

　　　　《更生斋诗续集》卷二《新正十日探梅邓尉适姜尚书晟展墓费家湖侧因便道过访并率呈一篇》,诗前有小字自注:"尚书,余庚戌读卷师也。"诗云:"腊月欲尽探古梅,南枝北枝仍未开。宁知俯仰只半月,十里香气冲人来。……尚书履声何处寻,远复散步来湖浔。十年怀抱欲倾剖,相与浅坐梅花阴。阴阳迅转同车毂,忧国精神幸如昨。"

王杰卒。

作《偶成》诗。

　　　　《更生斋诗续集》卷二《偶成》。

　　　　按:诗次于十日诗与十五日诗之间,故系于此。

十五日,元宵节,夜雨,有诗。

　　　　《更生斋诗续集》卷二《元宵夜风雨甚骤》。

二十二日夜,行夛桥道中,有诗。

　　　　《更生斋诗续集》卷二《廿二夜夛桥道中》。

自宜兴渡湖抵长兴,邀邢澍至龙华寺访巨超,有诗纪行。

　　　　吕《谱》本年条:"正月,自宜兴渡太湖至长兴,偕诗僧巨超游卞山,遂自湖州至天台,遍游天台、石梁、赤城、琼台诸胜,宿桐柏宫国清寺,数日而返。"

　　　　《更生斋诗续集》卷二《舟行纪事》《早从乌溪口出太湖》《自宜兴渡湖至长兴邀同年邢大令澍放舟至龙华寺访巨超方丈率成一首》。

游卞山,抵钱氏梅花庄,有诗。

　　　　《更生斋诗续集》卷二《钱氏梅花庄》《卞山正中亭》《赠巨超方丈》。

抵杭州,食鱼于五柳居,散步于断桥与孤山之间;拟至绍兴,作《青藤书屋歌》寄陈鸿熙;晤华瑞湟于德生庵,访僧破迷与小颠;将游浙中天台山,净慈方丈际祥画山水长幅赠先生,先生报以长句。

《更生斋诗续集》卷二《五柳居食鱼》其一:"金色鲤鱼烹一尾,上楼闲看北高峰。"

同卷《西湖残夜自断桥行至孤山麓偶成》:"缺月将残夜,行人过断桥。断桥桥下水,呜咽响如箫。"

同卷又《青藤书屋歌先寄陈秀才鸿熙》:"波生波灭无已时,百劫我复尤天池。池中鸥鹭池边客,池上青藤高百尺。青藤居士天池生,诗人名号亦屡更。……我今游迹无定乡,元方交后交季方。**君介兄景初与余相识**。感君兄弟苦留客,感君兄弟苦留客,白日为我倾千觞。天池旁边覆觞起,欲往天台白云里。"

又《德生庵喜晤华大令》:"眼倦观时局,心空阅岁华。"

又《璺庵访破迷僧不值》《万峰寺访小颠僧留赠一首》《将往天台净慈方丈际祥画山水长幅见赠率成长句报之》。

华瑞湟(生卒年不详),字秋槎,清江苏无锡人。监生,曾官临海知县、台州知府。罢官后,侨居西湖。工诗,所著有《离垢集》等。事具吴德旋《初月楼闻见录》卷九等。

陈鸿熙(生卒年不详),字丙南,号十峰,清浙江会稽(今绍兴)人。随父昌客居吴中,与当世名流多有过往,学益进。嘉庆元年举孝廉方正。所著有《藤阿吟稿》四卷等。事具《道光会稽县志稿》卷十九等。

小颠(1742—?),俗姓吕,名禅一,字心舟,又字法喜,清浙江桐乡人。年十二,受禅。性嗜酒,工偈。性洒脱,不拘小节。工诗,擅草书,人比之宋参寥子。著有《法喜集》。事具《(光绪)嘉兴府志》卷六十二、《(光绪)桐乡县志》卷十五等。

居杭期间,另有诗《昇平四章》。

三十日,渡钱塘江抵西兴,有诗。

《更生斋诗续集》卷二《渡钱唐江抵西兴》:"卅年三问西兴渡,太息吾形已非故。……风光绝似清明节,正月可怜才晦日。十里疏杨袅烟绿,濛濛已有莺声出。钱清江水何回萦,我心却比江水清。"

按:据"正月可怜才晦日"句,先生渡钱塘江当在三十日,故系于此。

二月初一日,抵绍兴,偕陈景初、陈鸿逵、陈鸿磐游省园、徐园、平园,午后,泛
舟鉴湖,至快阁,访谢肇洙,有诗。

> 《更生斋诗续集》卷二《抵绍兴日偕陈景初运判鸿逵鸿磐两茂才历
> 游省园徐园平园率赋一首》:"颊尾樱桃翠羽禽,危亭都见百花心。谁
> 怜越国春光暖,转惜衰翁鬓雪侵。尘世劫完容小住,故人身后甫幽寻。
> 惟省园主人不识,平园则少宰恕家圃,徐园,又编修立纲所构,皆同馆
> 也。并曾约游,未果。今始到此,两先生已归道山矣。曲屏风外香炉
> 阜,阅尽劳踪自古今。"

> 同卷《日昃复泛鉴湖至快阁访谢太守肇洙留赠》:"名园历尽已斜
> 阳,乘兴还登绿野堂。……四百里湖存数顷,欲从何处悟沧桑?"

> 陈景初(生卒年不详),字二梅,清浙江山阴(今绍兴市)人。才高
> 学富,负文武才,由监生捐知县。历官南部县、郫县等,以能称。事具
> 《(道光)南部县志》卷十一、《(同治)郫县志》卷四十四等。

> 谢肇洙(生卒年不详),号定庵,清浙江会稽(今绍兴)人,顺天通州
> 籍。乾隆三十六年(1771)进士。历官工部主事、嘉定州知州、川南永
> 宁道等。所著有《入蜀偶存》等。事具《(民国)乐山县志》卷八、《(同
> 治)嘉定州志》卷四十八等。

> 陈鸿逵(1780—1863),字用仪,号九岩,晚清浙江山阴(今绍兴市)
> 人。嘉庆十三年(1808)恩科举人。官广东大洲场盐大使。所撰有《囊
> 翠楼诗稿》。事具平步青《陈九岩先生家传》等。

> 陈鸿磐,所著有《陈士岩稿》等。馀待考。

本月另有诗《偶成》《剡溪舟中》。

初二日,舟次曹娥江,有诗。

> 《更生斋诗续集》卷二《二月二日曹娥江舟次》:"半程风日好,开
> 牖卷书眠。"

初三日,破晓抵嵊县,将至新昌,以诗柬应澧。

> 《更生斋诗续集》卷二《将至嵊县作》:"破晓南风急,城门到已
> 迟。"

> 同卷《欲抵新昌先柬应学博澧一首》:"老尚欲携双蜡屐,约公南访

赤城标。"

　　同卷又《自嵊县乘山舆行甚驶偶赋》《山阴道上》《斑竹岭》诸诗纪行。

初四日,抵天台,宿清凉寺,方丈际云赠以万年藤杖,先生有诗赠之。

　　《更生斋诗续集》卷二《初四日入天台宿清凉寺》:"藏经楼上望,云日炫心目。薄暝客渐稀,钟声荡空绿。"

　　同卷《清凉寺方丈际云以万年藤杖见赠书此报谢》:"人言天台藤万年,挂者即可成飞仙。上人举赠有深意,齿发怜我当衰年。我气可食牛,我行及飞鸟。幽寻更假藤一枝,几欲携之出天表。……上人赠我何以报,倚杖作歌成古调。君不见,千言挂壁殊兀臬,一字真堪一星照,山鬼潜逃谷龙啸。"

　　际云,行实待考。

初五日,偕借月历腾空岭、万年岭,游石梁,夜宿方广寺,有诗纪行。

　　《更生斋诗续集》卷二《送借月僧回清凉寺》,诗题下有小字自注:"本约同至华顶,以雨不果。"诗云:"自笑己糖辽左鹤,杖今先化葛陂龙。方丈所贻杖,半道忽遗却。临别,师复以所持赠我。"

　　同卷《过腾空岭》《过万年岭》《天台石梁歌》《续天台石梁歌》《方广寺夜宿》。

　　按:据《送借月僧回清凉寺》诗,先生游山,僧借月陪之。

初六日,雨,以诗赠僧如鹏,送僧借月回清凉寺,过寒风岭,抵桐柏宫止宿,作《琼台歌》赠邓和信;夜起看雪,有诗。

　　《更生斋诗续集》卷二《茅蓬赠诗僧如鹏》:"天台千百僧,一僧号能诗。独向华顶居,随缘结茅茨。……三更不眠待海日,放笔即已吟连篇。我交一世少素识,世外遇君何可得。"

　　同卷《送借月僧回清凉寺》:"朱颜绀发碧双瞳,贻我天台绿玉筇。……珍重一枝临赠别,与师何地复相逢?"

　　同卷又《琼台歌赠道士邓和信》:"如何琼台中,乃复支草庵。道士自说来云南,一炉升三霄,一烛照舁幽,道士或是非常流。虽然道流见我辄消阻,我见道流时欲侮。他时骑虎出世间,切莫对我夸真仙。"

又《出方广寺雨》《过寒风岭遇风》《初六日抵桐柏宫止宿夜起看雪》诸诗纪行。

如鹏，行实待考。

邓和信，道士，清云南人。馀待考。

初七日，至赤城山，抵国清寺，有诗纪行，并题应澧《秋山独往图》。

《更生斋诗续集》卷二《雪霁自桐柏宫至赤城道中作》《上赤城山憩上下二寺》《问路》《初七日抵国清寺》《应学博秋山独往图》。

初八日，阻雨国清寺，方丈全信以诗见质。

《更生斋诗续集》卷二《雨阻国清寺方丈全信以诗见质率题一首》："寂寞无尘事，空山愈觉空。……卧吟诗句好，窗竹响玲珑。"

僧全信，行实待考。

初九日，雨止，发国清寺，登华顶望海，暮抵天姥山。

《更生斋诗续集》卷二《初九日雨止发国清寺》："空山残雨歇，霁色上浮图。"

同卷《华顶望海》："神游碧落青冥界，目极方壶圆峤间。"

同卷又《关岭望天姥峰》诗云："清晨发天台，日莫抵天姥。……仙人飞梦无古今，我昔亦梦兹山岑。长庚去后一千年，复有逐客来长吟。云中忽露斜阳影，一半人趋此山顶。乘兴还携访戴舟，回头却忆腾空岭。"

初十日，月夜放舟剡溪，有诗。

《更生斋诗续集》卷二《初十日夜从剡溪放舟未晓已抵嵩壩》。

十一日，晓抵嵩壩，晚抵绍兴，夜偕王衍梅、陈景初等泛舟鉴湖，并登快阁，有诗，并作《游天台山记》。

《更生斋诗续集》卷二《初十日夜从剡溪放舟未晓已抵嵩壩》："趁此溪头月，放此溪头艇。……到岸钟已鸣，幽人睡难醒。"

同卷《十一日晚抵山阴二鼓复偕王衍梅陈景初诸人乘月泛鉴湖复登快阁主人出酒痛饮至夜半乃返》："四明狂客今已无，泛月谁复来兹湖。湖头风月一千载，只惜前人渺难得。元嘉以后开元中，四明狂客康乐公。诗人末代余放翁，一阁尚复留清风。……君不见，放翁诗名盖今

— 423 —

古,亦化会稽山下土。人生不乐当奈何,努力且进金叵罗。"

《更生斋文乙集》卷三《游天台山记》:"天台山者,山水清深,灵奇栖止之所也。……凡宿清凉寺、方广寺、桐柏宫者各一夕,雨阻国清寺者二夕。所历者为腾空岭、万年岭、寒风岭、桐柏南峰北峰、赤城上寺坡下寺坡,共得诗三十首。时嘉庆十年二月十一日也。"

作《王生行》赠王衍梅,《品石行》赠袁鼎,《青藤书屋即事》赠陈鸿逵、鸿熙、鸿磐,为陈荣杰《抱膝长吟图》题赞。

《更生斋诗续集》卷二《王生行为王明经衍梅赋》《品石行赠袁茂才鼎》《青藤书屋即事赠陈鸿逵鸿熙鸿磐三秀才》《陈征君荣杰抱膝长吟图赞》。

王衍梅《绿雪堂遗集》卷四《洪稚存先生往游天台,道出越溪,余陪宴于青藤书屋,酒酣纵谭,泣数行下。逾十日,先生自天台回,制〈王生行〉见赠,有"唐衢殁后一千一百年,只有茫茫此场哭"句,余感知己,即席呈诗六首,并送归毗陵》。

王衍梅(1776—1830),字律芳,号笠舫,清浙江会稽人。嘉庆十六年(1811)进士,官广西宣武县知县,未至以讹误失官。性嗜酒,不修边幅,因吏议失官。后依阮元于广东。工诗文,所著有《绿雪堂遗稿》二十卷。事具《清史列传》卷七十三、《碑传集补》卷四十八等。

十二日,游吼山、石箦、空明庵,有诗纪行。

《更生斋诗续集》卷二《吼山》《石箦》《空明庵小憩》。

十三日,泛舟三江闸,望海,题王衍梅《笠舫图》,并示商嘉言、陈鸿磐、陈景初。

《更生斋诗续集》卷二《十三日泛舟三江闸望海》《浮山顶望海》《题王衍梅笠舫图并示商嘉言陈鸿磐两秀才陈景初运判》。

商嘉言(生卒年不详),字拜亭,清浙江嵊县人。善诗,工骈文。风格豪迈,所著有《拜亭诗钞》等。事具《两浙輶轩续录》卷二十八等。

十四日,抵萧山,与汪辉祖订交,并赠与《更生斋集》。渡钱塘江,薄晚至西湖,泛舟至湖心亭,夜移寓苏公祠,有诗。

《更生斋文续集》卷二《奉直大夫湖南宁远县知县加三级萧山汪君

墓志铭》:"岁辛酉,亮吉自伊犁放还,……越二年甲子(按:不确,当是乙丑),有天台之行,道出萧山,甫得访君于里第,时君已得末疾,两公子捧之出,得订交于撰美堂。"

汪辉祖《梦痕录馀》:"(嘉庆)十年乙丑,七十六岁。……阳湖洪编修稚存亮吉过访,出赠《更生斋集》。有跋辉祖所撰二母行状一篇,情词真挚,至文也。编修初名礼吉。卅年前介二云乞言,得七古长篇。前年藏序东又为余乞得此文,重感良友之意。二云尝述编修行谊,心甚慕之。垂暮乃得一见,深自慰也。"

《更生斋诗续集》卷二《十四日渡江薄晚至西湖泛舟至湖心亭作》:"正逢春半月,来访水心亭。……南屏晚钟好,都向梦中听。"

同卷《是日即移寓苏公祠》其一:"德生庵外挂帆忙,一榻孤眠学士堂。正好四更残梦醒,满湖花气上吟床。"

十五日,偕华瑞湟、何元锡、臧礼堂泛舟至金沙港,有诗。

《更生斋诗续集》卷二《十五日偕华大令瑞湟何文学元锡臧秀才礼堂泛舟至金沙港抵暮乃返》:"晴红艳碧西泠桥,衫影一色如花娇。金沙港口画桡集,酒旆叶叶来相招。"

臧礼堂(1776—1805),字和贵,清江苏武进人。诸生。为人孝悌。从伯兄臧庸受学,精经学。阮元为浙江学使,受聘撰《经籍籑诂》。所著有《古今孝子孝妇传》《说文解字经考》《南宋石经考》《爱日居笔记》等。事具焦循《雕菰楼集》卷二十二《节孝臧君墓表》、陈寿祺《左海文集》卷九《孝节处士臧君墓表》等。

何元锡(1766—1829),字敬祉,号梦华,清浙江钱塘(今杭州市)人。监生,候补主簿。精于簿录之学,家多善本,嗜古成癖。所著有《秋神阁诗钞》《南宋逸事》《西泠逸事》等。事具《更生斋诗续集》卷二《葛林园吟社图为何文学元锡赋》、叶昌炽《藏书纪事诗》卷五等。

十六日,月下闲步至锦带桥,望巾子峰,有诗。

《更生斋诗续集》卷二《十六夜月不甚明浅步至锦带桥望巾子峰作》。

十七日晨,枕上听雨,有诗。

《更生斋诗续集》卷二《十七日平明枕上听雨》："无聊闲把雨声数,二十七点桃花梢。"

题孙志祖《深柳勘书堂遗照》。

《更生斋诗续集》卷二《题孙志祖深柳勘书堂遗照》其一:"深柳堂深昔系舟,侍御别业在西湖,昔曾以访友至此。重来人忆旧风流。遗编合附儒林传,绝学犹传文选楼。一瓣香升通德里,百篇书黜大航头。侍御辨伪《尚书》及王肃伪《家语》及《圣证论》甚力,又精于《文选》学,皆见所著读书录中。先生志节居然异,丹墨应同白简留。"

孙志祖(1737—1801),字诒谷,或作颐谷,号约斋,浙江仁和人。乾隆丙子举人,丙戌进士。历官刑部山东司主事、云南司郎中,江南道监察御史。嘉庆六年卒。所著有《家语疏证》六卷、《文选考异》四卷、《文选注补正》四卷、《读书脞录》七卷等。事具阮元《揅经室二集》卷五《孙颐谷侍御史传》等。

为何元锡题《葛林园吟社图》,为华瑞湟题《北山寄居图》,另题《苏轼新祠图》。

《更生斋诗续集》卷二《葛林园吟社图为何文学元锡赋》《北山寄居图为华大令赋》《苏文忠公新祠图》。

十九日,将归,诣五柳居食鱼后,启程归里,有诗。

《更生斋诗续集》卷二《十九日将归仍诣五柳居食鱼》《舟过半山十数里中桃李甚开喜而有作》。

二十日,抵长安镇,访汪淮,有诗。

《更生斋诗续集》卷二《长安镇访汪别驾淮》,诗题下有小字自注:"别驾字小海。"其一:"层层桃李夹桑麻,碧涧中看走白沙。我击唾壶歌小海,桃花红尽是君家。"

同卷《石门道中》。

按:先生十九日离杭州,计其行程,二十日当至长安镇,故系于此。

汪淮(1746—1817),字小海,号兰皋,清浙江桐乡人。少时,博学强识,见赏于学使钱维城。后因故不事科举,致力于诗词。所著有诗文集二卷、《汪氏世录》一卷、《迁浙世代表》二卷、《遗书志》一卷等。事具秦瀛《小岘山人续文集》卷二《贡生汪小海墓志铭》等。

二十一日,冒雨过莺脰湖,有诗。

> 《更生斋诗续集》卷二《廿一日雨过莺脰湖》其一:"濛濛只向布帆零,过尽吴江长短亭。载得雨声归故里,三田麦浪接天青。"

三月初二日,雨,坐于墨云轩,有诗。

> 《更生斋诗续集》卷二《三月二日墨云轩雨坐》。

以诗轶王杰。

> 《更生斋诗续集》卷二《轶王韩城师》:"规公我本为公贤,丙辰丁巳,余从公值内廷,屡规公当随事尽言,公虽不能从,然颇嘉其戆直。我受公知已卅年。胸有楼台起无地,手栽桃李出参天。勋存麟阁梁邱贺,家傍龙门司马迁。宰相状元如合传,文襄文定愧居先。公与于文襄敏中、梁文定国治,皆以状元宰相值机廷,他日列传,亦当同卷。"

四日,独游城东,有诗。

> 《更生斋诗续集》卷二《寒食前一日独游城东作》。

六日,清明,有诗。

> 《更生斋诗续集》卷二《清明日早晴》。

初九日,上巳,有诗。

> 《更生斋诗续集》卷二《上巳日偶成》。

作《即事》诗四首抒怀。

> 《更生斋诗续集》卷二《即事》其四:"插架三万卷,足供老眼观。关心惟酒钱,常恐岁入完。所愿毕此生,杯斝不使干。肉食恐未能,园蔬冀堆盘。老友约二三,茅檐久盘桓。游谈戒无根,立论贵不刊。庶几千百年,治术此肇端。我言亦非狂,前有荀与韩。"

二十三日,偕施晋、戴绮、宋佳士登宁国府署北楼,有诗,且访访凌廷堪。

> 《更生斋诗续集》卷二《三月廿三日偕施上舍晋戴文学绮宋秀才佳士登宁国府署北楼并久憩半月台》。

> 施晋《三月廿三日,同洪更生太史访凌次仲教授,小饮归,赴鲁子山太守丝竹之会,醉简次仲》。

> 戴绮,清江苏丹徒(今镇江)人。馀待考。

宋佳士,清江苏丹徒(今镇江)人。馀待考。

二十六日前后,应泾县县令李德淦聘,于萧公祠主修县志,与赵良澍、赵绍祖、左煊、朱煐、陈宝泉等,订定志例,酬酢往还。

吕《谱》本年条。

《更生斋诗续集》卷三《吴生行为昌言文学作》:"我来泾川已三月,儒流幸有赵、左、陈。谓绍祖训导及明经煊、孝廉宝泉。"

李德淦(生卒年不详),字梅岩,清顺天(今北京)延庆人。乾隆乙卯(1795)进士。曾官石土隶、泾县知县。因事诖误,左迁江西新淦县丞,年老不赴,改选庆云教谕。致仕归。所著有《蜀道纪游》等。事具《(光绪)延庆州志》卷八等。

左煊(生卒年不详),字春谷,号省庵,清安徽泾县人。拔贡,官蒙城教谕。晚勤著述,著有《三余偶笔》《续笔》《瓶管记疑》《五经文字考异》等。事具《(光绪)重修安徽通志》卷二百二十等。

朱煐(生卒年不详),字褆士,一作题士,清安徽泾县人。廪贡生,试用训导。善属文,少与季父朱理齐名。屡试不售。入都,见赏于彭元瑞。归,与洪亮吉修纂县志。司训宿州,勤课士。州灾,以疲于散赈卒于官。所著有《酌雅堂稿》《璞园诗钞》等。事具阮文藻、赵懋曜等纂修《泾县续志》卷三《文苑》等。

陈宝泉(1759—1819),字记方,号凤石,清安徽泾县人。乾隆五十四年(1789)举人。嘉庆元年会试,以额满见遗。品行端正,笃志好学,讲授朱氏培风阁。曾官淮安训导、石埭教谕等。年六十一卒于官。所著有《毛诗述闻》三十卷、《周易广义》三十二卷、《礼书旁通》十二卷、《路史补笺》十二卷及《粹经堂丛书》六十种,共二百五十六卷。事具朱琦《小万卷斋文集》卷二十二《石埭县教谕凤石墓志铭》、阮文藻、赵懋曜等纂修《泾县续志》卷三《文苑》等。

有诗柬胡纪谟,题周鹤立所出示其六世祖玉印,并赠诗及《更生斋集》。

《更生斋诗续集》卷二《寄胡刺史纪谟安西》《周大令鹤立出其六世祖明忠毅公玉印见示敬赋二律》《周大令鹤立以近作见示复题一首》。

　　周鹤立《匏叶庵诗存》卷五《洪稚存太史亮吉归自塞外相见于泾
川，以更生斋集见遗，因作长句题其后》："蓬莱仙人谪仙籍，洒然去作
轮台客。……揭来皖水得攀鳞，文星照耀琴溪侧。贻我珠玑诗一囊，服
公肝胆酒千石。"

　　周鹤立（1765—？），字仲和，一字子野，号匏叶，清江苏吴江人。
乾隆五十九年（1794）举人。历官蒙城、合肥、定远、泾县、湖北汉川、江
陵等县知县等。所著有《匏叶鬼诗注》《匏叶鬼诗续存》《衔恤纪行草》
等。事具《江苏艺文志·苏州卷》等。

春，陈用光应先生子馆孙请，为先生作寿序。

　　《太乙舟文集》卷七《寿洪稚存先生序》："今年春，长君孟慈孝廉
来应礼部试，以先生周甲揽揆之辰，而索余诗为先生称觞之助。余于诗
虽常为之，而愧其不工；于文虽知所从事也，而未有成也。孟慈世其家
学，其诗文已具体于先生矣。余乐先生之以文世其家也，而又以生平愿
见而未之见也，乃次惕甫语而为之文如此，以应孟慈之请。"

春夏之际，张问陶有诗寿先生。

　　胡传淮《张问陶年谱》"嘉庆十年乙丑四十二岁"条云："挚友洪亮
吉六十岁生日，船山作《寿稚存》。"

**四月初八日，应李德淦招，偕周鹤立、章天育游水西烟雨亭，饮于风光潭，有
诗。**

　　《更生斋诗续集》卷二《初八日李同年德淦招同周大令鹤立章征君
天育游水西烟雨亭复携酒饮风光潭即席赋呈并邀诸君同作》。

　　《匏叶庵诗存》卷五《四月八日李梅嵒明府德淦招同洪稚存太史、
章犀台征君天育饯酒于水西之烟雨亭，率赋长句》。

　　章天育，字犀台，清安徽铜陵人。云龙书院山长。馀待考。

十三日，邀周鹤立水心亭看月，周因雨阻未赴，先生以酒及诗饷之。

　　《匏叶庵诗存》卷五《十三日稚存太史邀赴水心亭看月，以雨阻未
之应也。蒙饷酒及诗，率赋一章志谢》。

读周鹤立送春诗，以诗柬之。

　　《更生斋诗续集》卷二《雨止夜坐读周大令送春诗却寄》："谁似使

君能寓感,十章先寄饯春词。"

《匏叶庵诗存》卷五《和稚存太史雨止却寄之作,即依韵奉酬》。

泾县城北晚步,偶经废圃,有诗。

《更生斋诗续集》卷二《城北晚步》《偶经废圃》。

作《琴士行》赠赵绍祖。

《更生斋诗续集》卷二《琴士行为赵司训绍祖作》:"琴岭百折琴水清,我前琴溪游,早识琴士名。一卷金石志,欧赵无其精。尔来勘方舆,敢与彪固争。君以将修县志,先作《泾事》一卷。考核极精。……我披所著书,欲使神鬼惊。我吟所作诗,欲使蛟龙听,光焰上烛已接青天青。昨为《琴溪歌》,今作《琴士行》,水色澄澈山势添峥嵘。"

以诗悲悼纪昀。

《更生斋诗续集》卷二《哭纪尚书昀》:"乍入纶扉疾已绵,客冬才启八旬筵。最怜干宝《搜神记》,所著说部书至六七种。亦附刘歆辑略篇。乾隆中四库馆开,其目录提要,皆公一手所成。绝域纪游思往日,公曾以事戍乌鲁木齐。甘陵植党感余年。公与余座师朱相国同里,晚年意气不合,颇复分党。鲰生事事辜公望,余受公知最深,期望尤切。一事同公是戍边。"

十七日,雨,与章天育、左瀛等同人携酒饮于水心亭,酒半月出,有诗。

《更生斋诗续集》卷二《十七日雨中诸同人携酒至水心亭痛饮酒半月出喜而有作》:"望前望后复阻雨,清兴两度都成空。忽惊四面窗棂举,看月不成先看雨。酒人隔夜招邀定,水面居然飞百炬。初更以后薄露开,酒人唤月天上来。当头照我举百杯,槛外十里收风雷。前宵飞沙昨飞瓦,难得今宵雨声寡。心兵斗尽章征士,天育。拇阵挥残左司马,瀛。"

左瀛,字仙洲,清安徽泾县人。德州州判、候选同知。馀待考。

友人出塞,以诗送之。

《更生斋诗续集》卷二《送友人出塞》。

病酒数日,左瀛饷以花露,以诗谢之。

《更生斋诗续集》卷二《数日病酒左司马瀛以花露见饷赋谢一篇》。

二十五日前后,以诗答查敦伦见投诗。

> 《更生斋诗续集》卷二《查秀才敦伦屡以诗见投作此答之》其二:
> "今日好山杯底卧,欲招残月与同吞。"

> 按:据"欲招残月"句,诗当作于二十五日前后,故系于此。

> 查敦伦(生卒年不详),字敷五,清安徽泾县人。岁贡生。历官太
> 湖、颖上训导,定远、建平教谕等,卒,年六十八。其为文俊爽不群,所著
> 有《周易合讲》《周官串说》《三垣星考》《天文分野》等。事具《泾县续
> 志》卷三《文苑》等。

居泾县期间,另有《送春》《踪迹》《桃花夫人石》《即事》《同心曲为杨太守炜
赋》《看花绝句》《泾川志馆口占》《同及门咏荷钱》《忆女纺孙》《连日苦雨
望水心亭作》诸诗。

月底,自泾县启程归里,有诗纪行。

> 《更生斋诗续集》卷二《夜泊湾沚》《过黄池遇友人下水舟》《乌溪
> 夜泊》《移泊黄家潭》。

五月初一日,舟行,有诗。

> 《更生斋诗续集》卷二《五月朔日清晓舟行》。

闻周鹤立擢守黎平,有诗柬之。

> 《更生斋诗续集》卷二《闻周太守有声擢守黎平却寄一首》:"诗简
> 忙处邮筒筒,想日披笺坐郡楼。"

初十日前后,归里。

> 吕《谱》本年条:"五月,旋里。"

六月,应赵怀玉请,为其母撰神诰。

> 《收庵居士自撰年谱》嘉庆十年乙丑条:"六月,以闻讣再期,乞吴
> 祭酒锡麒撰先考刑部府君墓志铭,同年陈太守廷庆作正书刻之。又先
> 妣及亡妻金张两宜人之葬,洪编修亮吉为先妣作神诰。"

> 《卷施阁文乙集》卷五《刑部福建司郎中赵宜人叶氏神诰》。

重至泾县志馆。

> 吕《谱》本年条。

闰六月十七日,自泾县东门至晏公堂,有诗。

《更生斋诗续集》卷三《又六月十七日侵晓由泾县东门至晏公堂道中作》。

七月初,游台泉山,有诗纪行。

《更生斋诗续集》卷三《由问津处上台泉山》:"平途行廿里,径路忽峭涩。峰峰势如坠,险如额相及。……秋声陡然下,凉雨入衣褶。"

按:据"秋声陡然下"句,游台泉山当在七月初,故系于此。

同卷《游台泉山书院有怀亡友刘编修汝谟》,诗前有小序:"刘曾主讲于此,屡为言泉石之胜。二十年来,山长皆假寓县城,不复至此。是以倾圮。"

同卷又《游石山庵上峰顶升望江楼遗址远眺》《寻云门及大士厓诸胜》《三台池泉石既奇松竹亦茂日午坐此久憩》《二更乘月归县》。

作《吴生行》,赠吴昌言,兼寄赵绍祖、左煊、陈宝泉。

《更生斋诗续集》卷三《吴生行为昌言文学作》:"我来泾川已三月,儒流幸有赵、左、陈。问谁健笔最凌厉,近得吴子真畸人。……我为《吴生行》,兼寄陈、左、赵,才人学士一时少。君不见,山中猿鹤何足道,送尔高飞出天表。"

吴昌言(生卒年不详),字宣甫,清安徽泾县人。岁贡生。性伉爽豪迈,工诗赋,诸体兼善,尤工七律,为学使汪廷珍所赏。所著有《忍冬藤斋集》《安吴志馀》《听雨楼诗钞》等。事具《(道光)泾县续志》卷三等。

向赵绍祖乞酒,有诗。

《更生斋诗续集》卷三《向赵司训乞酒》。

拟游水东,适吴台至,约便道过箖竹山房,因作长句赠之。

《更生斋诗续集》卷三《正欲游水东适吴别驾台至先为言山水之胜并约便道过箖竹山房因率成长句投之兼酬枉赠之作》,诗题下有小字注:"吴曾官湖南通判,乞假归。"诗云:"我游水西忆水东,苦乏地主难追从。今晨始复值判府,告我家在蓝山中。门前一水曲折通,窗外万竹何玲珑。……东江时有北渚鸿,鼓翼昨下南高峰,远寄一札何悾悾。绿袍金简促尔觐南岳,切莫青弋江上久作垂纶翁。"

吴台(1755—1834),字位三,号松溪,清安徽泾县人。附贡生。官
湖南长沙通判等。所著有《泾水考》《深柳堂诗草》《松溪诗草》《一家
言全集》《菉竹山房唱和诗》等。事具《泾县志》卷十五等。

初八日,夜雨,有诗。

《更生斋诗续集》卷三《初八日夜雨后作》:"芙蓉生静渚,筝簧响
秋城。"

初九日,应吴台招,饮于菉竹山房,作吴家宗祠梓树歌,并至沙岸闲步,有诗。

《更生斋诗续集》卷三《吴通判招饮于菉竹山房酒后复至沙岸步月
四鼓乃返》:"圆日乍落半月生,更向竹外飞千觞,竹影拦客何纵横。"

按:初八夜有雨。据"圆日乍落半月生",诗当作于初九日,初九日
之月,仍可称半月,故系于此。

同卷《吴家宗祠宋太平兴国二年梓树歌》。

十一日,夜宿于菉竹山房,有诗。

《更生斋诗续集》卷三《十一夜宿菉竹山房》。

十二日,浣花亭听雨,应吴文炳嘱,题诗,并自茂林至古溪潘村,登文昌阁;
晚晴后应村人招,饮于景范堂,有诗。

《更生斋诗续集》卷三《十二日浣花亭听雨》《吴孝廉文炳属题友
人所赠诗画长卷》《十二日自茂林至古溪潘村登文昌阁晚晴后村人招
饮景范堂作》。

吴文炳(生卒年不详),字虎臣,号柳门,清安徽泾县人。嘉庆六年
(1801)举人。官安徽蒙城县训导等。所著有《香雪山庄诗集》等。事
具《晚晴簃詩匯》卷一百十六等。

十三日,雨,饮宴于含晖阁,后至桃花潭泛舟,宿于二水山房,有诗。

《更生斋诗续集》卷三《十三日雨中宴含晖阁》《自水东宿二水山
房先至桃花潭上纵眺》《初更后雨止月出复泛舟至桃花潭夜半乃返》。

十四日,倦游后小憩于考溪书塾,有诗。

《更生斋诗续集》卷三《考溪书塾小憩》:"醉君三百盏,仍棹酒船
还。"

同卷《浮田歌》。

十五日,乘月放舟夜经涩滩、九里潭,仍宿于二水山房,有诗。

> 《更生斋诗续集》卷三《十五夜乘月自考溪放舟经涩滩九里潭诸胜二鼓仍抵桃花潭上醉中作即呈同游诸君子》《月下经涩滩》《二水山房酌月楼夜坐》。

六日,自竹林庵渡舟至水东,饮于翟氏宗祠,有诗。

> 《更生斋诗续集》卷三《十六日竹林庵久憩复渡舟至水东饮翟氏宗祠即席赋呈一律》。

自落星潭上蓝山,有诗。

> 《更生斋诗续集》卷三《雨霁自落星潭上蓝山》。

宿于丛碧禅林,夜半有雨,雨止,至寺后看飞瀑,有诗。

> 《更生斋诗续集》卷三《宿丛碧禅林夜半大风雨》《夜半雨止起至寺后看飞瀑作》。

十八日,自桃花涧沿飞瀑行,望放歌台,有诗。

> 《更生斋诗续集》卷三《十八日自桃花涧沿飞瀑行三里许望放歌台以水阻不得上》《落星潭》。

闻刘跃云予告归里,有诗柬之。

> 《更生斋诗续集》卷三《闻刘少司马跃云予告归里却寄以首》。
>
> 刘跃云(1736—1808),字服先,号青垣,清江苏武进人。乾隆三十一年(1766)进士,官翰林院编修。曾主顺天乡试、山东乡试、江西乡试,会试副总裁等。历官左右庶子、侍读学士、少詹事、詹事、江西学政、福建学政、内阁学士兼礼部侍郎、工部右侍郎、大理寺卿、工部右侍郎兼兵部左侍郎、兵部右侍郎等。诗宗白居易、苏轼,所著有《贻拙斋诗文集》等。事具赵怀玉《亦有生斋文集》卷十九《诰授荣禄大夫经筵讲官左侍郎刘公墓志铭》等。

二十日前后,归寓舍,将旋里,同人觞之于冰鉴堂,有诗,兼酬朱煐、吴昌言赠诗。

> 《更生斋诗续集》卷三《自桃花潭回案头祝觋诗已盈寸并承诸君子合觞我于试院之冰鉴堂因率赋四章报谢兼酬朱司训煐吴茂才昌言枉赠诗数》其一:"自著渔蓑辍荷戈,一旬连日醉岩阿。……诸君觑酒兼贻

句，　守须倾一巨罗。"其四："四座欣看叠举觞，感君略一试行藏。平生友谊惟东郭，少日师资是北堂。齿老只堪同犬马，坟荒终见上牛羊。诸公迟暮先愁死，毕竟还输贱子狂。"

月底，启程返里，有诗纪行。

　　《更生斋诗续集》卷三《舟过桃花洞》《江上逢旧友》。

本月，乐钧寄赠先生诗。

　　《青芝山馆集·诗集》卷十七《赠洪稚存太史》："贾生被谪既召还，冯唐未老行当起。为君遥晋黄金卮，自怜四十徒尔为。作笺与天问出处，掷镜于地惭须眉。"

八月，旋里，复为太湖、包山之游，遍访石公山、林屋洞、绿杨湾诸处。

　　吕《谱》本年条。

初五日，夜过采石，独游太白楼，有诗。

　　《更生斋诗续集》卷三《八月初五日夜舟过采石独游太白楼作》："惭余亦有千春业，输尔高居百尺楼。"

十六日或稍后，出游苏州。

　　按：出游苏州，当在里中度中秋节之后，因系于此。

在苏州期间，为戴延介题《除夕游山图》、为钮树玉题《钮太孺人抚孤孙图》，为周綵赋《懒鱼歌》。

　　《更生斋诗续集》卷三《题戴上舍延介除夕游山图》《钮太孺人抚孤孙图》《懒鱼歌为周上舍綵赋》。

　　戴延介（生卒年不详），名又作延阶，字受兹，号竹友，清安徽歙县人，寓居吴县。监生。曾官户部陕西司郎中、候选知府。所著有《古藤山馆诗钞》等。事具《(道光)徽州府志》卷十、《湖海诗传》卷四十五等。

二十三日，自石公山至林屋洞，后度湖，经三山峡、黿山等处，抵东山，宿于绿杨湾，有诗纪行。

　　《更生斋诗续集》卷三《廿三日自石公山至林屋洞游毕乘大风度湖历三山峡黿山诸胜抵东山绿杨湾宿》："莫釐峰顶仙云笑，三十三年客重到。"

《石湖串月歌》《包山杂咏》。

九月初三日,六十初度,晓坐山舆从离垢庵至石门,有自寿诗。同年石韫玉过访。

> 吕《谱》本年条:"九月三日,为先生周甲初度,长子饴孙等于里第授经堂称觞二日。"

> 《更生斋诗续集》卷三《初三日生日自寿》《是日初曙山舆从离垢庵至石门久憩》。

> 《独学庐二稿》卷三《九月初舟过毗陵适稚存同年六十初度赋诗为寿》:"寿觞举处酒如淮,诗史编年次第排。万里归来公未老,三千侍直我曾偕。共知名世文章贵,独羡还山岁月佳。闻说良规陈座右,主恩爱士本无涯。"

题徐云路《巨区濯足图》。

> 《更生斋诗续集》卷三《徐明经云路为余写巨区濯足图缀以三绝句》。

> 徐云路(生卒年不详),字企万,号姬云,清江苏昆山人。诸生。事母孝。诗宗晚唐,词出入两宋。善画梅。所著有《云海楼文集》《瀹雪山房诗钞》等。事具《(同治)苏州府志》卷九十六、《昆新两县续修合志》卷二十九等。

游白云洞、离垢庵、清芬阁、苹香馆,有诗纪行。

> 《更生斋诗续集》卷三《白云洞》《离垢庵》《清芬阁》《苹香馆》。

伊秉绶将于役海上,有书来,拟访之,有诗柬之。

> 《更生斋诗续集》卷三《得伊太守秉绶书时闻于役海上将往访之先寄一首》:"万程与我同严谴,半道偏君荷主恩。……投老相逢各如梦,且从海上泛清樽。"

有赠诗僧默可。

> 《更生斋诗续集》卷三《赠僧默可》:"何止谈空好,诗参最上层。"

> 默可(? —1808),俗姓翁,法字杲堂,号牧石,又号芋香,清江苏吴县人。乾隆四十六年(1781)曾谒五台山,长洲彭绍升延主海会寺。能诗工书。所著有《牧石居诗》等。事具《(同治)苏州府志》卷

一百二十四、《(民国)吴县志》卷三十三等。

初十日,三子符孙娶妇崔氏。

> 吕《谱》本年条:"初十日,第三子符孙娶妇崔氏。乾隆辛巳进士,
> 分巡湖北荆宜施道、永济崔君龙见之孙,乾隆壬子科副榜贡生、甘肃两
> 当知县景俨之女也。"

十五日,至西关水榭看菊,主人出歌姬度曲为寿,有诗。

> 《更生斋诗续集》卷三《九月望日西关水榭看菊雅集主人出歌姬度
> 曲为寿即席赋赠一首》。

十七日前后,待风镇江凌江阁口,渡江抵扬州,登《文选》楼,有诗。

> 《更生斋诗续集》卷三《待风临江阁口》《扬州登文选楼》。

> 按:此诗次于十五日诗与十九日诗之间,故系于此。

十九日,偕汪鲲(当作緄)、江藩、林镐至平山堂北万花村访菊,有诗。

> 《更生斋诗续集》卷三《九月十九日偕汪布衣鲲江秀才藩林上舍镐
> 至平山堂北万花村访菊率成五绝句》其四:"东西各历软红尘,共向邗
> 沟话昔因。吟到白头江令句,时汪君诵其少日所作'斟酌桥西旧酒楼'
> 一绝,余为击节者再。悲秋才了又伤春。"

> 《北江诗话》卷三:"吴门汪布衣緄,……寄食于江上舍藩家,江亦
> 赤贫之士也。闻余至扬州,偕江来访,因同至旁花村看菊。"

> 汪緄(生卒年不详),字墨庄,清江苏苏州人。布衣,工诗。馀待
> 考。

> 江藩(1761—1831),字子屏,号郑堂,晚年号节甫,清江苏甘泉(今
> 扬州市)人。受业于惠栋弟子余萧客、江声,恪守汉学门户。曾为丽正
> 书院山长。所著有《汉学师承记》八卷、《宋学渊源记》三卷、《隶经文》
> 四卷、《秉烛室杂文》一卷、《半毡斋题跋》二卷、《伴月楼诗钞》二卷、《扁
> 舟载酒词》一卷等(今人漆永祥将其诗文整理为《江藩集》)。事具《清
> 史列传》卷六十九、李桓《国朝耆献类征初编》卷四百一十九、《续碑传
> 集》卷七十四等。

二十日,偕汪緄、江藩谒伊秉绶。

> 《北江诗话》卷三:"吴门汪布衣緄,……寄食于江上舍藩家,江亦

赤贫之士也。闻余至扬州,偕江来访,因同至旁花村看菊。……明日,因携之谒扬州太守伊君秉绶,属为之地。"

二十一日或稍后,离扬州,抵焦山,有诗赠张釜。

《更生斋诗续集》卷三《焦山赠张上舍釜》其二:"荷戈人在夕阳边,张君曾为余作《万里荷戈图》,极佳。宛马如龙不著边。欲貌洪濛万年雪,别施轻粉写祁连。"

张铉介其弟以纪游诗见质,有诗。

《更生斋诗续集》卷三《张司马铉介其弟上舍以台荡黄山及匡庐诗见质并先为言香炉瀑布之胜率赠二篇》其二:"名山处处不相逢,君住支硎我翠峰。君后一日游支硎时,余已抵东洞庭矣。闲话鉴湖千顷月,海门刚打戌时钟。"

张铉《饮绿山堂诗集》卷九《稚存太史自宛陵来焦岩,将有匡庐之行,即席赋赠》。

有诗答僧海峰,晚坐月波台待月。

《更生斋诗续集》卷三《答松寥阁僧海峰》《月波台晚坐待月》。

僧海峰,行实待考。

二十三日,有诗赠僧秋屏。

《更生斋诗续集》卷三《赠方丈僧秋屏》:"下弦残月叩禅关,却喜枯僧去已还。时秋屏亦适从邗上归。黄叶乱埋京口渡,红云昏拥海边山。雪中鸿爪行谁定,壁上蜗涎句可删。尺五浪花争出没,野鸥何似野人闲。"

按:据"下弦残月"句,赠僧秋屏诗在二十三日,故系于此。

约二十六日前后,往游匡庐,沿途有诗纪行。

《更生斋诗续集》卷三《待风半日独至山后望松山寥山久憩》《雨止行山后》《舟过黄天荡作》。

晓泊仪真(徵)城外,晤表兄蒋馨。

《更生斋诗续集》卷三《泊舟仪真城外喜晤蒋表兄馨》:"晓泊真州堤,偶忆素心客。……经秋不相见,颇喜好颜色。"

晚泊栖霞港,追悼诗僧慧超,有诗。

《更生斋诗续集》卷三《晚泊栖霞港望最高峰追悼诗僧慧超》:"晚泊栖霞港,茅庵不断钟。四更残月影,一抹最高峰。苦忆三生客,惊枯六代松。古碑何日立,坟蔓已全封。时已为写墓碣,属焦山僧秋屏立于此山。"

按:据"四更残月影"句,诗当作于二十七日前后,出行或早一二日。吕《谱》本年条云:"十月,由京口溯江至星子县。"

月底,抵燕子矶,遥望幕府山,有诗。

《更生斋诗续集》卷三《雨雁》:"一行江北雁,冒雨过江飞。乍掠渔郎浦,来寻燕子矶。"

按:据"来寻燕子矶",其时已抵燕子矶。

同卷《雨中望幕府山》:"遥天十重雨,晓止下三重。别有七重雾,分埋南北峰。"

同卷又《即事》:"惊心秋已尽,溽暑尚难退。"

舟中读黎简诗,以诗作跋。

《更生斋诗续集》卷三《舟中读黎明经简诗》:"黎侯遗此一卷诗,令我十日读不止。雨龙入海鳞甲青,风鹤搜天翅翎紫。平心似嫌今古速,快意复恐尘寰促。……黎侯四十南海头,五十我返西南陬。冯张赵李皆素识,独汝一面终无由。昨来入我梦,对面识不得。眼如落月黄,面若春雨黑。鬼光人光离一尺,人光欲前鬼光匿。我不畏鬼尔畏人,或者我尚饶精神。若论万劫名不改,我即为神亦惭鬼。黎侯黎侯尔何在,乃使东海奇人畏南海。"

黎简(1748—1799),字简民,又字未裁,号二樵,又号石鼎,清广东顺德人。乾隆五十四年(1789)拔贡。不乐仕进,善书画,工于诗。所著有《五百四峰草堂诗钞》二十五卷、《五百四峰堂续集》二卷、《药烟阁词钞》一卷、《五百四峰堂文钞》等。事具《清史稿》卷四百八十五、《清史列传》卷七十二、黄丹书《明经二樵黎君行状》等。

船泊三山,有诗。

《更生斋诗续集》卷三《泊三山值大风》《偶成》。

十月,由京口溯江至星子县,登匡庐绝顶,自香炉峰历石门涧、天池、佛手岩、黄龙涧、秀峰寺诸胜，回途重至泾县。

> 吕《谱》本年条。

大约初一或初二日，抵芜湖，与友人别，有诗。

> 《更生斋诗续集》卷三《芜湖与友人别》。
>
> 同卷《初六日㩳舟过马当》："二十年前客，重来过马当。"
>
> 按：初六日至马当。以行程计，抵芜湖当在四五日之前，故系于此。

舟中望九华山，有诗。

> 《更生斋诗续集》卷三《舟中望九华山》《五鼓江行》《即景》《纪梦》。

以诗柬九江知府方体。

> 《更生斋诗续集》卷三《将游匡庐先柬九江太守方同年体二首》。

初五日，抵枞阳境，于舟中遥谒昭明太子祠，有诗。

> 《更生斋诗续集》卷三《舟行过太子矶》："文体尊当代，家声拓再传。无由致虔谒，风紧峭帆悬。"
>
> 同卷《遥谒昭明太子祠》："百里遥遥接马当，祠门开处见枞阳。……我来郑重抠衣谒，六代文章一瓣香。"
>
> 按：初六日抵马当。而枞阳与昭明太子祠距马当约百里，则抵枞阳，遥谒昭明太子祠，当在初五日，故系于此。

自过枞阳后，有诗述怀及纪行。

> 《更生斋诗续集》卷三《华屋篇》《二虫篇》《舟泊古庙湾》《舟过大雷口》《江行值雨》《望建德诸山》《大风不得泊舟偶作》。

舟过大雷，有诗。

> 《更生斋诗续集》卷三《舟过大雷口》。

初六日，舟过马当、小孤山，晚泊舟金家潦，有诗。

> 《更生斋诗续集》卷三《初六日㩳舟过马当》《舟过小孤山以风利不得泊率赋一篇》《是日晚泊舟金家潦回望小孤山》。

十日，自九江府南门，历新桥塘、东林寺，饭于西林寺；午后渡虎溪，过石门涧，抵报国禅林夜宿，僧去凡款之，有诗。

《更生斋诗续集》卷三《初入匡庐山》《过西林寺饭并望香炉峰拜经台诸胜》《由石门涧日昃抵报国禅林宿》。

《更生斋文乙集》卷三《游庐山记》："出九江府南门,行十五里,至新塘桥。……又十五里,抵东林寺。……过西林寺始饭。……日甫过中,渡虎溪。……十里,度石门涧,抵报国禅林宿。"

按:游匡庐,前后共计六日。十五日游毕作《游庐山记》,则始入庐山,当在十月十日,故系于此。说详后。

僧去凡,行实待考。

十一日,自锦涧桥登峰顶寺,至佛手岩,小憩后,寻访仙亭、游仙石故址,至白鹿昇仙台,过黄龙涧,抵黄龙寺,夜宿于寺中藏经楼,有诗。

《更生斋诗续集》卷三《凌晨自锦涧桥登峰顶寺历观天池文殊台聚仙亭诸胜》《从天池至佛手岩久憩并寻访仙亭白鹿升仙台故址》《过黄龙涧抵黄龙寺宿藏经楼》。

《更生斋文乙集》卷三《游庐山记》："清梦未沈,曙光已彻。……过白云亭、甘露亭诸遗址,瞰北峰九奇庵。……益历九十一盘,至峰顶,有平地半亩,为披霞亭故址。仍高低百馀步,至天池寺,旧峰顶寺也。……寺西数武,为庐山神享殿。外突出一坡,为文殊台。稍高为聚仙亭,旧所云'凌虚台'矣。饭后,由寺北约行三里许,至佛手岩。……由寺后西北寻访仙亭游仙亭故址,……至白鹿昇仙台,与去凡揖别。……别逶迤上一岭,较前益陡,岭半已汹汹作声,即黄龙涧。……自此至黄龙寺一里许。……寺门甫开,山势乍拓,门上即藏经楼五间,正面西日,以境地幽旷,爰下榻焉。"

十二日,度横岭至栖贤寺、万杉寺,抵秀峰寺看飞瀑,憩于白龙潭,宿于七佛楼,有诗。

《更生斋诗续集》卷三《度横岭至栖贤寺》《秀峰寺看飞瀑并久憩白龙潭夜留宿七佛楼作》。

《更生斋文乙集》卷三《游庐山记》："五鼓起,饭数盂,迎日东上。……历金竹坪五里,陟上霄峰,蹴含鄱岭。……又十里,迳三峡涧,入栖贤寺。……十五里,至万杉寺。……又二里,至秀峰寺,旧名开

先。即诣黄龙潭观千尺瀑布,宇宙之观,至斯而极。台荡之胜,曾何足
奇。……夕即止宿七佛楼。"

十三日,至归宗寺,访玉帘泉;续后,至星子县令周吉士遣人迎入县城,晤
谈。夜半,南康知府窦国华来访,因睡未会。

> 《更生斋文乙集》卷三《游庐山记》:"晨仍坐潭侧,久乃出寺。……
> 十里,抵归宗寺。……饭后,至寺北五里,访玉帘泉。……从官道至南
> 康十五里,星子县令广西周君吉士已遣人迎迓,遂入城,憩一行馆。周
> 君为甲寅举人,来谒,久谈乃去。夜将半,南康太守霍邱窦君国华垂访,
> 知已卧,乃去。"

> 周吉士(生卒年不详),字霭堂,清广西柳州人。乾隆甲寅(1794)
> 举人。官江西万载、星子县令。以事谪戍,遇赦归里,捐教官,署理富川
> 学。为人豪侠,有奇气,好交名流,喜收前人集。事具《(同治)象州志》
> 第三帙等。

> 窦国华(生卒年不详),号霁堂,清安徽霍邱人。乾隆四十五年
> (1780)举人。历官至南康知府、广东肇罗巡道等。多善政。所著有
> 《抱青堂诗集》等。事具《(光绪)重修安徽通志》等。

> 《更生斋诗续集》卷三《十三夜乘月登南康城楼即赠周明府吉士》
> 《夜宿星子行馆》。

十四日,与窦国华相会,至白鹿洞书院,后至吴鄣岭,宿于鄣岭村,拟返九江,
有诗。

> 《更生斋诗续集》卷三《十四夜游白鹿洞乘月至鄣岭村宿》云:"身
> 离九峰云,尚带九峰月。九峰明月镇随人,伴我清凉寺桥歇。……此行
> 山水都已经,明日欲诣琵琶亭。"

> 同卷《抵白鹿洞书院》《周明府陪游鹿洞供帐甚盛率赋一篇志别》。

> 《更生斋文乙集》卷三《游庐山记》:"翼晨复来,余已欲出城,途次
> 相值,立谈一饷,始知太守乃庚子北闱同岁生也。十五里,迳回流山,至
> 白鹿洞书院,周君已候道左,相与登洞前,眺石桥飞瀑。……饭罢,与周
> 君及诸生别。八里,至土楼。又三十里,至吴鄣岭。圆月已上,团蕉可
> 栖。"

按：十五日乃作记时，则此圆月，十四日之月也。

十五日，未曙度吴鄣岭，返回九江，登城望琵琶亭，并作《游庐山记》，有诗。

《更生斋诗续集》卷三《十五日五鼓度吴鄣岭》《登九江城望琵琶亭》。

《更生斋文乙集》卷三《游庐山记》："未曙，即度岭，回身与匡君揖别。二十二里，至八里坡，始出山。……又八里，至九江城。前后计游六日。……嘉庆十年十月望日。"

十六日，过湖口，望石钟山，有诗。

《更生斋诗续集》卷三《过湖口望石钟山》："久闻湖口县，欲上石钟山。薄暮风差紧，清苍岭未攀。"

按：十八日守风华阳镇，则过湖口，当在十六日，故系于此。

十八日，候风华阳镇，因至雷港，访倪模，并宿于倪氏雷岸读书堂两夕，有诗。

《更生斋诗续集》卷三《十八日守风华阳镇因步行二十里至雷港访倪进士模即席赋赠》："眠迟频剪风前烛，话旧惊闻夜半鸡。"

同卷《雨宿倪氏雷岸读书堂两夕》。

倪模（1750—1825），字预抡，号迂存，清安徽望江人。嘉庆四年（1799）成进士。不乐仕宦，为凤阳府学教授。与戴震、王念孙、翁方纲等相识，有志于古训；并同孙星衍、石韫玉、张惠言等相交。好藏书，校雠经史。所著有《迂存遗文》二卷等。事具王引之《王文简公文集》卷四《倪教授行状》、姚文田《邃雅堂文集续编》之《凤阳府教授倪君墓志铭》等。

为估客题《秋江夜泛图》。

《更生斋诗续集》卷三《秋江夜泛图为估客题》。

下旬，前往泾县，抵宣城湾沚，观一颗松，有诗。

吕《谱》本年条："十月，由京口溯江至星子县，……回途重至泾县。"

《更生斋诗续集》卷三《独松行》，诗题下有小字注："在宣城湾沚，土人名一颗松。"

跋苏轼游庐山诗后。

《更生斋诗续集》卷三《跋苏文忠公游庐山诗后》。

游黄岘山,有诗。

《更生斋诗续集》卷三《黄岘山》。

十一月十二日,夜同人至丹溪步月,憩于大石山,归时,陈宝泉已醉卧,有诗。

《更生斋诗续集》卷三《十二夜同人至丹溪步月久憩大石山至二更甫归时陈孝廉宝泉已醉卧矣》:"半石出水半石沈,人坐半石听鸣琴。溪声如琴响不绝,忽复千步同幽寻。……初更出门归二更,百步先已闻呼声。君不见,客行不愧陈惊坐,如虎鼻声堂北卧。"

十三或十四日,访胡琦于种松书屋,归途至孝子祠看古柏,有诗。

《更生斋诗续集》卷三《自方山脊西行二里许访胡孝廉琦种松书屋即上山顶久憩仙人石归途复至孝子祠看古柏率成长句》:"一山土戴石,一山石戴土。一山土戴石益奇,巨石中间劈雷斧。……离松阅柏入路歧,归路正好沿丹溪。"

胡琦,清安徽庐江人。泾县训导。馀待考。

按:诗次于十二日诗与十五日诗之间,故系于此。

登石岩山,游丹溪,有诗赠寺僧心一。

《更生斋诗续集》卷三《登石岩山即赠寺僧心一》。

同卷《丹溪九头松歌》。

僧心一,清浙江鄞县人。馀待考。

十五日,应朱瑶招,饮于德星堂,归卧于松竹轩看月,有诗。

《更生斋诗续集》卷三《十五日黄田朱明经瑶招饮德星堂醉甚回卧松竹轩看月作》。

朱瑶,行实待考。

二十日前后,与胡琦、陈宝泉等游乘山,饮于乘山顶巨石上,共八人,作《饮中八仙石歌》。

《更生斋诗续集》卷三《饮中八仙石歌》,诗前有小序:"山顶有巨石,甚奇,围广一亩。同人携酒饮其上,却得八人,爱名为饮中八仙石作歌,邀同人共赋。"诗云:"乘山石大皆如屋,此石尤奇生使独。饮中却复得八人,危坐石上开清尊。……玉山樵客醉欲颠,谓胡孝廉琦。更有风石称顽仙,陈孝廉宝泉不能登陟,即坐石上以待。馀者尽向峰头眠。"

同卷《乘山飞来石》《乘山寺》。

下旬,应族人邀,至新丰柯村谒洪皓祠,有诗。

《更生斋诗续集》卷三《新丰柯村谒忠宣公祠》,诗前有小序:"文惠公弟八子檿始居柯村,今举山前后子姓已有万家,特邀余往,因为留一日乃别。"诗云:"六百年来此谒公,冰天雪窖记曾同。人传苏武居区脱,我逐张骞事凿空。公所至,乃汉时北单于道。九死未忘酬主德,半生敢说有宗风。葛仙岭畔祠堂好,一样溪山入画中。杭州西湖亦有忠宣公祠,与此并擅山水之胜。"

游大幕山,望举山,题明仇英山水画册。

《更生斋诗续集》卷三《同人游大幕山久憩圆通寺》《望举山作》《题明仇实甫山水画册》。

二十九日,冰鉴堂晓起看雪,有诗。

《更生斋诗续集》卷三《二十九日冰鉴堂晓起看雪》。

十二月初七日,有雪,胡世琦、朱暄过访,有诗。

《更生斋诗续集》卷三《十二月初七日雪喜泾县胡世琦朱暄两孝廉过访》。

胡世琦(1775—1829),字玮臣,号玉樵,清安徽泾县人。嘉庆十九年(1814)进士,翰林院庶吉士。历官山东费县、曹县知县等。所著有《主经堂诗钞》《小尔雅广义》等。事具《(民国)安徽通志稿》卷一百五十七等。

朱暄,常州府训导。馀待考。

雨中编校《左传诂》,有诗。

《更生斋诗续集》卷三《雨中编校左传诂作》。

十一日,同人携酒饮于南楼至月上,有诗。

《更生斋诗续集》卷三《十一日同人携酒至南楼小集月上乃返》:"一城爆竹声,已觉冬月末。冬穷腊断客不回,且向南楼眺斜日。"

十九日,招沈沾霖、戴大昌等同人于北楼寓馆祀苏轼生日,并束装返里,有诗。

吕《谱》本年条:"十二月,旋里。"

《更生斋诗续集》卷三《十九日北楼寓馆招同人为苏文忠公生日设祀偶成四绝句》其三:"觥船真可敌风棱,不怕檐前尺五冰。招得东邻数诗老,戴吴兴与沈吴兴。谓沈沾霖、戴大昌两广文。"其四:"我距公生七百年,望公总不啻神仙。惟余一事公输我,明日归耕阳羡田。时即日束装回里。"

沈沾霖(生卒年不详),字湘葵,一字葆真,清江苏震泽(今属吴江市)人。少时以游幕为生,而不废举业。乾隆癸卯(1783)举人。官安徽宁国府训导二十年。移疾归。晚岁专心学书。著有《爱静词》,所辑有《限期集览》《刺字便览》等。事具《(道光)苏州府志》卷一百五十等。

官村阻风,有诗。

《更生斋诗续集》卷三《官村阻风》:"相隔一百里,年残尚阻风。"

二十四日,邀吴端彝、庄宇逵、赵怀玉、赵球玉、蒋廷耀昆仲至卷施阁祭诗,有诗。

《更生斋诗续集》卷三《小除日邀吴封君端彝庄征君宇逵赵司马怀玉上舍球玉蒋少府廷耀昆仲至卷施阁祭诗作》)。

本年,作诗四百馀首,并有《六书转注录》《比雅》及《弟子职笺注》等著作。

《更生斋诗续集》卷三《小除日邀吴封君端彝庄征君宇逵赵司马怀玉上舍球玉蒋少府廷耀昆仲至卷施阁祭诗作》:"孔融北海尊常满,谢客西堂岁小除。百首尚怜无杰作,今岁得诗四百馀首。一年敢信有传书。岁内作《六书转注录》《比雅》及《弟子职笺注》等。"

徐书受病逝。

嘉庆十一年,丙寅(1806),六十一岁

正月,至杭州,以元夕泛舟西湖,遂至馀杭县,遍游径山、大涤山诸胜,宿洞霄宫,回舟复至邓尉看梅。

吕《谱》本年条。

初一日,有诗。

《更生斋诗续集》卷四《丙寅元日》:"甲子才周岁复迁,衰翁又值丙寅年。"

同卷《即事》:"不归燕子乍来雁,频日见燕子。破例江南正月天。"

拟访余杭大涤山及破迷、小颠诸僧,先柬以诗。

《更生斋诗续集》卷四《丙寅新正将游余杭大涤山回至湖上访破迷小颠诸老衲先柬三首》。

初三日或稍后,忆谢园访友,不值,有诗。

《更生斋诗续集》卷四《忆谢园访友不值》:"新年新月影,旧客旧书堂。……只有黄梅树,犹馀腊底香。"

渡莺脰湖,过嘉兴,有诗抒怀、纪行。

《更生斋诗续集》卷四《夜渡莺脰湖》《舟过嘉兴》《迎春花》《涛头》《放歌四首》。

十五日,元宵节,泛雨西湖,偕何琪、华瑞湟、吴锡麒、项墉、汪淮、戴敦元、何元锡集于望湖楼,有诗。

《更生斋诗续集》卷四《元夕西湖泛雨杂诗》其四云:"瓣香相约祀文忠,落落星辰此数公。谓梁侍讲同书、何征君琪、吴祭酒锡麒、项州倅墉数人。只惜丙寅元旦日,丧他六十七诗翁。潘侍御庭筠以元旦日谢世,年六十七。"

同卷《元夕偕何征君琪华司马瑞湟吴祭酒锡麒项州倅墉汪上舍淮戴比部敦元何文学元锡望湖楼小集》。

项墉(生卒年不详),字金门,号秋子,清浙江钱塘(今杭州)人。贡生,候选州同知。所著有《春及草堂诗集》等。事具《两浙輶轩续录》卷十六、《(民国)杭州府志》卷一百四十六等。

泊舟馀杭,访县令张吉安,阅张吉安与张问陶联吟卷子,留饮衙斋,并观社火。

《更生斋诗续集》卷四《泊舟馀杭访张大令吉安》:"江涨桥边路,官塘卅里斜。……欲寻贤宰话,刚值午时衙。"

同卷《张大令留饮衙斋并观社火》:"欲向名山信宿回,宾筵先为散人开。……联吟读罢增惆怅,时阅大令在京邸时与张侍御问陶联吟卷子。手写新诗寄栢台。"

张吉安(1759—1829),字迪民,号莳塘,晚号石塘居士,清江苏吴县人。乾隆四十二年(1777)举人,六十年(1795)大挑知县,发浙江用。历官县丞、杭州府通判以及淳安、象山、新城、永康、丽水、浦江、余杭等县知县。工诗善画,所著有《大涤山房诗录》等。事具《清史稿》卷四百七十八等。

为张吉安题张问安所扸唐人韩干画《駒騄马》。

《更生斋诗续集》卷四《为张大令题所扸唐韩干画駒騄马》"我友张亥白张柳门"句下有小字自注:"元本存柳门处,此轴系亥白所扸赠大令者。"

应张吉安请,作《新修馀杭县儒学碑记》。

《更生斋文续集》卷一《新修馀杭县儒学碑记》。

按:此记之作,当是访张吉安时应其请,故系于此。

取道双溪镇,游大涤山,有诗纪行。

《更生斋诗续集》卷四《双溪镇道中》《自黄湖渡大溪入径山》《天然庵》《径山道中杂诗》《径山憩半山亭复五里至山顶》《自兴圣寺至松源久憩》《径山回复沿南湖至洞霄宫》《入九锁山望天柱峰》《入大涤洞半里观宋人题名》《洞霄宫谒苏文忠李忠定公祠》。

二十日,与同人小集湖上,为白居易设祀,并与许宗彦订交于苏公祠,有诗。

《更生斋诗续集》卷四《二十日同人为白文公生日设祀因小集湖上作》:"大历体裁输后辈,永贞朝事感孤臣。"

同书卷八《酬许兵部宗彦》首句"玉局祠旁尺五亭"下有小字自注:"前岁正月二十日在苏公祠订交。"

许宗彦(1768—1818),原名庆宗,字积卿,一字固卿,号周生,清浙江德清人。嘉庆四年(1799)进士,官兵部主事。归田后,以著述为事。于经史颇有研究,并善文字训诂,长于天文历算。所著有《鉴止水斋集》二十卷,《鉴止水斋文录》一卷等。事具《清史稿》卷四百八十二、《清史列传》卷六十九、陈寿祺《左海文集》卷十《驾部许君墓志铭》、阮元《揅经室集》卷二《浙儒许君积卿传》等。

自乌镇迂道访鲍廷博,有诗。

　　《更生斋诗续集》卷四《自乌镇迂道五里访鲍处士廷博赋赠》:"处士元仍素,诸生青出蓝。以君方孝绪,前哲定蒙惭。"

　　鲍廷博(1728—1814),字以文,号渌饮,清安徽歙县人。诸生。好藏书,所得多而精。四库馆开,进家藏善本六百馀种,因此于嘉庆十八年(1813)特恩赐举人。勤学耽吟,所著有《花韵轩小稿》二卷及《咏物诗》一卷,又校刊《知不足斋丛书》三十种,颇为学林所重。事具《清史列传》卷七十二、阮元《揅经室集》卷《知不足斋鲍君传》等。

二十三日前后,回舟至支硎山访僧寒石,知邓尉花事正盛,遂于诸处探梅,有诗纪行。

　　《更生斋诗续集》卷四《回舟至支硎山访寒石僧并闻邓尉花事正盛喜而有作》:"临安花乍落,邓尉正花开。……复有支硎约,相将坐石台。"

　　同卷《自天平后山度岭至莲华洞》《中白云寺久憩》《见山楼小集共得杭字韵》《探梅先至香雪海待同人久不至》《邓尉探梅杂诗》《题支硎山袁氏园亭》。

　　僧寒石,见湛谷条。

偕钮树玉、徐云路、孙上舍、董国华、戴延祁、僧寒石探梅邓尉,赋《邓尉看梅歌》。

　　《更生斋诗续集》卷四《邓尉看梅歌偕钮山人树玉徐明经云路孙上舍□□董博士国华戴上舍延祁僧寒石同赋共得潭字韵》:"看花不到东西潭,潭东潭西花事最盛。无异半道先停骖。……支硎、光福及玄墓,十年花路我始谙。花前曲折浸湖水,花外历落浮晴岚。东西何止作花海,此地近亦饶桑蚕。"

　　孙上舍,其人待考。

　　董国华(1773—1850),字荣若,号琴南或琴涵,清江苏吴县人。嘉庆十三年(1808)进士,选庶吉士,授编修,以御史出知山东莱州府,历官至广东雷琼兵备道。所著有《香影庵词》《云寿堂诗文集》《读书楼初稿》等。事具《苏州府志》卷八十四等。

二十六日前后,卷施阁看梅,有诗。

　　《更生斋诗续集》卷四《回里后卷施阁看梅》:"西崦梅开已后时,故乡仍比崦中迟。万花堆里归来日,才见墙头一两枝。"

　　按:二十三日前后在苏州看花,则返里看梅约在二十六日前后,故系于此。

二月初二日,招集孙振学、赵翼、吴骐、吴彪、赵怀玉、汪焘、吴阶、孙勋、杨奋、吴端彝、刘烜、陈宾、金榮、杨炜、方宝昌同集更生斋,有诗。

　　《更生斋诗续集》卷四《今岁孙上舍振学九十赵兵备翼八十吴上舍骐七十其弟上舍彪五十赵司马怀玉六十汪上舍焘吴大令阶并五十将以二月二日合宴于更生斋并招将及八十之孙封翁勋杨刺史奋吴封翁端彝刘总戎烜将及七十之陈大令宾金太守榮将及六十之杨兵备炜方大令宝昌同集十四客合计千年亦里中盛事也率赋此章并邀座客同作》:"社公社日茅筵开,相约北巷南邻来。大年期颐次亦叟,一一同倾社公酒,更愿人同社公寿。……春灯初然春燕来,明日主客帆皆开,吴大令及余皆以明日束装。更约明岁倾春酤。"

　　孙振学,行实待考。

　　吴阶(1757—1821),字次升,一字礼石,号古茨,清江苏武进人。乾隆四十九年(1784)召试二等,授中书,后官湖南桃源同知、山东曹州知府。通史,善文,工词曲。所著有《礼石山房集》《金乡纪事》《微云馆词钞》等。事具《江苏艺文志》常州卷等。

　　杨奋,清江苏阳湖(今常州市)人。监生。曾官云南蒙自知县。余待考。

　　刘烜(生卒年不详),字巽行,清江苏阳湖(今常州市)人。精骑射,通方略。乾隆二十一年(1756)武举人。屡与战事,累迁至浙江衢州镇总兵,后移镇福建汀州、漳州等。事具《(光绪)武进阳湖县志》卷二十二等。

　　吴彪(1737—?),行实待考。

　　吴骐(1757—?),行实待考。

　　汪焘(1747—?),行实待考。

初四日,将出行,应杨炜招,与赵怀玉、赵球玉、杨谨吉、汪泰游城北放生池及水云庵,并放风筝,有诗。

　　《更生斋诗续集》卷四《二月初四日将解维杨兵备炜复约至城北历游放生池及水云庵至日暝乃返》,题下有小字自注:"座中客为赵司马昆仲、杨秀才谨吉、汪上舍泰。"诗云:"河干暂歇上河船,城北犹留半日缘。交旧五人青鬓改,轩窗三面紫云穿。狂携笔砚题凡鸟,是日就近访友人不值,因命奴子辈至城头放纸鸢。老逐儿童放纸鸢。尚有玉梅迎客语,欲从此地证空禅。"

十日前后,抵宣城。

　　吕《谱》本年条:"宁国鲁太守铨聘修《宁国府志》,设志局于城北戚氏故居。先生以《泾县志》事将成,命长子饴孙先往编校,自留宁国订定条例,闲访敬亭南湖之胜。"

　　《更生斋诗续集》卷四《寒食花下独酌》其二:"依旧敬亭山色,夜深来映书帏。我忆青莲居士,青莲又忆玄晖。"

　　同卷《自北楼至南楼道中》:"行过数条巷,时浮一树花。"

　　按:以寒食日饮酒宣城花下,则至宣城,当在十日前后,故系于此。

十五日前后,作《昨传》诗。

　　《更生斋诗续集》卷四《昨传》:"昨传节使跨青骢,几日星驰浙水东。……毕竟圣朝威德远,半春先已息飓风。"

　　按:据"半春"句,诗当作于二月十五日前后,故系于此。

十六日,寒食节,饮于花下,有诗,并作《古艳词》。

　　《更生斋诗续集》卷四《寒食花下独酌》《古艳词》。

十七日,清明,同人登城望宛溪、鼍峰,并上南楼,登宾月阁小集,有诗。

　　《更生斋诗续集》卷四《清明日同人登城望宛溪鼍峰并至南楼作》《同人登宾月阁小集》。

为张垣题其祖张汝霖《西阪草堂集》,并为修《宁国府志》向其借书。

　　《更生斋诗续集》卷四《张秀才垣以其祖司马汝霖西阪草堂集属题时余适承修府志欲从草堂假书遂并及之》:"我从南楼回,不向北楼走。闲从阪东头,历及阪西口。阪西草堂高接天,万卷图书四围柳。四围杨柳花千株,主人楼头方著书。……一瓻来借同讨论,欲访载籍求根源。"

张垣,行实待考。

三月初八日,载酒从宛溪舟行,登响山,有诗。

《更生斋诗续集》卷四《上巳前一日载酒从宛溪舟行登响山久憩》。

按:初九日上巳。

十一日,经沙棠湾,游敬亭山,憩于翠云亭,谒七贤祠,有诗纪行。

《更生斋诗续集》卷四《十一日泊舟沙棠湾行五里至敬亭山久憩翠云庵作》《敬亭道中》《七贤祠题壁》。

十五日,应凌廷堪招,集于南楼,闻江浙官兵会剿洋匪蔡牵,有诗赠江藩。

《更生斋诗续集》卷四《三月十五日凌教授廷堪约同人南楼小集酒半率赋即赠江上舍藩》末联"醉倚阑干望东海,贼氛何日净台湾"下有小字自注:"时闻江浙官兵至台湾会剿洋匪蔡牵。"

十六日,江藩归里,于宾月阁饯别,有诗。

《更生斋诗续集》卷四《十六日集宾月阁饯江上舍藩》:"宾月楼头月是宾,主人除我恐无人。贫交又放邗江棹,小住同垂宛水边。红豆一株传绝学,君为惠红豆再传弟子。黄花十里飐残春。著书匡阜他年约,瀑布香炉共此身。"

按:据"贫交又放邗江棹"句,当是江藩归扬州。

十九日,偕胡世琦、吕培等游南湖,有诗纪行。

《更生斋诗续集》卷四《雨中入南湖口》《夜宿南湖起眺残月》《南湖道中杂诗》。

《更生斋文乙集》卷四《游南湖记》:"南湖者,南江之委也。……余以丙寅三月中旬偕友人来游,食宿于湖者二日。……童冠之乐,云当暮春;袚除之期,刚展十日。……同游者为泾县胡孝廉世琦、宣城州倅□、及门旌德吕文学培,而亮吉为之记。"

按:上巳日,三月初九日。据"袚除之期,刚展十日",当是十九日与二十日这两天游南湖。

有诗酬答吕荣。

《更生斋诗续集》卷四《吕大令荣以二诗见寄率占一首答之》:"我

从瀚海穿沙海，君罢枞阳客广阳。君前宰桐城，以母夫人忧离任，贫不获归，今尚留滞宣、太间。试问耿恭驰异域，何如朱邑宦桐乡。外家三径全应圮，老屋双桥半亦荒。余与君皆蒋氏甥，又同居中河桥侧委巷中。自笑暮年仍远客，卖文才了著书忙。"

吕荣（1755—1822），字幼心，清江苏武进人。乾隆四十二年（1777）举人，历官甘肃隆德、安徽五河、桐城知县。多惠政，后擢浙江杭州东防同知，因案罢归。事具《（光绪）武进阳湖县志》卷二十二《人物》等。

本月，郭兰芬来谒，乞先生为五丈原诸葛亮祠题诗。

《更生斋诗续集》卷四《宣城主簿郭兰芬岐山人也言其乡新修五丈原诸葛忠武祠乞为一诗余因忆乙巳年春曾亲谒祠下今忽忽二十余年矣感赋一篇即示郭君》。

《北江诗话》卷四："丙寅三月，余在宣城，忽有主簿郭兰芬投谒，自云岐山人，并言县人已重新五丈原诸葛忠武祠，乞作一诗，以刊祠壁。"

郭兰芬，陕西岐山人。附贡生。官宣城县主簿。馀待考。

四月，自宁国至泾县，由水程旋里。

吕《谱》本年条。

初二日，将赴琴溪，因急雨不果，以诗先柬琴溪诸友。

《更生斋诗续集》卷四《四月初二日将赴琴溪以急雨复回先柬琴溪诸友》。

初五日前后，前往泾川，马日恒跨马来迎，有诗纪行。

《更生斋诗续集》卷四《马州倅日恒筑数楹山半其前即龙山万顷竹也余故以绿天名之》："白马迎人出树巅，未至县界，马君已跨马来迎。不知家在夕阳边。四山入梦都红雨，一阁为君署绿天。"

同卷《自龙山口放槎入琴溪五里至岩䃶洞作》《琴溪道中》《岩䃶洞久憩》《抵泾川作》。

马日恒（生卒年不详），字立方，清安徽泾县人。郡庠生，官州同知。幼孤，事母孝。尝开修中保里山路数十里，多有义举。所著有《莲心诗草》二卷等。事具阮文藻、赵懋曜等纂修《泾县续志》卷三《文苑》

等。

初十日前后,作《翟孝子诗》等诗抒怀。

> 《更生斋诗续集》卷四《翟孝子诗》《友人属题燕子笺》《积雨乍霁》
> 《咏史》)。

十五日,游水西,憩于烟雨亭,谒桓简公祠,有诗纪行。

> 《更生斋诗续集》卷四《十五日同人游水西久憩烟雨亭》《湖山谒
> 桓简公并留饮祠侧》。

> 按:桓简公,即桓彝(276—328),东晋人,曾官散骑常侍、宣城内史
> 等。

十六日,应沈国祥招,同人集于水心亭,有诗。

> 《更生斋诗续集》卷四《十六日沈二尹国祥招同人水心亭宴集即席
> 率赋》:"正月已醵湖心亭,水心此亭今复到。一春日日苦著书,一日得
> 闲先醉倒。……最难北海樽常满,后日,赵司训绍祖复约于此小集。从
> 此南州酒全秏。扃门明日复著书,好学应师武公耄。"

> 沈国祥,字瑞廷,清安徽泾县人。附贡生。候选县丞。馀待考。

十八日,应赵绍祖召,夜集于水心亭。

> 赵绍祖《琴士诗钞》卷四《水亭夜集即席呈洪北江太史》题下小字
> 注:"时戒余勿弈。"

十九日,游幕山,憩于圆通庵,有诗。

> 《更生斋诗续集》卷四《十九日同人游幕山并久憩圆通庵作》。

题长春寺僧岩石所绘岩关古寺图。

> 《更生斋诗续集》卷四《考坑长春寺僧岩石自绘岩关古寺图属题》。
> 僧岩石,行实待考。

二十五日前后,与章天育等游城南道士湖,有诗。

> 《更生斋诗续集》卷四《游城南道士湖》:"道士湖头路,冥濛百顷
> 田。……商量早秋饮,来及采新莲。与章征君天育约,新秋当携酒饮
> 此。"

> 按:诗次于十九日诗与三十日诗之间,故系于此。

三十日,从吴家湾出行,旋里,有诗。

《更生斋诗续集》卷四《三十日早发吴家湾》。

有诗赠马春田,并柬姚鼐。

《更生斋诗续集》卷四《赠马文学春田柬姚比部鼐》。

姚鼐(1731—1815),字姬传,一字梦谷,清安徽桐城人。乾隆二十八年(1763)进士,改翰林院庶吉士,授兵部主事,累迁至刑部郎中、记名御史。中年以后辞官,历主江南、紫阳、钟山各书院。论文主张"义理、考据、辞章"合一,将文章总体风格分为阳刚、阴柔两大类等。所著有《惜抱轩文集》十六卷、《文后集》十二卷、《诗集》十卷、《九经说》十九卷、《笔记十卷》等,所选《古文辞类纂》颇为时人及后人所取法。事具《清史稿》卷四百八十五、《清史列传》卷七十二、陈用光《太乙舟文集》卷三《姚先生行状》等。

马春田(生卒年不详),字雨耕,桐城人。廪贡生,性不谐俗,老于场屋。工诗,风格遒上,有唐人风致。所著有《乃亨诗集》等。事具《(道光)重修桐城县志》卷十六、《晚晴簃诗汇》卷一百一十一等。

五月初一日,过高淳城外,有诗。

《更生斋诗续集》卷五《五月一日过高淳外》。

撰《六书转注录》与《比雅声类》成,作答章天育书。

《更生斋文乙集》卷四《答章征君天育书》:"西台征君足下:昨岁比屋而处,每一念及,欣然过从,及相隔百里,此乐遂不可再。……比作《六书转注录》及《比雅声类》等,均已告成。不日返延陵之皋,观吊屈之舸。榴火塞径,蒲英满筯,海燕拂檐,江鱼入馔,惜不获与足下共耳。"

按:先生与章天育相交于嘉庆十年。据书首"昨岁比屋而处"与书末"不日返延陵之皋,观吊屈之舸"句,书当作于五月初,故系于此。

初三日,抵家。

按:初一日过高淳城外,计行程,初三日当抵家,因而系于此。

初四日前后,送徐砯归沭阳,有诗。

《更生斋诗续集》卷五《送徐明经砯奉敕归沭阳》,题下有小字自注:"君为友人所累,谪役常州。"

徐砯(1776—1829),字映华,一字述城,号枳村,清江苏沭阳人。

嘉庆辛酉(1801)拔贡。以朝考违禁,谪居常州。评选诸书多种。所著有《天爵堂集》《茆宇集》《感红轩诗》等。事具《(民国)重修沭阳县志》卷九等。

为金棨题金声画像。

《更生斋诗续集》卷五《金忠节公声画像为其六世族孙太守棨赋》。

初五日,端午节,有诗调笑表兄蒋馨。

《更生斋诗续集》卷五《五日调蒋表兄馨》。

自初五至十五日,作《云溪竞渡词八首》。

《更生斋诗续集》卷五《云溪竞渡词八首》,诗题下有小字自注:"自初五日至十五。"

里居读书,间以诗纪事抒怀,为杨浦题山水长幅。

《更生斋诗续集》卷五《智鹊行》《义牛行》《读史记四首》《读田畴传》《忆芮山寒潭》《题杨布衣浦山水长幅》。

约二十日前后,避暑金山,与张澍相识,次日,送之西上江宁。

张澍《养素堂文集》卷九《游金山记》:"忆丙寅岁,余来南,由苏州至丹徒。邑令靳君金鼎,延津人,为同门生,在都中相识。访之,靳君以余船小,为换大艑。日夕乘风泊金山下,挽衣荷笠而上,造其巅,洪稚存太史在焉。余问前辈何在此?几时来?洪曰:'余寓此游暑,已月余矣。君何往?'余曰:'将赴江宁。'洪曰:'今夕须痛饮狂歌,呼风喝月,醉则跳江波中寻郭景纯,校户之大小耳!'余笑曰:'前辈兴故豪,醉则可,何必求死?'洪曰:'君惧死乎?'余曰:'澍不畏死,恐奇相不受前辈耳!'相与奉腹笑。衔杯嚼,复嚼咸茗芋,起则若禾黍低昂,磨墨伸纸,作《金山顶放歌》毕,各睡去。诘旦,洪前辈送余至舟,时风正怒,遂扬帆去。此游较后游胜,遂并记之。"

张澍《养素堂诗集》卷七《登金山顶放歌同洪稚存亮吉前辈作》。

按:先生本年避暑金山,吕《谱》不载,今据张澍《游金山记》姑系于此。

张澍(1781—1847),字伯瀹,一字时霖,自号介侯,又号介白,清甘肃武威人。嘉庆四年(1799)进士,入翰林,充实录馆纂修。散馆,历官贵州玉屏、四川屏山、大足、铜梁等县知县,江西临江通判。为官简易,持法不苟,多有循政。所著有《养素堂诗集》二十六卷、《养素堂文集》三十五卷及《姓氏五书》《续黔书》等数十种。事具《清史稿》卷四百八十六、《清史列传》卷七十二、钱仪吉《衍石斋纪事续稿》卷九《张介侯墓志铭》、冯国瑞《张介侯先生年谱》等。

月底,复至宁国。

> 吕《谱》本年条:"五月,复至宁国。"

戴璐卒。

六月六日,应胡世琦招,与同人集于宾月阁,有诗。

> 《更生斋诗续集》卷五《六月六日胡孝廉世琦招同人宾月阁小集》。

九日,大雷雨,有诗。

> 《更生斋诗续集》卷五《初九日大雨雷电作》:"四檐皆瀑布,一港已惊涛。……稍霁登城望,三田禾黍高。时正望雨。"

拟向张焘借《太平御览》校书,有诗呈之。

> 《更生斋诗续集》卷五《呈张侍讲焘》,题下有小字自注:"余房师王观察奉曾,侍讲所取士也。"诗云:"功业无成但校书,好奇还许事冥搜。欲披北宋三千卷,北宋三大书,各一千卷。侍讲皆有精本。时余欲先借《御览》校勘。会上南州百尺楼。远迹计曾来海岛,侍讲主讲前岁为海上游,曾访之不值。旧游仍喜说瀛州。投荒万里公应惜,两世门生总白头。余与房师并曾遣戍伊犁,发皆从戍所白。"

应鲁铨招,与同人集于所新修北楼,有诗。

> 《更生斋诗续集》卷五《鲁太守铨新修北楼招同人宴集其上即席赋此》。

十二日,夜同人步月至南楼,有诗。

> 《更生斋诗续集》卷五《十二夜同人步月至南楼薄醉乃返》。

以诗柬李德淦。

> 《更生斋诗续集》卷五《闻李大令德淦乞假游敬亭山率柬二首》其二:"僧忙一日扫禅关,官却来偷半日闲。"

应鲁铨招,与张焘、何佳玫集于北楼,有诗。

《更生斋诗续集》卷五《十八日鲁太守铨招同张侍讲焘何教授佳玫北楼小集至月上乃返》："主人开樽古柏前，云与明月来窥筵。玄晖去后谪仙续，胜会距此刚千年。"

招张焘、胡承珙小集，以诗酬胡承珙并柬胡世琦。

《更生斋诗续集》卷五《酬胡吉士承珙二首并柬孝廉世琦》其一："难酬半月台前酒，拟泛三天洞口舟。时胡舍人岱云约于七夕后，共游三天洞。佳节定教寻宿约，故人何不共清游。才名合占东西廊，时与犹子孝廉同住景德寺东西房。诗句分题南北楼。骑马未须商去住，已凉时序暂勾留。"其二："偶然三客萃宾筵，二十科联五十年。时招张侍讲焘与君小集。侍讲以辛巳进士癸未入翰林，距君已二十科，余亦已八科矣。海岳话来都似梦，时与侍讲话黄海白岳旧游。蓬瀛谪后敢称仙。饼惭洛下红绫软，脍到琴溪赤鲤鲜。寄语阿咸勤检点，莫教臣叔著先鞭。"

胡承珙（1776—1832），字景孟，号墨庄，清安徽泾县人。嘉庆十年（1805）进士，翰林院庶吉士，授编修。历官广东乡试副考官、御史、给事中、福建延建邵道、台湾兵备道等。覃心经术，精研小学。所著有《小尔雅义证》十三卷、《补遗》一卷、《仪礼古今文疏义》《求是堂诗集》二十二卷、《求是堂文集》六卷、《骈体文》二卷等。事具《清史稿》卷四百八十二等。

有僧拟修禅史书，先生以诗嘲之。

《更生斋诗续集》卷五《有俗僧欲修禅史书此嘲之》。

得孙星衍书，有诗柬之。

《更生斋诗续集》卷五《得孙大星衍书却寄》。

二十一日，应张焘招，饮于雪楼，有诗。

《更生斋诗续集》卷五《廿一日张侍讲焘招饮雪楼即席赋呈》，题下小字自注："宾月阁名雪楼。"

以诗柬方正澍。

《更生斋诗续集》卷五《寄方上舍正澍江宁》。

二十四日，立秋，有诗。

《更生斋诗续集》卷五《立秋日作》。

二十五日,大风雨,有诗。

    《更生斋诗续集》卷五《二十五日晚大风雨至五鼓方止时山田望泽
    甚切喜而有作》。

三十日,应胡世琦招,饮于雪楼,有诗,并呈胡承珙、胡岱云。

    《更生斋诗续集》卷五《六月晦日胡孝廉世琦招饮雪楼率赋一篇并
    呈吉士承珙舍人岱云》。

    胡岱云,字蕴川,清安徽宁国人。嘉庆十三年(1808)进士,内阁中
    书、员外郎。馀待考。

本月,另有诗《久居》《赠市隐》《避暑》《憩城北道院》《待月行》《采莲行》
《破暑郊行见禾黍甚茂喜而有作》《半月台久坐》《山城晚眺》《商量》《凉夜
久坐》诸诗。

七月,自宁国至泾县,遂有旌德太平往游黄山,浴朱砂泉,宿紫云庵。

    吕《谱》本年条。

月初,读张惠言所辑《虞氏易》,有诗追悼。

    《更生斋诗续集》卷五《读亡友张编修惠言所辑虞氏易追悼一首》。

    按:诗次于六月晦日后,游三天洞之前,姑系于此。

初四日,孙凯曾生。

    吕《谱》本年条:"七月,……是月四日,孙凯曾生。第三子符孙所
    生。"

初五日,出宣城县东门,取道仙姑塘、孙家埠,午后抵三天洞,宿于三天寺,有
诗纪行。

    《更生斋诗续集》卷五《出宣城县东门》《仙姑塘道中》《发孙家埠》
    《日昃抵三天洞久憩》。

    按:同卷《酬胡吉士承珙二首并柬孝廉世琦》其一云:"难酬半月
    台前酒,拟泛三天洞口舟。时胡舍人岱云约于七夕后,共游三天洞。佳
    节定教寻宿约,故人何不共清游。"本拟七夕后游三天洞,却提前至五
    日。

兹游在三天寺住宿一夜(同卷《三天寺晓起》),六日晚返回(同卷《初六日晚

归登风筝阁》），则游三天寺当在初五日，故系于此。

初六日，早度稽亭岭，自三天洞归，晚登风筝阁，有诗。

> 《更生斋诗续集》卷五《三天寺晓起》《稽亭岭早度》《咏三天洞蝙
> 蝠》《初六日晚归登风筝阁》。

为庄秦望题《酒乞图》。

> 《更生斋诗续集》卷五《为庄表侄秦望题酒乞图》。
>
> 庄秦望，行实待考。

十三日，应施晋招，饮于学廨，步月上南城悠然亭久憩，有诗。

> 《更生斋诗续集》卷五《十三日施上舍晋借学廨招饮酒后因步月上
> 南城悠然亭久憩》。

十八日，何道生卒。

二十一日，应章天育招，饮于池上，有诗。

> 《更生斋诗续集》卷五《廿一日章征君天育招饮池上以碧筒杯饮酒
> 致醉率赋》。

二十三日，第三子妇崔氏卒。

> 吕《谱》本年条。

二十五日，偕施晋前往黄山，抵泾县溪头胡氏书塾，胡承珙与胡世琦等迎馆
于此。

> 《更生斋诗续集》卷五《丹溪大石联句》，诗前小序云："大石在泾
> 县溪头都岜峰禅院外，即胡氏书塾也。七月二十五日，与施上舍晋偕游
> 黄山，胡吉士承珙暨小阮孝廉世琦等共迎馆于此。"
>
> 同卷《过村塾》。

二十六日，阻雨，与施晋、胡承珙、胡世琦、胡岱云联句于丹溪大石旁。

> 《更生斋诗续集》卷五《丹溪大石联句》，诗前小序云："大石在泾
> 县溪头都岜峰禅院外，即胡氏书塾也。……廿六日，阻雨，爱憩石旁，约
> 为联句，共得二十韵。"诗云："奔流披山胸，突石划地爪。挐云声攘攘，
> 亮吉。出水势稍稍。眠真牯羊狞，金匮施晋。伏讶褐兔狡。赴泉赤骥
> 渴，胡承珙。吞犊斑虎饱。阳冰锘如锋，泾胡世琦。阴汭柔过鞣。圆排
> 鉴开匣，泾胡岱云。侧簇杯合笼。……"

将诣黄山,半道留宿吕厚新宅,有诗。

> 《更生斋诗续集》卷五《将诣黄山半道留吕州倅厚新宅》:"各占溪山胜,同营栋荸楼。酒惊来百里,先十日购山阴酒以待。饼已说中秋。"
>
> 吕厚新,行实待考。

重过洋川书院,谭正治迎之,并从游,有诗。

> 《更生斋诗续集》卷五《重过洋川书院感旧》:"携筇百里身还健,刻楮三年已成学。谓及门谭秀才正治。主欲迓宾僮未识,担夫争道入山砇。道逢担夫与舆夫争道,偶询之,即秀才从游所携食具。"

抵棕山,憩于碧琅玕山馆,有诗示及门芮栯。

> 《更生斋诗续集》卷五《棕山久憩碧琅玕山馆示及门芮生栯》。

抵汤口,浴硃砂泉,阻雨紫云庵,有诗纪行。

> 《更生斋诗续集》卷五《黄山道中触黑行五里居人有贻松明者行半里雨急复灭颇甚危险至人定后方抵汤口》《浴硃砂泉》《浴朱砂泉逢石门道士口占赠之》《夜起作》《夜起望天都峰》《紫云庵阻雨》《雨两日两夕不止复成长句》《偶成》。

于茅蓬送谭正治归里,有诗。

> 《更生斋诗续集》卷五《茅蓬送及门谭茂才正治归里》。

得知王昶病逝,有诗哭之。

> 《更生斋诗续集》卷五《哭王司寇昶》。

胡世琦约同游武夷山,因妇病欲急归,改游齐云山,作诗别之。

> 《更生斋诗续集》卷五《胡孝廉世琦约同游武夷半道以妇病欲遄归遂改游齐云以了寻山之约书此为别并以寄嘲》:"风云径路通霄汉,儿女情怀损性真。我向武夷君一笑,琴高跨鲤入红尘。"
>
> 同卷《山云》。

八月初一日,雨,有诗。

> 《更生斋诗续集》卷五《八月初一日雨中作》《杂诗十首》。

初三日,雨霁,自茅蓬至汤口,宿休宁县潭口,有诗纪行。

> 《更生斋诗续集》卷五《初三日新霁自茅蓬至汤口道中作》:"一路水晶帘百幅,卷来都为谪仙人。"

同卷《宿休宁县潭口》："茅蓬及潭口,不及一程宿。"

初四日,抵黟县,有诗纪事。

《更生斋诗续集》卷五《黟县率山道中》。

按:"黟"原本作"黝",字讹。以行程记,初四日至黟县,故系于此。

由祁门舟行至浮梁,有诗纪行。

吕《谱》本年条:"自黟县祁门溪行至崇安县,游武夷山,遍历九曲溪及天枢玉女诸峰,入桃源紫云洞,自上饶玉山舟行旋里。"

《更生斋诗续集》卷五《浮梁船》《水程自祁门至浮梁道中》《晓过景德镇》。

道中,作《后游仙诗》。

《更生斋诗续集》卷五《后游仙诗》。

十一日,抵馀干,泊黄邱埠,有诗。

《更生斋诗续集》卷五《十一日蚤泊黄邱埠》:"上饶江路永,三折到馀干。"

十二日,抵贵溪,过夏言故居,有诗。

《更生斋诗续集》卷五《贵溪过明夏襄愍故居》。

按:以行程计,十二日抵贵溪,故系于此。

十三日,经贵溪,抵弋阳,有诗纪行。

《更生斋诗续集》卷五《弋阳溪上见雁》《杨家渡》《过贵溪县城》《圭峰山》《舟抵弋阳县》、

按:以行程计,十三日抵弋阳,故系于此。

十四日,抵铅山,于桥亭遥礼武夷山,雨,知县王泉之留宿于铅山试院,有诗。

《更生斋诗续集》卷五《铅山县桥亭遥礼武夷山作》:"欲礼武夷君,桥亭先望拜。"

同卷《十四日雨王大令泉之留宿铅山试院》:"二千里外听秋雨,九曲溪边梦月华。何意故人期再爽,复惊过岭路三叉。银河顿改宵中色,金粟先舒天半花。闻道信河河势险,欲从博望借浮槎。时约望江倪进士模中秋日在武夷相待。"

　　王泉之（生卒年不详），字汉槎，号星海，清湖南清泉人。嘉庆十年
（1805）进士。博学多才。历官进贤、铅山、鄱阳等县知县，宁都知州，
署理赣州知府。减盐税，清匪患，多善政。所著有《政馀书屋文钞》等。
事具《（同治）南昌府志》卷二十六等。

十五日，中秋节，应王泉之招，集于衙斋，是夜三鼓，雨止月出，有诗。

　　《更生斋诗续集》卷五《中秋日雨留铅山》《是夕王大令招集衙斋
即席赋赠》《中秋夜三鼓雨止月出喜而有作》。

十六日，自城南门早发，度紫溪岭，有诗。

　　《更生斋诗续集》卷五《十六日早从雨中束装出城南门》《度紫溪
岭》。

十七日，雨，宿车盘，夜半雨止月出，有诗。

　　《更生斋诗续集》卷五《十七日宿车盘雨复不止至夜半甫有月》。

十八日，度分水岭，经羊肠、崇安县屏南桥，抵第一曲，宿于水光厓，有诗。

　　《更生斋诗续集》卷五《度分水岭》《自路口塘至羊肠望武夷支山
作》《崇安县屏南桥正望武夷》《自崇安城外至九曲溪道中作》《武夷山
谒冲祐观兼望武夷诸峰》《入第一曲宿水光厓望天枢玉女诸峰》。

　　《更生斋文乙集》卷四《游武夷山记》："……余以丙寅八月，得成
兹游。……以月之十八日，鼓棹入山，谒冲祐之观，礼幔亭之神。……
是日，沿岭望大青师、小青师、玉女峰诸胜。暝色已上，遂泊舟第一曲之
水光厓宿焉。"

十九日，自第二曲望虹桥板厓，历仙人桥、钓鱼台、接笋厓、仙人掌、云寮泉诸
胜，宿于第六曲，有诗。

　　《更生斋诗续集》卷五《舟行第二曲望虹桥板厓》《舟经钓鱼台并
度溪望仙人桥诸胜》《接笋厓以索断不得上仅寻仙人掌云寮泉诸胜而
返》。

　　《更生斋文乙集》卷四《游武夷山记》："明霞未殄，而蜡屐又御矣。
舟移至第二曲，振舄上岭，……遍历仙人桥、钓鱼台、接笋厓、仙人掌、
云寮泉诸胜。……是晚舟宿第六曲，复缓步至金鸡社，则玦月已上矣。"

二十日，至天游庵，经金鸡岭入桃源洞，抵九曲星村，回棹至第一曲，宿盘珠

岩下,有诗。

> 《更生斋诗续集》卷五《自六曲溪上岭五里至天游莽》《自金鸡岭入桃源洞》《九曲溪尽已抵星村偶登木架桥望迤西诸岭》《回舟自第一曲沿岭至止止庵复古庵紫云洞久坐大王峰下》。

> 《更生斋文乙集》卷四《游武夷山记》:"明发更早,澄波愈宽。……昏霾三折之岭,墨染九回之水。逮闻斋钟,方抵星坞。……复回棹至第一曲。……遂沿岭至止止庵、复古庵、紫云洞,并久坐大王峰下。……二鼓,移棹出曲,宿盘珠岩下。"

二十一日,凌晨登盘珠岩,历落石精舍、天心庵,有诗赠永清上人;后登舟,抵建阳,作《游武夷山记》,有诗纪行。

> 《更生斋诗续集》卷五《二十一夜五鼓乘月登盘珠岩历落石精舍天心庵谜路久之甫得登舟》《磊石精舍贻永清上人》《采茶歌》《九曲溪放歌》《自崇安溪至建阳》。

> 《更生斋文乙集》卷四《游武夷山记》:"夜半即起,颠蹶上岭。……破曙,甫抵盘珠。……遂复高下百折,石腹之钟甫闻;东西屡迷,天心之庵乃出。……逮夫途穷,适与舟合,则已离原泊处十里,出九曲之外矣。……是游也,遵途者百程,居山者四日。……盖踪迹所至,足冠乎平生。而东南之游,亦止于此日矣。是日行抵建溪,是为记。"

二十二日,在建阳。

二十三日,孙彪曾生。

> 吕《谱》本年条。

二十四日,仍在建阳,谒闽王庙,有诗。

> 《更生斋诗续集》卷五《题建阳北郭闽王庙》:"酹尔一杯天半酒,挂帆明日下西湖。"

> 按:建阳至麻沙塘约一日程。以二十五日宿于麻沙塘,则二十四日仍在建阳,故系于此。

二十五日,抵麻沙塘夜宿,有诗。

> 《更生斋诗续集》卷五《廿五日宿麻沙塘》。

题崔景侃折枝画扇。

《更生斋诗续集》卷五《题崔三景侃折枝画扇》。

大约在月底,过邵武府,有诗。

　　《更生斋诗续集》卷五《过邵武府》《万年桥》。

　　按:二十五日抵麻沙塘,以行程计,当在月底过邵武,故系于此。

归途中,作《续游仙诗》。

　　《更生斋诗续集》卷五《续游仙诗》。

本月,先生序姚天健《远游诗钞》。

　　姚天健《远游诗钞》卷前先生序文(刘本失收):"行轩姚君,天怀冲淡……余与行轩未经谋面,屡寄稿问……余既评定其全集,复跋数语,弁诸简端。时嘉庆丙寅秋仲,阳湖洪亮吉序于更生斋。"

　　姚天健,字行轩,清广东澄海人。布衣。所著有《远游诗钞》《词钞》等。

九月初三日,谢坛置酒为寿,并应招游乌君山,有诗。

　　《更生斋诗续集》卷五《度云磜岭即抵江西界光泽送人欲回复寄谢大令一篇》"谢家初度崔除夕"句下小字自注:"初三日,值余初度,大令为余置酒。令妹,吴安人,余戚属也,亦出为寿。"

　　同卷《初三日谢大令坛具行楂招游乌君山是日适值余初度率赋一篇》《乌君山道中》《抵乌君山》《未抵山半急雨止茅蓬》。

　　谢坛,清江苏武进人。举人。官建宁、光泽县令。馀待考。

抵光泽,宿枕溪阁,有诗。

　　《更生斋诗续集》卷五《光泽县东四十里宿枕溪阁》其一:"愿化水乡云一朵,梦随新月到乌君。"

　　按:据"新月"二字,抵光泽县东,当在九月初四日前后,故系于此。

初七日,晨度云磜岭,抵江西界,有诗,并柬谢坛。是日,李廷敬卒。

　　《更生斋诗续集》卷五《初七日早度云磜岭》《度云磜岭即抵江西界光泽送人欲回复寄谢大令一篇》。

初八日,抵铅山澄波桥,有诗。

　　《更生斋诗续集》卷五《铅山澄波桥作》。

按：以行程计，抵铅山澄波桥当在初八日，故系于此。

初九日，阻雨河口，醉逆旅陶翁家，有诗寄王泉之。

《更生斋诗续集》卷五《十八日自富阳陆行至西湖就壑庵小憩即邀小颠载舟二僧泛湖至五柳居小饮月上乃返》首联"刚喜秋中到武夷，又从九日醉东篱"句下有小字自注："九日阻雨铅山，醉逆旅陶翁家。"又同卷《九日在河口阻雨寄王大令泉之》。

初十日，抵上饶，有诗。

《更生斋诗续集》卷五《上饶道中》。

按：以行程计，抵上饶当在九月初十，故系于此。

自十一日至十七日，历玉山、江山、衢州、兰溪、建德、严陵滩、七里泷、桐庐，有诗纪行。

《更生斋诗续集》卷五《玉山担》《江山船》《萧山轿》《白酒》《过兰溪》《兰溪道中》《舟行将抵建德》《过严陵滩》《七里泷》《小泊桐庐山村》。

按：富阳至桐庐约一日程。抵富阳在十八日，则抵桐庐当在十七日，故系于此。说详下。

十八日，抵富阳，买得一缩项鳊，有诗。

《更生斋诗续集》卷五《富阳江上买得一生鱼乃缩项鳊也喜而有作》末联"两日富春江上路，快看潮信似年前"句下有小字自注："癸巳年亦九月十八日过此候潮。"据此小字自注，抵富阳当在十八日，故系于此。

同日，自富阳陆行抵杭州西湖，邀僧小颠至五柳居小饮，并登六和塔观潮，宿于壑庵，有诗。

《更生斋诗续集》卷五《十八日自富阳陆行至西湖就壑庵小憩即邀小颠载舟二僧泛湖至五柳居小饮月上乃返》："刚喜秋中到武夷，又从九日醉东篱。九日阻雨铅山，醉逆旅陶翁家。难忘蒙顶仙人约，敢后孤山处士期。访友半塘容欷曲，观潮绝壁最恢奇。居然云水成佳会，并挈闲僧泛总宜。是日登六和塔观潮。"

同卷《是夕宿壑庵值破迷方丈初度赋赠一首》。

本月下旬,归里。钱维乔病逝,有诗哭之。

> 《更生斋诗续集》卷五《哭钱三维乔三十韵》:"归里复哭君,年前哭君子。忆自君儿亡,预徵君欲死。君生抱隐忧,悲痛常填胸。……感君抱沉疴,感君成骨立。宁知三度访,隔幔成雨泣。君虽不能饮,我自奠一卮。天地色惨悽,哭君君不知。茫茫六十年,仙佛误君久。我歌醒君迷,君其猛回头。"

庄曾仪过访,痛饮于旗亭。

> 《更生斋诗续集》卷六《哭庄上舍曾仪》:"卢沟桥畔别多年,握手欣看落木边。"句下有小字自注:"去岁九月君过访,与诣旗亭痛饮乃别。"

得伊秉绶《哀雁诗》,有诗柬之。

> 《更生斋诗续集》卷五《扬州频年水灾伊太守秉绶作哀雁诗三章见示率寄一首》。

跋近人所选名家诗集。

> 《更生斋诗续集》卷五《跋近人所选名家诗集后》。

十月,重赴泾县。

> 吕《谱》本年条。

跋凌廷堪诗。

> 《更生斋诗续集》卷五《跋同年凌教授廷堪诗后》。

泾县城曲望水西山,有诗。

> 《更生斋诗续集》卷五《城曲望水西山》:"凌晨欲出门,残雪封巷口。欲访水西山,须携一尊酒。"

十一月自泾县将赴宣城,秀才朱钟自台泉山冒雨四是里前来相送,有诗。

> 吕《谱》本年条:"十一月,以《泾县志》告成,自泾县至宁国,婿缪梓补江阴县学生。"

> 《更生斋诗续集》卷五《将自泾县抵宣城朱秀才钟自台泉山四十里冒雨相送率赋一篇留别》:"昨与故人别,故人今复来。急雨行半程,面带台山色。感子送意诚,临风久徘徊。"

> 朱钟(生卒年不详),字毓臣,清安徽泾县人。进士。历官山东福

山、诸城知县。馀待考。

张炯有书与先生,先生作书答之,以诗文邮之请教,并答以诗。

> 《更生斋文续集》卷一《答张征君炯书》:"今岁贵郡复有修志之役,亮吉学殖荒落,方而汗颜,何期远赐手书,奖其庸陋,荷甚愧甚!……近所作文二首,适有稿草,又均与志事相关,谨附呈左右,幸有以教之。别有《奉怀》一篇,并寄正以志。"

> 《更生斋诗续集》卷五《答张征君炯》:"顷承八(原书作"入",当误)行札,已值岁将晏。宛水冻不流,昭亭亦飞霰。"

> 按:据诗中"宛水冻不流"句,诗当作于宣城时,故系于此。

> 张炯(生卒年不详),字季和,号星斋,清安徽宣城人。有《池上草堂诗集》《达孝通经论》等。事具《(光绪)重修安徽通志》卷二百二十六等。

十二月,自宁国旋里。

> 吕《谱》本年条。

三十日,登城东浮图,有诗。

> 《更生斋诗续集》卷五《除日登城东浮图》。

赵翼索诗,以诗柬之。

> 《更生斋诗续集》卷五《赵兵备翼八十索诗率成二首》其二:"春华秋实久分途,公独能兼钱少詹大昕蒋编修士铨卢学士文弨。传世才仍工应世,里儒识本逊通儒。平心论断追收约,快意诗篇到陆苏。青史他年要专传,一编文苑定难拘。"

嘉庆十二年,丁卯(1807),六十二岁

正月,往游金焦二山,小憩定惠寺。

> 吕《谱》本年条。

初一日,早起,试笔,有诗。

> 《更生斋诗续集》卷六《早春试笔》其一:"沿门爆竹响如雷,元日柴门懒不开。旧友只余梁上燕,关心海外未归来。"

> 同卷《丁卯元日》《元日早起》《村西》。

初三日,独饮于西圃曙华台,怀思黄景仁、马鸿运等,有诗。

　　《更生斋诗续集》卷六《西圃独酌》其四:"偶筑楼五楹,三面望朝旭。一台名曙华,势已高出屋。"

　　同卷《初三日曙华台独饮有怀亡友黄景仁马鸿运诸人》《偶然作》。

初五日前后,作《咏史》诗十首。

　　《更生斋诗续集》卷六《咏史》。

　　按:诗次于三日诗与七日诗之间,当作于初五日前后,故系于此。

初七日,自京口至焦山访梅,怀念张釜昆仲;泊舟江口,得郭塈亡耗,于舟中读《汉书》,有诗。

　　《更生斋诗续集》卷六《人日自京口至焦山》《京口有怀张上舍釜昆仲暨及门于渊》《舟中读汉书》《渡江》《古意》《人日泊舟江口》《春雨谣》。

　　同卷《初十日憩松寮阁郭明经錡从京口载酒过访喜而有作并悼令叔舍人塈》中"东下江声誓不停,草堂人日感重轻"句下小字自注:"人日泊舟江口,方得舍人亡耗。"

　　《更生斋诗续集》卷八《人日寄唐通州仲冕》其二"半宵风雪上谯山"句下有小字自注:"去年人日夜半始抵焦山。"

憩松寮阁,追悼亡友鲍之钟,有诗,且至海云庵看梅,为张铉题《寸草园图》《黄山图》,与之剧谈,并跋张铉妻鲍之蕙《清娱阁吟稿》。

　　《更生斋诗续集》卷六《憩松寮阁追悼亡友鲍户部之钟》:"出塞冰霜怜我老,过江风日悼君迟。"

　　《更生斋续集》卷六《海云庵古梅歌》《寸草园图为张司马铉作》《张司马铉属题黄山图》。

　　《清娱阁吟稿跋》(刘本失收):"予与论山交二十年,欲作一诗挽之,读茝香夫人《寒食志感》一篇,为之阁笔。论山每夸诸妹才笔,信不虚也。他若《老至示儿》等篇,犹沉郁真挚,岂特无脂粉气息,恐经生为之,亦无此独到耳!丁卯人日,访梅焦山,与舸斋剧谈竟日,因暇读此,以志钦挹。"

为戴绮题《采术图》。

《更生斋诗续集》卷六《戴文学绮属题采术图》。

为僧海峰题《茱萸湾图》。

《更生斋诗续集》卷六《茱萸湾图为海峰僧题》。

登月波台怀念僧巨超,有诗。

《更生斋诗续集》卷六《月波台有怀巨公方丈》《巨公厓》。

初十日,憩松寥阁,郭錡载酒过访,并悼郭堃,有诗。

《更生斋诗续集》卷六《初十日憩松寥阁郭明经錡从京口载酒过访喜而有作并悼令叔舍人堃》。

郭錡,行实待考。

登金山妙高台看落日,兼谒苏轼画像,有诗。

《更生斋诗续集》卷六《金山妙高台看落日兼谒苏文忠公画像》。

临枕江楼望北固山,有诗。

《更生斋诗续集》卷六《枕江楼望北固山》。

于海西庵读郭堃旧作,题金山映月楼壁。

《更生斋诗续集》卷六《海西庵读亡友郭舍人旧作感赋一首》《题金山映月楼壁》。

得朱珪病逝耗,有诗哭之。

《更生斋诗续集》卷六《哭座师朱大兴相国》其二:"何幸同趋内直班,余与公同直上书房。迂疏福命本来悭。狂言请削门生籍,谐语仍回圣主颜。余不随部议论死,实出于特恩,然亦公回天之力也。尚恐此行成永诀,濒行遣公子锡经远送,并谆谆以留此身有待为属。岂知谪吏竟先还。料公泉下应相待,九死孤臣鬓已斑。"

在金山期间,另有诗《爱客》《江干》。

二十三日,孙星衍购虎丘园亭建孙武祠落成,偕同人放舟往谒,有诗。

《更生斋诗续集》卷六《孙兵备星衍购虎阜园亭为孙武子建祠廿三日适值落成偕同人放舟往谒并回饮白公祠作》。

访僧寒石于理安寺,并同借月话旧,有诗。

《更生斋诗续集》卷六《理安寺访寒石方丈兼与知客僧借月话旧》。

二十五日,抵杭州西湖,晚放舟至南屏,宿于垦庵,有诗。

《更生斋诗续集》卷六《廿五日抵西湖即晚放舟至南屏宿鉴庵作》。

二十七日前后,抵西天目山,有诗。

《更生斋诗续集》卷六《晓自西天目山中院陟三条岭》。

按:自杭州南屏至西天目山约二日程,故系于此。

抵禅源寺宿,游洗眼泉、众香精舍诸胜,有诗。

《更生斋诗续集》卷六《抵禅源寺宿复遍历洗眼泉众香精舍诸胜》。

至狮子厓塔院,望千丈厓并积雪,有诗。

《更生斋诗续集》卷六《狮子厓塔院望千丈厓并积雪》。

自开山殿下岭至西方庵久憩,有诗。

《更生斋诗续集》卷六《由开山殿下岭至西方庵久憩》《山行杂
诗》。

二月初一日,发禅源寺,前往馀杭,宿于青山镇,途中有诗纪行。

《更生斋诗续集》卷六《二月朔日发禅源寺》《临安道中怀古》《自
禅源寺至中院道中》《护龙岭望东天目作》《夜宿青山镇》。

作《方竹杖歌》报谢僧小颠。

《更生斋诗续集》卷六《方竹杖歌报谢西湖僧小颠》。

初二日,社日,晓发馀杭,有诗。

《更生斋诗续集》卷六《余杭蛋行》《二月二日作》《续燕子楼诗为
某姬作》。

忆念杨芳灿,有诗,并柬顾翰。

《更生斋诗续集》卷六《忆杨户部芳灿兼柬顾秀才翰》,题下有小字
自注:"时奉太夫人讳,寓居江宁中正街。"诗云:"中正街前君念我,青
泠江畔我思君。旧交苦忆王琴德,死友惊闻方梓云。人有传方梓云死
者。九级未妨传彼教,时居长干友人有以浮图九级考相质者。五言谁
可张吾军。故人有子真堪慰,寄我新篇已不群。"

顾翰(1782—1860),字兼塘,又字简堂,清江苏无锡人。嘉庆十五
年(1810)举人,官安徽泾县知县,晚岁主讲东林书院。所著有《拜石山
房诗文集》十八卷、《拜石山房词》四卷、《绿秋草堂词》一卷等。事具
《无锡金匮县志》卷二十二、张慧剑《明清江苏文人年表》、钱钟联主编

《清诗纪事》(嘉庆朝卷)等。

初八日前后,度莺脰湖至尺八镇,有诗。

  《更生斋诗续集》卷六《度莺脰湖至尺八镇》:"南浔酒未斟,平望鱼堪食。……社公生辰启新醅,却喜百花生日近。"

  按:据末句"却喜百花生日近",诗当作于初八日前后,故系于此。

复抵苏州,与吴蒸、吴烜同登云岩寺塔望海,有诗。

  《更生斋诗续集》卷六《与吴上舍蒸从孙烜登云岩寺塔望海》。

  吴蒸,行实待考。

  吴烜,行实待考。

十二日,返里,谒外祖父母墓于寒螯墩,与同人集于横舟亭,有诗。

  《更生斋诗续集》卷六《寒螯墩谒外祖父母墓》:"酒向寒螯墩上洒,响从乾鹊树边浮。"

  同卷《花朝日同人横舟亭雅集至月上乃返》其四:"玉局堂前语燕,金闾亭外流莺。地喜四时皆胜,天教十日放晴。时适从吴门归。"

  按:花朝日聚于横舟亭,且云"适从吴门归",先生返里,当在十二日花朝,故系于此。又《更生斋诗续集》卷十《初九日同人各携一壶一碟至横舟亭赏玉兰即席率成长句》题下有小字注:"连岁皆以二月十二日横舟亭赏花。"

十五日,至近园看杏花,并饮于得月轩,有诗。

  《更生斋诗续集》卷六《十五日近园看杏花兼饮得月轩作》。

以汉瓦当砚赠胡世琦,并系以诗。

  《更生斋诗续集》卷六《以著书汉瓦当砚赠泾川胡孝廉世琦兼系以诗》。

为谭正治题《洋山注雅图》。

  《更生斋诗续集》卷六《及门谭秀才正治注小尔雅成因绘洋山注雅图乞题爰跋其后》。

庄曾仪病故,有诗哭之。

  《更生斋诗续集》卷六《哭庄上舍曾仪》:"老友哭君时最惨,残星明灭雨绵延。"

张凤枝病故，哭之以诗。

《更生斋诗续集》卷六《哭张太守凤枝》末联："正好哭君逢社日，一楼燕剪月黄昏。"

十八日前后，前往宁国志局，第三子符孙侍行。

吕《谱》本年条。

《更生斋诗续集》卷六《溧阳道中》："风光多在半春时，月正如圭柳若丝。绝忆谢家楼上路，杏花撩乱燕差池。"

按：据诗"风光多在半春时"句，出行当在十八日前后，故系于此。

李廷敬病逝，有诗哭之。

《更生斋诗续集》卷六《追悼同年李兵备廷敬》。

赴宣城道中，有诗纪行。

《更生斋诗续集》卷六《舟至浅口半日不得行因闲步岸上作》《将至水阳》《舟次望敬亭山》。

二十三日前后，抵宣城，寓居敬亭山房，且登北楼。

《更生斋诗续集》卷六《敬亭山房读书示符孙》《北楼久坐》

按：以行程计，二十三日前后，当抵宣城，故系于此。

二十六日，偕胡世琦、宋佳士自春归台至悠然亭，上南楼茶话，有诗。

《更生斋诗续集》卷六《廿六日偕胡孝廉世琦宋文学佳士自春归台上城至悠然亭一路桃李盛开遂至南楼茶话乃返》。

二十七日，夜坐，有诗。

《更生斋诗续集》卷六《寒食前一日夜坐》。

二十九日，清明，雨，饮于戴大昌宅，有诗。

《更生斋诗续集》卷六《清明日雨饮戴教谕大昌宅》。

三月初一至初二日，经板桥，过巷口镇，抵山门洞，游览多处胜迹，有诗纪行。

《更生斋诗续集》卷六《板桥道中》《过巷口镇》《抵山门洞》《灵岩寺》《紫云洞》《朝阳洞》《涟漪洞》《明心洞》《龙洞》《花园洞》《避世庵》《水仙宫》《碧云洞》《山门洞久坐》。

按：诸诗次于三月三日诗前，当作三月初一至初二日。

初三日，于山门洞修禊，有诗赠胡世琦。

　　　《更生斋诗续集》卷六《三月三日山门洞修禊赠胡孝廉世琦》："匝地花光紫，山青水蔚蓝。……禊除应有赋，逸少尔何惭。"

至文脊峰访瞿硎墓，登峰顶望柏枧山，有诗。

　　　《更生斋诗续集》卷六《文脊峰访瞿硎墓》《文脊峰望柏枧山》。

　　　按：瞿硎，东晋时人，隐居于文脊山。权臣桓温曾多次造访，不为出山。卒，葬于山麓。事具《晋书》。

探应真洞，自洞上至山顶，有诗。

　　　《更生斋诗续集》卷六《接梯百尺下入应真洞复从洞中盘折而上则已在山顶矣喜而作此并引》，诗前小引云："此山旧称有七十二洞，惟应真洞最奇。然前人题咏只及紫云等六洞，绝无涉此者。岂山径稍僻，又幽深灵异，非世士所得津逮耶？特用表出之，又为后来者前导云。"

夜宿灵岩寺，有诗。

　　　《更生斋诗续集》卷六《灵岩寺夜起》。

于返途中至培园访胡世琦，晚归寓舍，有诗。

　　　《更生斋诗续集》卷六《培园访胡孝廉》："幽人探山回，塞牖八千卷。"

　　　同卷《晚归》："犹有夕阳红一线，带将星影照桃花。"

题诗寄苏州怀杜阁，为沈沾霖题《笠泽垂钓图》。

　　　《更生斋诗续集》卷六《寄题虎邱怀杜阁》："长洲仙宰最风流，入汴时时忆虎邱。何事世人偏耳食，近虎邱建'怀杜'、'仰苏'等阁，其实唐诗人子美等到此与否，尚无实据，徒以虚名奉之耳。不营一阁祀黄州。王禹偁为长洲令，有循迹。"

　　　同卷《笠泽垂钓图为沈博士霑霖》。

十日，万廷兰卒。

十三日，至北郭詹韵宅看牡丹，日晚，复应章承枋约，至绮园看牡丹，有诗。

　　　《更生斋诗续集》卷六《谷雨前一日至北郭詹秀才韵宅看牡丹即席赋赠》《是日晚章秀才承枋复约至绮园看牡丹并留饮花下作》。

　　　詹韵，行实待考。

　　　章承枋，清安徽宣城人。生员。

十四日,雨,至北郭天宁寺看牡丹,应童玲招饮花下,并至培园看牡丹,有诗。

　　《更生斋诗续集》卷六《雨中至北郭天宁寺看牡丹》《培园看牡丹》
　　《童博士玲招饮牡丹花下时花中有白色一种尤佳因率呈一律》。

　　　　按:两诗次于十三日诗与十五日诗之间,故系于此。

　　　　童玲,行实待考。

闻北楼下与沈沾霖廨中牡丹盛开,以诗柬宋佳士、沈沾霖。

　　《更生斋诗续集》卷六《闻北楼下牡丹盛开柬宋秀才佳士一首》
　　《沈博士霑霖廨中牡丹极盛闻即日欲招客相赏先柬一篇》。

十五日,于风筝台望隔院牡丹,日晚应赵基招,饮于牡丹花下,有诗。

　　《更生斋诗续集》卷六《十五日风筝台望隔院牡丹》《是日晚赵秀
　　才基招饮牡丹花下》《复至风筝台看牡丹》。

　　　　赵基,清安徽宁国人。馀待考。

次日或稍后,友人以折枝牡丹见赠,有诗。

　　《更生斋诗续集》卷六《早起友人以折枝牡丹见赠复成一律》。

卢姓友人以"慕古制"为号,先生作诗戏之。

　　《更生斋诗续集》卷六《友人有慕古制三字作号者书此戏之》,诗题
　　下有小字自注:"友姓卢。"

　　　　卢君,行实待考。

二十日前后,读《南齐书》,题友人所画黄白牡丹。

　　《更生斋诗续集》卷六《读南齐书》《友人画黄白牡丹见赠》。

二十二日,雨,喜而有诗。

　　《更生斋诗续集》卷六《喜雨》,题下小字自注:"三月廿二日。"

二十四日,汪辉祖卒。

下旬,久坐于风筝台,自题《敬亭山下读书图》。

　　《更生斋诗续集》卷六《久坐风筝台》:"楼中无燕磊,砌下少闲
　　花。……坐久不成梦,轩东月已华。"

　　　　同卷《自题敬亭山下读书图》:"窗前书万卷,窗外石磊磊。陈编出
　　疑义,藉可问真宰。"

二十九日,立夏,作《春秋左传诂序》。

　　　《更生斋文续集》卷一《春秋左传诂序》："书成,合为二十卷,臧诸家塾,以教子弟焉。名为《春秋左传诂》者,'诂'、'故'、'古'字同,欲以存《春秋》之古学耳。时嘉庆十二年岁在丁卯立夏日也。"

四月初一日,与胡世琦同登祐圣阁,望试院青云楼,有诗。

　　　《更生斋诗续集》卷六《四月朔日与胡孝廉世琦同登祐圣阁望试院青云楼有怀旧游》。

僧果仲邀游大山,并宿于僧寮,有诗。

　　　《更生斋诗续集》卷六《僧果仲邀游大山》《薄晚醉后行山涧中》《大山僧寮早起》。

　　　僧果仲,著有《大山游草》。馀待考。

本月,另有诗《古艳词》《夜过三塔荡》《咏史诗二十首》。

五月,旋里,避暑焦山定慧寺。

　　　吕《谱》本年条。

二十四日,抵焦山,有诗寄于渊。

　　　《更生斋诗续集》卷七《五月二十四日抵焦山时望雨甚急即寄及门于渊》。

二十五日至月底,为张铉题《舸斋图》《烟波共泛图》。

　　　《更生斋诗续集》卷七《舸斋图为张郡丞铉题》《又题烟波共泛图》。

与僧觉灯坐月波台望雨,有诗。

　　　《更生斋诗续集》卷七《与觉灯方丈久坐月波台望雨》:"风伯雨师谋面少,海鸥江燕赏心多。"

移住松寥阁,张铉载酒过访,有诗。

　　　《更生斋诗续集》卷七《移住松寥阁喜张司马铉载酒过访》。

　　　张崟《逃禅阁稿》卷四《松寥山房陪稚存太史与诸少年斗酒》:"结客少年场,掀髯壮心在。高歌气拔山,狂饮思吞海。……奇军忽背水,再接方再励。纷纷玉山颓,身已如蝴蝶。"

　　　同卷《松寥阁夜起》。

闻常州得雨,喜而有诗。

《更生斋诗续集》卷七《闻吾乡已得雨喜而有作》。

坐于自然庵,得伊秉绶札,以诗柬之。

　　《更生斋诗续集》卷七《自然庵久坐时适得伊太守秉绶札却寄一
　　首》。

居焦山期间,有诗纪行。

　　《更生斋诗续集》卷七《自然庵晚眺》《江岸晚步》《三鼓上月波台》

怀念阮元,有诗,并柬孙星衍。

　　《更生斋诗续集》卷七《焦山有怀阮巡抚元兼寄孙兵备星衍山东》。

于挹江楼以诗赠僧海峰,听天台僧悟清弹琴于月波台。

　　《更生斋诗续集》卷七《挹江楼赠海峰僧》《月波台听天台僧悟清
　　弹琴》。

　　僧悟清,行实待考。

王豫以所选《群雅集》过江见质,有诗。

　　《更生斋诗续集》卷七《王秀才豫携所选群雅集过江见质率赠一
　　首》。

访僧石雷于北固山房,有诗。

　　《更生斋诗续集》卷七《北固山房访石雷僧》。

　　僧石雷,行实待考。

六月,重至宁国。是月二十日,次女生。二十二日,侧室郑氏卒。

　　吕《谱》本年条。

初二日,登北固山凌云亭,追念旧游,有诗。

　　《更生斋诗续集》卷七《六月初二日登北固山凌云亭追念旧游感而
　　有作》。

题友人《阳关送别图》。

　　《更生斋诗续集》卷七《为友人题阳关送别图》。

二十日前后,抵当涂,雨,过访戴联奎,留饮白荷池上,有诗。

　　《更生斋诗续集》卷七《舟抵太平雨过戴学使联奎留饮白荷池上》。

　　按:侍姬郑氏亡于六月二十二日。先生出行赴宁国志局,当在郑
　　姬亡前一周许,即十五日前后。以十五日前后出行,则抵当涂当在二十

日前后,故系于此。

戴联奎(1751—1822),字紫垣,清江苏如皋人。乾隆四十年(1775)进士,散馆,授翰林院庶吉士。历官翰林院编修、掌院学士、浙江学政、礼部侍郎、左都御史、礼部及兵部尚书等。事具范士仪修《如皋县续志》卷七等。

月底得家书,知侍姬郑氏亡耗,有诗。

《更生斋诗续集》卷七《得家书知侍姬郑氏亡耗》其三:"若人何所长,心志最专壹。事我十五年,无时怠巾栉。"

同卷《梦入所居小楼复赋一首》。后诗云:"六十衰翁泪不流,独怜三十未平头。时郑年二十九。重来煮茗焚香地,合署遗簪堕珥楼。我老羹汤调最洁,儿痴衣履制偏周。沉思一事差余悔,不遣渠侬返本州。姬苦念父母,时时雨泣。余悯之,拟送归黔中,苦无便而止。"

按:得侍姬郑氏亡耗家书,当在先生抵宁国寓舍,时当六月底,故系于此。

七月七日,七夕,感郑氏亡而赋诗。

《更生斋诗续集》卷七《七夕感事》。

居宁国修府志之暇,校读《南史》《北史》。

《更生斋诗续集》卷七《消夏十绝句》,诗题下有小字注:"时校《南、北史》。"

同卷《读北史偶成》。

十八日,热甚,泊舟澄江阁下,前往江宁,有诗纪行。

吕《谱》本年条:"七月,自宁国至江宁。"

《更生斋诗续集》卷七《十八日甚暑舟泊澄江阁下》《发水阳镇雨》《雨行三十里至乌溪》《舟泊黄池》《舟行过青山》。

二十一日,挈子符孙偕胡世琦登采石太白楼,有诗。

《更生斋诗续集》卷七《二十一日偕胡孝廉世琦并挈儿子符孙登采石太白楼》:"江南山色连江北,截浪一山名采石。涛头尽向牛渚回,激得岩洞声如雷。……新凉趁此风色佳,明日听雨来秦淮。"

游上元三元洞,有诗。

《更生斋诗续集》卷七《三元洞》。

自板桥泛舟至青溪，有诗。

《更生斋诗续集》卷七《自板桥泛舟至青溪感旧》。

拟归里，约胡世琦、庄轸、姚椿、赵学彭、顾翰、姚楗集于莫愁湖，有诗。

《更生斋诗续集》卷七《将挂帆北归复约胡孝廉世琦庄上舍轸姚椿赵学彭顾翰姚楗四秀才莫愁湖小集率赋一篇为别》。

姚椿（1776—1853），字子寿，一字春木，号樗寮生、蹇道人、樗寮病叟、东余老民等，清江苏娄县人。诸生，与洪亮吉、张问陶等交，讨论诗赋。及壮，究心实学。后师事姚鼐，潜心理学。所著有《通艺阁诗录》八卷、《续录》八卷、《晚学斋文集》十二卷、《樗寮文续稿》一卷、《樗寮诗话》三卷、《樗寮随笔》《茸城笔记》等，另有编多种选本如《国朝文录》《五朝长律偶钞》《国朝诸家七言长句选》等。事具《清史稿》卷四百八十六、《清史列传》卷七十三等。

姚楗（生卒年不详），字子枢，一字建木，清江苏娄县人。由廪生为宝应训导。任满，擢河南卢氏知县。为政勤敏，撰敦俗劝士文，以导民。所著有《白石钝樵遗稿》《双红豆词草》等。事具《（光绪）娄县续志》卷十七、《皇清书史》卷十一等。

庄轸，行实待考。

误闻汪端光讣，为灵位哭之，有诗。

《更生斋诗续集》卷七《闻汪郡丞端光讣为位哭之并赋二首后知误传而诗已寄去因而不削》《复得二律》。

归里道中，有诗纪行。

《更生斋诗续集》卷七《泊舟江口三日》其一："三百舟同雁字排，半程先已隔秦淮。舵楼两夕萦清梦，惹得鸬鹚拍岸飞。泊舟处距矶尚六七里。"

同卷《炎暑》《江行》。

八月十二日，坐曙华台观雨，有诗。

《更生斋诗续集》卷七《曙华台八月十二日坐雨》。

十五日，中秋，独饮于曙华台，有诗。

《更生斋诗续集》卷七《中秋日曙华台独饮醉歌》。

十六日,同人访桂于欂舟亭,并饮于花下,有诗。

《更生斋诗续集》卷七《十六日同人欂舟亭访桂并饮花下》。

以诗题仓颉庙图。

《更生斋诗续集》卷七《题虎邱仓颉庙图》。

偕赵怀玉、赵球玉访桂于近园,并饮于花下,有诗。

《更生斋诗续集》卷七《偕赵表弟怀玉球玉近园访桂并饮花下作即呈近园主人》。

近园主人,恽氏。馀待考。

下旬,应嘉兴知府李赓芸邀,经虞山,出游嘉兴烟雨楼。

按:以十六日及以后尚在里中近园赏桂,则出游当在下旬,故系于此。

吕《谱》本年条:"八月,嘉兴李太守赓芸邀游烟雨楼,遂游常熟虞山,至嘉兴,复渡浙江至绍兴,登北斡山,访快阁天池之胜。"

抵虞山,道中有诗纪行。

《更生斋诗续集》卷七《过言子巷》《破山寺》《拂水岩》《剑门》《吾谷》。

自城北登虞山,日晚抵城西,有诗纪行。

《更生斋诗续集》卷七《自城北登虞山日晚始抵城西》:"我从城北来城西,正中日影已渐低。琴川七里响如箭,日月湖好分东西。言游夷仲两高卧,冢柏高与浮云齐。……奔车我已愧伯夷,抚剑切莫谈要离。千年遗事若转瞬,海色黯淡山低迷。"

为赵同钰跋邹元标所手书《赵文毅公传》。

《更生斋诗续集》卷七《跋邹明忠介公手书所制赵文毅公传后为文毅公七世孙同钰秀才作》。

赵同钰(生卒年不详),字子梁,清江苏昭文(今常熟)人。诸生,工诗、古文,好蓄砚。所著有《邻泞阁诗集》。事具《常昭合志稿录》卷三十等。

吴卓信出示《补三国表》,并同游虞山,时张海鹏以新刊《吴地记》出示,有诗。

　　《更生斋诗续集》卷七《吴卓信文学出所补三国表见示并同游虞山率赠一篇》,诗中"胜地未妨搜蠹简"句下有小字自注:"时张上舍海鹏出新刊《吴地记》见示。"

　　吴卓信(1755—1823),字立峰、顼儒,江苏昭文(今常熟)人。诸生。少孤,以遗产购书数万卷。不事举子业,究心学术,尤擅典章制度之学。为文取法归有光,冲淡平易。所著有《澹成居文钞》四卷、《汉书地理志补注》一百零三卷、《汉三辅考》二十四卷、《吴顼儒遗书》一卷等。事具《清史列传》卷七十二、孙原湘《天真阁集》卷四十八《吴卓信传》等。

　　张海鹏(1755—1816),字若云,一字子瑜,清江苏昭文(今常熟)人。少入邑庠。累试不第,转治经史百家。家多藏书。好藏书、刻书,编有《金帚编》等,刻有《学津讨原》及《借月山房汇钞》等丛书。事具《(道光)苏州府志》卷一百二等。

至长真阁访孙原湘,有诗赠之。

　　《更生斋诗续集》卷七《长真阁赠孙吉士原湘》:"我到长真阁,仍披短后衣。……惟祈赏心处,为我筑渔矶。"

抵嘉兴,应李赓芸邀,游烟雨楼,有诗。

　　《更生斋诗续集》卷七《自昆山至嘉兴道中》《李太守赓芸邀游烟雨楼即席赋赠》《嘉兴怀古》。

九月初六日,早渡钱塘江,抵萧山,偕王宗炎登北斡山,憩雨松风古院,有诗。
《更生斋诗续集》卷七《初六日早渡钱塘江》《萧山偕同年王进士宗炎登北斡山久憩松风古院》。

　　王宗炎(1755—1825),字以除,号谷塍,晚号晚闻居士,清浙江萧山人。乾隆四十五年(1780)进士,未授官而归。杜门不出,以文史自娱,著书教授。学问淹博,好奖掖后进。工古文词,所著有《晚闻居士遗集》十卷等。事具《清史列传》卷七十二、张舜徽《清人文集别录》卷十等。

初七日,访陈石麟,并同至快阁,有诗追悼谢肇淛。

《更生斋诗续集》卷七《初七日自观巷放舟访陈博士石麟即同出郭至快阁》《快阁追悼谢太守肇洙》。

陈石麟（生卒年不详），字宝摩，清浙江海盐人。乾隆四十八年（1783）举人，官山阴教谕。所著有《小信天巢诗稿》。事具《（光绪）海盐县志》卷十七、徐世昌《晚晴簃诗汇》卷九十五等。

初八日，访僧广持，并偕陈石麟、僧广持等游石屋寺，为陈石麟题《濯足扶桑图》有诗。

《更生斋诗续集》卷七《小云栖访广持僧不值》《偕陈石麟博士广持上人暨诸同人游石屋寺》《陈博士石麟濯足扶桑图》。

按：诗次于初七日与初九日诗之间，故系于此。下同。

僧广持，行实待考。

作《天池歌》示陈鸿熙。

《更生斋诗续集》卷七《天池歌示陈秀才鸿熙》。

题周长发遗照。

《更生斋诗续集》卷七《题周学士长发遗照》其二："橐笔时趋香案边，偶然落纸尽云烟。万言谁比枚皋捷，只有南华第三篇。学士诗文敏速，与张南华詹事号二髦，又称双绝。"其三："世德堂前瑞露滋，五株金粟艳当时。銮坡世泽真能继，又值郎君折桂时。学士曾孙逢吉有文誉，明日将揭晓矣。"

周长发（1696—1760）字兰坡，号石帆，清浙江山阴（今绍兴）人。雍正二年（1722）进士，改翰林院庶吉士。曾官江西广昌知县、浙江乐清教谕。乾隆元年（1736），试博学鸿词，授编修，官至侍讲学士、侍读学士。工书善诗，所著有《赐书堂集》《石帆山人年谱》等。

初九日，重阳，放舟至钱清江，秀才高第留饮，并至柳城桥登高，有诗。高第之妻女诗人孙蕙意以诗谒先生，先生诺序其诗。

《更生斋诗续集》卷七《重九日放舟至钱清江高秀才第留饮赋赠一篇》《舟行钱清江甚雨》《柳城桥登高》。

《贻砚斋诗稿》卷前先生序文（此文刘本失收）："渡江，先抵钱清镇，颖楼明经坚留为九日之宴。坐半，秀芬以诗谒见，执礼甚恭。曰：

'某自成童时即喜为诗,今十馀年矣。……生平重先生之为人,诗非先
生序之不可。'余诺之。"

孙蕙意(生卒年不详),字秀芬,一字苔玉,清浙江仁和(今杭州市)
人。萧山高第妻。所著有《贻砚斋诗文稿》。

高第(生卒年不详),字云士,号颖楼。馀待考。

应僧广持请,为题《憩寂图》。

《更生斋诗续集》卷七《广持僧以憩寂图索题》。

初十日,序孙蕙意诗。

《贻砚斋诗稿》卷前先生序文:"时嘉庆丁卯重九后一日,更生居士
阳湖洪亮吉序。"

十一日,并回舟杭州,访倪稻孙于金鼓洞。

《更生斋诗续集》卷七《金鼓洞访倪上舍稻孙值道士留饮》:"倪生
书画癖,时有云际想。时上舍欲弃家为道士,余与同人力挽之。餐芝才
一月,颇复厌吾党。"

按:初十日在绍兴,十一日或稍后,当返至杭州,故系于此。

倪稻孙(生卒年不详),字米楼,自号梦隐子,清浙江仁和(今杭州)
人。曾为金鼓洞道士。少工填词,性嗜金石,擅书画。所著有《梦隐庵
诗词钞》等。事具《墨林今话》《清画家诗史》等。

至南屏访小颠,同饮于西湖上。

《更生斋诗续集》卷七《南屏访小颠僧即同至湖上薄醉》:"小颠实
颠僧,颇复厌蔬素。斋厨三日淡,对客嗷然怒。……昨宵湖上饮,醉倒
已无数。"

饮城隍山高真观,夜归,以诗赠项墉。

《更生斋诗续集》卷七《饮城隍山高真观夜归即赠项州倅墉》,诗题
下有小字自注:"时寓项宅。"

十三日,过碧浪湖,有词。

《更生斋诗馀》卷一《如梦令》,词牌下有小字注:"十三日侵晓,过
碧浪湖。"

十四日夜,舟抵南浔镇,有词。

《更生斋诗馀》卷一《菩萨蛮》,词牌下有小字注:"十四夜,过南浔镇。"

十五日,舟过平望湖,有词。

《更生斋诗馀》卷一《减字木兰花》,词牌下有小字注:"十五日五鼓,过平望湖。"

二十日前后,归里。

按:《更生斋诗续集》卷七有《哭徐刺史书受》诗,诗题下有小字自注:"时灵榇甫归里。"诗当作于归里后无疑矣。且此诗次于《秋尽》诗后,秋尽未必是九月三十日,则当为九月下旬,而归里约在是时或稍前,故系于此。

徐书受灵榇归里,有诗哭之。

《更生斋诗续集》卷七《哭徐刺史书受》,诗题下有小字自注:"时灵榇甫归里。"

《更生斋文续集》卷二《敕授文林郎河南南召县知县候补知州徐君墓志铭》:"嘉庆十年月日,河南南召县知县候补知州徐君以疾卒于官。越二年,其孤始克扶榇旋里,并乞余为铭墓之文。"

十月,重至宁国志局,途中,有诗纪行。

吕《谱》本年条。

《更生斋诗续集》卷七《自蜀山抵乌溪》《宿乌溪》《醉歌》(题下小字自注:"时宿宜兴郭外。")《四安镇》《道中所见》《广德州濯缨桥》《虫声》《山径晚步》)。

道中见江南大旱,灾荒严重,先生忧心如焚。

《更生斋诗续集》卷七《悯灾》:"三十四州内,奇荒只数州。今岁江浙三省皆旱荒,而淮、扬、常、镇四府为尤甚。此方当孔道,民气独含愁。静觉萍蓬转,贫无籽粒收。自惭难补救,空抱杞人忧。"

作书答胡世琦。

《更生斋文乙集》卷四《答胡孝廉世琦书》:"……甫乃返棹本州,悯灾故里;盈前赤地,绝不生禾。满眼青虫,偏能害稼。……急欲抵贵郡者,了文史之按:免素飧之讥。"

按:据书中云云,似作于赴宁国志局道中,故系于此。

居宁国寓舍,作《冬日寓兴》及他咏物诗。

《更生斋诗续集》卷七《冬日寓兴》其四:"今年岁序荒,赤地乃逾半。澄江一条水,涸出南北岸。螟虫灾复作,何止夏秋旱。哀鸣感蜚鸿,太甚咏云汉。贫家柴一束,价已至无算。稍喜落叶多,堪供夜吟案。"

同卷《一气》《天竹》《萤火》《蜡梅》《苍蝇》。

应詹圣春请,为题所作图。

《更生斋诗续集》卷七《詹明经圣春以天寒翠袖薄二句绘图寓己寥落之意属题二绝》。

詹圣春(生卒年不详),字笠东,清安徽宣城人。岁贡生。官六合训导。连举不第,弃举子业,肆力于古文。与修府邑志,详慎不苟。所著有《白石山房古文稿》等。事具《宣城县志》卷十八等。

和胡世琦《金陵怀古十二首》。

《更生斋诗续集》卷七《金陵怀古十二首和胡孝廉世琦》。

二十六日,母讳,有诗。

《更生斋诗续集》卷七《讳日》:"最怜今梦寐,犹绕旧门居。"

十一月,编纂《宁国府志》将竣,离宣城归里,赵基相送独远,有诗。

吕《谱》本年条:"以府志告成,自宁国旋里。"

《更生斋诗续集》卷七《志事将竣欲别宣城率赋二篇》其二:"谁人载酒辩遗经,枉筑城西问字亭。只有一篇《穷鸟赋》,半程相送眼偏青。宁国县赵生基,家极贫,而颇向学,濒行相送独远。"

作书与鲁铨及志局同事,述十未喻,并垦请削自己名字与将此书附于《宁国府志》卷末,明己之意见。

《更生斋文乙集》卷四《志事将竣与宁国太守及诸同事书》:"……此未喻者十也。他日告竣之时,尚望于编纂内削去贱名,何敢于弁首中复加拙序。倘以为微劳可录,片善必登,即希将鄙人此书及与同事诸君书附入卷末,备篘荛之献可矣。"

返里途中,有诗纪行。

《更生斋诗续集》卷七《南湖即事》《蠡河感事》。

王祖昌自新城前来常州,以诗见质,有诗。

《更生斋诗续集》卷七《王明经祖昌自新城二千里以诗见质率赠一首》。

王祖昌(1748—？),字子文,号西溪,别号秋水,晚年号五岳山人,清山东新城(今桓台)人。诸生。工书善诗,好游山水,当世名士多与之交。所著有《秋水亭诗》《秋水亭诗续集》等。事具《(道光)济南府志》卷五十五等。

十二月,主持营田庙赈局,于营田庙赈局校竟钱维乔遗诗,有诗。

《更生斋诗续集》卷七《营田庙赈局得暇校竟亡友钱大令维乔诗感赋二律》:其一:"满目哀鸿苦,民生渐不支。……最怜原野赤,宿草亦难滋。"其二:"旧友云溪上,黄钱管最贤。……此身惭后死,耆旧倘重编。"

同卷《榆无皮歌》《芦无根歌》。

作《赈局二生行》赠高星紫、瞿溶。

《更生斋诗续集》卷七《赈局二生行赠高星紫瞿溶两秀才》:"高生乍展疗饥术,卅万人从笔端活。瞿生复检续命方,腕底奕奕生春光。……我为二生诗,聊抵《舂陵行》。元之号作救时相,始亦不过贫诸生。二生二生努力矢厥成,始慎终怠将无成。"

高星紫(生卒年不详),字次薇,清江苏阳湖(今常州)人。嘉庆十八年(1813)举人,官甘泉训导。博学多才,工隶书,擅画,有《玉堂楷法贴》。事具《光绪武进阳湖县志》卷二十六《艺术》等。

瞿溶(生卒年不详),字丽正,清江苏阳湖人。嘉庆十九年(1814)会元,改庶吉士,散馆,授刑部主事,积升郎中,擢御史,迁吏科给事中,丁母忧归。少有文誉,曾主云南乡试。家居近二十年,主讲龙城、延陵两书院,造就人才甚众。事具《光绪武进阳湖县志》卷二十三《人物》等。

抵无锡,有诗纪行。

《更生斋诗续集》卷七《惠山山楼即事》:"苍茫携客棹,寥落访禅关。以次三方旱,难谋一面闲。"

　　同卷《品第二泉》:"泉水日以洁,我心日以忧。愿此一勺泉,直接
沧海头。化为天半云,飞洒东南州。"

二十一日,雨,喜而有诗。

　　《更生斋诗续集》卷七《喜雨诗》,题下有小字自注:"十二月
二十一日。"

二十四日,卷施阁祭诗,与儿孙饮屠苏酒,有诗。

　　《更生斋诗续集》卷七《小除日卷施阁祭诗》《祭诗后与儿孙饮屠
苏酒戏作》。

二十六日,偕知县于文昌阁放赈,有诗。

　　《更生斋诗续集》卷七《二十六日文昌阁偕县侯放赈诗》:"凌晨入
庙门,香烬尚未冷。……日午人始阑,虚堂逗晴景。却忍半日饥,吾心
亦先省。"

三十日,除夕,有诗。

　　《更生斋诗续集》卷七《除夕作》。

　　吕《谱》本年条:"是岁,常州大旱,秋舞复伤稼,禾苗不成,饥民皇
皇,城邑尤甚。先生首请于蒋太守荣昌及武进、阳湖两明府,设局营田
庙,捐资施赈。先生总理局事,自捐三百金为倡,余按城乡各商贾殷户,
酌资劝捐,每日卯刻入局,漏下一二十刻始返,风雨无间,又虑赈籲赈米
有疾疫及狼藉粒米之虞,于是改赈以钱。自十二月至戊辰四月,每月放
赈一次,计在局四阅月,凡捐银一万七千九百馀两、钱十万六千四百馀
千,所赈饥口二十四万四千九百六十馀,其乡归乡办者不在此数。间阎
稍苏,而灾厉不作,乡人感之。"

本年,应程望光请,作《国子监生程君墓志铭》。

　　《更生斋文续集》卷二《国子监生程君墓志铭》:"维嘉庆十二年□
月□日,文学程望光等,将葬其尊甫君国子监生子元于某乡之某原,先
期以墓道之文请,谨按状。"

　　程望光,行实待考。

嘉庆十三年,戊辰(1808),六十三岁

正月初一日,发笔,有诗。

　　《更生斋诗续集》卷八《戊辰元日发笔》。

初七日,有诗寄唐仲冕,兼答修《通州志》事。

　　《更生斋诗续集》卷八《人日寄唐通州刺史仲冕》其三:"长饥仍复值偏灾,人日茅堂未敢开。不放袁安客中死,洛阳贤令打门来。时刺史约修《通州志》,用戏及之。"

初八日,应朱勋招,同赵翼、刘种之、汤朴斋、瞿志善、崔景仪、陈玉麟、赵怀玉、蒋骐昌、管学洛、崔礼卿宴集。有诗奉赠陈玉麟。

　　《更生斋诗续集》卷八《朱方伯勋招饮即席用赵兵备翼韵奉赠一首并柬陈司马玉麟》首联"一树梅花订古欢,卅年高会续长安"句下有小字自注:"方伯及座中陈司马,皆三十年西安旧交也。"

　　《瓯北集》卷五十《立春前一日朱虚舟藩伯招同刘檀桥中允洪稚存编修汤朴斋员外瞿志善观察崔云客太守陈樾斋家味辛两司马蒋莘溪别驾管道明州牧崔礼卿明府宴集即事》:"喜宴迎春雪未残,联翩裾屐赴辛盘。座多旧识无虚让,肴是新翻各饱餐。花信探杯人射覆,酒兵冲阵将登坛。只嫌渐启豪华习,可少迂腐一味酸。"

　　按:本年立春,正月初九日。

　　瞿志善,行实待考。

　　陈玉麟(生卒年不详),一作玉邻,字越斋,清江苏宿迁人。乾隆三十年(1765)举人,历官至潞安州知府。工诗、古文,所著有《琴海内外集》《文选集句》《越斋诗稿》等。事具《(民国)宿迁县志》卷十五等。

十五日,与朱勋、陈玉麟步月至檥舟亭,有诗。

　　《更生斋诗续集》卷八《元夕与朱方伯陈司马步月至檥舟亭》。

为杨奎赋《廉吏可为不可为》诗。

　　《更生斋诗续集》卷八《廉吏可为不可为二章为扬州守奎赋》。

有诗酬查云桂兼柬袁廷吉。

《更生斋诗续集》卷八《酬查文学云桂兼柬袁秀才廷吉》。

　　查云桂,行实待考。

袁廷古（生卒年不详），字次修，号春江，清江苏武进人。诸生，有文名，数奇，屡荐不售。精经史，性恬淡。事具张惟骧《清代毗陵名人小传稿》卷五等。

饮于山房梅花下，有诗。

《更生斋诗续集》卷七《山房梅花下独酌》。

二月初六日，偕毕开煜在西庙放赈，有诗。

吕《谱》本年条："二月六日，偕阳湖毕明府开煜在武庙放第二次赈。"

《更生斋诗续集》卷八《初六日西庙偕县侯放赈诗》，题下有小字自注："翊日即雷雨。"诗云："鹑衣百结人，户外先徘徊。朝饥实难支，闻赈肯后来。……庶几三日霖，更震百里雷。平原春气苏，徐事观桃梅。"

按：武庙、西庙，实为一庙。

毕开煜（生卒年不详），号曦园，清湖南善化人。乾隆四十二年（1777）举人。历官阳湖、昆山、江阴等县知县。事具《（光绪）善化县志》卷二十一等。

初十日，有诗。

《更生斋诗续集》卷八《十日》："已觉壮怀消酒阵，不妨余力付词场。"

登太平寺塔，有诗。

《更生斋诗续集》卷八《登太平寺浮图》："花光裹塔红三面，燕翦穿帘紫一双。十字港中容小刹，七层栏外见空江。"

十二日，花朝，偕陈玉邻自红梅阁至欀舟亭访花，有诗。

《更生斋诗续集》卷八《花朝日偕陈司马玉邻自红梅阁至欀舟亭访花》："无嫌卅载光阴促，与司马别卅年矣。难得百花生日宴。"

同卷《春日放歌》："百花生日百草芳，欲以何物酬东皇，群仙商略贡异香。"

按：《更生斋诗续集》卷十《初九日同人各携一壶一碟至欀舟亭赏玉兰即席率成长句》题下有小字注："连岁皆以二月十二日欀舟亭赏花。"据"百花生日百草芳"句，故系于此。

十六日,同人雅集于洗砚池,有诗。

> 《更生斋诗续集》卷八《十六日同人洗砚池雅集》。

有诗赠徐浣梧。

> 《更生斋诗续集》卷八《赠红梅阁道士徐浣梧》。

有诗酬赠陈石麟。

> 《更生斋诗续集》卷八《奉酬陈学博石麟山阴》。

赏心于满目春光,有诗咏之。

> 《更生斋诗续集》卷八《杏花》《桃花》《咏海棠》《雨后作》《耕牛》《牧羊》《山云连日》《新霁》《残月》。

作《天上老鸦歌》。

> 《更生斋诗续集》卷八《天上老鸦歌》:"天上老鸦飞出海,树上老鸦啼不改。直须天上老鸦红,照彻树树鸦巢空。"

二十三日,至前桥上坟,有诗。

> 《更生斋诗续集》卷八《春分前二日至前桥上冢》。
> 按:春分,二月二十五日。

二十五日,春分,坐于卷施阁,有诗。

> 《更生斋诗续集》卷八《春分日久坐卷施阁》:"小阁经时坐,阴晴百遍呈。……何须更开卷,奇思已纵横。"

观手种白桃开花已盛,感而有诗,且饮于花下。

> 《更生斋诗续集》卷八《手种白桃花今已盛开感而有作》:"种桃人已老,忍复看名葩。"
> 同卷《红白桃花下饮酒》:"我家红白桃,种向桂林北。今岁始盛开,绯红间纯白。……一枝须一杯,一树须一斗。东皇惊我老,花下搔白首。"
> 同卷又《又咏桃一律》。

月底,有诗寄汪端光。

> 《更生斋诗续集》卷八《寄汪司马端光广西》:"九载南行感逝川,无端海外又惊传。……云溪春水迢迢绿,何日重游书画船。"

送友人至锡山读书,有诗。

《更生斋诗续集》卷八《送友人至锡山读书》。

作《双峰书屋海棠歌》赠庄关和。

　　《更生斋诗续集》卷八《双峰书屋海棠歌即赠庄上舍关和》。

　　庄关和(1750—1818),字有君,一字西君,清江苏武进人。工举子业,后弃而研经,晚主河北怀山讲席。所著有《诗说》四卷、《禹贡兴利除害说》一卷、《古本大学讲义》一卷、《中庸讲义》一卷、《双州杂记》一卷及诗文若干卷。事具李兆洛《养一斋文集》卷十五《庄西君传》、张惟骧《清代毗陵名人小传稿》卷五等。

过花南竹北山房,忆念庄炘,有诗。

　　《更生斋诗续集》卷八《过花南竹北山房有怀庄刺史炘》。

三月,自江阴渡江至通州,游云台山及狼山,登支云塔,观海。

　　吕《谱》本年条。

初四日,忆及去年在宁国修禊事,有诗。

　　《更生斋诗续集》卷八《初四日》尾联"隔岁山门洞,风光已迥非"句下有小字自注:"去岁三月三日在宁国山门洞。"

雨夜独坐卷施阁,有诗。

　　《更生斋诗续集》卷八《雨夜卷施阁独坐》《雨坐》。

读《鬼谷子》,有诗。

　　《更生斋诗续集》卷八《读鬼谷子》:"文辞卑婉似六朝,所以两汉无传钞。……十三篇义尚可详,大九州说非荒唐。"

初九日,上巳,寒食,有诗。孙原湘泊舟毗陵,谒拜先生,并次先生《春日放歌》韵赋诗。

　　《更生斋诗续集》卷八《上巳》。

　　同卷《寒食即事》。

　　《天真阁集》卷十九《寒食舟泊毗陵和稚存前辈春日放歌韵》:"百年易过芳时芳,万事欲补无娲皇,安得落花飞上空枝香。"

初十日,清明,有诗。

　　《更生斋诗续集》卷八《清明即事》。

先生子饴孙前往京师会试,有诗寄之并柬刘嗣绾、陆继辂。

《更生斋诗续集》卷八《寄儿子饴孙兼柬刘嗣绾陆继辂》,诗中尾联云:"画出清明景,村村唤雨鸠。"按:据诗尾联,当作于清明时节,故系于此。

十二日,伤春,有诗。

《更生斋诗续集》卷八《十二日》其一:"正是伤春梦雨天,小池荷叶已田田。"

十六日,偕新知县马绍援于武庙放赈,有诗。

吕《谱》本年条:"三月十六日,偕阳湖马明府绍援在西庙放第三次赈。"

《更生斋诗续集》卷八《十六日武庙偕新县宰马绍援放赈即呈县宰》。

马绍援(生卒年不详),山东章丘人。拔贡。官阳湖、青浦、吴江等县知县,后官邳州知州、山西潞安知府等。事具《(道光)济南府志》卷四十三等。

十七日,邀同人集于檥舟亭,有诗。

《更生斋诗续集》卷八《十七日复邀同人檥舟亭小集时梨花绣毯盛放》:"寻春纵晚兴益浓,不遣绿酒樽中空。"

十八日,有诗。

《更生斋诗续集》卷八《十八日即事》。

应黄鹤邀,将赴江阴,并拟游通州,先柬之以诗。

《更生斋诗续集》卷八《将抵江阴先柬黄大令鹤》尾联:"且向琴堂话畴昔,挂帆仍欲诣通州。"

黄鹤,官江阴知县。(《墨林今话》)馀待考。

二十日前后,应黄鹤招,抵江阴,集于古梅今雨山房,题诗多首。

《更生斋诗续集》卷八《黄大令鹤招集古梅山房雅宴》《赋得花面同人面为友人作》《黄大令扫径图》《又题梅坞迟月图》。

按:十八日尚在里中,则抵江阴将在二十日前后,故系于此。

与陈增相识于江阴官廨,并为题《闭门索句图》。

《北江诗话》卷十:"陈明经增,海宁人,束发即有诗名。然屡试不

第,人以'三十老明经'目之。余识之于江阴官廨,出近作就正,因决其
必当远到。"

《更生斋诗续集》卷八《闭门索句图为陈茂才增赋》:"今人立门
外,古人立门里。今人见即怵,古人见即喜。古人束之不使出,一室唐
宋元明聚讼不得歇。……任尔压张燕公、苏许公、韩潮州、柳柳州,王杨
卢骆李杜高岑及王李。从此千门万户曲廊深室一一悉洞开,一任天神
地祇日月星斗以迄一世随地相往来。"

陈增(生卒年不详),清浙江海宁人。馀待考。

偕黄鹤、陈增上君山绝顶,望孤山,访黄泥庵,有诗。

《更生斋诗续集》卷八《大风上君山绝顶望孤山偕黄大令鹤陈茂才
增同赋》《黄泥庵》。

将抵通州,先以诗柬唐仲冕。

《更生斋诗续集》卷八《将抵通州先柬唐州守仲冕》。

赴通州道中,有诗纪行。

《更生斋诗续集》卷八《泊州浅港候潮》《海上明月歌》《舟行》《李
家港陆行至云台山》《内河阻雨》。

遇焦山僧,有怀朱勋,并柬陈玉麟。

《更生斋诗续集》卷八《遇焦山僧有怀朱方伯勋柬陈司马玉麟》,诗
题下有小字注:"二君并约同至焦山避暑。"诗云:"花时同约访禅关,
阁上松寥六曲栏。……莫被西湖强留住,却教游屐兴阑珊。"

二十三日,题唐仲冕《满城风雨近重阳卷子》,并偕张焘、赵怀玉、陆镛游王氏
园,憩于天宁寺,有诗。

《更生斋诗续集》卷八《唐州守仲冕以九月八日初度因绘满城风雨
近重阳卷子索题为赋四绝句》其二:"绘图君记九月九,访客我来三月
三。欲趁残春更修禊,接天海水正拖蓝。时三月廿三日。"

同卷《通州书院呈张侍读焘》《三月廿三日通州偕张侍讲焘赵署守
怀玉陆上舍镛游王氏园亭》《天宁寺禅房久憩》。

陆镛(生卒年不详),归安(湖州)人。馀待考。

二十四日,自通州南门至狼山,登狼山支云塔观海,并游护生庵、老人峰,有

诗纪行。

> 《更生斋诗续集》卷八《廿四日自通州南门至狼山道中作》《登狼山》《伏魔道院看牡丹》《支云塔望海》《护生庵》《老人峰歌》《护生庵古槐歌》《车螯》。

有诗赠僧惟一。

> 《更生斋诗续集》卷八《白衣禅院赠惟一上人》。

> 僧惟一，行实待考。

题唐仲冕《潮平风正图》。

> 《更生斋诗续集》卷八《唐州守潮平风正图》。

取道如皋，经靖江，以诗柬朱勋。

> 《更生斋诗续集》卷八《如皋道中》《靖江斜桥镇外一路沿新开河入城即柬朱方伯勋》。

二十七日，再抵江阴，黄鹤兄黄杰宴先生于牡丹花下，先生忆及家中牡丹。

> 《更生斋诗续集》卷八《二十七日抵江阴牡丹正开时黄大令已诣白门哲兄明经杰张灯宴我花下喜而有作》《偶成》《绣球》《忆家中牡丹作》。

二十八日，抵家，有诗。

> 《更生斋诗续集》卷八《抵家日牡丹仅有红紫数朵》《落花》。

> 按：二十七日抵江阴，以行程计，二十八日当抵家，故系于此。

三十日，招孙勋、陈宾、蒋廷耀、刘种之、赵丙、朱勋、瞿曾辑等作饯春介寿之筵，陈宾缺席，有诗。

> 《更生斋诗续集》卷八《三月晦日牡丹尚开招同孙封翁勋以下作饯春介寿之筵率赋一篇邀同人共作》，小引云："时封翁年八十，陈大令宾、蒋少府廷耀年七十，刘宫赞种之年六十九，赵上舍丙年六十四，朱方伯勋、瞿兵备曾辑年皆近五十，惟大令以事不至，宾主共七人。"

> 瞿曾辑（生卒年不详），字辑山，清江苏武进人。乾隆五十四年（1789）进士，授工部主事，累官至四川盐茶道。解组归，侨寓金陵，优游林下二十余年。善诗文，兼工山水。事具张惟骧《清代毗陵名人小传稿》卷五等。

赵丙(生卒年不详),字白怡,清江苏阳湖(今武进)人,候选州同知。少不羁,有口才,好游侠。事具张惟骧《清代毗陵名人小传稿》卷五等。

四月初,至近园看藤花,陶醉于满眼新绿,有诗。

《更生斋诗续集》卷八《近园看藤花》:"朝曦偏称酒颜酡,小筑真同安乐窠。双树影缠双紫缬,一丛花衬一青荷。"

同卷《新绿》:"南楼一望渺无边,叶乍新鲜花乍蔫。……欲买韶光与谁计,榆钱飘尽又荷钱。"

按:诗次于三月三十日诗后,故系于四月初。

题蒋纯裕遗照与管遗珍《瞻岵图》。

《更生斋诗续集》卷八《题蒋同年纯裕遗照即当挽幛》:"君生七十年,松亦一千尺。松间习静门不开,松下曾无一相识。……君心恋松松恋君,魂兮归来松顶矖。"

同卷《管上舍遗珍瞻岵图》:"古言遗腹子,梦不到家公。……无限伤心泪,高山入望中。"

管遗珍,行实待考。

十一日,立夏,有诗。

《更生斋诗续集》卷八《立夏》。

十八日,偕县令马绍援于武庙放赈,有诗,

吕《谱》本年条:"四月十八日,偕马明府在武庙放第四次赈。是月,至杭州,小住湖上,游云栖、理安诸寺,回舟复观吴门竞渡而返。"

《更生斋诗续集》卷八《四月十八日展放半赈即呈县宰马绍援》。

二十日前后,出游杭州。

按:《更生斋诗续集》卷八《自西湖至理安寺道中杂诗十四首即呈际风方丈》其六:"茅庵时复露绳床,草路微濛有湿光。浸得下弦残月满,水花水鸟共方塘。""下弦残月",时当二十三日。以二十三日在西湖至理安寺道中,则离家出游杭州,当在二十日前后,故系于此。

前赴杭州,道中访翁广平,并有诗纪行。

《更生斋诗续集》卷八《泊舟访翁秀才广平》:"却卸半帆成小泊,

三家村里访经师。"

同卷《道中见有收大麦者喜而有作》:"……置身赈局中,自顾转不遑。油衫及干衣,兼此备雨旸。饥黎气将苏,客子反离乡。径买一叶舟,连宵走苏杭。"

同卷又《舟行平望值雨》:"檐瀑斜穿屋,雷声远在田。"

又《越桑歌》《春船》。

翁广平(1760—1842),字海树,号海琛,又号莺脰渔翁,清江苏吴江人。诸生。博学嗜古。道光元年(1821)举孝廉方正。所著有《听莺居文钞》《吾妻镜补》等。事具《(光绪)吴江县续志》卷二十二等。

二十二日早,有诗。

《更生斋诗续集》卷八《廿二日曙》。

抵西湖,自松木场步行至德生庵,有诗。

《更生斋诗续集》卷八《抵西子湖》:"昨岁元宵节,先寻西子湖。今来携画舫,均已换桃符。"

同卷《自松木场步行至德生庵》。

二十三日,湖堤晓行,自西湖至理安寺,有诗赠际风方丈。

《更生斋诗续集》卷八《自西湖至理安寺道中杂诗十四首即呈际风方丈》其六:"茅庵时复露绳床,草路微濛有湿光。浸得下弦残月满,水花水鸟共方塘。"

同卷《湖堤晓行》。

按:据"下弦残月",时当二十三日,故系于此。

僧际风,待考。

题杨夔生《樊桐山馆吟稿》。

《更生斋诗续集》卷八《题杨公子夔生樊桐山馆吟稿》。

杨夔生(1781—1841),原名承宪,字伯夔,号匏园,一号浣芗,清江苏金匮(今无锡)人,杨芳灿长子。诸生。曾官顺天蓟州知州。嗜学,工词曲。所著有《续词品》《匏园掌录》《真松阁词》《真松阁诗集》等。事具《江苏艺文志》无锡卷。

为僧际风题其开山祖师通问所立条约长卷。

《更生斋诗续集》卷八《理安寺方丈际风乞题其开山祖师通问所立条约长卷后》，题下有小字自注："通问于明崇祯四年亲书条约，入国初顺治四年方示寂。"

二十五日前后，为郭麐题灵芬山馆图。

《更生斋诗续集》卷八《灵芬山馆图为郭文学麐赋》，末句"有人明日换桃符"下有小字自注："时端午节近"。诗次于二十三日与二十八日诗之间，姑系于此。

郭麐（1767—1831），字祥伯，号频伽，晚号复翁，清江苏吴江人，后迁浙江嘉善。诸生，游幕江淮，负才不遇。致力于古文辞，尤以词有声于时。所著有《灵氛馆词》四种七卷、《灵氛馆诗集》三十卷、《续集》九卷、《灵氛馆诗话》十二卷、《续诗话》六卷等。事具冯登府《石经阁文集》卷五《墓志铭》《清史列传》卷七十三、《清史稿》卷四百八十五等。

为梁同书子题《凤墅读书图》。

《更生斋诗续集》卷八《凤墅读书图为梁公子□□赋》。

按：诗题中之梁公子之名字虽缺，但诗中腹联"但使蒋家三径开，何妨陆氏一庄荒"句下有小字自注："余为山舟先生门下门生。"

按：山舟，梁同书号。据小字自注，可知梁公子当为梁同书子。

闻张吉安五十初度，有诗柬之。

《更生斋诗续集》卷八《闻张大令吉安五十初度书此代柬》。

访僧小颠，见其茸屋，有诗戏赠。

《更生斋诗续集》卷八《访小颠僧静室见甫茸屋戏赠一首》："移钱茸屋酒已赊，门前日日催酒家。明晨出门僧不管，欲准酒钱输屋券。"

为严元照侍姬香修赋《秋江载月图》。

《更生斋诗续集》卷八《秋江载月图为严上舍元照侍姬香修赋》。

严元照（1783—1817），字修能，又字九能，号悔庵，又号蕙櫋，清浙江归安人。为时任浙江学使阮元所赏，肄业于诂经精舍。精《尔雅》《说文》，工诗词。所著有《悔庵文钞》八卷、《悔庵诗钞》《柯家山馆词》三卷、《尔雅匡名》八卷等。事具《清史稿》卷四百八十二，《清史列传》卷六十九、李桓《国朝耆献类征初编》卷四百二十二等。

汤桓自山阴载酒来杭,招饮湖上,有诗赠之。

> 《更生斋诗续集》卷八《汤指挥桓自山阴载酒来招阴湖上率赠一篇》:"苏公堤上倾千盏,贺老湖头到几时。……天放嫩晴须痛饮,水仙祠外柳如丝。"

> 汤桓,行实待考。

有诗赠范棠。

> 《更生斋诗续集》卷八《赠范文学棠》。

二十八日,作室女薛月璘铭。

> 《更生斋诗续集》卷八《室女薛月璘铭辞》,前有小序云:"薛月璘名娟,钱塘人,吾友郭麐之义女也。年十七未字卒。郭君哀之,为觅地于葛岭之麓张孝女冢旁葬焉。嘉庆十三年四月廿八也。"

月底,西湖龙舟渐多,吴锡麒邀同项墉游湖头,先生有诗赋之,并忆及里中端五龙舟事。

> 《更生斋诗续集》卷八《西湖龙舟歌》:"一龙戏水复一龙,双龙忽飞明镜中。旌飘蟫蜓纛翻电,天外夕阳无此红。湖心亭北平湖口,衬得三层水杨柳。……风流祭酒吴锡麒。老从事,项州倅墉。邀客尽日湖头游。回思竞渡喧阗处,第一好山名互父。一晌乡园入梦来,白云溪上喧端五。"

有诗贺梁同书新加学士衔。

> 《更生斋诗续集》卷八《梁侍讲同书以重赴鹿鸣宴诗见示时蒙恩新加学士衔率书四章奉贺》《门外时停使者骖归田重荷》。

有诗酬许宗彦。

> 《更生斋诗续集》卷八《酬许兵部宗彦》。

五月初一日,与杨芳灿、郭麐、赵晋涵、杨夔孙(生)、顾翰集于望湖楼看雨联句。

> 《更生斋诗续集》卷八《五月朔日同人集望湖楼看雨联句》:"失却一湖渌,惟存南山尖。雾露雨杂飞,亮吉。天水云相黏。远波偃荷盖,杨芳灿。峭壁掀松鬈。选胜得小阁,郭麐。瞰虚倚层檐。汀凫没黳黬,赵晋涵。堤柳摇廉纤。铃荻出暗艇,杨夔孙。酒芊飘湿帘。当门万户

绿。顾翰。"

赵晋涵,行实待考。

舟次临平,有诗。

《更生斋诗续集》卷八《临平舟次梦入南楼感赋二首》。

将抵嘉兴,以诗先柬李赓芸。

《更生斋诗续集》卷八《将抵嘉兴先柬李太守赓芸》:"日日山青对凤凰,宛鸯湖上又端阳。堆盘角黍依然满,下濑戈船尔许忙。"

访查世佽,有诗。

《更生斋诗续集》卷八《访查比部世佽闻郎君新及第率赠二篇》。

查世佽(生卒年不详),字恬叔,号憺馀,又号韵堂,清浙江海宁人。乾隆三十五年(1770)举人。官内阁中书,历官至刑部福建司郎中。所著有《憺馀诗文集》。事具《(民国)海宁州志稿》卷四十一等。

初四日,早发长安坝,晚抵嘉兴,有诗。

《更生斋诗续集》卷八《早发长安坝》:"晓色分鱼尾,晴光出草头。……百里风帆峭,应知抵秀州。"

按:秀州,即嘉兴。

初五日,傍晚抵虎邱,观龙舟竞渡,有诗。

《更生斋诗续集》卷八《端五日月上始抵虎邱竞渡正喧喜而有作》《吴门龙舟篇》。

初六日,抵无锡,看龙舟,阅陈子龙集,有诗。

《更生斋诗续集》卷八《无锡城东看龙舟》,题下有小字自注:"时友人贻《陈忠裕公集》。"诗云:"贝阙琼楼结束工,最怜一棹去怔忪。阅繙卧子先生集,始觉人龙胜水龙。"

按:初五日晚抵吴门,抵无锡,则当为次日初六,故系于此。

初八日,在里中,得庄炘札,夜偕朱勋、陈玉邻步月至元丰桥听歌,怀思庄炘及庄逵吉,有诗。

《更生斋诗续集》卷八《初八夜偕朱方伯勋陈司马玉邻步月至元丰桥听歌久憩有怀庄州守炘暨令子司马逵吉》,题下有小字自注:"时适得州守札。"

和朱勋喜雨诗。

> 《更生斋诗续集》卷八《喜雨诗和朱方伯勋》:"南头方伯心何仁,
> 诗成喜雨来打门。"

闰五月初五日,雨中至云溪观龙竞渡,久憩,有诗。

> 《更生斋诗续集》卷八《又五月五日雨中至云溪久憩》。

> 同卷《云溪龙舟篇》:"麦舟已过龙舟来,五月五日窗齐开。"

十五日前后,廖希圣携舟至白云溪看龙舟竞渡,先生邀之入水榭小集,有诗。

> 《更生斋诗续集》卷八《廖布衣希圣携秦淮舟至白云溪看竞渡因邀
> 入水榭小集即席赋赠》其二:"飞帆日昨下吴头,月满先为清夜游。"

> 按:据"月满"句,廖希圣抵白云溪当在十五日前后,故系于此。

> 廖希圣,行实待考。

十七日,于云溪水榭和友人诗。

> 《更生斋诗续集》卷八《十七日云溪水榭和友人诗》。

听成都道士驭霞弹琴于红梅阁,有诗。

> 《更生斋诗续集》卷九《红梅阁听成都道士驭霞弹琴》。

> 按:此诗次于《溪西曲》之前。而《溪西曲》作于六月十八日(详
> 下),因而姑系于此。

> 驭霞,行实待考。

六月初,避暑焦山定慧寺。

> 吕《谱》:"六月,避暑焦山定惠寺。"

将抵焦山,先以诗柬僧巨超;自象山渡抵焦山;抵达焦山后,多有诗纪行。

> 《更生斋诗续集》卷九《将抵焦山先柬巨超僧一律》《晓发象山渡》
> 《海门庵纳凉作》《观音崖观落照》《松寥阁晚饭》《定慧寺山门看日出》
> 《更定后又偕巨超至江口纳凉》。

初六日,僧巨超送先生过江,先生有诗赠之。

> 《更生斋诗续集》卷九《六月六日巨超僧送我过江因忆癸亥冬慧超
> 巨超亦曾送我至此今慧超卒已五年矣不胜今昔之感作此以示巨超》:
> "年前送我隔江村,两两诗僧出海门。碧树尚浮江口涨,青山已作化人
> 坟。"

作《西汉定陶鼎歌》寄阮元。

> 《更生斋诗续集》卷九《西汉定陶鼎歌》,诗前有序,云:"此鼎铸于右扶风隃糜、汧二县,盖有铭字十五,曰'隃糜陶陵共厨铜斗鼎'。……吾友阮巡抚以汉虑俿尺度之,高七寸三分。……巡抚于嘉庆七年移置焦山,以配周鼎,并约同人赋之。后六年戊辰,亮吉避暑焦山,始摩揭数纸并为此歌,以寄巡抚浙中。"

于仰止祠观杨继盛遗墨,有诗。

> 《更生斋诗续集》卷九《焦山仰止祠观杨忠愍公遗墨四纸敬赋一首》。

有诗寄师范。

> 《更生斋诗续集》卷九《寄师大令范》。

> 师范(1751—1811)[1],字荔扉,一字端人,号金华山樵,云南赵州人。乾隆三十九年(1774)举人。历官剑川儒学教谕、安徽望江知县。公正宽惠,士民德之。所著有《二馀堂诗集》《抱翁轩诗文汇稿》,辑有《滇系》百卷、刻有《二馀堂丛书》等。事具《清史列传》卷七十二、刘开《孟塗文集》卷十《师荔扉先生传》、李桓《国朝耆献类征初编》卷二百四十一等。

读方正澍遗诗,有诗。

> 《更生斋诗续集》卷九《椒山读亡友方正澍遗诗偶赋二诗》。

有诗寄同年秦维岳。

> 《更生斋诗续集》卷九《寄同年秦观察维岳》。

避暑焦山期间,先生作《放歌诗》述怀。

> 《更生斋诗续集》卷九《放歌二首》其一:"衣粗食淡心所甘,所愿一岁无停骖。少游曾未历交广,垂老蜀江犹向往。"其二:"寥寥四千祀,我感子舆子。人知不知皆嚣嚣,嚣嚣或谓士也骄。其余中古时,温峤亦先识。无双国士纵不能,第一流完先失色。"

初十日前后,归里,对紫薇花小饮,有诗。

---

① 蒋寅:《清诗话考》,中华书局 2005 年版,第 431 页。

《更生斋诗续集》卷九《乍归对紫薇花小饮》其二："欲向长江溯急流,连宵酷暑乍回舟。凉蝉未响游鱼静,恐扰先生梦里游。"

按:诗次于六日诗与十五日诗之间,姑系于此。

十五日,诣放生禅院看荷花,有诗。

《更生斋诗续集》卷九《十五日侵晓独诣放生禅院看荷花》。

友人属题汤显祖、孔玉叔院本。

《更生斋诗续集》卷九《友人以汤义仍孔玉叔院本属题》。

陈大琮前来乞为提督李长庚志墓并征诗,先生作李长庚墓志。

《更生斋诗续集》卷九《记客岁十二月二十五日黑水洋李军门长庚死节事》,题下有小字自注:"时公婿陈司马大琮,千里走使,乞为公志墓并征诗。"

《更生斋文续集》卷一《诰授建威将军浙江提督总兵官总统闽浙水师军功加二级纪录二次追封三等壮烈伯谥忠毅李公墓志铭》。

陈大琮,福建同安人。馀待考。

十八日,作《溪西曲》。

《更生斋诗续集》卷九《溪西曲》:"溪西一树斜阳好,碧月疏星复环绕。……昨夜秋声入柳梢,满天风色滞归桡。"

按:立秋,六月十七日。据"昨夜秋声入柳梢"句,可知诗当作于立秋次日,六月十八日。

二十日,适芮氏伯姊卒,哭之恸,有诗。

吕《谱》本年条:"是月二十日,适芮氏伯姊卒,先生哭之恸,浃旬不出户庭。"

《更生斋诗续集》卷九《闻伯姊讣二首》。

二十二日,郑姬忌日周年,小儿女展其遗像以奠,有诗。

《更生斋诗续集》卷九《郑姬亡已一周小儿女展其遗像以奠感赋》。

按:郑姬亡于去年六月二十二日。

二十五日,于水明轩夜起看月,有诗。

《更生斋诗续集》卷九《廿五夜水明轩起看残月》。

为伍以仁题《高山流水图》。

《更生斋诗续集》卷九《高山流水图为伍生以仁赋》。

　　　　伍以仁，行实待考。

二十九日，至小东门桥下三里看荷，有诗。

　　　　《更生斋诗续集》卷九《廿九日侵晓至小东门下三里看荷》。

题吕星垣所藏史可法为吴易所题杨文骢画兰卷子。

　　　　《更生斋诗续集》卷九《题史阁部可法为吴进士易题杨兵备龙友画
　　　兰卷子》，题下有小字自注："卷藏吕广文星垣处。"

本月，另有诗《玉桃篇》《团扇词》《满地》。

八月，先生率第三子符孙至江宁乡试，回途复至扬州访友，重憩焦山，以中秋
月夕，遍游月波台、巨公厓，与诗僧巨超等谈游竟夕。

　　　　吕《谱》本年条。

初一或初二日，泊舟江口，与同人诣摄山，有诗。

　　　　《更生斋诗续集》卷九《自别摄山今十年矣今早泊舟江口复与同人
　　　诣此感而有作即题幽居石壁》。同卷《青溪曲》其二："初三新月影，谁
　　　与门眉尖。"

　　　　按：以初三日游青溪，则抵江口泊舟，诣摄山，时当初一或初二日，
　　　故系于此。

自栖霞港至燕子矶。

　　　　《更生斋诗续集》卷九《自栖霞港侵晓至燕子矶》。

泊舟幕府山下。

　　　　《更生斋诗续集》卷九《泊舟幕府山下》。

为马树华题左光斗狱中寄子家问墨迹。

　　　　《更生斋诗续集》卷九《为马文学树华题明左忠毅公北镇抚狱中寄
　　　子家问墨迹并引》，引云："昨在焦山，得读明杨忠愍公贬狄道典史时诗
　　　文手札四通，余既跋以诗矣。不一月，来白门，桐城马文学树华复以同
　　　乡左忠毅公狱中寄子书见示，并乞题数字于后。"

　　　　马树华（1786—1853），字公实，一作君实，号筱湄，又号怀亭，清安
　　　徽桐城人。嘉庆十二年（1807）贡生，曾官汝宁府汝南通判。咸丰三年
　　　（1853）避洪、杨之乱，被杀。事具《（民国）安徽通志稿》卷一百五十七

等。

独游雨花台,憩于永宁泉。

　　《更生斋诗续集》卷九《独游雨花台兼憩永宁泉》。

初三日,游青溪。

　　《更生斋诗续集》卷九《青溪曲》:"初三新月影,谁与门眉尖。"

登北极阁望玄武湖。

　　《更生斋诗续集》卷九《登北极阁望玄武后湖》。

至隐仙庵访桂,并便道至随园。游石禅精舍。

　　《更生斋诗续集》卷九《隐仙庵访桂并便道至随园》《石禅精舍题
壁》。

至城北蔚园访汪度秀才不值。

　　《更生斋诗续集》卷九《城北蔚园访汪秀才度不值嗣承以三诗枉赠
率答此章》:"逸客偶然来驻马,主人仍欲学鸥眠。新诗一卷披帷读,已
到随州及柳州。"

　　同卷《题汪度诗后》。

　　汪度(生卒年不详),字伯也,一字邺楼,清江苏上元(今南京市北)
人。庠生。制行修洁,为乡里所称。

游承恩寺,以诗戏赠寺僧鹰巢,诣永庆寺访诗僧栖碧不值。

　　《更生斋诗续集》卷九《戏示承恩寺僧鹰巢》《偶诣永庆寺访诗僧
栖碧不值因久坐厓石下》。

　　释鹰巢,生平不详。

　　释一叶(生卒年不详),号栖碧,善写兰菊,工诗,能琴。馀待考。

泊舟扬子桥追悼僧慧超。

　　《更生斋诗续集》卷九《泊舟扬子桥追悼放生池僧慧超》。

初八日,抵扬州,应贵征、洪梧招,偕阿克当阿盐使集于梅花岭。

　　《更生斋诗续集》卷九《八月八日贵吏部征家太守梧招同阿克当阿
盐使梅花岭雅集》《重至扬州有感》。

　　贵征(1756—1815),字仲符,号奕塘,又作一堂,清江苏仪征人。
乾隆五十四年(1789)进士。历官吏部文选司郎中、道员等。善属文,

尤工骈体。所著有《安世斋古文存稿》一卷、《安世斋诗录》四卷《词录》二卷、《新疆道里图表》等。事具英杰等修《续纂扬州府志》卷九、王豫《种竹轩余话》、徐珂《清稗类钞》等。

阿克当阿(生卒年不详),字厚庵,满洲正黄旗人。历官内务府护军统领、两淮盐政等。多惠政。事具《(同治)续纂扬州府志》卷二十四等。

初十日前后,自扬州渡江抵焦山,有诗。

《更生斋诗续集》卷九《抵焦山作》。

按:先生八日在扬州与贵征、洪梧等宴集,十三日与张铉等自焦山至曲江亭集。则抵焦山,当在十日前后,故系于此。

为僧巨超及冯上舍题图。

《更生斋诗续集》卷九《巨超方丈蓄四奇石得而复失因绘图并石贮焦公祠中属赋此诗》《冯上舍渎川春泛图》。

冯上舍,待考。

十三日,偕张铉、张釜、巨超、觉灯诣曲江亭,兼访王豫,并抵翠屏州,午后乃返焦山。张氏兄弟复邀至松寥阁看月,有诗。

《更生斋诗续集》卷九《八月十三日自焦山偕张司马铉暨令弟上舍釜巨超觉灯两方丈诣曲江亭兼访王文学豫即席分韵得观字》《是日辰刻微雨同人抵翠屏州日昃乃返张氏昆仲复邀至松寥阁看月率赋一篇即送二张回江南王文学回江北》。

《借庵诗钞》卷八《寄张舸斋司马、王柳村征君》诗题下小序:"戊辰八月十三日,同司马洎洪稚存太史过翠屏洲访王柳村征君,晚回焦山,集饮松寥阁看月。今读诸作,距戊辰已十六年矣。悲洪公久化,和元韵寄张司马、王征君。"

十四日晚,自不波亭步至巨公厓,有诗。

《更生斋诗续集》卷九《十四日晚步自不波亭至巨公厓》。

十五日,中秋,同人饮月波台下,听秋泉僧弹琴,月下望象山渡,并步月于江岸、山中,有诗。

《更生斋诗续集》卷九《中秋夕同人饮月波台下作》:"幽人住空

山,皓月出东海。……把彼波皓皓,枕彼石磊磊。愿作竟夕饮,无贻后
时悔。"

同卷《听秋泉僧弹琴即送归全椒》其二:"今宵弹鸣琴,明日整归
棹。家住全椒山,应缅醉翁操。"

同卷又《月下望象山渡》《三更后步月江岸》《月午行山中栈道》。

僧秋泉,清安徽全椒人。馀待考。

十六日晚,离焦山归里,次日抵家,有诗。

《更生斋诗续集》卷九《十六日发焦山》:"一棹斜阳里,帆云尽北
流。"

同卷《十六夜舟中看月》:"山云隐隐劳回首,今日仍倾昨宵酒。明
晨酒醒已抵家,饱看金粟岩前花。"

有友人问近状,以诗答之。

《更生斋诗续集》卷九《答友人问近状》:"全家三十口,都仗卖文
钱。近觉丰碑少,应知歉岁连。苦寒同往日,行乞踵前贤。欲向清淮
去,思逢漂母怜。"

为汤贻汾题《秋江罢钓图》。

《更生斋诗续集》卷九《汤骑尉贻汾秋江罢钓图》。

二十三日,偕庄宇逵、杨元锡、汤贻汾放舟至芦墅采菱,并饮于腾光馆,有诗。

《更生斋诗续集》卷九《八月二十三日偕庄征君宇逵杨上舍元锡汤
骑尉贻汾放舟至芦墅采菱回途复饮上舍腾光馆中夜半乃返得诗六十二
韵》。

二十五前后,以诗柬吴锡绪。

《更生斋诗续集》卷九《雨中柬吴参军锡绪》。

按:诗次于二十三日诗与晦日诗之间,故系于此。

吴锡绪,行实待考。

三十日,应杨元锡招,至腾光馆赏雅集,并谈钱羹梅佚事,有诗。

《更生斋诗续集》卷九《八月晦日杨上舍元锡复招同人腾光馆雅集
即席赋赠》,题下有小字自注:"时馆中海棠忽开数朵。"诗云:"海棠红
处木樨黄,白发重来校艺堂。……羯末封胡定何在,更从杯底忆钱郎。

时谈钱上舍羹梅佚事。钱为杨氏婿,居宅即在腾光馆。"

钱羹梅,行实待考。

本月,另有诗《山居》。

九月初三日,六十三初度,有诗。

《更生斋诗续集》卷九《生日自寿》。

东郊早行,有诗。

《更生斋诗续集》卷九《东郊早行》。

初七日,淡香斜月西堂梅开,子齮孙始入塾读书。偕庄宇逵、杨元锡登太平寺浮图,有诗。

《更生斋诗续集》卷九《九月七日淡香斜月西堂梅开一枝是日齮孙适入塾读书喜而有作》《是日偕庄征君宇逵杨上舍元锡登太平寺浮图》《朝看》。

初八日,与同人诣管氏味蓼居及安和、川云两茶社看菊并访僧斗坛,有诗。

《更生斋诗续集》卷九《重九前一日同人诣管氏味蓼居及安和川云两茶社看菊并至毗耶室访斗坛》。

闻江南乡试以九月初七日揭晓,有诗赋感。

《北江诗话》卷五:"秋试揭晓,顺天、江南类皆在重九前后。扬州申副宪黻,官京师日,重九日同人集墨窑厂登高赋诗云:'古来重九西风冷,明日长安落叶多。'盖是年以初十日揭晓也。人传以为工。今岁余偶在里中,重九前日日宴集,闻江宁当以初七日揭晓,亦赋一诗云:'回风已堕千林叶,冒雨谁登九日楼?'皆借落叶以喻报罢之人。惟此回揭晓在重九前,情事又不同耳。"

初九日,重阳,雨,登平台望城东,有诗。

《更生斋诗续集》卷九《重九日苦雨自平台望城东尚有登塔者》。

十七日,至味蓼居赏菊,有诗。

《更生斋诗续集》卷九《十七日味蓼居宴菊花下》:"平明看花光,薄暝看花影。花光趁晓影趁宵,月淡霜浓斗清景。……为花留滞花应喜,清夜沈沈醉难起。却忆重开花底筵,看花人隔千余里。主人将以二十三日饯花。"

自二十二日至月底,江行西上,沿途有诗纪行。

    《更生斋诗续集》卷九《近于舍东筑一草堂落成日已值冬令因名曰岁寒甫三日即复远行舟中作此二诗归当题于东壁也》。本年九月十九日立冬。三日后,当二十二日,故系于此。

    同卷《舟行偶成》:"忆从别家来,水宿已一旬。……明晨九子山,又向几席陈。"

    按:九子山,九华山别名。明晨至九华山,以行程计,则诗当作于经铜陵后(初一日经铜陵,详后),时当初二日。由十月初二日逆推十日,正好是九月二十二日。

抵采石,望太白楼,有诗。

    《更生斋诗续集》卷九《采石望太白楼》。

抵乌江,谒项王祠,有诗。

    《更生斋诗续集》卷九《乌江谒项王祠》。

抵东梁山,有诗。

    《更生斋诗续集》卷九《晓过东梁山》。

二十八日,抵芜湖,过亡友旧宅,有诗。

    《更生斋诗续集》卷九《芜湖过亡友旧居》。

    按:《更生斋诗续集》卷九《十月初一日经铜陵县郭外》:"前宵泊蟂矶,日昨驻南岸。"蟂矶在芜湖。据此两句诗,抵芜湖,时当二十八日。

舟中以诗先柬左辅。

    《更生斋诗续集》卷九《将抵怀宁先柬左大令辅》。

十月,江行至汉阳,访洪山、南湖、晴川、黄鹤之胜,月杪归里。

    吕《谱》本年条。

初一日,经铜陵县,有诗。

    《更生斋诗续集》卷九《十月初一日经铜陵县郭外》。

初二日,舟行有诗。

    《更生斋诗续集》卷九《舟行偶成》:"忆从别家日,水宿已一旬。"

    按:九月二十二日出行,十月初二日正一旬,故系于此。

舟中望南北诸山,有诗。

> 《更生斋诗续集》卷九《舟中望南北诸山》。

泊梅根渚,有诗。

> 《更生斋诗续集》卷九《夜泊梅根渚》。

望九华山,游怀宁王氏园,登最高亭望江,谒余阙祠墓,有诗。

> 《更生斋诗续集》卷九《望九华山》《怀宁王氏园最高亭望江》《登大观亭谒余忠宣祠墓》。

抵皖口,怀董教增,以诗柬之。

> 《更生斋诗续集》卷九《皖口寄怀同年董教增巡抚率柬二首》,题下有小字自注:"时巡抚以试事扃门,故未及过访。"

抵华阳镇,遥望马当,有诗。

> 《更生斋诗续集》卷九《华阳镇望马当山》。

初四日前后,晓过小孤山,舟中作书怀诗,望庐山,有诗。

> 《更生斋诗续集》卷九《过小孤山》:"祠门章贡已合流,十万鱼龙拜初日。"
>
> 同卷《舟中抒怀六首》其一:"此心平处江潮静,盘豆洲边新月飞。"其六:"儒林文苑随君置,莫更描摩作隐沦。"
>
> 同卷又《晓起望庐山》。
>
> 按:据"十万鱼龙拜初日"句,过小孤山当在清晨。而据"盘豆洲边新月飞"句,过小孤山当在初四日前后,故系于此。

晚泊黄梅南岸,作咏史诗《古诗十首》。

> 《更生斋诗续集》卷九《晚移舟泊黄梅南岸》:"移舟十里来黄梅,一塔正向云头开。"
>
> 同卷《古诗十首》。

泊舟阳新,有诗。

> 《更生斋诗续集》卷九《将至黄州夜泊》:"匡阜西来第几程,阳新南岸步新晴。"
>
> 同卷《将进酒三首》。
>
> 按:阳新,今湖北阳新县,在长江南岸。

抵西塞山,有诗。

    《更生斋诗续集》卷九《西塞山怀古》《江行杂咏二十首》。

    按:西塞山,在湖北省黄石市东。

过道士洑,泊舟江心,有诗,并简吴之勤。

    《更生斋诗续集》卷九《月夜过道士洑四十里泊舟江心》《黄州郭外不及泊舟便简吴太守之勤》《夜泊》。

    吴之勤,清山东海丰(今无棣)人。馀待考。

辨鄂君事。

    《北江诗话》卷五:"地理书乃云鄂渚以鄂君得名,其误已不足辩矣。余戊辰年江行,曾有一绝正之曰:'《楚词》鄂渚由来旧,转说嘉名肇鄂君。一等荒唐不须述,朝为行雨暮行云。'"

有诗寄武昌知府刘锡五。

    《更生斋诗续集》卷九《寄同年刘太守锡五武昌》:"何意旧游皆宦楚,一时星聚五诸侯。谓君及观察秦君维岳与旧汉阳太守纪君兰皆同年,今汉阳太守刘君斌、安陆太守杨君开镜又余同里也。"

    同卷《舟行即事》。

十五日,抵汉阳,并渡江至武昌,自汉阳渡江,与同人登黄鹤楼,有诗。

    《更生斋诗续集》卷九《偶成三首示黄鹤楼道士松涛》,题下有小字注:"道士本诸生,能诗。"其一云:"黔娄苦长饥,列子欲远嫁。孟冬月望日,放棹至江夏。"

    同卷《重到汉阳感赋》《从汉阳渡江中流望黄鹤楼是晚复同人登此感赋》。

    按:据"孟冬月望日,放棹至江夏"两句,抵汉阳当在十月十五日,故系于此。

重游刘氏园林,约松涛鼓琴。

    《更生斋诗续集》卷九《重诣刘氏园林》:"山坳重见旧园林,二十年前此夜心。……拟约雪川狂道士,黄鹤楼有湖州道士松涛,颇能诗。散愁石上鼓鸣琴。"

    松涛,湖州人。曾为诸生,后弃家学仙,为道士。事具《更生斋诗续集》卷九《偶成三首示黄鹤楼道士松涛》其三。

十九日,自武昌东门至洪山,登塔院,望南湖及长江,有诗。

《更生斋诗续集》卷九《十九日出江夏门八里至洪山久憩塔院望南湖及长江作》。

偕秦维屿、维岩登洪山天镜塔,有诗。

《更生斋诗续集》卷九《登洪山天镜塔偕秦维屿、维岩两茂才》。

秦维屿、维岩,秦维岳弟,馀待考。

在武昌期间,另有《读史》诗。

《更生斋诗续集》卷九《读史》。

将离武昌,同人于黄鹤楼江岸饯别,作《留别》诗。

《北江诗话》卷五:"余六十后,忽以不得已事,重赴汉江,将归,同人饯于黄鹤楼江岸,以为不更作楚游矣。余故反其意,作《留别》一首云:'未觉山公兴便阑,残年短景苦相催。濒行不与仙人别,此世偏应一再来。'"

二十一日,离武昌东归,有诗示道士松涛。

《更生斋诗续集》卷九《偶成三首示黄鹤楼道士松涛》其一:"黔娄苦长饥,列子欲远嫁。孟冬月望日,放棹至江夏。缓急求友生,不一诣姻娅。半旬才暖席,六日已返驾。"

按:十五日至汉阳,抵武昌,六天后返驾,离武昌东归,当在二十一日。诗亦作于是日,故系于此。

二十三日,抵武昌县,泊舟郭外,晚泊蕲水县界,有诗。

《更生斋诗续集》卷九《廿三日泊舟武昌县郭外》:"崔颢题诗处,晴川入画中。挂帆从此去,木落水流东。武昌县郭红云里,月向庾公楼上起。……梦醒黄冈对竹楼,忽随征雁过黄州。"

同卷《夜泊蕲水县界》其二:"灯火山城路不遥,忽惊风荻响萧萧。四更梦断一回首,月正下弦江上潮。"

按:据"月正下弦江上潮"句,夜泊蕲水当在二十三日,故系于此。蕲水,今湖北浠水县。

二十四日,夜抵富池镇,有诗。

《更生斋诗续集》卷九《夜抵富池镇》："风雨一时黑,空江夜半行。"

按:以行程计,当在二十四日抵富池,故系于此。

自富池至九江,有诗纪行,并题《管幼安渡海图》。

《更生斋诗续集》卷九《舟次偶成》《五鼓风利喜舟人挂帆作》《题管幼安渡海图》《独坐偶成》。

十一月初一日,泊舟琵琶亭口,登琵琶亭,有诗题壁。

《更生斋诗续集》卷九《泊舟琵琶亭口值大风》《书琵琶亭壁》《咏怀》。

按:同卷《十一日舍舟陆行》："我来自江州,十日五多阻。如何波浪完,有复阻尘土。"由十一日逆推十天,则十一月初一日当在江州。泊舟琵琶亭口,或在此时,故系于此。

过湖口县,有诗。

《更生斋诗续集》卷九《过湖口县作》。

过小孤山,有诗。

《更生斋诗续集》卷九《归舟过小孤》。

过雷池镇,因风急不得泊,怀倪模,有诗。

《更生斋诗续集》卷九《过雷池风利不得泊舟有怀倪进士模》。

十一月初三日,在枞阳与董教增、左辅、唐轶华、钱梦云宴集,临别,诸人送之,有诗。

《更生斋诗续集》卷九《将欲解维同年董巡抚教增左大令辅及唐少府轶华钱秀才梦云并送我出枞阳门外赋此以别》："散人来去何飘忽,总值初三一钩月。忠宣亭畔宴客完,却出枞阳门送别。"

初八日,舟过金山,因风急不得抵岸。

《更生斋诗续集》卷九《舟过金山忽风急不得抵岸翌日始步行至袁家渡易小舟复值水涸泊舟二日》《十一日舍舟陆行》。

按:据两诗题之意,往前逆推四日,舟过金山,当在初八日,故系于此。

初九日,步行至袁家渡易小舟,因水涸泊舟至初十日,有诗。

《更生斋诗续集》卷九《舟过金山忽风急不得抵岸翊日始步行至袁家渡易小舟复值水涸泊舟二日》。

十一日,舍舟陆行,有诗。

《更生斋诗续集》卷九《十一日舍舟陆行》。

取道丹阳归里,有诗。

《更生斋诗续集》卷九《丹阳道中》其三:"孤露余生记昔因,舟车南北往来频。沈思三十三年上,风雪依然负米人。"

应苏敏善请,作《苏先生家传》。

《更生斋文续集》卷一《苏先生家传》:"吾里中有淳德君子一人,如唐之元紫芝、宋之徐仲车者,则苏先生是也。……先生娶冯氏,无子,以兄之子敏善为嗣。……先生年七十有九,以嘉庆十三年十月六日卒。遗令速葬,不用乐工僧道。敏善皆遵之。又以亮吉交先生最久,暇日踵门,乞为先生立传。"

按:先生十一月中旬始返里,应苏敏善请作《苏先生家传》当在返里后,故系于此。

苏敏善,行实待考。

十二月初三日,与同人游城渡草堂,有诗。

《更生斋诗续集》卷九《同人游城渡草堂》:"半程行水郭,三里历沟塍。初月鸿惊影,先春鱼辅冰。"按:据"初月"句,诗当发生于初三日。

吕《谱》本年条:"(十二月)初五日,孙序曾生。第三子符孙妾戈氏所生。"

十八日,早起,于曙华台赏雪,有诗柬赵翼、庄宇逵。

《更生斋诗续集》卷九《十八日蚤起曙华台玩雪作即柬赵兵备翼庄征君宇逵》。

十九日,祀苏轼生日,有诗。

《更生斋诗续集》卷九《十九日为宋苏文忠公生日设祀谨赋一首》《立春前一日作》。

按:十二月二十日立春。

过汪氏旧居,有诗。

> 《更生斋诗续集》卷九《过汪氏旧居感赋》。

二十日,步至西蠡河,有诗。

> 《更生斋诗续集》卷九《西蠡河》:"西蠡河上新春朝,短桥明月连
> 长桥。"

> 按:据"西蠡河上新春朝"句,诗当作于二十日,故系于此。

二十三日,游宜兴南山、张公洞,有诗纪行。

> 吕《谱》本年条:"十二月,游荆溪南山,入张公洞里许而还。"

> 《更生斋诗续集》卷九《祀灶日抵荆南山》:"此夜扁舟泊,中江第
> 几湾。万家齐祀灶,双屐独登山。"同卷《登荆溪城楼后独酌桄楼》《抵
> 芦务镇》《陆行抵张公洞先憩洞口小院》《荆溪南山上通宣歙为南条山
> 结尾率赋一篇》《入张公洞三首》。

二十四日,回舟过东氿,有诗。

> 《更生斋诗续集》卷九《回舟过东氿》《春堤曲》《题燕子楼壁》。

旋里,于卷施阁祀贾岛,祭诗,有诗。

> 《更生斋诗续集》卷九《小除日卷施阁祀贾浪仙兼祭一岁所得诗》。

二十九日,除夕,有诗。

> 《更生斋诗续集》卷九《除夕》《偶成》。

本月,应郭堃子请,为郭堃《种蕉馆诗集》作序。

> 《种蕉馆诗集》卷首《序》:"维时山城昼短,茅檐雪低,红炉不温,
> 碧酿成冻。……故侣乃有趦然造门、肃然叩谒者,则京口张舸斋之爱婿、
> 亡友厚庵之令嗣也。……敢云《三都》赋就,元晏竟序乎太冲;所嗟五
> 岳游归,向平徒怀乎禽夏云尔。戊辰冬十二月阳湖洪亮吉。"

本年,撰《诰授建威将军浙江提督总兵官闽浙水师军功加二级纪录二次追封
三等壮烈伯谥忠毅李公墓志铭》。

> 舒位《瓶水斋诗集》卷十四《书洪更生榜眼所撰督师李忠毅公长庚
> 墓志铭后》"留与将军勒此铭"下有小字自注:"洪于戊辰撰文,己巳逝
> 世。"

应李存厚请,先生为其父李以健作墓表。

《更生斋文乙集》卷四《奉政大夫刑部河南司主事候补员外郎李君墓表》:"嘉庆十二年七月日,刑部河南司主事员外郎昆山李君,以疾卒于李第。越□年□月,将葬。遗孤存厚等以表墓之文为请,余与君同举顺天试,知君最悉,爰不敢以不文辞,谨按状。……秉命不融,斯人长逝,春秋仅六十有一。呜呼哀哉!存厚将以明年□年□日葬君于某乡之某原。"

应汪继坊请,作《萧山汪君墓志铭》。

《更生斋文续集》卷二《赐进士出身敕授文林郎晋封奉直大夫湖南宁远县知县加三级萧山汪君墓志铭》:"继坊等将以□年□月□日葬君于山阴□乡□原,述君遗命,乞亮吉为墓道之文。"

按:汪辉祖卒于三月,先生为作墓志当在本年,故系于此。

汪继坊(生卒年不详),后改名光诰,清浙江萧山人。乾隆五十一年(1786)举人。处州府教授,嘉善、慈溪教谕,候补直隶州州同。事具《(民国)萧山县志稿》卷三十三等。

嘉庆十四年,己巳(1809),六十四岁

正月初一日,有诗,语及英吉利国自广东归事。

《更生斋诗续集》卷十《己巳元日》腹联"属国舟船归海道"句下有小字自注:"英吉利国忽领兵至广东互市,近始遁归。"

初二日,拜赵恭毅公影堂,并至前桥展墓,时撰《里中耆旧传》,有诗。

《更生斋诗续集》卷十《初二日拜恭毅公影堂》:"国历四朝家五代,百年真共享升平。人传盖里门风古,我懔尚书臣节清。后死未尝忘撰述,时撰《里中耆旧传》,赵氏编入者数人。此生犹及预耆英。自西海归后,凡里中耆旧之会,余辄随缄斋比部预焉。凄凉一曲留云坞,记得曾骑竹马行。"

同卷《是日至前桥展墓感赋》,诗前有小序,云:"余自十一龄始,今五十馀年矣。如在里门,新正二日必至先垄展拜,遂诣伯姊宅起居,率以为例。昨夏伯姊云亡,今岁拜墓后,不敢更诣姊宅。赋此志感云尔。"

赵申乔,谥恭毅,曾官户部尚书,赵怀玉曾祖。

为崔景仪题《册亨从军图》。

> 《更生斋诗续集》卷十《题崔学士景仪册亨从军图》其一："毕竟词臣解韬略，平蛮万里仗书生。"

初七日，人日，雪，有诗。

> 《更生斋诗续集》卷十《人日雪》。

初十日，横舟亭送客，有诗。

> 《更生斋诗续集》卷十《初十日横舟亭送客久憩》。

十五日，元夕，独饮，有诗。

> 《更生斋诗续集》卷十《元夕独饮偶成》。

夜半，曙华台赏花，忆亡姬塞云，有诗。

> 《更生斋诗续集》卷十《曙华台夜半》："看花看到花初吐，竟欲与花相尔汝。回廊曲处藏春风，人面亦如花面红。"

> 同卷《花下忆亡姬塞云》："更残月向花梢堕，忽梦咏花人一个。"

十九日，夜同人饮凝素斋梅花下，有诗。

> 《更生斋诗续集》卷十《十九夜同人饮凝素斋梅花下作》。

二十日，过九龙山，经无锡，抵苏州，泊于斟酌桥，有诗纪行。

> 吕《谱》："正月，至苏州邓尉看梅，久憩吾与庵。"

> 《更生斋诗续集》卷十《二十日侵晓过九龙山》："梁溪十里春波阔，春气浮山山欲活。龙山入水惊横陈，漾影忽如龙欠身。"

> 同卷《斟酌桥夜泊》。

二十一日至二十二日，憩于吾与庵，游白云泉、寒山，至邓尉山、万峰台、香雪海看梅，有诗。

> 《更生斋诗续集》卷十《吾与庵久憩》其一："吾与庵中雪乍消，老僧不在老梅飘。山樵眼冷偏相识，先向三层阁上招。"

> 同卷《自白云泉复至寒山》《白云泉晚步》《邓尉山后憩万峰台》《自万峰台看梅回途抵香雪海》《花田老人歌》《石楼》《石壁》。

跋刘汝梅遗诗。

> 《更生斋诗续集》卷十《跋亡友刘汝梅遗诗》其一："棣萼园荒宿草抽，世人犹自说三刘。君与伯兄孝廉汝器、仲兄编修汝蓉，并有诗名。

惟余一卷《青门卓》,谁买瓜畸葬故侯。"

　　刘汝梅,清江苏阳湖(今常州市)人。馀待考。

二十三日,偕钮树玉、顾广圻、戴延阶雨中集于一榭园,有诗。

　　《更生斋诗续集》卷十《一榭园雨中小集偕钮山人树玉顾文学广圻戴上舍延阶》:"今朝值下弦,花事已如许。……虽惊新节物,乐此旧俦侣。所思仍不到,谓陈征君鳣。百里难聚首。"

　　按:据"今朝值下弦"句,诗当作于二十三日,故系于此。

　　顾广圻(1766—1835),字千里,号涧薲,又号思适居士、无闷子等,清江苏吴县人。诸生,长于校书。所著有《思适斋集》十八卷、《战国策札记》三卷、《韩非子识误》三卷等。事具李兆洛《养一斋文集续编》卷四《墓志铭》《清史列传》卷六十八、《清史稿》卷四百八十一等。

二十六日前后,归里,重游谢园,追悼谢榕,并题钱维城画。

　　《更生斋诗续集》卷十《重游谢园追悼谢孝廉榕》:"五十年前此授经,重来犹剩草玄亭。周郎陆弟人谁在,时同学者小阮振祺与许生汝原。翠柏苍松眼尚青。君已北州归旅榇,君以应试入都,客死于道。我曾西海逐浮萍。惟应唤雨鸠如旧,愁向溪流曲处听。"

　　同卷《题钱文敏画幅》。

　　按:二十三日尚在吴门,则先生归里,当在二十六日前后。

　　谢榕,清江苏武进人。先生少时同学。

　　许汝原,清江苏阳湖(今常州市)人。先生少时同学。

三十日,赴西郭吊丧,独行东郊,应樵夫邀,憩于小东门桥,有诗。

　　《更生斋诗续集》卷十《晦日独行东郊久憩小东门桥》:"我从西郭来东门,是日赴西郭吊丧。十里雨霁无纤尘。山樵怪我腰脚健,邀我共坐桥边村。"

二月初一日,祭社公,有诗。

　　《更生斋诗续集》卷十《二月朔日》其一:"春树欲绿,春灯乍红。神香一瓣,先诣社公。"

初二日,看社火,有诗。

　　《更生斋诗续集》卷十《二月二日看社火》其二:"临川里社足清

幽,第一番风第一楼。忽地儿童拍双手,万枝灯里飏龙头。"

初四日前后,独游城北,有诗。

> 《更生斋诗续集》卷十《独游城北》:"春到曾几时,官蛙已高唱。"
>
> 按:诗次于二日诗与六日诗之间,故系于此。

初六日,春分,有诗。

> 《更生斋诗续集》卷十《春分偶成》其二:"别来已春分,燕子不我顾。惟有黄栗留,时时欲穿树。"

庭院内辛夷、山茶、海棠杂开,喜而有诗。

> 《更生斋诗续集》卷十《辛夷山茶海棠杂开喜而有作》《花下作》。

花南水北山房看玉兰,有诗赠庄逵吉。

> 《更生斋诗续集》卷十《花南水北山房看玉兰即赠庄司马逵吉》。

初九日,与同人携具至欀舟亭赏玉兰,有诗。

> 《更生斋诗续集》卷十《初九日同人各携一壶一碟至欀舟亭赏玉兰即席率成长句》。

初十日,有诗。

> 《更生斋诗续集》卷十《初十日》:"衰翁日课仍如旧,一寸书完日加酉。"

十二日,花朝,与同人饯送朱勋入都,有诗。

> 《更生斋诗续集》卷十《花朝日》末联"关心来日分携处,堤柳垂垂解送迎"句下有小字自注:"是日,公饯朱方伯勋入都。"

十五日,观春景有诗。

> 《更生斋诗续集》卷十《望日即景》:"墙头花,篱角花,春半一一矜春华。"
>
> 同卷《小东门桥憩古寺》《花落有感》《偶成》。

十九日,至前桥上冢,有诗。

> 《更生斋诗续集》卷十《十九日侵晓至前桥上冢》:"十里前桥路,濛濛破晓天。夜光黄绽月,春树绿生烟。塔隐青松外,花开白鹭边。高原回首处,垂泪过新阡。伯姊近亦葬此。"

二十日,寒食,自朱雀桥独行至杨氏废园,有诗。

《更生斋诗续集》卷十《寒食白朱雀桥独行至杨氏废园感赋》:"独行千步得楼台,薄暝偏能去复回。……零落断桥三五座,夕阳无主野花开。"

二十一日,清明,有诗。

《更生斋诗续集》卷十《清明日》:"八字桥边展嫩晴,风光几日称清明。半城忽报迎社鼓,一巷惊闻折柳声。"

牡丹花将开,薄饮于花下,有诗。

《更生斋诗续集》卷十《牡丹将放喜而有作》《牡丹将开薄饮花下》《早起看牡丹》《花下读书》。

至杨氏废园访友不值,有诗。

《更生斋诗续集》卷十《杨氏废园访友不值》。

三月初九日,上巳,雨,送庄逵吉至陕西,有诗。

《更生斋诗续集》卷十《上巳日送庄潼关逵吉至陕西》:"我望长安忽西笑,欲缄乡梦寄秦中。"

同卷《是日雨》:"破曙檐前宿雾轻,风光上巳胜清明。九天九地龙行雨,一草一花鸠唤晴。"

应邀与同人至小山堂看白牡丹,有诗。

《更生斋诗续集》卷十《小山堂白牡丹仅三朵光采溢目同人招饮率赋一篇》《白藤花盛开》。

与同人至城渡桥看赛神,有诗。

《更生斋诗续集》卷十《同人至城渡桥看赛神》。

过徐湖桥,忆及少时听马舜侯说汉末及三国故事,感旧有诗。

《更生斋诗续集》卷十《过徐湖桥感旧》其一:"衰翁百感记从前,孤露余生藉母贤。却典外家田十亩,薄营饘粥度凶年。太宜人有赠嫁田十亩,在桥侧。亮吉少孤,藉以自给。及乾隆丙子大荒,始鬻田以资饘粥。"其二:"庀下人来亩有收,秤官频与说曹刘。有桥侧佃人马舜侯,岁岁至外家赁春,颇能说汉末及三国故事,余与外兄弟尝环听之。"

马舜侯,行实待考。

为蒋廷耀题《云溪老渔图》。

《更生斋诗续集》卷十《云溪老渔图为蒋少府廷耀赋》。

十八日,观里中神会,有诗。

　　《更生斋诗续集》卷十《十八日观里中神会》:"此风卅年来,侈已无可增。我行况衰颓,训俗愧不能。纵复家置喙,谁肯就劝惩?聊书目所见,遗我友与朋。"

为龚烈题《深山读书图》。

　　《更生斋诗续集》卷十《深山读书图为龚征君烈赋》。

　　龚烈(生卒年不详),字仲畅,号楚香,清江苏武进人。嘉庆元年(1796)举制科,赐六品顶戴。工书,善鉴别。所著有《念辛楼诗钞》三卷、《续钞》一卷等。事具《皇清书史》《江苏艺文志》常州卷等。

杨炜六十初度,有诗寄怀。

　　《更生斋诗续集》卷十《寄怀杨观察炜岭南兼六十初度》:"癸辛志向闲中述,甲子筵从海上开。却趁好秋还按部,风光应放岭头梅。"

下旬,重游焦山,憩于定慧寺及海门庵。

　　吕《谱》本年条。

舟次四河口,追悼蒋龙昌昆仲及从子蒋纯裕,有诗。

　　《更生斋诗续集》卷十《四河口舟次追悼蒋州守龙昌昆仲暨从子孝廉纯裕》。

　　蒋龙昌,清江苏阳湖(今常州市)人。曾官广东嘉应州、山西永宁州知州。

过路程桥,泊舟乌路桥,至大士庵小憩。

　　《更生斋诗续集》卷十《舟过路程桥》《泊舟乌路桥至大士庵小憩》。

将抵焦山,有诗柬僧清恒、觉灯。

　　《更生斋诗续集》卷十《将抵焦山先柬方丈僧清恒暨觉灯》。

经新丰镇、丹徒镇并江行至焦山,晤顾鹤庆,有诗。

　　《更生斋诗续集》卷十《新丰镇》《丹徒镇》《江行》《抵焦山喜晤顾茂才鹤庆》。

与借庵闲谈亡友慧超、如鉴,有诗赠之。

《更生斋诗续集》卷十《不及半年借庵诗又已成帙喜赠一首》"旧侣最怜埋玉久"句下有小字自注："时谈及慧超、如鉴。"

为僧虚台题《白云半间图》。

《更生斋诗续集》卷十《白云半间图为湖州僧虚台赋》。

虚台,行实待考。

春夏之际,应王瑛请,为其父作墓表。

《更生斋文续集》卷一《汪上舍墓表》："嘉庆十二年,岁在丁卯,三月日,国子监生汪君以疾卒于旌德县板桥镇里舍。越二年月日,其子瑛将卜葬于某乡之某原。先期以表墓之文,谨按状。"

按:先生卒于五月中旬,其为汪瑛父作墓表,当在春夏之际,故系于此。

王瑛,行实待考。

四月初六日,晚薄醉,与巨超、觉灯行焦山山南栈道,有诗。

《更生斋诗续集》卷十《初六日晚薄醉与巨超觉灯行山南栈道半里许始回》："空山何所诣,浅醉视西日。……僧楼三面峻,栈道一径仄。"

初七日,早起,憩于定慧寺山门,有诗。

《更生斋诗续集》卷十《初七日侵晓定慧寺山门久憩》："山门不曾关,朝日已出树。亦学道士方,纳新先吐故。"

海门庵看新笋,有诗。

《更生斋诗续集》卷十《海门庵看新笋》："竹楼已全敧,杂绿障天碧。满院新笋肥,枯僧瘦如腊。"

约于初十日,离焦山归里,觉灯以新笋相饷,有诗。

《更生斋诗续集》卷十《濒行焦山僧觉灯以新笋相饷留别一首》："山居及半旬,蔬食乐有余。……山僧工诗复工隶,定力尤能压灵异。……濒行饷我笋一竿,别路聊以充朝饥。"

同卷《焦山放舟》。

按:此诗次于七日诗与十五日诗之间,姑系于此。

十五日,夜饮于元晖楼,有诗。

《更生斋诗续集》卷十《十五夜元晖楼对月同饮》。

二十二日,肋痛,服药后,月末渐愈。

> 吕《谱》本年条:"四月廿二日,先生偶患肋疾,服医家消导之剂,月杪渐愈。"

五月初,肋痛复剧,医无效,病逝于十二日。

> 吕《谱》本年条:"五月初五日,肋痛复剧,饮食渐减,犹日坐岁寒堂,未尝偃卧,有问疾者,皆自谢之。"

病中,有人以石榴一瓶相饷,有诗。

> 《更生斋诗续集》卷十《病中有以石榴一瓶相饷偶成二绝句》。

九日,病情加重。

> 吕《谱》本年条:"(五月)初九日,服医家降伐之剂,肋痛未减,时有喘逆。"

十二日,未刻,病逝。

> 吕《谱》本年条:"(五月)十二日,气息渐微,家人环问,频云无所苦。弥留之际,老媪抱幼孙彪曾侍侧,呼先生,犹徐应之。未刻,先生卒。越一日,殡于北江草堂。"

本月,赵翼以诗哭悼先生。

> 《瓯北集》卷五十一《哭洪稚存编修》:"里闬征逐惯从游,一病何期竟不瘳?生为狂言投万里,以上书遣戍伊犁。死犹遗稿待千秋。繁音不听梨园调,生平不听戏。健步堪当划曲舟。出必步行。胸次知君原洒落,古来何事不浮沤。"

七月,赵翼以诗悼怀先生及刘瀛坡。

> 《瓯北集》卷五十一《稚存殁后不及两月刘瀛坡总戎又病故二公皆里社朋友也感赋》。

十二月二十四日,子饴孙葬先生于前桥祖茔内。

> 吕《谱》本年条:"子饴孙等以是年十二月二十四日申时葬先生于武进县德泽乡前桥祖茔昭穴。"

后　谱

嘉庆十四年,己巳（1809）

夏,释清恒闻先生卒,有诗哭之。

《借庵诗钞》卷五《闻洪稚存先生五月十一日病卒,诗以哭之》其一:"天上不离香案侍,人间曾度玉关来。千秋著罢书应满,五岳游归鬓未摧。"

八月,金学莲赋诗追悼先生。

金学莲《竹西客隐草堂集》卷四《稚存没三月矣,怆然追悼,爰赋此篇》:"泣血千年泪始枯,著书三尺才应尽。孤舟他日过兰陵,邻笛山阳恨满膺。"

陈鸿熙有诗哭先生。

《藤阴吟稿》卷三《哭洪太史亮吉》:"常州星忽隐文昌,鳌顶声华谢玉堂。抵死要持臣节重,更生曾拜圣恩长。乌孙路窜关山险,白发年拚著作忙。折槛高风振千载,惊人不独在词章。"

李赓芸夜过常州,有诗追挽先生。

《稻香吟馆诗稿》卷五《夜过常州追挽同年洪编修亮吉》:"洪君射策明光殿,听唱胪句五云见。江湖题徧始成名,当代时流独出冠。今之鼎甲宗三魁,橐笔徧摩近香案。儒臣平步到公卿,本可无灾与无难。乘轺万里使牂柯,矕直三天偕耆颜。惜君方寸有五岳,康庄不惯邛崃惯。好肉无端剜作创,言似风狂职非谏。秋官执法杀无赦,德比勋华岂容讪?圣皇大度真能容,宽典姑从西域窜。穷荒大碛冰雪天,十万八千毛孔颤。郭门几与戎夷邻,何处煨红榾柮炭?幕府军容在示威,辕门鼓角闻传箭。发上虽冲壮士冠,膝行几齿将军剑。保全终仗帝仁慈,不令绝徼苍蝇唁。荷戈百日即赐环,略教野性经磨炼。隋非中行颇有胆,圣意留将大臣荐。君归闭门自思过,臣罪当诛天特遣。安心士伍太平时,秋月春花几昏旦。一朝恒化得首丘,神返蓉城悟真幻。平生著述藏名山,世上仍传广陵散。后来不知事本末,异口同声偏铁汉。"

朱琦有诗挽先生。

《小万卷斋诗》卷十二《挽洪北江前辈四首》其三:"辛勤闭户注鱼虫,积岁消磨卷帙中。诂正邱明编欲绝,所著《左传诂》尚未杀青。源探竖亥步能通。地理之学近代罕有。模山范水诗千首,种月栽云地一弓。新辟精舍,额曰淡云斜月西堂。遗恨传经苏叔党,未亲含饭恸西风。令嗣孟慈孝廉时在关中。"其四:"培风阁上醉曾眠,癸亥冬日见访,剧饮培风阁中。复忆云溪小舴船。中酒地谁同把酒?谪仙人更作飞仙。余入都道出毘陵,相见于白云溪,临行赠诗有'蓬莱久作谪仙人'句。千秋重为文章惜,五岳长为姓氏镌。此日悬崖真撒手,凌飙直到大瀛边。"

杨芳灿有诗哭先生。

《芙蓉山馆全集·诗补钞·哭洪稚存大兄五十韵》:"一恸追畴昔,椒浆酹寝门。文章今不朽,风义古犹存。直道埋黄土精诚恋紫阍。天涯伤永诀,往事忍重论。束发余交旧,知心几弟昆?连枝齐橘柚,同臭合荃荪。志节推怀祖,孤穷识愍孙。三余耽绝学,九变贯群言。密契观濠惠,雄谈炙毂辊。锋棱淬干莫,光价重玙璠。投分先交吕,倾襟早事爰。一官落边障,十载隔荽暄。愧我卑栖拙,欣君上第抡。异书窥秘府,宏笔压词垣。秉节罗施国,观风太史轩。搜材储杞梓,相马得骊骠。俗洗蛮荒陋,文疏学海源。说经摧鹿角,释奠拜龙蹲。劲节羞婴婉,孤生绝系援。圣朝无忌讳,天语最和温。恩重身宁惜,言高舌肯扪?陈词知过激,削牍或伤烦。伏锧原臣分,投荒荷主恩。甘同鹈鸟放,敢诉菉葹冤。慷慨兰山别,苍凉柳谷昏。临岐牵短袂,挥泪倒深樽。大漠惊蓬振,长河浊浪奔。凿行过铁勒,审迹到犂轩。临照回穹昊,仁慈仗至尊。赐环宽荷戟,橐笔喜还辕。皂帽辞退徼,青韉返故园。蒿庐恋松柏,蔬圃艺葵萱。邱首师狐豹,山心慰鹤猨。养闲娱翰墨,投老爱麇犍。昨岁过从密,明湖笑语喧。豪情殊矍铄,俊气尙腾骞。枉渚波千顷,高峯黛一痕。饮倾银凿落,谈碎玉昆仑。后约期重践,成言矢勿谖。附书凭白雁,卜宅买乌犍。巢篢占符谶,蓍蛊兆遇屯。徂年悲管辂,傲骨挫虞翻。江远迟来梦,天高有断魂。蛟龙波浪阔,死别竟卢岙。"

乐钧于岁暮有诗悼先生。

> 《青芝山馆集·诗集》卷十九《岁暮感旧诗》,诗前序云:"今年交旧
> 殂谢滋多。陆生叹逝,杜老怀贤,不能已于辞矣。各系一诗,以殁之先
> 后为次。"其三即《洪稚存太史》:"孝德名卿谓毕秋帆尚书重,狂名圣主
> 知。心伤下镜日,身隐赐还时。诗必高岑后,文情魏晋遗。传家虽令
> 子,谓孟慈。终切老成悲。"

陈熙闻先生病逝,有诗哭之。

> 《藤阿吟稿》卷三《哭洪太史亮吉》其一:"常州星忽隐文昌,鳌顶
> 声华谢玉堂。……折槛高风振千载,惊人不独在词章。"其二:"胆可包
> 身真浩落,才难容世岂猖狂? 金庭一去成长别,空使双眸盼石梁。前年
> 太史别余曾往天台。"

嘉庆十五年,庚午(1810)

冬,舒位以诗题先生《李忠毅公长庚墓志铭》后。

> 舒位《瓶水斋诗集》卷十四《书洪更生榜眼所撰督师李忠毅公长庚
> 墓志铭后》其二:"天子门生宰相书,赐环恩重此生余。老为江海三年
> 客,身是乾坤一腐儒。鹊版盛名开笔阵,鸡碑妙迹入堪舆。丹青粉墨招
> 魂遍,可有红箫拢下居?"

嘉庆十六年,辛未(1811)

冬夜,刘嗣绾读先生《更生斋诗》有感,以诗书后。

> 刘嗣绾《尚絅堂诗集》卷四十四《寒夜读北江编修更生斋诗集感书
> 其后》:"先生生气如虹横,东市不死西荒生。号曰更生生更死,不死为
> 有诗传名。先生之传不独诗,就论诗笔谁敢持? 然藜我愧刘更生,欲借
> 长眠漆灯读。"

嘉庆十七年,壬申(1812)

四月中旬,张问陶过阳湖,作诗悼念。

《船山诗草》卷十九《过阳湖怀稚存》其一:"当年慷慨庆弹冠,曾有诗盟结岁寒。爱我猖狂呼李白,看君光气夺齐桓。浮沉世网终须了,进退名场本不难。泉下有灵能笑否?故人今日也辞官。"其二:"高谈忠义傲神仙,火色飞腾六十年。作佛恐居灵运后,著鞭曾让祖生先。酒浇坟上宁无谪,诗辟要荒更可传。携得惊人奇语在,招魂重与问青天。"

嘉庆十八年,癸酉(1813)

先生子饴孙恳父执王芑孙为先生集作序。

《渊雅堂诗文续稿》之《洪稚存集序》:"嘉庆癸酉,余送少子嘉禄省试,遇亡友稚存之子饴孙于白下,过余言曰:'先子之殁也,两父执分譔志表,其文非不善也,读之一似。先子素方严曲谨者,其神情不类。今先子遗集未有序,愿先生口(或作'以')刘元城序忠肃集例,略述生平,俾后来者有所想见焉。'又曰:'饴孙非久当出为县,必在未得官前,先生以序见俾,敢固以请。'"

顾广圻同李子仙等于南京祭先生。

赵诒琛《顾千里先生年谱》卷下"嘉庆十八年"条:"秣陵旅馆同李子仙诸人祭洪稚存。"

嘉庆二十年,庚辰(1815)

舒位以诗题先生《更生斋诗集》后。

《瓶水斋诗集》卷十七《题洪稚存先生更生斋诗后》:"兰陵江上旧书生,直向天山绝顶行。诗格全身摹杜甫,酒杯昨日泥阳城。千秋余事倾流辈,万死奇才博好名。记取君恩无量处,乌头马角泪纵横。"

嘉庆二十二年,壬午(1817)

孙原湘游碧琅玕山馆,读壁间先生所为记(是文失载先生集中),以撰文称之。

《天真阁集》卷四十七《碧琅玕山馆记》:"往阳湖洪先生为予道碧

琅玕山馆之胜,心遥慕之。越十五年而始得游历。读壁间先生所为记,雄辞奥句,润色其事,山川之灵,非得伟人奇士以发其概,则亦埋没而世无知者。"

按:先生于嘉庆七年(1802)游碧琅玕山馆。先生于是年冬游常熟,过访孙原湘,先生向孙道碧琅玕山馆之胜,当在是时。越十五年当是嘉庆二十二年(1817),故系于此。

嘉庆二十三年,戊寅(1818)

孙原湘主洋川毓文书院,踵先生《月午楼歌》,亦作《月午楼歌》。

《天真阁集》卷二十三《月午楼歌》诗前小序云:"稚存前辈以月午名楼,谓以劝学也,并为作歌。予后十年来居此楼,喜诸生之勤学,知先生之流风馀韵,至今未泯也。踵而有作,以劝后来。"

嘉庆二十四年,己卯(1819)

邬鹤徵过常州,以诗追挽先生。

《毗陵追挽洪稚存先生》:"春风载酒白公祠,曾见先生海鹤姿。藤杖一枝华顶雪,麻鞋万里玉关诗。江南白髪凋耆旧,阁外青山长蓁蒢。寂寞阳湖湖畔路,我来可惜十年迟。"

按:据末句"我来可惜十年迟",姑系于先生逝后十年。

道光四年,甲申(1824)

释清恒读戊辰饮于松寥阁诸作,悲先生久逝,有诗寄张铉。

《借庵诗钞》卷八《戊辰八月十三日,同司马洎洪稚存太史过翠屏洲访王柳村征君,晚回焦山,集饮松寥阁看月。今读诸作,距戊辰已十六年矣。悲洪公久化,和元韵寄张司马、王征君》:"广陵八月天奚骄,君曾汗漫游松寥。不用驾天虹五彩,一舟稳渡安如桥。"

道光六年,丙戌(1826)

春,刘大观作《书稚存先生卷施阁文集后》诗,推崇先生气节、文章。

刘大观《玉磐山房诗集》卷十三《书稚存先生卷施阁文集后》:"胸有治安策,建言惊举世。遗言五千首,著述为余事。……人中有泰山,俗儒难仰觊。嗟予已老矣,交游多憔悴。气节与文章,先生真可谓。"

道光九年,己丑(1829)

十二月,陆继辂辑《春芹录》成,有题先生集诗。

《崇百药斋三集》卷六《辑春芹录成怀旧感知呵冻有作》其五:"为数平生事事奇,到头成就一家诗。游争山贼崎岖径,死值湘妃涕泣时。君以竹醉日卒。黄祖敢为名士刃,乌孙竟献谪仙卮。孤儿文誉因谁起,五日樽前有所思。更生斋。"

道光二十年,庚子(1840)

汪喜孙作诗哀悼先生。

汪喜孙《抱璞斋诗集》卷五《五哀诗》之《洪稚存太史》:"感旧狗知赋手夸,少年风义著京华;谤书上后名遍著,只管游山不住家。"

道光二十四年,甲辰(1844)

十一月,钱仪吉作《书洪北江先生上成亲王书稿后》。

钱仪吉《衍石斋纪事续稿》卷六《书洪北江先生上成亲王书稿后》:"先生上书之年,仪吉侍母归里,世父户部公一日书小纸以报曰:'洪丈戌矣。'以仪吉少而知敬慕先生故也。……此稿及前应御试《征邪教疏》,皆当时孟慈手写而幼怀宝藏者。予既录副,感慨欣跃,敬书其后而归之。时道光甲辰冬仲也。"

道光二十六年,丙午(1826)

九月二十一日,陈庆镛跋先生《万里沙图》。

陈庆镛《籀经堂类稿》卷十五《洪稚存先生万里沙图跋》:"丙午秋,道过常州,访余友子龄舍人。既见,出其尊丈稚存先生《万里沙图》属题。余因索当日所上成亲王书稾本读之,一字一血,落落数千言,令人毛发森动。其《万里沙图》即戍役时事也。观先生《伊犁日记》,自国门至嘉峪关,凡四匝月,奉严旨,不许涉笔作诗。遥遥万里,渺无人踪。径天山,涉瀚海,险阻备尝。无聊学绘事,图山水,以画当诗,庶几得永日焉。呜呼！若先生者,其不媿古名臣之风矣！道光二十六年九月十一日,谨跋于先生之读书旧舍。"

道光二十九年,己酉(1849)

四月至七月,杨文荪为先生刊《更生斋诗续集》十卷、《更生斋文续集》二卷,附《卷施阁外编》二卷,并序先生诗文。

　　杨文荪《更生斋诗续集序》:"庚午,晤长君孟慈孝廉,知遗稿尚多,有待剞劂。孟慈服除后,出宰楚中,未几病殁。诸弟俱幼,不相闻问者二十余载。兹遇孟慈弟子龄孝廉于倪濂舫粮储坐中并诗文续集未刻本俱在焉。粮储自幼习闻先生之言论,服膺久而弗衰,既得是稿,亟任栞行,因相与商榷雠勘,佐成其事。凡《更生斋诗续集》十卷、《文续集》二卷,附《卷施阁外编》二卷,刻始于己酉四月,蒇工于七月。……道光己酉秋七月,海宁杨文荪识。"

同治七年,戊辰(1868)

正月初五日,李慈铭阅《卷施阁诗文》,称赞先生考据精博,善言情变。

　　李慈铭《越缦堂日记》卷:"阅《卷葹阁诗文》。予于近人最喜北江及汪容甫两家文字,不特考据精博,又善言情变,其处境亦与予同也。同治七年正月初五日。"

同治十年,辛未(1871)

辛未,方浚颐次韵先生焦山壁间诗。

　　《二知轩诗钞》卷十二《寄怀谦斋,次七月游焦山壁间洪北江先生韵三首》。

光绪甲申, 庚寅(1890)

袁昶作诗怀悼先生。

《安盘簃集》"诗续庚"《过都虞司怀洪北江先生》:"万言朝上夕湘累,意气盘纡不自危。念念玉门行万里,昌陵犹是圣明时。"

附　录

佚作汇编

前身本是华亭鹤,却向由拳官学博。津门南畔买孤帆,欲向筑耶城外落。

作吏差堪不折腰,倒持手版说闲曹。他时经阁摊书夜,莫学扬雄作《解嘲》。

录自王芑孙《渊雅堂编年诗稿》卷十三《出京四首》附录"送行杂诗"

苏门山人诗钞序

岁乙巳丙午,余客卞中,距苏门先生之官此阅五六年矣。其治官之勤,字民之惠,与夫一切兴利除弊之举,尤卓卓为在所称道。盖先生之服官也,尤长于治河,故其绩亦于河防最著,然尚不知先生工于诗如此也。逮交令子研村司马,始得授而读之。则百篇中,师友之渊源,兄弟之离合,抚今追昔之什,模山范水之篇,莫不一一具焉。而又独写性灵,别抒酝酿。于唐近薛逢、姚合,于宋近晁迥、梅询,而其至者,则又出入韦、柳,平视苏、欧。于是作而曰:"先生之诗伎一至此乎!"夫今之为诗者,吾惑有二焉:一则喜以议论著诗。非子美之遇,而每篇皆仿《北征》;无昌黎之识,而举意动摹中郎。此之谓炫才,非诗之正也。一则又喜以考据入诗。赋国子石鼓,而必校一字一画之讹;咏徐州驿楼,而必订为某年某月所立。此之谓逞学,益非诗之正也。今观先生之诗,其气疏,其味永,其措辞命意若皆有不能已于言者。是虽飙举电发,而庸得谓之炫才乎?寝经枕史,而庸得谓之逞学乎?夫唯不炫才,不逞学,而后知先生之诗有以加于才人、学人一等也。研村司马其为政与诗皆世其家学,余敢举所见质之,即请以序先生之诗。时乾隆五十六年,岁在辛亥七月上浣,阳湖洪亮吉序。

录自《四库未收书辑刊》第十辑二十册《苏门山人诗钞》

种蕉馆诗集序

　　维时山城昼短,茅檐雪低,红炉不温,碧酿成冻。冰丝凄涩,高调鲜夫知音;寒林萧条,哀翼怆夫故侣。乃有跫然造门、肃然叩谒者,则京口张舸之爱婿、亡友厚庵之令嗣也。余受而读之,窈然而山水相逢,呼之则精灵欲出。黄公垆在,竹林之迹已非;邻人笛悲,山阳之室永闷。申诵囊篇,引声欲泣。方余与厚庵之订交也,潘仁玉貌,顾子伟躯。少负异才,凤抱奇志。高门鼎贵,而有介石之掺;甲族膏腴,而无绮靡之习。殚精缥素,笃嗜图书。李泌著《神士》之篇,王符著《潜夫》之论。一咏一吟,乃其馀事,则有曾宾谷先生大雅扶轮,缁衣适馆。海内才人,至者如鹜。而君以束帛贲邱园,遂渡江作名士。石生一出,骐骥于是空群;王粲初来,簪绂为之倒屣。每当东阁花明,南楼月白;酒鎗宵挪,诗牒晨飞。号召烟云,交驰旗鼓。西园上客,尽文阵雄师;南丰主人,为骚坛领袖。君隽语时出,老宿咸推。幽兰在谷,秋风过而益芳;威凤翔宵,凡翮垂而失彩。予以癸亥之夏,归自天山,亦得送抱推襟,与分一席焉。夫樵水渔山,幼舆只宜著《泉石》;高文典册,相如所以用朝廷。君值兰成射策之年,曼倩上书之岁,举头见日,呵气生云。倏京兆之蜚声,俄纶扉之翔步。孰不谓茫茫烟浪,终求象罔之珠;郁郁尘沙,必跃丰城之剑乎?惜乎逸步方张,长辔未骋,偶婴痼疾,遂开泉石。呜呼哀哉!犹忆海门曙色,瓜渚凉秋,鼓楫焦岩,连床精舍。飞花堕枕,听三生楼上之钟;沧海浮杯,作平原十日之饮。当是时也,风破寒江,似酬高咏;门堆落叶,欲没吟鞋。笔摇烟壑而龙惊,水冷砚池而雁叫。争夸饮噉,先生方扪腹而行;兴洒珠玑,衲子已摩崖而在。缅怀此际,实快平生。而予以今春重经此地,绿波赋别,往事都非。白鹤留铭,空山如梦。横僧窗之梅影,恍遇君来;对雪岸之芦花,弥伤我老。惊闻梵呗,感极山河。虽然一往而不返者,日月之如过隙也;幽光之必耀者,声华之如身后也。君诗深造以姿,练才于学。掇芬芳于香草,俪幽艳于《竹枝》。方诸古贤,优入阃奥。而况琴书俱在,弓冶克传。枚乘之后生皋,夏侯之门有建。宗风斯在,世泽弗渝。君之业,信已成矣;君之心,可以慰矣。呜呼!钟期既没,而伯牙辍弦;惠子亡来,而漆园寝说。悼同心之不作,悲冥契之终虚。然而慧性难磨,神明可接。南皮高会,每念乎元瑜;韩愈暮龄,遽伤乎长吉。羌盛年之殂谢,洒衰泪之淋浪。敢云《三都》赋就,玄晏竟序乎太冲;所嗟五岳游归,向平徒怀乎禽夏云尔。戊辰冬十二月阳湖洪亮吉。

录自《种蕉馆诗集》卷首

棕山碧琅玕山馆记

旌德居万山之中,石山又居土山之三四。然其石类皆质粗砾,而色黄黝,不足供耳目之玩也,惟下洪溪南之棕山石始异焉。余以壬戌九月将重游黄山,取道于此,主人邀余于山馆憩息。廊径曲折,在在奇石峭立,或方如台,或员如几,或偃卧如牛马,或直立如虎豹,而色尤青润可爱。主人又因其势或为亭,或为沼,或为曲室,或为高榭。围之以松竹,间之以名花。凡临书之案,弹棋之局,无不以石为之,而一一皆肖其嵚崎历落欹斜逶峭之致。余爱之,不忍舍去。主人三世皆隐君子,读书而列庠序,然喜以耕钓为事。虽间一出试,顾不汲汲于功名。暇辄率子弟闭户课读其中,或弦歌觞咏以为乐。云岭亘其后,雁塔耸其前,飞泉出其南,月出瞰其左,而地势幽迥,冈阜回互,又以山馆为最胜。余于其竹石林立处,名之曰"碧琅玕",而以"寒翠"字其绝壁下之深潭。其创造始于乾隆五十三年,越三岁乃落成,皆成周文学位置而未已也。其后有高阜,林木尤茂,余将劝主人筑楼于其上,以登高而眺远。他日过此,又当与诸君饮酒赋诗,以观其成耳。是月初四日,自黄山回,因书此于壁。

录自陈炳德修、赵良澍纂《旌德县志》卷九《艺文》"记"

《读通鉴纲目条记》叙

盖自涑水鉴古,修一十六代之长编;紫阳踵事,缵二百卅年之笔削,承学之士仰如日星矣。昔刘永济采战国以下,习习凿齿纪汉晋之间;姚康《统史》,托始开辟;柳璨《长历》,断自纪元:此温公之嚆矢也。谯允元、萧颖士则排抑马《纪》，师仿孔公；裴光庭、司马宾请天子修经，诸臣作传；出汲郡之《竹书》，续河汾之伪史：此又朱子之椎轮也。夫三千馀年之纪，通之实难，四十一家之录，存者盖寡。而古史书"秦杀大夫"，《晋纪》书"葬我皇帝"，皆以貌同心异取诮《史通》。侏儒一节，其馀可知。文是质非，稍趋辄蹶，理固然也。《纲目》之作，方之伟矣！然明月之珠，不能无类；夜光之璧，不能无瑕。虽一字之成，皆非苟然，而其间抵牾往往而有。汉、唐立子，前后殊辞；莽、操窃官，彼此异罚。"薨"、"卒"混尊卑之等劣，"讨"、"击"乖服畔之恒经：此编次猥繁，勘会之难也。地名"狄道"，乃误"狄"为"秋"；"泓因败死"，乃讹"败"为"贬"；"弒"、"杀"以形同致混，"解"、"戒"以音近而讹：此又刊写失真，校别之难也。夫扬榷往章，贵尽怀抱；尚友前哲，奚取谀佞！吴廷珍《纠缪》、《纂误》之作，刘子玄《疑经》、《惑古》诸篇：斯亦尚论之典要，此书之前驱也。至于搜览所周，旁及注家，挥斥苹冲，嚜点炫焯，地志天官，朝典家乘，遗章断句，靡不综究。则又圆灵曜夜，有孔必照；神犀在渚，无微不呈者也。方当国家之隆，怀瑰负异发挥文章者，绝特前古。二三君子希风作者，若杭氏之《然疑》，王氏之《商榷》，钱氏之《考异》，赵氏之《剳记》，莫不家握灵蛇，人探禹穴。吾子挟斐然之志，骋追风之足，将见俯轶流轸，仰范昔轨，以此历石渠，上承明，诵河汾之委策，探崇山之坠简，大雅宏达。微吾子，其谁与归？旧史氏同里洪亮吉撰。

录自孙振田《洪亮吉集补遗一篇》，《江海学刊》2011年第1期

邱县刘氏族谱序

今海内刘氏，最著者凡十数宗，率皆以彭城为望。然彭城为望，亦不下五六宗。《宋书·刘延孙传》："延孙与帝室虽同是彭城人，别为吕县。刘氏居彭城县者，又分为三里，帝室居绥舆里，左将军刘怀肃居安上里，豫州刺史刘怀武居丛亭里，及吕县凡四刘。虽同出楚元王，由来不叙昭穆。"外若《刘穆之传》："东莞莒人。"《刘粹传》："沛郡萧人。"是四刘之外，又别出数刘，支派即不同，然地皆不出数百里。若今邱县之刘，本自潍县徙，于诸城刘氏为一宗。披舆地图，诸城之南与丰、沛接壤。《汉书·楚元王交传》，交以帝弟封

楚,其先实兼郯、薛诸郡,彭城、吕诸具,实皆此数郡所属。是此上诸刘,为楚元王之裔无疑。子姓处国封,及宗派蕃衍,又就近迁徙,若今诸城、潍县之刘,或即其一也。《邱县刘氏族谱》仅自明初起者,盖传信不得不如此耳。刘氏徙邱县以来,又皆以循吏世其家。七世祖嘉遇,以前明进士起家,宰偃师,以多惠政,入名宦祠,历官至山西按察使司。入本朝来,十三世士缙,宰贵州天柱、四川荣经;十四世曰燮,宰安徽桐城、泾县:均又惠政,载之行实。今吾友大观,由明经亦以县令起家,擢州守,今晋阶观察,所至民诵之不置口,可云克守世业矣。夫古人有为宰相,而其声绩反不若为牧守时者,春秋之郯敖、郑成子,汉之王成、黄霸是矣,是以司马迁、班固皆入之《良吏》。即以刘氏论,刘宠于后汉时亦尝为太尉,而范《史》亦以《循吏》传之,则不没其实也。吾又愿刘氏子姓读是《谱》者,凛凛于祖宗之循绩,克世世守之,由是以大其宗而保其族。使后之论者,以为诸城刘氏以相业传,邱县刘氏以吏声著,吾得援郯敖、郑成子、王成、黄霸及刘宠之例,以告于世曰:"循吏之功不减宰相。且有已为宰相,而良史反目为循吏者。是不特可为刘氏劝,亦足以风世之在位者矣。"翰林院侍读、前贵州学政阳湖洪亮吉撰。

录自许隽超《洪亮吉一篇佚文》,《中国典籍与文化》2008 年第 4 期

钱泳《汴梁节署除夜同洪稚存作》
(《梅花溪诗草》卷一)

铃阁清严夜气寒,椒盘静对彩灯悬。离家屈指才三月,把酒回头又一年。爆竹不惊游子梦,官梅多感主人贤。嵩阳吟馆前小阁新植梅花数株。明春拟欲登中岳,华盖峰头望日边。

(案:此诗乃钱泳同洪亮吉合作,说详后)诗后附刻"阳湖洪亮吉稚存"《丁未除夜,与梅溪先生同赋一律,元旦复作此索和》:

青帝黄人尔许忙,静看岁月去堂堂。祢衡一刺须投孔,枚叔三年却住梁。缘检故衣搜画箧,爱延晴日曝书仓。到门一片方音异,爆竹声还似故乡。

钱泳《梅花溪诗草》卷一附刻

送金畹芳归高邮序

乾隆四十一年十月,亮吉遭吾母之丧,亲故之吊者八十人,小功之亲有不成礼者,缌麻袒免之。亲有不至者,亮吉病之。越二岁十二月归葬,吊者二百人。发引日,吊者百人,吾乡以为仅事。越一日将窆,而金君畹芳从高邮来;窆后,从兄天舆从歙来:皆拜于冢前。人始知会葬之重,有不远千里而至者。事定后,与亮吉善者,赵君怀玉,徐君书受,孙君星衍,感金君之义,无不置筋延之。亮吉复涕泣曰:"亮吉之与金君订交也二十年,高邮之去吾乡也五百里,金君之来也,钱不足,复质裘以助之,金君可谓有古人之风,犹能挽世俗之失者矣。"诸君咸曰善,因相约为诗送之,兼饮筋以识别云。

录自金兰《湖阴草堂遗稿》卷三

铁箫诗稿题词洪亮吉稚存

儿女英雄事岂侔? 临风三度抚吴钩。关心又是经年别,余至黔中,途次与君相值,遂尔订交。举足曾同万里游。漳水南头商去住,时君将南游。黄河西岸与勾留。谓初识君处。百篇诗句千回读,不信年华亦善愁。

录自《铁箫诗稿》卷一末题词

坐久不觉迟,宵钟初动地。晖晖月华满,濛濛柳丝细。辰良既同涉,心赏亦微异。感此离绪促,讵暇理灯憩。断梗行已遥,虚舟不能艤。

录自韦佩金《经遗堂全集》卷十八《花朝日洪副榜亮吉、方孝廉宝昌、戴秀才润坐月舻州亭分得席字》所附《同作武进洪亮吉稚存》

培风阁藏书记

培风阁者,黄田朱氏藏书之所也。朱氏旧自婺源徙泾,在宋为徽国文公近支。家有赐书,历世以来并善搜藏。至静斋、兰坡两太史昆仲,裒辑益富。

因仿秘阁之例,以经、史、子、集列作四厨分贮焉。今培风阁左右庋置者是矣。余尝谓天禄、石渠、宏文、资善,历代禁苑所贮书也。至若千顷堂、传是楼、天一阁、瓶花斋等则又近世士大夫之所贮也。士大夫善贮书者,其广搜博采,亦有几可埒秘阁。今朱氏不特善贮书,自两太史外群从子弟能读书好古者,又不下数十人。夫善读书,久必能各专一阁,他日能用其所长,分经、史、子、集四厨,各校其一。如唐景龙中薛稷、沈诠期、马怀素、武平一诸人。宋端拱初谢泌、杨徽之等分辑四部书例,将见区分当而雠校精,又非江左浙右诸藏书家所可同日语矣。故乐为记之。嘉庆八年,岁在昭阳大渊献,夏四月,阳湖洪亮吉撰。

与杨芳灿佚札六通

其一

蓉裳大弟州牧足下,客春大梁,相叙之乐,可谓冠绝平生。嗣马首西东,此二百日中,亮吉又自燕而吴,而越,乃复至汴。虽复春官之第,迟我数年,而秋士之游,殊迈流辈。至足下新领方州,次当特擢,联花萼于金城,迎板舆于孟县,家庆国恩,并符心祝矣。比维堂上万福,足下起居万福,是慰。渊如通籍以后,京洛添一穷官,而大梁少一良友。幸有竟日不言之方五,聊以资晤对也。荔裳于何日入都会期? 视足下当较近。此间游客如云,来而不绝,不数日味辛又将假馆于此,友朋之乐,虽可日有,而游客之装,或难尽副,则亦势使之然也。足下官项素逋,能稍清款否? 相去数千里,殊为念念,并附问起居,荔裳均此,不另,亮吉顿首。姚臬使及陆太守二函祈即致去,勿浮沉是荷。

其二

蓉裳刺史大弟足下,使来得手言,询悉堂上康宁,足下动定胜常,欣慰之至。然五月内,从朗斋札中驰上一笺,知尚未登记阁,益知道里辽远,山川简之,为可叹也。亮吉年来颇力于学,一则师门相待既雅,岁月可闲,二则亦恐一日索米长安,诸多未暇。然知己已绝远,足下既服官灵武,渊如又远迹神州,所为诗文,无从得良友之正定为恨耳。昨尚书师又擢督楚中,偕行者维亮吉与子云,至朗斋则留于张观察处矣,味辛亦滞迹于此。游况尚佳,大约八月杪旋里门,再入都之局。荔裳何尚未成行? 体中亦安善否? 若昨岁从公中堂入闽,则翎在其顶。阿兄既如使西域之耿恭,哲弟亦何惭谕南粤之严助也。一笑。承寄皮件已祗领矣,谢谢。对使作书,用致相思不尽,堂上祁肃请福安,亮吉顿首,七月廿八日。

其三

蓉裳大弟足下,得手书,欣慰之至。又晤陆五先生,知足下近状甚佳,上流契重。惟望擢守得稍近东南,不特堂上起居可以渐适,而友朋尺素时得相通,则快事无如此矣。亮吉已入中年,偶登一第,又禄不及养亲,视足下奉母而居,真望之如天上。昨尚与哲弟言之,非虚语也。令弟近入机庭,亦可稍救贫乏。一月中亦时时相叙,无不谈及足下耳。味辛尚未来京,渊如、皋云时相过从,剑潭则尚未补官,最为窘迫也。兹因陆公之便,附问升安,并请堂上万福不宣。亮吉顿首。启入便祈代购狐皮一套,能于今腊寄都为感,又行。

其四

洪亮吉顿首启蓉裳大弟刺史足下,久别相思,殊形痗寐,昨得手示,欣悉堂上康宁,足下起居集吉为慰。三令弟亦英英露爽,将来继长公、次公而名世者乎。闻近作颇夥,何不寄示一二。足下久任,既可得殊迁,荔裳远行,自定膺特擢。肝膈至交,惟有时时企望而已。亮吉近状如常,惟长安居不易是虑,又近派国史、石经诸馆事,甚冗烦,无可为知己告者。子才先生时时得其音问,昨索亮吉作生挽一诗,殊为击节,今抄寄正之。所惠皮件已领到,谢谢。附问升安,祈时示一音是祝,亮吉顿首又。四月初五日。

其五

日昨从钱献之处转寄一缄,未审得达否? 日来川陕多事,而甘梁尚称宁谧,想公馀动定清胜是慰。亮吉供职如常,维派值内廷,在家日少。明秋意欲乞假暂回,恐与足下益远。诗文比来,亦略有讲境,惜不及一一正之左右。附便再问近祺,用致相思不尽,蓉裳大弟刺史。洪亮吉手肃。十月朔日。

其六

正在束装欲发,忽奉手言,申纸发函,欣然独笑。又稔堂上康宁,足下宦祉增胜,尤为至慰。亮吉近况如常,本拟于秋仲乞假南行,乃三月初,忽得舍弟南中凶耗,遂准昔人期功之丧去官例,已请急于月之廿五日陆路回矣。此后与足下相去益远,得便祈彼此时通音耗也。又二月中,圣人于正大光明殿考试翰詹,钦命题有《征邪教疏》一道,自分词臣,虽无言责,然既蒙垂询,不得不尽其愚,遂乃申纸万言,末缀三策,语太讦直,自计必遭严谴,乃蒙圣恩宽贷,仅从二等前列移置三等,辇下盛传圣天子如天之度,亮吉以为殆过之也。同好中如剑潭、味辛皆戚戚寡欢,至味辛意欲乞养,未知果否? 拙刻带至京者,尽为友人携去,归后当觅便奉寄,肃此附问升安,荔裳近日况味奚若? 便中祈为致声不另。蓉裳大弟刺史足下功,洪亮吉手肃,三月廿四日晚。

录自冉耀斌《洪亮吉佚札六通》,《飞天》2010 年第 22 期

教经堂诗集序

大河南北宰剧县而工诗者,得三人焉:赵安阳希璜、王偃师复,其一则君也。时君方宰兰阳,与二君递相唱和,然三人之诗又各有不同。安阳才气最盛,而时时欲破绳检;偃师则研求格律,而气或不足以举其词;求其丰约适中,华视兼茂,说理而不涉于腐,言情而不流于绮者,庶惟君乎! 然吾闻大河南北经教匪蹂躏,州县亦多事矣。是则宰斯邑者,非仅可以风雅饰吏治也,是必渐消难驯其勇悍之气,以稍复乎朴野易治之规,如唐元德秀之令鲁山,宋赵尚宽之守唐州,斯为得也夫! 二君迄今及千载矣,然读《于荐》之歌、《新田》、《新渠》之颂,犹若昨日事。此岂非实心实政之效,虽不祈于风雅,而风雅自有过人者乎? 读君潜农之诗,浚川纪事之作,即以为《于荐》之歌,可也;即以为《新田》、《新渠》之颂,可也。

嘉庆四年，岁在己未五月，同里同岁生洪亮吉序。

录自赵厚均《〈洪亮吉集〉集外诗文补遗十三则》

晚晴轩稿序

余与君交二十五年矣，中间屡别屡见，而君之诗益进。忆初相遇于江都逆旅也，君时守丁辛老屋家法，及饫闻厉樊榭、杭堇浦诸先生绪论，故所为诗以温雅典丽为宗。越十年，而同客西安，是时君已登太行，历中条，揽洪河清渭之奇，搜中隆、太白诸名胜，于是诗益遒峭，同辈恒敛手避之。又五年，君以荐官河南，笔墨之馀，精研史事。举凡民风土习，河防水利之巨者，一一皆寓诸诗，《春陵行》耶？《石壕村》耶？则又非仅诗人之诗，而循吏之诗矣。盖前后几三十年，而君之诗亦三变，每变愈上，余亦何能测其所至耶？忆岁壬子，余奉命视学乾中，及丙辰报满入都，驿道所经，距君官舍不二百里，皆拟与君相见而辄不果，心常怅然。其冬，君刊其前后诗若干卷示余，并索余序之。余亦何以序君诗？亦惟举吾两人之交谊及君诗之进境以序之云尔。屈指海内交旧，与吾两人契最深者：虚庵、献之、西河、渊如、蓉裳、荔裳，皆各患一方，合并无自。序君之诗，及读君赠友之作，又不禁心驰于秦齐楚蜀矣！北江洪亮吉。

录自赵厚均《〈洪亮吉集〉集外诗文补遗十三则》

远游诗钞序

行轩姚君，天怀冲淡。蚤岁遨游，备尝世味之酸咸、人情之冰炭，意中先有不容已于言者，而豪素传之。故多缠绵沈挚、慷慨悲凉。其于古人体例，绝不沾沾然专师一家，定仿一格。渊渊乎，穆穆乎，出于至情至性之所流露。敦孝友，重人伦，访故交，寻旧际。即或风云月露，风流偶傥，寓意周环。其洒落之致，肮　之怀，洋溢于楮墨间者，令人讽咏之，一唱三叹，绰有馀音矣！余与行轩未经谋面，屡寄稿问。予读其诗，知其折节虚衷，笃学有志之士。从此篙头猛进，溯流穷源，直可接迹汉魏，上薄风骚，厚有望焉。余既评定其全集，复跋数语，弁诸简端。时嘉庆丙寅秋仲，阳湖洪亮吉序于更生斋。

录自赵厚均《〈洪亮吉集〉集外诗文补遗十三则》

贻砚斋诗稿序

余以暇日游镜湖，归及日昃。陈宝摩学博诵秀芬女史《夕阳诗》云："流水杳然去，乱山相向愁。"余为之击节称赏。翌日，渡江，先抵钱清镇，颖楼明经坚留为九日之宴。坐半，秀芬以诗出谒，执礼甚恭。曰："某自成童时即喜为诗，今十馀年矣，自觉于古人门径，稍有窥见。生平重先生之为人，诗非先生序之不可。"余诺之，逼曙渡江。舟次取《贻砚斋诗稿》读之。其词婉约，意境之深邃，于六朝三唐诸诗人实皆有神会处，非仅闺阁中之能事也。余又感晋谢道韫负一门之秀，具林下之风，所嫁亦乌衣子弟，而尚有天壤王郎之恨。盖门阀相称，才具不相称也。今秀芬得归颖楼，每吟一诗，彼此各称畏友。又所居在山水间，饮清江之流，餐越岭之秀，评量花鸟，描绘山溪，以同心之人，同学相长，乐事有不可殚述者。吾又何能量其所至耶？因书此以为之序，并以质之颖楼。时嘉庆丁卯重九后一日，更生居士阳湖洪亮吉序。

录自赵厚均《〈洪亮吉集〉集外诗文补遗十三则》

滇系序

《滇系》一书，为补《云南通志》而作也。述云南地理者，仿于常璩《南中志》，而《广志》、《益州记》等益之。山则上应井洛，水下源导岷江，凡李膺之所记，桑钦、郦道元之所述，无不毕详。盐利被于西南，五金之多，至衣被天下。其所产之地，所出之山，则班固、司马彪、王隐、沈约、杜佑、李吉甫等又一一著之。他若经学，则权舆于尹珍，文章则浚源于司马相如，吏治则王逊、韦延寿所张弛，武功则庄蹻、诸葛亮所勘定。是滇系一隅，其所系于天下，如一身之有肩背，一家之有库藏，相辅而行，缺一不可也。同岁生师君荔扉，以名儒出宰望江，克著政声，暇则锐意铅椠，其书传诵海内者已数十种。今复成此,考古证今,由近及远,其陈列利弊,搜罗隐显,三边之累画,廿郡之形胜,以迄居中驭外之规,自上达下之势,言言可垂之久远,事事冀见之施行,非生长其地,熟其山川井邑,而又通达事务、周知治术者,能若是乎?昔扬子云之记蜀事,韦述之述关中,与君此书而三矣。余昔视学黔中,曾以事至云南境,恨其方志之芜秽,尝愿与当事共修之,嗣以军兴不果。读君此书,可谓先得我心矣。

抑余尤有进者,滇铜、滇盐实为一方利害所在。然盐之害,已奏定归民,可以不烦更制。惟铜之害,其在官者,州县必实缺,方运京铜,往返率五六年,摄缺亦四五辈,夔门则有守候之虞,江行则有沉溺之责,津门则有剥运之苦,交户、工二部,则有胥吏勒索百端,不至罄其家不止。甚至有戕其身者,亦屡见奏牍。害之在民者,厂民皆游手,厂本出库已十去其二三,馀复供结纳之资,酬饮博之费,迨至流亡死。故责虽归官,而累仍在民。欲除民之弊,莫如听人开采,而官仅设店,按价购买,则游民不至擅费帑项,胥吏不至任意侵渔。庶一方有限之资不至久久渐归无著。如是而官民之元气始复,边境之蓄积始储。即有水旱甲兵,而可以无意外之变,要亦经理此方者所当豫为之计也。敢因君言而推广及之,他日倘稽六诏之图,揆一方之志,有非此书不可者,则君与此书又当并垂不朽矣。爰乐为之序而行之。上书房旧史,阳湖洪亮吉撰。

录自赵厚均《〈洪亮吉集〉集外诗文补遗十三则》

青山门杂诗绝句跋

乐史《寰宇记》:"常州北九十步,江阴有三峰山,北桥遥望见,故曰'青山桥'。"明吴氏购青山庄,亦以是名。冈峦起伏,烟水弥漫,北郭之胜,以此为最。吴君二安,里中耆宿,为《青山门》杂诗三十二首,以《竹枝》、《橘枝》之旧体,兼谱桃根、桃叶之雅游。他日可以备方志之轶闻,补里中之故实矣。更生居士洪亮吉跋。

录自赵厚均《〈洪亮吉集〉集外诗文补遗十三则》,文字稍有更正

嘉树山房集跋

散体文远追六一,近仿震川,诗则王、韦之冲淡,苏、韩之奇肆,兼而有之。洵近日之宗工,而江东之领袖也。佩服!佩服!北江学弟洪亮吉拜跋。

录自赵厚均《〈洪亮吉集〉集外诗文补遗十三则》

清娱阁吟稿跋

予与论山交二十年,欲作一诗挽之,读茝香夫人《寒食志感》一篇,为之阁笔。论山每夸诸妹才笔,信不虚也。他若《老至示儿》等篇,犹沉郁真挚,岂特无脂粉气息,恐经生为之,亦无此独到耳!丁卯人日,访梅樵山,与舸斋剧谈竟日,因暇读此,以志钦挹。

录自赵厚均《〈洪亮吉集〉集外诗文补遗十三则》

海门诗钞题辞

居官北海居南海,我宅洮湖接漏湖。乡梦同看逐鸿雁,秋心几日起菰蒲。难寻笠泽浮家艇,闲忆高阳旧酒徒。谓马鱼山、吕叔讷。一卷新诗三百首,挹君风味胜豪苏。

录自赵厚均《〈洪亮吉集〉集外诗文补遗十三则》

(此外赵文所辑之《松寥阁追悼厚庵舍人》《新正十日憩松寥阁,兰池从京口载酒过访,喜而有作。并追悼君叔厚庵舍人》两诗,刘本已收,非洪氏佚作。而赵文所辑洪亮吉批臧庸《拜经堂文集》与法式善《存素堂文集》诸语,兹不复录)

上钱少詹事书

后学洪亮吉顿首肃启辛楣先生大人阁下：

束发以来，即于友人许得闻绪论，道里甚近，常恨不获执经于门。近复与季仇、献之共居，得备读阁下所著书，方幸佗日南归，可介两君书，为执贽及门之计，乃承阁下与季仇札中，已勤勤齿及。盖前辈奖假之殷，欲稍借之名而使之卒业，感甚愧甚。亮吉幼孤家贫，年及二十，稍知向学；迄今又十馀年，反以常客于外，得专意读书。然资仅中人，又不获阁下者为之师，恐终无所成就也。近思仿陆德明之例，采唐以前诸家音义，为《国语释文》，于此书地理亦颇有发明，将来贾侍中说则全录之。其淆入于韦昭、唐固者，均为析出，此时已十得其五。若属稿已初定者，有《三国疆域》及《东晋》、《十六国疆域》三书。《东晋疆域》于实郡县、侨郡县皆分别作卷，以防混淆，亦全采入晋《太康地志》暨王隐《晋书·地道志》二书之分见于《水经》、《文选》等注者。俟便即当录清本季呈阁下，切实指示之。又见读阁下《前汉书 异》，精核非前人刊误所及。亮吉前亦草《四史质疑》约二十卷。《汉书》中有数十条与尊见适合者，今谨已芟之外，又有数事可以羽翼阁下之说者。忘其愚陋，录以求正焉。《汉书》中《百官公卿表》：孝武建元二年，郎中令石建六年卒。今按《万石君传》，万石君以"元朔五年卒，建哭泣哀思，岁馀亦死。"是建卒在元朔六年前后。凡十六年之一证也。琅邪郡朱虚东，泰山汶水所出，东至安邱入维。师古注云云。今案：师古似未见《水经》语最确。前读许叔重《说文》，汶水出琅邪朱虚东，泰山东入维（案：《说文》作"潍"）。桑钦说，汶水出泰山莱芜县西南入泲。二说并列，似亦不甚分明。骤读之，疑亦合汶水为一。岂古人文法简邪？《萧育传》云：育又为朔方刺史，本传失书。今攷育传，育起家，复为光禄大夫、执金吾，以寿终于官。案：表言育为执金吾，一年免。此传下亦言育居官数免，则言寿于官，乃史文略耳，当以表为信也《扬雄传》赞曰："雄之自序云尔。"云"赞曰"二字，后人妄增，非班史本文。今攷下言：初，雄"年四十馀"四字，亦疑误。案：雄年七十一，天凤五年卒。《百官公卿表》：音为大司马车骑将军在阳朔三年，至永始二年卒。即以音卒之岁下溯至天凤五年，亦三十四年。雄卒时年已七十一，则自蜀至京师时，不得有四十馀也。又《文选》注称《七略》云："子云家谍言以甘露元年生。"自甘露之元至永始二年，止三十九年，雄自蜀游京师又在此年之前，则"四十馀"应作"三十馀"为是。此传恐误也。凡此数条，未识略有当否？知阁下以训厉后进为心，定不惜有以教之也。又亮吉少孤，吾母三十年苦节抚训，以至成人，近蒙卢抱经先生为立家传，又私念名臣硕儒为近今第一，亮吉所欲奉为师而尚未及者，惟阁下。如蒙史笔为先慈撰墓表一通，则亮吉一日不死，必不敢忘大德。谨附上家状一册，祈怜而允之是望。兹因尊纪南回，肃启叩问钧安，风便尚祈赐以训言。甲辰六月十九日，亮吉顿首肃启。

　　　　　　　　　录自《黄侃日记》"民国十一年九月二十四日"条

参考书目

一、谱主本人著作

洪亮吉：《洪亮吉集》，刘德权点校，中华书局 2001 年版

洪亮吉：《洪北江先生遗集》，光绪授经堂刻本

洪亮吉：《天山客话》，王锡祺辑，小方壶斋舆地丛钞本，杭州古籍书店影印本

洪亮吉：《伊犁日记》，王锡祺辑，小方壶斋舆地丛钞本，杭州古籍书店影印本

洪亮吉：《玉塵集》，光绪十六年粟香室刻本

二、古籍部分

汪辉祖：《汪龙庄先生遗书四种》，清同治元年三益斋刻本

朱筠：《笥河文集》、《笥河诗集》，丛书集成初编本

吴嵩梁：《香苏山馆诗集》，《续修四库全书》影印本，上海古籍出版社 1996
年版

乐钧：《青芝山馆集》，《续修四库全书》影印本

胡承珙：《求是堂文集》，《续修四库全书》影印本

李赓芸：《稻香吟馆诗稿》，《续修四库全书》影印本

曾燠：《赏雨茅屋诗集》，《续修四库全书》影印本

江藩：《江藩集》，漆永祥整理，上海古籍出版社 2005 年版

袁枚：《小仓山房诗文集》，周本淳标点，上海古籍出版社 1988 年版

赵翼：《瓯北集》，李学颖标点，上海古籍出版社 1998 年版

赵翼：《赵翼全集》，曹光甫点校，凤凰出版社 2009 年 12 月版

黄景仁：《两当轩集》，李国章标点，上海古籍出版社 1983 年版

张问陶：《船山诗草》，中华书局 1986 年版

赵希璜：《研秋斋文集》，《续修四库全书》本

《四百三十二峰草堂诗钞》，《续修四库全书》影印本

吴蔚：《吴学士诗集》，《续修四库全书》影印本

《吴学士文集》，《续修四库全书》影印本

凌廷堪：《校礼堂诗集》，《续修四库全书》影印本

陆元鋐：《青芙蓉阁诗钞》，《续修四库全书》影印本

陈文述：《颐道堂诗选》，《续修四库全书》影印本

《颐道堂文集》，《续修四库全书》影印本

孔广森：《仪郑堂文》，丛书集成初编本

焦循：《雕菰楼集》，丛书集成初编本

吴蔚光：《素修堂诗集》，嘉庆十八年古金石斋刻本

戴殿泗：《风希堂诗集·文集》，《续修四库全书》影印本

吴骞：《拜经楼诗集》，《续修四库全书》影印本

姚鼐：《惜抱轩诗文集》，上海古籍出版社 1992 年版

朱珪：《知足斋文集》，丛书集成初编本

秦瀛：《小岘山人诗文集》，《续修四库全书》影印本

杨芳灿：《芙蓉山馆全集》，《续修四库全书》影印本

管世铭：《韫山堂诗集》，读雪山房藏版，嘉庆六年刊

刘逢禄：《刘礼部集》，《续修四库全书》影印本

钱仪吉：《衎石斋纪事续稿》，《续修四库全书》影印本

贾田祖：《贾稻孙集》，《续修四库全书》影印本

王芑孙：《惕甫未定稿》，《续修四库全书》影印本

《渊雅堂编年诗稿》，《续修四库全书》影印本

卢文弨：《抱经堂文集》，丛书集成初编本

钱大昕：《潜研堂文集》，《续修四库全书》影印本

伊秉绶：《留春草堂诗钞》，《续修四库全书》影印本

杨揆：《桐华吟馆诗稿》，《清代诗文集汇编》影印本，上海古籍出版社 2010
年版

沈业富:《味灯书屋诗集》,道光九年思贻堂刻本

武亿:《授堂文钞》,丛书集成初编本

孙星衍:《芳茂山人诗录》,丛书集成初编本

《岱南阁集》,丛书集成初编本

孙原湘:《天真阁集》,《续修四库全书》影印本

舒位:《瓶水斋诗集》,丛书集成初编本

汪中:《述学》(内、外编),丛书集成初编本

《容甫先生遗诗》,《续修四库全书》影印本

汪喜孙:《抱璞斋诗集》,杨晋龙主编:《汪喜孙著作集》,中央研究院中国文哲研究所刊,2003 年

蒋士铨:《忠雅堂集校笺》,邵海清、李梦生校笺,上海古籍出版社 1988 年版

吴锡麒:《有正味斋诗集》、《有正味斋骈体文》,《续修四库全书》影印本

邵晋涵:《南江文钞诗钞》,《续修四库全书》影印本

汪为霖:《小山泉阁诗存》,道光二十年如皋汪氏刻本

赵怀玉:《亦有生斋集》,《续修四库全书》影印本

陆继辂:《崇百药斋集》,《续修四库全书》影印本

李兆洛:《养一斋文集》,《续修四库全书》影印本

顾宗泰:《月满楼诗集》,《续修四库全书》影印本

何道生:《方雪斋诗集》,嘉庆雕藻斋刊本

阮元:《揅经室集》,邓经元校点,中华书局 1993 年版

刘毓崧:《通义堂文集》,《续修四库全书》影印本

赵绍祖:《琴士诗钞》,《清代诗文集汇编》影印本,

焦循:《雕菰楼集》,《续修四库全书》影印本

龚自珍:《龚定庵全集类编》,中国书店 1991 年版

邵齐涛:《玉芝堂文集》,《续修四库全书》影印本

陈寿祺:《左海文集》,《续修四库全书》影印本

毕沅:《灵岩山人诗集》,丛书集成初刊本

武亿:《授堂文钞》,丛书集成初编本

姚文田:《邃雅堂文集续编》,《续修四库全书》影印本

张澍:《养素堂诗集》,《续修四库全书》影印本

《养素堂文集》,《续修四库全书》影印本

释清恒:《借庵诗钞》,道光十九年张舸斋、王柳村刻本

张釜:《逃禅阁稿》,《四库未收书辑刊》影印本

张云璈:《简松草堂诗文集》,清道光刻三景阁丛书本

严长明:《严东有诗集》,《续修四库全书》影印本

法式善:《存素堂诗初集》,《续修四库全书》影印本

《存素堂文集》,《续修四库全书》影印本

叶昌炽:《藏书纪事诗》,丛书集成初编本

二、史料著作

《清实录》第28册《仁宗实录》,中华书局1986年版

法式善等:《清秘述闻三种》,张伟点校,中华书局1982年版

法式善:《梧门诗话》,《续修四库全书》影印本

江藩:《国朝汉学师承记》,钟哲整理,中华书局1983年版

钱泳:《履园丛话》,中华书局1979年版

阮元:《两浙轺轩录补遗》,《续修四库全书》影印本

梁章钜:《枢垣记略》,中华书局1984年版

郭麐:《消夏录》,《续修四库全书》影印本

赵尔巽:《清史稿》,中华书局1977年版

国史馆:《清史列传》,王钟翰点校,中华书局1987年版

李斗:《扬州画舫录》,汪北平、涂雨公点校,中华书局1997年版

鲍鼎:《张夕庵先生年谱》,《乾嘉名儒年谱》本,北京图书馆出版社2006年版

史善长:《弇山毕公年谱》,《乾嘉名儒年谱》本

汪喜孙:《容甫先生年谱》,杨晋龙主编《汪喜孙全集》本,中央研究院中国文哲研究所刊,2003年

沈德潜:《沈归愚自订年谱》,《乾嘉名儒年谱》本

赵怀玉:《收庵居士自叙年谱》,《乾嘉名儒年谱》本

严荣：《述庵先生年谱》,《乾嘉名儒年谱》本

张绍南：《孙渊如先生年谱》,《乾嘉名儒年谱》本

顾名修、吴德旋等纂：《(道光)重刊续纂宜荆县志》,清道光二十年刻本

王大同修、李林松等纂：《(嘉庆)上海县志》,清嘉庆十九年刻本

李培谦等纂修：《(道光)阳曲县志》,民国二十一年重印本

吴坤等修纂：《(光绪)重修安徽通志》,光绪四年刻本

曾国藩纂修：《(光绪)江西通志》,清光绪七年刻本

沈家本纂修：《(光绪)重修天津府志》,清光绪二十五年刻本

黄乐之等修纂：《(道光)遵义府志》,清道光刻本

聂光銮等修纂：《(同治)宜昌府志》,清同治刻本

廖大闻等修纂：《(道光)续修桐城县志》,清道光十四年刻本

黄宅中等修纂：《(道光)大定府志》,清道光二十九年刻本

宗源瀚等修纂：《(同治)湖州府志》,清同治十三年刊本

李铭皖等修纂：《(同治)苏州府志》,清光绪九年刊本

王赠芳等修纂：《(道光)济南府志》,清道光二十年刻本

邹汉勋等修纂：《(咸丰)兴义府志》,清咸丰四年刻本

齐耀珊等纂修：《(民国)杭州府志》, 1926 年铅印本

许瑶光等修纂：《(光绪)嘉兴府志》,清光绪五年刊本

杨泰亨等修纂：《(光绪)慈溪县志》,清光绪二十五年刻本

梁蒲贵等修纂：《(光绪)宝山县志》,清光绪八年刻本

唐煦春等纂修：《(光绪)上虞县志》,清光绪十七年刊本

唐仲冕等纂修：《(嘉庆)海州直隶州志》,清嘉庆十三年刻本

裴大中等修纂：《(光绪)无锡金匮县志》,清光绪七年刊本

朱畯等修纂：《(光绪)溧阳县续志》,清光绪二十三年刊本

范仕义等修纂：《(道光)如皋县志》,清道光十七年刻本

张廷珩等修纂：《(同治)铅山县志》,清同治十二年刻本

俞廉三等修纂：《(光緒)代州志》,清光绪八年代山書院刻本

何应松等修纂：《(道光)休宁县志》,《中国地方志集成》影印本,江苏古籍出
版社等 1990 年版

江峰青等修纂：《(光绪)重修嘉善县志》，清光绪十八年刊本

王逢源、李保泰修纂：《(嘉庆)江都县续志》，清光绪六年重刻本

方家驹等修纂：《(光绪)汾阳县志》，清光绪十年刻本

陈熙进等修纂：《(道光)仁怀直隶厅志》，道光二十一年刻本

蒋启勋、赵佑宸、王士铎等修纂：《续纂江宁府志》，同治刻本

杨宜仑纂修：《增修高邮州志》，道光二十五年刻本

阮文藻、赵懋曜等纂修：《泾县续志》，成文出版社影印本，1971年

金福曾、熊其英等纂修：《吴江续志》，清光绪五年刻本

劳逢源纂修：《(道光)歙县志》，道光八年刻本

张绍棠修纂：《(光绪)续纂句容县志》，清光绪刊本

曹允源等修纂：《(民国)吴县志》，民国二十二年铅印本

何绍章等修纂：《(光绪)丹徒县志》，清光绪五年刊本

杨宗彩等修纂：《(民国)闽清县志》，民国十年铅印本

王检心等修纂：《(道光)重修仪征县志》，清光绪十六年刻本

左辉春等修纂：《(道光)续增高邮州志》，清道光刊本

吕懋先等修纂：《(同治)奉新县志》，清同治十年刻本

杨开第等修纂：《(光绪)重修华亭县志》，清光绪四年刊本

马世珍等修纂：《(道光)安邱新志》，民国九年石印本

王椿林等修纂：《(道光)旌德县续志》，民国十四年重印本

应宝时等修纂：《(同治)上海县志》，清同治十一年刊本

郝增祐等修纂：《(光绪)丰润县志》，清光绪十七年刻本

戴仁等修纂：《(民国)重修沭阳县志》，民国间钞本

汪坤厚等修纂：《(光绪)娄县续志》，清光绪五年刊本

王彬等修纂：《(光绪)海盐县志》，清光绪二年刊本

张其濬纂修：《(民国)全椒县志》，民国九年刻本

葉滋森纂修：《(光绪)靖江县志》，清光绪五年刻本

佚名等修纂：《(民国)清镇县志稿》，民国三十七年铅印本

杨谦撰：《梅里志》，《续修四库全书》影印本

吴振棫：《养吉斋丛录》，浙江古籍出版社1985年版

范锴著,江浦、朱忱等校释:《汉口丛谈校释》,湖北人民出版社1990年版

吴德旋:《初月楼闻见录》、《初月楼续闻见录》,《笔记小说大观》本,江苏广陵古籍刻印社,1984年

余金:《熙朝新语》,上海书店影印本,1983年

李放:《皇清书史》,金毓黻编,辽海丛书本

三、近今人著作

徐世昌等编纂:《清儒学案》,沈芝盈、梁运华点校,中华书局2008年版

侯学愈:《续梁溪诗钞》,民国九年,锡成公司铅印本

柳贻征:《卢抱经先生年谱》,《乾嘉名儒年谱》本

黄云眉:《邵二云先生年谱》,《乾嘉名儒年谱》本

张慧剑:《明清江苏文人年表》,上海古籍出版社2008年版

朱保炯等编:《明清进士题名碑录》,上海古籍出版社1979年版

庞士龙:《常熟书画史汇传》,兰石轩刻本,1930年

支伟成:《清代朴学大师列传》,岳麓书社1998年版

沈津:《翁方纲年谱》,中研院文哲所,2002年

张舜徽:《清人文集别录》,中华书局1963年版

蒋寅:《清诗话考》,中华书局2005年版

漆永祥:《江藩与汉学师承记研究》,上海古籍出版社2006年版

许隽超:《黄仲则年谱考略》,上海古籍出版社2007年版

胡传淮:《张问陶年谱》,巴蜀书社2000年版

张惟骧:《清代毗陵名人小传稿》,1944年铅印本

施淑仪:《清代闺阁诗人征略》,上海书店1987年版

四、工具书

万国鼎:《中国历史纪年表》,中华书局1978年版

姜亮夫:《历代人物年里碑传综表》,中华书局1959年版

郑鹤声:《近世中西史日对照表》,中华书局1981年版

钱钟联主编:《清诗纪事》,江苏古籍出版社1988年版

钱钟联主编:《中国文学家大辞典》,中华书局1996年版

阎崇年、田钰、韩恒煜编著:《中国历史大事编年》(清代卷),北京出版社1987年版

《大清一统志》,四部丛刊影印本

《中国历史大辞典》(清代卷),戴逸、罗明主编,上海辞书出版社1992年版

五、论文

胡传淮:《清代诗人张问安行年简谱》,《川北教育学院学报》2000年第4期

赵厚均:《〈洪亮吉集〉集外诗文补遗十三则》,南京大学古典文献研究所编《古典文献研究》第12辑,凤凰出版社2009年版

①《〈洪亮吉集〉佚文一篇》,《江海学刊》2008年第2期

②《〈洪亮吉集〉异文一篇》,《江海学刊》2008年第4期

③《洪亮吉〈苏门山人诗钞序〉及其诗学略论》,《古代文学理论研究》第28辑

孙振田:《洪亮吉集补遗一篇》,《江海学刊》2011年第1期

许隽超:《洪亮吉的一篇佚文——兼谈与刘大观的交谊》,《中国典籍与文化》2008年第4期

冉耀斌:《洪亮吉佚札六通——兼谈洪亮吉与杨芳灿、杨揆兄弟之交游始末》,《飞天》2010年第22期

李金松:《洪亮吉的一首佚诗》,《江海学刊》2011年第3辑

李金松:《洪亮吉诗文钩沉二则》,《书品》2011年第5辑

李金松:《乐钧卒年辨》,《书品》2014年第1辑

李金松:《读洪亮吉〈附鲑轩诗〉札记》,《北京大学中国古文献研究中心集刊》第13辑,北京大学出版社2014年版

陈鸿森:《清儒陈鳢年谱》,台湾《中央研究院历史语言研究集刊》第62册第1分册,1993年

后　记

　　或许因为自己出身贫寒吧,我对清代与我类似出身的学人或文学家有一种像陈寅恪先生所说的那样——"同情之理解"。因此,致力于研究这些学人或文学家的学术或文学成就、成长道路,以及他们的人文关怀,自然容易进入他们的人文与精神世界。清代出身贫寒而后来在学术与文学上具有卓越成就者,最值得注意的不得不推汪中与洪亮吉这两人了。对汪中的研究,我笺注了其蜚声学界与文坛的名著《述学》,出版有《述学校笺》(中华书局 2014 年版);而对洪亮吉的研究,则是这部《洪亮吉年谱》了。

　　自 2005 年阅读《洪亮吉集》开始,搜集有关洪亮吉的年谱资料,到今年此书的出版面世,其间经历了 10 年时光。在这 10 年中,搜集资料之辛苦,非个中人难以知道其中的甘苦。即以乾嘉时期的清人别集而论,我翻阅了数百部。而不少别集中,我甚至连一条有用的材料也找不到。这种阅读经验,常常令我身心疲惫,并使我油然产生这样的念头,以后再也不要从事撰写年谱这样的工作了。而现在,这部书稿终于出版面世,令我有一种辛勤劳作之后收获的喜悦。

　　书稿完成后,我跟人民出版社的侯俊智先生联系出版事宜。之所以联系侯先生,纯粹出于偶然。在 2013 年,我正忙于陈维崧俪体文的校注工作(整理程师恭之注,并作补注以及对陈氏原文进行校勘、解题),而所搜集的资料中,周绚隆先生的《陈维崧年谱》自然进入我的阅读视野,我注意到此书的责任编辑是侯俊智先生。我想,侯先生有编辑年谱这类著作的工作经验。于是,去函同侯先生联系,并提供部分样稿。侯先生一读之下,认为书稿颇有价值,值得出版,并表示愿意承担此书的编辑工作。这样,我们之间有了这一次愉快的合作。在本书的出版过程中,他付出了大量的心血与辛勤的工作;值此书出版之际,谨向此书做了出色工作的侯俊智先生致以最诚挚的谢忱。

在本书的写作过程中,河南大学图书馆以及文学院资料室的相关老师,为我借阅图书资料提供了极大的方便,在此谨表谢意。尤为值得感念的是,素不相识的胡传淮先生慷慨提供有关资料,使我获益良多。而河南大学文学院重点学科经费出版基金,为此书的出版提供了经费上的支持,使本书得以顺利的出版。在此,我致以热忱的感谢。

是为后记。

李金松

2015 年 3 月